BUSINESS ANALYTICS

Communicating with Numbers

商业分析
与数据沟通

[美] 桑吉瓦·加吉亚 (Sanjiv Jaggia)
凯文·勒瓦差拉 (Kevin Lertwachara)
艾利森·凯利 (Alison Kelly) / 著
陈雷达 (Leida Chen)

陈 俊 董 望 王文明 / 译

中国人民大学出版社
·北京·

前　言

近年来，数据分析取得了飞跃性的发展，改变了企业的决策方式。该领域的爆发式增长主要是由于大量数据的可用性不断增强，以及计算能力的提高和复杂算法的发展。学院和大学比以往任何时候都更需要强调商业分析的课程，而公司也需要精通数据的专业人士，将数据转化为见解和行动。为了满足这些需求，商学院一直在争先恐后地将商业分析纳入本科课程。在研究生阶段，学习该课程正迅速成为 MBA 项目、商业分析专业硕士和证书项目的要求。

我们希望通过编写《商业分析：与数据沟通》，让学生更好地理解、管理和可视化数据，学会应用适当的分析工具，并交流研究结果及相关性。与其他简单地重新包装传统统计学和运筹学主题的教材不同，我们的教材将数据处理、描述性分析、预测性分析和规范性分析等主题无缝地编织成一个有凝聚力的整体。

实践证明，体验式学习在商业分析等应用学科和复杂学科的教学中是有效的。在本书中，我们提供了一个整体的分析过程，包括处理现实生活中不一定"干净"或"小"的数据。同样，我们通过在每一章中加入引入案例概要（简短的写作样本）和报告样本（较长的写作样本），强调了有效交流研究结果的重要性。这些特点可以帮助学生通过交流从非技术角度获得的见解来阐明数据分析的商业价值，从而培养他们的技能。

本书全面覆盖了所有相关的商业分析主题，使教师能够灵活地选择最符合其课程目标的主题。所有章节的设计都是模块化的，这使得教师可以只讲解他们打算涵盖的关键章节或章节中的部分内容。例如，本书可以用于数据处理（第 2 章）、数据可视化（第 3 章）、统计理论（第 4 章和第 5 章）和回归分析（第 6 章和第 7 章）的入门课程，或侧重于预测（第 8、9、10、11 和 12 章）和预测性建模（第 13 章）的高级商业分析课程。

在本书中，我们选择了带有 Analytic Solver（一个 Excel 插件）的 Excel 和 R 语言作为软件包，它们具有可访问性、易用性和强大的功能，可以演示分析概念，并对真实世界的数据进行分析。在大多数章节中，教师可以根据课程目标和学生的技术背景选择讲解 Excel 或 R 语言（或两者）。学生可以通过大学计算机实验室、教育许可证和免费的开源许可证来获得这些软件包。在这一版本中，所有的例题和练习都是使用撰写本书时最新版本的软件解决的，即 Microsoft Office Professional 2016、Analytic Solver 2019 和 R 3.5.3 版本。我们建议使用相同版本的软件，这样可以更加方便地复制书中的结果。当这些软件包的新版本在未来发布时，我们计划将实质性的变化纳入未来版本的文本中，如果差异相对较小，则在网上提供更新。

桑吉瓦·加吉亚

凯文·勒瓦差拉

艾利森·凯利

陈雷达

本书的关键特点

　　商业分析的教学方法包括我们在商业统计学教材中的流行功能，以及与商业分析有关的新功能。无数的评论者提供了他们的反馈和指导，以确保我们提供了一个我们认为能满足市场需求的产品。

数据分析的整体方法

　　商业分析是一个非常广泛的话题，由统计学、计算机科学和管理信息系统组成。其在商业领域有着广泛的应用，例如市场营销、人力资源管理、经济学、会计学和金融学。

　　本书提供了一种整体的商业分析方法，将定性推理与定量工具相结合，以确定关键的商业问题，并将分析结果转化为提高商业绩效的决策。

　　具体步骤为直觉和领域知识→数学解释→数据分析→可操作的见解。

综合的引入案例

　　每一章的开篇都有一个真实的引入案例，构成了本章中几个例子的基础。例子中的问题为掌握本章中最重要的学习要点提供了路线图。一旦回答了与案例相关的问题，就会出现每一章引入案例的概要。

大数据写作

　　商业分析的一个显著特点是可以选择与学生有关联的众多应用程序相关的大数据集。在大多数章节中，我们都有一个指定的部分，在该部分，我们使用这些大数据集来帮助介绍问题，制定可能的解决方案，并根据本章介绍的概念交流研究结果。通过这份报告样本，我们向学生展示如何通过交流从非技术角度获得的见解来阐明数据分析的商业价值。

数据挖掘

　　数据挖掘是企业希望大学毕业生具备的最受欢迎的技能之一。它利用大型数据集和计算机能力来构建支持决策的预测模型。除了专门介绍线性回归模型和逻辑回归模型的两个综合章节，以及关于商业预测的一章外，本书还包括了四个有关数据挖掘的单独章节。这些章节包括有监督和无监督学习的详细分析，涵盖了相关主题，如主成分分析、k-最近邻法、朴素贝叶斯方法、分类树和回归树、集成树、层次聚类、k-均值聚类以及关联规则。每章都提供了相关的现实问题、概念解释和易于理解的计算机说明。在这四章中有超过 200 道练习题。

关于数据挖掘的四章内容：

- 数据挖掘导论；
- 有监督数据挖掘：k -最近邻法和朴素贝叶斯方法；
- 有监督数据挖掘：决策树；
- 无监督数据挖掘。

计算机软件

本书包括以 Microsoft Excel、Analytic Solver（用于数据挖掘分析的 Excel 附加软件）以及 R 语言（一种将统计数据包的便利性与编码功能相结合的强大软件）为特色的实践教程和问题解决示例。学生可以学习使用软件解决实际问题，并强化章节中讨论的概念。学生还将学习如何使用软件中的图表和信息图形，将数据可视化并与之进行交流。

练习题和相关资源

在每一章中都有来自各行各业的数十个应用示例，包括商业、经济、体育、健康、住房、环境、投票、心理学等。我们深知辅助工具（如《教师解决方案手册》（ISM）和技术组件，特别是相关链接）的重要性。因此，在编写本书的同时，我们开发了这些组件，希望使得这部分组件与书中内容无缝连接。我们从经验中知道，这些组件不能孤立地开发。例如，我们检查每个连接练习，评估舍入规则并修改公差级别。鉴于我们的用户对《商业统计学》一书提供了很积极的反馈，因此我们在本书中也采用了相同的方法。

采用本书作教材的教师可向 McGraw-Hill 公司北京代表处联系索取教学课件资料，传真：(010) 62790292，电子邮件：instructorchina@mcgraw-hill.com。

目　录

商业分析导论

第 1 章

🎯 **学习目标**

通过学习本章，可以达成以下目标：

1. 阐明商业分析的重要性。
2. 阐明各种数据类型。
3. 描述变量和测量尺度的类型。
4. 描述不同的数据源和文件格式。

每时每刻，数据都在以越来越快的速度从无数的来源中产生，数量之多令人目不暇接。在几乎所有的当代人类活动中，包含大量数据分析的商业分析正在帮助我们做出更好的决策。经理人、消费者、银行家、体育爱好者、政治家和医疗专家正越来越多地求助于数据分析，以提高公司的收入，加深客户的参与度，找到更好的消费产品选择，防止威胁和欺诈，评估贷款的风险性，在体育和选举中取得成功，为疾病提供更好的诊断和治疗，等等。从最广义的层面来说，商业分析包括从数据中提取信息和知识的方法，因此，进行商业分析的第一步就是要理解数据和数据类型。

在本章中，我们将学习商业分析的基本概念和现实世界的案例。我们还将描述各种类型的数据和变量的测量尺度，这将有助于我们以后选择适当的技术来分析数据。最后，我们将讨论如何利用公开的数据源，并学习存储和传播数据的常用标准格式。

引入案例　在伯利兹的假期

从南加利福尼亚州的一所大学毕业后，Emily Hernandez 很高兴能和她的朋友一起去伯利兹度假。现在有不同的航空公司提供从南加利福尼亚州到伯利兹的航班。Emily 更喜欢从洛杉矶直飞，但也担心如果这样做，旅行的费用就会超出她的预算。其他不那么昂贵的选择则意味着在前往伯利兹的途中要多做一次甚至两次停留。一旦抵达伯利兹，她将计划乘坐海上渡轮前往龙涎香岛的度假酒店。在龙涎香岛的一所度假酒店购买度假套餐将是最经济的，但 Emily 想确保她选择的酒店有她想要的所有设施，例如有提前入住选项、免费早餐、娱乐活动和观光服务。同时她还想确保该酒店信誉良好，并有良好的客户评价。

Emily 开始在互联网上通过搜索优惠活动来选择她的航班和酒店。她对自己找到的信息进行了细致的整理和记录，以便于比较所有的选项。她想利用这些信息来：

1. 找到一个既方便又实惠的航班。
2. 选择一家每晚价格低于 200 美元的知名酒店。

1.2 节末尾提供了本案例的概要。

1.1　商业分析概述

近年来，数据和分析技术有了飞跃性的发展，并改变着企业的决策方式。从最广义的层面来说，商业分析（也称为数据分析）包括从数据中提取信息和知识的方法，以提升公司的净利润、改善消费者的体验。从最核心的层面来说，商业分析通过制定更好的营销策略、深化客户的参与度、提高采购的效率、发现减少开支的方法、识别新兴市场的趋势、减少风险和欺诈等使公司受益。该领域能得到爆发式发展的部分原因是海量数据的可得性的提高、计算能力的提高以及复杂算法的发展。高校比以往任何时候都更需要重视商业分析的课程，而公司也需要精通数据的专业人士，才能够将数据转化为深刻的见解和行动。

商业分析（business analytics）是一个广泛的话题，它包含了统计学、计算机科学和信息系统的知识，在市场营销、人力资源管理、经济学、金融学、健康、体育、政治等领域有着广泛的应用。与专注于先进的计算机算法来为终端用户开发应用数据的数据科学不同，商业分析往往更注重对现有数据的分析。

原始数据并不能提供太多的价值或见解。随着数据和分析能力的进步，捕捉大量数据或建立复杂的统计模型的过程已经被简化。然而，为了从数据中提取价值，我们需要理解业务背景，根据数据提出正确的问题，确定适当的分析模型，并将数据信息转化为口头和书面语言。值得注意的是，除非数字结果伴随着明确的可操作的商业见解，否则它并不十分有用。

> **商业分析**
>
> 商业分析将定性推理与定量工具相结合，以确定关键的业务问题，并将数据分析转化为改善业务绩效的决策。

从数据中提取价值有不同类型的分析技术，这些技术可分为以下三大类：描述性分析、预测性分析和规范性分析。

● **描述性分析**（descriptive analytics）是指收集、组织、制表和可视化数据，以总结"发生了什么"。描述性分析的例子包括财务报告、公共卫生统计、大学入学率、学生成绩单以及不同地区和时间的犯罪率等。描述性信息可以以多种形式呈现，包括书面报告、表格、图形和地图。

● **预测性分析**（predictive analytics）是指使用历史数据来预测"未来可能发生什么"。分析模型有助于识别变量之间的关联，而这些关联被用来估计特定结果的可能性。预测性分析的例子包括确定有可能对特定营销活动做出反应的客户，有可能入学的学生，有可能是欺诈的信用卡交易，或在某些地区和时间的犯罪发生率。

● **规范性分析**（prescriptive analytics）指的是使用优化和模拟算法来提供关于"我们应该做什么"的建议。它探讨了几种可能的行动，并提出了一个行动方案。规范性分析的例子包括为满足客户需求而安排员工的工作时间和供应水平，选择生产的产品组合，选择投资组合以实现财务目标，或为在有限的预算内针对特定客户群开展营销活动等决策提供建议。

这三类分析在解决问题的过程中发挥着不同的功能。描述性分析通常称为**商业智能**（business intelligence，BI），它为组织及其用户提供了通过报告、仪表盘、应用程序和可视化工具交互式地访问和操作数据的能力。BI 使用从多个来源整合的历史数据来为决策提供信息，并确定问题和解决方案。大多数 BI 问题可以使用企业数据库的复杂查询来解决。例如，一家在线音乐流媒体公司的典型 BI 问题是："在 2020 年第一季度，有多少首由音乐服务推荐的乡村歌曲在播放 5 秒内就被美国的女性听众跳过？"这个问题的答案可以通过查询和总结历史数据找到，并有助于该公司做出与音乐推荐系统有效性相关的决策。

而预测性分析和规范性分析通常被认为是高级预测。它们专注于建立预测性和规范性模型，帮助组织了解未来可能发生的事情。高级预测问题是通过使用统计和数据挖掘技术解决的。对于在线音乐流媒体公司的例子，有一个高级预测问题是："影响美国女性听众音乐选择的关键因素是什么？"由于这个问题的答案不能直接在企业数据库中找到，因此需要对相关历史数据进行复杂的学习和分析。

我们也可以从复杂程度和商业价值方面来考察这三类商业分析。对许多人来说，使用预测性分析技术来预测未来比简单地总结数据和描述过去所发生的事情更有价值。此外，预测性技术往往比大多数描述性技术需要更复杂的建模和分析工具。同样地，使用规范性技术来提供可操作的建议，可能比预测未来一些可能的结果更有价值。为了将数据提供的建议转化为行动，除了需要建立开发描述性和预测性分析模型外，还需要深思熟虑和组织承诺（organizational commitment）。

图 1.1 根据商业分析的价值和数据驱动决策的组织承诺程度，将商业分析分为三个阶段。如图 1.1 所示，本书的大部分章节也可以对应到三个分析类别中的某一类别。

除了图 1.1 所示的章节外，第 1 章（商业分析导论）、第 4 章（概率与概率分布）、第 5 章（统计推断）和第 8 章（数据挖掘导论）介绍了其他主题的先决知识。无论我们使用何种统计分析技术，统计学的总体目标都是改善商业决策，而实现这一目标的关键是增强提取数据信息和价值的能力。在本书的学习中，学生不仅要学会进行数据分析，还要学会以书面形式向那些可能不太了解具体统计和计算方法的人讲述一个有影响力的故事。

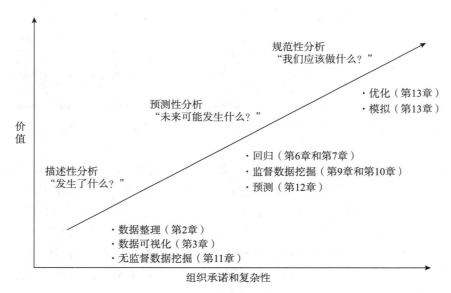

图 1.1　商业分析的三个阶段

重要的商业分析应用

数据和统计学渗透在我们的日常生活中。但我们往往没有意识到统计学对日常活动的影响，例如买衣服、为退休储蓄、检查电子邮件、在社交媒体上互动以及看电视节目。现在我们将强调商业分析的一些重要应用。

服装零售商（fashion retailers）。从服装公司到食品零售商的传统企业都在数据和分析技术方面进行了大量投资，以保持自身的竞争力和盈利能力。曾经被《纽约时报》赞誉为"决定了美国人穿着"的 Gap 公司，近年来的销售情况却令人失望，这主要是因为快时尚产业迅速发展，其主要的国际竞争对手，如 Zara、H&M 和优衣库纷纷进入美国市场。为了扭转公司的局面，Gap 的首席执行官 Art Peck 利用从交易和客户数据库以及社交媒体数据中获得的信息，对公司进行了革新。Gap 公司不再仅仅依靠创意总监的眼光，而是使用预测性分析来帮助确定下一季的产品种类。Peck 还鼓励员工使用大数据为广泛的决策提供信息，包括识别忠诚的客户，将产品与客户相匹配，提高客户满意度，以及管理回购产品。这些变化的结果就是，Gap 现在能够将数据分析得到的趋势与实时的商店销售结合起来，迅速将更多的相关产品推向市场。

在线订阅（online subscription）。奈飞（Netflix）是最大的内容流公司之一，以其创新的商业模式改变了娱乐业。而推动其成功的引擎之一是一种名为 CineMatch 的复杂分析工具，这是一个电影和电视节目的推荐系统。由于 CineMatch 对奈飞维持和发展其客户群的能力起着至关重要的作用，因此该公司发起了一项奖金为 100 万美元的竞赛，要求参赛者改进 CineMatch 的推荐算法。奈飞向参赛者提供了一个数据集，其中有超过 1 亿个用户对大约 2 万部电影的评分。获胜团队 BellKor 的 Pragmatic Chaos 开发了一种算法，其对观众的电影评分预测的准确度比奈飞自己的算法高出了 10%。如今，类似的基于大数据和分析的推荐系统被各行业的公司普遍使用。

博彩业（gaming industry）。面对博彩业的激烈竞争，Harrah 娱乐公司决定利用数据分析来与那些向客户兜售豪华度假村等诱人福利的对手竞争。通过建立巨大的客户数据仓库，包括客户去了哪些娱乐场所，玩了哪些游戏，玩了多长时间，在哪里用餐等内容，Harrah 根据它对客户的了解定制体验项目，将"四处留情"的客户变成了只去 Harrah 一家消费的"忠贞"客户。数据分析也同样推动了 Harrah 的经营决策，如酒店房间的定价和老虎机的位置。Harrah 的数据分析工作在财务上得到了回报，调整后的每股收益在 7 年内增加了 5 倍。数据驱动的决策所产生的利润提升，使得 Harrah 能够投资于设施升级并进行全球扩张。

体育业（sports）。体育分析法使用球员的统计数据和其他与体育有关的信息数据来推动决策。早在统计学大热之前，Oakland Athletics 棒球队（简称 A 队）就曾利用统计学建立了一支季后赛的球队（A 队的比赛方式在电影《点球成金》中有所展现）。传统的职业棒球队在招聘球员时在很大程度上依赖于主观的衡量标准，如根据体型、速度和对其未来发展的信心来评价球员。认识到这一缺陷后，A 队利用赛伯计量学（sabermetrics）的优势，把统计分析应用于棒球，以评估被低估球员的隐藏价值。该模型建立的前提是，一个拥有高上垒率的球队可能会得到更多的分数，从而赢得更多的比赛。球队招募符合这个系统评价标准的球员，并不要求他们符合体型等被其他俱乐部看重的特征。尽管 A 队是美国职业棒球联盟中资金最匮乏的球队之一，但其能够以低廉的价格挑选有天赋的球员，这使其成为 2002 年和 2003 年最成功的球队之一。这种成功已经彻底改变了所有主要的职业运动，使得每个球队都有了自己的分析部门或分析专家。

医疗保健（healthcare）。大数据和分析在医疗领域的应用也越来越多。通过分析 20 多万名成年患者的 460 亿个数据点，谷歌的人工智能系统已经开发出一个预测医院就诊结果和最终诊断的模型。谷歌的系统声称能够比现有的医院模型提前 24～48 小时预测病人的死亡，从而能够及时实施急救程序。医学大数据的另一个例子是美国国家癌症研究所发起的"癌症登月计划"，其雄心勃勃的目标是找到癌症的治疗方法。该计划为医学研究人员提供了大量癌症患者的数据。通过分析活检报告、治疗计划和病人的康复率，研究人员能够研究某些癌症蛋白质对不同治疗方法的反应，并为病人推荐治愈率最高的方案。

这些例子表明，统计学正在快速地提高组织的决策能力。数据驱动的方法正在取代和补充严重依赖少数专家及其主观判断的传统决策过程。在这一过程中，产生了更准确的、常被忽视的、令人意想不到的研究发现，在不同领域专家的专业知识帮助下，这些发现已经演变成了竞争优势。

虽然大数据分析的前景令人振奋，但企业不能忽视这种新获得的力量所带来的更大责任。当我们利用从客户和选民那里收集到的数据时，我们必须认识到，使用这些数据可能会有巨大的风险，特别是在数据安全和隐私方面。许多关于数据泄露和滥用的故事都是对这些风险的提醒。例如，在 2018 年，万豪国际集团被曝光了大规模的数据泄露事件，影响到多达 5 亿名消费者。黑客获取的私人数据包括姓名、地址、电话号码、电子邮件地址、护照号码和加密的信用卡信息，这样的漏洞可能会导致身份盗窃和金融欺诈。在另一个例子中，唐纳德·特朗普在 2016 年选举活动中雇用的政治数据公司——剑桥分析公司，从 5 000 多万份脸书（Facebook）档案中收集私人信息，为选民创建人格模型，并用来创建数字广告，以影响选民行为。此后，脸书收紧了第三方访问用户资料的政策，但这一事件使得人们对这家社交媒体公司产生了巨大的反感。正如这些案例所表明的，分析必须以负责和道德的方式进行。

分析应用的多样性需要对数据和数据类型有深刻的理解。在本章的剩余部分，我们将描述各种类型的数据和测量尺度，帮助我们选择适当的技术来分析数据。我们还将讨论如何利用公开的数据源，并回顾人们用来存储和传播数据的一些标准格式。

1.2　数据类型

每天，消费者和企业都在使用不同来源的多种数据来帮助他们做出决策。决策的第一步是找到正确的数据并为分析做准备。一般来说，**数据**（data）是事实、数字或其他内容的汇编，包括数字和非数字。各种类型和格式的数据都有多种来源，从这些数据中获得的信息可以使企业做出更好的决策，如深化客户参与、优化运营、防止威胁和欺诈、挖掘新的收入来源等。我们经常发现有大量的数据可供使用，当然，我们也可以从相对较小的数据源中获得内容，例如消费者焦点小组、营销调查或政府机构报告等。

以有意义和有目的的方式组织、分析和处理过的数据就成为**信息**（information）。我们将数据、背景信息、经验和直觉融合起来，得出可以在特定情况下应用并付诸行动的**知识**（knowledge）。

数据、信息和知识

数据是事实、数字或其他内容的汇编，包括数字和非数字。信息是一组以有意义和有目的的方式组织和处理的数据。知识是数据、背景信息、经验和直觉的融合。

在引入案例中，Emily 正在寻找从洛杉矶国际机场（LAX）到伯利兹（BZE）的航班，以及在伯利兹的酒店。她在 Orbitz.com 上进行在线搜索，总共得到了 1 420 个航班时刻表组合，还找到了在她预算范围内的 19 家酒店的信息。图 1.2 显示了 Emily 在互联网上找到的部分机票和酒店的信息。

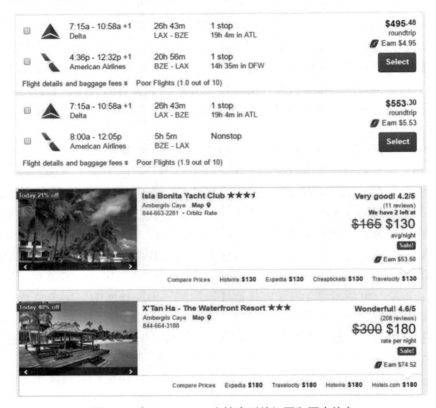

图 1.2　在 Orbitz.com 上搜索到的机票和酒店信息

资料来源：Orbitz.com.

在我们分析 Emily 所收集的信息之前，了解不同类型的数据是很重要的。在本节中，我们将重点讨论各种数据的分类。

■ 样本数据和总体数据

有几种方法可以对数据进行分类，这些分类方式取决于数据的收集方式、格式以及它们所代表的具体价值。在大多数情况下，收集包含所有感兴趣的元素的**总体**（population）数据是不可行的。因此，数据的一个子集——**样本**（sample），就被用来进行分析。传统的统计技术是使用样本信息来得出关于总体的结论。

总体和样本

总体数据由分析中的所有可观察或感兴趣的项目组成，样本数据是总体数据的一个子集。我们通过检查样本数据来推断出关于总体数据的结论。

由于成本过高等实际情况的限制，获取总体数据通常是不可行的，因此我们通常依靠抽样调查来完成数据分析。我们无法使用总体数据，主要有以下两个原因。

● 获得关于完整总体的信息是很昂贵的。假设我们对金霸王（Duracell）AAA 电池的平均寿命感兴趣，但是测试每块电池的成本是非常高的。而且，到最后，所有的电池都会坏掉，对原来问题的回答也就没有任何意义了。

● 检查总体中的每一个成员是不可能的。考虑一下美国劳工统计局（BLS）是如何计算每个月的失业率的。假设 BLS 联系每一个劳动人口，并询问他是否失业，这是不是不太合理？鉴于劳动人口超过 1.6 亿人，这项任务不可能在 30 天内完成，因此，BLS 每月对大约 6 万个家庭进行抽样调查，以衡量美国的失业程度。

在引入案例中，Emily 正在处理样本数据。总体数据将包括所有的航空公司和酒店，其中一些甚至可能没有在在线搜索中显示出来。

▋截面数据和时间序列数据

样本数据一般以两种方式中的一种收集。**截面数据**（cross-sectional data）是指通过记录多个主体在同一时间点的特征，或不考虑时间上的差异来收集数据。对象可能包括个人、家庭、公司、行业、地区和国家。表 1.1 中的美国职业篮球联赛（NBA）数据是一个截面数据的例子，它显示了 2018—2019 赛季结束时的球队排名。这八支球队可能没有在同一天和同一时间结束赛季，但在这个例子中，时间上的差异是没有意义的。截面数据的其他例子包括一个班级的学生成绩记录，上个月出售的单户住宅的销售价格，美国不同城市的当前汽油价格，以及康涅狄格大学近期商科毕业生的起薪，等等。

表 1.1　2018—2019 赛季 NBA 东部联盟

队伍名称	获胜场数	失败场数	获胜率
密尔沃基雄鹿队	60	22	0.732
多伦多猛龙队*	58	24	0.707
费城 76 人队	51	31	0.622
波士顿凯尔特人队	49	33	0.598
印第安纳步行者队	48	34	0.585
布鲁克林篮网	42	40	0.512
奥兰多魔术队	42	40	0.512
底特律活塞队	41	41	0.500

*多伦多猛龙队（Toronto Raptors）在 2018—2019 赛季赢得了其第一个 NBA 总冠军。

时间序列数据（time series data）指的是在几个时间段内收集到的数据，侧重于某些人群、特定事件或物体。时间序列数据可以包括每小时、每天、每周、每月、每季度或每年的观察。时间序列数据的例子包括医院重症监护室里病人每小时的体温，2020 年第一季度通用电气股票的每日价格，过去 6 个月里美元和欧元的每周汇率，2020 年某经销商的每月汽车销售量，以及过去 10 年印度的年人口增长率，等等。在这些例子中，时间排序是相关的和有意义的。

图 1.3 显示了 2000—2018 年美国的住房拥有率。根据美国人口普查局的数据，2016 年第一季度美国的住房拥有率从 2004 年的 69.4% 的高点下跌至 63.6%。对这一现象的一个解释是，2007 年的住房市场崩溃引发了银行危机和深度衰退，使贷款的条件更为严格。同时，这种下降也可以归因于样本期间房屋价格的涨幅超过了工资涨幅。

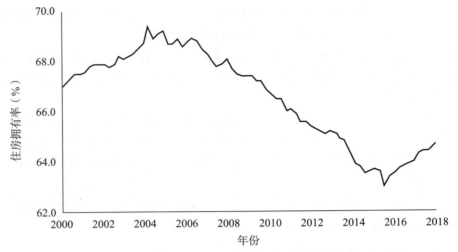

图 1.3　2000—2018 年美国的住房拥有率

资料来源：圣路易斯联邦储备银行.

结构化数据和非结构化数据

当你想到数据时，你脑海中浮现的第一个画面可能是大量的数字，也许还有一些表格和图形。而在现实中，数据可以有多种形式。例如，脸书、领英（LinkedIn）和推特（Twitter）等社交网站上的信息交流也构成了数据。为了更好地理解数据的各种形式，我们对结构化数据和非结构化数据进行了区分。

一般来说，**结构化数据**（structured data）以预先定义的行-列格式存储。我们使用电子表格或数据库应用程序（见 2.1 节）来输入、存储、查询和分析结构化数据。结构化数据的例子包括数字、日期以及文字和数字的组合，通常以表格的形式存储。结构化数据通常由数字信息组成，这些信息是客观的，而且不需要解释。

销售数据和财务数据是结构化数据的例子，通常被设计用来捕捉一个业务流程或一项交易。例如，零售产品的销售，银行账户之间的资金转移，以及学生在大学课程中的注册信息。当个人消费者从零售商店购买产品时，每笔交易都会被记录为结构化数据。

请看一下图 1.4 所示的销售发票。每当客户下这样的订单时，都有一组预定义的数据需要收集，如交易日期、运输地址和购买产品的数量。尽管收据或发票可能并不总是以行和列的形式呈现，但预定义的结构允许企业和组织将文件上的数据转化为行-列格式。正如我们在引入案例中所看到的那样，为引入案例所收集的航班信息可能并不适合以表格的形式出现，但由于数据的结构化性质，它可以很容易地总结成行-列的格式。

曾经，由于存储和处理数据的高成本和性能限制，公司和组织主要依赖结构化数据，因为这些数据可以通过电子表格和数据库应用进行有效管理。几十年来，它们依靠这种类型的数据来运行业务。现在，随着数字时代的到来，大多数专家认为，在商业决策使用的所有数据中，只有约 20% 是结构化数据，而剩下的 80% 是非结构化数据。

Tranquility Home and Garden
8 Harmony Drive
San Francisco, CA 94126
Phone: (415) SOL-SAVE

Date: July 1, 2020
Invoice number: A9239145-W

Customer Name: Kevin Lau
Street Address: 123 Solstice Circle
State/Province: California
Telephone: (415) 234-4550

Account Number: KL0927
City: San Francisco
Postal Code: 94126

Product code	Product description	Units ordered	Price per unit	Extended Price
421-L	8W LED light bulbs	27	$7.59	$204.93
389-P	Chlorine removing shower filter	6	$19.99	$119.94
682-K	Compostable cutlery (box sets)	5	$14.99	$74.95

Total amount: $399.82
Sales Tax: $31.99
Shipping fee: $6.99
Grand total: $438.80

图 1.4　一张零售交易的发票样本

与结构化数据不同，**非结构化数据**（unstructured data，或称非模型化数据）不符合预定的行-列格式。它们往往是文字性的内容（例如，书面报告、电子邮件信息、医生笔记或开放式的调查答复）或多媒体内容（例如照片、视频和音频数据）。即使这些数据可能有一些隐含的结构（例如，报告的标题、电子邮件的主题行或照片上的时间戳），它们也被认为是非结构化的，因为它们不符合大多数数据库系统要求的行-列格式。社交媒体数据，如推特、YouTube、脸书和博客都是非结构化数据的例子。

结构化和非结构化的数据可以是**人工生成的**（human-ge-nerated）或**机器产生的**（machine-ge-nerated）。对于结构化数据，人类生成的数据包括价格、收入、零售额、年龄、性别等信息，而机器生成的数据包括制造业传感器（每分钟旋转次数）、速度摄像机（每小时英里数）、网络服务器日志（访问者数量）等信息。对于非结构化数据，人类产生的数据包括内部电子邮件的文本、社交媒体数据、演示文稿、手机对话和短信数据等，而机器产生的数据包括卫星图像、气象数据、监控视频数据、交通摄像头图像等。在本书中，我们重点讨论结构化数据。文本分析和其他分析非结构化数据的复杂工具超出了本书的范围。

大数据

如今，企业和组织以越来越快的速度产生和汇集越来越多的数据。**大数据**（big data）这个词成为一个口头禅，意味着大量的结构化和非结构化的数据如果使用传统的数据处理工具将会非常难以管理、处理和分析。尽管存在挑战，但是大数据仍为获得知识和商业智能提供了巨大的机会，对公司的收入、竞争优势和组织效率具有潜在的改变作用。一个更正式的、被广泛接受的大数据定义是“高容量、高速度和高品种的信息资产，它们需要低成本、高效益、高创新的信息处理形式，以增强洞察力、决策和流程自动化”（www. gartner. com）。大数据的三个特征是：

● **数量**（volume）：大数据包含来自单一或广泛来源的巨大数据量，包括商业交易、家庭和个人设备、制造设备、社交媒体和其他在线门户等。

● **速度**（velocity）：除了数量之外，来自各种来源的大数据产生速度极快。如何管理这些数据流可能成为许多组织的一个关键问题。

● **种类**（variety）：不论是结构化数据还是非结构化数据，都有着各种类型、形式和密度。这些数据可能包括数字、文本和图形，以及音频、视频、电子邮件和其他的多媒体元素。

除了大数据的三个决定性特征之外，我们还需要密切关注数据的真实性和它们所能产生的商业价值。**真实性**（veracity）指的是数据的可信度和质量。在依靠数据进行决策之前，必须验证数据内容的可靠性和准确性。随着社交媒体和自动数据收集所带来的数据量的快速增长，这一点变得越来越具有挑战性。从大数据中获得的**价值**（value）可能是任何分析计划中最重要的方面。拥有大量的数据并不能保证会产生有用的见解或可衡量的改进。企业必须制定一个有条不紊的计划，以识别业务问题，收集正确的数据，并释放出大数据中隐藏的潜力。

然而，大数据并不一定意味着完整的（总体）数据。以对所有使用脸书的用户分析为例。这个例子当然涉及大数据，但如果我们考虑世界上所有的互联网用户，那么脸书用户只是一个非常大的样本。因为有很多网民不使用脸书，所以脸书的数据并不代表总体。即使我们将总体定义为那些使用在线社交媒体的人，脸书也只是消费者使用的众多社交媒体之一。而且，不同的社交媒体有着不同的目的，从这些网站收集的数据很可能反映了不同的互联网用户群体；从商业战略的角度来看，这种区别尤其重要。因此，脸书的数据只是一个非常大的样本。

此外，即使有大数据，我们也可能选择不使用其全部的内容。有时，分析一个非常大的数据集是很不方便的，即使用现代的大容量计算机系统，计算负担也很重。其他时候，使用大数据工作的额外好处可能无法证明产生的相关成本是合理的。总而言之，我们经常选择使用较小的数据集，从某种意义上说，这是从大数据中抽取的样本。

结构化数据、非结构化数据和大数据

结构化数据是指以预先定义的行-列格式存在的数据，而非结构化数据不符合预先定义的行-列格式。大数据是一个用来描述大量结构化和非结构化数据的术语，使用传统的数据处理工具极难对其进行管理、处理和分析。然而，大数据并不一定意味着完整的（总体）数据。

例1.1

在引入案例中，Emily 正在寻找不同航空公司所提供的从洛杉矶到伯利兹的往返航班时间表。一旦抵达伯利兹，她将计划从龙涎香岛的一家度假酒店购买一个度假套餐。她从 Orbitz.com 的搜索结果中整理出了关于航班时刻表和可供选择酒店的信息。她最初的搜索结果是 1 420 个航班时刻表和 19 家酒店。在目前的情况下，Emily 被大量的数据淹没了，她知道自己需要细化搜索。她想把重点放在出行方便（时间短）和相对便宜的航班上。对于酒店，她希望选择价格合理（每晚的价格在200 美元以下）并有良好评价（在 5 分制的评价中高于平均水平）的酒店。鉴于 Emily 的偏好，请以表格形式对网上的信息做一个总结。

解答：

我们首先搜索往返的航班时刻表，其中优先考虑飞行时间短和价格低的信息。尽管航班信息不是完美的行-列格式，但数据的结构化性质使我们能够以表格形式总结信息。表 1.2（A）列出了4 个最相关的选项。鉴于这些选项，似乎 American/Delta 的选择可能是最适合她的。同样，如果我们将酒店的搜索范围缩小到每晚的预算在 200 美元之内，并且消费者的平均评分在 5 分制中超过4 分，那么可供选择的酒店数量就会从 19 家减少到 5 家。这 5 个选项在表 1.2（B）中列出。在这种情况下，她对酒店的选择并不明确。因为评分最高的酒店也是最贵的（坦哈海滨酒店），而最便宜的酒店评分也是相对而言最低的（博尼塔岛游艇俱乐部），而且该评分只基于 11 条评论。Emily 现在将根据网上的评论来决定她最终的酒店选择。而这些评论构成了不符合行-列格式的非结构化数据。

表 1.2　航班和酒店搜索结果的表格

A. 航班搜索结果

航班	价格（美元）	洛杉矶—伯利兹			伯利兹—洛杉矶		
		出发时间	飞行时间	停留次数	出发时间	飞行时间	停留次数
Delta/American	495.48	上午 7:15	26 小时 43 分钟	1	下午 4:36	20 小时 56 分钟	1
Delta/American	553.30	上午 7:15	26 小时 43 分钟	1	上午 8:00	5 小时 5 分钟	0
United/Delta	929.91	上午 6:55	6 小时 58 分钟	1	上午 10:30	5 小时 2 分钟	0
American/Delta	632.91	上午 7:00	7 小时 41 分钟	1	上午 10:30	5 小时 2 分钟	0

B. 酒店搜索结果

低于 200 美元的酒店	平均评分	评论数量	价格（美元/晚）
博尼塔岛游艇俱乐部	4.2	11	130
坦哈海滨酒店	4.6	208	180
马塔岩石度假村	4.2	212	165
蓝色海岸	4.5	8	165
蓝唐客栈	4.2	26	179

引入案例概要

Emily Hernandez 很高兴能和她的朋友一起去伯利兹度假。她决定在 Orbitz.com 上搜索既方便又实惠的航班。她还想在龙涎香岛找到一家每晚价格低于 200 美元的信誉良好的酒店。虽然她找到了 1 420 个航班选项，但她想把重点放在上午的航班上，优先考虑价格较低和飞行时间较短的航班。

她发现有 4 个航班选项是比较合适的。Delta/American 的方案价格为 495.48 美元，是最便宜的，但单程飞行时间超过 20 小时。United/Delta 的方案飞行时间最短，但是它的价格为 929.91 美元。Emily 决定选择 American/Delta。这似乎是最合理的，价格为 632.91 美元，到伯利兹的飞行时间不到 8 小时，返回时只有 5 小时。关于酒店，博尼塔岛游艇俱乐部提供最便宜的价格，为 130 美元，但它的评分相对较低，为 4.2 分。

此外，Emily 对博尼塔岛游艇俱乐部评分的可信度感到担忧，因为它只基于 11 条评论。虽然不是最便宜的，但是 Emily 决定选择坦哈海滨酒店。它的评分最高，为 4.6 分，而且价格仍在 200 美元预算之内。在这些评论中，Emily 不断发现一些关键的词语，如"位置很好""房间很干净""床很舒服""工作人员很热情"等。而且，客人发布的图片与该酒店在其网站上发布的图片一致。

练习 1.2

应用

1.几年前，当苹果公司的 iPhone 4 被发现有一个问题时，人们感到很惊讶。用户抱怨说，当他们以特定的方式将手机拿在手中时，信号接收效果很差，有时甚至会出现掉线的情况。当地一家商店经过调查发现，2%的 iPhone 4 用户遇到了这种信号接收问题。

  a. 请描述一下相关总体。

  b. 2%这个数字是与总体有关，还是与样本有关？

  2. 许多人认为年轻人痴迷电子游戏，但事实上，电子游戏玩家的平均年龄是 35 岁。这个数值 35 岁是实际的总体平均年龄还是估计的总体平均年龄？请予以解释。

  3. 一位会计学教授想知道她班上学生的平均学分绩点是多少。她在电脑上查找了学生的信息，计算出平均学分绩点为 3.29。请描述一下相关总体。

  4. 最近，拥有工程学位的大学毕业生不断获得高薪。网上搜索显示，工程类初级职位的平均年薪为 65 000 美元。

  a. 相关总体是什么？

  b. 你认为 65 000 美元的平均年薪是根据总体计算出来的吗？请予以解释。

  5. 研究表明，抑郁症会大大增加日后患痴呆症的风险。假设在一项涉及 949 名老人的研究中，发现有 22%的抑郁症患者后来发展为痴呆症，而没有抑郁症的人其概率只有 17%。

  a. 请描述一下相关总体和样本。

  b. 22%和 17%这两个数字是与总体有关，还是与样本有关？

  6. 登录网站 www.zillow.com，查看内华达州拉斯维加斯过去 30 天内售出的 20 套独栋别墅的售价。将数据结构化为表格格式，包括售价、卧室数量、面积和房龄。请问这些数据是截面数据还是时间序列数据？

  7. 登录网站 www.finance.yahoo.com，获取 Home Depot 公司（股票代码为 HD）的当前股票报价。使用该股票代码搜索历史价格，并创建一个表格，包括过去 12 个月 Home Depot 股票的每月调整后收盘价。请问这些数据是截面数据还是时间序列数据？

  8. 登录《纽约时报》网站 www.nytimes.com，查看头版。你认为该页面上的数据是结构化的还是非结构化的？请予以解释。

  9. 进行在线搜索，对小型混合动力汽车（如丰田普锐斯、福特 Fusion、雪佛兰 Volt）的价格、燃油经济性和其他规格进行比较。你认为搜索结果是结构化数据还是非结构化数据？请予以解释。

  10. 找到 Under Armour 过去 10 年的年收入数据。你认为这些数据是结构化的还是非结构化的？请予以解释。它们是截面数据还是时间序列数据？

  11. 向你的 20 位朋友询问他们的在线社交媒体使用情况，特别是他们是否使用脸书、Instagram 和 Snapchat，他们使用每个社交媒体门户的频率，以及他们对这些门户的总体满意度。创建一个表格来展示这些信息。你认为这些数据是结构化的还是非结构化的？它们是截面数据还是时间序列数据？

  12. 向你的 20 个朋友询问他们是住在宿舍、租房还是有其他形式的住所，同时了解他们每月的住宿费用大概是多少。创建一个表格来展示这些信息。你认为这些数据是结构化的还是非结构化的？它们是截面数据还是时间序列数据？

  13. 登录美国人口普查局网站（www.census.gov），搜索亚拉巴马州、亚利桑那州、加利福尼亚州、佛罗里达州、佐治亚州、印第安纳州、艾奥瓦州、缅因州、马萨诸塞州、明尼苏达州、密西西比州、新墨西哥州、北达科他州和华盛顿州的最新家庭收入中位数。你认为这些数据代表的是截面数据还是时间序列数据？请对收入的地区差异进行评论。

1.3　变量和测量尺度

  对于商业分析，我们总是关注具有特定特征的人、公司或者事件。当一个特征在不同的观察或记录样本中存在种类或程度上的差异时，那么这个特征可以被称为**变量**（variable）。婚姻状况和收入就是变量的例子，因为婚姻状况和收入因人而异。变量被进一步分为**分类（定性）变量**（categorical variable）和**数值（定量）变量**（numerical variable）。分类变量的观察值代表类别，而数值变量的观察值代表有意义的数字。例如，婚姻状况是一个分类变量，而收入是一个数值变量。

对于分类变量，我们使用标签或名称来确定每个观察值的区别特征。例如，一所大学可以将每个学生的状态确定为本科生或者是研究生，其中教育水平是一个代表两个类别的分类变量。分类变量也可以由两个以上的类别来定义。例如，婚姻状况（单身、已婚、丧偶、离婚、分居）、IT 公司类型（硬件、软件、云）以及课程成绩（A、B、C、D、F）。值得注意的是，为了更好地进行数据处理，类别往往被转换成数字代码，我们将在第 2 章中讨论。

对于数值变量，我们用数字来确定每个观察值的区别特征。数值变量既可能是离散的，也可能是连续的。**离散型变量**（discrete variable）的值是可数的。比如一个家庭的孩子数量或篮球比赛中的得分，我们可能会观察到诸如一个家庭中有 3 个孩子或在篮球比赛中得到 90 分的数值，但我们不会观察到 1.3 个孩子或 92.5 分的得分。离散型变量的数值不一定是整数，例如，某家公司的股票价格就是一个离散型变量。股票价格可以取值为 20.37 美元或 20.38 美元，但它不能在这两点之间取值。**连续型变量**（continuous variable）的特点是在一个区间内可以有不可数的值。体重、身高、时间和投资回报都是连续型变量。例如，在 100 磅和 101 磅的重量之间会出现无限多的值，如 100.3、100.625、100.834 2 等。然而，在实践中，连续型变量往往是以离散值来衡量的。我们可以把一个新生儿的体重（连续型变量）用离散值报告为 6 磅 10 盎司，把另一个新生儿的体重用类似的离散值报告为 6 磅 11 盎司。

分类变量和数值变量

变量是在一组人、物或者事件上观察到的一般特征，每一次观察都有种类或程度上的不同。

● 分类变量的观测值代表着名称或标签。

● 数值变量的观测值是有意义的数值。数值变量可以进一步分类为离散型变量和连续型变量。离散型变量具有可数的数值，而连续型变量的特点是有无数的数值。

例 1.2

在引入案例中，Emily 为她计划前往龙涎香岛度假的机票和酒店进行了在线搜索，并在表 1.2 中总结了这些信息。请问机票和酒店的数据中包括哪些类型的变量？

解答：

航空公司和酒店是分类变量，因为其观察结果——名称只是标签。另外，往返价格、平均评分、评论数量和每晚价格是数值变量，因为观测值都是有意义的数字。请注意，往返价格、评论数量和每晚价格代表的是离散型变量，因为它们只能代表可数的数值。平均评分是连续的，因为它的特点是在 0～5 的区间内有无数的值。

■ 测量尺度

为了选择适当的技术来总结和分析变量，我们需要区分不同的测量尺度。任何变量的数据都可以归入 4 个主要的测量尺度之一：名义（nominal）尺度、定序（ordinal）尺度、区间（interval）尺度或比例（ratio）尺度。名义尺度和定序尺度用于分类变量，而区间尺度和比例尺度则用于数值变量。我们依据复杂程度按照从低到高的顺序来讨论这些尺度。

名义尺度（nominal scale）代表了最不复杂的测量水平。如果我们遇到的是名义数据，那么我们能做的就是对数据进行分类或分组。数据组中的数值仅仅是在名称或标签上有所不同。表 1.3 列出了组成道琼斯工业指数（DJIA）的 30 家大型上市公司。道琼斯工业指数是一个股市指数，它显示了这些总部设在美国的公司在股市标准交易时段的交易情况。表 1.3 还显示了这些公司的股票在哪里交易：在美国证券交易商协会自动报价系统纳斯达克（Nasdaq）或纽约证券交易所（NYSE）。这些数据被归类为名义尺度，因为我们只是能够对它们进行分组或归类。具体来说，只有5只股票在纳斯达克交易，而其余25只股票在纽约证券交易所交易。

表1.3　道琼斯工业指数公司和股票交易的交易所

企业	交易所	企业	交易所
3M（MMM）	NYSE	强生（JNJ）	NYSE
美国运通（AXP）	NYSE	摩根大通（JPM）	NYSE
苹果（AAPL）	Nasdaq	麦当劳（MCD）	NYSE
波音（BA）	NYSE	默克（MRK）	NYSE
卡特彼勒（CAT）	NYSE	微软（MFST）	Nasdaq
雪佛龙（CVX）	NYSE	耐克（NKE）	NYSE
思科（CSCO）	Nasdaq	辉瑞（PFE）	NYSE
可口可乐（KO）	NYSE	宝洁（PG）	NYSE
迪士尼（DIS）	NYSE	旅行者（TRV）	NYSE
杜邦（DWDP）	NYSE	联合保健（UNH）	NYSE
埃克森美孚化工（XOM）	NYSE	联合技术公司（UTX）	NYSE
高盛集团（GS）	NYSE	威瑞森（VZ）	NYSE
家得宝（HD）	NYSE	威士（V）	NYSE
IBM（IBM）	NYSE	沃尔玛（WMT）	NYSE
英特尔（INTC）	Nasdaq	沃尔格林（WBA）	Nasdaq

资料来源：https://money.cnn.com/data/dow30；获取时间：2019年2月16日.

在通常情况下，我们用数字代表我们要分组的特定分类特征或特性。例如，我们可以用数字0来表示一家公司的股票在纳斯达克交易，用数字1来表示一家公司的股票在纽约证券交易所交易。我们这样做的一个原因是便于阐述：总是提及美国证券交易商协会自动报价系统，甚至是纳斯达克，可能会很不方便。

与名义尺度相比，**定序尺度**（ordinal scale）反映了更高的测量水平。通过定序数据，我们能够对数据进行分类，并根据某些特征或特性进行排序。定序数据的缺点是，我们无法解释排名值之间的差异，因为实际使用的数字是任意的。例如，在引入案例中，Emily查看了酒店评论，消费者被要求将某一酒店的服务划分为优秀（5星）、很好（4星）、良好（3星）、一般（2星）或差（1星）。我们在表1.4中总结了这些类别和它们各自的评分。

表1.4　酒店调查类别与评分

类别	评分
优秀	5
很好	4
良好	3
一般	2
差	1

在表 1.4 中，赋予优秀（5 颗星）的价值高于赋予良好（3 颗星）的价值，这表明优秀比良好更受欢迎。然而，我们可以很容易地重新定义评分，正如表 1.5 所示。

表 1.5　酒店调查类别与重新定义的评分

类别	评分
优秀	100
很好	80
良好	70
一般	50
差	40

在表 1.5 中，"优秀"仍然比"良好"获得更高的评分，但现在这两个类别之间的差异是 30 分（100−70），而当我们使用第一种分类时，差异是 2 分（5−3）。换句话说，类别之间的差异对于定序数据来说是没有意义的。（我们还应该注意到，我们可以颠倒顺序，例如，"优秀"等于 40 分，"差"等于 100 分；但这种重新编号不会改变数据的性质。）

如前所述，分类变量的观测值通常用文字表达，但为了数据处理的目的，其被编码为数字。在总结分类变量的结果时，我们通常会计算属于每个类别的观察值的数量或计算属于每个类别的观察值的百分比。然而，对于分类变量，我们无法进行有意义的算术运算，如加法和减法。

有了以**区间尺度**（internal scale）测量的数据，我们就能对数据进行分类和排序，并找到观察结果之间有意义的差异。华氏温度标度是区间标度数据的一个例子：不仅华氏 60 度比华氏 50 度更热，而且华氏 90 度和华氏 80 度之间也同样存在 10 度的差异。

区间标度数据的主要缺点是零点是可以任意选择的，其零点并不反映完全没有被测量的东西。除了说华氏 0 度比华氏 10 度低 10 度之外，没有任何具体的意义附属在华氏 0 度上。有了一个任意的零点，就无法构建有意义的比例。例如，说 80 度是 40 度的两倍是毫无意义的；换句话说，80/40 的比例没有任何意义。

比例尺度（ratio scale）代表了最高的测量水平。比例尺度具有区间尺度的所有特征以及一个真正的零点，这使我们能够解释观测值之间的比例。比例尺度被用于许多商业应用，诸如销售、利润和库存水平等变量都是用比例尺度来表示的。例如，一个有意义的零点可以让我们说，公司 A 的利润是公司 B 的两倍。重量、时间和距离等变量也可以用比例尺度测量，因为零点是有意义的。

与名义尺度和定序尺度的变量（分类变量）不同，算术运算对区间尺度和比例尺度的变量测量（数值变量）更为有效。在后面的章节中，我们将计算数值变量的统计量，如平均值、中位数和方差；如果变量的性质是分类的，我们就不能计算这些统计量。

测量尺度

任何变量的观察值都可以归入 4 种主要的测量尺度之一：名义尺度、定序尺度、区间尺度或比例尺度。

● 名义尺度。观察到的不同只是名称或标签上的不同。

● 定序尺度。观察值可以被分类和排序，然而，排序的观察值之间的差异是没有意义的。

● 区间尺度。观察值可以被分类和排序，观察值之间的差异是有意义的。区间尺度的主要缺点是零点是可以任意选择的。

● 比例尺度。观察结果具有区间尺度数据的所有特征以及真正的零点，因此，其可以计算出有意义的比例。

名义尺度和定序尺度用于分类变量，而区间尺度和比例尺度则用于数值变量。

例 1.3

文件：Tween_Survey.* 在马萨诸塞州有一个距离波士顿两小时车程的郊外滑雪场，那家滑雪场的老板对服务"青少年"（8～12 岁的儿童）的需求感兴趣。他认为，在过去的几年里，青少年的消费能力有所增长，他希望他们的滑雪体验是令人难忘的，以便他们愿意再来。在去年的滑雪季结束时，他向 20 名青少年提出了以下 4 个问题。

- Q1：在你开车去度假村的路上，播放的是哪种类型的音乐流媒体服务？
- Q2：请你在 1～4 的范围内，给度假村的食物质量打分（其中 1 是差，2 是一般，3 是不错，4 是优秀）。
- Q3：目前，主餐区在下午 3 点关闭。你认为它应该在什么时间关闭？
- Q4：你今天在旅馆里花费了多少钱？

表 1.6 中显示了他们的部分回答。确定调查中使用的每个变量的测量尺度。鉴于他们的回答，向业主提出改进建议。

表 1.6　青少年对度假村调查的反应

青少年	音乐流媒体服务	食物质量	关闭时间	花费金额（美元）
1	Apple Music	4	下午 5:00	20
2	Pandora	2	下午 5:00	10
⋮	⋮	⋮	⋮	⋮
20	Spotify	2	下午 4:30	10

解答：

- Q1：关于音乐流媒体服务的回复属于名义尺度，因为观察到的只是标签上的不同。20 名青少年中有 12 名，即 60%，听的是 Spotify。如果度假村希望通过这种方式来联系青少年，那么它可能想把广告费投向该种音乐流媒体服务。

- Q2：关于食物质量的回复属于定序尺度，因为我们可以对观察结果进行分类和排序。20 名青少年中有 11 人，即 55%，认为食物质量充其量是一般。也许一个只关注食物质量的更深入调查会揭示出他们不满意的原因。

- Q3：关于关闭时间的回复属于区间尺度。我们可以说，下午 3:30 比下午 3:00 晚 30 分钟，下午 6:00 比下午 5:30 晚 30 分钟；也就是说，观察结果之间的差异是有意义的。然而，对于关闭时间的反应，没有明显的零点。我们可以任意地将零点定义为上午 12 点，但计算比例仍然是没有意义的。换句话说，计算下午 6:00/3:00 的比例，并得出下午 6:00 的时间是下午 3:00 的两倍的结论是毫无意义的。对关闭时间回复的结果表明，绝大多数人（20 人中的 19 人）希望主餐区可以将营业时间延长。

- Q4：青少年对于他们自己在度假村花费金额的回复属于比例尺度。我们可以对观察结果进行分类和排序，也可以计算出有意义的差异。此外，因为有一个自然的零点，所以也可以计算出有效的比例。20 名青少年中有 17 名在旅馆里花了钱。看来，这个年龄段的人可支配支出确实很可观，业主迎合他们的部分喜好是明智的。

---

* 由于篇幅所限，本书部分案例和练习题的完整数据无法在书中展示，请读者登录中国人民大学出版社网站（www.crup.com.cn）下载本书相关数据资源。

练习 1.3

应用

14. 以下变量哪些是分类的，哪些是数字的？如果是数字变量，请说明该变量是离散的还是连续的。

a. 一场足球比赛中的得分。

b. 某高中班级的种族构成。

c. 15 岁儿童的身高。

15. 以下变量哪些是分类的，哪些是数值的？如果是数值变量，请说明该变量是离散的还是连续的。

a. 某商场停车场中汽车的颜色。

b. 每个学生完成一次期末考试所需要的时间。

c. 经常光顾一家餐馆的顾客数量。

16. 在以下场景中，请定义测量尺度的类型。

a. 一位幼儿园老师标记每个学生是男孩还是女孩。

b. 一个滑雪场记录了 1 月份的每日温度。

c. 一家餐馆对其顾客进行调查，了解其员工的服务质量，评分标准为 1～4，其中 1 为差，4 为优。

17. 在以下场景中，请定义测量尺度的类型。

a. 一名投资者收集了黄金全年的周收盘价数据。

b. 一位分析家将债券发行样本分配给以下信用等级之一，按照信用质量的降序排列（违约概率增加）：AAA，AA，BBB，BB，CC，D。

c. 一所当地大学的商学院院长按专业（如会计、金融、营销等）对学生进行分类，以帮助确定未来的课程设置。

18. 在以下场景中，请定义测量尺度的类型。

a. 一位气象学家记录了过去一年的月降雨量。

b. 一位社会学家记录了 50 个人的出生年份。

c. 一位投资者在 2010 年墨西哥湾石油灾难后监测英国石油公司每日的股价。

19. 文件：Major。一位教授记录了她 30 名学生的专业，部分数据显示在下面的表格中。

学生	专业
1	会计
2	管理
⋮	⋮
30	经济

a. 这些数据的测量尺度是什么？

b. 以表格的形式总结结果。

c. 从这些数据中我们可以提取哪些信息？

20. 文件：DOW。下表显示了组成道琼斯工业指数的 30 家公司的一部分。对于每家公司，数据集列出了其加入道琼斯工业指数的年份、行业，以及截至 2019 年 2 月 15 日的股票价格（单位：美元）。

公司	年份	行业	价格
3M（MMM）	1976	医疗保健	208.9
美国运通（AXP）	1982	金融	107.4
⋮	⋮	⋮	⋮
沃尔格林（WBA）	2018	医疗保健	73.43

a. 行业变量的测量尺度是什么？

b. 年份变量的测量尺度是什么？这种测量尺度的优点是什么？缺点是什么？

c. 价格变量的测量尺度是什么？这种测量尺度的优点是什么？

1.4　数据源和文件形式

数据每时每刻都在以越来越快的速度从无数的来源中产生，数量之多令人目不暇接。许多专家认为，今天世界上 90％的数据是在过去两年里产生的。因此，企业需要努力解决如何更好地提取、理解和操作大量数据的问题。

　　我们通过简单地使用谷歌这样的搜索引擎来获取本文中的大部分数据，这些搜索引擎将我们引向提供数据的网站。例如，搜索经济数据会引导你到经济分析局（http://bea.gov）、劳工统计局（http://www.bls.gov）、联邦储备经济数据（https://research.stlouisfed.org）和美国人口普查局（http://www.census.gov）。这些网站不仅提供了通货膨胀、失业、国内生产总值（GDP）以及更多其他的数据，也提供了很多有用的国际数据。同样，高质量的世界发展指标数据也可在世界银行网站（http://data.worldbank.org）获得。

　　《华尔街日报》《纽约时报》《今日美国》《经济学人》《商业周刊》《福布斯》《财富》都是提供各种数据的知名出版物。我们想指出的是，所有这些数据来源只代表了公开可用数据的一小部分。我们根据在线数据源汇编了一些大数据集，这些数据集被整合在了本书中。

　　结构化数据已经被广泛使用了很多年，并且经常以表格的形式出现。随着人们在工作中越来越多地相互协作，其在不同的方面之间交换信息的能力也越来越重要。以协定的或标准化的方式格式化数据，对于让其他人理解文件中包含的数据非常重要。目前有许多文件格式的标准，例如，一个文本文件可以被组织成行和列来存储在一个表中。简单文本文件的两种常见布局是固定宽度格式和定界格式。除了文本文件之外，我们还可以使用标记语言来为数据提供结构。三种广泛使用的标记语言是可扩展标记语言（XML）、超文本标记语言（HTML）以及 JavaScript 对象符号（JSON）。我们接下来对这些格式和标记语言进行概述。

■ 固定宽度格式

　　在一个具有**固定宽度格式**（fixed-width format，或固定长度格式）的数据文件中，每一列的开始和结束都在每一行的相同位置。实际的数据是以纯文本字符的形式存储在数字文件中。例如表 1.7 中的信息，它显示了三个人的名字、电话号码和工资。

表 1.7　格式说明的样本数据

名字	电话号码	工资
Rich	419 - 528 - 0915	160 000
Benjamin	203 - 991 - 3608	93 000
Eduardo	618 - 345 - 1278	187 000

　　表 1.7 中的信息可以被组织成固定宽度的格式，如图 1.5 所示。图 1.5 的第一、第二和第三列的列宽被分别定义为 8 个、12 个和 7 个字符。每个观测点或记录的列宽都完全相同。固定宽度的文件具有设计简单的特点，每条记录的具体数据都可以在完全相同的位置找到。当数据集非常大时，它可以帮助加快记录的搜索速度。此外，由于只存储原始数据，固定宽度的文件格式与其他数据格式（如包括数据标签和标记的 XML）相比，尺寸往往小得多。然而，每一列的字符数（列宽）需要预先确定。在图 1.5 中，名称列被预定为最多有 8 个字符；任何超过 8 个字符的名称将被截断。而且有时这些列似乎会相互碰撞。正是由于这些原因，其他文件格式才更受欢迎。

■ 定界格式

　　另一种广泛使用的存储表格数据的文件格式是**定界格式**（delimited format）。在图 1.6 中，我们将表 1.7 中的信息以定界格式显示出来，其中每条数据都用逗号隔开。

```
Name      Telephone    Salary
Rich      419-528-0915160000
Benjamin203-991-3608 93000
Eduardo 618-345-1278187000
```

图 1.5　固定宽度的文件格式

```
Name,Telephone,Salary
Rich,419-528-0915,160000
Benjamin,203-991-3608,93000
Eduardo,618-345-1278,187000
```

图 1.6　以逗号分隔的数值（csv）文件格式

在定界格式中，逗号被称为分隔符，文件被称为分隔符或逗号分隔的数值（csv）文件。有时，其他字符如分号也被用作分隔符。在定界格式中，每条数据可以包含尽可能多的适用字符。例如，与图 1.5 所示的固定宽度的文件不同，定界格式并不限制一个人的名字只能有 8 个字符。

固定宽度的文件和定界格式文件通常包括的是纯文本数据，可以在大多数文本编辑软件中打开，如微软 Windows 中的 Microsoft Word 和记事本，Mac 中的 TextEdit，以及在线工具，如 Google Docs。

■ 可扩展标记语言

可扩展标记语言（eXtensible Markup Language，XML）是一种代表结构化数据的简单语言。XML 语言是在计算机程序之间、人与人之间，以及计算机与人之间共享结构化信息的最广泛使用的格式之一，它使用标记标签来定义数据的结构。使用表 1.7 的信息，图 1.7 显示了一个用 XML 格式编码的数据示例。

```
<Data>
<Person>
    <Name>Rich</Name>
    <Telephone>419-528-915</Telephone>
    <Salary>160000</Salary>
</Person>
<Person>
    <Name>Benjamin</Name>
    <Telephone>203-991-608</Telephone>
    <Salary>93000</Salary>
</Person>
<Person>
    <Name>Eduardo</Name>
    <Telephone>618-345-278</Telephone>
    <Salary>187000</Salary>
</Person>
</Data>
```

图 1.7　XML 文件格式

每条数据通常被封闭在一对遵循特定 XML 语法的"标签"中。例如，一个电话号码以一个开头标签（<Telephone>）开始，以一个结束标签（</Telephone>）结束。XML 代码是区分大小写的，因此，<Telephone>和<telephone>表示两个不同的信息。图 1.7 中的标签不是基于任何预先设定好的标准。虽然 XML 语言允许每个用户定义自己的标签和文档结构，但 XML 标签名称一般来说应该是不言自明的。XML 文件格式旨在支持可读，这使得 XML 文件格式特别适用于在计算机应用程序之间传输数据，而不会丢失数据的含义。然而，由于额外的标签和标记，XML 数据文件的大小往往比包含相同数据的固定宽度和定界格式的数据文件大得多，使得数据下载和解析更加费时，计算也更加密集。

■ 超文本标记语言

与 XML 一样，**超文本标记语言**（HyperText Markup Language，HTML）也是一种标记语言，使用标签来定义其在网页中的数据。XML 和 HTML 之间的关键区别是，XML 告诉我们或计算机应用程序数据是什么，而 HTML 则告诉网络浏览器如何显示数据。使用表 1.7 的信息，图 1.8 显示了一个用 HTML 编码的数据示例。

诸如<table>这样的标签被用来为文本数据提供结构，如标题、段落和表格。在图 1.8 中，开头的<table>和结尾的</table>标签表示一个表格的开始和结束。与 XML 用户可以定义自己的标记标签不同，HTML 标签符合万维网联盟（W3C）等组织所维护的标准。谷歌浏览器和 Safari 等网络浏览器被设计用来解释遵循这些标准的 HTML 代码。例如，标签<th>被网络浏览器理解为一个表格标题。在我们的例子中，有三栏标题（即姓名、电话号码和工资）。另一方面，<tr>标签定义了一行，而<td>标签定义了一行中的每个单元格。而且，与 XML 不同，HTML 是不区分大小写的。

■ JavaScript 对象符号

近年来，随着开放数据共享的普及，**JavaScript 对象符号**（JavaScript Object Notation，JSON）已经成为 XML 的流行替代品。JSON 是一种在紧凑文件中传输人类可读数据的标准。JSON 最初是 JavaScript 语法的一个子集，目前是一个由 C、Java 和 Python 等多种现代编程语言支持的数据标准。使用表 1.7 的信息，图 1.9 显示了一个以 JSON 格式编码的数据示例。

```
<table>
  <tr>
    <th>Name</th>
    <th>Telephone</th>
    <th>Salary</th>
  </tr>
  <tr>
    <td>Rich</td>
    <td>419-528-0915</td>
    <td>160000</td>
  </tr>
  <tr>
    <td>Benjamin</td>
    <td>203-991-3608</td>
    <td>93000</td>
  </tr>
  <tr>
    <td>Eduardo</td>
    <td>618-345-1278</td>
    <td>187000</td>
  </tr>
</table>
```

图 1.8　HTML 文件格式

```
{
  "Person":      [
    {
      "Name": "Rich",
      "Telephone": "419-528-0915",
      "Salary": "160000"
    },
    {
      "Name": "Benjamin",
      "Telephone": "203-991-3608",
      "Salary": "93000"
    },
    {
      "Name": "Eduardo",
      "Telephone": "618-345-1278",
      "Salary": "187000"
    }
          ]
}
```

图 1.9　JSON 文件格式

JSON 格式和 XML 格式一样是不言自明的，但它与 XML 格式相比有几个优点。首先，JSON 格式不像 XML 格式那样冗长，它使数据文件的大小更小。对于非常大的数据集来说，大小的差异尤其明显。其次，JSON 格式支持广泛的数据类型，这在 XML 格式中是不太容易实现的。最后，解析 JSON 数据文件速度会更快，资源消耗会更少。基于这些原因，JSON 格式已经成为开放数据共享的一个广泛采用的标准。

数据文件格式和标记语言

数据文件的格式有多种标准。简单文本文件的两种常见布局是固定宽度格式和定界格式。

- 在固定宽度格式下，每一列都有固定的宽度，并且在每一行的相同位置开始和结束。
- 在定界格式中，每一列都由一个分隔符（如逗号）隔开。每一列可以包含尽可能多的适用字符。

标记语言也是数据结构的一种。三种广泛使用的语言是可扩展标记语言（XML）、超文本标记语言（HTML）以及 JavaScript 对象符号（JSON）。

- XML 是一种简单的基于文本的标记语言，用于表示结构化数据。它使用用户定义的标记来指定数据的结构。
- HTML 是一种简单的基于文本的标记语言，用于在网络浏览器中显示内容。
- JSON 是占用空间较小的传输人类可读数据的标准。

练习 1.4

应用

21. 一名二手车销售人员最近卖出了两辆奔驰、三辆丰田、六辆福特和四辆现代轿车。他想记录销售数据。

a. 将数据组织成固定宽度格式（品牌名称用 8 个字符，售出汽车数量用 4 个字符）。

b. 将数据组织成定界格式。

c. 以 XML 格式对数据进行编码。

d. 以 HTML 格式对数据进行编码。

e. 以 JSON 格式对数据进行编码。

22. 去年，甲骨文公司从当地大学聘用了三名金融专业的学生。Robert Schneider 的起薪是 56 000 美元，张淳的起薪是 52 000 美元，Sunil Banerjee 的起薪是 58 000 美元，而 Linda Jones 的起薪是 60 000 美元。甲骨文公司希望记录招聘数据。

a. 将数据组织成固定宽度格式（名字用 10 个字符，姓氏用 10 个字符，工资用 6 个字符）。

b. 将数据组织成定界格式。

c. 以 XML 格式对数据进行编码。

d. 以 HTML 格式对数据进行编码。

e. 以 JSON 格式对数据进行编码。

23. 下表列出了 2013—2017 年世界上人口最多的两个国家——印度和中国的人口（单位：百万人）。

年份	印度	中国
2013	1 278.56	1 357.38

续表

年份	印度	中国
2014	1 293.86	1 364.27
2015	1 309.05	1 371.22
2016	1 324.17	1 378.67
2017	1 339.18	1 386.40

a. 将数据组织成固定宽度格式（年份为 4 个字符，印度为 8 个字符，中国为 8 个字符）。

b. 将数据组织成定界格式。

24. 下表列出了按 10 分制计算世界上幸福指数排名前五位的国家，以及联合国 2017 年报告的相应人均国内生产总值。

国家	幸福指数	人均 GDP（美元）
芬兰	7.769	45 670
丹麦	7.600	57 533
挪威	7.544	75 295
冰岛	7.494	73 060
荷兰	7.488	48 754

a. 将数据组织成固定宽度格式（国家为 11 个字符，幸福指数为 10 个字符，人均 GDP 为 6 个字符）。

b. 将数据组织成定界格式。

25. 以下三名学生因被著名大学录取而在当地的一所高中受到表彰。

姓名	大学
Bridget	耶鲁大学

续表

姓名	大学
Minori	斯坦福大学
Matthew	哈佛大学

a. 将数据组织成固定宽度格式（姓名为 10 个字符，大学为 10 个字符）。

b. 将数据组织成定界格式。

c. 以 XML 格式对数据进行编码。

d. 以 HTML 格式对数据进行编码。

e. 以 JSON 格式对数据进行编码。

26. 据《福布斯》报道，洛杉矶天使队的 Michael Trout 以 3 900 万美元的收入，成为 2019 年棒球界收入最高的球员。费城费城人队的 Bryce Harper 以 3 650 万美元排名第二。波士顿红袜队的投手 David Price 以 3 200 万美元成为棒球界收入第三高的球员。

a. 使用 XML 格式对球员姓名、棒球队和薪水数据进行编码。

b. 使用 HTML 格式重复 a 问题。

c. 使用 JSON 格式重复 a 问题。

27. 根据《美国新闻与世界报道》，统计学家是 2019 年最好的商业职业，预计有 12 600 个工作岗位，工资中位数为 84 060 美元。数学家是第二好的职业，预计有 900 个工作岗位，工资中位数为 103 010 美元。有趣的是，这两种职业选择都与数据分析有关。

a. 将有关职业、预计工作岗位和工资中位数的信息以 XML 格式进行编码。

b. 使用 HTML 格式重复 a 问题。

c. 使用 JSON 格式重复 a 问题。

1.5　大数据写作

正如本章开头所提到的，除非将数据转化为有见解的信息，并以书面或口头语言清楚地表达出来，否则数据并没有很大作用。因此，商业分析的一个重要方面是用数字进行沟通，而不是专注于数字计算。在本节和随后的章节中，我们提供了基于观察和分析数据的报告样本，以书面形式来传达信息。这些报告是为那些可能不熟悉统计和计算方法细节的非技术性读者准备的。请思考以下基于音乐流行度数据的案例研究和随附报告。

□ 案例研究

自 1940 年以来，*Billboard* 杂志每周都会发布各种音乐人气排行榜。如今，该杂志使用销售量、电台播放量、数字下载和在线流媒体的组合来确定排行榜的排名。最受关注的榜单之一是百强单曲（Hot 100），它提供了每周排名前 100 位的音乐单曲。百强单曲排行榜上的每个条目都列出了当前的排名、上周的排名、最高排名以及该歌曲在排行榜上的周数。而其他榜单会按流派对音乐进行排名，如流行、摇滚、说唱和拉丁，或根据音乐专辑和艺术家的受欢迎程度对音乐进行排名。

Maya Alexander 是报纸 *The Campus Gazette* 的记者。她想推出一个新的电影和音乐专栏，其中包括评论、摘要数据和关于音乐流行度的统计数据。为了说服她的编辑同意这个任务，Maya 研究并评估了 *The Campus Gazette* 可能会使用的 *Billboard* 网站（http://www.billboard.com）上的内容。

报告样本——*Billboard* 排行榜

音乐是校园生活中不可或缺的一部分。在 *The Campus Gazette* 上开设新的电影和音乐专栏在校园观众中可能会很受欢迎。*Billboard* 网站每周都会公布音乐流行榜的数据，从百强单曲到各种音乐类型的销售数据。我们可以总结这些在大学生中最受欢迎的音乐类型的数据，并在新的电影和音乐专栏中公布。*Billboard* 网站上的排行榜是以 HTML 数据格式编码的，可以很容易地导入一个表格中。例如，图 1.10 所示的以 HTML 格式编码的百强单曲图表可以很容易地下载到文本文档的表格中。

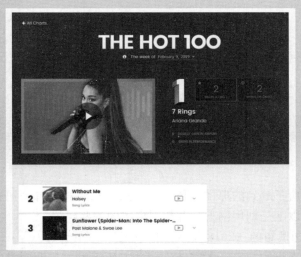

图 1.10　*Billboard* 的百强单曲排行榜

资料来源：Billboard.com.

我们的读者也可能会对各流派的顶级音乐单曲感兴趣。例如，表 1.8 是一个汇总表，列出了乡村、流行和摇滚的前五名单曲，这是从三个不同的 *Billboard* 排行榜中轻松编制出来的。这个汇总表可以结合热门排行榜的信息进行补充，例如每首歌曲在排行榜上的最高排名和上榜周数等。

表 1.8　按音乐类型划分的五大热门单曲

排名	乡村		流行		摇滚	
	歌曲	艺人	歌曲	艺人	歌曲	艺人
1	Tequila	Dan＋Shay	Without Me	Halsey	High Hopes	Panic! At theDisco
2	Speechless	Dan＋Shay	Thank U，Next	Ariana Grande	Natural	Imagine Dragons
3	Meant To Be	Bebe Rexha	High Hopes	Panic! At the Disco	Broken	lovelytheband
4	Beautiful Crazy	Luke Combs	East Side	benny blanco	Bad Liar	Imagine Dragons
5	Girl Like You	Jason Aldean	Sunflower	Post Malone	Harmony Hall	Vampire Weekend

根据最近的销售和市场表现，*Billboard* 网站还将歌曲和专辑分为"表演中的收益""流媒体中的最大收益""线上销售中的最大收益"等类别。虽然这些歌曲和专辑还没有达到前五名的位置，但它们的排名在排行榜上迅速上升。*The Campus Gazette* 可以通过在新的电影和音乐专栏中向我们的读者介绍这些新兴的歌曲和专辑来建立自己在校园中的音乐潮流。图 1.11 显示了百强单曲排行榜上的一首新晋单曲的例子。与排行榜类似，这些音乐类别是 HTML 格式，可以随时导入文本文档中。我们可以为这些从列表中挑选出的歌曲和专辑创建评论，向我们的读者介绍新晋音乐。

图 1.11 新晋音乐在 *Billboard* 排行榜上的表现

资料来源：Billboard. com.

□ **案例推荐**

正如你在整个章节中所了解到的那样，我们可以探索和调查来自公司、非营利组织和政府机构等无数在线来源的数据。以下是利用网上公开数据提出的一些建议。

报告 1.1。根据联合国发布的《2018 年幸福指数报告》（http：//www. worldhappiness. report），我们得知芬兰是世界上最幸福的国家。事实上，在过去几年里，几个斯堪的纳维亚国家一直在年度幸福指数报告列入的 156 个国家中占据榜首。访问幸福指数网站，并根据网站上提供的当前数据写一份报告。

报告 1.2。据报道，每年都有数以百万计的游客到加利福尼亚州的优胜美地国家公园旅游。令人惊叹的瀑布、巨大的红木树和壮观的花岗岩岩层是这个标志性公园的主要景点。然而，通向优胜美地山谷的蜿蜒道路偶尔也会因恶劣的天气状况关闭。访问天气预报网站，如 http：//www. weather. com，查询优胜美地国家公园周围的天气数据并写一份报告，为计划参观的游客提供建议。

数据管理和处理

第 2 章

🎯 **学习目标**

通过学习本章，可以达成以下目标：

1. 描述与数据管理相关的关键概念。
2. 检查和探索数据。
3. 应用数据准备技术来处理缺失值，并对数据进行分类。
4. 转换数值变量。
5. 转换分类变量。

数据整理是检索、清理、整合、转换和充实数据的过程，用以支持数据分析。它通常被认为是分析项目中最关键和最耗时的步骤之一。在本章中，我们将重点讨论数据整理过程中的四项关键任务：数据管理、数据检查、数据准备和数据转换。

我们首先概述数据管理。尽管数据管理主要是信息技术部门的责任，但是了解相关的概念、数据结构和数据检索技术对专业分析人员的成功至关重要。在获得相关的数据后，大多数专业分析人员会花费相当多的时间来检查、清理和准备数据，以便进行后续分析。这些任务往往涉及对相关变量的计数和排序，以审查基本信息和潜在的数据质量问题。对于数据准备，我们讨论了两种常用的技术：缺失值处理和数据分类。然后，我们研究了两种缺失值处理的策略：遗漏和归因。最后，我们重点讨论了数值变量和分类变量的数据转换技术。对于数值变量，常见的数据转换技术包括分类、创建新的变量和重新调整比例。对于分类变量，常见的数据转换技术包括减少类别、创建虚拟变量和创建类别分数。

引入案例　获得对零售客户数据的见解

有机食品超市是一个网上杂货店，专门为有健康意识的消费者提供有机食品。该公司提供会员制服务，将厨师搭配的各种膳食的新鲜原料配送到会员家中。Catherine Hill 是有机食品超市的一名营销经理，她被派去推销该公司新推出的亚洲风味系列菜肴。研究表明，最可能购买健康民族菜肴的顾客是受过大学教育的千禧一代（生于 1982—2000 年）。

为了有效使用公司的营销资金，Catherine 希望在设计营销活动时关注这一目标人群。在信息技术（IT）小组的帮助下，Catherine 获得了一个有代表性的样本，其中包括客户 ID（CustID），性别（Sex），种族（Race），出生日期（BirthDate），客户是否有大学学位（College），家庭规模（HouseholdSize），邮政编码（ZipCode），年收入（Income），2017 年的总支出（Spending2017），2018 年的总支出（Spending2018），过去 24 个月的订单总数（NumOfOrders），自上次订单以来的天数（DaysSinceLast），客户对上次购买的评价（Satisfaction），以及最初获得客户的渠道（Channel）。表 2.1（文件：Customers）展示了数据集的一部分。

表 2.1　有机食品超市的客户样本

客户 ID	性别	种族	出生日期	…	渠道
1530016	女	黑人	12/16/1986	…	SM
1531136	男	白人	5/9/1993	…	TV
⋮	⋮	⋮	⋮	⋮	⋮
1579979	男	白人	7/5/1999	…	SM

Catherine 将使用客户数据集来：
1. 识别选择去有机食品超市受过大学教育的千禧一代客户。
2. 比较受过大学教育的千禧一代女性客户和男性客户的情况。
2.3 节末尾提供了本案例的概要。

2.1　数据管理

数据整理（data wrangling）是检索、清理、整合、转换和充实数据的过程，用以支持后续的数据分析。这个过程主要是将原始数据转化为更合适、更容易分析的格式。数据整理的目标包括提高数据质量，减少执行分析所需的时间和精力，并帮助揭示数据中的真正信息。

数据整理是商业分析的一个重要部分。正如在第 1 章中所提到的那样，不断增加的数据量和种类迫使企业在进行任何分析之前要花费大量的时间和资源来收集、清理和组织数据。随着数据量的增加，涉及数据整理的需求和困难也会随之增加。在实践中，无法清理和组织大数据是阻碍企业充分利用商业分析的主要障碍之一。分析专家不能再仅仅依靠企业的 IT 部门进行数据检索和准备。根据相关采访和专家的估计，专业分析人员在应用分析之前，有 50%～80% 的时间花在收集和准备无序的数据上（《纽约时报》，2014 年 8 月 17 日）。

因此，专业分析人员必须变得更加自力更生，并掌握必要的数据整理和数据分析技能，以使企业能够更快地解决业务问题，并做出更明智的决策。与此同时，自助服务模式要求专业分析人员拥有更广泛的技能，而不仅仅是统计和数据挖掘技术。

数据整理

数据整理是检索、清理、整合、转换和充实数据的过程，用以支持后续的数据分析。

下面我们对**数据管理**（data management）进行概述：从广义上讲，数据管理是一个组织用来获取、组织、存储、操作和分发数据的过程。如今的组织拥有大量的数据，并且这些数据是用不同的、通常不兼容的技术创建和存储的。在过去的几十年里，大多数组织都采用了数据库方法来存储和管理数据。这极大地提高了数据管理过程的效率和有效性，并最终提高了数据的质量。**数据库**（database）是将数据有逻辑地组织起来的集合，能使数据的检索、管理和分发变得较为容易。

今天，组织中最常见的数据库类型是**关系数据库**（relational database）。一个关系数据库由一个或多个逻辑上相关的数据文件组成，通常称为表或关系。每个表是一个二维网格，由行（也叫记录或图元）和列（也叫字段或属性）组成。一列（如客户的性别、产品的价格等）包含一个物理对象（如产品或地方）、一个事件（如商业交易）或一个人（如客户、学生）的特征。相关字段的集合构成了一条记录，它代表一个物体、一个事件或一个人。用于定义、操作和管理数据库中数据的软件应用程序称为**数据库管理系统**（database management system，DBMS）。常用的 DBMS 软件包包括 Oracle、IBM DB2、SQL Server、MySQL 和 Microsoft Access。

数据管理

数据管理是一个组织用来获取、组织、存储、操作和分发数据的过程。

最常见的数据库类型（数据的集合）是关系数据库。关系数据库由一个或多个逻辑上相关的数据文件组成，其中每个数据文件是一个由行和列组成的二维网格。

▌ 数据建模：实体-联系图

为了了解如何以及在何处提取数据，人们需要了解数据的结构，它也被称为数据模型。**数据建模**（data modeling）是定义数据库结构的过程。关系数据库的建模方式提供了极大的灵活性和数据检索的便利性。

实体-联系图（entity-relationship diagram，ERD）是一种用来模拟数据结构的图形表示。**实体**（entity）是一种概括性的类别，代表了我们想在数据库表中存储数据的人、地方、事物或事件。一个实体的单一出现称为一个**实例**（instance）。在大多数情况下，一个实例被表示为数据库表中的一条记录。例如，Claire Johnson 是 CUSTOMER 实体的一个实例，有机燕麦片是 PRODUCT 实体的一个实例。每个实体都有特定的特征，称为属性或字段，它们在数据库表中被表示为列。客户的姓氏和产品描述是数据库表中属性的例子。

□ 实体联系

两个实体之间可以有一对一（1∶1）、一对多（1∶M）或多对多（M∶N）的**关系**（relationship），代表了某些业务事实或规则。1∶1的关系与其他两种类型相比更不常见。在商业环境中，我们可能用1∶1的关系来描述这样一种情况：每个部门只能有一个经理，每个经理只能管理一个部门。回顾一下引入案例中的有机食品超市，图2.1显示了该超市的ERD，说明了1∶M和M∶N的关系。该图显示了三个实体：CUSTOMER、ORDER和PRODUCT。CUSTOMER和ORDER实体之间的关系是1∶M，因为一位客户可以在一个时间段内下很多订单，但每个订单只能属于一位客户。ORDER和PRODUCT之间的关系是M∶N，因为一个订单可以包含许多产品，而且同一种产品可以出现在许多订单中。

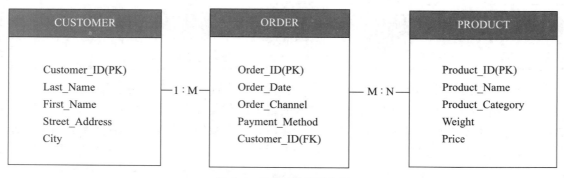

图 2.1　实体-联系图实例

在图2.1中，每个实体都用一个矩形框表示，其中列出了该实体的属性。每个实体都有一种特殊的属性，叫作**主键**（primary key，PK），这是一种能唯一识别实体每个实例的属性。例如，Customer_ID是CUSTOMER实体的主键，因为每位客户都会有一个唯一的ID号。因为主键属性能唯一地识别实体的每一个实例，所以它经常被用来创建一种叫作索引的数据结构，以便快速地进行数据检索和搜索。

一些实体（例如，ORDER）有另一种特殊的属性类型，称为**外键**（foreign key，FK）。外键被定义为一个相关实体的主键。因为Customer_ID是CUSTOMER实体的主键，而CUSTOMER实体与ORDER实体有着共享关系，所以Customer_ID被认为是ORDER实体的外键。一对主键和外键被用来建立两个实体之间的1∶M关系。通过匹配CUSTOMER和ORDER实体Customer_ID字段的值，我们可以快速找出哪位客户下了哪个订单。

图2.1中的ERD还不完整，因为它缺少ORDER实体中的订购产品和购买数量。将这些数据存储在ORDER实体中是不合适的，因为我们事先不知道每个订单中会有多少产品，因此不可能创建有着正确数量的属性。为了解决这个问题，我们只需在ORDER和PRODUCT实体之间创建一个中间实体ORDER_DETAIL，如图2.2所示。M∶N关系被分解为两个1∶M关系。虽然一个订单有许多详细的行项目，但是每个行项目只能属于一个订单。虽然一种产品可能出现在许多订单和订单行中，但一个订单行只能包含一种产品。

在ORDER_DETAIL实体中，有两个属性，即Order_ID和Product_ID，一起为每个实例创建了一个唯一的标识符。在这种情况下，Order_ID和Product_ID称为**复合主键**（composite primary key），它是由一个以上的属性组成的主键。当没有一个单独的属性可以唯一地识别实体的每个实例时，我们就使用复合主键。例如，单独的Order_ID和Product_ID都不能唯一地识别一个订单的每个行项目，但是它们的组合可以唯一地识别每个行项目。因为Order_ID和Product_ID都是与

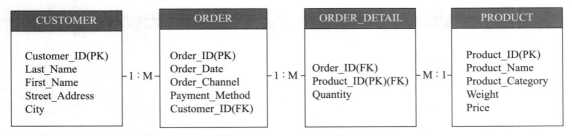

图 2.2 扩展的实体-联系图

ORDER_DETAIL 相关的其他实体的主键，它们也作为外键。通过匹配主键和外键对，系统可以快速地找出哪个订单包含某种特定产品的行项目。

> **实体-联系图（ERD）**
>
> 实体-联系图（ERD）是一个用来说明数据结构的示意图。
> ● 实体是一个概括性的类别，代表人、地方、事物或事件。
> ● 实体之间的关系代表了某些业务事实或规则。关系的类型包括一对一（1：1）、一对多（1：M）和多对多（M：N）。
> ● 主键是唯一标识一个实体的每个实例的属性，而外键是一个相关实体的主键。一个复合主键是一个包含多个属性的主键。

　　ERD 所代表的数据模型可以转换为数据库表。基于图 2.2 中的 ERD，表 2.2 显示了可以使用有机食品超市样本数据创建的各种表。你能找出哪位顾客在 2018 年 10 月 15 日下了有机红薯的订单吗？这位顾客还订购了其他产品吗？通过匹配 CUSTOMER、ORDER、ORDER_DETAIL 和 PRODUCT 表的主键和外键，我们可以在这些表中建立关系。通过这些关系，我们可以从多个表中提取出有用的信息。例如，通过使用他的客户 ID（即 1531136），我们了解到 James Anderson 是在 2018 年 10 月 15 日下订单的客户，他使用他的手机下单，并用他的贝宝账户支付了订单。此外，我们还可以看到，他购买了有机红薯和有机燕麦片。

表 2.2 有机食品超市的数据库表

a. 客户表

客户 ID	姓氏	名字	街道地址	城市	…
1530016	Johnson	Claire	532 Main Street	洛杉矶	…
1531136	Anderson	James	1322 Cary Street	洛杉矶	…
⋮	⋮	⋮	⋮	⋮	⋮
1532160	Smith	Terry	663 JohnsonAve.	洛杉矶	…

b. 订单表

订单 ID	订单日期	订单渠道	支付方式	…	客户 ID
1484001	09/12/2018	网络	信用卡/借记卡	…	1530016
1484212	03/24/2018	网络	信用卡/借记卡	…	1530016
⋮	⋮	⋮	⋮	⋮	⋮
1482141	10/15/2018	手机	贝宝	…	1531136

c. 订单详情表

订单 ID	产品 ID	数量
1484001	4378	1
1482141	4305	1
⋮	⋮	⋮
1482141	4330	2

d. 产品表

产品 ID	产品名称	产品类别	重量	价格	⋯
4305	有机燕麦片	谷物	2	2.49	⋯
4330	有机红薯	农产品	1	1.39	⋯
⋮	⋮	⋮	⋮	⋮	⋮
4378	无谷蛋白面包	面包	1.5	6.99	⋯

■ 数据库环境中的数据检索

　　一旦数据存储在关系数据库中，我们就可以使用数据库查询来检索它们。目前最流行的查询语言是**结构化查询语言**（Structured Query Language，SQL）。SQL 是一种使用相对简单和直观的命令来操作关系数据库中数据的语言。虽然对 SQL 的全面讨论超出了本书的范围，但我们简要地展示了如何使用简单的 SQL 语句来从数据库中检索数据。

　　SQL 语句的基本结构相对简单，通常由三个关键字组成：Select，From 和 Where。Select 关键字后面是我们要检索的属性名称。From 关键字指定了要检索数据的表。我们通常会根据 Where 子句中指定的选择标准来检索数据。下面的 SQL 语句是从客户表中检索出住在洛杉矶的客户的名字和姓氏。

```
Select Last_Name,First_Name
From CUSTOMER
Where City = "Los Angeles"
```

　　虽然像前面这样的简单查询很有用，但我们经常需要从多个表格中汇编数据并应用一个以上的选择标准。例如，我们可能想检索 2018 年 10 月 15 日购买有机红薯的客户名称、订单 ID 和订单数量。如下 SQL 查询返回了这些信息。

```
Select CUSTOMER.Last_Name,CUSTOMER.First_Name,ORDER.Order_ID,ORDER_DETAIL.Quantity
From CUSTOMER,ORDER,ORDER_DETAIL,PRODUCT
Where PRODUCT.Product_Name = "Organic Sweet Potato"
and ORDER.Order_Date = "10/15/2018"
and CUSTOMER.Customer_ID = ORDER.Customer_ID
and ORDER.Order_ID = ORDER_DETAIL.Order_ID
and ORDER_DETAIL.Product_ID = PRODUCT.Product_ID
```

　　因为 Select 子句指定了要检索的属性，而且这些属性可能来自不同的表，所以我们使用 table_name.attribute_name 格式来告诉 DBMS 从哪个表中检索属性（例如，CUSTOMER.Last_Name 指的是客户表中的姓氏属性）。From 子句列出了所有具有要检索的属性的表和选择条件中使用的属性。Where 子句列出了多个条件，并使用 "and" 关键字将它们连接起来。最后三个条件是根据

图 2.2 中描述的关系来匹配主键和外键对应的值。

结构化查询语言（SQL）

在关系数据库中，可以使用结构化查询语言（SQL）语句来检索数据，其基本结构包括 Select、From 和 Where 等关键字。SQL 语句指定了检索的数据必须满足的属性、表格和标准。

虽然这两个例子中的 SQL 命令为数据检索提供了灵活性，但许多现代 DBMS 软件包，如 Microsoft Access、Oracle 和 SQL Server，提供了图形界面选项，用户通过拖放查询组件（如字段、表、条件等）到一个表格中来构建一个数据库查询。然后，DBMS 将用户的选择翻译成 SQL 语句来检索数据。

数据仓库和数据集市

尽管关系数据库环境为企业提供了一种有效的管理数据的方式，但由不同业务部门维护的孤立数据库的激增使跨部门和业务单位的数据分析变得困难。这种现象也导致了数据的冗余和不一致。因此，许多组织开发了企业数据仓库，它提供了集成的、准确的"单一事实版本"数据，以支持决策。

企业数据仓库或**数据仓库**（data warehouse）是一个组织内多个部门数据的中央存储库。它的主要目的之一是支持管理决策，因此，数据仓库中的数据通常围绕销售、客户或产品等与商业决策有关的主题进行组织。为了整合不同业务部门产生的不同数据库中的数据，需要通过提取、转换和加载（ETL）过程，检索、协调并将数据转换为一致的格式，然后将最终数据加载到数据仓库，提供整个组织的历史和综合视图。

可以想象，数据仓库的数据量会很快变得非常大。数据仓库整合了整个组织的数据，而**数据集市**（data mart）是一个小规模的数据仓库或企业数据仓库的一个子集，专注于一个特定的主题或决策领域。例如，数据集市可以被用来设计支持营销部门分析客户的行为，它只包含与这种分析有关的数据。

数据集市的结构如果符合多维数据模型，则称为**星型模型**（star schema），这是一种专门的关系数据库模型。图 2.3 显示了有机食品超市的星型模型。在星型模型中，有两种类型的表：**维度表**（dimension table）和**事实表**（fact table）。维度表描述了感兴趣的业务维度，如客户、产品、地点和时间。事实表包含关于商业运作的事实，通常是以定量的形式出现。

数据仓库和数据集市

数据仓库是一个组织内多个部门数据的中央存储库，用以支持管理决策。分析专家倾向于从数据集市获取数据，数据集市是小规模的数据仓库，只包含与某些主题或决策领域相关的数据。数据集市中的数据是用一种叫作星型模型的多维数据模型组织的，其中包括维度表和事实表。

每个维度表与事实表是 1：M 的关系。因此，维度表的主键也是事实表的外键。同时，维度表主键的组合形成了事实表的复合主键。事实表通常被描述在中心位置，周围有多个维度表，形成一种星型形态。现实中，多个事实表与一组维度表在数据集市中共享关系是很常见的。

星型模型的关键优势之一是它能够根据不同的维度对数据进行"切片和切块"。例如，在图 2.3 所示的数据模型中，销售数据可以根据客户是谁，涉及的产品或产品类别，订单的年份、季度或月份，客户居住地或者通过哪个渠道提交的订单进行检索，只要将维度表的主键与事实表的外键相匹配即可。

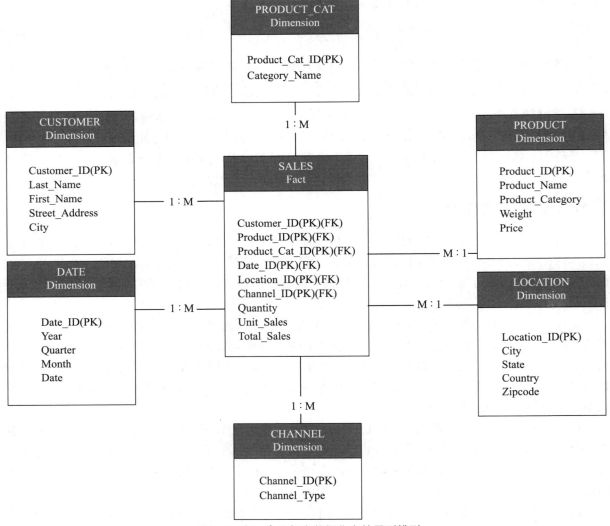

图 2.3 有机食品超市数据集市的星型模型

近年来，出现了支持大数据的新形式的数据库。最引人注目的是 NoSQL 或"not only SQL"数据库。NoSQL 数据库是一种非关系数据库，支持存储广泛的数据类型，包括结构化、半结构化和非结构化数据。它还提供了处理极大量数据所需的灵活性、高性能和可扩展性。分析专家预测，未来 NoSQL 数据库与关系数据库将会同时被使用，以支持企业在当今环境中的数据需求。

练习 2.1

应用

1. 以下哪种说法正确描述了数据整理过程？选择所有正确选项，并对不正确选项予以解释。

a. 数据整理是检索、清理、整合、转换和充实数据的过程。

b. 数据整理是定义和建模数据库结构以表示现实世界事件的过程。

c. 数据整理的目标包括提高数据质量和减少执行分析所需的时间和精力。

d. 数据整理的重点是将原始数据转换为更合适、更容易分析的格式。

2. 以下关于实体-联系图（ERD）的说法哪些是正确的？选择所有正确选项，并对不正确选项予以解释。

a. 一个实体通常代表了我们想要存储数据的人、地方、事物或事件。

b. 外键是一个属性，可以唯一地识别实体的每个实例。

c. 复合键是由一个以上的属性组成的键。

d. 实体之间的关系代表了某些业务事实或规则。

3. 以下哪种说法能正确识别和描述关系数据库的关键要素？选择所有正确选项，并对不正确选项予以解释。

a. 关系数据库中的表是一个包含实际数据的二维网格。

b. 一个字段或一列表示一个物理对象、一个事件或一个人的特征。

c. 关系数据库包括用于高级数据可视化的软件工具。

d. 表中的一个元组或一条记录代表一个物理对象、一个事件或一个人。

4. 以下哪项陈述能最准确地描述什么是外键？选择所有正确选项，并对不正确选项予以解释。

a. 它是一个能唯一地识别实体的每个实例的属性。

b. 它是一个主键，由多个属性组成。

c. 它是一个相关数据库表的主键。

d. 一个实体只出现一次。

5. 以下业务规则描述了哪种类型的关系——一对一（1∶1）、一对多（1∶M），还是多对多（M∶N）？

a. 一位经理可以监督多个员工，一个员工可以向多位经理报告。

b. 一个业务部门有多个员工，但每个员工只能被分配到一个部门。

c. 一家公司只能有一个 CEO，每个 CEO 只能为一家公司工作。

d. 一位学术顾问可以与多名学生合作，而每名学生只分配给一位学术顾问。

e. 一个高尔夫球场向许多会员提供会员资格，而一个高尔夫球员有可能在多个高尔夫球场注册会员。

f. 一个足球队由多名球员组成，而一名球员一次只能为一个球队效力。

6. 以下哪些说法正确描述了结构化查询语言（SQL）的好处？选择所有正确选项，并对不正确选项予以解释。

a. SQL 可以用来处理结构化、半结构化和非结构化的数据。

b. SQL 命令允许用户根据多个选择标准来选择数据。

c. SQL 可以用来编译来自多个表的数据。

d. SQL 命令是相对简单和直观的。

7. 以下关于数据仓库和数据集市的哪些说法是正确的？选择所有正确选项，并对不正确选项予以解释。

a. 数据仓库是企业数据库的一个子集，专注于一个特定的主题或决策领域。

b. 维度表描述了感兴趣的业务维度，如客户、产品、地点和时间，而事实表包含关于业务操作的事实。

c. 星型模型代表了一个多维数据模型。

d. 数据仓库是一个商业企业内多个部门的数据的中央存储库，以支持管理决策。

2.2 数据检查

一旦原始数据从数据库、数据仓库或数据集中提取出来，我们通常会审查和检查数据集，用来评估数据质量和相关信息，以便进行后续分析。除了直观地审查数据外，计数和排序是大多数数据分析师为更好地理解和洞察数据而执行的首要任务之一。对数据进行计数和排序可以帮助我们验证数据集是否完整，或者是否可能有缺失的数值，特别是对于重要的变量。对数据进行排序还可以让我们审查每个变量的取值范围，我们可以根据单个变量或多个变量对数据进行排序。

在例 2.1 中，我们演示了如何使用 Excel 和 R 语言中的计数和排序功能来检查和深入了解数据。

虽然这些功能也能检测缺失值，但我们将在 2.3 节中对缺失值的处理进行讨论。

例 2.1 --

BalanceGig 是一家为建筑、汽车和高科技行业的企业匹配短期独立员工的公司。这些"gig"员工只在短时间内工作，通常是做一个特定的项目或完成一项特定的任务。BalanceGig 的经理从他们最近的工作约定中提取员工数据，包括小时工资（HourlyWage）、客户的行业（Industry）和员工的工作分类（Job）。表 2.3 中显示了 Gig 数据集（文件：Gig）的一部分。

表 2.3　Gig 员工数据

员工代码（EmployeeID）	小时工资	行业	工作分类
1	32.81	建设	分析师
2	46	汽车	工程师
⋮	⋮	⋮	⋮
604	26.09	建设	其他

经理认为关于临时工的数据有时是不完整的，这也许是源于员工工作的短期性和短暂性。她想找到小时工资、行业和工作等变量缺失观察值的数量。此外，她还想知道：（1）在汽车行业工作，（2）每小时收入超过 30 美元，以及（3）在汽车行业工作且每小时收入超过 30 美元的员工数量。最后，这位经理想知道整个公司收入最低和最高的员工的小时工资，以及在汽车和高科技行业工作的收入最低和最高的会计人员的小时工资。

使用 Excel 和 R 语言中的计数和排序功能，找到经理要求的相关信息，然后对结果进行总结。

注意： 由于字体和类型设置的不同，将本书中的 Excel 或 R 函数直接复制和粘贴到 Excel 或 R 语言中可能会出现错误。当这种错误发生时，你可能需要替换特殊字符，如引号和括号，或删除函数中的额外空格。

解答：

使用 Excel

a. 打开 Gig 数据文件。滚动到数据集的末尾，注意最后一条记录是在第 605 行。在第 1 行的列标题下，该数据集显示共有 604 条记录。

b. 我们使用两个 Excel 函数，即 COUNT 和 COUNTA，来检查每一列中数值的数量。由于 COUNT 函数计算包含数值的单元格的数量，因此，只能适用于员工代码和小时工资变量。COUNTA 函数计算非空单元格的数量，适用于所有 4 个变量。因为 HourlyWage 是一个数值变量，所以我们可以在空单元格中输入＝COUNT（B2：B605）或＝COUNTA（B2：B605）来计算 HourlyWage 值的数量。我们得到 604 个值，这意味着没有缺失值。同样，我们在空单元格中输入＝COUNTA（C2：C605）和＝COUNTA（D2：D605）来计算行业（C 列）变量和工作（D 列）变量的数值数量。因为这两个变量是非数字型的，所以我们用 COUNTA 而不是 COUNT。确认行业和工作分类的记录数分别为 594 和 588，表明这两个变量中分别有 10 个和 16 个空白或缺失值。

c. 为了计算每个行业的员工人数，我们使用 COUNTIF 函数。在一个空单元格中输入＝COUNTIF（C2：C605，"＝Automative"），将显示 604 名员工中有 190 人在汽车行业工作。同样，在空单元格中输入＝COUNTIF（B2：B605，"＞30"），将显示有 536 名员工每小时收入超过 30 美元。请注意，COUNTIF 函数的第一个参数是要计算的单元格范围，第二个参数是指定选择标准。其他逻辑运算符，如＞＝、＜、＜＝和＜＞（不等于），也可以在 COUNTIF 函数中使用。

d. 为了计算具备多个选择条件的员工数量，我们使用 COUNTIFS 函数。例如，在空单元格中输入＝COUNTIFS（C2：C605，"＝Automative"，B2：B605，"＞30"），将显示有 181 名员工在汽车行业工作，每小时收入超过 30 美元。其他的数据范围和选择标准可以在相应的对中添加。COUNTIFS 函数中也可以使用＞＝、＜、＜＝和＜＞运算符。

e. 要想按小时工资对所有员工进行排序，请选中 A1 至 D605 单元格。从菜单中，选择"数据"（Data）→"排序"（Sort）（在排序和过滤组）。确保"我的数据有标题"（My data has headers）复选框被选中。在排序选项中选择小时工资，并选择从小到大（或升序）的顺序。点击"确认"（OK）。

在排序列表的顶部，确认有 3 名员工的最低时薪为 24.28 美元。如果要按降序排序，则重复步骤 e，但要选择从大到小（或降序）的顺序，确认最高的小时工资是 51.00 美元。

f. 要想根据多个变量对数据进行排序，再次选中 A1：D605 单元格，进入"数据"（Data）→"排序"（Sort）。在排序选项中选择行业，并选择 A 到 Z（或升序）的顺序。单击"添加级别"（Add Level）按钮，在"然后"（Then）选项中选择"工作"，并按 A 到 Z 的顺序排列。再次点击"添加级别"按钮，在第二个"然后"选项中选择"小时工资"，并按从小到大的顺序排列。点击"确认"（OK）。我们看到，在汽车行业中收入最低和最高的会计人员的小时工资分别为 28.74 美元和 49.32 美元。

同样，按行业降序（Z 到 A）对数据进行排序，然后按工作分类和小时工资升序排序，可以发现在科技行业中收入最低和最高的会计人员的小时工资分别为 36.13 美元和 49.49 美元。

g. 要想将数据集恢复到原来的顺序，再次选中 A1：D605 单元格，进入"数据"→"排序"。选择每一行，然后点击"删除级别"（Delete Level）按钮。在排序选项中选择"员工代码"，并选择从小到大的顺序。

使用 R 语言

在遵循所有 R 语言说明之前，请确保你已经阅读了附录 C（R 语言入门）。我们假设你已经下载了 R 语言和 RStudio，而且你知道如何导入 Excel 文件。在整本书中，我们的目标是提供获得相关输出的最简单方法。

a. 将 Gig 数据文件导入一个数据框（表），并将其标记为 myData。请记住，R 语言是区分大小写的。

b. 我们使用 R 语言中的 dim 函数来计算观察值和变量的数量。验证 R 语言的输出显示 604 个观察值和 4 个变量，输入：

> dim(myData)

c. 显示部分数据的两个常用函数是 head 和 View。head 函数显示数据集中的前几个观察值，View 函数（区分大小写）显示一个电子表格风格的数据查看器，用户可以滚动浏览行和列。验证数据集中的第一个员工是一个在建筑行业工作的分析员，每小时挣 32.81 美元。输入：

> head(myData)
> View(myData)

d. R 将缺失值存储为 NA，我们使用 is. na 函数来识别缺失值的观察值。R 将有缺失值的观察值标记为"True"，将没有缺失值的观察值标记为"False"。为了检查行业变量的缺失值，输入：

> is. na(myData $ Industry)

e. 对于一个大的数据集来说，要翻阅所有的观测值是很不方便的。为此，我们可以使用 which 函数和 is. na 函数来识别"哪些"观测值包含缺失值。下面的命令按行号确定了 10 个在行业变量中具有缺失值的观测值。验证第一个有缺失的行业值的观察值是在第 24 行，输入：

```
> which( is. na(myData $ Industry))
```

f. 为了检查第 24 个观察值，我们在 myData 数据框中指定第 24 行，输入：

```
> myData[24,]
```

注意，方括号内有两个元素，用逗号隔开。第一个元素标识了一个行号（也叫行索引），逗号后的第二个元素标识了一个列号（也叫列索引）。将第二个元素留空将显示所有列。要检查第 24 行和第 3 列的观察结果，我们输入 myData［24，3］。在一个小的数据集中，我们还可以通过滚动到由 View 函数产生的数据查看器中的特定行和列来查看缺失值。如前所述，对缺失值的处理将在 2.3 节中讨论。

g. 为了识别和计算具有多个选择条件的员工数量，我们使用 which 函数和 length 函数。在下面的命令中，我们用 which 函数确定哪些员工在汽车行业工作，用 length 函数计算这些员工的数量。双等号（＝＝）也叫平等运算符，用来检查行业是不是汽车行业。在 R 中，像 "Automotive" 这样的文本字符要用引号括起来，输入：

```
> length(which(myData $ Industry = = 'Automotive'))
```

我们还可以在选择条件中使用＞、＞＝、＜、＜＝和！＝（不等于）运算符。例如，使用下面的命令，我们可以确定每小时收入超过 30 美元的员工数量，输入：

```
> length(which(myData $ HourlyWage > 30))
```

请注意，汽车行业有 190 名员工，有 536 名员工每小时收入超过 30 美元。

h. 为了计算有多少员工在某一行业工作，并且收入超过某一特定的工资，我们使用 and 运算符（&）。下面的命令显示有 181 名员工在汽车行业工作，并且每小时收入超过 30 美元，输入：

```
> length(which(myData $ Industry = = 'Automotive' & myData $ HourlyWage > 30))
```

i. 我们使用 order 函数对一个变量的观测值进行排序。为了对小时工资变量进行排序，并将排序后的数据集存储在一个名为 sortedData1 的新数据框中，输入：

```
> sortedData1 <- myData[order(myData $ HourlyWage),]
> View(sortedData1)
```

View 函数显示，最低和最高的小时工资分别为 24.28 美元和 51.00 美元。在默认情况下，排序是按升序进行的。如果按降序排序，请输入：

```
> sortedData1 <- myData[order(myData $ HourlyWage,decreasing = TRUE),]
```

j. 要按多个变量对数据进行排序，我们要在 order 函数中指定变量。下面的命令按照行业、工作分类和小时工资对数据进行排序，所有数据都是按升序排列，并将排序后的数据存储在一个名为 sortedData2 的数据框中，输入：

```
> sortedData2 <- myData[order(myData $ Industry,myData $ Job,myData $ HourlyWage),]
> View(sortedData2)
```

View 函数显示，在汽车行业工作的收入最低的会计人员每小时挣 28.74 美元。

k. 为了按行业和工作分类升序排序，然后按小时工资降序排序，我们在小时工资变量前面插入一个减号。为了验证汽车行业中收入最高的会计人员每小时工资为 49.32 美元，输入：

```
> sortedData3 < - myData [ order ( myData $ Industry, myData $ Job, - myData $ Hourly-Wage),]
> View(sortedData3)
```

l. 行业和工作分类变量是非数字型的。因此，为了按行业降序排列数据，然后按工作分类和小时工资升序排列数据，我们使用 xtfrm 函数，在行业变量前面加减号，输入：

```
> sortedData4 <- myData[order(-xtfrm(myData $ Industry),myData $ Job,
myData $ HourlyWage),]
> View(sortedData4)
```

View 函数显示, 高科技行业中收入最低和最高的会计人员的时薪分别为 36.13 美元和 49.49 美元。

m. 如果按行业、工作分类和小时工资对数据进行排序, 并且都是按降序排列, 我们使用 order 函数中的递减选项。验证高科技行业中收入最高的销售代表的工资为 48.87 美元, 输入:

```
> sortedData5 <- myData[order(myData $ Industry,myData $ Job,
myData $ HourlyWage,decreasing = TRUE),]
> View(sortedData5)
```

n. 为了将步骤 m 中的分类数据导出为逗号分隔的值文件, 我们使用 write. csv 函数。验证导出的文件是否在默认的文件夹 (例如, 在微软视窗中的 "我的文档") 中。R 中的其他数据框架也可以用类似的语句导出, 输入:

```
> write. csv(sortedData5,"sortedData5.csv")
```

总结

● 数据集中总共有 604 条记录。小时工资变量中没有缺失值。行业和工作变量分别有 10 个和 16 个缺失值。

● 190 名员工在汽车行业工作, 536 名员工每小时收入超过 30 美元, 在汽车行业工作的 181 名员工每小时收入超过 30 美元。

● 数据集中最低和最高时薪分别为 24.28 美元和 51.00 美元。最低时薪为 24.28 美元的三名员工都在建筑行业工作, 分别被聘为工程师、销售代表和会计。有趣的是, 最高时薪为 51.00 美元的员工也在建筑行业工作, 工作类型为其他。

● 在汽车行业工作的最低收入和最高收入的会计人员每小时的收入分别为 28.74 美元和 49.32 美元。在高科技行业, 收入最低和最高的会计人员每小时的工资分别为 36.13 美元和 49.49 美元。请注意, 与汽车行业相比, 高科技行业的会计人员的最低时薪要高得多 (36.13 美元＞28.74 美元)。

有许多方法可以对数据进行计数和分类, 以获得有用的见解。为了获得更多的见解, 我们鼓励学生对 Gig 数据进行实验, 使用不同于例 2.1 中使用的计数和排序选项的不同组合。

练习 2.2

理论

8. 文件: Exercise_2.8。其中的数据集包含两个数值变量, x_1 和 x_2。

a. 对于 x_2, 有多少个观察值等于 2?

b. 对 x_1 进行排序, 然后对 x_2 进行排序, 都是按升序排列。变量排序后, x_1 和 x_2 的第一个观察值是什么?

c. 对 x_1 进行排序, 然后对 x_2 进行排序, 都是按降序排列。变量排序后, x_1 和 x_2 的第一个观察值是什么?

d. 将 x_1 按升序排列, x_2 按降序排列。变量排序后, x_1、x_2 的第一个观察值是什么?

e. x_1 和 x_2 中有多少个缺失值?

9. 文件: Exercise_2.9。其中的数据集包含三个数值变量: x_1、x_2、x_3。

a. 对于 x_1, 有多少个观察值大于 30?

b. 将 x_1、x_2 和 x_3 全部按升序排列。变量排序后, x_1、x_2、x_3 的第一个观察值是什么?

c. 将 x_1 和 x_2 按降序排列, x_3 按升序排列。变量排序后, x_1、x_2、x_3 的第一个观察值是什么?

d. x_1、x_2 和 x_3 中有多少个缺失值？

10. 文件：Exercise_2.10。其中的数据集包含三个数值变量 x_1、x_2、x_3，以及一个分类变量 x_4。

a. 对于 x_4，有多少个观察值是小于 3 的？

b. 将 x_1、x_2、x_3，以及 x_4 全部按升序排列。变量排序后，x_1、x_2、x_3 和 x_4 的第一个观察值是什么？

c. 将 x_1、x_2、x_3，以及 x_4 全部按降序排列。变量排序后，x_1、x_2、x_3 和 x_4 的第一个观察值是什么？

d. x_1、x_2、x_3，以及 x_4 中有多少个缺失值？

e. x_4 中每个类别有多少个观察值？

应用

11. 文件：SAT。下表列出了学院委员会报告的 2017 年 50 个州以及哥伦比亚特区、波多黎各和美属维尔京群岛的部分 SAT 写作和数学的平均分。

州	写作	数学
亚拉巴马州	595	571
阿拉斯加州	562	544
⋮	⋮	⋮
怀俄明州	633	635

a. 按照写作分数从高到低的顺序对数据进行排序。哪个州的写作平均分最高？该州的数学平均分是多少？

b. 按数学分数升序对数据进行排序。哪个州的数学平均分最低？该州的写作平均分是多少？

c. 有多少个州报告的数学平均分高于 600 分？

d. 有多少个州报告的写作平均分低于 550 分？

12. 文件：Fitness。一项社会科学研究对 418 人进行了调查，旨在了解他们锻炼的频率、婚姻状况和年收入。部分健身数据显示在下表中。

编号	锻炼频率	婚姻状况	年收入
1	总是	已婚	106 299
2	有时	已婚	86 570
⋮	⋮	⋮	⋮
418	通常	未婚	92 690

a. 按年收入对数据进行排序。在 10 个收入最高的人中，有多少人已婚，而且总是在锻炼？

b. 将数据按婚姻状况和锻炼频率降序排列。已婚且有时锻炼的人中有多少人的年收入超过 11 万美元？

c. 每个变量中有多少个缺失值？

d. 已婚和未婚的人数分别有多少？

e. 有多少位已婚人士总是在锻炼？有多少位未婚人士从不锻炼身体？

13. 文件：Spend。一家公司进行了一项消费者调查，问题包括是否拥有住房、是否拥有汽车、每年家庭的食物支出，以及年度家庭旅行支出。部分数据如下表所示。

编号	是否拥有住房	是否拥有汽车	食物支出	旅行支出
1	是	是	5 472.43	827.4
2	否	是	9 130.73	863.55
⋮	⋮	⋮	⋮	⋮
500	否	否	6 205.97	3 667.5

a. 如果将住房、汽车和旅行支出按降序对数据进行排序，那么订单上的第一位客户在食物上花了多少钱？

b. 仅按旅行支出金额对数据进行降序排序。在旅行上花费最多的 10 位客户中，有多少人是房主？又有多少人既是房主也是车主？

c. 每个变量中有多少个缺失值？

d. 有多少位客户是房主？

e. 有多少位客户是房主，但不是车主？

14. 文件：Demographics。下表显示了部分数据，包括个人收入（单位为 1 000 美元）、年龄、性别（F＝女性，M＝男性）和婚姻状况（Y＝是，N＝否）。

编号	收入	年龄	性别	是否结婚
1	87	46	F	Y
2	97	52	M	Y
⋮	⋮	⋮	⋮	⋮
890	69	44	F	N

a. 统计数据中的男女数量。

b. 男性和女性结婚的比例是多少？

c. 在收入最高的 10 个人中，有多少人是已婚男性？

d. 男性和女性的最高收入和最低收入分别是多少？

e. 已婚和未婚男性的最高收入和最低收入是多少？

15. 文件：Admission。大学录取是一个竞争性的过程，除了其他之外，我们还要评估学生的 SAT 和高中的 GPA 分数，以做出录取决定。附带的数据集包括 1 230 名学生的录取决定（录取/拒绝）、SAT 分数、是不是女性（是/否）和高中 GPA。部分数据如下表所示。

学生编号	录取决定	SAT 分数	是不是女性	高中 GPA
1	拒绝	873	否	2.57
2	拒绝	861	是	2.65
⋮	⋮	⋮	⋮	⋮
1 230	录取	1 410	否	4.28

a. 计算男女学生的人数。

b. 男女学生的录取比例是多少？

c. 在高中 GPA 最高的 10 名学生中，有多少名是男生？

d. 在 SAT 考试分数最低的 10 名学生中，有多少名是女生？

e. 录取男女学生的 SAT 最高分数和最低分数分别为多少？

2.3　数据准备

在检查和探索了数据之后，我们就可以开始数据的准备过程。在本节中，我们将研究两种重要的数据准备技术：处理缺失值和子集数据。如 2.2 节所述，关键变量中可能缺少对后续分析至关重要的值。此外，大多数数据分析项目只关注数据的一部分（子集），而不是整个数据集；或者说，有时分析的目的是比较数据的两个子组。

处理缺失值

数值缺失是在各类数据集中常见的数据质量问题。这个问题会导致可用观测值的数量大大减少，并且导致分析结果出现偏差。例如，在一个有 20 个变量的数据集中，如果有 5％的缺失值随机分布在观察结果和变量中，那么可能只有 $(1-0.05)^{20}=0.358\ 5$，即 35.85％的观测值将是完整和可用的。理解缺失值的原因是处理缺失值的第一步。

有时数据缺失是由于受访者的敏感性（如种族、性取向、经济地位等）而拒绝提供信息。在这些情况下，缺失值通常不是随机分布在观察结果中，而往往是集中在一个或多个子组中。例如，研究表明，男性受访者经常跳过与抑郁症相关的问题。

在其他情况下，数据值缺失是因为其中一些项目并不适用于每个被访者。例如，仍在医院的患者在出院日期栏中是没有值的。缺失值也可能由人为错误、数据收集和设备故障等原因造成。

因为缺失值在现实生活中往往是不可避免的，所以学习如何处理存在缺失值的观察结果是很重要的。处理缺失值有两种常见的策略：**删除**（omission）和**插补**（imputation）。删除法，也称为全案例分析，建议将缺失值的观察值排除在分析之外。当缺失值的数量很少或缺失值集中在少量的观察结果中时，这种方法是合适的。否则，它可能会导致严重的数据丢失，如前所示。

插补法用一些合理的输入值替换缺失的值。最常用于数值变量的插补法是简单的平均计算，其中缺失值被相关观测值的平均值代替。例如，如果缺少用于观察的家庭年收入，我们用所有观察值或同质群体（例如具有相同邮政编码的家庭）的平均家庭收入替换缺失的值。

简单的平均插补很容易实现，并且允许将缺失值的观察结果包含在分析中，而不给数据集增加更多的可变性。然而，如果需要推断大量的缺失值，简单的平均插补可能会扭曲变量之间的关系，导致有偏差的结果。例如，房子的总面积往往与房子的价值存在正相关关系。如果一个数据集包含许多缺失的总面积值，并且这些缺失的值被替换为数据集中其他房屋的平均总面积，那么总面积和房屋价值之间的关系可能会被扭曲。更先进的插补法，如回归均值插补，可以更好地维持变量之间的关系。先进的插补法已经超出了本书的范围。

对于分类变量而言，最常见的类别经常被用作估算值。例如，如果在一个数据集中缺失了一些性别值，我们可以用其余的观察值中主要的性别类别替换这些缺失的性别类别。对于分类变量，也可以创建一个"未知"类别来表示缺失的值。如果数据由于某些原因而缺失，这种方法特别有用；这些观察结果的值缺失可能表明了数据中存在的某些模式和关系。

除了删除法和插补法外，在处理缺失值时还可以考虑其他方法。如果变量的缺失值多但不重要，可以使用没有缺失值的代理变量来表示，则该变量可以被排除在分析之外。最后，有一些分析技术，如决策树（将在第 10 章中讨论）的分析结果是稳健的，即使包含缺失的值，也可以应用于数据集。

处理缺失值

处理缺失值有两种常见的策略：

● 删除法建议在后续分析中排除有缺失值的观察结果。

● 插补法建议用一些合理的估算值替换缺失的值。对于数值变量，通常使用平均计算。对于分类变量，通常归入最主要的类别。

在例 2.2 中，我们演示了如何使用具有 Analytic Solver 的 Excel 和 R 语言通过删除法和插补法来处理缺失值。

例 2.2

当地一家餐厅的经理 Sarah Johnson 进行了一项调查，以获知顾客对这家餐厅的看法。每位顾客都根据餐厅的环境（Ambience）、清洁度（Cleanliness）、服务（Service）和食物（Food）进行评分，评分范围从 1（最低）到 7（最高），表 2.4 显示了部分调查数据（文件：Restaurant_Reviews）。

表 2.4　餐厅评论

记录编号（RecordNum）	环境	清洁度	服务	食物
1	4	5	6	4
2	6	6	6	6
⋮	⋮	⋮	⋮	⋮
150	3	5	6	7

Sarah 注意到在调查中有很多缺失的值。首先使用 Restaurant_Reviews 数据检测缺失的值，然后同时使用删除法和插补法来处理缺失的值。

解答：

使用 Excel 与 Analytic Solver

a. 打开 Restaurant_Reviews 数据文件。

b. 我们使用 Excel 中的条件格式化特征来检测缺失的值。选择数据范围 B2:D151。选择"主页"（Home）→"条件格式"（Conditional Formatting）→"新规则"（New Rule...）。选择"仅格式化包含以下内容的单元格"（Format only cells that contain）作为规则类型。选择"仅格式化带有空格的单元格"（Format only cells with：Blanks）作为规则描述。单击"格式化"（Format）按钮。选择

"填充"（Fill）选项卡，并选择红色。单击"确定"（OK）。再次单击"确定"。现在，具有缺失值的单元格用红色突出显示。

c. 在这里，我们使用 COUNTBLANK 函数来检测每个观察结果的缺失值的数量。在 F 列中创建一个列标题为"♯ of Missing Values"的新列。在单元格 F2 中输入公式＝COUNTBLANK（B2：E2）。用 F2 中的公式填充范围 F3：F151。这个公式在没有缺失值的观察结果中显示为"0"。对于具有缺失值的观测值，该公式显示了具有缺失值的变量的数量。验证观测 2、13、26 和 100 各有 1 个缺失值，观测 134 有 2 个缺失值。

d. 要计算整个数据集中缺失值的总数，请在单元格 F152 中输入公式＝SUM（F2：F151）。结果表明，总共缺失了 6 个值。

e. 要识别缺失值的变量，在单元格 B152 中输入公式＝COUNTBLANK（B2：B151）。用 B152 中的公式填充 C152：E152 范围。结果显示，环境（B 列）、清洁度（C 列）和食物（E 列）变量各有 1 个缺失值，而服务变量（D 列）有 3 个缺失值。

f. 用删除法处理缺失值。选择"数据挖掘"（Data Mining）→"转换"（Transform）→"缺失数据处理"（Missing Data Handling）。选择数据范围＄B＄1：＄E＄151。选中第一行中的"变量名称"（Variable）。按住 Ctrl 键选择"环境""清洁度""服务""食物"框。选择"删除记录"（Delete record）作为处理方式。单击"应用于所选变量"（Apply to selected variable（s））。单击"确定"。创建一个新的工作表 Imputation，并显示转换后的数据表，其中删除了缺失值的观察数据。图 2.4 显示了 Imputation 工作表的一部分。结果表明，由于缺失值，5 个观测值被删除，最终数据集中留下 145 个完整的观测结果。转换后的数据集可以用于数据分析。

Imputer Parameters					
Variable	RecordNum	Ambience	Cleanliness	Service	Food
Reduction Type	NONE	DELETE RECORD	DELETE RECORD	DELETE RECORD	DELETE RECORD
# Records Treated	0	1	1	3	1
Missing Value Code					
# Output Records	145				
# Records Deleted	5				

图 2.4　删除法结果

g. 现在使用简单平均插补法来处理缺失的值。返回 Restaurant_Reviews 工作表。选择"数据挖掘"（Data Mining）→"转换"（Transform）→"缺失数据处理"（Missing Data Handling）。选择数据范围＄B＄1：＄E＄151。选中第一行中的"变量名称"（Variable），按住 Ctrl 键选择"环境""清洁度""服务""食物"框。选择"均值"（Mean）作为处理方法。单击"应用于所选变量"（Apply to selected variable（s））。创建另一个名为 Imputation1 的新工作表，其显示了所有 150 个观察结果。图 2.5 显示了 Imputation1 工作表的一部分。结果表明，这些平均值被用于替换缺失的值，并保留了所有 150 个观测值。验证观测值 2、100 和 134 的服务评级现在为 5.97，这就是平均评级。同样，转换后的数据集已经准备好进行数据分析。

Imputer Parameters					
Variable	RecordNum	Ambience	Cleanliness	Service	Food
Reduction Type	NONE	MEAN	MEAN	MEAN	MEAN
# Records Treated	0	1	1	3	1
Missing Value Code					
# Output Records	150				
# Records Deleted	0				

图 2.5　插补法结果

使用 R 语言

a. 将 Restaurant_Reviews 数据导入数据框架（表）中，并将其标记为 myData。

b. 为了检测数据集中的缺失值，我们使用 is. na 函数。从例 2.1 中回想一下，在 R 语言中缺失值被标记为 NA，如果检测到缺失值，is. na 函数返回 TRUE，否则返回 FALSE。输入：

> is. na(myData)

图 2.6 显示了输出的一部分，其中我们突出显示了缺失的值。观测 2 的服务和观测 13 的清洁度被标记为 TRUE，因为它们缺失了。其余的值被标记为 FALSE，因为它们没有缺失。

```
       RecordNum Ambience Cleanliness Service Food
 [1,]   FALSE    FALSE    FALSE       FALSE   FALSE
 [2,]   FALSE    FALSE    FALSE       TRUE    FALSE
 [3,]   FALSE    FALSE    FALSE       FALSE   FALSE
 [4,]   FALSE    FALSE    FALSE       FALSE   FALSE
 [5,]   FALSE    FALSE    FALSE       FALSE   FALSE
 [6,]   FALSE    FALSE    FALSE       FALSE   FALSE
 [7,]   FALSE    FALSE    FALSE       FALSE   FALSE
 [8,]   FALSE    FALSE    FALSE       FALSE   FALSE
 [9,]   FALSE    FALSE    FALSE       FALSE   FALSE
[10,]   FALSE    FALSE    FALSE       FALSE   FALSE
[11,]   FALSE    FALSE    FALSE       FALSE   FALSE
[12,]   FALSE    FALSE    FALSE       FALSE   FALSE
[13,]   FALSE    FALSE    TRUE        FALSE   FALSE
[14,]   FALSE    FALSE    FALSE       FALSE   FALSE
[15,]   FALSE    FALSE    FALSE       FALSE   FALSE
```

图 2.6　检测缺失值的 R 输出

要检测缺失的值，例如，对服务变量，我们可以输入：

> is. na(myData $ Service)

c. 如果我们有一个很大的数据集，那么使用 is. na 函数来检测缺失的值可能会很麻烦。或者，我们可以使用 complete. cases 函数来识别数据中的行或完整的案例。回想一下，将逗号后的第二个元素留空，将显示所有列。输入：

> myData[complete. cases(myData),]

d. 因为我们的数据大部分都是完整的，所以列出所有完整的案例可能并不方便。相反，我们可以使用 not 运算符（！字符）和 complete. cases 函数来识别具有缺失值的观察值。complete. cases 函数前面的！字符用于识别不完整的个别行（或有缺失值的案例）。输入：

> myData[!complete. cases(myData),]

图 2.7 显示了观测 2、13、26、100 和 134 的缺失值。

	RecordNum	Ambience	Cleanliness	Service	Food
1	2	6	6	NA	6
2	13	6	NA	7	5
3	26	6	7	5	NA
4	100	6	6	NA	3
5	134	NA	5	NA	6

图 2.7　包含缺失值的观测值

e. 为了实现删除法，我们使用 na. omit 函数来删除缺失值的观测值，并将得到的数据集存储在缺失数据的数据集中。该 View 函数将显示更新后的数据。输入：

> omissionData <- na. omit(myData)
> View(omissionData)

R 语言创建了一个新的数据框架，忽略数据，它包含 145 个完整的案例。验证新数据集发现没有缺失的值。此数据集可以对数据进行分析。

f. 为了实现简单平均插补法，我们从原始数据框架 myData 开始，然后用 mean 函数来计算平均值。选项 na. rm＝TRUE 在计算平均值时忽略缺失的值。为了计算环境和服务变量的平均值，请输入：

> ambienceMean <- mean(myData $ Ambience, na. rm = TRUE)
> serviceMean <- mean(myData $ Service, na. rm = TRUE)

验证环境变量和服务变量的平均值分别为 4.429 53 和 5.965 986。

g. 为了计算环境和服务变量中缺失的值，我们再次使用 is. na 函数来识别缺失的值，并用步骤 f 中计算的平均值替换它们。输入：

```
> myData $ Ambience[ is. na(myData $ Ambience)] <- ambienceMean
> myData $ Service[ is. na(myData $ Service)] <- serviceMean
```

鼓励学生计算清洁度和食物变量的平均值和缺失值，并检查结果数据集，以确保缺失的值已被平均评分替代。然后，准备对得到的数据集进行数据分析。

另一项重要的数据准备任务涉及处理极小或极大的值，这些值称为**异常值**（outliers）。值得注意的是，在存在异常值的情况下，最好使用中位数而不是平均值来估算缺失的值。Analytic Solver 和 R 语言都允许简单地通过使用 Excel 中的 MEDIAN（data range）函数或 R 语言中的 median 函数来计算中位数。关于异常值和中位数的详细讨论，请参见第 3 章。

■ 构造子集

提取与分析相关的部分数据集的过程称为**构造子集**（subsetting）。它通常用于在分析前对数据进行预处理。例如，一家跨国公司拥有其全球业务的销售数据，它按国家创建一个销售数据的子集，并执行相应的分析。对于按时间顺序索引的时间序列数据，我们可以选择创建最近的观测子集和来自遥远过去的观测子集，以便分别分析它们。构造子集还可以用于消除不需要的数据，例如包含缺失值、低质量数据或异常值的观察结果。有时，构造子集涉及排除变量，而不是观察结果。例如，我们可以删除与问题无关的变量、包含冗余信息的变量（例如，财产价值和财产税或员工的年龄和经验），或缺失值过多的变量。

构造子集

构造子集是提取专业分析人员感兴趣的部分数据集的过程。

构造子集也可以作为描述性分析的一部分来执行，以帮助揭示能够从数据中洞察到的信息。例如，通过将学生记录细分为具有不同学习成绩水平的小组，我们可以识别出取得高分的学生和有助于他们成功的相关因素。类似地，通过比较具有不同治疗结果的医疗记录子集，我们可以确定推动治疗成功的潜在促进因素。

表 2.5 显示了一个发展中国家实施的结核病治疗的两个子集的重要综合测量。在这里，子集 1 和子集 2 分别代表成功和不成功的治疗案例。

表 2.5　结核病治疗汇总资料

测量汇总	治疗成功	治疗失败
男性患者（%）	64.3	12.7
平均教育水平	3.8	2.1
收入水平较高的患者（%）	92.7	28.1

需要注意的是，在这两个子集中，患者的性别、教育水平（1：最低；5：最高）和收入差异很大。男性患者，特别是那些教育水平和收入水平较高的患者，比教育水平和收入水平较低的女性患者能取得更好的成功。这一简单的分析强调了在结核病控制努力中重要的贡献因素。

在例 2.3 中，我们将演示如何使用 Excel 和 R 语言中的子集函数从原始数据集中选择或排除变量和观察结果。

例 2.3

在引入案例中，Catherine Hill 希望更好地了解有机食品超市的顾客，他们是 1982—2000 年出生的受过大学教育的千禧一代。她认为，性别、家庭规模、收入、2018 年的总支出、过去 24 个月的订单总数以及获取客户的渠道，都有利于她创建这些客户的档案。首先在 Customers 数据文件中使用 Excel 和 R 语言识别受过大学教育的千禧一代客户。然后，创建女性和男性受过大学教育的千禧一代客户的子集。本例后面的概要提供了结果的摘要。

解答：

使用 Excel

a. 打开 Customers 数据文件。

b. 首先过滤数据集，使得数据集只包括受过大学教育的千禧一代。选择数据范围 A1:N201。从菜单中选择"首页"（Home）→"排序或筛选"（Sort & Filter）→"筛选"（Filter）。列标题（A1：N1）将转换为下拉框。

c. 单击 E1（College）中的下拉框。取消选中（select all），然后选中"是"（Yes）旁边的复选框。单击"确定"（OK）。此步骤仅显示那些拥有大学学位的客户（Yes），在数据集中隐藏那些不拥有大学学位的客户（No）。

d. 单击 D1（BirthDate）中的下拉框。选择"数据筛选"（Date filters）→"在……之间"（Between），见图 2.8。在"自定义自动筛选"（Custom AutoFilter）对话框中，在"在此之后或等于"（is after or equal to）框旁边输入 1/1/1982，或从日历对象中选择日期。选择"和"（And），并在"在此之前或等于"（is before or equal to）框旁边输入 12/31/1999，或从日历对象中选择日期。单击"确定"。现在的数据集只显示了 1982—2000 年之间出生的受过大学教育的千禧一代。

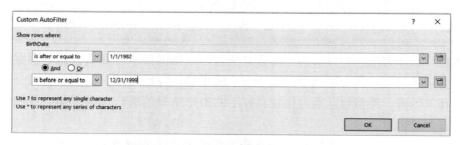

图 2.8　Excel 的"自动过滤器"对话框

e. 选择工作表中剩余的整个过滤数据。将过滤后的数据复制并粘贴到新的工作表中。验证新的工作表是否包含 59 个对受过大学教育的千禧一代的观察结果。将新的工作表重命名为 College-Educated Millennials。

f. 我们现在排除了与当前分析无关的变量。在 College-Educated Millennials 工作表中，选择单元格 A1（CustID）。从菜单中选择"首页"（Home）→"删除"（Delete）→"删除表列"（Delete Sheet Columns）以删除该列。对数据集中的种族（Race）、出日日期（BirthDate）、大学学位（College）、邮政编码（ZipCode）、2017 年的支出（Spending2017）、自上次订单以来的天数（DaysSinceLast）和客户对上次购买的评价（Satisfaction）列重复此步骤。

g. 要按性别划分受过大学教育的千禧一代数据的子集，请选择 A 列。从菜单中选择"首页"（Home）→"排序或筛选"（Sort & Filter）→"从 A 到 Z 排序"（Sort A to Z）。如果出现提示，请在

"排序警告"（Sort Warning）对话框中选择"扩大选择范围"（Expand the selection），然后单击"排序"（Sort）。观察结果按性别的字母顺序排序。女性客户记录之后是男性客户记录。

h. 创建两个新的工作表，分别命名为 Female 和 Male，并将男女客户记录，包括列标题，分别粘贴到新的 Female 和 Male 工作表中。表 2.6 显示了部分结果。

表 2.6 受过大学教育的千禧一代客户

a. 受过大学教育的女性千禧一代

性别	家庭规模	收入	2018 年支出	订单数	渠道
女	5	53 000	241	3	社交媒体
女	3	84 000	153	2	网络
⋮	⋮	⋮	⋮	⋮	
女	1	52 000	586	13	推荐

b. 受过大学教育的男性千禧一代

性别	家庭规模	收入	2018 年支出	订单数	渠道
男	5	94 000	843	12	电视机
男	1	97 000	1 028	17	网络
⋮	⋮	⋮	⋮	⋮	
男	5	102 000	926	10	社交媒体

使用 R 语言

a. 将 Customers 数据导入数据框架（表）中，并将其标记为 myData。

b. 为了选择受过大学教育的千禧一代，我们首先选择所有拥有大学学位的客户。回顾一下，双等号（==）是用于检查 College 值是否为"Yes"。请输入：

```
> college <- myData[myData $ College = = 'Yes', ]
```

c. 我们现在使用 BirthDate 变量来选择 1982—2000 年之间出生的千禧一代。由于 R 通常将日期值作为文本字符导入，因此，我们首先需要使用 as. Date 函数将出生日期变量转换为日期数据类型。选项格式＝"%m/%d/%Y"表示出生日期变量为 mm/dd/yyyy 格式。例如，为了让 R 读取诸如 01/13/1990 等日期，请输入：

```
> college $ BirthDate <- as. Date(college $ BirthDate, format = "%m/%d/%Y")
```

其他常见的日期格式包括"%Y-%m-%d""%b %d,%Y""%B %d,%Y"，将分别读取指定为 1990 - 01 - 13、Jan 13，1990 和 January 13，1990。

d. 我们也使用 as. Date 函数指定截止日期，即 1982 年 1 月 1 日和 1999 年 12 月 31 日，然后使用它们作为在我们的数据中选择千禧一代的选择标准。输入：

```
> cutoffdate1 <- as. Date("01/01/1982", format = "%m/%d/%Y")
> cutoffdate2 <- as. Date("12/31/1999", format = "%m/%d/%Y")
> millenials <- college[college $ BirthDate >= cutoffdate1 &
  college $ BirthDate <= cutoffdate2, ]
```

以此验证千禧一代的数据框架是否包含 59 名受过大学教育的千禧一代。

e. 为了使千禧一代数据框架只包括性别（Sex）、家庭规模（HouseholdSize）、年收入（Income)、2018 年的总支出（Spending2018）、过去 24 个月的订单总数（NumOfOrders）和最初获得客户的渠道（Channel）变量，我们使用 c 函数指定这些变量的列索引。输入：

```
> subset1 <- millenials[ ,c(2,6,8,10,11,14)]
```

或者，我们也可以通过指定包含的变量的名称来创建一个新的数据框架。输入：

```
> subset2 <- millenials[ ,c("Sex","HouseholdSize","Income",
"Spending2018","NumOfOrders","Channel")]
```

请注意，子集 1 和子集 2 的数据是相同的。

f. R 导入非数值变量，如将性别和渠道作为文本字符。在进一步设置子集和检查数据之前，我们通过使用 as. factor 函数将性别和渠道转换为分类变量（在 R 语言中称为因子）。输入：

```
> subset1 $ Sex <- as. factor(subset1 $ Sex)
> subset1 $ Channel <- as. factor(subset1 $ Channel)
```

要验证渠道变量是否已转换为因子或分类变量，请输入：

```
> is. factor(subset1 $ Channel)
```

如果变量是一个因子，则此命令返回 TRUE，否则返回 FALSE。

g. 为了创建基于性别的两个数据子集，我们使用 split 函数。输入：

```
> sex <- split(subset1,subset1 $ Sex)
```

性别数据框架包含两个子集：女性和男性。我们现在可以访问和查看女性和男性的子集。输入：

```
> sex $ Female
> sex $ Male
> View(sex $ Female)
> View(sex $ Male)
```

确认有 21 名受过大学教育的女性千禧一代和 38 名受过大学教育的男性千禧一代。得到的结果应该与表 2.6 相似。

h. 在某些情况下，我们可能只是想基于数据范围对数据进行子集化。例如，我们使用以下语句来划分子集数据，包括观测 1～50 和观测 101～200。输入：

```
> dataRanges <- myData[c(1∶50,101∶200),]
```

引入案例概要

Catherine Hill 被指派去帮助销售有机食品超市新推出的亚洲风味系列菜肴。为了了解该产品的潜在目标市场，Catherine 将包含该公司客户代表性样本的数据细分，只包括受过大学教育的千禧一代。她还根据性别将数据集分为两个子集，以比较受过大学教育的男女千禧一代的个人情况。

女性和男性客户之间的差异给 Catherine 即将设计的营销活动提供了一些思路。例如，数据显示，绝大部分男性客户是通过社交媒体广告获得信息，而女性客户往往被网络广告或推荐吸引。因此，她计划设计并运行一系列关于新产品系列的社交媒体广告，内容以男性客户为目标。对于女性客户，Catherine 希望将她的营销努力集中在网络横幅广告和公司的推荐计划上。

此外，由于男性客户似乎比女性客户下订单更频繁但数量更少，Catherine 计划与她的营销团队合作，制定一些针对男性客户的交叉销售和追加销售策略。鉴于该公司受过大学教育的千禧一代男性客户往往是高收入者，Catherine 相信，通过提供正确的信息和保证产品供应，她的营销团队将能够制定吸引这些客户扩大消费的策略。

练习 2.3

理论

16. 下表包含 3 个变量和 5 个有一些缺失值的观察值。

x_1	x_2	x_3
248	3.5	
124	3.8	55
150		74
196	4.5	32
	6.2	63

a. 使用删除法来处理缺失值。在数据集中仍有多少观察结果，并有完整的案例？

b. 使用简单平均插补法来处理缺失值。已替换了多少个缺失值？x_1、x_2 和 x_3 分别代表什么？

17. 文件：Exercise_2.17。附带的数据集包含 4 个变量，x_1、x_2、x_3 和 x_4。

a. 将数据集设置为只包括日期在 1975 年 5 月 1 日或之后的观测值，对于 x_3，在子集数据中有多少个观察数据？

b. 根据 x_4 的二元值来分割数据集。这两个子集的 x_1 平均值是多少？

18. 文件：Exercise_2.18。附带的数据集包含 5 个变量，x_1、x_2、x_3、x_4 和 x_5。

a. 将数据集的子集设置为只包含 x_2、x_3 和 x_4。在这 3 个变量中有多少个缺失的值？

b. 删除 x_2 中包含"Own"、x_3 小于 150 的观察值。在数据集中还剩下多少个观察值？x_3 和 x_4 的平均值是多少？

19. 文件：Exercise_2.19。附带的数据集包含 5 个变量，x_1、x_2、x_3、x_4 和 x_5。数据中有缺失值。

a. 哪些变量中有缺失值？

b. 哪些观察值中有缺失值？

c. 在数据集中有多少个缺失值？

d. 使用删除法来处理缺失的值。在数据集中仍有多少观察结果，并有完整的案例？

20. 文件：Exercise_2.20。附带的数据集包含 5 个变量，x_1、x_2、x_3、x_4 和 x_5。在数据集中有缺失值。使用数值变量的简单平均插补法和分类变量的主要类别策略来处理缺失值。

a. 每个变量有多少个缺失值？

b. 计算 x_1、x_2、x_3、x_4 和 x_5 中的缺失值。

21. 文件：Exercise_2.21。附带的数据集包含 5 个变量，x_1、x_2、x_3、x_4 和 x_5。

a. x_1 是否有缺失值？如果有，就用 x_1 的平均值来替换缺失的值。经过计算后，x_1 的平均值是多少？

b. x_2 是否有缺失值？如果有，就用 x_2 的平均值来替换缺失的值。经过计算后，x_2 的平均值是多少？

c. 如果 x_4 中存在缺失值，则使用 x_4 的中位数来替换缺失值。（提示：使用 Excel 中的 MEDIAN（data range）函数或 R 中的 median 函数。）计算后，x_4 的中位数是多少？

22. 文件：Exercise_2.22。附带的数据集包含 5 个变量，x_1、x_2、x_3、x_4 和 x_5。在数据集中有缺失值。

a. 哪些变量有缺失值？

b. 哪些观察值有缺失值？

c. 在数据集中有多少个缺失值？

d. 使用删除法来处理缺失的值。在数据集中仍有多少观察结果，并有完整的案例？

23. 文件：Exercise_2.23。附带的数据集包含 4 个变量，x_1、x_2、x_3 和 x_4。在数据集中有缺失值。

a. 将数据集设置为只包括 x_1、x_2 和 x_3。

b. 哪些变量有缺失值？

c. 哪些观测值有缺失值？

d. 在数据集中有多少个缺失值？

e. 使用删除法处理缺失的值。在数据集中还有多少观察结果和完整的案例？

f. 根据 x_2 的类别对数据集进行分割。如何使得每个子集中有许多观测值？

24. 文件：Exercise_2.24。附带的数据集包含 7 个变量，x_1、x_2、x_3、x_4、x_5、x_6、x_7。在数据中有缺失值。

a. 从数据集中移除变量 x_2、x_6 和 x_7。剩下的哪些变量有缺失值？

b. 哪些观测值有缺失值？

c. 在数据集中有多少个缺失值？

d. 如果 x_1 中有缺失值，将缺失值替换为"Unknown"。有多少缺失值被替换了？

e. 使用插补法处理数值变量的缺失值。如果 x_3 中存在缺失值，就用 x_3 的平均值来插补缺失值。如果 x_4 存在缺失值，则使用 x_4 的中位数来插补缺失值。如果 x_5 中存在缺失值，则用 x_5 的平均值来插补缺失值。替换后 x_3、x_4 和 x_5 的平均值是多少？

f. 如果删除 x_1 的值"F"，x_4 值低于 1 020 的观测值，那么数据集中还有多少观测数据？

应用

25. 文件：Population。美国人口普查局每年记录 50 个州的人口。下表显示了 2010—2018 年的部分数据。

州	2010 年	2011 年	⋯	2018 年
亚拉巴马州	4 785 448	4 798 834	⋯	4 887 871
阿拉斯加州	713 906	722 038	⋯	737 438
⋮	⋮	⋮	⋮	⋮
怀俄明州	564 483	567 224	⋯	577 737

a. 创建两个州的人口数据子集：一个是 2018 年人口大于等于 500 万人的子集，另一个是 2018 年人口小于 500 万人的子集。每个子集有多少个观测值？

b. 在人口 500 万人以上的州中，移除人口超过 1 000 万人的州。有多少州被移除？

26. 文件：Travel_Plan。Jerry Stevenson 是一家旅行社的经理。他想建立一个模型，以预测客户是否会在明年出行。他编制了包含以下变量的数据集：个人是否有大学学位（college），个人是否有信用卡（CreditCard），年度家庭食品支出（FoodSpend，美元），年收入（Income，美元），以及客户是否计划在下一年旅行（Trav-elPlan，1＝有旅行计划；0＝没有旅行计划）。下表显示了部分 Travel_Plan 数据。

是否有大学学位	是否有信用卡	年度家庭食品支出	年收入	是否有旅行计划
是	否	1 706.89	49 412	1
否	否	2 892.9	55 416	0
⋮	⋮	⋮	⋮	⋮
否	是	2 617	50 900	0

a. 数据集中是否有缺失值？如果有，哪些变量有缺失值？在数据集中有多少个缺失值？

b. 使用删除法来处理缺失的值。有多少观测值由于缺失而被删除？

27. 文件：Travel_Plan。有关问题和数据集的描述，请参照前面的练习。

a. Jerry 根据他过去的经验知道一个人是否有信用卡与他的旅行计划无关，所以他想去掉这个变量，即从数据集中删除变量信用卡。

b. 为了更好地了解他的高收入客户，Jerry 想要创建一个数据子集，只包括年收入超过 7.5 万美元并计划在明年旅行的客户。对数据进行分组以构建符合这些标准的客户列表。在这个子集中有多少个观察结果？

c. 返回原始数据集。使用插补法来处理缺失值。如果年度家庭食品支出变量有缺失值，则使用变量的平均值插补缺失值。如果年收入变量存在缺失值，则使用变量的中位数插补缺失值。估算后的年度家庭食品支出和年收入的平均值是多少？

28. 文件：Football_Players。Denise Lau 是一名狂热的足球迷，她积极关注美国国家橄榄球联盟的每一场比赛。在 2017 赛季，她仔细记录了每个四分卫在整个赛季的表现。现在她正在当地的 NFL 球迷俱乐部做一个关于这些四分卫的演讲。下表显示了 Denise 记录的部分数据，包含以下变量：球员姓名（Player）、球队名称（Team）、完成传球（Comp）、尝试传球（Att）、完成百分比（Pct）、总投掷码数（Yds）、每次尝试平均码数（Avg）、每场比赛投掷码数（Yds/G）、触地次数（TD）和拦截次数（Int）。

球员姓名	球队名称	完成传球	⋯	拦截次数
Aaron Rodgers	GB	154	⋯	6
Alex Smith	KC	341	⋯	5
⋮	⋮	⋮	⋮	⋮
Tyrod Taylor	BUF	263	⋯	4

a. 数据集中有缺失值吗？如果有，哪些变量有缺失值？哪些观察值有缺失值？数据集中有多少缺失值？

b. 使用删除法处理缺失值。有多少观察值由于缺失值而被删除？

29. 文件：Football_Players。有关数据集的描述，请参照前面的练习。Denise 认为，在她的演讲中，如果球员姓名和球队名称不显示，将消除一些偏见。从数据集中删除这些变量。

a. Denise 还想删除球员触地次数少于 5 次或拦截次数超过 20 次的异常情况。从数据集中删除这些观察结果。总共从数据中删除了多少个观察结果？

b. 返回原始数据集。使用插补法来处理缺失值。如果 Comp、Att、Pct、Yds、Avg 或 Yds/G 有缺失值，则使用变量的平均值插补缺失值。如果 TD 或 Int 有缺失值，则使用变量的中位数插补缺失值。替换后的 Comp、Att、Pct、Yds、Avg、Yds/G 的平均值是多少？

30. 文件：Salaries。Ian Stevens 是一名在西雅图市工作的人力资源分析师。他正在对城市员工进行薪酬分析。下表中的数据集包含 3 个变量：部门（Department）、职位名称（Job Title）和时薪（Hourly Rate，美元）。数据中缺失了几个时薪数值。

部门	职位名称	时薪
Public Utilities	Res&Eval Asst	32.81
Sustainability & Environ Dept	StratAdvsr3，Exempt	62.27
⋮	⋮	⋮
Public Utilities	Capital prjts Coord，Asst	42.71

a. 根据部门将数据集划分为多个子集。总共创建了多少个子集？

b. 哪个子集包含缺失值？在该数据集中有多少个缺失值？

c. 使用插补法，用变量的平均值插补缺失值。每个子集的平均时薪是多少？

31. 文件：Stocks。投资者通常会考虑各种信息来做出投资决策。下表显示了一个大型上市公司及其财务信息的示例。相关信息包括股票价格（Price）、股息（Dividend）、市盈率（PE）、每股收益（EPS）、账面价值、过去 52 周的最低股价和最高股价（52 wk low and 52 wk high）、市值（Market cap）以及税息折旧及摊销前利润（EBITDA，十亿美元）。

公司名称	股票价格	股息	⋯	税息折旧及摊销前利润
3M	189.09	2.48	⋯	8.70
AbbottLab	45.00	2.34	⋯	4.59
⋮	⋮	⋮	⋮	⋮
Zoetis	53.07	0.79	⋯	1.70

a. 由于市盈率通常被认为是比单纯的股票价格或每股收益更好的股票估值指标，因此金融分析师希望将股票价格和每股收益从数据集中删除。从数据集中删除这些变量。

b. 金融分析师最感兴趣的是账面价值高于市值的公司。删除所有其账面价值低于市值的观察结果。在数据集中还剩下多少个观察值？

32. 文件：Stocks。有关问题和数据集的描述，请参照前面的练习。金融分析师想知道在数据集中是否有缺失值。

a. 在数据集中是否有缺失值？如果有，哪些变量有缺失值？哪些观察值有缺失值？在数据集中有多少个缺失值？

b. 使用删除法来处理缺失值。有多少观察值由于缺失值而被删除？

c. 返回原始数据集。如果股票价格、股息、账面价值、过去 52 周的最低股价和最高股价有缺失值，将缺失值替换为"M"，表示"缺失"。如果市盈率、每股收益、市值或税息折旧及摊销前利润存在缺失值，则使用插补法用变量的中位数替换缺失值。缺失数据的变量的估算值是多少？

33. 文件：Longitudinal_Partial。下表包含了来自全国纵向调查（NLS）的部分数据，该数据长期跟踪了美国的 12 000 多人。该分析中的变量包括以下个人信息：城市（Urban，1 代表住在城市地区，0 代表其他）、兄弟姐妹（Siblings，兄弟姐妹的数量）、白人（White，1 代表白人，0 代表其他）、基督徒（Christian，1 代表基督徒，0 代表其他）、家庭规模（FamilySize）、身高（Height）、体重（Weight，磅）和收入（Income，美元）。

城市	兄弟姐妹	白人	⋯	收入
1	8	1	⋯	0
1	1	1	⋯	40 000
⋮	⋮	⋮	⋮	⋮
1	2	1	⋯	43 000

a. 从数据集中移除身高和体重变量。

b. 将数据子集化以创建两个数据集，一个包括居住在城市地区、收入超过 4 万美元的观测数据，另一个包括其余的观测数据。

34. 文件：Longitudinal_Partial。有关数据集的描述，请参照前面的练习。

a. 在数据集中是否有缺失值？如果有，哪些变量有缺失值？哪些观察值有缺失值？在数据集中有多少个缺失值？

b. 使用删除法来处理缺失值。有多少观察值由于缺失值而被删除？

c. 返回原始数据集。如果存在身高或体重的缺失值，请使用插补法用变量的平均值插补缺失值。如果存在兄弟姐妹、家庭规模或收入的缺失值，则用变量的中位数插补缺失值。缺失数据的变量的估算值是多少？

■　2.4　转换数值数据

数据转换（data transformation）是从一种格式或结构到另一种格式或结构的数据转换过程，是为了满足用于分析的统计和数据挖掘技术的要求。转换数值数据的例子包括将个人的出生日期转换为年龄，结合身高和体重来创建体重指数，计算百分比，或将值转换为自然对数。有时，将大量的数值分成少量的"箱子"（bin）是有意义的。例如，我们可能想要将年龄转换为年龄间隔，如 20～39 岁、40～59 岁和 60～80 岁，或者将日期转换为季节，如秋季、冬季、春季和夏季。

> **数据转换**
> 数据转换是指从一种格式或结构到另一种格式或结构的数据转换过程。

在本节中，我们将描述将数值变量转换为分类值（或分类）和数值变量的数学转换的技术。2.5 节将探讨转换分类变量的技术。

■　分类

分类（binning）是指通过将数值分组为少量的组或箱，将数值变量转换为分类变量的过程。重要的是，这些箱子是连续的和不重叠的，这样每个数值都属于唯一的一个箱子。例如，我们可能希望将收入价值转换为三组：低于 5 万美元，在 5 万美元到 10 万美元之间，以及 10 万美元以上。这三组收入群体可以被标记为"低""中""高"或"1""2""3"。如果我们相信同一个箱中的所有观测结果都倾向于相同的行为，那么分类是减少数据干扰的有效方法。例如，当我们对一个人的收入能力（低、中或高）而不是实际收入价值更感兴趣时，将收入价值转换为三组是有意义的。

> **分类**
>
> 分类是一种常见的数据转换技术，它将数值分组为少量的类别，将数值变量转换为分类变量。

　　如上所述，由于观测误差较小，分类通常会减少数据中的干扰。例如，在分类时，数据中的异常值（例如，收入极高的个人，也可能是记录错误）将是最后一个分类的一部分，因此，不会扭曲随后的数据分析。分类在对观察数据进行分类和满足一些数据挖掘分析技术的分类数据需求方面也很有用，如朴素贝叶斯分类法（在第 9 章中讨论）。

　　除了根据用户定义的边界来分类数值外，通常也按等间距分类。例如，我们可以创建代表温度 10 度或 10 岁间隔的箱子。我们还可以创建计数相同的箱子，其中单个箱子有相同数量的观察结果。例如，根据成绩将 200 名学生分成 10 个等规模的小组，我们可以找出学生的相对学习水平。箱子里成绩最高的学生代表了班级前 10% 的学生。

　　在例 2.4 中，我们将演示如何使用 Analytic Solver 和 R 语言来创建具有相同计数、相等间隔和用户定义间隔的箱子。

例 2.4

　　为了更好地了解她的客户，Catherine Hill 想进行 RFM 分析，这是一种流行的营销技术，用于识别高价值的客户。RFM 代表近期性（recency）、频率（frequency）和货币性（monetary）。RFM 评级可以从上次迄今天数（DaysSinceLast）（recency）、订单数（NumOfOrders）（frequency）和 2018 年支出（Spending2018）（monetary）变量中创建。

　　根据 80/20 业务规则（即 80% 的业务来自 20% 的最佳客户），对于 3 个 RFM 变量，Catherine 希望将客户分成 5 个相同大小的组，每组包含 20% 的客户。每个 RFM 变量被设定为 1～5 分，5 分最高。RFM 评级为 555 的客户被认为是该公司最有价值的客户。

　　除了 RFM 的分类，Catherine 还想把收入变量划分成 5 个相等的间隔。最后，她想分配一个分层的会员身份，根据客户在 2018 年的支出，向客户提供不同的服务和奖励。她想将青铜会员身份分配给花费低于 250 美元的客户，将白银会员身份分配给花费在 250 美元及以上但少于 1 000 美元的客户，将黄金会员身份分配给花费在 1 000 美元及以上的客户。

　　根据 Catherine 的规范使用 Analytic Solver 和 R 语言来对变量进行分类。总结结果如下：

解答：

使用 Analytic Solver

a. 打开 Customers 数据文件。

b. 要创建近期性评分，我们需要首先对变量 DaysSinceLast 进行转换，以反转数据的顺序，因为自上次购买以来的天数越少，近期性评分就越大。在列 O 中创建一个列标题为 DaysSinceLastReverse 的新列。在单元格 O2 中输入公式＝L2＊（－1）。验证单元格 O2 的值为－101。用 O2 中的公式填充范围 O3：O201。

c. 选择"数据挖掘"（Data Mining）→"转换"（Transform）→"转换连续数据"（Transform Continuous Data）→"箱"（Bin）。选择数据范围＄A＄1：＄O＄201。选择第一行"变量名称"（Variable names）框。

d. 从变量列表中选择 DaysSinceLastReverse。将"变量的箱数"（♯ bins for variable）更改为 5。在"箱的种类"（Bins to be made with）选项中选择"相等间隔"（Equal count），在"分箱变量中的值为"（Value in the binned variable is）选项中选择"箱的排名"（Rank of the bin）。指定的起始值和时间间隔值均为 1。单击"应用于所选变量"（Apply to Selected Variable）按钮。对 NumOfOrders 和 Spending2018 重复此步骤。单击"完成"（Finish）按钮。

我们创建了两个新的工作表，Bin_Output 和 Bin_Transform。Bin_Output 工作表显示了汇总信息，如每个箱子中的观察数量。Bin_Transform 工作表显示了每个 RFM 参数的分数重命名变量，Binned_DaysSinceLastReverse、Binned_NumOfOrders 和 Binned_Spending2018。验证 Binned_DaysSinceLastReverse、Binned_NumOfOrders 和 Binned_Spending2018 的第一个客户的值分别为 4、1 和 1。

e. 要为每个客户创建 RFM 评分，我们将在 Bin_Transform 工作表的单元格 S12 中创建一个新列，其列标题为 RFM。在单元格 S13 中输入＝CONCATENATE(R13，N13，M13)。CONCATENATE 函数将多个文本值合并到一个单元格中。回顾一下，单元格 R13、N13 和 M13 分别代表第一个客户的近期性、频率和货币性指数。此公式将为第一个客户创建一个 3 位数的 RFM 分数；验证第一个客户的 RFM 分数为 411。用 S13 中的公式填充范围 S14：S212。

f. 我们现在将 Bin_Transform 工作表中的数据范围 S12：S212 中的 RFM 值复制和粘贴到 Customers 数据文件中的数据范围 P1：P201 中。要确保粘贴的是值，而不是公式，请使用选择性粘贴选项并选择值。

g. 我们现在将收入变量分成 5 个组，时间间隔相同。在 Customers 工作表激活的情况下，选择"数据挖掘"（Data Mining）→"转换"（Transform）→"转换连续数据"（Transform Continuous Data）→"箱"（Bin）。选择数据范围＄A＄1：＄P＄201。选中"第一行中的变量名称"（Variable names in the first row）框。从变量列表中选择"收入"。将"变量的箱数"（♯bins for variable）更改为 5。在"箱的种类"（Bins to be made with）选项中选择"相等间隔"（Equal interval）。在"分箱变量中的值为"（Value in the binned variable is）选项中选择"箱的排名"（Rank of the bin）。指定的起始值和时间间隔值均为 1。单击"应用于所选变量"（Apply to Selected Variable），然后点击"完成"（Finish）。

h. 我们创建了两个新的工作表，Bin_Output1 和 Bin_Transform1。Bin_Output1 工作表显示了每个箱子的范围等汇总信息。Bin_Transform1 工作表显示具有新列 Binned_Income 的数据集，显示客户的收入类别。确认第一个客户是否属于收入类别 1。复制 Bin_Transform1 工作表中数据范围 L12：L212 中的 Binned_Income 列，并使用选择性粘贴将其粘贴到 Customers 工作表中的数据范围 Q1：Q201 中。

i. 确保 Customers 工作表是活动状态。要将客户和 Catherine 设计的分层会员系统匹配，我们必须首先定义分层会员。为了描述每个成员层的支出范围，请在单元格 S1：T4 中输入表 2.7 中的值。

表 2.7　查询表

列 S	列 T
支出	会员
0	青铜
250	白银
1 000	黄金

j. 在单元格 R1 中添加列标题 Membership_Tier。在本例中，我们使用 VLOOKUP 函数将支出值打包到用户定义的类别或成员层中。VLOOKUP 函数有 4 个参数：（1）查找值（2018 年成员在 J 列中的支出）；（2）查找或参考表（单元格 S2：T4 中的支出范围和相应的成员层，没有列标题）；（3）查找表中包含输出的列号（输出——青铜、白银、黄金位于查找表的第二列）；（4）是否要查找范围（TRUE）或查找精确匹配的值（FALSE）。

在单元格 R2 中输入＝VLOOKUP(J2，＄S＄2：＄T＄4，2，TRUE)。该功能根据 2018 年的支

出将第一个客户分配给会员层。注意，＄S＄2：＄T＄4 中的符号要确保当公式复制到 R 列中的另一个单元格时，对单元格 S2：T4 的引用保持不变。用 R2 中的公式填充范围 R3：R201，以便为每个客户分配一个会员层。验证第一个客户的会员层是否为青铜。

使用 R 语言

a. 将 Customers 数据导入数据框架中，并将其标记为 myData。

b. 为了创建近期性评分，我们首先对变量 DaysSinceLast 进行转换，以逆转数据的顺序，因为自上次购买以来的天数越少，近期性评分就越大。通过乘以 -1 来创建一个叫 DaysSinceLastReverse 的新变量。我们使用 as. numeric 函数来确保 DaysSinceLastReverse 是数字变量。输入：

> myData $ DaysSinceLastReverse <- as. numeric(myData $ DaysSinceLast * - 1)

c. 我们现在为 DaysSinceLastReverse（recency）、NumOfOrders（frequency）和 Spending2018（monetary）创建了 5 个相同大小的箱子。由于箱子代表 20%、40%、60%、80% 和 100% 的分位数，我们首先使用 quantile 函数找到每个箱子的范围并存储，然后在一个称为 recencyBins 的对象中查看范围。

> recencyBins <- quantile(myData $ DaysSinceLastReverse, probs = seq(0, 1, by = 0. 20))
> recencyBins

图 2.9 显示了五个相同大小的箱子的范围。

```
    0%    20%    40%    60%    80%   100%
-360.0 -294.2 -218.4 -146.8  -76.0   -6.0
```

图 2.9　箱子的范围

我们对 orders（frequencyBins）和 Spending2018（monetaryBins）变量重复类似的命令。输入：

> frequencyBins <- quantile(myData $ NumOfOrders, probs = seq(0, 1, by = 0. 20))
> monetaryBins <- quantile(myData $ Spending2018, probs = seq(0, 1, by = 0. 20))

请注意，如果我们要创建 10 个相同大小的箱子，我们将把 probs 选项更改为 probs＝seq（0，1，by＝0.10）。

d. 我们使用 cut 函数来对数据进行分类。cut 函数的 break 选项指定了在步骤 c 中创建的箱子的范围。标签选项为每个箱子分配一个标签。右侧的 FALSE 选项确保时间间隔在左侧关闭，并在右侧打开。include. lowest＝TRUE 选项必须与 right＝FALSE 选项一起使用，以便最大的值包含在最后一个箱子中。输入：

> myData $ Recency <- cut(myData $ DaysSinceLastReverse,
breaks = recencyBins, labels = c("1","2","3","4","5"), include.
lowest = TRUE, right = FALSE)
> myData $ Frequency <- cut(myData $ NumOfOrders, breaks = frequencyBins,
labels = c("1","2","3","4","5"), include. lowest = TRUE, right = FALSE)
> myData $ Monetary <- cut(myData $ Spending2018, breaks = monetaryBins,
labels = c("1","2","3","4","5"), include. lowest = TRUE, right = FALSE)

前面的命令为 3 个 RFM 变量相同大小的箱子分配数字 1~5。RFM 索引存储在 3 个新变量中，即 Recency、Frequency 和 Monetary。如果我们要创建并分配标签给 10 个相同大小的箱子，我们将使用标签＝c（"1"，"2"，"3"，"4"，"5"，"6"，"7"，"8"，"9"，"10"）。其他标签也可以适当地配给箱子。

e. 为了创建 RFM 分数，我们使用 paste 函数组合了这三个 RFM 索引，然后使用 head 函数来查看前几个观察结果。输入：

```
> myData $ RFM <- paste(myData $ Recency, myData $ Frequency, myData $ Monetary)
> head(myData $ RFM)
```

验证 RFM 变量的第一个观测值为 411。

f. 我们现在使用 cut 函数将收入变量分成 5 组。中断（break）选项指定 5 个间隔相等的箱子。我们将数字 1（最低）到 5（最高）分配给箱子，然后使用 head 函数来查看前几个观察结果。

```
> myData $ BinnedIncome <- cut(myData $ Income, breaks = 5, labels =
c("1","2","3","4","5"), include. lowest = TRUE, right = FALSE)
> head(myData $ BinnedIncome)
```

验证绑定收入变量的第一个观察结果是否为 1。要创建不同数量的箱子，请更改 breaks 值（例如，breaks＝3 将创建 3 个箱子）。

g. 我们使用 levels 和 cut 函数来显示在步骤 f 中创建的 5 个间隔的范围。

```
> levels(cut(myData $ Income, breaks = 5))
```

验证第一个间隔是否为（3.09e＋04，5.82e＋04]或从 30 900 美元～58 200 美元。

h. 要找出属于每个箱子的观察结果数量，请使用 table 函数。输入：

```
> table(myData $ BinnedIncome)
```

验证第一个箱子或最低收入类别是否有 67 个客户。

i. 为了创建 Catherine 提出的会员层或用户定义的箱子，我们再次使用 cut 函数。回想一下，花费少于 250 美元的客户将被分配到青铜会员，花费在 250 美元及以上但少于 1 000 美元的客户将获得白银会员，花费在 1 000 美元及以上的客户将获得黄金会员。我们使用中断选项来指定用户定义的范围。Inf 关键字将任何超过 1 000 美元的值分配给最后一个箱子。然后，我们使用 head 和 View 函数来查看各种格式的输出。

```
> myData $ MembershipTier <- cut(myData $ Spending2018, breaks =
c(0,250,1000,Inf), labels = c("Bronze","Silver","Gold"))
> head(myData $ MembershipTier)
> View(myData)
```

验证第一个客户的会员层是否为青铜。

总结

表 2.8 显示了 Customers 数据的一部分，其中包括已经根据 Catherine 的规范分类的变量。第一位客户的 RFM 得分为 411，这表明这位客户最近从有机食品超市购买了东西，但很少购买，过去一年花的钱也很少。毫不奇怪，这位客户拥有最不理想的青铜会员资格。此外，在收入方面，大多数客户属于前三个箱子；在收入最高的两个群体中，只有 9 位客户有收入。

需要注意的是，分类算法在 R 语言和 Analytic Solver 中的实现是不同的。在本例中，我们在两个软件中得到了相同的结果，但在其他情况下，R 语言和 Analytic Solver 可能会产生不同的分类结果。

表 2.8　分类变量后的 Customers 数据

编号	…	RFM	分类收入	会员等级
1530016	…	411	1	青铜
1531136	…	244	3	白银

续表

编号	...	RFM	分类收入	会员等级
⋮	⋮	⋮	⋮	⋮
1579979	...	434	3	白银

鼓励学生使用 Customers 数据尝试其他分类选项。例如，尝试将收入分成两类，即高和低，或者重新设计四五层的会员计划。在许多现实应用中，数值变量应该转换成分类变量，类别的数量应该根据分析的背景来确定。例如，为了将学生的考试分数转换为类别，我们可以使用两个箱子（通过和失败）或五个箱子（成绩为 A、B、C、D 和 F）。

数学变换

如前所述，数据转换是在数据集中输出信息的重要步骤，其结果可以用于进一步的数据分析。除了分类之外，另一种常见的方法是通过数学方法来创建现有变量的数学转换。例如，为了分析糖尿病风险，医生和营养师通常关注体重指数（BMI），该指数通过体重（千克）除以身高（米）的平方计算得来，而不是单独关注体重或身高。同样，为了分析趋势，我们经常将原始数据值转换为百分比。

有时关于收入、公司规模和房价等变量的数据会呈高度偏态；偏态在第 3 章 3.4 节中讨论。例如，根据美联储的一份报告，2016 年，美国最富有的 1% 的家庭控制着美国 38.6% 的财富（CNN，2017 年 9 月 27 日）。倾斜变量的极高（或极低）值会显著提高（或降低）整个数据集的平均值，使得很难检测与倾斜变量有意义的关系。降低数据偏度的一种流行的数学变换是自然对数变换。另一个降低数据偏度的数学变换是平方根变换。

另一种常见的数据转换涉及日历日期。统计软件通常将日期值存储为数字。例如，在 R 语言中，日期对象被存储为自 1970 年 1 月 1 日以来的天数，较早的日期使用负数。例如，1970 年 1 月 31 日的值为 30，1969 年 12 月 15 日的值为 -17。Excel 用类似的方法来存储日期值，但在 1900 年 1 月 1 日使用的参考值为 1。通常执行日期值的转换是为了帮助从数据中获取有用的信息。零售公司可能会将客户的生日转换为年龄，以检查不同年龄组的购买行为的差异。同样，通过从实际的旅行日期中减去机票预订日期，航空公司可以识别出在最后一分钟做出决定的旅客，他们的行为可能与早期的规划者非常不同。

有时，通过创建相关变量支持后续分析，将日期转换为季节有助于提供更加丰富的数据集。例如，通过提取和关注健身房会员第一次加入健康俱乐部的月份，我们可能会发现夏季会员对水上运动项目更感兴趣，而那些冬季会员对力量训练更感兴趣。这一见解可以帮助健身俱乐部根据季节调整他们的营销策略。

例 2.5 演示了如何使用 Excel 和 R 语言来执行以下数学转换：（1）计算两个值之间的百分比差；（2）执行对数转换；（3）从日期值中提取信息。

例 2.5

在对她的客户进行更仔细的审查后，Catherine Hill 觉得，了解客户 2017 年和 2018 年支出之间的差异和百分比差异对理解客户的支出模式可能比年支出价值更有用。因此，Catherine 想要生成两个新的变量来捕捉每年的差异和支出的百分比差异。她还注意到，收入变量高度倾斜，大多数客户的收入范围在 4 万～10 万美元之间，只有少数非常高的收入者。有人建议她将收入变量转换为自然对数，这将降低数据的偏度。

Catherine 还想将客户的生日转换为截至 2019 年 1 月 1 日的年龄，以探索不同年龄段客户购买行为的差异。最后，她想创建一个新的变量来查找客户的出生月份，以便在出生月份内将季节性产品销售给他们。

　　根据 Catherine 的要求，我们将使用 Excel 和 R 语言来转换变量。

解答：

使用 Excel

a. 打开 Customers 数据文件。

b. 在单元格 O1 中创建标题为 SpendingDiff 的列。在单元格 O2 中输入公式＝J2－I2。验证单元格 O2 中的结果值为－46。用 O2 中的公式填充范围 O3：O201。

c. 在单元格 P1 中创建标题为 PctSpendingDiff 的列。在单元格 P2 中输入公式＝(J2－I2)/I2。在"首页"（Home）菜单选项卡的下拉菜单中，将"常规"（General）更改为"百分比"（Percentage）（％）。验证单元格 P2 中的值是否为－16.03％。用 P2 中的公式填充范围 P3：P201。

d. 在单元格 R1 中创建标题为 IncormLn 的列。LN 函数提供了一个自然对数变换。在单元格 R2 中输入公式＝LN(H2)。验证单元格 R2 中的值是否为 10.8780。用 R2 中的公式填充范围 R3：R201。

e. 在单元格 S1 中创建标题为 Age 的列。YEARFRAC 函数计算两个日期之间的年份差，INT 函数只显示值的整数部分，并且不显示小数位。在单元格 S2 中输入公式＝INT(YEARFRAC(D2,"01-01-2019"))。确认截至 2019 年 1 月 1 日的客户年龄为 32 岁。用 S2 中的公式填充范围 S3：S201。

f. 在单元格 T1 中创建标题为 BirthMonth 的列。MONTH 函数从日期值中提取出月元素。在单元格 T2 中输入公式＝MONTH(D2)。验证单元格 T2 中的值是否为 12。用 T2 中的公式填充范围 T3：T201。

　　表 2.9 显示了包含 5 个转换变量的部分数据。其他与日期值相关的有用的 Excel 函数包括 DAY、YEAR、WEEKDAY、TODAY 和 NOW。DAY 和 YEAR 函数分别提取日期和年份元素。WEEKDAY 函数将工作日标识为从 1 到 7 的整数值（星期日为 1，周六为 7）。最后，＝TODAY() 和＝NOW() 分别返回当前日期和当前时间的值。

表 2.9　5 个转换变量

CustID	...	SpendingDiff	PctSpendingDiff	IncomeLn	Age	BirthMonth
1530016	...	－46	－16.03％	10.878 0	32	12
1531136	...	－384	－31.30％	11.451 1	25	5
⋮	⋮	⋮	⋮	⋮	⋮	⋮
1579979	...	－154	－14.26％	11.532 7	19	7

使用 R 语言

a. 将 Customers 数据导入数据框架（表），并将其标记为 myData。

b. 我们发现了支出的差异，然后使用 head 函数来查看前几个观察结果。

```
> myData $ SpendingDiff <- myData $ Spending2018 - myData $ Spending2017
> head(myData $ SpendingDiff)
```

验证 SpendingDiff 变量的第一个观测结果是否为－46。

c. 我们创建支出差异百分比，并使用 round 函数将其四舍五入到小数点后两位。然后，我们使用 paste 函数添加"％"符号，并使用 head 函数来查看前几个观察结果。

```
> myData $ PctSpendingDiff <- round((myData $ SpendingDiff/
myData $ Spending2017) * 100, digits = 2)
> myData $ PctSpendingDiff <- paste(myData $ PctSpendingDiff, "%")
> head(myData $ PctSpendingDiff)
```

验证 PctSpendingDiff 变量的第一个观测值是否为-16.03%。

d. 我们使用 log 函数来进行自然对数变换,然后使用 head 函数来查看前几个观察结果。输入:

```
> myData $ IncomeLn <- log(myData $ Income)
> head(myData $ IncomeLn)
```

验证 IncomeLn 变量的第一个观测值是否为 10.878 05。IncomeLn 值与表 2.9 中的值略有不同,因为表 2.9 被格式化为仅显示小数点后 4 位。对于以 10 为底的对数变换,使用 log10 函数代替 log 函数。

e. 要计算出截至 2019 年 1 月 1 日的客户年龄,我们首先需要将生日变量转换为日期值,并为 2019 年 1 月 1 日的日期创建一个新变量。

```
> myData $ BirthDate <- as. Data(myData $ BirthDate, format = "%m/%d/%Y")
> endDate <- as. Date("01/01/2019", format = "%m/%d/%Y")
```

f. 我们使用 difftime 函数来找出客户的出生日期到 2019 年 1 月 1 日之间的天数。通过将天数的差异除以 365.25,我们计算闰年(使用 365.25 而不是 365)并得到了闰年的差异。我们使用 as. numeric 函数来确保年龄变量是数字型的。最后,我们使用 floor 函数来删除小数位,这样客户的年龄就是一个整数,并使用 head 函数来查看前几个观察结果。

```
> myData $ Age <- difftime(endDate, myData $ BirthDate)/365. 25
> myData $ Age <- as. numeric(myData $ Age)
> myData $ Age <- floor(myData $ Age)
> head(myData $ Age)
```

验证第一位客户截至 2019 年 1 月 1 日的年龄是否为 32 岁。

g. 我们使用 months 函数从出生日期变量中提取月份名称,match 函数将月份名称(1—12 月)转换为数字(1~12),并使用 head 函数查看前几个观察结果。

```
> myData $ BirthMonth <- months(myData $ BirthDate)
> myData $ BirthMonth <- match(myData $ BirthMonth, month. name)
> head(myData $ BirthMonth)
```

验证第一个客户的生日是否在第 12 个月(12 月)。

h. 我们使用 View 函数来显示电子表格样式的数据。输出结果应与表 2.9 相一致。

```
> View(myData)
```

其他有用的与日期相关的函数包括 weekdays 和 format。weekdays 函数返回一周中的日期;例如,>weekdays(as. Date("2000-12-25"))将返回"星期一"。format 函数返回一个日期值的指定元素;例如,>format(as. Date("2000-12-25"),"%Y")返回年份元素"2000"。除了"%Y"参数外,"%d"和"%m"还指定了日期和月份元素。Sys. Date()和 Sys. time()函数分别返回当前的日期和时间。

数值数据的另一种常见转换是重新缩放,这是在使用不同的尺度测量时执行的。例如,以美元衡量的年收入通常在数千到数百万之间,而子女的数量通常只有低个位数。测量尺度的可变性可能会对更大规模的变量产生不适当的影响,从而导致不准确的结果。因此,使用标准化或归一化来重新缩放数据是很常见的，特别是在数据挖掘技术中；关于这种转换的详细讨论可以在第 8 章中找到。

练习 2.4

理论

35. 文件：Exercise_2.35。下表中的数据包含 3 个变量和 6 个观察结果。

x_1	x_2	x_3
248	3.5	78
124	3.8	55
210	1.6	66
150	4.8	74
196	4.5	32
234	6.2	63

a. 将 x_1 的值分为 2 个等大小的组。用数字 1（较低值）和 2（较高值）标记组。对于组 1 来说 x_1 的平均值是多少？（提示：先按组数排序数据，然后再计算平均值。）

b. 将 x_2 的值分成 3 个等间隔的组。用数字 1（最低值）至 3（最高值）来标记组。有多少个观察结果被分配到第 1 组？

c. 将 x_3 的值分为以下 2 个组：$\leqslant 50$ 和 >50。用数字 1（较低值）和 2（较高值）标记组。有多少个观察结果被分配到第 2 组？

36. 文件：Exercise_2.36。附带的数据集包含 3 个变量，x_1、x_2 和 x_3。

a. 将 x_1 的值分为 3 个等大小的组。用数字 1（最低值）至 3（最高值）来标记组。第 1 组分配了多少个观察结果？

b. 将 x_2 的值分成 3 个等间隔的组。用数字 1（最低值）至 3（最高值）来标记组。第 2 组分配了多少个观察结果？

c. 将 x_3 的值分为以下 3 个组：<5 万，5 万~10 万，>10 万。用数字 1（最低值）至 3（最高值）标记组。第 1 组分配了多少个观察结果？

37. 文件：Exercise_2.37。附带的数据集包含 3 个变量，x_1、x_2 和 x_3。

a. 将 x_1 的值分为 3 个等大小的组。用"低"（最低值）、"中"和"高"（最高值）标记组。有多少个观察结果被分配到中间组？

b. 将 x_2 的值分成 3 个等间隔的组。用"低"（最低值）、"中"和"高"（最高值）标记组。有多少个观察结果被分配到高组？

c. 将 x_3 的值分为以下 3 个组：<20，20~30，>30。用"低"（最低值）、"中"和"高"（最高值）标记组。有多少个观察结果被分配到低组？

38. 文件：Exercise_2.38。附带的数据集包含 3 个变量，x_1、x_2 和 x_3。

a. 将 x_1、x_2 和 x_3 的值分成 5 个等大小的组。用数字 1（最低）至 5（最高）来标记组。

b. 组合 x_1、x_2 和 x_3 的组标签，创建类似于例 2.4 中描述的 RFM 分数。有多少个观察结果的分数是"431"？有多少个观察结果的分数是"222"？

39. 下表包含了 2 个变量和 5 个观察结果。

x_1	x_2
248	350
124	148
150	130
196	145
240	180

a. 创建一个名为"Sum"的新变量，它包含每个观察值 x_1 和 x_2 的和。Sum 的平均值是多少？

b. 创建一个名为"Difference"的新变量，它包含每个观察值 x_1 和 x_2 的绝对差值。Difference 的平均值是多少？

40. 文件：Exercise_2.40。附带的数据集包含 3 个变量，x_1、x_2 和 x_3。

a. 创建一个名为"Difference"的新变量，它包含每个观察值的 x_1 和 x_2 的差值（即 $x_2 - x_1$）。Difference 的平均值是多少？

b. 创建一个名为"PercentDifference"的新变量，它包含每个观察值 x_1 和 x_2 的百分比差异（即 $(x_2-x_1)/x_1$）。PercentDifference 的平均值是多少？

c. 创建一个名为"Log"的新变量，它包含 x_3 的自然对数。对数的平均值是多少？

41. 文件：Exercise_2.41。附带的数据集包含 3 个变量，x_1、x_2 和 x_3。

a. 创建一个名为"Difference"的新变量，它包含每个观察值 x_1 和 x_2 的差值（即 x_2-x_1）。Difference 的平均值是多少？

b. 创建一个名为"PercentDifference"的新变量，它包含每个观察值 x_1 和 x_2 的百分比差异（即 $(x_2-x_1)/x_1$）。PercentDifference 的平均值是多少？

c. 创建一个名为"Log"的新变量，它包含 x_3 的自然对数。将对数值分成 5 个等间隔的组。用数字 1（最低值）至 5（最高值）来标记组。在第 2 组中有多少个观察结果？

42. 文件：Exercise_2.42。附带的数据集包含 2 个变量，Date1 和 Date2。

a. 创建一个名为"DifferenceInYear"的新变量，其中包含 Date1 和 Date2 每个观察值年份之间的差异。年平均差异是多少？（提示：如果要使用 Excel 来完成此问题，请使用 YEARF-RAC 函数。）

b. 创建一个名为"Month"的新变量，该变量包含从 Date1 中提取的月份值。每个月的平均值是多少？

c. 将月份值分为 4 个等间隔组。用数字 1（最低值）至 4（最高值）来标记组。哪一组的观察值最多？

应用

43. 文件：Population。美国人口普查局每年会记录 50 个州的人口。下表显示了 2010—2018 年的部分数据。

州	2010	2011	⋯	2018
亚拉巴马州	4 785 448	4 798 834	⋯	4 887 871
阿拉斯加州	713 906	722 038	⋯	737 438

续表

州	2010	2011	⋯	2018
⋮	⋮	⋮	⋮	⋮
怀俄明州	564 483	567 224	⋯	577 737

a. 将 2017 年的人口值分成 4 个等大小的组。用数字 1（最低值）至 4（最高值）来标记组。第 4 组有多少个州？

b. 将 2018 年的人口值分成 4 个等间隔组。用数字 1（最低值）至 4（最高值）来标记组。第 2 组有多少个州？比较 a 问题和 b 问题的分组。哪些州 2018 年的人口分组高于 2017 年的人口分组？

c. 将 2018 年的人口值分为以下 3 个组：<100 万，100 万~500 万，>500 万。用数字 1（最低值）至 3（最高值）标记组。第 2 组有多少个观察结果？

44. 文件：Population。关于数据集的描述，请参照前面的练习。

a. 创建一个名为"Difference"的新变量，其中包含每个州 2018 年人口和 2017 年人口之间的差异（即 2018 年人口－2017 年人口）。平均差值是多少？

b. 创建一个名为"PercentDifference"的新变量，其中包含各州 2017 年和 2018 年人口值之间百分比的差异（即（2018 年人口－2017 年人口）/2017 年人口）。其平均值是多少？

c. 创建一个名为"Log"的新变量，其中包含 2018 年各州人口值的自然对数。将对数值分成 5 个等间隔的组。用数字 1（最低值）至 5（最高值）来标记组。在第 2 组中有多少个观察结果？

d. 创建一个名为"SquareRoot"的新变量，其中包含各州 2018 年人口值的平方根。将平方根值分成 5 个等间隔的组。用数字 1（最低值）至 5（最高值）来标记组。在第 2 组中有多少个观察结果？

e. 比较 c 问题和 d 问题中的组。分组是相同的还是不同的？

45. 文件：Credit_Cards。Greg Metcalf 为一家全国性的信用卡公司工作，他正在对一个信用卡客户的子集进行客户价值分析。为了对客户执行 RFM 分析，Greg 编制了一个数据集，其中包含上次交易的日期（LastTransactionDate）、过去两年的交易总数（Frequency）和过去两年的总支出（Spending）。该数据集的一部分见下表。

上次交易的日期	交易总数	总支出
5/20/2017	407	41 903
8/16/2018	454	35 918
⋮	⋮	⋮
8/14/2017	49	27 918

a. Greg 想要计算从 2019 年 1 月 1 日到最后一次交易日期之间的天数。创建一个新变量"DaysSinceLast"，其中包含自上次交易以来的天数。（提示：如果你正在使用 Excel 来完成此问题，请使用 DATEDIF 函数。）所有客户自上次交易以来的平均天数是多少？

b. 为每个客户创建 RFM 分数。有多少客户的 RFM 得分为 555？他们的平均支出是多少？

c. 创建一个名为"LogSpending"的新变量，该变量包含过去两年总支出的自然对数。将对数值分成 5 个等间隔的组。用数字 1（最低值）至 5（最高值）来标记组。在第 2 组中有多少个观察结果？

d. 创建一个名为"AverageOrderSize"的新变量，其中包含每个订单的平均支出。这是通过将总支出除以过去的交易总数来计算的。将 AverageOrderSize 的值分成 5 个等间隔组。用数字 1（最低值）至 5（最高值）来标记组。在第 2 组中有多少个观察结果？

e. 比较 c 问题和 d 问题中的组。分组是相同的还是不同的？

46. 文件：Game_Players。TurboX 是一家在线电子游戏公司，主要生产 3 种类型的电子游戏：动作游戏、角色扮演游戏和体育游戏。它对了解其千禧一代的客户很感兴趣。通过将客户数据库的数据和客户调查相结合，TurboX 汇编了一个包含以下变量的数据集：玩家对网络游戏购买体验的满意度（Satisfaction）、游戏的享受程度（Enjoyment）、玩家是否会向他人推荐游戏（Recommend）、玩家玩的游戏类型（Type）、去年游戏总支出（SpendingLastYear）、今年游戏总支出（SpendingThisYear）以及玩家出生日期（BirthDate）。

满意度	享受程度	是否推荐	⋯	出生日期
满意	高	一般	⋯	7/30/1992
非常满意	高	会	⋯	10/17/1984
⋮	⋮	⋮	⋮	⋮
中立	高	会	⋯	8/11/1988

a. 把去年游戏的总支出分成 4 个等大小的组。用数字 1（最低值）至 4（最高值）来标记组。第 4 组被分配了多少个客户？

b. 将今年游戏的总支出分成 4 个等间隔的组。使用数字 1（最低值）至 4（最高值）来标记组。第 3 组被分配了多少个客户？

c. 将今年的游戏总支出分为以下 3 个组：<250、250~500 和>500。用数字 1（最低值）至 3（最高值）来标记组。第 2 组被分配了多少个观察结果？

d. 创建一个名为"Difference"的新变量，其中包含今年和去年游戏支出的差异。Difference 的平均值是多少？

e. 创建一个名为"PercentDifference"的新变量，其中包含今年和去年在游戏上花费的百分比差异。PercentDifference 的平均值是多少？

f. 创建一个新变量"Age"，包含截至 2019 年 1 月 1 日的年龄。玩家的平均年龄是多少？

g. 创建一个新的变量"BirthMonth"，其中包含玩家从出生日期中提取的出生月份。哪个月份是最常见的出生月份？

47. 文件：Engineers。一家工程公司的人力资源经理 Erin Thomas 想对该公司的工程师数据进行分析。数据中包含的变量包括出生日期（BirthDate）、根据迈尔斯-布里格斯人格评估划分的人格类型（Personality）、年薪（Salary）、职位级别（Level）以及获得的专业证书数量（Certificates）。下表显示了数据集的一部分。

出生日期	人格类型	年薪	职位级别	证书数量
7/31/1973	探险家	48 000	一级工程师	0
8/29/1967	外交官	44 000	一级工程师	5
⋮	⋮	⋮	⋮	⋮
6/9/1972	探险家	76 000	二级工程师	4

a. 创建一个新的变量"Age",其中包含截至 2019 年 1 月 1 日的工程师的年龄。工程师的平均年龄是多少?

b. 将年龄值分成 3 个等大小的组。用数字 1(最低年龄值)到 3(最高年龄值)标记这些组。在第 3 组中有多少个观察结果?

c. 将年薪值分成 4 个等间隔的组。用数字 1(最低工资值)到 4(最高工资值)标记这些组。第 4 组被分配了多少名工程师?

d. 将专业证书的数量分为以下 3 组:<2,2~4,>4。将这些组贴上"低"、"中"和"高"的标签。在"高"组中有多少名工程师?

48. 文件:Patients。Jerry Stevenson 是亚利桑那州斯科茨代尔市一家医疗诊所的经理。他想分析患者的数据,以确定心血管疾病的高危患者。从医学文献中他了解到患心血管疾病的风险受到患者的年龄、体重指数(BMI)、运动量、种族和教育水平的影响。Jerry 为他诊所的患者编制了以下变量的数据集:种族(Race)、教育水平(Education)、体重(Weight)、身高(Height)、出生日期(BirthDate)和每周锻炼的分钟数(Exercise)。下表显示了数据集的一部分。

种族	教育水平	体重	身高	出生日期	每周锻炼的分钟数
非西班牙裔白人	大学	57	1.58	3/1/1982	138
非西班牙裔黑人	高中	80	1.71	2/14/1960	249
⋮	⋮	⋮	⋮	⋮	⋮
美国印第安人	研究生	50	1.69	7/11/1992	264

a. 创建一个名为"BMI"的新变量,其中包含患者的体重指数。BMI 等于体重(以千克为单位)除以身高(以米为单位)的平方。患者的平均 BMI 是多少?

b. 创建一个新变量"Age",包含患者至 2019 年 1 月 1 日的年龄。病人的平均年龄是多少?

c. 将患者的年龄分成 5 个等大小的组。用数字 1(最小)到 5(最大)标记这些组。第 4 组中有多少名患者?

d. 将患者每周锻炼的分钟数分为 5 个等大小的组。用数字 1(最小)到 5(最大)标记这些组。第 5 组中有多少名患者?

e. 将患者的 BMI 分成 5 个等大小的组。用数字 1(最低值)到 5(最高值)标记这些组。第 1 组中有多少名患者?

f. 通过连接 c、d、e 问题获得的组编号,为每个患者创建一个风险评分。555 风险组中有多少名患者?

2.5　转换分类数据

正如在第 1 章中所讨论的,我们使用标签或名称来识别一个分类变量的区别特征。例如,一家公司可以将每名客户识别为男性或女性。在这里,客户的性别是一个代表两个类别的分类变量。分类变量也可以由两个以上的类别来定义。例如,婚姻状况(单身、已婚、丧偶、离婚、分居)和经理的表现(优秀、好、一般、差)。回想一下,我们使用名义和定序的测量尺度来表示分类变量。在上述例子中,管理者的婚姻状况和绩效的测量尺度分别是名义尺度和定序尺度。

虽然已知分类变量代表了不那么复杂的测量水平,但它们通常是分析中最重要的变量。例如,客户的性别可能包含关于客户消费行为最有用的信息。然而,分类数据在数据整理中确实存在挑战性。由于许多分析技术直接处理分类数据的能力有限,因此通常在分析之前将分类数据简化或转换为数值格式。在本节中,我们将讨论转换分类数据的 3 种常见方法:减少类别、虚拟变量和类别分数。

减少类别

有时，名义变量或定序变量有太多的类别。这就存在许多潜在的问题。首先，类别过多的变量会降低模型性能，因为与数值变量的单个参数不同，必须分析与分类变量的类别相关联的几个参数。其次，如果一个变量有一些很少出现的类别，那么很难准确地捕捉到这些类别的影响。此外，相对较小的样本可能不包含某些类别中的任何观察结果，当分析模型后来应用于所有类别中观察结果更大的数据集时，会产生错误。最后，如果一个类别在出现频率方面明显占主导地位，分类变量将不能产生积极影响，因为建模的成功依赖于能够区分不同的观察值。

处理这些问题的一个有效策略是减少类别，其中我们分解一些类别，以创建更少的不重叠的类别。确定适当数量的类别，通常取决于数据、背景和学科规范，但也有一些一般的指导方针。

其中一个指导方针指出，观察的类别可以组合起来创建"其他"类别。例如，在包含潜在客户人口统计数据的数据集中，如果许多邮政编码类别只有少数观察结果，则建议为这些观察结果创建一个"其他"类别。这种方法背后的基本原理是，可以为这个"其他"类别创建一个临界点，以帮助揭示数据中的模式和关系。

另一个指导方针指出，具有类似影响的类别可以被合并。例如，在研究公共交通的客流量模式时，人们往往会发现客流量水平在工作日保持相对稳定，然后在周末发生巨大变化。因此，我们可以将周一到周五的数据合并为"工作日"类别，周六和周日纳入"周末"类别，将数据从 7 个类别简化到只有 2 个类别。

例 2.6 演示了如何使用 Excel 与 Analytic Solver 和 R 语言来减少类别。

例 2.6

在从 Customers 数据文件中获得了一些见解后，Catherine 想要分析种族带来的影响。然而，在目前的形势下，考虑到种族变量的大量类别，数据集将限制她进行有意义的分析，一些类别的观察结果非常少。因此，她需要执行一系列的数据转换，为后续的分析准备数据。使用 Excel 与 Analytic Solver 和 R 语言一起创建一个名为 Other 的新类别，该类别代表两个最不常见的类别。

解答：

使用 Excel 与 Analytic Solver

a. 打开 Customers 数据文件。

b. 选择"数据挖掘"（Data Mining）→"转换"（Transform）→"转换分类数据"（Transform Categorical Data）→"减少类别"（Reduce Categories），详见图 2.10。在"减少类别"（Reduce Categories）对话框中，选择数据范围 $A$1：$N$201。勾选"第一行包含标题"（First row contains headers）框。从"类别变量"（Category variable）的下拉框中选择 Race。一旦选择了变量，Analytic Solver 将显示每个种族类别出现的频率，从最高频率到最低频率。

为了组合两个最不频繁的类别，我们选择"按频率"（By frequency）选项，并将"将类别数量限制为"（Limit number of categories to）选项设置为 5。Analytic Solver 将自动把第 5 个和第 6 个最小频率的类别合并成一个类别。单击"应用"（Apply）。单击"确定"（OK）。新的工作表 Category_Reduction 将创建新的列 Reduced_Race。数字编码用于表示类别，1 代表最常见的类别，5 代表最不常见的类别。如果你将该列表与原始数据进行比较，你会发现美国印第安人和太平洋岛民都被合并为新的第 5 类。

c. 在单元格 F28：F228 中复制 Reduced_Race 列，并粘贴这些值（使用选择性粘贴选项并选择值）到 Customers 工作表中的单元格 O1：O201。

图 2.10　Analytic Solver 减少类别的对话框

d. 为了保留类别名称，而不是将它们重新编码为数字，我们使用了 IF 函数。IF 语句具有以下结构：＝IF（导致 TRUE 或 FRUSE 的逻辑测试，要么逻辑测试为 TRUE，要么逻辑测试为 FALSE）。因为在 New_Race 变量中有 5 个类别，我们需要使用多个 IF 语句，或嵌套的 IF，来将数字更改为类别名称。图 2.11 提供了本例中 IF 函数如何工作的说明。在 Customers 工作表中，在单元格 P1 中输入标题为 NewRace 的列。在单元格 P2 中输入公式＝IF（O2＝1，"White"，IF（O2＝2，"Black"，IF（O2＝3，"Hispanic"，IF（O2＝4，"Asian"，"Other"))))。用 P2 中的公式填充范围 P3:P201。验证第 19 次观察结果是否代表了其他类别中的第一个客户。

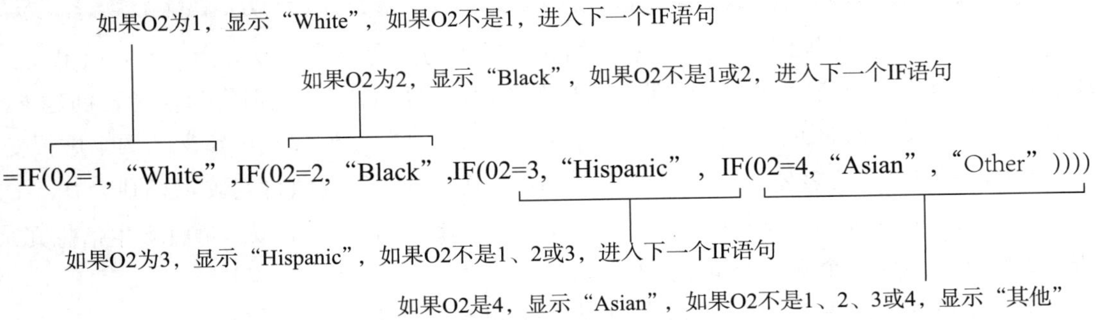

如果O2为1，显示"White"，如果O2不是1，进入下一个IF语句

如果O2为2，显示"Black"，如果O2不是1或2，进入下一个IF语句

=IF(02=1，"White"，IF(02=2，"Black"，IF(02=3，"Hispanic"，IF(02=4，"Asian"，"Other"))))

如果O2为3，显示"Hispanic"，如果O2不是1、2或3，进入下一个IF语句

如果O2是4，显示"Asian"，如果O2不是1、2、3或4，显示"其他"

图 2.11　Excel 的 IF 函数说明

使用 R 语言

a. 将 Customers 数据导入数据框架（表）中，并将其标记为 myData。

b. 首先，我们检查每个种族类别的频率，以确定两个最常见的类别。输入：

```
> table(myData $ Race)
```

该表显示，美国印第安人和太平洋岛民是两个最不常见的类别，分别只有 5 次和 3 次观察。

c. 我们使用 ifelse 函数创建了一个名为 NewRace 的新变量，它使用其他类别来代表美国印第安人和太平洋岛民。输入：

> myData $ NewRace <- ifelse(myData $ Race %in% c("American Indian", "Pacific Islander"),"Other",myData $ Race)

请注意，ifelse 函数计算种族变量中的值，如果值是美国印第安人或太平洋岛民，它将用其他替换；否则将保留原始种族值。

d. 我们再次使用 table 函数来验证另一个类别是否有 8 个观察结果。输入：

> table(myData $ NewRace)

e. 我们使用 View 函数来显示电子表格样式的数据。输入：

> View(myData)

验证第 19 个客户是否为其他类别中的第一个。

■ 虚拟变量

在许多分析模型中，如后面几章讨论的回归模型，分类变量必须首先转换为数值变量。对于其他模型，处理数值数据往往比分类数据更加容易，因为它避免了与变量每个类别有关的复杂语义。**虚拟变量**（dummy variable），也称为指标或二元变量，通常用来描述一个变量的两个类别。它对其中一个类别的假设值为 1，对另一个类别的假设值为 0，被称为参考或基准类别。例如，我们可以定义一个虚拟变量，用 1 表示男性，用 0 表示女性，来对一个人的性别进行分类，把女性作为参考类别。虚拟变量不建议对类别进行任何排序，因此，在不丧失一般性的情况下，我们可以将 1 定义为女性，将 0 定义为男性，将男性作为参考类别。对结果的所有解释都与参考类别有关。

> **虚拟变量**
>
> 虚拟变量，也称为指标或二元变量，通常用于描述一个变量的两个类别。它假设其中一个类别为 1，另一个类别为 0。

通常，一个分类变量有两个以上的类别。例如，通勤的交通方式可以分为三类：公共交通、独自驾驶和拼车。给定一个变量的 k 个类别，一般规则是使用最后一个类别作为参考，创建 $k-1$ 个虚拟变量。对于交通方式的示例，我们只需要定义两个虚拟变量。假设我们定义了两个虚拟变量 d_1 和 d_2，其中 d_1 等于 1，代表公共交通，否则为 0；d_2 等于 1，代表独自驾驶，否则为 0。在这里，在 $d_1=d_2=0$ 时表示作为参考类别的拼车。因此，为拼车定义第 3 个虚拟变量将产生信息冗余；某些分析模型甚至不能用 k 个虚拟变量来进行估计。

例 2.7 展示了如何使用 Excel 与 Analytic Solver 和 R 语言创建虚拟变量。

例 2.7

对于亚洲风味的新套餐，Catherine 认为，了解客户获得的渠道对于预测客户未来的行为很重要。为了在她的预测模型中包含渠道变量，Catherine 需要将渠道类别转换为虚拟变量。因为网络横幅广告可能是有机食品超市使用的最常见营销工具，所以她计划使用网络渠道作为参考类别，并评估其他渠道与网络渠道相比的影响。使用 Excel 与 Analytic Solver 和 R 语言一起为渠道变量创建相关的虚拟变量。

解答:

使用 Excel 与 Analytic Solver

a. 打开 Customers 数据文件。

b. 选择"数据挖掘"(Data Mining)→"转换"(Transform)→"转换分类数据"(Transform Categorical Data)→"创建虚拟变量"(Create Dummies)。选择数据范围＄A＄1：＄N＄201，并选中"第一行包含标题"(First row contains headers)框。从"变量"(Variables)列表中选择 Channel。单击箭头将其选入"要分解的变量"(Variables to be factored)框。单击"确定"(OK)。此时将创建一个新的工作表,即 Encoding。表中已经创建了四个虚拟变量,Channel_Referral、Channel_SM、Channel_TV 和 Channel_Web。

c. 因为我们使用网络渠道作为参考类别,所以我们将 Channel_Web 以外的虚拟变量复制到 Customers 工作表中。从编码工作表中的单元格 Q24：S224 中复制虚拟变量,然后粘贴这些值(使用选择性粘贴选项并选择值)到 Customers 工作表中的单元格 O1：Q201 中。验证第一次观测的虚拟变量值是否分别为 0、1 和 0。

使用 R 语言

a. 将 Customers 数据导入数据框架(表)中,并将其标记为 myData。

b. 我们使用 ifelse 函数为渠道变量中的单个类别创建一个虚拟变量。ifelse 函数计算渠道变量中的类别,例如,如果该类别是 Referral,则该函数为新的 Channel_Referral 变量赋值 1,否则为 0。另外两个虚拟变量,Channel_SM 和 Channel_TV,也是这样被类似地创建。请注意,我们忽略了最后一个渠道,Web,因为它是一个参考类别。输入:

```
> myData＄Channel_Referral <- ifelse(myData＄Channel = = "Referral",1,0)
> myData＄Channel_SM <- ifelse(myData＄Channel = = "SM",1,0)
> myData＄Channel_TV <- ifelse(myData＄Channel = = "TV",1,0)
```

c. 我们使用 View 函数来显示电子表格样式的数据。输入:

```
> View(myData)
```

验证第一次观测的虚拟变量值是否分别为 0、1 和 0。

R 语言中有一些包,如 dummy、dummies 和 fastDummies,它们有助于创建虚拟变量。鼓励学生们去探索和尝试这些其他的选择。

■ 类别分数

最后,另一种常见的分类变量转换是创建类别分数。如果数据是有序的,并且具有自然的、有序的类别,那么这种方法是最合适的。例如,在客户满意度调查中,我们经常使用顺序量表,如非常不满意、不满意、一般、满意、非常满意,来表示满意度水平。虽然满意度变量是分类的,但类别是有序的。在这种情况下,我们可以使用数字 1~5 对数字类别进行编码,1 表示非常不满意,5 表示非常满意。这种转换允许分类变量在某些分析模型中被视为一个数值变量。通过这种转换,我们不需要将一个分类变量转换为几个虚拟变量或减少它的类别。然而,对于一个有效转换,我们假设类别分数之间的增量相等,这在某些情况下可能不合适。

例 2.8 展示了如何使用 Excel 和 R 语言将分类变量转换为类别分数。

例 2.8

对于亚洲风味的新套餐,Catherine 想要关注客户的满意度。由于客户满意度评级代表顺序数

据，因此她希望将其转换为从 1（非常不满意）到 5（非常满意）的类别评分，以使变量更容易在预测模型中使用。使用 Excel 和 R 语言为满意度变量创建类别分数。

解答：

使用 Excel

a. 打开 Customers 数据文件。

b. 在单元格 O1 中输入列标题 Satisfaction_Score。输入公式＝IF（M2＝"Very Satisfied"，5，IF（M2＝"Somewhat Satisfied"，4，IF（M2＝"Neutral"，3，IF（M2＝"Somewhat Dissatisfied"，2，1））））。用 O2 中的公式填充范围 O3：O201。这些分数现在是根据顾客对有机食品超市服务的满意程度来排序的。有关嵌套 IF 语句的更多信息，请参见例 2.6。验证前 4 个满意度得分是否分别为 1、3、5、1。

Analytic Solver 提供了以下创建类别分数的选项，"数据挖掘"（Data Mining）→"转换"（Transform）→"转换分类数据"（Transform Categorical Data）→"创建类别分数"（Create Category Scores）。然而，它不适用于我们的应用程序，因为它根据类别出现的顺序为类别分配数值分数。例如，"非常不满意"的满意度分数被分配为数字 1，因为它是第一个出现在数据中的。如果"一般"是第一个出现，那么就被分配为 1。

使用 R 语言

a. 将 Customers 数据导入数据框架（表）中，并将其标记为 myData。

b. 我们使用嵌套格式的 ifelse 函数来创建满意度变量的类别分数。输入：

```
> myData $ Satisfaction_Score <- ifelse(myData $ Satisfaction = =
"Very Dissatisfied",1,ifelse(myData $ Satisfaction = = "Somewhat
Dissatisfied",2,ifelse(myData $ Satisfaction = ="Neutral",3,
ifelse(myData $ Satisfaction = ="Somewhat Satisfied",4,5))))
```

请注意，ifelse 函数计算满意度变量的值，如果该值是非常不满意，该函数将给 Satisfaction_Score 变量分配数字 1。因为它是一个嵌套格式，如果值不是很不满意，而是不满意，函数将分配数字 2，依此类推。如果满意度变量的值不是前四个分数，则函数将 5 分配给 Satisfaction_Score 变量。

c. 我们使用 View 函数来显示电子表格样式的数据。输入：

```
> View(myData)
```

验证前四个满意度得分是否分别为 1、3、5、1。

练习 2.5

理论

49. 下表有 3 个变量和 6 个观察结果。

性别	收入	决策
女性	95 000	批准
男性	65 000	批准
女性	55 000	需要更多信息
男性	72 000	拒绝

续表

性别	收入	决策
男性	58 000	批准
男性	102 000	批准

a. 将性别转换为虚拟变量。使用最常见的类别作为参考类别。哪个类别是参考类别？

b. 将决策转换为虚拟变量。使用最常见的类别作为参考类别。哪个类别是参考类别？

c. 将决策值转换为类别分数，其中批准＝1，拒绝＝2，需要更多信息＝3。有多少个观察结果的类别得分为 2 分？

50. 文件：Exercise_2.50。附带的数据集包含 3 个变量，x_1、x_2 和 x_3。

a. 变量 x_1 包含 6 个类别，范围从 "A" 到 "F"。结合两个最不常见的类别，将类别的数量减少到 5 个。将新类别命名为 "其他"。有多少个观察结果属于 "其他" 类别？

b. 变量 x_2 包含从 "A" 到 "F" 6 个类别。这个变量是有序的，这意味着这些类别是有序的。"A" 表示最低水平，而 "F" 代表最高水平。将类别分数从 1（最低）到 6（最高）替换类别名称。x_2 的平均类别分数是多少？

c. 变量 x_3 包含 4 个无序的类别。为了便于后续的分析，我们需要将 x_3 转换成虚拟变量。应该创建多少个虚拟变量？使用类别 1 作为参考类别来创建虚拟变量。

51. 文件：Exercise_2.51。附带的数据集包含 2 个变量，生日和贷款决策。

a. 贷款决策包含 3 个无序的类别。为了便于后续的分析，我们需要将贷款决策转换为虚拟变量。应该创建多少个虚拟变量？使用 "需要更多信息" 作为参考类别来创建虚拟变量。

b. 根据贷款决策创建一个新的变量。新变量应该只有两个类别："批准" 和 "不批准"。"不批准" 类别组合了 "拒绝" 和 "需要更多信息" 类别。有多少观察结果属于 "不批准" 类别？

52. 文件：Exercise_2.52。附带的数据集包含 2 个变量，x_1 和 x_2。

a. 变量 x_1 包含从 "低" 到 "高" 3 个类别。将类别名称转换为类别分数（即 1＝"低"、2＝"中" 和 3＝"高"）。有多少个观察结果的类别分数为 3 分？

b. 通过组合 3 个最不频繁出现的类别来减少 x_2 中的类别数量。将新类别命名为 "其他"。有多少个观察结果属于 "其他" 类别？

c. 将新的 x_2 转换成虚拟变量。应该创建多少个虚拟变量？使用 "其他" 类别作为参考类别来创建虚拟变量。

53. 文件：Exercise_2.53。附带的数据集包含 3 个变量，x_1、x_2 和 x_3。

a. 变量 x_1 包含 S、M、L 三类。将类别名称转换为类别分数（即 S＝1，M＝2 和 L＝3）。有多少个观察结果的类别分数为 3 分？

b. 将 x_2 变换成适当数量的虚拟变量。应该创建多少个虚拟变量？

c. 变量 x_3 包括 A、B、C、D 四类。通过将两个最不频繁的类别合并成一个新的类别 E 来减少类别的数量。在 E 类中有多少个观察结果？

应用

54. 文件：Home_Loan。参考下表部分数据，其中包括关于房屋贷款申请的信息。每个申请的变量包括申请号（Application）、贷款类型（LoanType，是传统的还是由联邦住房管理局补贴的）、房产类型（PropertyType，是独户还是多户住宅），以及申请目的（Purpose，是首次购买还是再融资）。

申请号	贷款类型	房产类型	申请目的
1	传统	独户	首次购买
2	传统	多户	再融资
⋮	⋮	⋮	⋮
103	联邦	独户	首次购买

a. 变量 LoanType、PropertyType 和 Purpose 是名义数据还是有序数据？为什么？

b. 哪些类别是 LoanType、PropertyType 和 Purpose 中最常见的类别？

c. 为了便于后续分析，请将 LoanType、PropertyType 和 Purpose 转换为虚拟变量。使用变量中最常见的类别作为参考类别。哪一类别是 LoanType、PropertyType 和 Purpose 中的参考类别？总共创建多少个虚拟变量？

55. 文件：Shipment。当地一家包裹投递店的经理认为有太多的包裹损坏或丢失。她提取了 75 个包含以下变量的包裹样本，其中包括：包裹编号（Package）、包裹状态（Status，交付、损坏或丢失）、交付类型（Delivery，标准、特快或同一天）以及包裹尺寸（Size，S、M、L 和 XL）。部分数据如下表所示。

包裹编号	包裹状态	交付类型	包裹尺寸
1	交付	标准	XL
2	损坏	特快	S
⋮	⋮	⋮	⋮
75	丢失	同一天	M

a. 将 Delivery 变量转换为虚拟变量。使用最常见的类别作为参考类别。应该创建多少个虚拟变量？Delivery 中哪一类别是参考类别？

b. 将 Size 变量中最少出现的两个类别合并为一个名为 Other 的新类别。在这个新的类别中有多少个观察结果？

c. 将 Status 变量中的类别名称替换为分数 1（丢失）、分数 2（损坏）或分数 3（交付）。75 个包裹的平均状态分数是多少？

56. 文件：Technician。每次雷雨后，一名技术人员都会被指派检查其服务区的蜂窝塔。每次访问，技术人员都会在数据库中记录塔号（Tower）、单元型号（Model，A 或 B）以及单元的损坏程度（Damage，无、轻微、部分、严重和全损）。部分数据如下表所示。

塔号	单元型号	损坏程度
1	A	轻微
2	A	无
⋮	⋮	⋮
98	B	部分

a. 将 Model 变量转换为虚拟变量。应该创建多少个虚拟变量？

b. 将损坏程度变量转换为从 4（全损）到 3（严重）、2（部分）、1（轻微）和 0（无）的类别分数。蜂窝的平均损坏程度分数是多少？

57. 文件：Game_Players。有关问题和数据集的描述，请参见练习 2.46。

a. 变量 Satisfaction 包含 5 个有序类别：非常不满意、不满意、一般、满意和非常满意。用 1（非常不满意）到 5（非常满意）的分数替换类别名称。玩家的平均满意度得分是多少？

b. 变量 Enjoyment 包含 5 个有序的类别：非常低、低、一般、高和非常高。用 1（非常低）到 5（非常高）的分数替换类别名称。玩家的平均享受程度得分是多少？

c. 变量 Recommend 包含 5 个有顺序的类别：绝对不会、不会、一般、会和绝对会。用 1（绝对不会）到 5（绝对会）的分数替换类别名称。玩家的平均推荐分数是多少？

d. 变量 Type 包含 3 个无序的游戏类别：动作、角色扮演和运动。为了便于后续分析，请将类型转换为虚拟变量。使用最不频繁的类别作为参考类别。哪个类别是参考类别？应该创建多少个虚拟变量？

58. 文件：Engineers。有关问题和数据集的描述，请参见练习 2.47。

a. 变量 Personality 包含 4 种无序的人格类型：分析家、外交官、探险家和哨兵。为了便于后续分析，Erin 需要将该变量转换为虚拟变量。应该创建多少个虚拟变量？使用分析家类型作为参考类别的变量。在参考类别中有多少个观察结果？

b. 变量 Level 包含 3 个有序职位级别：一级工程师（最低）、二级工程师和三级工程师（最高）。将分数从 1（最低）到 3（最高）替换级别名称。工程师的平均水平分数是多少？

59. 文件：Patients。有关问题和数据集的描述，请参见练习 2.48。

a. 变量 Race 包含 5 个无序类别：美国印第安人、太平洋岛民、西班牙裔、非西班牙裔黑人和非西班牙裔白人。通过合并最少出现的两个类别，将类别数量减少到 4 个类别。将新类别命名为其他。有多少个观察结果属于其他类别？

b. 将具有新类别的 Race 变量转换为虚拟变量。使用数据中最常见的种族类别作为参考类别。哪个类别是参考类别？应该创建多少个虚拟变量？

c. 变量 Education 包括 4 个有序类别：高中（最低教育水平）、学院、大学和研究生（最高教育水平）。用类别分数替换类别名称，得分从 1（最低）到 4（最高）。教育水平的平均类别分数是多少？

2.6　大数据写作

□ 案例研究

Casslus Weatherby 是一家生产软件和硬件产品的大型技术公司的人力资源经理。他想分析该公司销售专业人员的净推荐值（NPS）。NPS 通过询问客户向他人推荐公司的意愿，从 0（不太可能）到 10（非常可能）打分，来衡量客户的满意度和忠诚度。这一指标对公司的软件业务来说是一个特别重要的指标，因为很大比例的销售来自客户推荐。Casslus 想确定与销售专业人员的 NPS 相关的因素。这些见解可以帮助公司做出更好的招聘决定，并制定更有效的培训计划。

在公司 IT 组的帮助下，Casslus 从企业数据仓库中提取了一个包含 2 万多名销售专业人员记录的数据集。相关变量包括销售专业人员被分配到的产品线、年龄、性别、公司工作年限、是否拥有大学学位、基于迈尔斯-布里格斯人格评估的人格类型、获得的专业证书数量、360 度年度评估的平均分数、基本工资和获得的平均 NPS。Casslus 的任务是检查和审查数据，并为公司的最高管理团队准备一份报告。

报告样本——净推荐值评估

净推荐值（NPS）是衡量客户满意度和忠诚度的关键指标。它衡量了客户向他人推荐一种产品或公司的可能性。由于我们的软件业务线在很大程度上依赖于客户推荐来产生销售线索，因此销售专业人员获得的 NPS 是我们公司未来成功的关键指标。

从大约 2 万名销售专业人员的记录中，我们只选择软件产品组的销售专业人员，并将他们分为两类：平均 NPS 低于 9 分和平均 NPS 为 9 分或 10 分。当客户给销售专业人员 9 分或 10 分的 NPS 时，客户被认为是"热情忠诚的"，这意味着他们很有可能继续向我们购买，并将他们的同事推荐到我们公司。根据 NPS 的分类，我们将销售专业人员分为两类：拥有 0～3 个专业证书和拥有 4 个或 4 个以上的专业证书。结果见表 2.10。在软件产品组 12 130 名的销售专业人员中，我们发现有 65.57％ 的人获得的专业证书少于 4 个，而 34.43％ 的人获得了 4 个或更多专业证书。然而，那些拥有 4 个或更多专业证书的人员和其 NPS 值之间似乎存在着联系。在那些 NPS 为 9 分或 10 分的人中，我们发现有 62.60％ 的销售专业人员至少获得了 4 个专业证书。同时，在那些 NPS 低于 9 分的人中，我们发现有 73.00％ 的销售专业人员获得的专业证书少于 4 个。

表 2.10　基于证书数量和 NPS 值划分的销售专业人员

专业证书数量	全样本（$n=12\ 130$）	NPS$<$9（$n=9\ 598$）	NPS$\geqslant$9（$n=2\ 532$）
0～3	65.57％	73.00％	37.40％
4 或更多	34.43％	27.00％	62.60％

虽然这可能只是表明，高成就的员工倾向于获得更多的专业证书，但我们也相信，拥有足够技术知识的销售专业人员可以有效地与客户沟通并帮助客户找到技术解决方案，这将提高客户的满意度和忠诚度。我们的培训和发展计划必须更加重视帮助员工获得相关认证和获得必要的技术知识。

基于 NPS 值，我们根据人格类型将销售专业人员分为不同的类别，具体见表 2.11。除了专业认证外，我们还发现人格类型与 NPS 值有关。在这 4 种人格类型中，外交官和探险家类型占软件产品组中所有销售专业人员的 72.69％。然而，当我们根据 NPS 值划分员工时，在 NPS 为 9 分或

10 分的人员中,这两种人格类型占 91.63%,而在 NPS 低于 9 分的人员中仅占 67.69%。

表 2.11 按人格类型和 NPS 值划分的销售专业人员

迈尔斯-布里格斯人格类型	全样本 ($n=12\ 130$)	NPS<9 ($n=9\ 598$)	NPS≥9 ($n=2\ 532$)
分析师	12.13%	14.47%	3.24%
外交官	35.62%	33.07%	45.30%
探险家	37.07%	34.62%	46.33%
哨兵	15.19%	17.84%	5.13%

我们还研究了其他变量的变化,如年龄、性别、受教育程度、销售收入和佣金,但在 NPS 分类中没有发现相当大的差异。其他变量,如工资和员工在公司的任期,则不包括在我们的初始分析范围以内。

基于这些分析,我们要求公司任命一个分析工作组,对销售专业人员进行更加全面的分析。我们强烈建议将分析集中在专业认证和人格类型上,其中包括决定 NPS 值的相关因素。至少,工作组的两个目标应该包括:(1) 对重新设计我们的培训和发展计划提出建议,重点帮助员工获得相关的专业证书;(2) 将人格类型作为招聘决策的有效部分。

□ 案例推荐

数据整理是任何数据分析项目的关键一步。本章中讨论的数据检查、准备和转换技术可以应用于许多数据集。以下是一些使用本书附带大数据的建议。

报告 2.1(文件:Ca_Crash)。根据位置、星期几、碰撞类型和照明条件来划分数据子集。比较这些数据子集,以发现有趣的模式。你能确定坠机死亡人数与上述变量之间的联系吗?是否有缺失值?应使用哪种策略来处理缺失值?因为许多变量都是分类的,所以你应该考虑在分析之前将它们转换为虚拟变量。

报告 2.2(文件:House_Price)。基于变量划分数据子集,如卧室数量、浴室数量、住宅面积、地块面积和房子的年龄。在预测房价时,可以删除哪些变量?有没有变量显示出偏态分布?如果有,则对这些变量进行对数变换。使用分类策略将一些数值转换为分类值有意义吗?在这些情况下,等大小或等间隔分类策略更合适吗?

报告 2.3(文件:Longitudinal_Survey)。根据年龄、性别或种族设置数据子集。这些数据中是否存在缺失值?应使用哪种策略来处理缺失值?考虑是否可以使用现有变量创建任何新变量。探索通过分类变量转换成数值变量和通过创建虚拟变量转换成分类变量的机会。

报告 2.4(文件:Mortage_Approval)。考虑数据分布的偏态是否存在于一些数值变量中,如果存在,则决定如何将数据转换为不那么偏态的分布。减少某些变量的类别数量是否有意义?进行数据子集划分,并使用简单的汇总度量,如平均值和频率计数,以查明不同子集之间是否存在任何差异。

数据可视化和综合指标 | 第 3 章

🎯 **学习目标**

通过学习本章，可以达成以下目标：

1. 可视化分类变量和数值变量。
2. 构造并解释列联表和堆叠柱状图。
3. 构造并解释散点图。
4. 构造并解释带有分类变量的散点图、气泡图、折线图和热力图。
5. 计算和解释综合指标。
6. 使用箱线图和 z 值来识别异常值。

人们通常难以处理以原始形式呈现的数据所提供的信息。在本章中，我们将介绍一些表格和图形化工具，以及帮助我们汇总呈现数据的方法。我们首先通过构造一个频率分布来总结一个单一的变量。频率分布是一种压缩和汇总数据的表格方法。对于频率分布的可视化表示，我们为分类变量构建条形图，为数值变量构建柱状图。然后，我们通过构造分类变量的列联表和堆叠柱状图，以及构造数值变量的散点图来检验两个变量之间的关系。我们还讨论了其他的数据可视化方法，包括带有分类变量的散点图、气泡图、折线图和热力图。接下来，我们重点关注综合指标。这些指标量提供了精确的、客观的和确定的值，易于计算、解释和相互比较。最后，我们研究箱线图和 z 值，它们是检测异常值的两种常见方法。

引入案例　投资决策

Dorothy Brennan 在一家大型投资公司担任财务顾问。她遇到了一位没有经验的投资者，这位投资者对共同基金投资的两种方法——增长型投资和价值型投资提出了一些问题。该投资者听说，增长型基金投资于那些预计股价相对于整体股市增长速度更快的公司，而价值型基金投资于那些股价低于其真实价值的公司。该投资者还听说，投资回报的主要组成部分是增长型基金的资本增值和价值型基金的股息收入。

该投资者向 Dorothy 展示了富达增长指数共同基金（增长型基金，Growth）和富达价值指数共同基金（价值型基金，Value）的年回报数据。表 3.1 显示了 1984—2018 年这两只共同基金的部分年回报率（文件：Growth_Value）。

表 3.1　增长型和价值型基金的年回报率（%）

年份	增长型基金	价值型基金
1984	−4.53	−17.34
1985	36.76	15.67
⋮	⋮	⋮
2018	−5.5	−8.59

投资者很难从目前形式的数据中得出任何结论。除了澄清增长型投资和价值型投资的风格差异外，Dorothy 还将使用样本信息来：

1. 计算和解释这两只共同基金的典型回报。
2. 计算和解释这两只共同基金的投资风险。
3. 确定哪只共同基金提供了相对于风险更高的回报。

3.4 节提供了本案例的概要。

■ 3.1　可视化分类变量和数值变量的方法

在本节中，我们将提供一些表格和图形化工具，帮助我们组织和呈现有关单个变量的数据。我们研究了总结分类变量和数值变量的常用方法。

■ 可视化分类变量的方法

回忆第 1 章我们得知：分类变量由代表标签或名称的观察结果组成。例如，调查的参与者经常被要求指出他们的性别或种族，或提供对产品的评级。当呈现一个分类变量时，用频率分布或柱状图来总结数据通常是有用的。我们首先来讨论频率分布的构造。请考虑以下示例。

□ 分类变量的频率分布

一家大型技术公司的人力资源部门根据迈尔斯-布里格斯测试保存了每个员工人格类型的相关人事信息。迈尔斯-布里格斯测试将人格类型分为以下 4 类：

● 分析师：分析师往往思想开放，意志坚强。他喜欢独立工作，通常从非常实用的角度来处理事情。

● 外交官：外交官倾向于关心人，往往对他人有同情心。

● 探险家：探险家往往非常擅长在困难的情况下做出快速、理性的决定。

● 哨兵：哨兵喜欢稳定、秩序和安全，而且往往工作努力，一丝不苟。

表 3.2 显示了 1 000 名员工的部分迈尔斯-布里格斯测试结果（文件：Myers_Briggs）。迈尔斯-布里格斯变量是一个名义上的分类变量，表 3.2 中的观察结果只是代表标签。以这种形式呈现的数据——也就是原始形式——是很难解释的。将原始数据转换为**频率分布**（frequency distribution）通常是使数据更容易管理和评估的第一步。

表 3.2　迈尔斯-布里格斯测试结果

员工	迈尔斯-布里格斯测试
1	外交官
2	外交官
⋮	⋮
1 000	探险家

如表 3.3 所示，变量的类别构成了频率分布的第一列。然后，我们记录了属于每个类别的员工数量。从表 3.3 中我们不难看出，探险家人格类型出现的频率最高，而分析师人格类型出现的频率最低。在某些应用中，特别是在比较不同大小的数据集时，关注每个类别的相对频率而不是其频率，可能更符合我们的需要。每个类别的相对频率是通过将频率除以样本量来计算的。我们可以很容易地将相对频率乘以 100 来转换成百分比。表 3.3 显示，40.4％的员工属于探险家人格类型。

表 3.3　迈尔斯-布里格斯变量的频率分布

人格类型	频率	相对频率
分析师	116	0.116
外交官	324	0.324
探险家	404	0.404
哨兵	156	0.156

使用频率分布显示分类变量

分类变量的频率分布将数据分组，并记录属于每个类别的观测值的数量。每个类别的相对频率等于每个类别中观测值的比例。

□ 柱状图

接下来，我们展示一个频率分布的图形表示。我们首先构造垂直条形图，有时也称为**柱状图**

（bar chart）。每个条形的高度等于相应类别的频率或相对频率。图 3.1 显示了迈尔斯-布里格斯变量的柱状图。

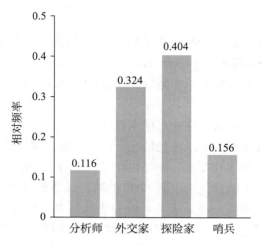

图 3.1 迈尔斯-布里格斯变量的柱状图

使用柱状图显示分类变量

柱状图将分类变量的每个类别的频率或相对频率描绘为一系列水平或垂直的条形图，其长度与要描述的数值成正比。

例 3.1 --

最近，一所城市大学进行了一项交通调查，作为其减少碳足迹和遵守联邦《清洁空气法》承诺的一部分。该调查被分发给了学生、教师和工作人员，以了解他们的日常通勤方式。其中一个问题是：在一个典型的工作日，你是如何从家到学校的。可能的回答包括自驾（Drive_Alone）、公共交通（Public_Transit）、自行车（Bicycle）、步行（Walk）和其他（Other）。共有 600 人参与了这项调查。表 3.4 显示了部分调查结果（文件：Transit_Survey）。

表 3.4 通勤调查数据

参与人员	通勤方式
1	自行车
2	公共交通
⋮	⋮
600	步行

利用 Excel 和 R 语言构造频率分布和柱状图，并总结结果。

重要提示：由于字体和类型设置的不同，将本书中的 Excel 或 R 语言函数直接复制和粘贴到 Excel 或 R 语言中可能会出现错误。当这种错误发生时，你可能需要替换特殊字符，如引号和括号，或删除函数中的额外空格。

解答：

使用 Excel

a. 打开 Transit_Survey 数据文件。

b. 分别在单元格 D1 和 E1 中输入列标题：通勤方式和受访者人数。在单元格 D2 中输入列标题 Drive_Alone。在单元格 E2 中输入公式＝COUNTIF（A2：A601，"Drive_Alone"）。在单元格 D3 中输入列标题 Public_Transit。在单元格 E3 中输入公式＝COUNTIF（A2：A601，"Public_Transit"）。在单元格 D4 中输入列标题自行车。在单元格 E4 中输入公式＝COUNTIF（A2：A601，"Bicycle"）。在单元格 D5 中输入列标题 Walk。在单元格 E5 中输入公式＝COUNTIF（A2：A601，"Walk"）。在单元格 D6 中输入列标题 Other。在单元格 E6 中输入公式＝COUNTIF（A2：A601，"Other"）。频率分布见表 3.5。

表 3.5　Transit_Survey 的频率分布

通勤方式	受访者人数
自驾	57
公共交通	273
自行车	111
步行	141
其他	18

c. 选择单元格 D2：E6。选择"插入"（Insert）→"插入条形图"（Insert Bar Chart）。选择左上角的选项。（如果在选择"插入" Insert）后难以找到此选项，请查找"图表"（Charts）上方的水平条形图。）注意，在这个实例中，我们已经构建了一个水平条形图（见图 3.2）。如果希望构建一个垂直柱状图，则可以选择"插入"（Insert）→"柱状图"（Column Chart）。

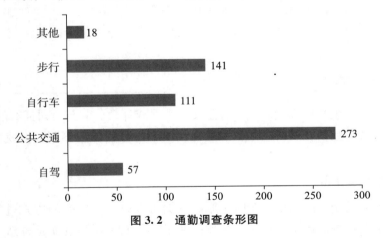

图 3.2　通勤调查条形图

d. 格式化（关于轴的标题、网格线等）。可以通过选择图表右上角的"＋"号或从菜单中选择"添加图表元素"（Add Chart Elements）来完成。选中"图表元素"（Chart Elements）弹出框中的"数据标签"（Data Labels）旁边的框，以在条形图（或柱状图）中显示频率。

使用 R 语言

如第 2 章所述，在遵循所有 R 语言指令之前，请确保你已经阅读了附录 C（"从 R 开始"）。我们假设你已经下载了 R 和 RStudio，并且知道如何导入 Excel 文件。在本书中，我们的目标是提供最简单的方法来获得相关的输出。重要的是要记住，R 语言是区分大小写的。

a. 将 Transit_Survey 数据导入数据框架（表）中，并将其标记为 myData。

b. 我们使用 table 函数来创建一个名为 Frequency 的频率分布。如附录 C 中所述，我们通常使用

表达式 $ var 识别数据框架（表）中的变量，var 代表变量名。在这里，我们需要给变量名加上单引号，因为变量名 Mode of Transportation 由多个单词组成。如果你重新输入 Frequency，你会发现得到的频率分布并不是很吸引人。出于这个原因，我们使用 View 函数来创建一个更吸引人的频率分布。回顾第 2 章，View 函数创建了一个电子表格样式的数据查看器。输入：

```
> Frequency <- table(myData $ 'Mode of Transportation')
> Frequency
> View(Frequency)
```

与表 3.5 相比，R 语言产生的频率分布唯一的区别是类别名称按字母顺序排列。

c. 我们使用 barplot 函数来构建柱状图。R 语言提供了许多关于柱状图的格式化选项。在这里，我们使用 main 来添加标题，使用 xlab 为 x 轴定义标签，使用 horiz 来表示水平条形图，使用 col 定义颜色，使用 xlim 将 x 轴的单位定义为 0～300，使用 las＝1 来显示垂直于 y 轴的类别名称，使用 cex.names 缩小类别名称的字体大小，以便它们不会被截断。最后，我们使用 abline 函数来插入 y 轴。

```
> barplot(Frequency, main = "Bar Chart for Transit Survey",
xlab = "Number of Respondents", horiz = TRUE, col = "blue",
xlim = c(0,300), las = 1, cex. names = 0. 5)
> abline(v = 0)
```

与图 3.2 相比，R 语言产生的柱状图会有一些差异，但这些差异只是表面的。

总结

表 3.5 和图 3.2 显示，这所城市大学最常见的通勤方式是公共交通。步行和自行车是第二类常见的通勤方式。对于一所位于城市的大学来说，这些结果并不令人惊讶。

可视化数值变量的方法

对于数值变量，每个观测值都代表一个有意义的数量或计数。制药公司拥有的专利数量（计数）和家庭收入（金额）就是数值变量的例子。虽然在性质上与分类变量不同，但我们仍然可以使用频率分布来总结数值变量。

数值变量的频率分布

当我们构造一个分类变量的频率分布时，原始数据可以以一种明确的方式进行分类；我们只需简单地计算每个类别的观测值数量。对于一个数值变量，我们不用类别而是构造一系列的区间（有时也称为类）。我们必须对区间的数量以及每个区间的宽度做出某些决定。在做这些决定时，我们要考虑以下几个指导方针。

● 间隔是相互排斥的。例如，假设频率分布的前两个区间被定义为 $300 < x \leqslant 400$ 和 $400 < x \leqslant 500$，其中 x 是观测值。如果 $x=400$，那么它将落入第一个区间。换句话说，区间不重叠，每个观测值都只能被分到一个区间中。

● 频率分布中的区间总数通常为 5～20。较小的数据集往往比较大的数据集有更少的区间。回想一下，构造频率分布的目标是以一种准确描述群体整体的形式来总结数据。如果我们有太多的区间，那么频率分布的优势就消失了。类似地，如果频率分布的类别太少，则会降低准确性。

● 区间是详尽的。区间的总数涵盖了整个样本（或总体）。

● 区间界限容易识别和解释。例如，区间 $-10 < x \leqslant 0$、$0 < x \leqslant 10$ 等优于区间 $-8 < x \leqslant 2$、$2 <$

$x \leqslant 12$ 等。此外，为了近似计算每个区间的宽度，我们经常使用公式：（最大观测值－最小观测值）/
（区间数）。

使用频率分布显示数值变量

对于数值变量，频率分布将数据分为若干个区间，并记录每个区间内观测值的数量。每个区间的相对频率等于每个区间观测值的比例。

引入案例中的 Growth 变量是一个数值变量，因为数据反映了 1984—2018 年富达增长指数共同基金的年回报率（%）。这里我们将创建一个有 6 个区间的频率分布。Growth 变量的最小观测值和最大观测值分别为－40.9 和 79.48。（获得的综合指标将在 3.4 节中进行讨论。）使用近似值公式找到每个区间的宽度，我们计算出 $[79.48-(-40.9)]/6=20.063\ 3$。然而，宽度为 20.063 3 的区间没有容易识别的界限。因此，我们将第一个区间的下限定义为－50，并使每个区间的宽度为 25，即 $-50 < x \leqslant -25$、$-25 < x \leqslant 0$ 等，其中 x 是年回报率。

如表 3.6 所示，使用频率分布，数据将更容易管理，但由于我们不再看到实际的观测值，因此一些细节丢失了。从频率分布中，我们现在可以很容易地观察到，Growth 变量最可能的年回报率是 0%～25%；在这个区间内有 17 个观测值。

表 3.6　Growth 变量的频率分布

区间（%）	频率	相对频率
$-50 < x \leqslant -25$	3	0.085 7
$-25 < x \leqslant 0$	5	0.142 9
$0 < x \leqslant 25$	17	0.485 7
$25 < x \leqslant 50$	9	0.257 1
$50 < x \leqslant 75$	0	0
$75 < x \leqslant 100$	1	0.028 6

我们还注意到，没有一个观测值在 50%～75% 之间，只有一个观测值在 75%～100% 之间；我们稍后会看到这个观测值被称为异常值。将频率列中的值相加，我们得出该样本量为 35。每个区间的相对频率可以通过频率除以样本量计算得到。和以前一样，相对频率可以通过乘以 100 来转换成百分比。表 3.6 的第三列显示，Growth 变量的 48.57% 在 0%～25% 之间。

□ 直方图

接下来，我们用图形表示频率分布。对于数值数据，**直方图**（histogram）本质上与我们用于分类数据的垂直柱状图相对应。

在构建直方图时，我们通常沿横轴标出区间限制。每个条形的高度代表每个区间的频率或相对频率。区间界限之间没有空隙。

使用直方图显示数值变量

直方图是一系列的矩形，每个矩形的宽度和高度代表各自的区间宽度和频率（或相对频率）。

图 3.3 为表 3.6 所示频率分布的直方图。其优点是，我们可以快速看到大多数观察结果聚集在哪里，以及数据的趋势和形状。从图 3.3 中我们可以看到，Growth 变量的年回报率从－50% 到 100% 不等。年回报率在 0%～25% 是最有可能的，而超过 50% 则不太可能。

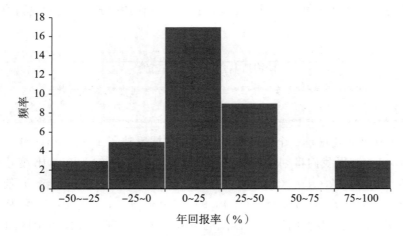

图 3.3　增长型基金年回报率

直方图还提供了关于分布形状的信息。一般来说，大多数分布形状可以分为对称分布和偏斜分布。对称分布是指在其中心的两边都是自己的镜像。也就是说，中心以下的数值位置与中心以上的数值位置相对应。正如我们将在第 4 章看到的，许多数据集的平滑直方图接近于钟形曲线，这表明了著名的正态分布。图 3.4（a）显示了一个具有对称分布的直方图。如果对边缘进行平滑处理，那么这个直方图看起来会有些类似于钟形。

如果分布不是对称的，那么它就是正偏斜或负偏斜的。图 3.4（b）显示了一个正偏斜的直方图，或向右倾斜的分布。向右延伸的长尾反映了少数相对较大的数值的存在。图 3.4（c）显示的是一个负偏斜或向左偏斜的直方图，因为它有一个向左延伸的长尾。负偏斜分布的数据有少量相对较小的数值。

图 3.4　具有不同形状的直方图

图 3.3 中 Growth 变量的直方图显示，它不是一个对称的分布；然而，较难辨别它是正偏斜还是负偏斜。事实证明，该分布是略微正偏斜的。我们能够通过检查 Growth 变量的偏度系数来得出这一结论。正如我们将在 3.4 节中看到的，偏度系数是 Excel 输出中经常提供的一个综合性指标。

例 3.2

引入案例中的 Value 变量显示了 1984—2018 年富达公司价值型基金的年回报率（%）。使用 Excel 和 R 语言构建频率分布和直方图，然后总结结果。

解答：

在使用 Excel 或 R 语言之前，我们需要对区间的数量以及每个区间的宽度做出一些决定。对于一个有 35 个观测值的变量，使用 5 个区间是合理的。然后我们发现，Value 变量的最小观测值和最大观测值分别为 −46.52 和 44.08。使用公式来估算区间宽度，我们计算出 [44.08 −（−46.52）] /

5＝18.12。例如，构建一个有 5 个区间的频率分布是完全可以接受的，每个区间的宽度为 20，第一个区间的下限为－50。然而，由于我们的目标之一是比较增长型基金的回报和价值型基金的回报，因此我们使用相同数量的区间、相同的宽度和相同的下限，就像我们在构建 Growth 变量的频率分布时一样。也就是说，我们使用 6 个区间，每个区间的宽度为 25，第一个区间的下限为－50。

使用 Excel

a. 打开 Growth_Value 数据文件。

b. 在单元格 E1 中输入标题"区间限制"，在单元格 E2:E7 中输入每个区间的上限，即－25、0、25、50、75 和 100。设置这些条目的原因将在后面解释。

c. 从菜单中选择"数据"(Data)→"数据分析"(Data Analysis)→"直方图"(Histogram)→"确定"(OK)。注意：如果你没有看到"数据"(Data) 下的"数据分析"(Data Analysis) 选项，你必须加入"分析数据库"(Analysis Toolpak) 选项。从菜单上选择"文件"(File)→"选项"(Options)→"加载项"(Add-Ins)，然后在对话框的底部选择转到。选择"分析数据库"(Analysis Toolpak)，然后点击"确定"(OK)。如果你已经正确地安装了这个选项，你现在应该在"数据"(Data) 下看到"数据分析"(Data Analysis)。

d. 见图 3.5。在直方图对话框中，在"输入范围"(Input Range) 旁边，选择值的观察。Excel 使用术语"bins"来表示区间限制。如果我们把"区间范围"(Bin Range) 框留空，Excel 就会以数据的最小值和最大值为端点创建均匀分布的区间。这种方法很少令人满意。为了构建一个信息量更大的直方图，我们使用每个类别的上限作为 bin 值。在"区间范围"(Bin Range) 旁边，我们选择单元格 E1:E7（区间限制观察）。（我们勾选（Labels）框，因为我们已经将数值和区间限制的名称作为选择的一部分。）在"输出选项"(Output Options) 选项下，选择"输出范围"(Output Range) 并输入单元格 G1，然后选择"图表输出"(Chart Output)。点击"确定"(OK)。

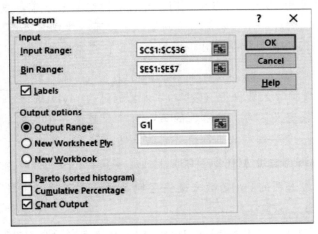

图 3.5　Excel 的直方图对话框

表 3.7 显示了 Value 变量的频率分布。如果给定的区间限制不包括所有的数据点，Excel 会自动在生成的频率分布和直方图中增加一个标有"更多"的区间。因为我们在这个区间内观察到的观测值为 0，所以为了说明问题，我们删除这个区间。另外，需要注意的是，Excel 通过包括每个区间的类别上限的值来定义其区间。例如，如果数据中出现了－25 这个值，Excel 就会把这个观测值算在第一个区间里。

为了计算每个区间的相对频率，我们在 I2 单元格中输入＝H2/35。然后选择 I2 单元格并向下拖动到 I7 单元格，从菜单中选择"首页"(Home)→"填充"(Fill)→"向下"(Down)。表 3.7 的第三列显示了每个区间的相对频率。

表 3.7　Value 变量的频率分布

区间（%）	频率	相对频率
$-50 < x \leqslant -25$	1	0.028 6
$-25 < x \leqslant 0$	7	0.200 0
$0 < x \leqslant 25$	21	0.600 0
$25 < x \leqslant 50$	6	0.171 4
$50 < x \leqslant 75$	0	0.000 0
$75 < x \leqslant 100$	0	0.000 0

e. 由于 Excel 在直方图的矩形之间留有空间，因此我们在任何一个矩形上点击右键，选择"数据系列格式"（Format Data Series），改变间隙宽度为 0，然后选择"关闭"（Close）。格式化（关于坐标轴标题、网格线等）可以通过从菜单中选择"格式化"（Format）→"添加图表元素"（Add Chart Element）来完成。图 3.6 显示了 Value 变量的直方图。

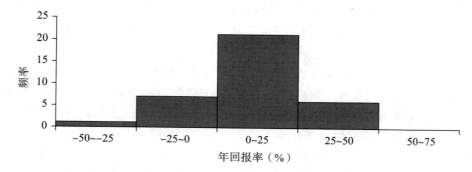

图 3.6　价值型基金的年回报率直方图

请注意，你可以通过使用 Excel 的 COUNTIF 函数来构造频率分布，我们在上一个例子以及第 2 章中都使用了这个函数。然后，你可以使用得到的频率分布来绘制直方图。Excel 的数据分析工具库中的直方图选项允许我们用一条命令同时构建频率分布和直方图。

使用 R 语言

a. 将 Growth_Value 数据导入数据框（表），并将其标记为 myData。

b. 我们首先用 seq 函数定义区间。该函数的第一个参数是第一个区间的下限，第二个参数是最后一个区间的上限，最后一个参数定义了每个区间的宽度。输入：

```
> intervals <- seq(-50,100,by = 25)
```

c. 我们使用带有左和右选项的 cut 函数来确保区间是左开右闭的；也就是说，$-50 < x \leqslant -25$，$-25 < x \leqslant 0$，等等。输入：

```
> value.cut <- cut(myData $ Value,intervals,left = FALSE,right = TRUE)
```

d. 我们使用 table 函数来创建一个标注为 value.freq 的概率分布。如果你重新输入 value freq，你会发现得到的频率分布并不是很吸引人。因此，我们使用 View 函数来创建一个更吸引人的频率分布。输入：

```
> value.freq <- table(value.cut)
> value.freq
> View(value.freq)
```

R 语言产生的频率分布应该与表 3.7 相同。

e. 我们使用 hist 函数来构建直方图。我们使用在步骤 b 中定义的区间来定义 breaks 选项。同样，我们将 right 选项设置为 TRUE，这样区间就会是右闭的（意味着左开）。与构建柱状图时一样，R 语言提供了许多格式化的选项。在这里，我们用 main 来添加标题，用 xlab 来提供 x 轴的标签，用 col 来定义颜色。输入：

```
> hist(myData $ Value, breaks = intervals, right = TRUE, main = "Histogram
  for the annual returns (in %) for the Value Fund", xlab = "Annual
  Returns (in %) for Value", col = "blue")
```

R 语言产生的直方图应该与图 3.6 相同。

总结

从表 3.7 中我们看到，价值型基金的年回报率范围是－50％～50％。价值型基金的范围比增长型基金的范围要窄。与增长型基金相似，价值型基金最可能的回报率在 0％～25％ 的区间内，因为最多的观测值（21 个）是在这个区间内。与增长型基金不同，价值型基金没有一个观测值大于50％。从图 3.6 中，我们可以看到 Value 变量的分布并不是对称的；它是负倾斜的，尾部向左偏移。

构建或解释图表时的注意点

正如我们在本书中所研究的许多分析方法一样，存在着无意地和有目的地歪曲图形信息的可能性。作为一个谨慎的研究者，你应该遵循以下这些基本准则：

- 对于给定的数据集，应该使用最简单的图表。力求清晰，避免不必要的装饰。
- 轴应清楚地标明其各自的刻度数字；每个轴都应该有标签。
- 当创建条形图或直方图时，每个条形/矩形的宽度应该是相同的。不同的宽度会造成失真。
- 纵轴不应该被赋予一个非常高的值作为上限。因为在这种情况下，数据可能会出现压缩，数据的增加（或减少）并不像它应该表现的那样明显。例如，图 3.7（a）描绘了今年第一季度每桶原油的日价格（文件：Crude_Oil）。由于中东局势动荡，原油价格从每桶 83.13 美元的低点上升到每桶 106.19 美元的高点，即增长了大约 28％ $\left(=\dfrac{106.19-83.13}{83.13}\right)$。然而，由于图 3.7（a）使用了一个高值作为纵轴的上限（325 美元），价格的上涨似乎看不出来发生了什么变化。图 3.7（b）显示了一个上限为 110 美元的纵轴；这个值能更好地反映在这一时期观察到的上限。

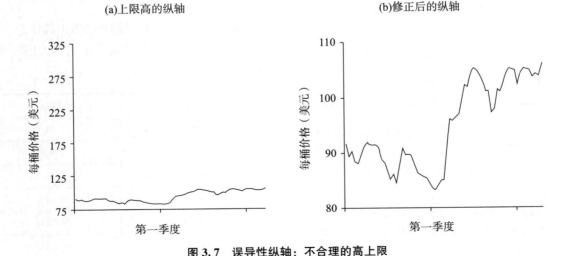

图 3.7　误导性纵轴：不合理的高上限

● 纵轴不应该被拉长，以至于数据的增加（或减少）看起来比应该的那样更明显。例如，图 3.8（a）是一家大型零售商在 4 月 4 日那一周的每日收盘价（文件：Stockprice）。的确，股价在这一周内从 60.15 美元的高点下降到 59.46 美元的低点；这相当于下降了 0.69 美元，或大约下降了 1％。然而，纵轴被拉长后，股价的下跌显得更为剧烈。图 3.8（b）显示了一个没有被拉伸的纵轴。

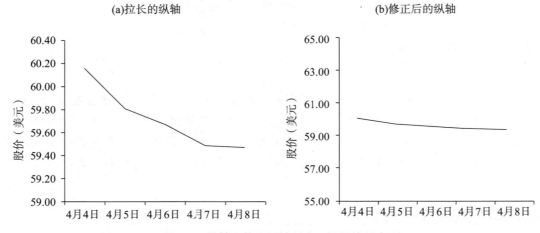

图 3.8　纵轴上的误导性刻度：拉长的刻度

练习 3.1

应用

1. 根据在训练营中的表现和过去的表现，50 名职业橄榄球新秀被划分为 1～5 个等级。等级为 1 表示前景不佳，而等级为 5 表示前景极佳。根据他们的表现，我们构建了频率分布（见下表）。

等级	频率
1	4
2	1C
3	14
4	18
5	4

a. 有多少名新秀在第 4 个等级或者更高的等级？有多少名新秀在第 2 个等级或更低的等级？

b. 构建相对频率分布。获得的第 5 个等级比例是多少？

c. 构建条形图，并对调查结果进行评论。

2. 下表的频率分布显示了周末某在线零售商的男士衬衫的销售数量。

尺寸	频率
小	80
中	175
大	210
特大	115

a. 构建相对频率分布。中号衬衫的销售比例是多少？

b. 构建条形图，并对调查结果进行评论。

3. 下表的频率分布总结了国内某大型零售商一周内每天的购买数量。

时间	频率
星期一	2 504
星期二	2 880
星期三	3 402
星期四	3 566
星期五	4 576
星期六	5 550
星期日	5 022

a. 构建相对频率分布。有多少比例的购买发生在星期三？

b. 使用相对频率构建条形图，并对调查结果进行评论。

4. 2018 年，美国人口普查局提供了以下各地区生活在贫困线以下的人口数量的频数分布。

地区	人数（千人）
东北部	6 373
中西部	7 647
南部	16 609
西部	9 069

a. 构建相对频率分布。生活在贫困线以下的人有多大比例生活在中西部？

b. 构建条形图，并对调查结果进行评论。

5. 最近针对 3 057 人进行的一项调查问道："今年夏天你打算休的最长的假期是多长时间？"下表的相对频率分布总结了结果。

回答	相对频率
几天	0.21
几个长周末	0.18
一周	0.36
两周	0.25

a. 构建频率分布。今年夏天，有多少人打算休一周的假？

b. 构建条形图，并对调查结果进行评论。

6. 文件：Dining。一家当地餐厅致力于为顾客提供最好的用餐体验。在最近的一次调查中，该餐厅要求顾客对其主菜的质量进行评价。回答被划分为 1～5 个等级，其中 1 表示令人失望的主菜，5 表示出色的主菜。200 份答复中的一部分如下表所示。

回答	等级
1	3
2	5
⋮	⋮
200	4

a. 构建总结调查结果的频率分布。哪种评价出现的频率最高？

b. 构建条形图。顾客对主菜的质量是否普遍感到满意？请阐述理由。

7. 文件：Health。北岸家庭诊所的病人需要填写一份调查问卷，让医生对每个病人的健康状况有一个总体的了解。第一个问题是："一般来说，你的健康状况如何？"病人选择优、良、一般或差。150 个回答中的一部分如下表所示。

回答	质量
1	一般
2	优
⋮	⋮
150	优

a. 构建总结问卷调查结果的频率分布。调查问卷中最常见的回答是什么？

b. 构建条形图。你将如何描述这个医疗机构中的病人的健康状况？请阐述一下。

8. 文件：Millennials。皮尤研究中心 2014 年的一项宗教信仰研究发现，35% 的千禧一代（1981—1996 年期间出生的美国人）认为自己没有宗教信仰。一位研究人员想知道这一发现在今天是否一致。她调查了 600 名千禧一代，要求他们对自己的信仰状况进行评价。可能的回答是强烈的宗教信仰、有些宗教信仰、轻微宗教信仰和没有宗教信仰。600 份答复中的一部分内容如下表所示。

回答	宗教信仰
1	轻微宗教信仰
2	轻微宗教信仰
⋮	⋮
600	有些宗教信仰

a. 构建总结调查结果的频率分布。调查结果中最常见的反应是什么？

b. 构建条形图。研究者的结果与皮尤研究中心的结果是否一致？请阐述理由。

9. 一位研究人员进行了一项涉及 80 辆汽车里程经济性的测试。下表描述了每加仑平均里程

（mpg）的频率分布。

平均里程（mpg）	频率
$15 \leqslant x < 20$	15
$20 \leqslant x < 25$	30
$25 \leqslant x < 30$	15
$30 \leqslant x < 35$	10
$35 \leqslant x < 40$	7
$40 \leqslant x < 45$	3

a. 构建相对频率分布。有多大比例的汽车至少 20mpg 但少于 25mpg？有多大比例的汽车低于 35mpg？有多大比例的汽车在 35mpg 或以上？

b. 构建直方图，并对分布的形状进行评论。

10. 考虑下表中的相对频率分布，它对 500 只小盘股的回报率进行了汇总。

回报率（%）	相对频率
$-20 \leqslant x < -10$	0.04
$-10 \leqslant x < 0$	0.25
$0 \leqslant x < 10$	0.42
$10 \leqslant x < 20$	0.25
$20 \leqslant x < 30$	0.04

a. 构建频率分布。有多少只股票的回报率至少为 10％但低于 20％？

b. 构建直方图，并对分布的形状进行评论。

11. 一家水上乐园的经理构建了以下频率分布来总结 7 月和 8 月的入园情况。

入园人数	频率
$1\,000 \leqslant x < 1\,250$	5
$1\,250 \leqslant x < 1\,500$	6
$1\,500 \leqslant x < 1\,750$	10
$1\,750 \leqslant x < 2\,000$	20
$2\,000 \leqslant x < 2\,250$	15
$2\,250 \leqslant x < 2\,500$	4

a. 构建相对频率分布。入园人数至少为 1 750 人但低于 2 000 人的比例是多少？有多大比例的时间入园人数少于 1 750 人？入园人数在 1 750 人以上的比例是多少？

b. 构建直方图，并对分布的形状进行评论。

12. 50 个城市按以下频率分布提供了当地公寓的空置率信息。

空置率（%）	相对频率
$0 \leqslant x < 3$	0.10
$3 \leqslant x < 6$	0.20
$6 \leqslant x < 9$	0.40
$9 \leqslant x < 12$	0.20
$12 \leqslant x < 15$	0.10

a. 构建频率分布。有多少个城市的空置率至少为 6％，但低于 9％？有多少个城市的空置率至少为 9％？

b. 构建直方图，并对分布的形状进行评论。

13. 下面的相对频率直方图概括了美国人口普查局 2010 年报告的 50 个州的家庭收入中位数。

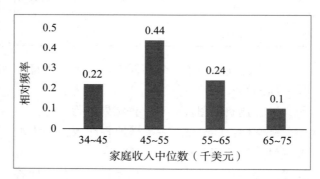

a. 分布是对称的吗？如果不是，它是正偏斜还是负偏斜？

b. 家庭收入中位数在 45 000～55 000 美元之间的州占多大比例？

c. 家庭收入中位数在 35 000～55 000 美元之间的州占多大比例？

14. 下面的直方图总结了苹果公司 2014—2018 年的每月股价。

a. 分布是对称的吗？如果不是，它是正偏斜还是负偏斜？

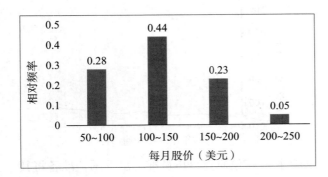

b. 在这五年期间，请估算出每月最低的股票价格和每月最高的股票价格。

c. 在这五年期间，哪个区间的相对频率最高？

15. 下面的直方图总结了一家大型投资公司在过去一年中收入最高的 30 位投资组合经理的薪金。

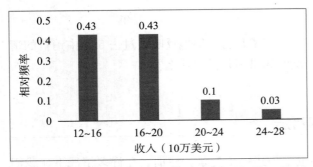

a. 分布是对称的吗？如果不是，它是正偏斜还是负偏斜？

b. 有多少投资组合经理的收入在 200 万～240 万美元之间？

c. 大约有多少名投资组合经理的收入在 120 万～200 万美元之间？

16. 文件：Prime。亚马逊 Prime 是一项每年 119 美元的服务，为该公司的客户提供免费的两日送货服务和隔夜送达的折扣价格。Prime 客户还可以获得其他优惠，如免费的电子书。下表显示了 100 名 Prime 客户的年度支出的部分信息（美元）。

客户	支出
1	1 272
2	1 089
⋮	⋮
100	1 389

a. 构建支出的频率分布。使用 6 个宽度为 $400 < x \leqslant 700$、$700 < x \leqslant 1\ 000$ 等的区间。有多少名客户的消费在 701～1 000 美元之间？

b. 有多少名客户花费了 1 300 美元或更少？有多少名客户花费超过 1 300 美元？

17. 文件：Census。下表列出了美国人口普查局 2010 年报告的 50 个州的部分房屋价值中位数（美元）。

州	房屋价值
亚拉巴马州	117 600
阿拉斯加州	229 100
⋮	⋮
怀俄明州	174 000

a. 构建房屋价值中位数的频率分布和直方图。使用 6 个宽度为 $0 < x \leqslant 100\ 000$、$100\ 000 < x \leqslant 200\ 000$ 等的区间。哪个区间的频率最高？有多少个州的房屋价值中位数为 300 000 美元或更少？

b. 分布是对称的吗？如果不是，它是正偏斜还是负偏斜？

18. 文件：DJIA_2019。下表显示了 2019 年上半年道琼斯工业平均指数（DJIA）的部分日期数据。

日期	DJIA
2019 年 1 月 1 日	23 346
2019 年 1 月 2 日	22 686
⋮	⋮
2019 年 6 月 28 日	26 600

a. 构建 DJIA 的频率分布和直方图。使用 5 个宽度为 $22\ 000 < x \leqslant 23\ 000$、$23\ 000 < x \leqslant 24\ 000$ 等的区间。在 2019 年上半年，DJIA 有多少天超过了 26 000 美元？

b. 分布是对称的吗？如果不是，它是正偏斜还是负偏斜？

19. 文件：Gas_2019。下表列出了 50 个州和哥伦比亚特区在 2019 年 1 月 2 日 AAA 汽油价格报告的每加仑汽油的部分平均价格（美元）。

州	价格
亚拉巴马州	1.94
阿拉斯加州	3.06
⋮	⋮
怀俄明州	2.59

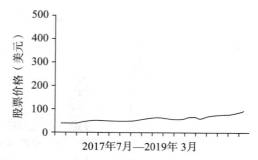

2017年7月—2019年3月

a. 构建汽油平均价格的频率分布和直方图。使用 6 个宽度为 $1.70 < x \leqslant 2.00$、$2.00 < x \leqslant 2.30$ 等的区间。哪个区间的频率最高？有多少个州的汽油平均价格超过 2.60 美元？

b. 分布是对称的吗？如果不是，它是正偏斜还是负偏斜？

20. 下图绘制了一家大型建筑公司从 2017 年 7 月到 2019 年 3 月的每月股价。在这段时间里，该股票经历了巨大的增长，价格几乎上涨了 3 倍。该图是否反映了这种增长？如果没有，为什么？

21. 一家小型制药公司的年销售额在最近 5 年一直停滞不前，在这个时间段里只表现出 1.2% 的增长。一位研究分析员准备了下图，准备将其列入销售报告。

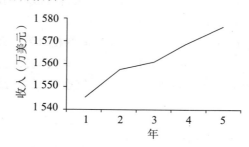

该图是否准确地反映了过去 5 年中销售的情况？如果不是，为什么？

3.2　将两个变量之间关系可视化的方法

到目前为止介绍的所有表格和图形化工具都侧重于描述一个变量。然而，在许多情况下，我们对两个变量之间的关系感兴趣。几乎每个学科的人都在研究一个变量如何系统地影响另一个变量。例如，考虑：

- 收入如何随受教育程度变化。
- 销售额如何随广告支出变化。
- 股票价格如何随企业利润变化。
- 作物产量如何随肥料的使用变化。
- 胆固醇水平如何随饮食摄入量变化。
- 员工的缺勤情况如何随工作班次变化。

我们首先介绍列联表和堆叠柱状图，这是两种常见的表格和图形，可以帮助我们总结两个分类变量之间的关系。然后我们展示散点图，这是一种常见的图形，可以让我们确定两个数值变量是否以某种系统的方式相关。

将两个分类变量之间关系可视化的方法

当研究两个分类变量之间的关系时，**列联表**（contingency table）被证明是非常有用的。列联表被广泛用于市场营销和其他商业应用中。请看下面的例子。

□ 列联表

回顾一下 3.1 节中讨论的迈尔斯-布里格斯数据集。如果我们把这个数据集扩展到另一个分类变量，比如说一个人的性别，就可以研究人格类型和性别之间的关系。也许我们会思考某些人格类型在男性和女性中是否更普遍。表 3.8 显示了扩展数据集 Myers_Briggs2 的一部分。

表 3.8　扩展的迈尔斯-布里格斯测试结果

员工	迈尔斯-布里格斯测试	性别
1	外交家	女
2	外交家	女
⋮	⋮	⋮
1 000	探险家	男

表 3.9 列出了人格类型和性别的频率。正如你所看到的，55 名女性员工属于分析师人格类型，而 61 名男性员工也属于这种人格类型。

表 3.9　扩展的迈尔斯-布里格斯例子的列联表

	分析师	外交家	探险家	哨兵
女	55	164	194	79
男	61	160	210	77

使用列联表来显示两个分类变量

列联表显示了两个分类变量 x 和 y 的频率，其中每个单元格代表一对 x 和 y 值的互斥组合。

☐ 堆叠柱状图

列联表中的信息可以用**堆叠柱状图**（stacked column chart）来显示。堆叠柱状图是我们在 3.1 节中讨论过的柱状图的一个高级版本。它被设计用来显示一个以上的分类变量，而且它允许在每个类别中进行成分比较。

图 3.9 是人格类型和性别的堆叠柱状图。图中的每一列都代表了某一人格类型的所有员工，每一列中的两段分别代表女性员工和男性员工。如图所示，根据员工是女性还是男性，在人格类型方面没有发现明显的差异。

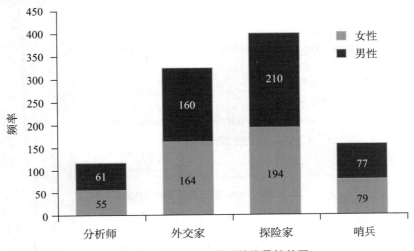

图 3.9　人格类型和性别的堆叠柱状图

为了说明列联表和堆叠柱状图的构造，请参考以下示例。

例 3.3 --

一家在线零售商最近向客户发送了包含促销折扣的电子邮件。零售商想知道顾客在美国的位置（Location）（中西部、东北部、南部或西部）与顾客是否利用折扣进行购买（Purchase）（是或不是）之间是否有关系。表 3.10 显示了 600 个电子邮件（E mail）账户的部分结果（文件：Promotion）。

表 3.10   位置和购买调查的答复

电子邮件	位置	是否购买
1	西部	是
2	东北部	是
⋮	⋮	⋮
600	南部	否

使用 Excel 和 R 语言构建列联表和堆叠柱状图，然后总结结果。

解答：

使用 Excel

a. 打开 Promotion 数据文件。

b. 点击数据上的任意位置（我们选择 A5 单元格）。从菜单中选择"插入"（Insert）→"数据透视表"（Pivot Table）。图 3.10 显示了"创建数据透视表"（Create PivotTable）对话框。因为我们在创建透视表之前点击了数据，所以在"选择表或范围"（Select a table or range）中的默认选项应该已经被填满。我们选择将数据透视表放置在现有工作表中，从单元格 E1 开始。勾选"将此数据添加到数据模型"（Add this data to the Data Model）选项旁边的方框，然后点击"确定"（OK）。

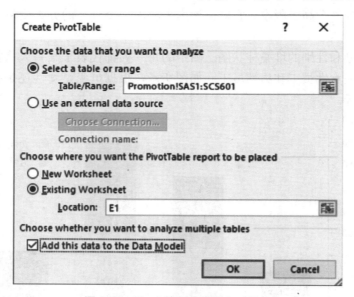

图 3.10   Excel 的创建透视表对话框

c. 在屏幕的右边会出现一个菜单，叫"数据透视表"（PivotTable Fields）。在这个菜单的顶部，你会看到我们数据集中的所有变量。在菜单的底部，有一个包含 4 个字段的网格："过滤器"（Filters）、"行"（Rows）、"列"（Columns）和"值"（Values）（见图 3.11）。把变量位置（Location）

拖到行栏里。将变量是否购买（Purchase）拖到列字段。拖动变量电子邮件（Email）到数值字段。如果数值字段中的电子邮件变量没有显示为数值（例如，它可能是一个总和），你需要改变它。点击数值字段下面的箭头，选择"值域设置"（Value Field Settings）。在对话框中，选择"按标签汇总值域"（Summarize value field by tab），然后在下拉菜单中，选择"计数"（count）。点击"确定"（OK）。

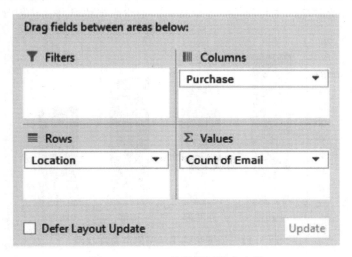

图 3.11　Excel 的数据透视表字段

由此产生的列联表应与表 3.11 类似。

表 3.11　位置和购买示例的列联表

位置	是否购买 否	是否购买 是	总计
中西部	107	77	184
东北部	41	102	143
南部	24	130	154
西部	18	101	119
总计	190	410	600

有时，最好将计数转换成百分比，如表 3.12 所示。为了进行这种改变，请回到"值域设置"（Value Field Settings）对话框，选择"显示值"（Show values as）选项卡，在下拉菜单中选择"占总金额的百分比"（% of Grand Total）。

表 3.12　位置和购买示例的百分比表

位置	是否购买 否	是否购买 是	总计
中西部	17.83%	12.83%	30.67%
东北部	6.83%	17.00%	23.83%
南部	4.00%	21.67%	25.67%
西部	3.00%	16.83%	19.83%
总计	31.67%	68.33%	100.00%

d. 现在我们来说明如何使用列联表创建堆叠柱状图。请确保列联表显示的是表 3.11 中的计数。

选择单元格 E2:G6。选择"插入"(Insert)→"插入柱状图或条形图"Insert Column or Bar Chart→"堆叠柱状图"Stacked Column。

e. 可以通过选择图表右上方的"十"号或从菜单中选择"添加图表元素"(Add Chart Elements)来进行格式化(坐标轴标题、网格线等)。在"图表元素"(Chart Elements)弹出框中勾选"数据标签"(Date Labels)旁边的方框,在柱状图中显示频率。由此产生的堆叠柱状图如图 3.12 所示。

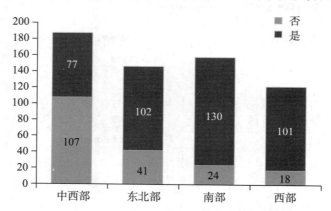

图 3.12　位置和购买示例的堆叠柱状图

使用 R 语言

a. 将 Promotion 数据导入数据框(表),并将其标记为 myData。

b. 为了创建名为 myTable 的透视表,我们使用 table(row,column)函数并指定行和列的变量名称。如果你手动计算并键入 myTable,你将看到一个类似于表 3.11 的透视表。如果使用 prop.table 函数,那么 R 语言会显示单元格数据占整体的比例,将这些比例转换为百分比,与表 3.12 相同。输入:

```
> myTable <- table(myData $ Location, myData $ Purchase)
> myTable
> prop.table(myTable)
```

c. 要创建类似于图 3.12 的柱状图,我们首先需要创建透视表,将 Purchase 变量放在行中,将 Location 变量放在列中。输入:

```
> myNewTable <- table(myData $ Purchase, myData $ Location)
```

d. 我们使用 barplot 函数来构建柱状图。正如我们在构建柱状图和直方图时看到的那样,R 语言提供了很多选项来定义图表格式。在这里,我们使用 main 来添加标题;col 来定义列段的颜色;legend 来创建图例;xlab 和 ylab 分别为 x 轴和 y 轴提供标签;ylim 将纵轴的单元定义为 0~200。输入:

```
> barplot(myNewTable, main = "Location and Purchase",
col = c('blue','red'), legend = rownames(myNewTable), xlab = 'Location',
ylab = 'Count', ylim = c(0, 200))
```

产生的柱状图应该与图 3.12 类似。

总结

与只有原始数据的表 3.10 相比,表 3.11、表 3.12 和图 3.12 以一种更有信息量的形式展示了位置和购买示例的结果。我们可以很容易地看到,在 600 个电子邮件收件人中,有 410 人利用促销折扣进行了购买。有 68.33% 的积极回应率,这个营销策略似乎很成功。然而,在不同的地区似乎有一些差异。与居住在中西部的人（184 人中有 77 人）相比，居住在南部和西部的收件人更有可能进行购买（154 人中有 130 人，119 人中有 101 人）。对零售商来说，明智的做法是研究南部和西部的顾客是否有其他共同的特征（年龄、性别等）。这样一来，在下一次营销活动中，发送电子邮件时就可以更有针对性。

使用堆叠柱状图显示两个分类变量

堆叠柱状图用来显示一个以上的分类变量。它允许在每个类别中进行成分比较。

一种可视化两个数值变量之间关系的方法

当研究两个数值变量之间的关系时，**散点图**（scatterplot）是一种简单而有用的图形工具。散点图中的每一个点都代表了两个变量的配对观察。在构建散点图时，我们通常把其中一个变量称为 x，并在横轴（x 轴）上表示它；把另一个变量称为 y，并在纵轴（y 轴）上表示它。然后，我们绘制每一对：(x_1, y_1)，(x_2, y_2)，依此类推。一旦数据被绘制出来，该图可能会显示：

- 两个变量之间存在线性关系；
- 两个变量之间存在非线性关系；
- 两个变量之间不存在任何关系。

例如，图 3.13（a）显示了散点图上的点沿着一条斜率为负的直线聚簇在一起，我们推断这两个变量之间存在负的线性关系。图 3.13（b）描述了一种正的非线性关系，随着 x 的增加，y 趋向于以越来越快的速度增加。图 3.13（c）中的点是分散的，没有明显的特征，因此，这两个变量之间没有关系。

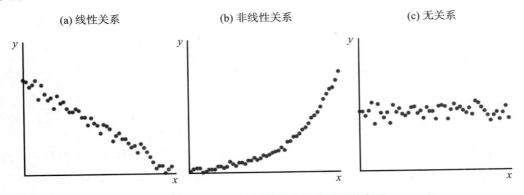

图 3.13　描绘两个变量之间各种关系的散点图

使用散点图来显示两个数值变量之间的关系

散点图是一种图形工具，有助于确定两个数值变量是否以某种系统的方式相关。散点图中的每一个点都代表两个变量的成对观察。

为了说明散点图，请考虑以下示例。

例 3.4

回顾 Growth_Value 数据集，它包含了 1984—2018 年富达公司增长型和价值型基金的年回报率。使用 Excel 和 R 语言构建价值型与增长型基金年回报率的散点图，然后总结结果。

解答：

使用 Excel

a. 打开 Growth_Value 数据文件。

b. 在构建散点图时，Excel 将出现在第一列的变量放在 x 轴上，将出现在第二列的变量放在 y 轴上。因为我们希望 Growth 变量在 x 轴上，Value 变量在 y 轴上，所以我们不需要重新排列列的顺序。我们同时选择 Growth 和 Value 这两个变量的观测值，并选择"插入"（Insert）→"插入散点图或气泡图"（Insert Scatter or Bubble Chart）→"散点图"（Scatter）。（如果你找不到这个选项，请在图表上方寻找带有数据点的图形。）所得到的散点图应该与图 3.14 类似。

c. 格式化（坐标轴标题、网格线等）可以通过从菜单中选择"格式化"（Format）→"添加图表元素"（Add Chart Element）来完成。

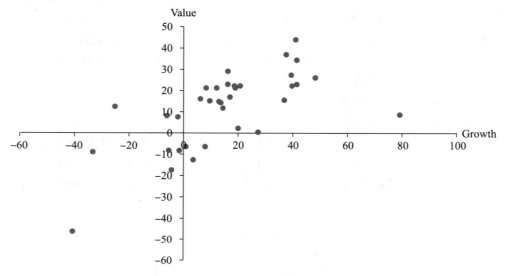

图 3.14　增长型与价值型基金的散点图

使用 R 语言

a. 将 Growth_Value 数据导入数据框（表），并将其标记为 myData。

b. 为了构建散点图，我们使用 plot（$y\sim x$,...）函数。正如我们在构建柱状图和直方图时看到的，R 语言提供了许多格式化的选项。在这里，我们使用 main 来添加标题；xlab 和 ylab 分别为 x 轴和 y 轴提供标签；用 col 来定义颜色；用 pch 来定义数据点的格式，pch＝16 规定圆圈作为数据点的标记。输入：

```
> plot(myData $ Value~myData $ Growth, main = "Scatterplot of Value
against Growth", xlab = "Growth", ylab = "Value", col = "chocolate",
pch = 16)
```

得到的散点图应该与图 3.14 类似。

总结

从图 3.14 中我们可以推断出，Value 变量和 Growth 变量之间存在正向关系；也就是说，随着价值型基金年回报率的增加，增长型基金年回报率也趋于增加。

练习 3.2

应用

22. 文件：Bar。在一个中西部小镇的当地酒吧，啤酒和葡萄酒是仅有的两种酒类选择。经理在过去的一周里对酒吧的顾客进行了一次调查。顾客被要求说明他们的性别（定义为男性或女性）和他们的饮料选择（啤酒、葡萄酒或软饮料）。部分回答见下表。

顾客	性别	饮料选择
1	男	啤酒
2	男	啤酒
⋮	⋮	⋮
270	女	软饮料

a. 构建按性别和饮料选择交叉分类的列联表。有多少位顾客是男性？有多少位顾客喝的是葡萄酒？

b. 如果一位顾客是男性，那么他喝啤酒的可能性有多大？如果一位顾客是女性，那么她喝啤酒的可能性是多少？

c. 构建堆叠柱状图，并对这些发现进行评论。

23. 文件：Friends。人们普遍认为，男人和女人只做朋友是不可行的。也有人认为，这种想法可能不再真实，因为男人工作、女人待在家里的日子已经一去不复返了，他们能在一起的唯一方式就是浪漫（www.npr.org，November 12, 2016）。一位研究人员对 186 名学生进行了一项调查。学生们被问及他们的性别（男性或女性），以及男性和女性只做朋友是否可行（是或不是）。部分回答见下表。

学生	性别	可行性
1	女	是
2	女	是
⋮	⋮	⋮
186	男	否

a. 构建按性别和可行性对数据进行交叉分类的列联表。有多少学生是女性？有多少学生认为男人和女人只做朋友是可行的？

b. 男生认为男女可以只做朋友的可行性是多少？女生认为男女可以只做朋友的可行性是多少？

c. 构建堆叠柱状图。男生和女生对这个话题的感受是一样的还是不同的？请解释一下。

24. 文件：Shift。Metalworks 是一家制造工业组件的供应商，他想知道一个组件的制造时间（"轮班时间"等于 1、2 或 3）和它是否有缺陷（如果组件有缺陷，则有缺陷等于是，没有缺陷则等于否）之间是否有联系。供应商收集了 300 个组件的制造数据。部分数据见下表。

组件	轮班时间	是否有缺陷
1	1	否
2	1	是
⋮	⋮	⋮
300	3	否

a. 构建列联表，将数据按轮班时间和组件是否有缺陷进行交叉分类。在轮班时间 1 期间，有多少个组件是有缺陷的？在轮班时间 2 期间，有多少个组件没有缺陷？

b. 如果组件是有缺陷的，那么它在轮班时间 2 期间制造的可能性有多大？如果组件有缺陷，那么它在轮班时间 3 期间制造的可能性有多大？一个组件的制造时间与它是否有缺陷之间有什么联系？请解释一下。

c. 构建堆叠柱状图。所有班次的缺陷率是否一致？请解释一下。

25. 文件：Athletic。一家营销公司的研究人员考察了消费者的年龄对其购买运动服是否有影响。她的初步感觉是，A 品牌吸引的是年轻的顾客，而更成熟的公司（B 品牌和 C 品牌）则吸引较年长的客户群。对于最近购买的 600 件运动服，她收集了顾客的年龄（如果顾客在 35 岁以下，年龄等于 1，否则等于 0）和运动服品牌名称的数据。部分数据见下表。

购买	年龄	品牌
1	1	A
2	1	A
⋮	⋮	⋮
600	0	C

　　a. 构建按年龄和品牌交叉分类的列联表。有多少人购买的是 A 品牌？有多少购买是来自 35 岁以下的顾客？

　　b. 如果顾客的年龄在 35 岁以下，那么顾客购买 A 品牌的可能性有多大？B 品牌呢？C 品牌呢？数据看起来支持研究者的观点吗？请解释一下。

　　c. 构建堆叠柱状图。顾客的年龄和购买的品牌之间看起来有关系吗？

　　26. 文件：Study。一份报告表明，与所有其他大学生相比，商科专业的学生在课程作业上花费的时间最少（《华盛顿邮报》，2017 年 1 月 28 日）。一所大学的教务长对 270 名学生进行了调查。学生被问及他们的专业（商科专业或非商科专业）以及是否努力学习（是或不是），其中努力学习被定义为每周至少在课程上花费 20 小时。部分回答见下表。

学生	专业	是否努力学习
1	商科专业	是
2	商科专业	是
⋮	⋮	⋮
270	非商科专业	否

　　a. 构建按专业和努力程度对数据进行交叉分类的列联表。有多少名学生是商科专业的？有多少学生努力学习？

　　b. 如果一名学生的专业是商科专业，那么该学生努力学习的可能性有多大？如果一名学生的专业是非商科专业，那么该学生努力学习的可能性有多大？这些数据看起来支持报告中的结论吗？请解释一下。

　　c. 构建堆叠柱状图，并对这些发现进行评论。

　　27. 文件：Test_Scores。下表显示了 32 名学生的部分期中和期末成绩。构建期末成绩与期中成绩的散点图，并描述这种关系。

期末	期中
86	78
94	97
⋮	⋮
91	47

　　28. 文件：Life_Obesity。下表显示了美国 50 个州和哥伦比亚特区的部分预期寿命（年）和肥胖率（%）。构建预期寿命与肥胖率的散点图，并描述这种关系。

州	预期寿命	肥胖率
亚拉巴马州	75.4	36.3
阿拉斯加州	78.3	34.2
⋮	⋮	⋮
怀俄明州	78.3	28.8

　　29. 文件：Consumption。下表显示了 2000—2016 年美国年平均消费（美元）和可支配收入（美元）的部分季度数据。构建消费与收入的散点图，并描述这种关系。

日期	年平均消费	可支配收入
2000 年第一季度	28 634	31 192
2000 年第二季度	28 837	31 438
⋮	⋮	⋮
2016 年第四季度	35 987	39 254

　　30. 文件：Return。为了分散风险，人们常常鼓励投资者投资那些回报率呈负相关关系或没有关系的资产。下表显示了两种资产的部分年度回报率（%）。构建 B 的回报率与 A 的回报率的散点图。另外，为了分散风险，投资者在投资组合中引入这两种资产是不是明智之举？请解释一下。

A 的回报率	B 的回报率
-20	2
-5	0
⋮	⋮
10	2

31. 文件：Healthy_Living。健康的生活方式一直是任何社会的一个重要目标。大多数人都同意，富含水果和蔬菜（FV）的饮食与定期运动对健康有着积极的影响，而吸烟对健康有着消极的影响。下表显示了在美国各州观察到的这些变量的部分比例。

州	健康	FV	运动	吸烟
AK	88.7	23.3	60.6	14.6
AL	78.3	20.3	41.0	16.4
⋮	⋮	⋮	⋮	⋮
WY	87.5	23.3	57.2	15.2

a. 构建健康与运动的散点图，并描述这种关系。

b. 构建健康与吸烟的散点图，并描述这种关系。

32. 文件：Car_Price。下表显示了由价格、车龄和英里数组成的 20 辆二手轿车的部分数据。

价格	车龄	英里数
13 590	6	61 485
13 775	6	54 344
⋮	⋮	⋮
11 988	8	42 408

a. 构建价格与车龄的散点图，并描述这种关系。

b. 构建价格与英里数的散点图，并描述这种关系。

3.3　其他数据可视化的方法

在 3.2 节中，我们构建了散点图，用于可视化两个数值变量之间的关系。在这里，我们通过加入分类变量来扩展我们对散点图的讨论。我们还介绍了另外三种可视化方法：气泡图、折线图和热力图。

带有分类变量的散点图

回顾一下，我们使用散点图来显示两个数值变量之间的关系。例如，如果我们将房产价值与平方英尺绘制在一起，那么我们预计这两个变量之间存在正向关系；也就是说，房子越大，它的价值就越高。如果我们在数据集中加入第三个变量，例如房产类型（独栋别墅、公寓等），那么我们可以通过使用不同的颜色或符号，将这个分类变量纳入平面图中。这使我们能够看到在不同的房产类型中，房产价值和平方英尺之间的关系是否有所不同。这种图称为带有分类变量的散点图。

我们将在例 3.5 中说明带有分类变量的散点图的使用。

例 3.5

Birth_Life 数据文件中包含了 2010 年 10 个国家的以下变量信息：国名（Country Name），预期寿命（Life Exp，年），出生率（Birth Rate，%），人均国民总收入（GNI，美元），以及发展水平（Development）。表 3.13 显示了 Birth_Life 数据集的一部分。

表 3.13　Birth_Life 数据集的部分内容

国名	预期寿命	出生率	GNI	发展水平
刚果民主共和国	50.00	45.96	130	发展中
印度	62.59	26.46	440	发展中

续表

国名	预期寿命	出生率	GNI	发展水平
⋮	⋮	⋮	⋮	⋮
日本	81.08	9.40	36 230	发达

使用 Excel 和 R 语言构建出生率与预期寿命的散点图，该图也包含发展水平变量（分类变量）。总结结果。

解答：

使用 Excel

a. 打开 Birth_Life 数据文件。

b. 为了创建包含分类变量的散点图，分类变量应按照类别进行排序。在这里，发展水平变量已经被分类；也就是说，前 6 个国家是发展中国家，其余 4 个国家是发达国家。选择"插入"（Insert）→"插入散点图或气泡图"（Insert Scatter or Bubble Chart）→"散点图"（Scatter）。这将在工作表中为散点图创建一个占位符。

c. 选择"设计"（Design）→"选择数据"（Select Data）。在"选择数据源"（Select Data Source）对话框中，点击"添加"（Add）按钮。这将打开"编辑系列"（Edit Series）对话框，让你为散点图的 x 轴和 y 轴选择数据。输入"发展中"（Developing）作为系列名称，选择单元格 B2:B7 作为系列的 X 值，选择单元格 C2:C7 作为系列的 Y 值。在"编辑系列"对话框中单击"确定"（OK）。这是 6 个发展中国家的出生率与预期寿命的关系图。

d. 单击"添加"（Add），打开"编辑系列"（Edit Series）对话框。输入"发达"（Developed）作为系列名称，选择单元格 B8:B11 作为系列的 X 值，选择单元格 C8:C11 作为系列的 Y 值。在"编辑系列"对话框中点击"确定"（OK）。这是 4 个发达国家的出生率与预期寿命的关系图。在"选择数据源"对话框中点击"确定"。

e. 格式化（坐标轴标题、网格线等）可以通过从菜单中选择"格式化"（Format）→"添加图表元素"（Add Chart Element）来完成。由此产生的散点图应该与图 3.15 相似。

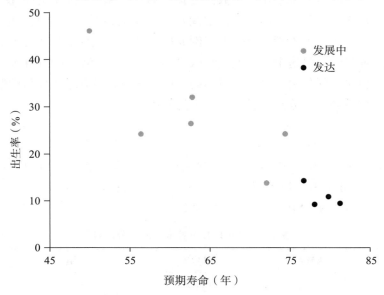

图 3.15　出生率与预期寿命的散点图

使用 R 语言

a. 将 Birth_Life 数据导入数据框（表），并将其标记为 myData。

b. 为了创建包含发展水平变量的散点图，我们使用 plot 函数。这里我们使用选项 main 来添加标题；col 来定义列段的颜色；xlab 和 ylab 分别为 x 轴和 y 轴提供标签；pch 来定义标记的形状；col 来定义标记的颜色。标记的颜色取决于发展水平变量的类别。输入：

```
> plot(myData $ 'Birth Rate'~myData $ 'Life Exp',main= "Scatterplot
of Birth Rate against Life Expectancy",xlab = "Life
Expectancy (in years)",ylab = "Birth Rate(in %)",pch=16,
col=ifelse(myData $ Development == "Developing",20,26))
```

c. 我们使用 legend 函数在散点图的右侧添加一个图例。输入：

```
> legend("right",legend=c("Developing","Developed"),pch=16,
col=c(20,26))
```

得到的散点图应该与图 3.15 类似。

总结

从图 3.15 中我们可以看到，出生率和预期寿命之间存在负线性关系。也就是说，出生率较低的国家往往有较高的预期寿命。这种关系在发展中国家和发达国家都是如此。我们还看到，一般来说，与发展中国家相比，发达国家的出生率较低，预期寿命较高。

■ 气泡图

气泡图（bubble plot）显示了三个数值变量之间的关系。在气泡图中，第三个数值变量由气泡的大小来表示。例如，一个气泡图可以将一个大学生的学习时间与屏幕时间对照起来，用气泡大小来代表学生的平均学分绩点（GPA）。这个气泡图将帮助我们理解学习时间、屏幕时间和学业成绩之间的关系。

我们将在例 3.6 中说明气泡图的使用。

例 3.6 --

重新审视例 3.5 中的 Birth_Life 数据。使用 Excel 和 R 语言构建出生率与预期寿命的气泡图，用 GNI 变量表示气泡大小。总结结果。

解答：

使用 Excel

a. 打开 Birth_Life 数据文件。

b. 选择"插入"（Insert）→"插入散点图或气泡图"（Insert Scatter or Bubble Chart）→"气泡图"（Bubble）。这将为工作表中的绘图创建一个占位符。

c. 选择"设计"（Design）→"选择数据"（Select Data）。在"选择数据源"（Select Data Source）对话框中，单击"添加"（Add）按钮。这将打开"编辑系列"（Edit Series）对话框，你可以选择 x 轴、y 轴和气泡大小的变量。选择单元格 B2:B11 作为系列的 X 值，选择单元格 C2:C11 作为系列的 Y 值，并选择单元格 D2:D11 作为系列的气泡大小。在"编辑系列"对话框中单击"确定"（OK）。单击"选择数据源"对话框中的"确定"（OK）。

d. 格式化（坐标轴标题、网格线等）可以通过从菜单中选择"格式化"（Format）→"添加图表元素"（Add Chart Element）来完成。由此产生的气泡图应该与图 3.16 类似。

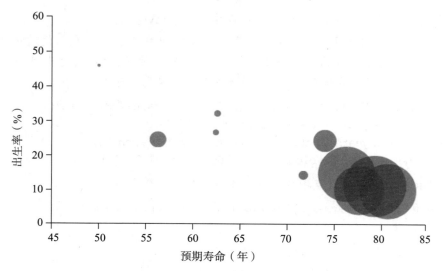

图 3.16　出生率、预期寿命和人均国民总收入的气泡图

使用 R 语言

a. 将 Birth_Life 数据导入数据框（表），并将其标记为 myData。

b. 我们首先使用 plot 函数创建一个空图（有适当的 x 和 y 变量）和选项 type＝"n"，即不绘图。输入：

```
> plot(myData $ 'Birth Rate' ～myData $ 'Life Exp',type = "n")
```

c. 然后我们使用 symbols 函数来绘制代表观察结果的气泡。我们使用选项 circles、inches 和 bg 来分别指定气泡的半径、大小和颜色。气泡的大小是根据各国的 GNI 值决定的。与例 3.5 一样，我们还使用了 main、xlab 和 ylab 选项。输入：

```
> symbols(myData $ 'Birth Rate' ～myData $ 'Life Exp',
circles = myData $ GNI, inches = 0. 5, bg = 'blue', main = "A bubble plot
of birth rate, life expectancy, and GNI", xlab = "Life Expectancy
(in years)", ylab = "Birth Rate(in ％)")
```

得到的气泡图应该与图 3.16 相似。

总结

从图 3.16 中我们看到，一个国家的出生率和它的平均预期寿命显示出一种负线性关系。我们还看到，低出生率和高预期寿命的国家有较高的人均国民总收入，这是发达国家的指标。

■ 折线图

折线图（line chart）将一个数值变量显示为由一条线连接的一系列数据点。折线图对于跟踪一段时间内的变化或趋势特别有用。例如，使用一个绘制了三星智能手机销售情况的折线图，我们可以很容易地知道销售情况是否呈上升、下降或稳定趋势。我们也能很容易地在折线图上识别过去发生的任何重大变化。例如，一次重大的产品召回使得三星在 2016 年底经历了销售额的大幅下降。我们可以很容易地从折线图中识别出这个事件，因为那一年的数据点会急剧下降。

当多条线被绘制在同一张图表中时，我们可以在一个或多个维度上比较这些观察结果。例如，如果我们同时将苹果公司 iPhone 手机的历史销量与三星公司智能手机的历史销量绘制在一起，我们将能够比较这两家公司的趋势和变化率。我们甚至可以发现一些有趣的现象，如三星公司智能手机销量的下降是否与苹果手机销量的激增相吻合。为了说明折线图的用途，请看例 3.7。

例 3.7 -

回顾引入案例，其中提供了 1984—2018 年富达增长型和价值型基金的年回报率的数据。使用 Excel 和 R 语言来构建增长型和价值型基金的折线图，并总结结果。

解答：

使用 Excel

a. 打开 Growth_Value 数据文件。

b. 突出 B1:C36 单元格，然后从菜单中选择"插入"（Insert）→"插入折线图或面积图"（Insert Line or Area Chart）→"折线图"（Line）。

c. 选择"设计"（Design）→"选择数据"（Select Data），然后点击"水平（类别）轴标签"（Horizontal Category Axis Labels）下的"编辑"（Edit）按钮。点击"确定"（OK）。这些年份将出现在折线图中。由于空间限制，Excel 只在横轴上显示偶数年。

d. 格式化（坐标轴标题、网格线等）可以通过菜单中的"格式化"（Format）→"添加图表元素"（Add Chart Element）来完成。由此产生的折线图应类似于图 3.17。

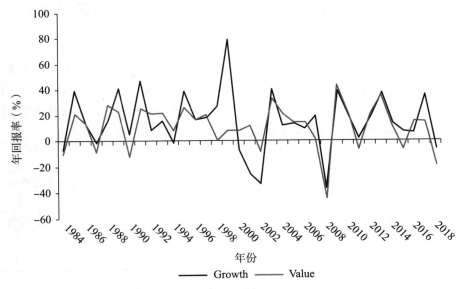

图 3.17　增长型和价值型基金的折线图

使用 R 语言

a. 将 Growth_Value 数据导入数据框（表），并将其标记为 myData。

b. 我们首先使用 plot 函数为 Growth 变量创建折线图。这里我们使用选项 col 来定义标记的颜色；使用 type 来定义绘图的类型，其中"l"表示折线；使用 ylim 提供 y 轴上的限制。和例 3.5 一样，我们也使用了选项 main、xlab 和 ylab。输入：

```
> plot(myData $ Growth~myData $ Year,main = "A line chart for the
  Growth and Value mutual funds",xlab = "Year",ylab = "Annual Returns",
  col = "blue",type = "l",ylim = c( -100,100))
```

c. 然后，我们使用 lines 函数添加一条红线。输入：

> lines(myData $ Value~myData $ Year,col = "red",type = "l")

d. 我们使用 legend 函数在图表底部添加一个图例。lty＝1 选项指定图例基于两条实线。输入：

> legend("bottom",legend = c("Growth","Value"),col = c("blue",
"red"),lty = 1)

得到的折线图应该与图 3.17 类似。

总结

图 3.17 中的折线图比较了富达公司增长型和价值型基金在 35 年内的年回报率。总的来说，这两只基金都趋于同一方向发展。然而，在 1995—2000 年的网络泡沫期间，重技术的增长型基金与倾向于传统公司的价值型基金相比，显示出明显的高回报，随后网络泡沫的破灭表明这一趋势发生了逆转。

热力图

热力图（heat map）是一种重要的可视化工具，它使用颜色或颜色强度来显示变量之间的关系。热力图对于识别具有经济意义的分类变量的组合特别有用。显示热力图的方法有很多，但它们都有一个共同点——使用颜色来传达变量之间的关系，而这些关系仅仅通过检查原始数据是很难理解的。例如，我们可以用热力图来显示哪些产品是不同商店中最畅销或最不畅销的产品，或者显示在不同音乐流媒体平台上最常下载或最不常下载的音乐类型。例 3.8 说明了热力图的使用。

例 3.8

一家全国性的连锁书店正试图了解不同店面的顾客偏好。市场部获得了一份来其 4 家书店 500 份最新交易的清单。该数据集包括记录编号（Record），4 家店中哪一家卖了书（Book Store），以及所卖图书类型（Book Type）。市场部希望通过热力图将数据可视化，以帮助其了解不同书店的顾客偏好。表 3.14 中显示了 Bookstores 数据集的一部分。

表 3.14　以书店为例的交易结果

记录	书店	图书类型
1	2 号书店	传记
2	2 号书店	儿童读物
⋮	⋮	⋮
500	4 号书店	浪漫小说

使用 Excel 和 R 语言构建热力图，以可视化不同书店各类书籍的销售情况。总结结果。

解答：

使用 Excel

a. 打开 Bookstores 数据文件。

b. 在创建热力图之前，我们需要首先构建列联表，总结出每种类型的图书销售量占每个书店所有图书销售量的百分比。点击数据上的任意位置（我们选择单元格 A5）。在菜单中选择"插入"（Insert）→"数据透视表"（Pivot Table）。选择表格或范围中的选项应该填充了数据范围 A1：C501。将透视表报告放在现有工作表中，从单元格 E1 开始。

c. 在"透视表字段"中，将书店和图书类型变量分别拖到"行"和"列"字段。将记录变量拖到"值"字段。单击"值"（Values）选项卡下面的箭头，选择"值域设置"（Value Field Settings）。在对话框中，选择"通过标签汇总值域"（Summarize value field by tab），然后在下拉菜单中选择"计数"（Count）。在"显示值"（Show values）选项卡中，我们选择"行的百分比"（% of Row）下拉菜单。点击"确定"（OK）。你应该看到一个从 E1 单元格开始的列联表。

　　d. 选择数据范围 F3：K6。从菜单中，选择"主页"（Home）→"条件格式"（Conditional Formatting)→"色阶"（Color Scales）→"绿黄红色阶"（Green-Yellow-Red Color Scale）。

　　得到的热力图应该与图 3.18 类似。Excel 的色标是按降序排列的，也就是说，对于绿-黄-红色标，绿色表示较大的数值，黄色表示中间值，红色表示较小的数值。我们建议你在 Excel 中尝试使用不同的色标，看看热力图是如何变化的。

Row Labels	Biography	Children book	Romance	Sci-fi	Self help	Travel guide	Grand Total
Store1	17.78%	17.78%	16.30%	18.52%	9.63%	20.00%	100.00%
Store2	13.04%	20.00%	25.22%	14.78%	14.78%	12.17%	100.00%
Store3	20.55%	15.75%	8.90%	19.18%	15.75%	19.86%	100.00%
Store4	17.31%	14.42%	20.19%	20.19%	14.42%	13.46%	100.00%
Grand Total	17.40%	17.00%	17.00%	18.20%	13.60%	16.80%	100.00%

图 3.18　以书店为例的热力图

使用 R 语言

　　a. 将 Bookstores 数据导入数据框（表），并将其标记为 myData。

　　b. 我们首先使用 table 函数创建一个列联表，标记为 myTable，该表总结了每家书店出售的每种类型图书的数量。然后，我们使用 rowSums 函数来获取每家书店销售的图书总数，并将列联表中的数值除以这些数字，得到一个修改后的列联表，该表总结了每家书店销售的各类图书占所有图书的百分比。输入：

```
> myTable <- table(myData $ BookStore,myData $ BookType)
> myTable <- myTable/rowSums(myTable)
```

　　c. 为了在 R 语言中构建热力图，必须将数据转换为数据矩阵，这是一个二维数据结构，其中的每一列必须有相同的数据类型和长度。我们使用 as. matrix 函数来进行这种转换，并将数据矩阵标记为 myData. matrix。输入：

```
> myData. matrix <- as. matrix(myTable)
```

　　d. 我们使用 heatmap 函数来构建热力图。我们使用"col＝heat. colors（256）"选择具有 256 种颜色的 heat. color 调色板。默认情况下，调色板使用暖色（例如，橙色和红色）来显示较小的数值，使用冷色（例如，黄色和白色）来显示较大的数值。我们使用"scale＝'none'"选项来确保数据在用于绘制热力图时不被标准化。最后，我们使用"Rowv＝NA"和"Colv＝NA"来定义不需要树状图。树状图将在第 11 章中讨论。输入：

```
> heatmap(myData. matrix,col = heat. colors(256),scale = "none",
Rowv = NA,Colv = NA)
```

　　由此产生的热力图如图 3.19（a）所示（在本书中我们使用深灰色和黑色来显示较小的数值，浅灰色和白色显示较大的数值）。

　　e. 另外，我们还可以指定颜色，使不受欢迎的图书类型有较冷的颜色，而较受欢迎的类型有较暖的颜色。由于最受欢迎的图书类型占书店图书销售量的 25.22％，我们创建了一个向量，myBreaks，其中包含从 0（0%）到 0.30（30%）的数字，增量为 0.05（5%）。分配给每个数字区间的颜色存储在向量 mgCol 中。例如，如果某类型图书占书店图书销售量的 0%～5%，那么将被分配蓝色；如果占书店图书销售量的 25％～30％，那么将被分配暖红色，编码为"red3"。然后，我们用 col 和 breaks 为新的热力图分配我们自己的颜色键。输入：

```
> myBreaks <- c(0,0.05,0.10,0.15,0.20,0.25,0.30)
> myCol <- c("blue","green","yellow","orange1","red1",
"red3")
> heatmap(myData.matrix,col = myCol,breaks = myBreaks,scle =
"none",Rowv = NA,Colv = NA)
```

图 3.19（b）显示了所得到的热力图；颜色可能与你在电脑屏幕上看到的不一样。

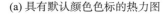

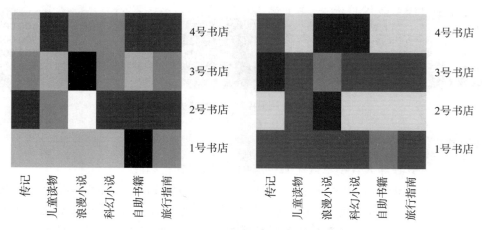

图 3.19　以书店为例的 R 语言热力图

总结

图 3.18 和图 3.19 中的热力图显示，顾客对图书的喜好在不同的书店确实有所不同。例如，浪漫小说是 2 号书店最受欢迎的书籍，但在 3 号书店最不受欢迎。自助书籍是 1 号书店最不受欢迎的书籍。管理人员可以利用这些信息来决定每家书店的各类书籍的库存。

其他图形显示

以下几种图形是将变量之间关系可视化的其他方式，这些变量仅仅通过检查原始数据是很难理解的。

● 带有分类变量的散点图显示了两个数值变量和一个分类变量在一个二维图形中的关系。分类变量通常用不同的颜色来表示每个类别。

● 气泡图显示了二维图形中三个数值变量之间的关系。第三个数值变量由气泡的大小来表示。

● 折线图将数值变量表示为一系列由直线连接的数据点。它对于跟踪一段时间的变化或趋势特别有用。

● 热力图使用颜色或颜色强度来显示变量之间的关系。热力图对于识别具有经济意义的分类变量的组合特别有用。

■ 高级可视化的选择

除了本章讨论的数据可视化之外，还有一些高级软件工具可以用来构建复杂的、美观的和互动的可视化。两种流行的高级可视化工具包括 R 语言中的 ggplot2 包和 Tableau。

ggplot2 包是 R 语言中最受欢迎的图形包之一，用于制作优雅的、具有出版质量的图形。该软件包是基于一套被称为图形语法的概念创建的，它将图形分解为数据、美学（如颜色和大小）和几何（如线条和形状）部分。

Tableau 是一个独立的数据可视化软件，因其具有吸引力的输出、多功能性和易用性而获得了巨大的人气。Tableau 的主要特点之一是它能够从广泛的来源中提取数据，从个人电脑上的 Excel 文件到云计算平台上的 Oracle 数据库。该产品设计是为了让没有技术经验的用户能够交互式地开发出有吸引力的可视化效果，并深入挖掘数据以获得商业洞察力。用户可以在不同的可视化之间轻松切换，为他们的故事选择最引人注目的图表。此外，Tableau 允许用户创建交互式仪表盘，它可以显示实时数据，以支持商业决策。

关于 R 语言中的 ggplot2 包或 Tableau 的详细内容不在本书的讨论范围之内。

练习 3.3

应用

33. 文件：InternetStocks。一位金融分析师想比较两家互联网公司——亚马逊和谷歌的股票表现。她记录了这两只股票在 2010—2016 年的平均收盘价。部分数据显示在下表中。构建折线图，用两条不同颜色的线表示这两只股票在一段时间内的变化。描述这两只股票价格运动的总体趋势。哪只股票显示出更大的升值轨迹？

年份	亚马逊	谷歌
2010	180.00	593.97
2011	173.10	645.90
⋮	⋮	⋮
2016	749.86	771.82

34. 文件：India_China。据报道，印度将超过中国，成为世界上人口最多的国家，这比之前想象的要早得多（美国有线电视新闻网，2019 年 6 月 19 日）。附带的数据文件由世界银行编制，包含 1960—2017 年印度和中国的人口数据（百万人）。构建折线图，用两条不同颜色的线来表示这两个国家的人口随时间的变化。描述这两个国家人口增长的总体趋势。哪个国家的人口在过去 40 年中增长较快？

年份	印度	中国
1960	449.48	667.07
1961	458.49	660.33
⋮	⋮	⋮
2017	1 339.18	1 386.40

35. 文件：HighSchool-SAT。下表显示了主要城市地区 25 所高中的 SAT 数学平均分、SAT 写作平均分、应试者人数以及学校是私立还是公立的部分数据。

学校	数学平均分	写作平均分	应试者人数	学校类型
1	456	423	228	公立
2	437	393	475	公立
⋮	⋮	⋮	⋮	⋮
25	592	592	127	私立

a. 构建气泡图，在 x 轴上显示数学平均分，在 y 轴上显示写作平均分，并以气泡的大小显示考生人数。数学平均分和写作平均分是呈线性关系、非线性关系，还是没有关系？如果是线性关系，是正向关系还是负向关系？数学平均分和学校的规模（以应试者人数为代表）是呈现线性关系、非线性关系，还是没有关系？

b. 构建散点图，在 x 轴上显示数学平均分，在 y 轴上显示写作平均分。用不同的颜色或符号来表示该高中是私立学校还是公立学校。描述数学平均分、写作平均分和学校类型之间的关系。另外，数学平均分和写作平均分之间的关系在私立学校和公立学校中是否都成立？

36. 文件：Car_Price。下表显示了由 20 辆二手轿车的售价、车龄和里程数组成的部分数据。

售价	车龄	里程数
13 590	6	61 485
13 775	6	54 344

续表

售价	车龄	里程数
⋮	⋮	⋮
11 988	8	42 408

续表

交易	数量	尺寸	颜色
⋮	⋮	⋮	⋮
1 000	1	S	红色

a. 构建气泡图，在 x 轴上显示售价，在 y 轴上显示车龄，里程数是气泡的大小。描述这些二手轿车的售价、车龄和里程数之间的关系。

b. 将里程数转换为分类变量里程数——类别，将所有里程数小于 50 000 的汽车归入"低里程"类别，其余归入"高里程"类别。有多少辆汽车属于"高里程"类别？

c. 用售价、车龄和里程数这 3 个类别构建散点图。用不同的颜色或符号来表示属于不同里程类别的汽车。描述这些二手轿车的售价、车龄和里程数之间的关系。售价和车龄之间的关系在两个里程类别中都是成立的吗？

37. 文件：TShirts。一家销售男女通用 T 恤衫的公司想知道其最畅销的 T 恤衫的颜色和尺寸。附带的数据文件包含在过去 1 000 次交易中客户订购的 T 恤衫的尺寸、颜色和数量。部分数据见下表。

交易	数量	尺寸	颜色
1	1	XL	紫色
2	3	M	蓝色

a. 构建列联表，显示每种颜色和尺寸组合的总销售量。M 号的红色 T 恤衫卖出了多少件？XL 号的紫色 T 恤衫卖出了多少件？

b. 构建热力图，根据总销售量显示颜色或颜色强度。哪两种颜色和尺寸的组合是最受欢迎的？哪两种颜色和尺寸的组合是最不受欢迎的？

38. 文件：Crime_Analysis。当地警察部门正在进行犯罪分析，以找出哪些犯罪最有可能发生在哪些地点。附带的数据文件包含过去 5 年发生在该市不同地点的犯罪类型。部分数据见下表。

记录	犯罪类型	地点
1	贩毒	街道
2	袭击	住宅
⋮	⋮	⋮
10 385	入室盗窃	住宅

a. 构建列联表，显示犯罪类型和地点组合的频率。有多少犯罪是入室盗窃并发生在住宅内？

b. 构建热力图，根据频率来显示颜色或颜色强度。哪三种犯罪类型和地点的组合是最频繁的？

3.4 综合指标

除了表格和图表之外，我们还可以使用数字描述性方法来从数据中提取有意义的信息。这些方法提供了精确的、客观确定的数值，易于计算、解释和相互比较。

我们首先计算几个中心位置的测量，试图为数据找到一个典型值或中心值。然后，我们研究离差和形状的测量方法。离差衡量数据的基本变异性。形状测量揭示了分布是否对称，以及分布的尾部是否比正态分布更极端。最后，我们讨论关联度的测量，它显示两个数值变量是否有线性关系。

中心位置的测量

"中心位置"这一术语与数字数据倾向于围绕某个中间值或中心值聚簇的方式有关。中心位置的测量试图找到一个描述数据的典型值或中心值。例如，找到一个描述投资回报、生产过程中的缺陷数量、商科毕业生的工资、社区的租金价格、当地便利店的顾客数量等的典型值。我们讨论了 3 种最广泛使用的中心位置测量方法：均值、中位数和众数。我们还讨论了百分位数，从技术上讲，它是一种位置的测量方法（虽然不一定是中心位置）；然而，它也是一种相对位置的测量方法，因为它非常容易解释。

□ **均值**

算术平均数（arithmetic mean）是中心位置的主要衡量标准。一般来说，我们把算术平均数简单地称为**均值**（mean）或**平均数**（average）。为了计算一个变量的均值，我们只需将所有的观测值加起来，然后除以观测值的数量。总体均值和样本均值之间的唯一不同之处是符号。总体均值被称为 μ，其中 μ 是希腊字母 mu（发音为"mew"）。对于观测值 x_1，x_2，$\cdots$，x_N，总体均值的计算方法为 $\dfrac{\sum x_i}{N}$，其中 N 是总体观测值的数量。样本均值被称为 $\overline{x}$。对于观测值 x_1，x_2，$\cdots$，x_n，样本均值的计算方法是 $\dfrac{\sum x_i}{n}$，其中 n 是样本中观测值的数量。我们把总体均值称为**参数**（parameter），把样本均值称为**统计量**（statistic）。由于总体均值通常是未知的，因此我们经常使用样本均值来估计总体均值。

□ **中位数**

均值在数据分析中被广泛使用。然而，在存在极小观测值或极大观测值（也称为**异常值**（outliers））的情况下，它可能会对分布中心做出误导性的描述。由于均值会受到异常值的影响，因此我们通常也会计算**中位数**（median）作为中心位置的衡量标准。中位数是一个数据集的中间值；也就是说，在中位数之上和之下的观测值数量相等。将数据按升序（从小到大）排列后，我们这样计算中位数：（1）如果观测值的数量是奇数，则为中间值；（2）如果观测值的数量是偶数，则为两个中间值的平均数。

许多政府出版物和其他数据来源会同时公布均值和中位数，以便准确地描述一个变量的典型值。如果均值和中位数相差很大，那么该变量很可能包含异常值。例如，在 2017 年，美国人口普查局确定美国家庭的收入中位数为 61 372 美元；然而，平均收入为 86 220 美元。有资料显示，美国有一小部分家庭的收入远远高于典型的美国家庭的收入。因此，这些收入最高的家庭影响了均值，使其数值远远高于中位数。

□ **众数**

一个变量的**众数**（mode）是最经常出现的观察值。一个变量可以有一个以上的众数，甚至可以没有众数。如果一个变量有一个众数，那么我们就说它是单峰的。如果它有两个众数，那么我们通常称它为双峰的。如果存在两个或两个以上的众数，那么这个变量就是多峰的。一般来说，对于一个有三个以上众数的变量来说，众数作为中心位置衡量标准的作用就会趋于减弱。如果我们想总结一个分类变量，那么众数就是中心位置唯一有意义的测量。

中心位置的测量

● 均值是最常用的中心位置测量方法。总体均值用 μ 表示，而样本均值用 $\overline{x}$ 表示。均值的一个弱点是它会受到异常值的过度影响。

● 中位数是一个变量的中间观测值；也就是说，它将变量分成两半。当异常值出现时，中位数特别有用。

● 众数是一个变量中最经常出现的观测值。一个变量可能没有众数，也可能有一个以上的众数。众数是衡量分类变量中心位置的唯一有意义的测量方法。

例 3.9

使用 Excel 和 R 语言，计算引入案例中 Growth 变量和 Value 变量的均值和中位数。总结结果。

解答：

使用 Excel

Ⅰ. Excel 的公式选项

Excel 为我们可能需要的几乎所有汇总度量提供了内置公式。为了说明这一点，我们按照以下步骤来计算 Growth 变量的均值和中位数。

a. 打开 Growth_Value 数据文件。

b. 输入＝AVERAGE（B2:B36）。确认输出结果为 15.107 4。

c. 要计算中位数，输入＝MEDIAN（B2:B36）。确认输出结果为 14.44。

如果我们想计算 Value 变量的平均年回报率，并且由于数据占据了电子表格的 C2:C36 单元格，我们输入＝AVERAGE（C2:C36）。因为 Growth 变量和 Value 变量各包含 35 个唯一的观测值，而且没有重复的观测值，所以计算模式是不现实的。对于其他变量，我们输入＝MODE（array）来计算模式，这里的符号 array 指定了计算中包含的单元格范围。在本章后面和其他章节中介绍新函数时，我们将遵循这一格式。表 3.15 的第一列和第二列显示了各种描述性指标和 Excel 中对应的函数名称。我们将在本章中多次提到表 3.15。

表 3.15 Excel 和 R 语言中的描述性指标和对应的函数名称

描述性指标	Excel	R 语言
位置		
均值	＝AVERAGE（array）	mean（df $ var）[a]
中位数	＝MEDIAN（array）	median（df $ var）
众数	＝MODE（array）	NA[b]
最小值	＝MIN（array）	min（df $ var）
最大值	＝MAX（array）	max（df $ var）
百分位数	＝PERCENTILE. INC（array，p）[c]	quantile（df $ var，p）[c]
综合度量	NA	summary（df）
离散		
全距	＝MAX（array）－MIN（array）	range（df $ var）[d]
平均绝对偏差	＝AVEDEV（array）	mad（df $ var）[e]
样本方差	＝VAR. S（array）	var（df $ var）
样本标准差	＝STDEV. S（array）	sd（df $ var）
形状		
偏度	＝SKEW（array）	NA
峰度	＝KURT（array）	NA
相关性		
样本协方差	＝COVARIANCE. S（array1，array2）	cov（df）
相关性	＝CORREL（array1，array2）	cor（df）

注：a. 符号 df 指的是数据框或文件，符号 var 指的是变量名称。如果变量名称由一个以上的词组成或者是一个数字，那么应该用单引号指定。

b. NA 表示没有现成的简单函数。

c. 参数 p 的取值在 0 和 1 之间。

d. 由于 R 语言中的 range 函数能返回最小值和最大值，因此可以通过取这两个值的差来计算全距。

e. mad 函数计算的是绝对偏差的中位数，而不是平均绝对偏差。另外，我们可以在 R 语言中安装 "lsr" 包，并使用 aad 函数，计算平均绝对偏差。

Ⅱ. Excel 的数据分析工具包选项

另一种获得测量汇总的方法是使用 Excel 的数据分析工具包选项。这个选项的一个优点是，它可以用一条命令提供许多测量汇总。我们再次使用引入案例中的数据来说明这个选项。

a. 打开 Growth_Value 数据文件。

b. 从菜单中选择"数据"（Data）→"数据分析"（Data Analysis）→"描述性统计"（Descriptive Statistics)→"确定"（OK）。（注意：如 3.1 节所述，如果你在"数据"下没有看到"数据分析"，你必须加入"分析工具库"（Analysis Toolpak）选项。）

c. 见图 3.20。在描述性统计对话框中，点击"输入范围"（Input Range）旁边的方框，然后选择数据以及 Growth 变量和 Value 变量的标题。选择"第一行的标签"（Labels in First Row）和"摘要统计"（Summary Statistics）选项。选择输出范围并输入单元格 E1。然后点击"确定"（OK）。

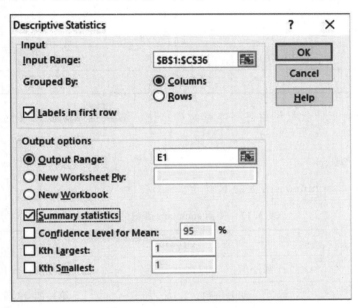

图 3.20　Excel 的描述性统计对话框

d. 表 3.16 是 Excel 的输出结果。如果输出结果难以阅读，请突出显示输出结果，并选择"主页"（Home）→"格式化"（Format）→"列"（Column）→"自动调整选择"（Autofit Selection）。如前所述，Excel 提供了许多测量汇总；我们把中心位置的测量用黑体字表示。请注意，Excel 将模式报告为♯N/A，这意味着没有数值出现超过一次。

使用 R 语言

a. 将 Growth_Value 数据导入数据框（表），并将其标记为 myData。

b. mean 函数将返回数据框中指定变量的均值。为了找到 Growth 变量的均值，输入：

> mean(myData $ Growth)

R 语言返回：15.107 43。

表 3.16　使用数据分析工具包的 Excel 的输出结果

Growth		Value	
均值	**15. 107 428 57**	均值	**11. 444 571 43**
标准误差	4. 026 783 239	标准误差	3. 028 998 513

续表

Growth		Value	
中位数	**14. 44**	中位数	**15. 09**
众数	♯N/A	众数	♯N/A
标准差	23. 822 770 91	标准差	17. 919 796 86
样本方差	567. 524 413 8	样本方差	321. 119 119 7
峰度	1. 064 454 138	峰度	1. 893 804 308
偏度	0. 029 886 03	偏度	−1. 007 368 283
全距	120. 38	全距	90. 6
最小值	−40. 9	最小值	−46. 52
最大值	79. 48	最大值	44. 08
和	528. 76	和	400. 56
计数	35	计数	35

c. summary 函数将返回数据框中每个变量的最小值、第一四分位数、中位数、均值、第三四分位数和最大值。输入：

> summary(myData)

表 3.17 显示了使用 summary 函数的 R 输出。

表 3.17 使用 summary 函数的 R 输出

Year*	Growth	Value
最小值：1 984	最小值：−40.90	最小值：−46.520
第一四分位数：1 992	第一四分位数：2.13	第一四分位数：1.195
中位数：2 001	中位数：14.44	中位数：15.090
均值：2 001	均值：15.11	均值：11.445
第三四分位数：2 010	第三四分位数：32.00	第三四分位数：22.185
最大值：2 018	最大值：79.48	最大值：44.080

*请注意，在这个例子中，变量 Year 的汇总统计数字是没有意义的。

总结

从表 3.16 和表 3.17 可以看出，增长型基金的平均年回报率高于价值型基金的平均年回报率，即 15.11%＞11.445%。然而，有趣的是，价值型基金的年回报率中位数大于增长型基金的年回报率中位数，即 15.09%＞14.44%。这个例子说明了为什么在总结中心位置时，检查均值和中位数是有必要的，特别是在可能存在异常值的情况下。此外，这两个变量都没有众数。

□ 百分位数

回顾一下，中位数是一个变量的中间观测值，也就是说，一半的观测值低于这个观测值，一半的观测值高于这个观测值。中位数也称为第 50 百分位数。在许多情况下，我们对第 50 百分位数以外的**百分位数**（percentile）感兴趣。一般来说，第 p 百分位数将一个变量分为两部分：

- 约有 $p\%$ 的观测值小于第 p 百分位数。
- 约有 $(100-p)\%$ 的观测值大于第 p 百分位数。

从技术上讲，百分位数是一种位置的衡量标准；但是，它也被用作相对位置的衡量标准，因为它非常容易解释。例如，假设你在 SAT 考试的数学部分获得了 650 分的原始分数，分数范围从 200 到 800。相对于其他参加同一考试的学生来说，你的成绩如何可能并不明显。但是，如果你知道原始分数对应的是第 75 百分位数，那么你就知道大约有 75% 的学生的分数低于你的分数，大约有 25% 的学生的分数高于你的分数。

早些时候，我们发现增长型基金的中位数或第 50 百分位数是 14.44%。当我们计算一个变量的第 25、50 和 75 百分位数时，我们实际上已经把数据分成了四个相等的部分，或者说 1/4。因此，第 25 百分位数也称为第一四分位数（Q1），第 50 百分位数称为第二四分位数（Q2），第 75 百分位数称为第三四分位数（Q3）。

软件包，如 Excel 和 R 语言，会使用不同的算法来计算百分位数。然而，随着样本量的增加，这些差异（如果有的话）往往可以忽略不计。在 Excel 中计算百分位数时，我们可以使用 PERCEN-TILE. INC 函数。R 语言中的相应命令是 quantile 函数。这些函数在表 3.15 中进行了总结。然而，当我们使用 R 语言中的 summary 函数时，所有的四分位数都会被报告。

百分位数

一般来说，第 p 百分位数将一个变量分为两部分：

- 约有 $p\%$ 的观测值小于第 p 百分位数。
- 约有 $(100-p)\%$ 的观测值大于第 p 百分位数。

例 3.10

利用表 3.17，解释引入案例中 Growth 变量的第一四分位数和第三四分位数。

解答：

Growth 变量的第一四分位数是 2.13%。大约有 25% 的年收益率小于 2.13%，大约有 75% 的年收益率大于 2.13%。Growth 变量的第三四分位数是 32.00%。大约有 75% 的年收益率低于 32.00%，大约有 25% 的年收益率高于 32.00%。

■ 离散性的测定

虽然中心位置的测量反映了一个变量的典型值或中心值，但它们不能描述变量的基本离散性。我们现在讨论几种测量数据集离散性的方法。每个测量值都是一个数值，如果所有的观测值都是相同的，那么这个数值就等于零，并且随着观测值的变化而增加。

□ 全距

全距（range）是最简单的离散性测量；它是一个变量的最大观测值和最小观测值之间的差异。我们认为全距不是衡量离差的好方法，因为它只关注极端的观测值，而忽略了一个变量的其他观测值。

□ 四分位距

四分位距（interquartile range，IQR）是第三四分位数和第一四分位数之间的差值，或者说，IQR＝Q3－Q1。我们可以把 IQR 看成变量观测值的中间 50% 的范围。尽管 IQR 不依赖于极端观测值，但它并不包含所有的观测值。

□ 平均绝对偏差

作为一个起点，一个好的离散性测量应该考虑所有观测值与均值（或在存在异常值时与中位数）的差异。然而，如果我们简单地对所有与均值的差异进行平均，那么正数和负数就会被抵消，尽管它们都对离差有贡献，而且得到的均值将等于零。**平均绝对偏差**（mean absolute deviation，MAD）是观测值与均值之间绝对差异的平均值。对于样本观测值 x_1，x_2，…，x_n，样本 MAD 的计算公式为 $\dfrac{\sum |x_i - \overline{x}|}{n}$。如果我们能得到人口数据，那么我们只需用人口均值 μ 代替样本均值 $\overline{x}$，用人口数量 N 代替样本数量 n 即可。

□ 方差和标准差

方差（variance）和**标准差**（standard deviation）是两种最广泛使用的测量差异的方法。我们不会像 MAD 那样计算与均值的绝对差异的平均值，而是计算与均值之差的平方的均值。与均值之差的平方强调更大的差异，而不是小的差异；MAD 对大的差异和小的差异的权重相同。

方差的计算公式取决于我们是有一个样本还是一个总体。样本方差表示为 s^2，计算公式为 $\dfrac{\sum (x_i - \overline{x})^2}{n-1}$；而总体方差用希腊字母 sigma 的平方 σ^2 来表示，计算公式为 $\dfrac{\sum (x_i - \mu)^2}{N}$。另外，无论变量的单位是什么，方差都有平方单位。为了回到原来的测量单位，我们取 s^2 或 σ^2 的正平方根，这样我们就得到了样本标准差 s 或总体标准差 σ。

表 3.15 显示了 Excel 和 R 语言中各种离散性测量的函数名称。Excel 的描述性统计选项使用数据分析工具包，用一个命令就可以提供许多测量汇总。对于离散性测量，Excel 的描述性统计选项将数据视为样本，并计算出样本方差和样本标准差。表 3.16 显示了增长型和价值型基金的这些数值。

离散性的测定

离散性的测定可以总结为以下几点。

● 全距是最大观测值和最小观测值之间的差异。其主要缺点是它忽略了除极端值以外的所有观测值。

● 四分位距（IQR）是第三四分位数和第一四分位数之间的差。该指标不依赖于极端的观测值；但是，它并不包括所有的观测值。

● 平均绝对偏差（MAD）是观测值与均值之间绝对差异的平均值。

● 方差是观测值与均值之差的平方的平均值。标准差是方差的正平方根。

□ 均值和标准差的应用——夏普比率

一般来说，收益较高的投资也具有较高的风险。投资包括金融资产，如股票、债券和共同基金。平均收益代表投资者的回报，而方差或者标准差则与风险相对应。

诺贝尔奖获得者威廉·夏普提出了他最初所说的"回报与波动性"比率。然而，学术界和金融界人士更愿意把它称为夏普比率。夏普比率通常计算为 $\dfrac{\overline{x}_i - R_f}{s_i}$，其中 $\overline{x}_i$ 是投资 i 的平均回报，R_f

是无风险资产如国库券（T-bill）的平均回报，s_i 是投资 i 的标准差。夏普比率的分子衡量的是投资者为所承担的额外风险而获得的额外回报——这种差异通常称为超额回报。夏普比率越高，投资对其投资者的风险补偿就越大。

例 3.11

使用表 3.18 中的信息：

a. 用标准差比较投资增长型与价值型基金的风险。

b. 计算并解释增长型和价值型基金的夏普比率。假设 1 年期国库券的收益率为 2%。

解答：

a. 因为增长型基金的标准差大于价值型基金的标准差，23.822 8＞17.919 8，所以增长型基金被认为比价值型基金的风险更大。

b. 考虑到 1 年期国库券的回报率为 2%，$R_f=2$。将相关的均值和标准差代入夏普比率中，可以得到：

$$增长型基金的夏普比率：\frac{\overline{x_i}-R_f}{s_i}=\frac{15.107\ 4-2}{23.822\ 8}=0.550\ 2$$

$$价值型基金的夏普比率：\frac{\overline{x_i}-R_f}{s_i}=\frac{11.444\ 6-2}{17.919\ 8}=0.527\ 0$$

我们之前已经表明，增长型基金的回报率较高，这是好的，同时标准差较高，这是坏的。我们可以用夏普比率来对基金进行有效比较。由于增长型基金的夏普比率高于价值型基金的夏普比率（0.550 2＞0.527 0），因此增长型基金能为每单位风险提供更多的回报。

形状的度量

在这一节中，我们研究形状的度量，即偏度系数和峰度系数。

偏度系数

回顾 3.1 节，对称分布是指在其中心两侧都是自身镜像的分布。偏度系数衡量的是分布相对于其均值不对称的程度。计算**偏度系数**（skewness coefficient）的一种常见方法是 $\frac{n}{(n-1)(n-2)}\sum\left(\frac{x_i-\overline{x}}{s}\right)^3$。当我们使用分析工具包中的 Excel 的描述性统计选项时，这就是应用的公式。R 语言也可以计算偏度系数，但它需要使用一个包，而且输出结果因使用的包不同而略有不同。

由于对称分布的偏度系数为 0，因此正态分布的偏度系数为 0。正偏态分布有一个正的偏度系数，而负偏态分布有一个负的偏度系数。如果两个收益分布除了偏度之外是相同的（例如，它们有相同的均值和标准差），那么投资者会更喜欢正偏态分布，因为该分布意味着有更大的概率有极大的收益。

峰度系数

峰度系数（kurtosis coefficient）是一个总结性指标，它告诉我们分布的尾部是否比正态分布更极端或更不极端。一个尾部比正态分布更极端的分布是尖峰态分布。收益分布通常是尖峰态分布，这意味着它的尾部比正态分布要长——意味着存在异常值。如果一个收益分布事实上是尖峰态分布，但我们在统计模型中假设它是正态分布，那么我们将低估非常糟糕或非常好的回报的可能性。蝶形分布比正态分布的尾部更短，或者尾部不那么极端。

正态分布的峰度系数是 3.0。计算峰度系数的常用公式是 $\dfrac{n}{(n-1)(n-2)(n-3)} \sum \left(\dfrac{x_i - \overline{x}}{s} \right)^4$。

许多统计软件包报告的峰度系数是**超额峰度**（excess kurtosis），其计算方法是峰度系数减去 3。因此，正态分布的超额峰度等于 0。当我们使用分析工具包中的描述性统计选项时，Excel 会计算超额峰度。R 语言也可以计算峰度系数，但同样需要使用一个包，而且输出结果因使用的包不同而不同。

形状的度量

形状的度量可以概括为以下几点。

● 偏度系数衡量的是分布相对于其均值不对称的程度。对称分布的偏度系数为 0，正（负）偏态的分布的偏度系数为正（负）。

● 峰度系数衡量的是分布的尾部是否比正态分布更极端或更不极端。因为正态分布的峰度系数为 3，所以分布的超额峰度通常为峰度系数减去 3。

例 3.12

解释表 3.16 中的 Growth 变量和 Value 变量的偏度系数和峰度系数。

解答：

增长型基金的偏度系数和（超额）峰度系数分别为 0.029 9 和 1.06。这些值意味着增长型基金的收益分布是正偏态的，而且分布的尾部比正态分布要长。价值型基金的偏度系数为 −1.007 4，（超额）峰度系数为 1.893 8，这表明价值型基金的收益分布是负偏态的，而且它的尾部也比正态分布长。

■ 相关性的度量

在 3.2 节中，我们用散点图来直观地评估两个数值变量是否有某种类型的系统关系。在这里，我们提出两个关联的数值度量，对两个变量 x 和 y 之间的线性关系的方向和强度进行量化。

□ 协方差

揭示两个变量之间线性关系方向的客观数字衡量标准称为**协方差**（covariance）。与方差一样，协方差的计算公式取决于我们是有一个样本还是一个总体。样本协方差表示为 s_{xy}，计算公式为 $\dfrac{\sum (x_i - \overline{x})(y_i - \overline{y})}{n-1}$。总体协方差表示为 σ_{xy}，计算公式为 $\dfrac{\sum (x_i - \mu_x)(y_i - \mu_y)}{N}$。

协方差的值可以是负的、正的或 0。

● 如果协方差是负的，那么 x 和 y 有负的线性关系。

● 如果协方差是正的，那么 x 和 y 有正的线性关系。

● 如果协方差为 0，那么 x 和 y 就没有线性关系。

协方差是很难解释的，因为它对测量单位很敏感。也就是说，两个变量之间的协方差可能是 100，而另外两个变量之间的协方差可能是 100 000，我们能得出的结论是，这两组变量都有正的线性关系。但我们不能对这些关系的强度做出评论。

□ 相关系数

一个更容易解释的度量是**相关系数**（correlation coefficient）。它描述了 x 和 y 之间线性关系的方向和强度。样本相关系数，表示为 r_{xy}，计算公式为 $\frac{s_{xy}}{s_x s_y}$，其中 s_{xy} 表示样本协方差，s_x 和 s_y 分别

表示变量 x 和 y 的样本标准差。总体相关系数，表示为 ρ_{xy}（希腊字母 rho），计算公式为 $\frac{\sigma_{xy}}{\sigma_x \sigma_y}$，其

中 σ_{xy} 表示总体协方差，σ_x 和 σ_y 分别表示变量 x 和 y 的总体标准差。相关系数是无单位的，因为分子中的单位与分母中的单位相抵消了。相关系数的值在－1 和 1 之间。

● 如果相关系数等于－1，那么 x 和 y 有完美的负线性关系。
● 如果相关系数等于 0，那么 x 和 y 就没有线性关系。
● 如果相关系数等于 1，那么 x 和 y 有完美的正线性关系。

相关系数的其他值必须参照－1、0 或 1 来解释。例如，相关系数等于－0.80 表示强的负相关关系，而相关系数等于 0.12 表示弱的正相关关系。表 3.15 显示了 Excel 和 R 语言中协方差和相关系数的函数名称。

相关性的衡量

相关性的衡量可以概括为以下几点：
● 两个变量 x 和 y 之间的协方差表明它们是否有负的线性关系、正的线性关系，或没有线性关系。
● 两个变量 x 和 y 之间的相关系数表明线性关系的方向和强度。

例 3.13 ....

使用 Excel 和 R 语言，计算引入案例中 Growth 变量和 Value 变量之间的相关系数。总结结果。

解答：

使用 Excel

a. 打开 Growth_Value 数据文件。

b. 注意 Growth 变量的数据在单元格 B2：B36（数组 1）中，Value 变量的数据在单元格 C2：C36（数组 2）中。我们输入＝CORREL（B2：B36，C2：C36），Excel 返回 0.657 2。

使用 R 语言

a. 将 Growth_Value 数据导入数据框（表），并将其标记为 myData。

b. cor 函数将返回一个矩阵，其中列出了数据框中每一对变量的相关系数。输入：

```
> cor(myData)
```

然后 R 语言返回：

	Year	Growth	Value
Year	1.000 000 00	－0.080 719 14	－0.079 092 56
Growth	－0.080 719 14	1.000 000 00	**0.657 195 66**
Value	－0.079 092 56	**0.657 195 66**	1.000 000 00

我们对 Growth 变量和 Value 变量之间的相关系数感兴趣，它在这个矩阵中出现了两次（见黑体字数值）。我们还看到矩阵对角线上的数值 1，它衡量每个变量与自身之间的相关性。Year 和 Growth 变量之间的相关系数以及 Year 和 Value 变量之间的相关系数在这个示例中是没有意义的。

总结

Growth 变量与 Value 变量之间的相关系数为 0.657 2，表明这两个变量有适度的正线性相关关系。换句话说，平均而言，当一只基金的回报率高于其均值时，另一只基金的回报率也倾向于高于其均值，反之亦然。为了分散风险，通常建议投资者投资于不同资产（如股票、债券和共同基金），因为这些资产的回报没有强烈的相关性。如果资产收益没有强烈的正相关，那么如果一项投资表现不佳，另一项投资仍可能表现良好。

引入案例概要

增长型投资和价值型投资是股票和共同基金投资的两种基本风格。增长型投资的支持者认为，那些增长速度超过同行的公司是潮流的引领者，将能够保持其卓越的增长。通过投资这些公司的股票，投资者期望他们的投资能以比整个股票市场更快的速度增长。相比之下，价值型投资者专注于那些与整体市场或特定行业相比有折扣的公司的股票。价值型股票的投资者认为，这些股票的价值被低估了，一旦它们的真正价值被其他投资者认识到，它们的价格就会上升。增长型投资和价值型投资之间的争论由来已久，哪种风格占主导地位取决于分析所使用的样本期。

对 1984—2018 年富达公司增长型和价值型基金年回报率数据的分析，为试图确定是否投资于增长型基金、价值型基金或两类基金的投资者提供了重要信息。在此期间，增长型基金的平均回报率为 15.11%，高于价值型基金的平均回报率 11.44%。虽然平均回报率通常代表了投资的回报，但它并没有包含投资的风险。标准差往往是金融数据中最常见的风险衡量标准。由于增长型基金的标准差（23.82%）大于价值型基金的标准差（17.92%），因此增长型基金的回报率更有可能远远高于和低于其均值。最后，在无风险利率为 2% 的情况下，增长型基金的夏普比率为 0.550 2，而价值型基金的夏普比率为 0.527 0，这表明增长型基金为每单位风险提供了更多回报。假设这些回报的行为将继续下去，投资者将倾向于投资于增长型基金而不是价值型基金。然而，一个常用的免责声明指出，过去的业绩并不能保证未来的结果。由于这两种风格往往是相辅相成的，因此，投资者不妨将它们一起使用，以增加投资组合的多样性。

练习 3.4

应用

39. 文件：Corporations。该数据文件收集了 5 年来 A 公司和 B 公司的每月股票价格（美元）。部分数据显示在下表中。

日期	A 公司	B 公司
2014/1/1	47.95	65.59
2014/1/2	52.95	65.61
⋮	⋮	⋮
2018/1/12	66.09	92.64

a. 计算每个公司股票价格的均值和标准差。

b. 哪家公司在这一时期的平均股价较高？哪家公司的股票价格以标准差来衡量具有更大的离散性？

40. 文件：HD_Lowe's。该数据文件收集了 13 年以来家得宝公司和劳氏公司的年收入（百万美元）。部分数据显示在下表中。

年份	家得宝	劳氏
2006	77 019	43 243
2007	79 022	46 927

续表

年份	家得宝	劳氏
⋮	⋮	⋮
2018	100 904	68 619

a. 计算这两家公司这段时间的平均收入和中位数。哪家公司的平均收入更高？

b. 计算这两家公司这段时间内的方差和标准差。用标准差来衡量，哪家公司的收入有更大的离散性？

41. 文件：Prime。下表显示了 100 名亚马逊 Prime 客户的部分年度支出（美元）。

客户	支出
1	1 272
2	1 089
⋮	⋮
100	1 389

a. 找到年度支出的均值和中位数。

b. 计算并解释年度支出的第一四分位数和第三四分位数。（注意：如果你使用的是 Excel，请使用 PERCENTILE. INC 函数来计算百分位数）。

42. 文件：Gas_2019。下表列出了 2019 年 1 月 2 日 AAA 汽油价格报告的 50 个州和哥伦比亚特区每加仑汽油的部分平均价格（美元）。

州	价格
阿拉斯加州	3.06
亚拉巴马州	1.94
⋮	⋮
怀俄明州	2.59

a. 找出汽油价格的均值和中位数。

b. 计算并解释天然气价格的第一四分位数和第三四分位数。（注：如果你使用的是 Excel，请使用 PERCENTILE. INC 函数计算百分位数。）

c. 计算样本方差和样本标准差。

43. 文件：Rent。下表显示了一个大型城市 40 套出租房的部分月租金（美元）和面积（平方英尺）。

房子	月租金	面积
1	645	500
2	675	648
⋮	⋮	⋮
40	2 400	2 700

a. 计算月租金的均值和标准差。

b. 计算面积的均值和标准差。

44. 请参考前面的练习描述数据。

a. 月租金的偏度和（超额）峰度系数分别为 1.019 8 和 0.479 0。请解释这些数值。

b. 面积的偏度和（超额）峰度系数分别是 3.057 3 和 12.348 4。请解释这些数值。

45. 文件：Highway。许多环保团体和政治家建议在美国的高速公路上恢复联邦 55 英里/小时（mph）的速度限制。他们认为，这不仅会减少温室气体排放，也会增强交通安全。但一位研究人员认为，降低限速不会增强交通安全，因为他认为交通安全是基于人们驾驶速度的变化，而不是平均速度。研究人员分别从限速 55 英里/小时的公路（公路 1）和限速 65 英里/小时的公路（公路 2）上收集了 40 辆汽车的速度。部分数据的显示在下表中。

车	公路 1	公路 2
1	60	70
2	55	65
⋮	⋮	⋮
40	52	65

a. 计算每条公路上汽车行驶速度的均值和中位数。

b. 计算每条公路上汽车行驶速度的标准差。

c. 这些数据是否支持研究者的观点？请解释。

46. 文件：Firms。该数据文件收集了 5 年来公司 A 和公司 B 的每月股票价格（美元）。部分数据显示在下表中。

日期	A	B
2014/1/1	63.85	75.56

续表

日期	A	B
2014/1/2	66.04	78.68
⋮	⋮	⋮
2018/1/12	89.98	126.38

a. 计算每家公司股票价格的均值、方差和标准差。

b. 哪家公司在这一时期的平均股价较高?

c. 以标准差来衡量,哪家公司的股票价格有更大的离散性?

47. 文件：Country。下表显示了 1994—2018 年专注于拉丁美洲投资的共同基金和专注于加拿大投资的共同基金的部分年回报率(%)。

年份	拉丁美洲	加拿大
1994	−23.17	−11.98
1995	−16.46	19.39
⋮	⋮	⋮
2018	−10.37	−14.29

a. 在这段时间内,哪只基金的回报较高? 请解释。

b. 在这段时间内,哪只基金的风险较高? 请解释。

c. 在无风险利率为 2% 的情况下,哪只基金有较高的夏普比率? 这个比率意味着什么?

48. 请参考前面的练习描述数据。

a. 拉丁美洲基金的偏度和（超额）峰度系数分别为 0.321 5 和 −0.702 6。请解释这些数值。

b. 加拿大基金的偏度和（超额）峰度系数分别为 −0.253 1 和 0.011 8。请解释这些数值。

49. 文件：Tech_Energy。下表显示了 1982—2012 年技术共同基金和能源共同基金的年回报率(%)。

年份	技术	能源
1982	56.32	−12.16
1983	52.47	20.27
⋮	⋮	⋮
2018	−8.79	−24.92

a. 哪只基金的平均回报率更高?

b. 在这段时间内,哪只基金的风险更大?

c. 在无风险利率为 2% 的情况下,哪只基金的夏普比率更高? 这个比率意味着什么?

50. 文件：Test_Scores。附带的数据文件显示了 32 名学生的期中和期末成绩。计算并解释相关系数。

51. 文件：Life_Obesity。附带的数据文件显示了 50 个州和哥伦比亚特区的预期寿命（年）和肥胖率(%)。计算并解释相关系数。

52. 文件：Happiness_Age。许多人尝试将幸福与各种因素联系起来。2018 年《幸福杂志》上的一项研究将幸福与年龄联系起来,发现在其他一切不变的情况下,人们在 40 岁左右的时候最不幸福。附带的数据文件显示了受访者的年龄和他对幸福感的感知,尺度为 0～100。

a. 计算并解释年龄和幸福感之间的相关系数。

b. 构建散点图来指出 a 问题中相关分析的缺陷。

3.5 检测异常值

一个变量的极大观测值或极小观测值被称为异常值,它会不适当地影响统计汇总数据,如均值或标准差。在小样本中,异常值的影响尤其明显。有时,异常值可能只是随机变化造成的,在这种情况下,相关的观测值应该保留在数据集中。另外,异常值可能源于不正确地记录观测值或将不正确的观测值保留在数据集中而导致的不良数据。在这种情况下,相关的观测值应该被纠正或直接从数据集中删除。然而,对于处理异常值并没有普遍认同的方法。不同的学科和应用中使用了不同的方法。

在任何情况下，能够识别潜在的异常值是很重要的，这样我们就可以在需要时采取纠正措施。在本节中，我们首先构建箱线图，这是一种识别异常值的有效工具。当比较在另一地点或时间收集的某一变量的类似信息时，一系列箱线图也很有用。另一种检测异常值的方法是使用 z 值。

箱线图

快速总结一个变量的常用方法是五数概括法。五数概括法显示了变量的最小值、四分位数（Q1、Q2 和 Q3）和最大值。**箱线图**（boxplot），也称为盒须图，是以图形方式显示变量五数概括的一种简便方法。一般来说，箱线图的构建方法如下：

- 在横轴上按升序排列 5 个数字的汇总值。
- 绘制一个包含第一和第三四分位数的方框。
- 在盒子里的中位数处画一条虚线。
- 计算四分位距（IQR）。回想一下，IQR＝Q3－Q1。画一条线（"晶须"），从 Q1 延伸到离 Q1 不超过 1.5×IQR 的最小值。同样，画一条线，从 Q3 延伸到离 Q3 不超过 1.5×IQR 的最大值。
- 使用星号（或其他符号）来表示离方框超过 1.5×IQR 的观测值。这些观测值被认为是异常值。

考虑一下图 3.21 中的箱线图。一方面，左晶须从 Q1 延伸到最小值（Min），因为最小值离 Q1 不超过 1.5×IQR。另一方面，右晶须没有从 Q3 延伸到最大值，因为有一个观测值离 Q3 超过 1.5×IQR。星号表示该观测值被认为是一个异常值。

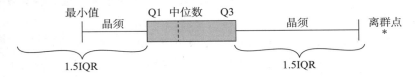

图 3.21　箱线图的一个例子

箱线图也被用来非正式地衡量分布的形状。如果中位数在盒子的中心，并且左右两边的晶须与各自的四分位数等距，则意味着对称性。如果中位数在中心偏左，并且右须比左须长，那么分布是正偏态的。同样，如果中位数在中心偏右，而且左晶须比右晶须长，那么分布是负偏态的。如果存在异常值，我们在比较左、右晶须的长度时需要将它们包括在内。

从图 3.21 中，我们注意到中位数位于中心的左边，右边存在一个离群点。这里的右须比左须长，如果把离群点包括在内，那么右须就会变得更长。这表明基础分布是正偏态的。

不幸的是，Excel 并没有提供一种简单明了的方法来构建一个箱线图，而 R 语言提供了。请参考以下例子。

例 3.14

使用 R 语言为引入案例中的 Growth 变量和 Value 变量构建箱线图并解释结果。

解答：

使用 R 语言

a. 将 Growth_Value 数据导入数据框（表），并将其标记为 myData。

b. 我们使用 boxplot 函数。对于函数中的选项，我们使用 main 来定义标题，使用 xlab 来定义 x 轴的标签，使用 names 来定义每个变量，使用 horizontal 来定义构建一个水平的箱线图（而不是垂直的箱线图），使用 col 来给 IQR 部分定义颜色。输入：

```
> boxplot(myData $ Growth, myData $ Value, main = "Boxplots for Growth
  and Value", xlab = "Annual Returns, 1984 - 2018(in percent)", names
  = c("Growth", "Value"), horizontal = TRUE, col = "gold")
```

图 3.22 显示了 R 语言返回的输出结果。

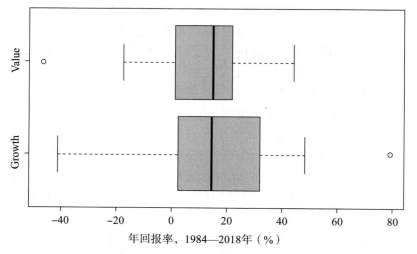

年回报率，1984—2018年（%）

图 3.22　Growth 变量和 Value 变量的箱线图

c. 为了处理异常值，我们使用 boxplot 函数中的 out 参数来提取异常值并将其数值存储在一个新的数据框（表）中。输入：

```
> outliersGrowth <- boxplot(myData $ Growth) $ out
> outliersValue <- boxplot(myData $ Value) $ out
```

验证 Growth 变量有一个离群点（79.48），Value 变量有一个离群点（-46.52）。

d. 在 R 语言中处理异常值的一种方法是用 NA 替换它们，NA 代表缺失值。%in% 运算符用于数值匹配，我们在这里用它来寻找 Growth 变量和 Value 变量中的异常值。然后我们使用 ifelse 函数将异常值替换为 NA，并将更新的数据存储在两个新的变量中，即 newGrowth 和 newValue。输入：

```
> myData $ newGrowth <- ifelse(myData $ Growth %in% outliersGrowth,
  NA, Data $ Growth)
> myData $ newValue <- ifelse(myData $ Value %in% outliersValue, NA,
  myData $ Value)
```

验证 1999 年的新 Growth 观测值和 2008 年的新 Value 观测值现在都是 NA。注意：当异常值被替换为 NA 时，我们可以选择执行 2.4 节中描述的缺失值处理的遗漏和归因策略。

e. 一旦异常值被替换成 NA，我们就可以重新计算测量汇总。我们使用 summary 函数来比较带有异常值的原始变量和没有异常值的新变量的均值。输入：

```
> summary(myData)
```

验证新 Growth 变量和新 Value 变量的均值分别为 13.210 和 13.149，并且它们与原始 Growth 变量和 Value 变量的均值不同。

总结

图 3.22 中的粗竖线表示这两只基金的年回报率中位数。正如我们已经发现的那样，两只基金的年回报率中位数相似（价值型基金 15.09%，增长型基金 14.44%）。然而，如圆圈所示，价值型基金在左侧有一个离群点，而增长型基金在右侧有一个离群点。

对于价值型基金来说，左边的离群点加上中位数落在 IQR 框中的右侧，表明这个分布是负偏态的。这与 3.4 节中为该变量计算的负偏度系数相一致。

而增长型基金在右侧有一个离群点，其中位数落在 IQR 框中的左侧。增长型基金的分布是正偏态的。同样，这与 3.4 节中为该变量计算的正偏度系数相一致。

■ z 值

均值和标准差分别是中心位置和离散度最广泛使用的测量方法。与均值不同，要直观地解释标准差并不容易。我们只能说，标准差的值越低表明观测值越接近于均值，而标准差的值越高表明观测值与均值的离散程度越高。

我们将首先使用经验法则来精确说明与均值相差一定数量的标准差的观测值的百分比。然后，我们计算 z 值，衡量一个观察值的相对位置，并表明它是不是一个离群点。

□ 经验法则

如果观测值来自一个相对对称并类似于钟形的分布——可以通过检查其直方图来确定，那么我们就可以对属于某些区间观测值的百分比做出精确的判断。对称性和钟形是正态分布的特征，我们将在第 4 章中详细讨论这个问题。正态分布经常被用作许多现实世界应用的近似值。给定一个样本均值 $\bar{x}$、一个样本标准差 s，以及一个相对对称和钟形的分布，**经验法则**（empirical rule）指出：

● 约有 68% 的观测值落在区间 $\bar{x} \pm s$ 内；
● 大约 95% 的观测值落在区间 $\bar{x} \pm 2s$ 内；
● 几乎所有的观测值都落在区间 $\bar{x} \pm 3s$ 内。

图 3.23 说明了这一经验法则。

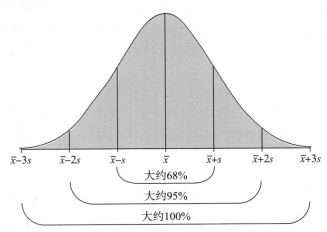

图 3.23　经验法则的图形表示

例 3.15

一个大型讲座班有 280 名学生。教授宣布一次考试的平均分是 74 分，标准差是 8 分，分数的分布呈钟形。

a. 大约有多少学生的分数在 58～90 分之间？

b. 大约有多少学生的分数超过了 90 分？

解答：

a. 58 分低于均值两个标准差（$\bar{x}-2s=74-(2\times8)=58$），而 90 分高于均值两个标准差（$\bar{x}+2s=74+(2\times8)=90$）。对于一个钟形分布，经验法则指出，大约 95% 的观测值落在均值的两个标准差之内。因此，280 名学生中约有 95%，即 266 名（0.95×280）学生，得分在 58~90 之间。

b. 我们知道 90 分高于均值的两个标准差。由于大约 95% 的观测值落在均值的两个标准差之内，我们可以推断出 5% 的观测值落在该区间之外。因此，考虑到分布的对称性，大约 5% 的一半，即 2.5% 的 280 名学生得分超过 90 分。等于说，大约有 7 名学生（0.025×280）的考试成绩在 90 分以上。如果教授用 90 分以上作为得 A 的分界线，那么全班只有 7 名学生有望获得 A。

□ 计算 z 值

使用均值和标准差来确定观测值的相对位置通常是有指导意义的。假设一个学生在会计考试中得了 90 分，在市场营销考试中得了 90 分。虽然该学生在这两门课程中的成绩相同，但她在这些课程中的相对位置可能大不相同。如果课程的平均分数不同该怎么办？即使在平均分数相同的情况下，如果课程中的标准差不同该怎么办？如果要找到该学生在两门课程中的相对位置，既需要均值，也需要标准差。

我们使用 **z 值**（z-score），将观测值与均值的差值除以标准差来找到观测值的相对位置，即 $z=\dfrac{x-\bar{x}}{s}$，z 值是一个无单位的度量。它以标准差的形式测量观测值与均值之间的距离。例如，z 值为 2 意味着观测值比均值高出两个标准差。同样，z 值为 -1.5 表示观测值比均值低 1.5 个标准差。

将观测值转换为 z 值也称为**标准化**（standardizing）观测值。当处理使用不同尺度测量的变量时，标准化是数据分析中常用的技术。我们将在第 8 章重新讨论这个主题，以讨论数据挖掘中标准化技术的使用。

例 3.16

会计考试成绩的均值和标准差分别为 74 分和 8 分。市场营销考试成绩的均值和标准差分别为 78 分和 10 分。找出两门课都得 90 分的学生的 z 值。

解答：

会计考试成绩的 z 值为 $z=\dfrac{90-74}{8}=2$，类似地，市场营销考试成绩的 z 值为 $z=\dfrac{90-78}{10}=1.2$。因此，该学生在会计考试中表现相对较好，因为她比平均分高出两个标准差，而在市场营销考试中她只比平均分高 1.2 个标准差。

例 3.17

表 3.18 显示了引入案例中 Growth 变量和 Value 变量的最小观测值和最大观测值以及均值和标准差。计算每个变量的最小观测值和最大观测值的 z 值。结果是否与图 3.22 中构建的图一致？请做出解释。

表 3.18　Growth 变量和 Value 变量的汇总统计（%）

基金	最小观测值	最大观测值	均值	标准差
Growth	−40.90	79.48	15.107 4	23.822 8
Value	−46.52	44.08	11.444 6	17.919 8

解答：

对于 Growth 变量，最小观测值和最大观测值的 z 值为：

最小观测值：$z = \dfrac{-40.90 - 15.107\ 4}{23.822\ 8} = -2.351\ 0$

最大观测值：$z = \dfrac{79.48 - 15.107\ 4}{23.822\ 8} = 2.702\ 1$

对于 Value 变量，最小观测值和最大观测值的 z 值为：

最小观测值：$z = \dfrac{-46.92 - 11.444\ 6}{17.919\ 8} = -3.234\ 7$

最大观测值：$z = \dfrac{44.08 - 11.444\ 6}{17.919\ 8} = 1.821\ 2$

对于 Growth 变量，因为两个 z 值的绝对值都小于 3，这表明 Growth 变量没有异常值。然而，图 3.22 中的箱线图表明存在异常值。我们如何解决这种明显的不一致性？请记住，当分布相对对称且呈钟形时，z 值是异常值的可靠指标。因为箱线图表明 Growth 变量是正偏态的，所以在这种情况下，我们最好用箱线图来识别异常值。对于 Value 变量，最小观测值被确定为箱线图中的异常值，z 值为 −3.234 7。

识别异常值

- 箱线图是以图形方式显示变量五数概括的一种简便方法。如果存在异常值，则将其表示为星号（或另一个符号），该星号与框的距离大于 $1.5 \times IQR$。

- z 值测量分布中观测值的相对位置，计算如下：$z = \dfrac{x - \bar{x}}{s}$。如果变量的分布相对对称且呈钟形，那么如果观测值的 z 值大于 3 或小于 3，则通常将其视为异常值。

练习 3.5

应用

53. 考虑下面的箱线图。

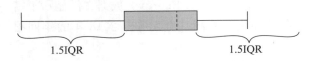

a. 箱线图是否表示数据中可能存在异常值？
b. 对潜在分布的偏斜度进行评论。

54. 考虑下面的箱线图。

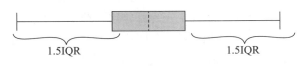

a. 箱线图是否表示数据中可能存在异常值？
b. 对潜在分布的偏斜度进行评论。

55. 考虑下表中对变量 200 次观察得到的五点总结。

最小值	Q1	中位数	Q3	最大值
34	54	66	78	98

a. 解释 Q1 和 Q3。

b. 计算四分位范围，确定是否存在任何异常值。

c. 分布是对称的吗？如果不是，请评论其偏斜度。

56. 考虑下表中对变量 500 次观察得到的五点总结。

最小值	Q1	中位数	Q3	最大值
125	200	300	550	1 300

a. 解释 Q1 和 Q3。

b. 计算四分位范围，确定是否存在任何异常值。

c. 分布是对称的吗？如果不是，请评论其偏斜度。

57. 当地一所大学商学院助理教授的工资样本显示，他们的平均收入为 10 万美元，标准差为 1 万美元。假设工资服从钟形分布。使用经验法则回答以下问题。

a. 大约有多少百分比的工资介于 90 000～110 000 美元之间？

b. 大约有多少百分比的工资介于 80 000～120 000 美元之间？

c. 大约有多少百分比的工资高于 120 000 美元？

58. 通常假设 IQ 分数服从钟形分布，均值为 100，标准差为 16。使用经验法则回答以下问题。

a. 大约有多少百分比的分数在 84～116 分之间？

b. 分数低于 68 分的百分比大约是多少？

c. 分数超过 116 分的百分比大约是多少？

59. 投资组合的历史回报率均值为 8%，标准差为 6%。假设投资组合的回报服从钟形分布。使用经验法则回答以下问题。

a. 大约有多少百分比的回报率在 2%～14% 之间？

b. 大约有多少百分比的回报率高于 14%？

c. 大约有多少百分比的回报率低于 -4%？

60. 平均而言，一场美国职业足球赛大约持续 3 小时，即使球实际上只在比赛中停留了 11 分钟。假设比赛时间服从钟形分布，标准差为 0.4 小时。使用经验法则回答以下问题。

a. 大约有多少百分比的比赛时间在 2.2～3.8 小时之间？

b. 大约有多少百分比的比赛时间超过 3.4 小时？

c. 大约有多少百分比的比赛时间少于 2.2 小时？

61. 文件：Prime。数据文件显示了 100 名 Amazon Prime 客户的年度支出（美元）。

a. 构建支出变量的箱线图。箱线图是否表明存在异常值？

b. 使用 z 值确定支出变量是否存在异常值。你的结果与 a 问题一致吗？解释为什么一致或者为什么不一致。

62. 文件：Dept。数据文件显示了 26 个大都会地区居民的平均每月债务支付情况（美元）。

a. 为债务变量构建箱线图。箱线图是否表明存在异常值？

b. 使用 z 值确定债务变量是否存在异常值。你的结果与 a 问题一致吗？解释为什么一致或者为什么不一致。

63. 文件：Gas-2019。数据文件显示了 2019 年 1 月 50 个州天然气的平均价格（美元/加仑）。

a. 为价格变量构建箱线图。箱线图是否表明存在异常值？

b. 使用 z 值确定价格变量是否存在异常值。你的结果与 a 问题一致吗？解释为什么一致或者为什么不一致。

c. 使用箱线图中的信息将异常值替换为 NA。没有异常值的天然气平均价格的均值是多少？

64. 文件：Tech-Energy。数据文件显示了富达科技和能源共同基金 1982—2018 年的年回报率（%）。

a. 构建科技基金的箱线图。箱线图是否表明存在异常值？

b. 使用 z 值确定科技基金是否存在异常值。

你的结果与 a 问题一致吗？解释为什么一致或者为什么不一致。

c. 构建能源基金的箱线图。箱线图是否表明存在异常值？

d. 使用 z 值确定能源基金是否存在异常值。

你的结果与 c 问题一致吗？解释为什么一致或者为什么不一致。

e. 使用两个箱线图中的信息将异常值替换为 NA。科技和能源基金的新均值是多少？

3.6　大数据写作

当面对非常大的数据集时，任何分析的第一步都是将原始数据转换为更有意义的形式。表格和图形以及综合指标都非常有用。请考虑下面的大数据案例。

□ **案例研究**

一位投资者目前在弗吉尼亚州的布莱克斯堡大学城——弗吉尼亚理工大学学生之家拥有房地产。他想在佐治亚州的雅典或北卡罗来纳州的教堂山购买类似的出租房产，以扩大他的持有量。作为第一步，他想了解这两个地区的房价信息。他对那些至少有两间卧室且挂牌价低于 100 万美元的房产感兴趣。下面的报告将总结以往符合这些标准的房产的销售情况。

报告样本——在大学附近投资租赁房产

以下是你可以考虑在一所大学附近投资租赁房产的原因。首先，这里有大量的承租人，包括学生、教师和员工。其次，由于许多大学在大一无法为学生提供住宿，因此学生提供了稳定的租房需求。最后，大学城往往有各种餐馆、购物活动和夜生活。所有这些因素都能让你更容易地推销你的房产。

下面的报告考察了佐治亚大学所在的佐治亚州雅典和北卡罗来纳大学所在的北卡罗来纳州教堂山的房价。样本包括雅典 293 套房屋和教堂山 351 套房屋的销售价格（文件：House_Price）。此外，样本中的所有房屋至少有两间卧室，售价不到 100 万美元。表 3.19 为分析提供了最相关的综合指标。

表 3.19　雅典和教堂山房价的综合指标　　　　单位：美元

综合指标	佐治亚州雅典	北卡罗来纳州教堂山
均值	219 671	429 152
中位数	177 500	395 000
最小值	41 125	105 000
最大值	910 000	950 000
标准差	147 648	186 762
变异系数	0.67	0.44
房屋数量	293	351

雅典的平均房价为 219 671 美元，而教堂山的平均房价为 429 152 美元，相差近 21 万美元。在

雅典，房价中位数为 177 500 美元，表明一半的房价低于此数，一半的房价高于此数。教堂山的对应值为 395 000 美元。这两个城市的中位数差距接近 218 000 美元。在这两个城市，中位数都比均值小很多，这意味着可能会出现房屋价格过高的情况。

虽然均值和中位数代表了房价的聚簇位置，但它们并不传递房价变化的相关信息。通常，标准差被用来衡量数据的差异性。教堂山房价的标准差大于雅典房价的标准差（186 762 美元＞147 648 美元），表明与雅典相比，教堂山的房价更分散。

表 3.20 显示了这两个城市房价的相对频率分布。相对频率分布强化了综合指标的结果，即雅典的房价比教堂山的房价更便宜。在雅典，51％的价格在 10 万～20 万美元之间，但在教堂山，只有 9％的价格在这一范围内。此外，雅典有 91％的房屋售价低于 40 万美元，而教堂山只占 51％。

表 3.20　雅典和教堂山房价的频率分布

区间（美元）	佐治亚州雅典	北卡罗来纳州教堂山
$0 < x \leq 100\ 000$	0.11	0.00
$100\ 000 < x \leq 200\ 000$	0.51	0.09
$200\ 000 < x \leq 300\ 000$	0.19	0.17
$300\ 000 < x \leq 400\ 000$	0.10	0.25
$400\ 000 < x \leq 500\ 000$	0.03	0.17
$500\ 000 < x \leq 600\ 000$	0.03	0.14
$600\ 000 < x \leq 700\ 000$	0.02	0.07
$700\ 000 < x \leq 800\ 000$	0.00	0.07
$800\ 000 < x \leq 900\ 000$	0.01	0.03
$900\ 000 < x \leq 1\ 000\ 000$	0.00	0.01

最后，图 3.24 显示了每个城市的房价箱线图。箱线图揭示了这两个城市房价的两个要点：
● 在每个箱线图中，中位数在方框内是偏离中心的，位于中心的左边。
● 在每个箱线图中，右侧都有异常值。然而，与雅典分布相比，教堂山分布中的异常值要少得多。

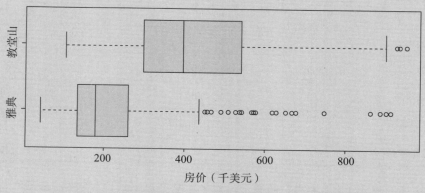

图 3.24　佐治亚州雅典和北卡罗来纳州教堂山房价的箱线图

这两个观察结果表明，两个分布都是正偏态的。这意味着大部分房价都落在了分布的底端，而价格非常高的房子相对较少。

该报告总结了佐治亚州雅典和北卡罗来纳州教堂山的房价。平均而言，教堂山的房屋价格几乎是雅典的两倍。此外，如果将异常值从分析中剔除，雅典的房价比教堂山的房价变化要小。然而，任何投资者在这两个城市购买房产之前，都应该考虑许多其他因素，如每个城市的租赁市场的强度和平均收入。

□ **案例推荐**

表格、图形及综合指标在分析数据时被证明非常有用。建议如下：

报告 3.1（文件：House-Price）。执行与本节类似的分析，但选择另外两个大学城。

报告 3.2（文件：College-Admissions）。使用表格、图表以及综合指标，将被商学院录取的学生与被文理学院录取的学生的 SAT 成绩进行对比。

报告 3.3（文件：Longitudinal-Survey）。根据受访者是外向型还是内向型，使用表格、图表以及综合指标研究受访者的体重。

报告 3.4（文件：TechSales-Reps）。根据销售代表在软件组和硬件组的人格类型和性别，使用表格、图表以及综合指标研究销售代表的工资。

概率与概率分布

第 4 章

🎯 学习目标

通过学习本章，可以达成以下目标：

1. 描述概率的概念与概率公式。
2. 应用全概率公式和贝叶斯定理。
3. 描述离散型变量及其概率分布。
4. 计算二项分布与泊松分布的概率。
5. 描述正态分布并计算其相应概率。

我们每天都需要在不确定性的情况下对问题做出选择。通过弄清各种事件发生的可能性，我们可以更好地做准备并做出更理想的选择。例如，根据天气预报，我们决定是否穿夹克或是否带伞。同样，零售商会根据购物者人数的增加或减少来调整他们的销售队伍，而美联储会根据经济增长和对通货膨胀的预期来调整利率。本章介绍了构建和解决许多涉及不确定性的现实问题所需的基本概率工具。

我们通过引入随机变量概念来扩展对概率的讨论。随机变量是实验结果数值的统称，根据随机变量假设数值的不同，我们可以将随机变量分为离散型随机变量和连续型随机变量。离散型随机变量是将变量假设为一系列可数的且互不相同的数值，而连续型随机变量则是将变量假设为不可数的数值。最后，我们讨论了两种广泛使用的离散型概率分布，即二项分布和泊松分布，以及使用最为广泛且同样是数理统计基础的连续型概率分布——正态分布。

引入案例　建立对大麻合法化的支持率与年龄段的关系

在过去几十年里，美国对大麻合法化的支持率显著上升。1969 年，当这个问题首次被提出时，只有 12% 的美国人支持将其合法化。到 20 世纪 70 年代后期，支持者增加到 25% 以上。虽然支持率在 1981—1997 年一直停滞不前，但在世纪之交，人们对大麻合法化产生了新的兴趣，到 2000 年，超过 30% 的美国人支持大麻合法化，截至 2009 年超过了 40%。

Alexis Lewis 在一家专注于科学、健康和人权的药物政策研究所工作。她正在分析大麻支持者的人口统计数据。根据皮尤研究中心 2016 年 8 月 23 日至 9 月 2 日的调查结果，她发现对大麻合法化的支持在不同的年龄组有着很大的差异。Alexis 根据年龄组编制了有关支持率的信息，如表 4.1 所示。

表 4.1　各年龄组对大麻合法化的支持率

年龄	支持率
千禧一代（18～35 岁）	71%
X 一代（36～51 岁）	57%
婴儿潮一代（52～70 岁）	56%
沉默一代（71～88 岁）	33%

Alexis 明白，决定大麻合法化命运的一个重要因素是每个年龄段的投票能力。对于有资格投票的成年人，她设置了每个年龄段的投票比例。千禧一代、X 一代、婴儿潮一代和沉默一代分别占投票人口的 31%、25%、31% 和 13%。她想用这些数据完成以下任务。（4.2 节提供了此案例的概要。）

1.计算并说明条件概率、无条件概率、联合概率。

2.计算并说明全部美国人支持大麻合法化的概率。

4.1　概率的概念与概率公式

如果我们知道如何描述哪些事件可能发生和不太可能发生的概率，我们就能更好地应对不确定性。**概率**（probability）是衡量事件发生可能性的数值。该数值介于 0 和 1 之间，其中数值 0 表示不可能发生的事件，数值 1 表示确定发生的事件。为了定义一个事件并为其计算出适当的概率，有必要建立一些术语并对条件加以规范。

实验（experiment）是导致出现几种可能结果之一的过程。实验结果的多样性是由现实世界的不确定性造成的。在改变品牌战略时，利润是上升还是下降是不确定的。你可以将其视为实验，因为实际结果只会随着时间的推移而确定。其他的实验包括信用卡欺诈交易行为的程度、新产品的销量或者在一门课程当中所取得的成绩等级。

我们用 S 代表**样本空间**（sample space），即实验所有可能结果的空间。例如，假设成绩等级样本空间为 $S=\{A，B，C，D，F\}$。样本空间不是唯一的，例如对于课程结果等级，我们可以定义只包含 P（通过）和 F（失败）的样本空间，即 $S=\{P，F\}$。值得注意的是，如果课程结果中老师给出了 I 等级（未完成），那么刚刚所定义的 S 便不再是样本空间，因为其未包含所有可能的结果。

■ 事　件

事件（event）是样本空间的子集。一个简单事件只包含一个实验的一种可能结果。在课程中获得 A 就是一个简单事件。一个事件也可能包含一个实验的几种结果。例如，我们可以将事件定义为在课程中获得及格分数，此事件由包含结果 A、B、C 和 D 的子集组成。

如果事件包括样本空间中的所有结果，则事件被认为是**穷举**（exhaustive）的。在成绩分布示例中，获得成绩 A 和 B 的事件不是穷举事件，因为在样本空间中还有其他许多可能的成绩。但是，分别定义为"通过"和"失败"的事件 P 和 F 是穷举的。

概率中的另一个重要概念是**互斥**（mutually exclusive）事件。对于两个互斥事件，一个事件的发生排除了另一个事件发生的可能性。回到成绩等级分布的例子，虽然获得 A 和 B 成绩的事件并非穷举事件，但它们是互斥的，因为你不可能在一门课程中同时获得 A 和 B。另外，P 和 F 既相互排斥又穷举。

实验与事件

● 实验是导致出现几种可能结果之一的过程。一个实验的样本空间，用 S 表示，包含实验所有可能出现的结果。

● 事件是实验结果的任一子集。如果它包含单个结果，则称为简单事件。

● 如果实验所有可能出现的结果都包含在事件中，则该事件是穷举的。如果事件之间不具有任何共同的实验结果，则它们是互斥的。

对于任一实验，我们可以根据实验的一个或多个结果定义事件，也可以将事件组合起来形成新的事件。对于两个事件的**合集**（union），我们记为 $A\cup B$，组成一个包含 A 与 B 所有结果的新事件。韦恩图对于表明这些关系非常有效。图 4.1 是韦恩图，其中矩形区域代表样本空间 S，两个圆圈分别代表事件 A 和事件 B。$A\cup B$ 是图中包含 A、B 的灰色部分。

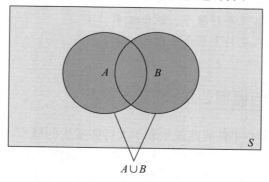

$A\cup B$

图 4.1　两个事件的合集 $A\cup B$

两个事件的**交集**（intersection），记为 $A \cap B$，是由 A 和 B 中共有结果组成的事件。图 4.2 描述了两个事件 A 和 B 的交集。交集 $A \cap B$ 是韦恩图中包含在 A 和 B 中的部分。

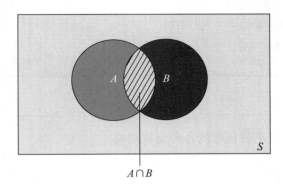

$A \cap B$

图 4.2　两个事件的交集，$A \cap B$

事件 A 的**补集**（complement），记为 A^C，是由样本空间 S 中不属于 A 的所有结果组成的事件。

结合事件
- 两个事件的合集（记作 $A \cup B$）是由 A 或 B 中所有结果组成的事件。
- 两个事件的交集（记作 $A \cap B$）是由 A 和 B 中共有结果组成的事件。
- 事件 A 的补集，记作 A^C，是由样本空间 S 中不属于 A 的所有结果组成的事件。

■ 分布概率

现在，我们已经描述了一个有效的样本空间以及我们可以从该样本空间定义事件的各种方法，我们已经准备分配概率了。当我们得到一个概率时，我们通常能够将这个概率分类为主观概率、经验概率或古典概率。不管使用什么方法，概率都有两个定义性质。

概率的两个定义性质
1. 任何事件 A 的概率在 0～1 之间，即 $0 \leqslant P(A) \leqslant 1$。
2. 任何一系列互斥穷举事件的概率之和等于 1。

主观概率（subjective probability）基于一个人的个人判断或经验。例如，经理可能会本能地认为 14% 的消费者会对公司的社交媒体活动做出积极反应。这种个人的概率评估并没有明确地参考任何数据。主观概率因人而异，可能包含高度的个人偏见。

在许多情况下，我们根据观察到的实验结果并参考数据来计算概率。一个事件的**经验概率**（empirical probability）是指一个事件发生的相对频率。如果在十年内，某城市的 180 家餐厅中有 152 家在一年内开业和关闭，而在一年之内关闭是我们判定失败的基准，我们可以确定该城市餐厅失败的经验概率为 152/180＝0.84。要注意的是，如果实验进行了非常多次，那么经验概率通常是可靠的。在上面的例子中，如果 5 家餐厅中有 2 家在一年内开业和关闭，那么报告失败率为 0.40 可能会产生误导。

在更狭窄的明确定义的问题范围内，我们有时可以通过对问题的推理来推断概率，这样得到的概率是**古典概率**（classical probability）。古典概率常用于概率游戏中。它们基于一个假设，即实验的所有结果都是同等可能的。因此，一个事件的古典概率可以通过计算该事件的结果数除以结果总数来得到。例如，我们可以计算出用一枚均匀的六面骰子掷出 2 的概率为 1/6＝0.166 7。

概率分类

- 主观概率是根据个人的主观判断得出的。
- 经验概率是根据发生的相对频率来计算的。
- 古典概率是基于逻辑分析，而不是基于观察或个人判断。

由于经验概率和古典概率一般不会因人而异，因此它们通常被归类为客观概率。

概率运算规则

现在我们将展示用于组合事件概率的各种运算规则。

补集规则（complement rule）遵循概率的定义属性之一：分配给样本空间中简单事件的概率之和必须等于 1。因此，对于事件 A 及其补充事件 A^C，我们得到 $P(A) + P(A^C) = 1$。重新整理这个方程，我们得到了补集规则。

补集规则

事件 A 的补充事件的概率：$P(A^C) = 1 - P(A)$。

虽然补集规则非常直接和简单，但它被广泛使用并且非常实用。

例 4.1 --

Moksha 瑜伽中心的一位经理认为，37% 的女性和 30% 的男性会购买会员资格。

a. 经理随机选择的女性不购买会员资格的概率是多少？

b. 经理随机选择的男性不购买会员资格的概率是多少？

解答：

a. 我们将事件 A 定义为经理随机选择的女性会购买会员，因此，$P(A) = 0.37$。在这个问题中，我们感兴趣的是 A 的补集，所以 $P(A^C) = 1 - P(A) = 1 - 0.37 = 0.63$。

b. 同样，我们将事件 B 定义为经理随机选择的男性将购买会员，因此 $P(B) = 0.30$。因此，$P(B^C) = 1 - P(B) = 1 - 0.30 = 0.70$。

加法规则（addition rule）能够计算两个事件合集的概率。假设我们想求出 A 或 B 发生的概率，用概率表示，即 $P(A \cup B)$。回想一下图 4.1，合集 $A \cup B$ 是韦恩图中包含在事件 A 或事件 B 中的部分，而交集 $A \cap B$ 是韦恩图中同时包含在 A 和 B 中的部分。如果我们试图通过 $P(A)$ 和 $P(B)$ 的简单求和得到 $P(A \cup B)$，那么我们计算出的概率会偏大，因为我们重复计算了 A 和 B 的交集概率，即 $P(A \cap B)$。我们通常将 $P(A \cap B)$ 作为事件 A 和 B 的**联合概率**（joint probability）。在执行加法规则时，我们将 $P(A)$ 和 $P(B)$ 相加，然后再减去 $P(A \cap B)$。

加法规则

事件 A 或事件 B 发生的概率可推导为 $P(A \cup B) = P(A) + P(B) - P(A \cap B)$。

例 4.2 --

Anthony 认为他的统计学有 75% 的机会得 A，管理经济学有 55% 的机会得 A。同时，他也相信他有 40% 的机会在这两门课中都得 A。

a. 他至少有一门课得 A 的概率是多少？

b. 他这两门课都没有得 A 的概率是多少？

解答：

a. 设 $P(A_S)$ 对应统计学得 A 的概率，$P(A_M)$ 对应管理经济学得 A 的概率。因此，$P(A_S)=0.75$，$P(A_M)=0.55$。另外，Anthony 在两门课中得 A 的联合概率 $P(A_S\bigcap A_M)=0.40$。为了找出他在这些课程中至少有一门课获得 A 的概率，我们做如下计算：

$$P(A_S\bigcup A_M)=P(A_S)+P(A_M)-P(A_S\bigcap A_M)=0.75+0.55-0.40=0.90$$

b. 他在这两门课程中没有一门得 A 的概率实际上是两个事件的和事件的补集，即 $P((A_S\bigcup A_M)^C)$。我们计算了 a 问题的和事件，利用补集规则，得到：

$$P((A_S\bigcup A_M)^C)=1-P(A_S\bigcup A_M)=1-0.90=0.10$$

正确获得所需概率的另一个计算表达式是 $P((A_S\bigcup A_M)^C)=P(A_S^C\bigcap A_M^C)$。一个常见的错误是将概率计算为 $P((A_S\bigcap A_M)^C)=1-P(A_S\bigcap A_M)=1-0.40=0.60$，这只表明 Anthony 两门课都不能获得 A 的概率为 60%。这显然不是 Anthony 两门课都拿不到 A 的正确概率。

注意对于互斥事件 A 和 B，联合概率为 0，即 $P(A\bigcap B)=0$。我们不必担心重复计算，因此，合集概率只是两个事件概率的和。

在商业应用中，我们感兴趣的通常是**条件概率**（conditional probability）。例如，客户有可能在收到一封提供折扣的电子邮件后进行在线购买；以获得 MBA 学位为条件获得六位数薪水的可能性；公司推出一种新的创新产品时销售将会提高的可能性。

让我们用一个例子来说明条件概率的概念。假设一名刚毕业的商学院毕业生找到一份合适工作的概率是 0.80。如果刚毕业的商学院毕业生有工作经验，那么找到合适工作的概率是 0.90。在这里，一个事件的概率取决于另一个事件是否发生。若 A 表示 "找到工作"，B 表示 "以前的工作经验"，则 $P(A)=0.80$，条件概率 $P(A|B)=0.90$。在这个例子中，找到一份合适工作的概率从 0.80 增加到 0.90，前提是具备之前的工作经验。一般来说，如果 B 对 A 施加积极的影响，那么条件概率 $P(A|B)$ 大于**无条件概率**（unconditional probability）$P(A)$。同样，如果 B 施加了负面影响，那么 $P(A|B)$ 小于 $P(A)$。最后，如果不产生影响，那么 $P(A|B)=P(A)$。通常情况下，我们将 "无条件概率" 简单地称为 "概率"。

我们用图 4.2 中的韦恩图来解释条件概率，$P(A|B)$ 表示在事件 B 发生的条件下事件 A 发生的概率。在事件 B 发生的条件下，原来的样本空间 S 减少到 B。条件概率 $P(A|B)$ 基于 A 包含在 B 中的部分，它是 A 和 B 的交集概率与 B 的概率之比。

条件概率

在事件 B 发生的条件下，事件 A 发生的概率为 $P(A|B)=\dfrac{P(A\bigcap B)}{P(B)}$。

例 4.3

经济全球化的定义是，国家经济通过贸易、外国直接投资、资本流动、移民和技术传播融入国际经济。尽管经济全球化普遍被认为是有利的，但它也增加了一个国家受其他国家经济状况影响的脆弱性。一位经济学家预测，A 国表现不佳的可能性为 60%，B 国表现不佳的可能性为 25%。两国同时表现不佳的可能性也有 16%。

a. 如果 B 国表现较差，A 国表现较差的概率是多少？

b. 如果 A 国表现较差，B 国表现较差的概率是多少？

c. 解释一下你的发现。

解答：

我们首先用概率的形式写下可用的信息。将 A 定义为"A 国表现不佳"，将 B 定义为"B 国表现不佳"，我们得到以下信息：$P(A)=0.60$，$P(B)=0.25$，$P(A\bigcap B)=0.16$。

a. $P(A|B)=\dfrac{P(A\bigcap B)}{P(B)}=\dfrac{0.16}{0.25}=0.64$。

b. $P(B|A)=\dfrac{P(A\bigcap B)}{P(A)}=\dfrac{0.16}{0.60}=0.27$。

c. 这样看来，经济全球化无疑使这些国家容易受到其他国家经济困境的影响。当 B 国表现较差时，A 国表现较差的概率从 60% 增加到 64%。同样，当 A 国表现较差时，B 国表现较差的概率从 25% 增加到 27%。

在某些情况下，我们感兴趣的是找到联合概率 $P(A\bigcap B)$。使用条件概率公式 $P(A|B)=\dfrac{P(A\bigcap B)}{P(B)}$，我们可以很容易地推导出 $P(A\bigcap B)=P(A|B)P(B)$。因为我们是通过计算两个概率的乘积来找到 $P(A\bigcap B)$ 的，所以我们称之为概率的**乘法规则**（multiplication rule）。

乘法规则

事件 A 和事件 B 的乘积事件概率为 $P(A\bigcap B)=P(A|B)\times P(B)$。

例 4.4

一位经理认为，14% 的消费者会对公司的社交媒体活动做出积极回应。另外，有 24% 的消费者会成为忠实顾客。计算出公司社交媒体活动的下一个接收者做出积极回应并成为忠实顾客的可能性。

解答：

用事件 R 代表一个对社交媒体活动做出积极回应的消费者，事件 L 代表一个忠实的顾客。因此 $P(R)=0.14$，$P(L|R)=0.24$。我们计算社交媒体活动的下一个接收者将做出积极回应并成为忠实顾客的概率为：

$$P(R\bigcap L)=P(L|R)\times P(R)=0.24\times 0.14=0.0336$$

研究人员特别感兴趣的是两个事件是否相互影响。如果一个事件的发生不影响另一个事件的发生，则两个事件是**独立**（independent）的。同样，如果一个事件的发生与另一个事件发生的概率相关，则事件被认为是**相依**（dependent）的。我们通常通过比较一个事件的条件概率来检验两个事件的独立性，例如 $P(A|B)$ 与 $P(A)$ 的概率。如果这两个概率相同，那么这两个事件 A 和 B 是独立的；如果概率不同，那么这两个事件就是相互影响的。

独立事件与相依事件

当 $P(A|B)=P(A)$ 或者 $P(A\bigcap B)=P(A|B)P(B)=P(A)P(B)$ 时，事件 A 和 B 是独立的。否则，是相依的。

例 4.5

假设在给定的年份里，台式电脑有 2% 的概率会死机，笔记本电脑有 6% 的概率会死机。此外，两台电脑都死机的概率为 0.12%。那么这两台电脑的可靠性是相互独立的吗？

解答：

假设事件 D 表示台式电脑死机，事件 L 表示笔记本电脑死机。因此，$P(D)=0.02$，$P(L)=0.06$，$P(D \cap L)=0.0012$。两台电脑的可靠性是相互独立的，因为

$$P(D|L)=\frac{P(D \cap L)}{P(L)}=\frac{0.0012}{0.06}=0.02=P(D)$$

换句话说，如果笔记本电脑死机了，那么它不会改变台式电脑也死机的可能性。同样，我们能证明这些事件是独立的，因为 $P(D \cap L)=P(D)P(L)=0.0012$。

练习 4.1

应用

1. 考虑以下场景，以确定所提到的事件组合代表的是合集还是交集。

a. 一家市场营销公司正在寻找一位具有商学学位和至少有 5 年工作经验的候选人。

b. 有一家人决定购买丰田或本田汽车。

2. 你申请了两家公司的职位。事件 A 表示从第一家公司得到工作机会的结果，事件 B 表示从第二家公司得到工作机会的结果。

a. 解释事件 A 和事件 B 为什么不是完备的。

b. 解释事件 A 和事件 B 为什么不是互斥的。

3. 股票 A 价格上涨的概率是 0.40，股票 B 价格上涨的概率是 0.60。此外，如果股票 B 价格上涨，股票 A 价格上涨的概率为 0.50。

a. 至少有一只股票价格上涨的概率是多少？

b. 事件 A 和事件 B 是否互斥？请解释。

c. 事件 A 和事件 B 是独立的吗？请解释。

4. 欺诈检测已经成为银行和信用卡公司打击欺诈信用卡交易不可或缺的工具。一家欺诈检测公司会对 5% 的交易和 80% 的欺诈交易发出警报。如果公司没有发出警报，那么交易是欺诈的概率是多少？假设 1% 的交易是欺诈的。

5. Johnson 博士从事会计教学已有 20 多年。根据她的经验，她知道有 60% 的学生会定期做作业。此外，经常做作业的学生中有 95% 通过了课程。她也知道她 85% 的学生通过了这门课程。

a. 一个学生定期做作业并且通过这门课的概率是多少？

b. 一个学生既不定期做作业也没有通过这门课程的概率是多少？

c. "通过课程"和"定期做作业"是互斥的吗？请解释。

d. "通过课程"和"定期做作业"是否独立？请解释。

6. Mike Danes 推迟了去他最喜欢的一家服装店参加年度销售活动的时间。他的朋友刚刚给他发短信说只剩下 20 件衬衫了，其中有 8 件是 M 号，10 件是 L 号，2 件是 XL 号。与此同时，有 9 件衬衫是白色的，5 件是蓝色的，剩下的是混合颜色的。迈克想买一件 L 号的白色或蓝色衬衫。定义事件 A 为买一件白色或蓝色的衬衫，事件 B 为买一件 L 号的衬衫。

a. 计算 $P(A)$、$P(A^C)$、$P(B)$。

b. 事件 A 和事件 B 是否互斥？请解释一下。

c. 你会用事件 $A \cup B$ 还是 $A \cap B$ 来描述 Mike 的喜好？

7. 一位分析师估计，7 年期 AA 级债券的违约概率为 0.06，7 年期 A 级债券的违约概率为 0.13。两者都违约的概率是 0.04。

a. 至少有一种债券违约的概率是多少？

b. 7 年期 AA 级债券和 7 年期 A 级债券都不违约的概率是多少？

c. 假设 7 年期 AA 级债券违约，那么 7 年期 A 级债券也违约的概率是多少？

8. 一家制造公司刚刚从供应商那里收到了 20 个组装零件，尺寸略有不同。其中只有 15 个零件是合适的。经理一次检查一个零件。

a. 求出第一次就是合适零件的概率。

b. 如果第一次检查到的是合适零件，求出第二次检查也是合适零件的概率。

c. 如果第一次检查到的是合适零件，求出第二次检查是不合适零件的概率。

9. 苹果产品在美国家喻户晓，平均每家拥有 2.6 件苹果产品（《美国消费者新闻与商业频道》，2017 年 10 月 10 日）。假设在中西部地区，有孩子的家庭拥有苹果产品的可能性是 61%，没有孩子的家庭拥有苹果产品的可能性是 48%。假设一个具有代表性的社区有 1 200 户家庭，其中的 820 户有孩子，其余的没有孩子。

a. "有孩子的家庭" 和 "没有孩子的家庭" 是相互排斥和完备的吗？请做出解释。

b. 一个家庭没有孩子的概率是多少？

c. 有孩子的家庭拥有苹果产品的概率是多少？

d. 没有孩子的家庭没有苹果产品的概率是多少？

10. 作为 2010 年金融改革的一部分，银行监管机构再次要求华尔街高管削减奖金。据悉，某公司 15 名理事中有 10 人赞成发放奖金。假设媒体随机选择了两名成员。

a. 他们都支持发放奖金的概率是多少？

b. 他们都不赞成发放奖金的概率是多少？

11. Christine Wong 请 Dave 和 Mike 在周日早上帮她搬家。为防止其中一个没来，她已经问过他们两个了。根据过去的经验，Christine 知道 Dave 有 40% 的可能性不会出现，Mike 有 30% 的可能性不会出现。Dave 和 Mike 彼此不认识，可以认为他们的决定是独立的。

a. Dave 和 Mike 同时出现的概率是多少？

b. 至少有一个出现的概率是多少？

c. Dave 和 Mike 都不会出现的概率是多少？

12. 据报道，85% 的亚裔儿童、78% 的白人儿童、70% 的西班牙裔儿童和 38% 的黑人儿童都是双亲家庭。假设一所代表性学校有 500 名学生，其中白人 280 人，亚裔 50 人，西班牙裔 100 人，黑人 70 人。

a. 学生是 "亚裔" 的事件和学生是 "黑人" 的事件是互斥和完备的吗？请解释一下。

b. 一个孩子不是白人的概率是多少？

c. 双亲家庭的白人学生的概率是多少？

d. 非双亲家庭亚裔学生的概率是多少？

13. 背部疼痛疾病常见的治疗手段包括手术治疗、药物治疗和物理治疗。一名研究人员跟踪调查了 803 名患者，其中有 398 人最终接受了手术治疗。两年后，在接受手术治疗的患者中，有 63% 的人说他们的病情有了重大改善，而接受非手术治疗的患者中这一比例为 29%。

a. 患者做手术的概率是多少？患者没有做手术的概率是多少？

b. 患者接受手术并且病情得到重大改善的概率是多少？

c. 患者接受非手术治疗后病情得到重大改善的概率是多少？

14. 虽然有地铁和打车等多种交通方式，但华盛顿特区的大多数人仍然自己开车出行。根据一项调查，该地区 62% 的成年人每天使用自有汽车。假设该地区 35 岁以下的成年人中每天只有 38% 使用自有汽车。据了解，该地区有 43% 的成年人年龄在 35 岁以下。

a. 华盛顿特区一个 35 岁以下的成年人每天使用自有汽车的概率是多少？

b. 如果华盛顿特区的一个成年人每天使用自有汽车，那么他的年龄在 35 岁以下的概率是多少？

■ 4.2　全概率公式与贝叶斯定理

在本节中，我们将介绍概率论中的两个重要规则：**全概率公式**（total probability rule）和**贝叶**

斯定理（Bayes' theorem）。全概率公式是一种有用的工具，它可以将概率的计算分解成不同的情况。贝叶斯定理基于全概率公式计算被新事件影响后的概率。

全概率公式与贝叶斯定理

在商业中，通常从给定的信息中很难看出事件发生的可能性。全概率公式用联合概率或条件概率表示事件发生的概率。假设 $P(A)$ 表示感兴趣事件发生的概率。我们可以将 $P(A)$ 表示为 A 与实验相对应的一系列互斥穷举事件交集的概率之和。例如，考虑事件 B 和它的补集 B^c。图 4.3 显示了划分为这两个互斥穷举事件的示例空间。代表事件 A 的圆，完全由它与 B 和 B^c 的交集组成。根据全概率公式，$P(A)$ 等于 $P(A \cap B)$ 和 $P(A \cap B^c)$ 的合集。

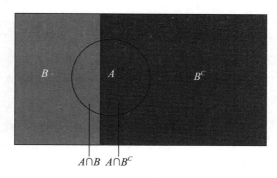

$A \cap B$　$A \cap B^c$

图 4.3　全概率公式示意图

在通常情况下，计算全概率所需的联合概率没有被明确指定。因此，我们通常使用乘法规则从条件概率中得出这些概率：

$$P(A \cap B) = P(A \mid B)P(B)$$
$$P(A \cap B^c) = P(A \mid B^c)P(B^c)$$

推导贝叶斯定理还需要全概率公式。贝叶斯定理是基于新信息更新概率的过程。原始概率是一个无条件概率，称为**先验概率**（prior probability），在这种意义上，它只反映了在任何新信息到来之前我们现在知道的情况。在新信息的基础上，我们更新先验概率得到一个条件概率，称为**后验概率**（posterior probability）。

假设我们知道 99% 接受测谎仪测试的人都说了真话。因此，说真话的先验概率是 0.99。假设一个人接受测谎仪测试，结果表明他撒谎了。贝叶斯定理更新了先验概率来计算后验概率，在上面的例子中，后验概率本质上是基于测谎器检测到谎言的信息的条件概率。

设 $P(B)$ 为先验概率，$P(B \mid A)$ 为后验概率。注意后验概率是以事件 A 为条件的，表示新的信息。回顾 4.1 节中的条件概率公式：

$$P(A \mid B) = \frac{P(A \cap B)}{P(B)}$$

在某些情况下，我们可能需要求出 $P(B \mid A)$，但我们没有 $P(A \cap B)$ 或 $P(A)$ 的明确信息。然而，给定 $P(B)$、$P(A \mid B)$ 和 $P(A \mid B^c)$ 的信息，我们可以使用全概率公式来找到 $P(B \mid A)$，如下面的定义框所示。

全概率公式和贝叶斯定理

后验概率 $P(B \mid A)$ 可以通过使用先验概率 $P(B)$ 以及条件概率 $P(A \mid B)$ 和 $P(A \mid B^c)$ 的信息得出：

$$P(B \mid A) = \frac{P(A \cap B)}{P(A)} = \frac{P(A \cap B)}{P(A \cap B) + P(A \cap B^c)}$$

或

$$P(B \mid A) = \frac{P(A \mid B)P(B)}{P(A \mid B)P(B) + P(A \mid B^c)P(B^c)}$$

在上面的公式中，我们使用贝叶斯定理来更新先验概率 $P(B)$ 的后验概率 $P(B \mid A)$。同样，我们可以用贝叶斯定理来更新先验概率 $P(A)$，通过互换上式中的事件 A 和事件 B，推导出后验概率 $P(A \mid B)$。

例 4.6

在测谎仪测试中，受试者被要求与测谎仪相连来回答一系列的问题。这种仪器测量并记录个体的几种生理反应，其基础是错误的答案将产生不同的测量结果。假设 99% 接受测谎的人都说了实话，那么这些测试被认为有 95% 的可靠性。换句话说，如果一个人真的在撒谎，那么这个测试有 95% 的机会发现他在撒谎。测试有 0.5% 的机会错误地发现一个谎言，即使这个人说的是真话。如果一个人刚刚接受了测谎仪测试，测试发现了一个谎言，那么这个人说真话的概率是多少？

解答：

首先，我们来定义一些事件及其相关的概率。用 D 和 T 分别表示测谎仪检测到的谎言和一个人说的是真话的事件。已知 $P(T) = 0.99$，即 $P(T^c) = 1 - 0.99 = 0.01$。此外，我们得到 $P(D \mid T^c) = 0.95$ 和 $P(D \mid T) = 0.005$。当 $P(D \cap T)$ 和 $P(D)$ 没有明确给出时，我们需要找到 $P(T \mid D)$。我们可以用贝叶斯定理来求

$$P(T \mid D) = \frac{P(D \cap T)}{P(D)} = \frac{P(D \cap T)}{P(D \cap T) + P(D \cap T^c)} = \frac{P(D \mid T)P(T)}{P(D \mid T)P(T) + P(D \mid T^c)P(T^c)}$$

虽然我们可以用这个公式直接解决问题，但是我们用表 4.2 来系统地解决问题。

表 4.2 计算后验概率（例 4.6）

先验概率	条件概率	联合概率	后验概率
$P(T) = 0.99$	$P(D \mid T) = 0.005$	$P(D \cap T) = 0.004\,95$	$P(T \mid D) = 0.342\,6$
$P(T^c) = 0.01$	$P(D \mid T^c) = 0.95$	$P(D \cap T^c) = 0.009\,50$	$P(T^c \mid D) = 0.657\,4$
$P(T) + P(T^c) = 1$		$P(D) = 0.014\,45$	$P(T \mid D) + P(T^c \mid D) = 1$

第一列显示先验概率，第二列显示相关条件概率。我们首先利用全概率公式计算贝叶斯定理的分母，$P(D) = P(D \cap T) + P(D \cap T^c)$。联合概率的计算公式为条件概率与相应的先验概率的乘积。例如，在表 4.2 中，为了得到 $P(D \cap T)$，我们将 $P(D \mid T)$ 与 $P(T)$ 相乘，得到 $P(D \cap T) = 0.005 \times 0.99 = 0.004\,95$。同理，我们发现 $P(D \cap T^c) = 0.95 \times 0.01 = 0.009\,50$。因此，根据总概率规则，$P(D) = 0.004\,95 + 0.009\,50 = 0.014\,45$。最后，$P(T \mid D) = \frac{P(D \cap T)}{P(D \cap T) + P(D \mid T^c)} = \frac{0.004\,95}{0.014\,45} = 0.342\,6$。

一个人说真话的先验概率是 0.99。然而，根据测谎仪检测到的新信息，这个人说真话的后验概率现在被下调为 0.342 6。

全概率公式和贝叶斯定理的扩展

到目前为止，我们已经使用了两个互斥穷举事件，即 B 和 B^c 的全概率公式和贝叶斯定理。我们可以很容易地将分析扩展为 n 个互斥穷举事件，B_1，B_2，…，B_n。

全概率公式和贝叶斯定理的扩展

如果 B_1，B_2，…，B_n 表示 n 个互斥穷举事件，那么贝叶斯定理，对于任意 $i=1$，2，…，n 可得：

$$P(B_i\,|\,A\,) = \frac{P(A \cap B_i)}{P(A \cap B_1) + P(A \cap B_2) + \cdots + P(A \cap B_n)}$$

或

$$P(B_i\,|\,A) = \frac{P(A\,|\,B_i)P(B_i)}{P(A\,|\,B_1)P(B_1) + P(A\,|\,B_2)P(B_2) + \cdots + P(A\,|\,B_n)P(B_n)}$$

例 4.7

Scott Myers 是 Webtalk 电信公司的安全分析师。虽然他对该公司的未来发展持乐观态度，但他担心该公司的股价将受到经济中信贷流动状况的较大影响。他认为，信贷流动将显著改善的概率为 0.20，仅略有改善的概率为 0.50，根本不会改善的概率为 0.30。他还估计了 Webtalk 股价在不同信贷流动状况下上涨的概率：经济中信贷流动显著改善状况下 Webtalk 股价上涨的概率为 0.90；经济中信贷流动略有改善状况下 Webtalk 股价上涨的概率为 0.40；经济中信贷流动没有改善状况下 Webtalk 股价上涨的概率为 0.10。

a. 根据 Scott 的估计，Webtalk 股价上涨的概率是多少？

b. 如果我们知道 Webtalk 的股票价格上涨了，那么经济中信贷流动有多大的可能性有显著改善？

解答：

和之前一样，我们首先定义相关事件及其相关的概率。设 S、M 和 N 表示信贷流动显著改善、略有改善、没有改善，则 $P(S)=0.20$，$P(M)=0.50$，$P(N)=0.30$。此外，如果我们允许 G 表示股票价格上涨，那么我们将得到 $P(G\,|\,S)=0.90$，$P(G\,|\,M)=0.40$，$P(G\,|\,N)=0.10$。我们需要计算 $P(G)$ 和 $P(S\,|\,G)$。表 4.3 有助于计算概率。

表 4.3 计算后验概率（例 4.7）

先验概率	条件概率	联合概率	后验概率
$P(S)=0.20$	$P(G\,|\,S)=0.90$	$P(G \cap S)=0.18$	$P(S\,|\,G)=0.439\,0$
$P(M)=0.50$	$P(G\,|\,M)=0.40$	$P(G \cap M)=0.20$	$P(M\,|\,G)=0.487\,8$
$P(N)=0.30$	$P(G\,|\,N)=0.10$	$P(G \cap N)=0.03$	$P(N\,|\,G)=0.073\,2$
$P(S)+P(M)+P(N)=1$		$P(G)=0.41$	$P(S\,|\,G)+P(M\,|\,G)+P(N\,|\,G)=1$

a. 为了计算 $P(G)$，我们使用全概率公式 $P(G)=P(G \cap S)+P(G \cap M)+P(G \cap N)$。联合概率为条件概率与其相应先验概率的乘积。例如，在表 4.3 中，$P(G \cap S)=P(G\,|\,S)P(S)=0.90 \times 0.20=0.18$。因此，Webtalk 股价上涨的概率为 $P(G)=0.18+0.20+0.03=0.41$。

b. 根据贝叶斯公式，$P(S\,|\,G)=\dfrac{P(G \cap S)}{P(G)}=\dfrac{P(G \cap S)}{P(G \cap S)+P(G \cap M)+P(G \cap N)}$，我们对分母应用全概率公式可得 $P(G)=0.18+0.20+0.03=0.41$。因此，$P(S\,|\,G)=\dfrac{P(G \cap S)}{P(G)}=\dfrac{0.18}{0.41}=0.439\,0$。

值得注意的是，信贷流动显著改善的先验概率从 0.2 向上修正到了 0.439 0。

例 4.8 ------------------------------------

我们现在可以回答 Alexis Lewis 在本章引入案例中提出的问题。使用 Alexis 收集的信息：

a. 确定相关的条件概率、无条件概率和联合概率。

b. 计算所有支持大麻合法化的美国人的概率。

解答：

a. 为了便于解释，用 M、G、B 和 S 分别表示"千禧一代""X 一代""婴儿潮一代""沉默一代"。根据研究数据，可根据每一代投票群体的相对规模，确定以下概率：$P(M)=0.31$，$P(G)=0.25$，$P(B)=0.31$，$P(S)=0.13$。现在用 L 表示"支持大麻合法化"。同样，根据研究数据，条件概率可以被确定为 $P(L|M)=0.71$，$P(L|G)=0.57$，$P(L|B)=0.56$，而 $P(L|S)=0.33$。因此，随机选择的成年人支持大麻合法化并且是千禧一代的概率为 $P(L \cap M)=0.71 \times 0.31=0.220\ 1$。依此类推，$P(L \cap G)=0.142\ 5$，$P(L \cap B)=0.173\ 6$，而 $P(L \cap S)=0.042\ 9$。

b. 通过综合各代人，我们可以计算出支持大麻合法化的总概率为 $P(L)=P(L \cap M)+P(L \cap G)+P(L \cap B)+P(L \cap S)=0.220\ 1+0.142\ 5+0.173\ 6+0.042\ 9=0.579\ 1$。

引入案例概要 ------------------------------------

在公众支持日益高涨的推动下，近年来美国的大麻合法化进程一直在以极快的速度推进。人口结构的变化有助于解释这股潮流是如何转向对大麻有利的，特别是对于即将成为美国最大一代的千禧一代。皮尤最近的一项研究提供了有关支持大麻合法化的有趣数据。两个因素似乎推动了对大麻合法化的支持：一代人（或年龄组）和一代人投票群体的相对规模。根据这项研究的数据，千禧一代和婴儿潮一代拥有最多的投票权，每一代都占投票人口的 31%；X 一代和沉默一代分别占投票人口的 25% 和 13%。考虑到其他条件概率，我们确定有 57.91% 的美国人支持大麻合法化。

为了正确看待这一点，假设有 1 000 名随机选择的成年人参加一个会议。研究结果表明，大约有 310 名千禧一代、250 名 X 一代、310 名婴儿潮一代和 130 名沉默者。此外，大麻合法化的支持者包括 220 名千禧一代、143 名 X 一代、174 名婴儿潮一代和 43 名沉默者。

千禧一代现在和婴儿潮一代一样，是一股巨大的政治力量。总的来说，千禧一代在同性恋权利、移民和大麻等社会问题上倾向于自由。各政党并没有忽视这一人口变化，都希望吸引 7 500 多万合格的年轻选民。

练习 4.2

应用

15. Christine 的数学成绩一直很差。根据她在微积分期末考试前的表现，如果没有家教，那么她有 40% 的概率不及格。如果有家教，那么她不及格的概率会降低到 10%。而她在这么短的时间内找到家教的可能性只有 50%。

a. Christine 不及格的可能性有多大？

b. 如果 Christine 最终没有通过这门课程，那么她找到家教的可能性有多大？

16. 一位分析师预计，20% 的上市公司明年的盈利将出现下滑。分析师已经制定了一个比率来帮助预测盈利下滑。如果一家公司正走向下滑，则该比率有 70% 的可能性为负值。如果该公司没有走向下滑，则该比率为负值的可能性为 15%。分析师随机选择一家公司，其比率为负。计算该公司盈利下滑的后验概率是多少？

17.州警察正试图在马萨诸塞州收费公路的某一特定路段打击超速驾驶。为了协助这项工作，他们购买了一种新的雷达枪，保证了更高的一致性和可靠性。具体来说，雷达枪的精确度为每小时±1英里（98%），也就是说，如果驾驶员确实在超速，则雷达枪检测到超速者的概率为0.98。即使驾驶员低于速度限制，雷达枪也有1%的概率错误地检测到超速者。假设有95%的驾驶员在该路段上以低于限速行驶。

a.雷达枪检测到超速且驾驶员确实超速的概率是多少？

b.雷达枪检测到超速而驾驶员并没有超速的概率是多少？

c.假设警察因为雷达枪检测到超速拦停了一名驾驶员，那么该驾驶员实际低于限速行驶的概率是多少？

18.根据国家健康和营养调查的数据，33%的白人、49.6%的黑人、43%的西班牙裔和8.9%的亚裔女性存在肥胖。在一个具有代表性的城镇，48%的女性是白人，19%是黑人，26%是西班牙裔，其余的7%是亚裔。

a.计算出在该镇上随机挑选的一名女性肥胖的可能性。

b.如果一名女性肥胖，那么她是白人的概率是多少？

c.如果一名女性肥胖，那么她是黑人的概率是多少？

d.如果一名女性肥胖，她是亚裔的可能性有多大？

19.一位分析师认为，明年世界经济向好的可能性为20%，一般的可能性为50%，而不佳的可能性为30%。她还预测，对于世界经济的每一种状态，一家初创公司的创意表现可能是好的、一般的或差的。下表列出了世界经济三种状态的概率，以及创意表现的相应条件概率。

世界经济状态	经济状态概率	创意表现	创意表现条件概率
向好	0.20	好 一般 差	0.60 0.30 0.10
一般	0.50	好 一般 差	0.40 0.30 0.30

续表

世界经济状态	经济状态概率	创意表现	创意表现条件概率
不佳	0.30	好 一般 差	0.20 0.30 0.50

a.世界经济表现一般和创意表现差的可能性有多大？

b.创意表现差的可能性有多大？

c.创意表现差且世界经济表现不佳的可能性有多大？

20.洛杉矶湖人队的一场关键比赛取决于关键球员的健康状况。根据医生报告，关键球员有40%的概率完全健康，30%的概率稍微健康，还有30%的概率根本不能参加比赛。教练估计，如果关键球员完全健康，获胜的概率为80%；如果稍微健康，获胜的概率为60%，如果不能上场，获胜的概率为40%。

a.湖人队赢得这场比赛的可能性有多大？

b.如果你刚刚听说湖人队赢了这场比赛，那么关键球员完全健康的概率是多少？

21.《华盛顿邮报》报道的凯译家庭基金会在2015年的一次全国性调查发现，在被认为是女权主义者或强女权主义者方面，美国人存在着巨大的性别差异，调查结果如下表所示。此外，根据2010年美国人口普查结果，有50.8%的美国人为女性，49.2%的美国人为男性。

性别	女权主义者或强女权主义者
女	66%
男	41%

a.随机选择一名美国成年人，计算其是女性且被认为是女权主义者或强女权主义者的概率。

b.随机选择一名美国成年人，计算其是男性且被认为是女权主义者或强女权主义者的概率。

c.美国成年人被认为是女权主义者或强女权主义者的比例是多少？

d.随机选择一名美国成年人，如果其认为自己是女权主义者或强女权主义者，那么这名成年人是女性的可能性有多大？

22.越来越多的公众支持大麻相关法律改革，

民意调查显示，超过一半的美国人支持某种形式的大麻合法化。然而，人们对大麻的看法完全不同于对政党的看法。皮尤研究中心最近的一项调查结果如下表所示。此外，假设有 27% 的美国人是共和党人，30% 的美国人是民主党人，43% 的美国人是无党派人士。

政党类型	大麻支持率
共和党	41%
民主党	66%
无党派人士	63%

a. 计算随机选择的美国成年人支持大麻合法化并且是共和党人的概率。

b. 计算随机选择的美国成年人支持大麻合法化并且是民主党人的概率。

c. 计算随机选择的美国成年人支持大麻合法化并且是无党派人士的概率。

d. 美国成年人支持大麻合法化的比例是多少？

e. 如果随机选择的美国成年人支持大麻合法化，那么这个成年人是共和党人的可能性有多大？

4.3　随机变量与离散型概率分布

面对不确定性，我们往往不得不做出重要决定。例如，当汽车的实际需求未知时，汽车经销商必须确定其持有的汽车数量。同样，当投资回报的实际结果未知时，投资者必须选择投资组合。我们称这种不确定性为**随机变量**（random variable）。随机变量用数值总结实验结果。

我们通常使用大写字母 X 表示随机变量，小写字母 x 表示 X 假定的可能数值。**离散型随机变量**（discrete random variable）假定取不同的可数数值，如 x_1、x_2、x_3 等。而**连续型随机变量**（continuous random variable）的特征是区间内的值不可数。与离散型随机变量不同，我们不能只列出 x_1，x_2，…因为诸如 $(x_1+x_2)/2$ 的数值也可能是存在的。

> **离散型随机变量与连续型随机变量**
>
> 随机变量是将数值赋给实验结果的函数。离散型随机变量假定取可数的离散值。而连续型随机变量的特征是区间内的值不可数。

离散型随机变量的例子包括本季度达到目标的销售人员数量、离职的员工数量或某个月申请破产的公司数量。类似地，共同基金的回报、完成任务的时间或 16 盎司啤酒的销量都是连续型随机变量的例子。

离散型概率分布

每个离散型随机变量都与一个**概率分布**（probability distribution）相关联，该概率分布提供了随机变量 X 假设特定值 x 的概率，或相当于 $P(X=x)$。随机变量也可以计算**累积分布函数**（cumulative distribution function），或相当于 $P(X \leqslant x)$。所有的离散型概率分布均满足以下两个性质。

> **离散型概率分布的两个关键性质**
> - 每个值 x 的概率是介于 0 和 1 之间的值，或者，等效地，即 $0 \leqslant P(X=x) \leqslant 1$。
> - 概率之和等于 1。换句话说，$\sum P(X=x_i)=1$，其中总和扩展到 X 的所有值 x。

离散型随机变量的综合分析

概率分布的分析很有用，因为它允许我们计算与随机变量假设的不同值相关的各种概率。此外，它允许我们计算随机变量的汇总度量。这些汇总度量包括均值、方差和标准差。

统计中最重要的概率概念之一是**期望值**（expected value），也称为均值。离散型随机变量 X 的期望值，用 $E(X)$ 表示，或简称 μ，是 X 所有可能值的加权平均值。随机变量的方差和标准偏差是波动性的度量。

离散型随机变量的汇总度量

考虑一个离散型随机变量 X，其值为 x_1，x_2，x_3，…，取值对应的概率为 $P(X=x_i)$。

X 的数学期望记为 $E(X)$ 或 μ，计算公式为 $E(X)=\mu=\sum x_i P(X=x_i)$。

X 的方差记为 $Var(X)$ 或 σ^2，计算公式为 $Var(X)=\sigma^2=\sum (x_i-\mu)^2 P(X=x_i)$。

X 的标准差记为 $SD(X)$ 或 σ，计算公式为 $SD(X)=\sigma=\sqrt{\sigma^2}$。

例 4.9

Brad 是芝加哥一家大型汽车经销店的老板。Brad 决定建立一个激励薪酬计划，公平而持续地根据员工的表现来对他们进行奖励。表现优异的员工每年可获得 1 万美元奖金，表现良好的员工每年可获得 6 000 美元奖金，表现一般的员工每年可获得 3 000 美元奖金，表现不佳的员工每年可获得 0 美元奖金。根据之前的记录，他预计员工表现为极好、优秀、一般和糟糕的概率分别为 0.15、0.25、0.40 和 0.20。

a. 计算年度奖金金额的数学期望值。

b. 计算年度奖金金额的方差和标准差。

c. 如果 Brad 有 25 名员工，那么他每年可能支付的奖金总额是多少？

解答：

a. 我们用随机变量 X 表示员工的奖金金额（以 1 000 美元为单位）。表 4.4 的第一列和第二列是 X 的概率分布，均值的计算在第三列。我们用其各自的概率来赋予权重，即 $x_i P(X=x_i)$，然后将这些加权值相加。因此，如第三列底部所示，$E(X)=\mu=\sum x_i P(X=x_i)=4.2$，或 4 200 美元。

表 4.4　例 4.9 的计算

x_i	$P(X=x_i)$	$x_i P(X=x_i)$	$(x_i-\mu)^2 P(X=x_i)$
10	0.15	$10\times0.15=1.5$	$(10-4.2)^2\times0.15=5.05$
6	0.25	$6\times0.25=1.5$	$(6-4.2)^2\times0.25=0.81$
3	0.40	$3\times0.40=1.2$	$(3-4.2)^2\times0.40=0.58$
0	0.20	$0\times0.20=0$	$(0-4.2)^2\times0.20=3.53$
		总计=4.2	总计=9.97

b. 表 4.4 最后一列是方差的计算。我们首先计算每个 x_i 与均值的平方差 $(x_i-\mu)^2$，用适当的概率 $(x_i-\mu)^2 P(X=x_i)$ 加权，然后对这些加权的平方差求和。因此，如最后一列底部所示，$Var(X)=\sigma^2=\sum (x_i-\mu)^2 P(X=x_i)=9.97$，或 9.97（1 000 美元^2）。标准差为方差的正平方根，$SD(X)=\sigma=\sqrt{9.97}=3.158$，即 3 158 美元。

c. 在 a 问题中，我们发现员工的预期奖金是 4 200 美元。因为 Brad 有 25 名员工，所以他预期支付的奖金为 105 000 美元（4 200×25）。

练习 4.3

应用

23. 到汽车中心购买轮胎的顾客中，有50％购买4个轮胎，有30％购买2个轮胎。此外，18％的顾客购买1个轮胎，5％的顾客一个也不买。

a. 一位顾客买3个轮胎的概率是多少？

b. 构建购买轮胎数量的累积概率分布。

24. Jane Wormley 是一所大学的管理学教授。她希望能够用她的助学金资助至多两名学生进行研究。虽然她意识到有5％的可能性无法资助任何一名学生，但她有80％的机会能够资助两名学生。

a. Jane 资助一名学生的概率是多少？

b. 根据 Jane 将能够资助的学生人数，构建一个随机变量的累积概率分布。

25. 一家营销公司正考虑招聘三名新员工。考虑到公司的具体需求，管理层认为至少有60％的机会聘用两名候选人。它不会聘用任何员工的概率只有5％，聘用三名员工的概率是10％。

a. 该公司聘用至少一名员工的概率是多少？

b. 求出可能聘用人数的均值和标准差。

26. 一家电器商店出售其冰箱的额外保修期。20％的买家购买100美元的有限保修，5％的买家购买200美元的延长保修。如果商店卖出120台冰箱，那么出售额外保修期的预期收益是多少？

27. 多伦多夏季户外音乐会的组织者非常担心音乐会当天的天气状况。晴天盈利2.5万美元，阴天盈利1万美元。如果下雨，那么他们将损失5 000美元。气象频道预测音乐会当天下雨的可能性为60％，晴天的可能性是10％，阴天的可能性是30％。计算音乐会的预期利润。

28. 一家出版公司的经理计划给排名在前15％的销售代表20 000美元奖金，给排名在其后30％的销售代表10 000美元奖金，给排名在其后10％的销售代表5 000美元奖金。如果出版公司总共有200名销售代表，那么公司预计会支付多少奖金？

29. 假设你最近花了1 500美元买了一台笔记本电脑，你正在考虑为它买保险。3年的保险费是80美元。在3年的时间里，你的笔记本电脑有8％的机会需要价值400美元的服务，3％的机会需要价值800美元的服务，还有2％的机会彻底报废，报废价值为100美元。你应该购买保险吗？

30. 一位投资者考虑向股票市场投资1万美元。他认为，经济好转的可能性为0.30，保持不变的可能性为0.40，恶化的可能性为0.30。此外，如果经济好转，那么他的投资预计将增加到1.5万美元，但如果经济恶化，那么他的投资也可能减少到8 000美元。如果经济保持不变，那么他的投资将保持在1万美元。他投资的预期价值是多少？

4.4 二项分布与泊松分布

不同类型的实验将产生不同的离散型概率分布。一种简单而又广泛使用的分布叫作**离散均匀分布**（discrete uniform distribution）。这个分布有有限数量的值，其中每个值都是等可能的。假设我们知道一个工厂的每周产量在31～40单位之间，并且产量遵循离散均匀分布。在这里，随机变量只能假设为31～40之间10个等可能值中的1个。例如，每周产量是34的概率是1/10。同样，周产量小于34的概率是3/10。在本节中，我们将重点讨论二项分布和泊松概率分布。

二项分布

在我们讨论二项分布之前，我们首先必须确保实验满足**伯努利过程**（Bernoulli process）的条件。伯努利过程是一种特殊的实验类型，描述如下。

伯努利过程

一个伯努利过程由一系列 n 个独立且相同的实验组成, 在每个实验中:

- 只有两种可能的结果, 即传统意义上的成功和失败;
- 每次实验成功和失败的概率都是一样的。

我们用 p 表示成功的概率, 因此, $1-p$ 是失败的概率。**二项随机变量** (binomial random variable) x 被定义为伯努利过程中 n 次实验的成功次数。x 的可能值包括 0, 1, ⋯, n。有许多实验都符合伯努利过程的条件。例如:

- 客户拖欠或不拖欠贷款。
- 消费者对社交媒体活动的反应是积极的或消极的。
- 药物有有效和无效之分。
- 大学毕业生申请或不申请研究生院。

我们的目标是将概率与伯努利过程的不同结果联系起来。结果是**二项分布** (binomial distribution)。

二项分布

对于一个二项随机变量 X, n 次伯努利实验中成功 x 次的概率是

$$P(X=x)=\binom{n}{x}p^x(1-p)^{n-x}=\frac{n!}{x!\,(n-x)!}p^x(1-p)^{n-x}$$

式中, $x=0, 1, 2, \cdots, n$。根据定义, $0!=1$。

这个公式由两部分组成, 我们用一个场景来解释, 在这个场景中, 商店中有 85% 的顾客购买了商品。假设我们想要计算商店中恰好有一个顾客购买商品的概率。

- 第一项, $\binom{n}{x}=\frac{n!}{x!\,(n-x)!}$, 告诉我们在 n 次实验中有多少个序列有 x 次成功, $n-x$ 次失败。我们把第一项称为二项式系数, 它是我们熟悉的组合公式, 用于从总共 n 个对象中选择 x 个对象的方法的数量, 其中 x 个对象的排列顺序无关紧要。例如, 为了计算在伯努利过程的 3 次实验中只有 1 次成功的序列的数量, 我们将 $x=1$ 和 $n=3$ 代入公式, 并计算 $\binom{n}{x}=\frac{n!}{x!\,(n-x)!}=\frac{3!}{1!\,(3-1)!}=\frac{3\times2\times1}{(1)\times(2\times1)}=3$。所以 3 个序列中恰好有 1 次成功。

- 等式的第二部分, $p^x(1-p)^{n-x}$, 表示任何特定序列有 x 次成功和 $n-x$ 次失败的概率。例如, 我们可以得到 3 次实验中成功 1 次的概率为 $0.85\times0.15\times0.15=(0.85)^1\times(0.15)^2=0.0191$。换句话说, 3 次实验中有 1 次成功的每个序列发生的概率为 1.91%。

因此, 我们得到在 3 次实验中获得 1 次成功的总概率为 $P(X=1)=3\times0.0191=0.0573$。

此外, 我们可以使用 4.3 节所示的公式来计算任意二项随机变量的期望值和方差。对于二项分布, 这些公式简化为 $E(X)=np$ 和 $Var(X)=np(1-p)$。

例 4.10 --------

在美国, 约有 30% 的成年人拥有四年制大学学位 (美国人口普查局, 2018 年 7 月 31 日)。假设随机选择 5 名成年人。

a. 所有成年人都没有大学学位的概率是多少？

b. 不超过 2 名成年人拥有大学学位的概率是多少？

c. 至少有 2 名成年人拥有大学学位的概率是多少？

d. 计算拥有大学学位的成年人的预期数量。

解答：

首先，这个问题满足伯努利过程的条件，随机选择 5 名成年人，即 $n=5$。在这里，成年人要么拥有大学学位，即概率 $P=0.30$，要么没有大学学位，即概率 $1-P=1-0.30=0.70$。

a. 为了求出没有一个成年人拥有大学学位的概率，我们让 $x=0$，然后求出

$$P(X=0)=\frac{5!}{0!(5-0)!}\times(0.30)^0\times(0.70)^{5-0}=0.168\,1$$

换句话说，在 5 名成年人的随机抽样中，没有一名成年人拥有大学学位的概率为 16.81%。

b. 我们发现，不超过 2 名成年人拥有大学学位的概率为

$$P(X\leqslant2)=P(X=0)+P(X=1)+P(X=2)$$

我们已经从 a 中计算得到 $P(X=0)$。现在我们计算 $P(X=1)$ 和 $P(X=2)$。

$$P(X=1)=\frac{5!}{1!(5-1)!}\times(0.30)^1\times0.70^{5-1}=0.360\,2$$

$$P(X=2)=\frac{5!}{2!(5-2)!}\times(0.30)^2\times0.70^{5-2}=0.308\,7$$

接下来，我们将 3 个相关概率相加，得到 $P(X\leqslant2)=0.168\,1+0.360\,2+0.308\,7=0.837\,0$。因此，在随机抽取的 5 名成年人中，有 83.7% 的可能性不超过 2 人拥有大学学位。

c. 我们发现，至少有 2 名成年人拥有大学学位的概率为

$$P(X\geqslant2)=P(X=2)+P(X=3)+P(X=4)+P(X=5)$$

一种更简单的方法使用概率分布的一个关键属性，即 X 的所有值的概率之和等于 1。因此，$P(X\geqslant2)$ 可以写成 $1-[P(X=0)+P(X=1)]$。我们已经在 a 和 b 问题中计算了 $P(X=0)$ 和 $P(X=1)$，所以

$$P(X\geqslant2)=1-(0.168\,1+0.360\,2)=0.471\,7$$

在随机抽取的 5 名成年人中，至少有 2 名成年人拥有大学学位的可能性为 47.17%。

d. 拥有大学学位的成年人的预期数量为

$$E(X)=np=5\times0.30=1.5\,(\text{名})$$

泊松分布

另一个重要的离散型概率分布是**泊松分布**（Poisson distribution）。它特别适用于在时间或空间中查找特定事件发生次数的问题，其中空间指的是区域。为了简单起见，我们称这些事件为"成功"。在讨论泊松分布之前，我们首先必须确保我们的实验满足**泊松过程**（Poisson process）的条件。

泊松过程

一个实验满足泊松过程的条件：

● 在指定的时间或空间间隔内的成功次数等于 0 到无穷大之间的任何整数。

● 以非重叠间隔计算的成功次数是独立的。

● 对于大小相同的所有间隔，任何间隔的成功概率都是相同的，并且与间隔的大小成正比。

对于泊松过程，我们将在指定时间或空间间隔内获得的成功次数定义为**泊松随机变量**（Poisson random variable）。像符合伯努利过程一样，有许多实验符合泊松过程的条件。例如：

● 一天内使用新银行应用程序的客户数量。

● 一个月内收到的垃圾邮件数量。

● 一卷 50 米的织物中的瑕疵数量。

● 特定培养基中的细菌数量。

我们使用以下公式计算与泊松随机变量相关的概率。

泊松分布

对于泊松随机变量 X，在给定时间或空间间隔内 x 成功的概率为

$$P(X=x)=\frac{e^{-\mu}\mu^{x}}{x!}$$

对于 $x=0$，1，2，…，式中 μ 是成功次数的平均数，$e\approx2.718$ 是自然对数的基数。

如果 X 是泊松随机变量，那么 $Var(X)=E(X)=\mu$。

例 4.11

Anne 担心她管理的星巴克的顾客需求。她认为，一个典型的星巴克顾客在一个月 30 天的时间里平均会有 18 次光顾。

a. Anne 认为一个典型的星巴克顾客在 5 天内会光顾星巴克多少次？

b. 顾客在 5 天内光顾星巴克 5 次的概率是多少？

c. 顾客在 5 天内光顾星巴克不超过 2 次的概率是多少？

d. 顾客在 5 天内光顾星巴克至少 3 次的概率是多少？

解答：

在使用泊松分布时，我们首先确定相关时间或空间间隔内的平均成功次数。我们使用泊松过程条件，即对于所有大小相等的区间，在任何区间内成功发生的概率都是相同的，并且与区间的大小成正比。在此，相关均值将参考顾客 30 天内 18 次到店的比例。

a. 考虑到 30 天内 18 次到店的比例，我们可以将 30 天内的均值写成 $\mu_{30}=18$。对于这个问题，我们将 5 天内的比例均值计算为 $\mu_{5}=3$，因为 $\frac{18\ \text{次}}{30\ \text{天}}=\frac{3\ \text{次}}{5\ \text{天}}$。换句话说，平均而言，一个典型的星巴克顾客在 5 天内会去星巴克 3 次。

b. 为了找出顾客在 5 天内光顾星巴克 5 次的概率，我们进行了以下计算：

$$P(X=5)=\frac{e^{-3}3^{5}}{5!}=\frac{(0.049\ 8)(243)}{120}=0.100\ 8$$

c. 对于顾客在 5 天内光顾星巴克不超过 2 次的概率，我们发现 $P(X\leqslant2)=P(X=0)+P(X=1)+$

$P(X=2)$。我们计算单个概率，然后求和。

$$P(X=0)=\frac{e^{-3}3^{0}}{0!}=\frac{(0.049\ 8)(1)}{1}=0.049\ 8$$

$$P(X=1)=\frac{e^{-3}3^{1}}{1!}=\frac{(0.049\ 8)(3)}{1}=0.149\ 4$$

$$P(X=2)=\frac{e^{-3}3^{2}}{2!}=\frac{(0.049\ 8)(9)}{2}=0.224\ 1$$

因此，$P(X\leqslant 2)=0.049\ 8+0.149\ 4+0.224\ 1=0.423\ 3$。顾客在 5 天内光顾星巴克不超过 2 次的概率约为 42%。

d. 我们发现 $P(X\geqslant 3)$ 可以写作 $1-[P(X=0)+P(X=1)+P(X=2)]$。根据 c 中的概率，我们有 $P(X\geqslant 3)=1-[0.049\ 8+0.149\ 4+0.224\ 1]=1-0.423\ 3=0.576\ 7$。因此，顾客在 5 天内光顾星巴克至少 3 次的概率约为 58%。

■ 使用 Excel 和 R 语言求二项概率和泊松概率

正如你可能已经注意到的，使用这些公式来解决二项分布和泊松分布问题会有些烦琐。当 X 假设值的范围很宽时，这个问题会变得更加明显。在例 4.12 和例 4.13 中，我们将展示如何使用 Excel 和 R 语言解决二项分布和泊松分布问题。

例 4.12

人们通常通过社交媒体与朋友和家人保持联系，例如看新闻、找工作、开展娱乐活动。根据最近的一项调查，68% 的美国成年人是脸书用户。让我们以随机选取的 100 名美国成年人为例。

a. 恰好有 70 名美国成年人是脸书用户的概率是多少？

b. 不超过 70 名美国成年人是脸书用户的概率是多少？

c. 至少有 70 名美国成年人是脸书用户的概率是多少？

解答：

我们用 X 表示美国成年人中脸书用户的数量。我们还知道 $P=0.68$，$n=100$。

使用 Excel

使用 Excel 的 BINOM. DIST 函数来计算二项概率。为了求出 $P(X=x)$，我们输入 =BINOM. DIST$(x，n，p，0)$，其中 x 是成功的次数，n 是尝试的次数，p 是成功的概率。如果我们在函数的最后一个参数处输入 "1"，那么 Excel 将返回 $P(X\leqslant x)$。

a. 为了找出恰好有 70 名美国成年人是脸书用户的概率，即 $P(X=70)$，输入 =BINOM. DIST$(70，100，0.68，0)$，Excel 返回 0.079 1。

b. 为了找出不超过 70 名美国成年人是脸书用户的概率，即 $P(X\leqslant 70)$，输入 =BINOM. DIST$(70，100，0.68，1)$，Excel 返回 0.700 7。

c. 为了找出至少 70 名美国成年人是脸书用户的概率，即 $P(X\geqslant 70)=1-P(X\leqslant 69)$，输入 =$1-$BINOM. DIST$(69，100，0.68，1)$，Excel 返回 0.378 4。

使用 R 语言

我们使用 R 语言的 dbinom 函数和 pbinom 函数来计算二项概率。为了计算 $P(X=x)$，我们输入 dbinom$(x，n，p)$，其中 x 是成功的次数，n 是尝试的次数，p 是成功的概率。为了计算 $P(X\leqslant x)$，我们输入 pbinom(x，n，p)。

  a. 为了找到 $P(X=70)$，我们输入：

   > dbinom(70,100,0.68)

R 返回：0.079 079 11。

  b. 为了求出 $P(X \leqslant 70)$，我们输入：

   > pbinom(70,100,0.68)

R 返回：0.700 673 6。

  c. 为了求出 $P(X \geqslant 70)=1-P(X \leqslant 69)$，我们输入：

   > 1 - pbinom(69,100,0.68)

R 返回：0.378 405 5。

例 4.13

  精酿啤酒的销量持续增长，占美国啤酒市场的 24%（《今日美国》，2019 年 4 月 2 日）。据估计，每天有 1.5 家精酿啤酒厂开业。假设这个数字代表一个随时间保持不变的均值。

  a. 每周不超过 10 家精酿啤酒厂开业的概率是多少？

  b. 每周正好有 10 家精酿啤酒厂开业的概率是多少？

解答：

我们用 X 表示每周开业的精酿啤酒厂数量，并计算每周的均值，即 $\mu=1.5 \times 7=10.5$。

使用 Excel

  我们使用 Excel 的 POISSON.DIST 函数来计算泊松概率。为了求 $P(X=x)$，我们输入 ＝POISSON.DIST(x，μ，0)，其中 x 是某一区间内的成功次数，而 μ 是该区间内的均值。如果我们在函数的最后一个参数处输入 "1"，那么 Excel 将返回 $P(X \leqslant x)$。

  a. 为了求出每周不超过 10 家精酿啤酒厂开业的概率，即 $P(X \leqslant 10)$，我们输入 ＝POISSON.DIST(10，10.5，1)，Excel 返回 0.520 7。

  b. 为了求出每周恰好有 10 家精酿啤酒厂开业的概率，即 $P(X=10)$，我们输入 ＝POISSON.DIST(10，10.5，0)，Excel 返回 0.123 6。

使用 R 语言

  我们使用 R 语言的 dpois 函数和 ppois 函数来计算泊松概率。为了计算 $P(X=x)$，我们输入 dpois(x，μ)，其中 x 是某个区间内成功的次数，而 μ 是这个区间内的均值。为了计算 $P(X \leqslant x)$，我们输入 ppois(x，μ)。

  a. 为了求出 $P(X \leqslant 10)$，我们输入：

   ppois(10,10.5)

R 返回：0.520 738 1。

  b. 为了找到 $P(X=10)$，我们输入：

   dpois(10,10.5)

R 返回：0.123 605 5。

练习 4.4

应用

31. 在当地的一所社区大学，有 40% 的大一新生会顺利毕业。我们从中随机抽取 10 名新生。

a. 他们当中没有人能从当地社区大学毕业的概率是多少？

b. 最多有 9 人能从当地社区大学毕业的概率是多少？

c. 预期毕业的人数是多少？

32. 截至 2018 年，有 30% 的美国人对美国银行有信心，低于 2007 年 6 月报告的 41%（www.gallup.com，2018 年 6 月 28 日）。

a. 2018 年对美国银行有信心的美国人不到 1/2 的概率是多少？

b. 在 2007 年相应的概率是多少？

33. 大约 45% 的婴儿潮一代（1946—1964 年出生的人）仍在工作（www.pewresearch.org，2015 年 5 月 11 日）。有 6 个婴儿潮时期出生的人被随机挑选出来。

a. 其中有 1 人仍在工作的概率是多少？

b. 其中至少有 5 人仍在工作的概率是多少？

c. 其中少于 2 人仍在工作的概率是多少？

d. 其中仍在工作的人数超过预期的概率是多少？

34. 根据美国人口普查局的预测，到 2060 年，西班牙裔人口将占美国总人口的 28.6%（美国有线电视新闻网，2019 年 3 月 6 日）。相比之下，2018 年他们只占总人口的 18.1%。

a. 在 2018 年 5 000 人的随机样本中，西班牙裔的期望值和标准差是多少？

b. 预计 2060 年对应的期望值和标准差是多少？

35. 梳理和捆扎长发的艰巨任务，以及普世化的愿望，导致大约 25% 的锡克教青年放弃了戴头巾。

a. 随机抽取 5 名锡克教青年，有两个戴头巾的概率是多少？

b. 随机抽取 5 名锡克教青年，有两个或两个以上的人戴头巾的概率是多少？

c. 随机抽取 5 名锡克教青年，其中戴头巾的人数超过预期人数的概率是多少？

d. 随机抽取 10 名锡克教青年，其中戴头巾人数超过预期人数的概率是多少？

36. 来自知名大学的研究人员发现，离婚是会传染的（《芝加哥论坛报》，2018 年 8 月 16 日）。亲密朋友离婚会使一个人的离婚概率从 36% 增加到 63%，甚至增加到 75%。

a. 在 4 对随机选择的婚姻中，如果这 4 对夫妇有亲密朋友离婚，请计算其中超过一半的婚姻将以离婚告终的概率是多少。

b. 如果知道这 4 对夫妇的亲密朋友没有一个离婚，计算 a 问题的结果是多少。

37. 假设一家公司有 60% 的员工是男性，公司从中随机抽取 4 名员工。

a. 3 位男性和 1 位女性，2 位男性和 1 位女性，哪个组合更有可能？

b. 如果公司有 70% 的雇员是男性，那么你会得到与 a 问题相同的答案吗？

38. 一家建筑公司负责人告诉她的客户，在周末之前，至少有 50% 的机会得到一个可接受的设计。她知道在周末之前任何一个设计师能独立做到的概率只有 25%。

a. 如果她让两个设计师独立完成设计，那么她对客户的陈述是否正确？

b. 如果她让三个设计师独立完成设计，那么结果又会是怎样的？

39. 假设有 40% 的应届大学毕业生计划攻读研究生学位，我们随机抽取 15 名应届大学毕业生。

a. 计划攻读研究生学位的大学毕业生不超过 4 人的概率是多少？

b. 正好有 7 名大学毕业生打算攻读研究生学位的概率是多少？

c. 至少有 6 名但不超过 9 名大学毕业生计划攻读研究生学位的概率是多少？

40. 24/7 健身中心的经理在联系顾客时非常有策略。根据她的策略，她联系的顾客有 40%

会购买俱乐部会员。假设她联系了 20 位顾客。

a. 恰好有 10 位顾客购买俱乐部会员的概率是多少？

b. 购买俱乐部会员的人数不超过 10 位的概率是多少？

c. 至少有 15 人购买俱乐部会员的概率是多少？

41. 欺诈检测已经成为银行和信用卡公司打击信用卡欺诈交易不可或缺的工具。一家欺诈检测公司在 1.31% 的交易中发现了某种形式的欺诈活动，在 0.87% 的交易中发现了严重的欺诈活动。假设欺诈交易保持稳定。

a. 100 笔交易中欺诈交易少于 2 笔的概率是多少？

b. 100 笔交易中严重欺诈交易少于 2 笔的概率是多少？

42. 新时代太阳能公司为住宅安装太阳能电池板。由于该公司的个性化做法，因此它平均每天给 3 户家庭安装太阳能电池板。

a. 新时代太阳能公司一天最多在 4 户家庭安装太阳能电池板的概率是多少？

b. 新时代太阳能公司一天内至少在 3 户家庭安装太阳能电池板的概率是多少？

43. 在州际公路的一个特定路段上，平均每英里有 12 个坑洞。假设公路上的坑洞分布均匀。

a. 计算在一段 1/4 英里长的公路上发现不到两个坑洞的概率。

b. 计算在一段 1/4 英里长的公路上发现一个以上坑洞的概率。

44. 收费站的工作人员观察到车辆以每小时 360 辆的速度随机到达。

a. 计算在特定的 1 分钟内两辆车到达的概率。

b. 计算在特定的 1 分钟内至少有两辆车到达的概率。

c. 计算上午 10:00 到 10:10 之间有 40 辆车到达的概率。

45. 在纺织制造过程中我们发现，平均每生产一块 50 米的材料就会出现两个缺陷。

a. 一块 50 米的材料恰好有两个缺陷的概率是多少？

b. 一块 50 米的材料不超过两个缺陷的概率是多少？

c. 一块 25 米的材料没有瑕疵的概率是多少？

46. 司机在早上以每分钟两辆的速度到达海湾地区的加油站。

a. 在早上 1 分钟的间隔时间内，两名以上的司机到达海湾加油站的概率是多少？

b. 在早上 5 分钟的间隔时间内恰好有 6 名司机到达海湾加油站的概率是多少？

c. 一名员工在她 3 小时的早班中预计能遇到多少名司机？

47. 由于今年夏天航空公司又一次取消了数千个航班，因此航空旅客应该做好更加灵活的准备。航空乘客权利、健康和安全联盟平均每天会打 400 个电话，帮助滞留的旅客与航空公司打交道。假设热线每天工作 16 小时。

a. 计算每小时、每 30 分钟、每 15 分钟的平均通话次数。

b. 15 分钟内恰好打 6 个电话的概率是多少？

c. 在 15 分钟内没有呼出的概率是多少？

d. 在 15 分钟间隔内至少打 2 个电话的概率是多少？

48. 根据美国疾病控制与预防中心（CDC）的数据，我们得知美国人口老龄化导致越来越多的人去医院看医生。据估计，一个人平均每年有 4 次去医院看医生。

a. 一个人每月去医院看医生次数的均值和标准差是多少？

b. 一个人每月不去医院看医生的概率是多少？

c. 一个人每月至少有一次去医院看医生的概率是多少？

49. 去年，美国平等就业机会委员会收到了 24 584 起年龄歧视诉讼。假设在一个财政年度中有 260 个工作日工人可以提出索赔。

a. 计算一个工作日的平均索赔数量。

b. 在一个工作日内恰好有 100 起索赔的概率是多少？

c. 在一个工作日内提出不超过 100 起索赔的概率是多少？

50. 与过去几十年相比，美国成年人看电视的时间明显减少了。2016 年，尼尔森报告称，美国成年人平均每天看电视的时间为 5 小时 4 分钟，即 304 分钟。

a. 计算一个美国成年人平均每天看电视超过 320 分钟的概率。

b. 计算一个美国成年人平均每周看电视超过 2 200 分钟的概率。

4.5 正态分布

离散型随机变量 X 假设有可数的不同值，如 x_1、x_2、x_3，等等。而连续型随机变量的特征是不可数的值，因为它可以在一个区间内取任意值。进一步，我们可以计算一个离散型随机变量 X 假设为一个特定值 x 的概率，即 $P(X=x)$。例如，对于一个二项随机变量，我们可以计算 n 次实验中恰好有一次成功的概率，即 $P(X=1)$。但我们不能用连续型随机变量来计算。

连续型随机变量取某个特定值 x 的概率为 0，即 $P(X=x)=0$。这是因为我们无法做到给每个不可数的值赋予一个非零的概率值，并且其概率和仍然是 1。因此，对于连续型随机变量 $P(a \leqslant X \leqslant b)=P(a<X<b)=P(a \leqslant X<b)=P(a<X \leqslant b)$，因为 $P(X=a)$ 和 $P(X=b)$ 均为 0。

连续型随机变量可用其概率密度函数来描述，用 $f(x)$ 表示。$f(x)$ 的图形近似于人口相对频率多边形。变量在某一区间内有一个值的概率（如 $P(a \leqslant X \leqslant b)$）被定义为点 a 和点 b 之间 $f(x)$ 下的面积。而且，$f(x)$ 下的整个面积除以所有 x 的值必须等于 1；这等价于对于离散型随机变量，概率加起来等于 1。

连续型随机变量的简单概率分布称为**连续均匀分布**（continuous uniform distribution）。当潜在随机变量在指定范围内假设一个值的概率相等时，这种分布是合适的。假设你被告知新冰箱将在下午 2 点到 3 点之间送到。用随机变量 X 表示冰箱的发货时间。在总共 60 分钟的时间范围内，这个变量的下限是下午 2 点，上限是下午 3 点。在这里，下午 2 点到 2 点 30 分之间的交付概率等于 0.50（=30/60），下午 2 点 30 分到 3 点之间的交付概率也是如此。类似地，任何 15 分钟间隔内的交付概率等于 0.25（=15/60），依此类推。其他遵循连续均匀分布的随机变量的例子包括城市之间航班的预定飞行时间和校园巴士的等待时间。每个随机变量的任意指定范围都可以被假定为等概率。

在本节中，我们将关注最广泛使用的连续概率分布——**正态分布**（normal distribution）。它是我们熟悉的钟形分布，也称为高斯分布。它被广泛使用的一个原因是它非常接近大量我们感兴趣的随机变量的概率分布。与正态分布密切相关的随机变量包括员工的工资、大学毕业生的累积债务和公司的广告支出。正态分布的另一个重要功能是它是统计推断的基石，这个话题我们将在第 5 章中详细讨论。

描述正态概率密度函数 $f(x)$ 的图形通常称为正态曲线或钟形曲线，曲线围绕均值对称。我们通常使用累积分布函数 $P(X \leqslant x)$ 来计算一个正态分布随机变量概率，$P(X \leqslant x)$ 是曲线到 x 值所围成的面积。幸运的是，我们并不一定需要积分来计算正态分布的概率。相反，我们可以依靠表格来查找概率。我们还可以用 Excel、R 语言和其他统计软件包来计算概率。下面我们将详细说明如何使用该表。

标准正态分布

标准正态分布（standard normal distribution）是均值为 0、标准差（或方差）为 1 的正态分布。用字母 Z 表示标准正态分布的随机变量，$E(Z)=0$，$SD(Z)=1$。像往常一样，我们使用小写字母 z 来表示标准正态变量 Z 可能假定的值。

我们将首先展示如何计算与标准正态分布相关的概率。之后，我们将展示，当改为测量离均值的标准差时，任何正态分布都等价于标准正态分布。

几乎所有的介绍性统计文本都包含 z 表，它提供了 z 曲线下的面积（概率）。然而，这些表格的格式有时是不同的。在本书中，z 表提供了累积概率 $P(Z \leqslant z)$；这个表格出现在附录 D 中，被标记为表 D.1。表格的两部分分别提供了 z 值小于或等于 0 的累积概率以及 z 值大于等于 0 的累积概率。考虑到正态分布的对称性和整个曲线下面积为 1 的事实，其他概率可以很容易地计算出来。

标准正态分布

标准正态随机变量 Z 是 $E(Z) = 0$，$SD(Z) = 1$ 的正态随机变量。z 表列出了针对正负 z 值的累积概率 $P(Z \leqslant z)$。

图 4.4 为标准正态分布概率密度函数（z 分布）。因为随机变量 Z 是围绕其均值 0 对称的，所以 $P(Z < 0) = P(Z > 0) = 0.5$。与所有连续型随机变量的情况一样，我们也可以将概率写成 $P(Z \leqslant 0) = P(Z \geqslant 0) = 0.5$。

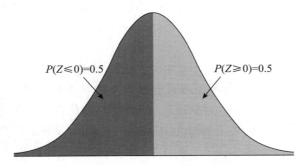

图 4.4 标准正态分布概率密度函数

如前所述，z 表提供给定 z 的累积概率 $P(Z \leqslant z)$，例如，考虑累积概率 $P(Z \leqslant 1.52)$。因为 $z = 1.52$ 是正的，所以我们可以从附录 D 中 z 表的后半部分查找这个概率。表 4.5 显示了该表的一部分。

表 4.5 z 表的一部分

z	**0.00**	**0.01**	**0.02**
0.0	0.500 0	0.504 0	↓
0.1	0.539 8	0.543 8	↓
⋮	⋮	⋮	⋮
1.5	→	→	0.935 7

表的第一列表示为 z 列，显示的是 z 到小数点后十分位值，而表的第一行表示为 z 行，显示的是百分位值。因此，对于 $z = 1.52$，我们将 z 列上的 1.5 与 z 行上的 0.02 匹配，从而找到相应的概率为 0.935 7。表 4.5 中的箭头表示 $P(Z \leqslant 1.52) = 0.935 7$。1.52 右侧的面积可以计算为 $P(Z > 1.52) = 1 - P(Z \leqslant 1.52) = 1 - 0.935 7 = 0.064 3$。

假设我们想求出 $P(Z \leqslant -1.96)$。因为 z 是负数，所以我们可以从附录 D 中 z 表的前半部分查找概率 $P(Z \leqslant -1.96) = 0.025 0$。如前所述，$-1.96$ 右边的面积可计算为 $P(Z > -1.96) = 1 - P(Z \leqslant -1.96) = 1 - 0.025 0 = 0.975 0$。

到目前为止，我们已经计算了给定 z 值的概率。现在我们将计算给定累积概率的 z 值；非累积概率可以用对称性来求值。假设我们需要在 $P(Z \leqslant z) = 0.680 8$ 的条件下求出 z。

因为概率已经是累积的格式，即 $P(Z \leqslant z) = 0.680 8$，所以我们只需从 z 表中查找 0.680 8，从 z 的行/列中找到相应的 z 值。表 4.6 显示了 z 表的相关部分。因此，$z = 0.47$。

表 4.6 z 表的一部分

z	0.00	0.01	0.02	0.03	0.04	0.05	0.06	0.07
0.0	0.500 0	0.504 0	0.508 0	0.512 0	0.516 0	0.519 9	0.523 9	↑
0.1	0.539 8	0.543 8	0.547 8	0.551 7	0.555 7	0.559 6	0.563 6	↑
⋮	⋮	⋮	⋮	⋮	⋮	⋮	⋮	⋮
0.4	←	←	←	←	←	←	←	0.680 8

现在假设我们需要求出给定 $P(Z \leqslant z) = 0.064\ 3$ 的 z。在这里，z 必须是负的，因为它左边的概率小于 0.50。我们从附录 D 的 z 表中查找累积概率 0.064 3，发现 $z = -1.52$。最后，如果给定的累积概率没有在表中显示，我们找到近似的 z 值。例如，给定 $P(Z \leqslant z) = 0.90$，我们将值近似为 $z = 1.28$。

■ 正态随机变量的变换

任何正态随机变量都可以转化为标准正态随机变量来推导相关的概率。也就是说，任意一个均值为 μ，标准差为 σ 的正态随机变量 X，都可以（标准化）转化为均值为零，标准差为 1 的标准正态变量 Z。我们把 X 转化为 Z，即用 X 减去它的均值，然后除以它的标准差，这被称为**标准变换**（standard transformation）。

标准变换：把 X 转换成 Z

任意具有均值 μ 和标准差 σ 的正态随机变量 X 都可以转化为标准正态随机变量 Z：

$$Z = \frac{X - \mu}{\sigma}$$

因此，任意值 x 都有相应的值 z：

$$z = \frac{x - \mu}{\sigma}$$

现在我们可以先把它转换成 z 分布来解决正态分布问题。

例 4.14

假设经理能力考试的分数呈正态分布，均值为 72，标准差为 8。

a. 随机选出的经理得分在 60 分以上的概率是多少？

b. 随机选出的经理得分在 68～84 分之间的概率是多少？

解答：

设 X 表示 $\mu = 72$，$\sigma = 8$ 的分数。我们将使用标准变换 $z = \frac{x - \mu}{\sigma}$ 来解决这些问题。

a. 经理得分超过 60 分的概率是 $P(X > 60)$。图 4.5 以 60 右侧的阴影区域表示该概率。我们推导出 $P(X > 60) = P\left(Z > \frac{60 - 72}{8}\right) = P(Z > -1.5)$。因为 $P(Z > -1.5) = 1 - P(Z \leqslant -1.5)$，我们在 z 表中查找 -1.50 得到这个概率为 $1 - 0.066\ 8 = 0.933\ 2$。

b. 当求解经理得分在 68～84 分之间的概率时，我们得到 $P(68 \leqslant X \leqslant 84)$。图 4.6 中阴影区域显示了这个概率。我们得到 $P(68 \leqslant X \leqslant 84) = P\left(\frac{68 - 72}{8} \leqslant Z \leqslant \frac{84 - 72}{8}\right) = P(-0.5 \leqslant Z \leqslant 1.5)$。我们使

用 z 表计算这个概率，即 $P(Z \leqslant 1.5) - P(Z \leqslant -0.5) = 0.933\ 2 - 0.308\ 5 = 0.624\ 7$。

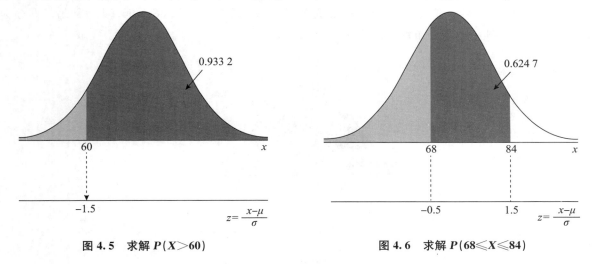

图 4.5　求解 $P(X > 60)$　　　　　　　图 4.6　求解 $P(68 \leqslant X \leqslant 84)$

到目前为止，我们已经使用标准变换来计算给定 x 值的概率。我们可以使用**逆变换**（inverse transformation），即 $x = \mu + z\sigma$，来计算给定概率的 x 值。

> **逆变换：把 Z 转换成 X**
>
> 我们可以通过均值 μ 和标准差 σ，利用公式 $X = \mu + Z\sigma$，将标准正态变量 Z 转化为正态随机变量 X。因此，任何 z 值都有一个对应的 x 值，即 $x = \mu + z\sigma$。

例 4.15

假设经理能力考试的分数呈正态分布，均值为 72，标准差为 8。

a. 在分布的前 10%（第 90 百分位）中，经理的最低得分是多少？

b. 在分布的最后 25%（第 25 百分位）中，经理的最高得分是多少？

解答：

设 X 为经理能力考试的分数，$\mu = 72$，$\sigma = 8$。我们将使用逆变换 $x = \mu + z\sigma$ 来解决这些问题。

a. 为求出前 10% 对应的数值 x，我们使 $P(X < x) = 0.90$。我们在 z 表中查找 0.90（或最接近 0.90 的值），得到 $z = 1.28$，然后用逆变换得到 $x = 72 + 1.28 \times 8 = 82.24$。因此，得分为 82.24 分或以上的经理将进入分布的前 10%（见图 4.7）。

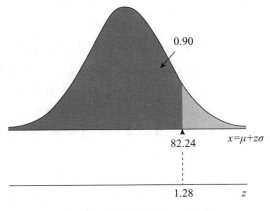

图 4.7　求解 $P(X < x) = 0.90$

b. 为求出后 25% 对应的数值 x，我们使 $P(X < x) = 0.25$。使用 z 表，我们找到满足 $P(Z < z) = 0.25$ 的对应 z 值为 -0.67。然后我们解出 $x = 72 - 0.67 \times 8 = 66.64$。因此，得分为 66.64 或更低的经理将处于分布的最后 25%（见图 4.8）。

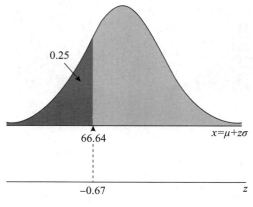

图 4.8　求解 $P(X < x) = 0.25$

用 Excel 和 R 语言求解正态分布问题

例 4.16 说明了关于正态分布的 Excel 和 R 语言的使用。

例 4.16

先锋平衡指数基金试图维持 60% 的股票配置和 40% 的债券配置。凭借低费用和一贯的投资方式，该基金在 792 只配置比例为 50%～70% 股票的基金中排名第四（《美国新闻》，2017 年 3 月）。根据历史数据，估计该基金的预期收益率为 7.49%，标准差为 6.41%。假设基金收益稳定且服从正态分布。

a. 该基金产生 5%～10% 回报的概率是多少？

b. 基金的最低回报率是多少，才能使其处于分布的前 10%（第 90 百分位数）？

解答：

我们用 X 表示先锋平衡基金的回报。我们知道 X 是正态分布，$\mu = 7.49$，$\sigma = 6.41$。

如第 2 章和第 3 章所述，由于不同的字体和类型设置，将本书中的 Excel 或 R 函数直接复制粘贴到 Excel 或 R 语言中可能会导致错误，因此，当出现此类错误时，可能需要替换函数中的引号、括号等特殊字符或删除多余的空格。

使用 Excel

我们使用 Excel 的 NORM. DIST 和 NORM. INV 函数来解决与正态分布有关的问题。为了求出 $P(X \leq x)$，我们输入 $= \text{NORM. DIST}(x, \mu, \sigma, 1)$，其中 x 是我们想要评估的累积概率值，μ 是分布的均值，σ 是分布的标准差。（如果我们在函数的最后一个参数处输入"0"，那么 Excel 将返回正态分布在 x 点的高度。如果我们想要绘制正态分布，那么这个特性很有用。）如果我们想找到给定累积概率（*cumul prob*）的特定 x 值，那么我们输入 $= \text{NORM. INV}(cumul\,prob, \mu, \sigma)$。

a. 为了求收益率在 5%～10% 的概率，$P(5 \leq X \leq 10)$，我们输入 $= \text{NORM. DIST}(10, 7.49, 6.41, 1) - \text{NORM. DIST}(5, 7.49, 6.41, 1)$。Excel 返回 0.303 5。

b. 为了找到使其位于分布的前 10%（第 90 百分位数）的最低回报，$P(X > x) = 0.10$，我们输入＝NORM. INV(0.90，7.49，6.41)。Excel 返回 15.704 7。

使用 R 语言

我们使用 R 语言的 pnorm 和 qnorm 函数来解决与正态分布相关的问题。为了求 $P(X \leqslant x)$，我们输入 pnorm(x，μ，σ，lower. tail＝TRUE)，其中 x 是我们想要评估的累积概率值，μ 是分布的均值，σ 是分布的标准差。如果我们想为给定的累积概率（$cumul\,prob$）找到一个特定的 x 值，那么我们输入 qnorm($cumul\,prob$，μ，σ)。

a. 为了找到 $P(5 \leqslant X \leqslant 10)$，我们输入

> pnorm(10,7.49,6.41,lower. tail = TRUE) − pnorm(5,7.49,6.41,lower. tail = TRUE)

R 返回：0.303 474 6。

b. 为了求解 x 满足 $P(x > x) = 0.10$，我们输入

> qnorm(0.90,7.49,6.41)

R 返回：15.704 75。

练习 4.5

应用

51. 均衡投资组合的历史回报率平均为 8%，标准差为 12%。假设这个投资组合的收益服从正态分布。

a. 回报率大于 20% 的百分比是多少？

b. 回报率低于 −16% 的百分比是多少？

52. 一支职业篮球队的场平均分为 105 分，标准差为 10 分。假设每场比赛的分数服从正态分布。

a. 比赛得分在 85～125 分之间的概率是多少？

b. 比赛得分超过 125 分的概率是多少？如果常规赛有 82 场比赛，那么球队得分超过 125 分的比赛有几场？

53. 一个城市的平均租金是每月 1 500 美元，标准差是 250 美元。假设租金服从正态分布。

a. 租金在 1 250～1 750 美元之间占据多大比例？

b. 租金低于 1 250 美元的百分比是多少？

c. 租金超过 2 000 美元的百分比是多少？

54. 假设乘用车的每加仑英里（mpg）评级是一个正态分布的随机变量，其均值和标准差分别为 33.8mpg 和 3.5mpg。

a. 随机选择的乘用车每加仑至少行驶 40 英里的概率是多少？

b. 随机选择的乘用车每加仑行驶 30～35 英里的概率是多少？

c. 一家汽车制造商想要制造一款新的乘用车，其每加仑汽油的行驶里程比现有汽车的 99% 都要高。达到这个目标的最低每加仑英里数是多少？

55. 一所小型私立大学的商业实习生平均年薪为 4.3 万美元。年薪呈正态分布，标准差为 18 000 美元。

a. 实习生收入在 4 万～5 万美元之间的比例是多少？

b. 实习生收入超过 8 万美元的比例是多少？

56. 一位金融顾问告诉客户，投资组合的预期回报率为 8%，标准差为 12%，回报率超过 16% 的概率是 15%。如果顾问的评估是正确的，那么假设潜在回报分布是正态分布是否合理？

57. 根据一家公司的网站，参加入学考试排名前 25% 的考生将被邀请参加面试。你刚刚接到了面试通知。报告的测试分数的均值和标准差分别是 68 分和 8 分。如果你假设分数呈正态分布，那么你的考试成绩可能的范围是多少？

58. 组装一个电子元件所需的时间呈正态分布，均值为 16 分钟，标准差为 4 分钟。

a. 找出随机选择的组装需要 10～20 分钟

的概率。

b. 组装时间在 24 分钟以上或 6 分钟以下是不常见的。在这些不寻常的类别中，组装时间的比例是多少？

59. 美国抵押贷款银行协会表示，逾期 90 天或以上的贷款被视为严重拖欠（housingwire.com，2019 年 5 月 14 日）。据报道，严重拖欠贷款的比例平均为 9.1%。假设严重拖欠贷款的比例遵循标准差为 0.80% 的正态分布。

a. 严重拖欠贷款比例超过 8% 的概率是多少？

b. 严重拖欠贷款比例在 9.5%～10.5% 的概率是多少？

60. 波士顿一家夜总会的经理说，95% 的顾客年龄在 22～28 岁之间。如果顾客的年龄呈正态分布，平均为 25 岁，计算其标准差。

61. 据估计，有 180 万名学生贷款支付不断上涨的学费和食宿费。我们还了解到，最近大学毕业生的平均累积债务约为 22 500 美元。假设最近大学毕业生的累积债务呈正态分布，标准差为 7 000 美元。那么大约有多少刚毕业的大学生积累了超过 3 万美元的学生贷款？

62. 美国职业橄榄球比赛平均持续约 3 小时，尽管球在场上的时间只有 11 分钟（SBNation，2019 年 4 月 1 日）。假设比赛时间呈正态分布，标准差为 0.4 小时。

a. 找出比赛持续时间少于 2.5 小时的概率。

b. 找出比赛持续时间少于 2.5 小时或超过

3.5 小时的概率。

c. 找出比赛时间的最大值，使其位于分布的底部 1%。

63. 一位年轻的投资经理告诉客户，他建议的投资组合获得正回报的概率是 90%。如果已知回报率呈正态分布，均值为 5.6%，那么这位投资经理在计算中假定的风险（以标准差衡量）是多少？

64. 假设你正在考虑两只共同基金的投资风险回报情况。风险相对较高的基金承诺的预期回报率为 8%，标准差为 14%。风险相对较低的基金承诺的预期回报率和标准差分别为 4% 和 5%。假设收益近似正态分布。

a. 如果你的目标是将获得负回报的概率降到最低，那么你会选择哪种共同基金？

b. 如果你的目标是最大化地获得 8% 以上的回报率，那么你会选择哪只共同基金？

65. 由于新车的电池有两年的保修期，因此，如果电池在保修期内出现故障，那么车主可以免费更换。假设一家汽车商店在保修期内没有故障的电池上获得了 20 美元的净利润；如果电池坏了，则净亏损 10 美元。电池的寿命呈正态分布，均值为 40 个月，标准差为 16 个月。

a. 电池在保修期内发生故障的概率是多少？

b. 汽车商店在电池上的预期利润是多少？

c. 如果汽车商店每月平均卖出 500 块电池，那么电池的预期月利润是多少？

4.6 大数据写作

□ 案例研究

朗教授是塞勒姆州立大学的经济学教授。她教授经济学原理课程已经超过 25 年了。朗教授从来没有按照曲线来评分，因为她认为相对评分可能会不公平地惩罚或有利于在一个特别强式特别弱的班级中的学生。她总是使用绝对评分来进行评价，如表 4.7 左边两列所示。

表 4.7 绝对评分和相对评分的分级量表

绝对评分		相对评分	
等级	分数	等级	概率
A	92 分及以上	A	0.10
B	78～92 分	B	0.35

续表

绝对评分		相对评分	
等级	分数	等级	概率
C	64~78 分	C	0.40
D	58~64 分	D	0.10
F	低于 58 分	F	0.05

朗教授的一位同事说服她改用相对评分，因为它可以纠正意料之外的问题。郎教授决定尝试根据表 4.7 中右侧两栏所示的相对量表进行评分。使用这种相对评分方案，排名前 10% 的学生将获得 A，排名后 35% 的学生将获得 B，依此类推。基于她多年的教学经验，朗教授认为她的课程成绩符合正态分布，均值 78.6，标准差 12.4。

朗教授想利用以上信息：

1. 基于绝对等级计算概率。将这些可能性与相对等级进行比较。
2. 根据相对等级量表计算不同等级的分数范围。将这些结果与绝对等级进行比较。
3. 确定哪个等级量表会使学生更难获得更高的分数。

报告样本——绝对评分和相对评分

许多教师认为评分是他们最困难的任务之一。高等教育中常用的两种评分系统是相对评分系统和绝对评分系统。一方面，相对评分系统基于标准或曲线，在这种系统中，分数是基于学生在班级中的相对位置。另一方面，绝对评分系统是以标准作为参照的，在这种体系下，分数与学生在课堂上的绝对表现有关。简而言之，在绝对评分法中，学生的分数是与预定的量表进行比较的，而在相对评分法中，学生的分数是与班上其他学生的分数进行比较的。

设 X 代表朗教授班级学生的成绩，成绩呈正态分布，均值为 78.6，标准差为 12.4。这一信息是用来推导基于绝对尺度的评分概率。例如，得到 A 的概率为 $P(X \geqslant 92) = P(Z \geqslant 1.08) = 0.14$。表 4.8 列出了其他类似的概率。

表 4.8　基于绝对等级和相对等级的概率

等级	绝对等级范围概率	相对等级范围概率
A	0.14	0.10
B	0.38	0.35
C	0.36	0.40
D	0.07	0.10
F	0.05	0.05

表 4.8 中第二列显示，有 14% 的学生期望得到 A，38% 的学生期望得到 B，等等。虽然这些数字与第三列中相对量表大体一致，但似乎相对量表使学生更难取得更高的成绩。例如，有 14% 的人在绝对分数上得了 A，而只有 10% 的人在相对分数上得了 A。

另外，我们也可以根据不同等级的分数范围来比较这两种评分方法。表 4.9 的第二列列出了基于绝对评分的分数范围。为了获得基于相对评分的分数范围，再次有必要应用正态分布的概念。例如，在 $P(X \geqslant x) = 0.10$ 中求出 x，就可以得到相对评分为 A 的最低分数。因为 $P(X \geqslant x) = 0.10$

等价于 $P(Z \geqslant z) = 0.10$，因此 $z = 1.28$。将均值、标准差和 z 的固有值代入 $x = \mu + z\sigma$ 中，得到 x 等于 94.47。表 4.9 的第三列显示了其他等级的分数范围。

表 4.9　绝对评分和相对评分的分数范围

等级	绝对评分分数范围	相对评分分数范围
A	92 分及以上	94.47 分及以上
B	78～92 分	80.21～94.47 分
C	64～78 分	65.70～80.21 分
D	58～64 分	58.20～65.70 分
F	低于 58 分	低于 58.20 分

再一次对比表 4.9 的结果，相对量表的使用使得学生在朗教授的课程中更难获得更高的分数。例如，为了在相对评分中获得 A，学生的分数必须至少达到 94.47 分，而绝对评分的分数至少要达到 92 分。绝对评分法和相对评分法都有各自的优点，教师往往根据自己的教学理念做出决定。但是，如果朗教授想让成绩与她之前的绝对量表保持一致，那么她的相对量表应该以表 4.8 第二列中计算的概率为基础。

□ **案例推荐**

报告 4.1。1998 年颁布的《儿童在线隐私保护法》要求公司在追踪儿童的信息和在线活动之前，必须获得父母的同意；然而，该法案适用于 12 岁及以下的儿童。而青少年往往没有意识到在网上分享生活的后果。"数据收割者"创建了庞大的数字资料库，并将这些资料出售给广告商，后者利用这些资料来检测趋势，并向青少年投放微目标广告。例如，一个在网上搜索减肥方法的青少年可能会被一条膳食补充剂广告吸引，这个广告通过追踪 cookie 进入他的网络。作为衡量青少年使用社交网站数量的初步步骤，研究人员调查了 200 名青少年女孩和 200 名青少年男孩。在青少年女孩中，有 166 人使用社交网站；在青少年男孩中，有 156 人使用社交网站。

在一份报告中，我们可以使用样本信息：

● 确定青少年使用社交网站的概率。

● 确定青少年女孩使用社交网站的概率。

● 新的立法将禁止互联网公司向 16 岁以下的孩子发送定向广告，并允许这些孩子及其父母通过"橡皮擦按钮"删除他们的数字足迹和个人资料。根据你计算的青少年使用社交网站的概率，你认为这项立法有必要吗？请解释。

报告 4.2。Skyhigh Construction 公司的高管参与了一个"自己选薪水"的计划。他们选择的薪水在 12.5 万～15 万美元之间。通过选择较低的薪水，高管有机会获得较高的奖金。如果 Skyhigh 在一年内没有产生营业利润，那么就不会发放奖金。Skyhigh 刚刚聘请了两位新高管：Allen Grossman 和 Felicia Arroyo。他们每个人有两个选择：

1. 基本工资为 12.5 万美元，有可能获得大笔奖金。

2. 基本工资为 15 万美元，有可能获得奖金，但奖金将是选项 1 奖金的一半。

Grossman 今年 44 岁，已婚，有两个年幼的孩子。他在市场行情最旺的时候买了一套房子，每月需要还相当多的抵押贷款。今年 32 岁的 Arroyo 刚刚在一所著名的常春藤盟校获得了 MBA 学位。她是单身，因为进入研究生院时继承了遗产，所以没有学生贷款。Arroyo 刚搬到这个地区，她决定租一套公寓，至少住一年。根据他们的个人概况、固有的风险感知和对经济的主观看法，Grossman 和 Arroyo 构建了他们关于奖金结果的个人概率分布，如表 4.10 所示。

表 4.10　Grossman 和 Arroyo 的概率分布

利润（美元）	概率	
	Grossman	Arroyo
0	0.35	0.20
50 000	0.45	0.25
100 000	0.10	0.35
150 000	0.10	0.20

在一份报告中，使用样本信息：

- 计算预期值，以评估 Grossman 和 Arroyo 可选的薪酬方案。
- 帮助 Grossman 和 Arroyo 决定应选择方案 1 还是方案 2。

报告 4.3。Akiko Hamaguchi 是亚利桑那州凤凰城一家名为"小银座"的小型寿司店经理。作为工作的一部分，Akiko 每天都要为餐厅购买鲑鱼。为了保证新鲜，每天买适量的鲑鱼是很重要的——如果买太多就会造成浪费，如果买太少就难以满足每天高需求量的顾客。

Akiko 估计，鲑鱼的日消耗量呈正态分布，均值为 12 磅，标准差为 3.2 磅。一直以来，她每天都会买 20 磅的鲑鱼。最近，她受到了店主的批评，因为这么多的鲑鱼经常导致浪费。作为成本削减的一部分，明子正在考虑一种新的战略。她每天会买足够多的鲑鱼来满足顾客 90% 的需求。在该份报告中，帮助明子使用上述信息：

- 计算"小银座"鲑鱼需求超过 20 磅的概率。
- 计算"小银座"鲑鱼需求低于 15 磅的概率。
- 确定每天应该购买的鲑鱼数量，以便餐厅能满足顾客每天 90% 的需求。

统计推断

第 5 章

🎯 **学习目标**

通过学习本章，可以达成以下目标：

1. 描述样本均值的抽样分布。
2. 描述样本比例的抽样分布。
3. 构造总体均值的置信区间。
4. 构造总体比例的置信区间。
5. 对总体均值进行假设检验。
6. 对总体比例进行假设检验。

在上一章中，我们得到了关于总体参数的信息，如总体比例或总体均值，用于分析离散型随机变量和连续型随机变量。在许多情况下，由于我们没有关于参数的信息，因此我们在样本统计的基础上进行统计推断。在本章中，我们将首先讨论如何评估样本统计的属性。我们还特别检验了基于简单随机抽样的样本均值和样本比例的概率分布。

然后，我们将注意力转向估计和假设检验，这是统计推断的两种基本方法。为了估计未知的总体参数，我们建立并解释置信区间。我们使用假设检验来挑战现状，或者一些关于潜在总体参数的观念。我们着重于总体均值和总体比例的置信区间和假设检验。

引入案例　大学生的学习习惯

如今的大学生是努力学习还是勉强学习？一项研究声称，在过去 60 年里，大学生平均每周学习的小时数一直在稳步下降（《华尔街日报》，2019 年 4 月 10 日）。1961 年，学生每周在学业上投入 24 小时，而如今的学生平均每周只学习 14 小时。

Susan 是加利福尼亚州一所大型大学的院长。她想知道这种学习趋势是否反映了她所在大学学生的学习状态。她随机挑选了 35 名学生，询问他们每周的平均学习时间（小时），得到的部分回答如表 5.1 所示（文件：Study_Hours）。

表 5.1　学生们花在学习上的时间

25
19
⋮
16

注：$\bar{x}=16.3714$ 小时，$s=7.2155$ 小时。

Susan 希望使用这些数据完成以下任务：

1. 确定她所在大学学生的平均学习时间是否低于 1961 年每周 24 小时的全国平均水平。
2. 确定她所在大学学生的平均学习时间是否与目前全国平均每周 14 小时的学习时间不同。

5.3 节末尾提供了本案例的概要。

5.1　抽样分布

在许多应用中，我们对总体的特征感兴趣。例如，共享单车公司对大城市的平均收入（总体均值）感兴趣。同样，银行家对抵押贷款持有人的违约概率（总体比例）感兴趣。我们了解到，总体均值和总体比例分别是描述数值变量和分类变量的参数。因为即使有可能的话，要分析整个总体也是极其困难的，我们通常会根据从总体中抽取的随机样本来推断总体的特征。

必须注意的是，总体只有一个，但我们可以从总体中提取许多给定大小的可能样本。因此，虽然总体**参数**（parameter）的值可能未知，但它仍旧是常数。而**统计量**（statistic），如样本均值或样本比例，是一个变量，其值取决于从总体中随机抽取的特定样本。

参数与统计量

参数是一个常量，尽管其值可能未知。统计量是一个变量，其值取决于所选的随机样本。

把大城市的收入作为感兴趣的变量。如果你决定在随机抽取的 38 名居民的基础上对总体平均收

入进行推断，那么样本均值 $\overline{X}$ 就是相关统计数据。请注意，如果你选择 38 名居民的不同随机样本，那么 $\overline{X}$ 的值将发生变化。换句话说，$\overline{X}$ 是一个变量，其值取决于所选择的随机样本。样本均值通常称为总体均值的**估计量**（estimator）或**点估计量**（point estimator）。

在收入示例中，样本均值 $\overline{X}$ 是大城市居民平均收入的估计值。如果从特定样本得出的均值为 54 000 美元，则"$\overline{x}=54\,000$"是总体均值的**估计值**（estimate）。类似地，如果感兴趣的变量是抵押贷款持有人的违约概率，那么从 80 名抵押贷款持有人的随机样本中抽取的违约样本比例（用 $\overline{P}$ 表示）就是总体比例的估计值。如果给定样本中 80 名抵押贷款持有人中有 10 名违约，则"$\overline{p}=10/80=0.125$"是总体比例的估计值。

估计量与估计值

当一个统计量被用来估计一个参数时，它被称为估计量。估计量的一个特定值称为估计值。

样本均值的抽样分布

我们首先关注样本均值 $\overline{X}$ 的概率分布，也就是样本均值 $\overline{X}$ 的抽样分布。因为 $\overline{X}$ 是一个变量，所以它的抽样分布只是从总体中给定大小的所有可能样本中得出的概率分布。例如，考虑 n 个观测样本的均值。另一个均值同样可以从 n 个观测值的不同样本中得出。如果我们重复这个过程很多次，那么样本均值的频率分布可以被认为是它的样本分布。特别地，我们将讨论样本均值的期望值和标准误差。我们还将研究样本均值的抽样分布为正态分布的条件。

用随机变量 X 代表研究总体的特定特征，期望值 $E(X)=\mu$，$Var(X)=\sigma^2$。例如，X 可以表示城市居民的收入或投资回报。我们可以将 μ 和 σ^2 视为从感兴趣的总体中随机抽取的单个观测样本的均值和方差，或者简单地视为总体均值和总体方差。样本均值 $\overline{X}$ 是基于该总体 n 个观测值的随机样本而产生的。

样本总体的期望值 $\overline{X}$ 与单个观测样本的期望值相同，即 $E(\overline{X})=E(X)=\mu$。换句话说，如果我们从给定的总体中重复取样，样本均值的平均值将等于总体中所有单个观测样本的平均值，或者简单地说，是总体均值。这是估计量的一个重要特性，称为无偏性，无论样本均值是基于小样本还是基于大样本，该特性都成立。如果估计量的期望值等于感兴趣的总体参数 σ，则估计量是**无偏的**（unbiased）。

$\overline{X}$ 的方差等于 $Var(\overline{X})=\dfrac{\sigma^2}{n}$。换句话说，如果我们从给定的总体中重复取样，样本均值的方差将等于总体中所有个体观测值的方差除以样本量 n。注意，$Var(\overline{X})$ 小于 X 的方差 $Var(X)=\sigma^2$。这是一个直观的结果，表明样本均值之间的可变性小于观测值之间的可变性。因为每个样本都可能包含高观测值和低观测值，高观测值和低观测值相互抵消，使得 $\overline{X}$ 的方差小于 X 的方差。通常，将 $\overline{X}$ 的标准差计算为方差的正平方根。然而，为了将样本之间的可变性与单个观测值之间的可变性区分开来，我们将 $\overline{X}$ 的标准差称为样本均值的**标准误差**（standard error），写作 $se(\overline{X})=\dfrac{\sigma}{\sqrt{n}}$。

样本均值的期望值和标准误差

样本均值 $\overline{X}$ 的期望值等于总体均值，也就是 $E(\overline{X})=\mu$。样本均值的标准误差等于总体标准差除以样本量的平方根，也就是 $se(\overline{X})=\dfrac{\sigma}{\sqrt{n}}$。

例 5.1

在加利福尼亚州坎布里亚的一家比萨连锁店里,厨师们一直想努力保持他们 16 英寸比萨的建议尺寸。尽管已经尽了最大的努力,但他们无法将每一个比萨的直径精确到 16 英寸。经理已确定比萨的尺寸为正态分布,均值为 16 英寸,标准差为 0.8 英寸。

a. 从两个比萨的随机样本中得出的样本均值的期望值和标准误差是多少?

b. 从四个比萨的随机样本中得出的样本均值的期望值和标准误差是多少?

c. 将样本均值的期望值和标准误差与单个比萨饼的期望值和标准误差进行比较。

解答:

我们知道总体均值 $\mu = 16$,总体标准差 $\sigma = 0.8$。我们使用 $E(\bar{X}) = \mu$ 和 $se(\bar{X}) = \dfrac{\sigma}{\sqrt{n}}$ 来计算以下结果。

a. 当样本量 $n = 2$ 时,$E(\bar{X}) = 16$,$se(\bar{X}) = \dfrac{0.8}{\sqrt{2}} = 0.57$。

b. 当样本量 $n = 4$ 时,$E(\bar{X}) = 16$,$se(\bar{X}) = \dfrac{0.8}{\sqrt{4}} = 0.40$。

c. 两种样本大小的样本均值的期望值与单个比萨饼的期望值相同。然而,$n = 4$ 的样本均值的标准误差低于 $n = 2$ 的样本均值的标准误差。对于两个样本量而言,样本均值的标准误差低于单个比萨饼的标准差。这一结果证实了均值可以减少变异性。

☐ 从正态分布人群中取样

样本均值 $\bar{X}$ 的抽样分布的一个重要特征是,如果抽取样本的总体 X 为正态分布,则无论样本大小 n 如何,$\bar{X}$ 均为正态分布。换句话说,如果 X 是正态分布的,期望值为 μ,标准差为 σ,那么 $\bar{X}$ 也是正态分布的,期望值为 μ,标准误差为 $\dfrac{\sigma}{\sqrt{n}}$。此外,如果 $\bar{X}$ 是正态分布的,则可通过从 $\bar{X}$ 中减去其均值,然后除以其标准误差,将其转换为标准正态变量 Z。

正态分布总体抽样
对于任何样本量 n,如果抽取样本的总体 X 为正态分布,则 $\bar{X}$ 的抽样分布为正态分布。

例 5.2

用例 5.1 中的信息来回答以下问题:

a. 随机选择的比萨小于 15.5 英寸的概率是多少?

b. 随机选择的两个比萨的平均直径小于 15.5 英寸的概率是多少?

c. 随机选择的四个比萨的平均直径小于 15.5 英寸的概率是多少?

d. 对计算出的概率进行评论。

解答:

由于总体是正态分布,因此样本均值的抽样分布也是正态的。图 5.1 描述了基于总体均值 $\mu = 16$ 和总体标准差 $\sigma = 0.8$ 的三种分布的形状。

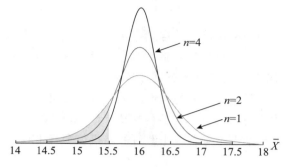

图 5.1 样本均值的正态分布

注意，当样本量 $n=1$ 时，样本均值 $\bar{x}$ 与个体观察值 x 相同。

a. 我们使用标准变换导出 $P(X<15.5)=P\left(Z<\dfrac{15.5-16}{0.8}\right)=P(Z<-0.63)=0.265\,3$。这表明一个比萨有 26.53% 的可能性是小于 15.5 英寸的。

b. 这里我们使用标准变换来推导 $P(\bar{X}<15.5)=P\left(Z<\dfrac{15.5-16}{0.8/\sqrt{2}}\right)=P(Z<-0.88)=0.189\,4$。在两个比萨的随机样本中，平均尺寸小于 15.5 英寸的概率为 18.94%。

c. 我们又找到了 $P(\bar{X}<15.5)$，但现在 $n=4$。因此，$P(\bar{X}<15.5)=P\left(Z<\dfrac{15.5-16}{0.8/\sqrt{4}}\right)=P(Z<-1.25)=0.105\,6$。在四个比萨的随机样本中，平均尺寸小于 15.5 英寸的概率为 10.56%。

d. 对于随机选择的四个比萨，平均尺寸小于 15.5 英寸的概率小于单个比萨的一半。这是因为，虽然 X 和 $\bar{X}$ 具有相同的预期值 16，但 $\bar{X}$ 的方差小于 X。

☐ 中心极限定理

为了进行统计推断，$\bar{X}$ 的抽样分布符合正态分布是至关重要的。到目前为止，我们只考虑了 $\bar{X}$ 是正态分布的情况，因为抽取样本的总体 X 为正态分布。如果基础总体不是正态分布，情况又是怎样的呢？

在这里我们给出概率论著名的成果——**中心极限定理**（central limit theorem，CLT）。CLT 指出，来自同一基础分布的大量独立观测值的总和或均值具有近似正态分布的特征。近似度随着观测值数量的增加而稳步提高。换句话说，无论总体 X 是否为正态分布，只要 n 足够大，由大小为 n 的随机样本计算出的样本均值 $\bar{X}$ 将近似正态分布。多大的样本是必要的？当 $n \geqslant 30$ 时，从业者通常将其视为近似正态分布。

样本均值的中心极限定理

对于任何具有期望值 μ 和标准偏差 σ 的总体 X，如果样本量 n 足够大，则 $\bar{X}$ 的抽样分布将近似正态分布。作为一般准则，n 足够大指的是 $n \geqslant 30$。

例 5.3 ----

在 5 月份，一家咖啡连锁店推出了"快乐时光"活动，也就是在下午 3 点到 5 点之间，顾客可以享受半价的冰咖啡。其中一家连锁店的经理想知道，"快乐时光"活动是否对顾客的冰咖啡消费产生了持久的影响。

在这个营销活动开始之前，顾客在冰咖啡上的平均花费为 4.18 美元，标准差为 0.84 美元。开展营销活动之后，对于抽样的 50 名顾客，他们的平均花费为 4.26 美元。如果咖啡连锁店选择不开展营销活动，那么顾客在冰咖啡上的平均花费为 4.26 美元或以上的可能性有多大？

解答：

如果咖啡连锁店没有开展营销活动，那么在冰咖啡上的花费仍然会有均值 $\mu = 4.18$ 和标准偏差 $\sigma = 0.84$。我们需要计算样本均值至少为 4.26 的概率或 $P(\overline{X}) \geqslant 4.26$ 的概率。从中抽取样本的总体不知道是不是正态分布。但是，因为 $n \geqslant 30$，根据中心极限定理，我们知道 $\overline{X}$ 近似正态分布。因此，如图 5.2 所示，$P(\overline{X} \geqslant 4.26) = P\left(Z \geqslant \dfrac{4.26 - 4.18}{0.84/\sqrt{50}}\right) = P(Z \geqslant 0.67) = 1 - 0.748\,6 = 0.251\,4$。这说明，在 50 名顾客的样本中，即使咖啡连锁店没有进行营销活动，样本均值为 4.26 美元甚至更大的概率为 25.14%。

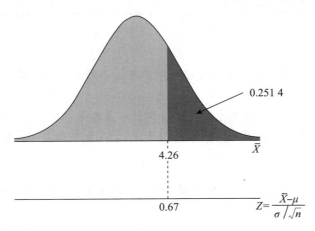

图 5.2 求 $P(\overline{X}) \geqslant 4.26$ 的概率

样本比例的抽样分布

到目前为止，我们的讨论主要集中在总体均值上，但在许多商业应用中，我们关注的是总体比例。例如，银行家对抵押贷款持有人的违约概率感兴趣，在线零售商关心收到促销电子邮件后进行购买的客户比例。在这些例子中，感兴趣的参数是总体比例 p。

与总体均值的情况一样，我们几乎总是根据样本数据推断总体比例。这里，相关的统计数据（估计量）是样本比例 $\overline{P}$；特定值（估计值）用 $\overline{p}$ 表示。因为 $\overline{P}$ 是一个变量，我们需要讨论其抽样分布。

事实证明，$\overline{P}$ 的抽样分布与二项分布密切相关。回想第 4 章，二项分布描述了伯努利过程 n 次实验中的成功次数 X，其中 p 是成功概率；因此，$\overline{P} = \dfrac{X}{n}$ 是成功次数 X 除以样本量 n。它可以证明，$\overline{P}$ 的抽样分布期望值和方差分别为 $E(\overline{P}) = p$ 和 $Var(\overline{P}) = \dfrac{p(1-p)}{n}$。请注意，由于 $E(\overline{P}) = p$，这意味着 $\overline{P}$ 是 p 的无偏估计量。类似于我们关于样本均值的标准误差的讨论，我们将样本比例的标准差称为样本比例的标准误差，即 $se(\overline{P}) = \sqrt{\dfrac{p(1-p)}{n}}$。

样本比例的期望值和标准误差

样本比例 $\overline{P}$ 的期望值等于总体比例，即 $E(\overline{P})=p$。样本比例 $\overline{P}$ 的标准误差即 $se(\overline{P})=\sqrt{\dfrac{p(1-p)}{n}}$。

在本书中，我们仅当 $\overline{P}$ 的抽样分布近似正态时，才对总体比例进行统计推断。从前面对中心极限定理的讨论，我们可以得出结论，当样本量足够大时，$\overline{P}$ 近似正态分布。通常，当 $np \geqslant 5$ 和 $n(1-p) \geqslant 5$ 时可以确认为近似的正态分布。此外，如果 $\overline{P}$ 是正态分布的，则可通过从 $\overline{P}$ 中减去其期望值，然后除以其标准误差，将其转换为标准正态变量 Z。

样本比例的中心极限定理

对于任何总体比例 p，如果样本量 n 足够大，则 $\overline{P}$ 的抽样分布近似正态分布。作为一般准则，当 $np \geqslant 5$ 和 $n(1-p) \geqslant 5$ 时可以确认为近似的正态分布。

例 5.4

一项研究发现，有 55% 的英国公司在过去一年里经历了网络攻击（英国广播公司，2019 年 4 月 23 日）。

a. 随机抽样 100 家公司得出的样本比例期望值和标准误差是多少？

b. 在随机抽取的 100 家公司样本中，样本比例大于 0.57 的概率是多少？

解答：

a. 假设 $p=0.55$，$n=100$，则 $\overline{P}$ 的期望值和标准误差分别为 $E(\overline{P})=0.55$ 和 $se(\overline{P})=\sqrt{\dfrac{0.55(1-0.55)}{100}}=0.049\ 7$。

b. 当 $n=100$ 时，样本比例的正态近似值为 $p=0.55$。如图 5.3 所示，我们发现 $P(\overline{P} \geqslant 0.57)=$

$$P\left(Z \geqslant \frac{0.57-0.55}{\sqrt{\dfrac{0.55(1-0.55)}{100}}}\right)=P(Z \geqslant 0.40)=1-0.655\ 4=0.344\ 6。$$

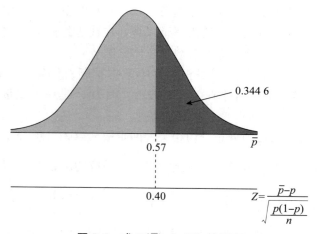

图 5.3 求 $P(\overline{P} \geqslant 0.57)$ 的概率

英国公司遭受网络攻击的比例至少为 0.57 的概率为 34.46%。

练习 5.1

应用

1. 一项调查显示，高中女生平均每天会发送 100 条短信。假设总体标准差为 20 条短信。随机抽取 50 名女生作为样本。

a. 样本均值大于 105 的概率为多少？

b. 样本均值小于 95 的概率为多少？

c. 样本均值在 95～105 之间的概率为多少？

2. 装满啤酒瓶，使其平均每瓶含 330 毫升的啤酒。假设啤酒容量为正态分布，标准差为 4 毫升。

a. 随机选择的 1 瓶啤酒低于 325 毫升的概率是多少？

b. 随机选择的 6 瓶啤酒平均含量低于 325 毫升的概率是多少？

c. 随机选择的 12 瓶啤酒平均含量低于 325 毫升的概率是多少？

d. 评论样本量和相应的概率。

3. 在密苏里州的一个小镇上，人们的体重呈正态分布，均值为 180 磅，标准差为 28 磅。有一艘载人过河的木筏，标牌上写着："最大载客量 3 200 磅或 16 人。"一个 16 人的随机样本超过 3 200 磅体重限制的概率是多少？

4. 尽管海鲜有营养价值，但它只是美国人饮食的一小部分。美国人平均每年只吃 16 磅海鲜。Janice 和 Nina 都在海鲜行业工作，他们决定创建自己的随机样本，并记录样本的平均海鲜食用量。假设美国人食用海鲜的标准差为 7 磅。

a. Janice 对 42 名美国人进行了抽样调查，发现其平均海鲜消费量为 18 磅。如果她的样本具有代表性，那么美国人平均海鲜消费量达到或超过 18 磅的可能性有多大？

b. Nina 对 90 名美国人进行了抽样调查，发现其平均海鲜消费量为 17.5 磅。如果她的样本具有代表性，那么美国人平均海鲜消费量达到或超过 17.5 磅的可能性有多大？

c. 这两位女性中，哪位女性的样本可能更具代表性？请解释。

5. 科罗拉多州丹佛市的一家小型发廊在工作日平均会接待 30 名客户，标准差为 6 名。假设潜在分布是正态的。为了增加工作日客户数量，经理在连续 5 个工作日提供 2 美元的折扣。她报告说，她的策略奏效了，因为在这 5 个工作日期间，客户的样本均值上升到 35 名。

a. 如果经理没有提供折扣，那么获得 35 名或更多客户的样本均值会有多么不寻常？

b. 你是否相信经理的折扣策略有效？请解释。

6. 假设一名典型的大学生毕业时背负着 28 650 美元的负债。假设最近的大学毕业生债务呈正态分布，标准差为 7 000 美元。

a. 4 名大学毕业生的平均债务超过 25 000 美元的可能性有多大？

b. 4 名大学毕业生的平均债务超过 30 000 美元的可能性有多大？

7. 40 个家庭聚集在一起参加一个筹款活动。假设每个家庭的个人贡献是呈正态分布的，均值和标准差分别为 115 美元和 35 美元。如果捐款总额超过 5 000 美元，组织者就会称这次活动是成功的。这次筹款活动成功的可能性有多大？

8. 一名医生因营私舞弊被她以前的 4 位患者起诉。患者的起诉金额为正态分布，均值为 80 万美元，标准差为 25 万美元。

a. 某位患者起诉医生超过 100 万美元的可能性有多大？

b. 如果这 4 名患者单独起诉医生，那么他们起诉的总金额超过 400 万美元的可能性有多大？

9. 假设乘用车的每加仑英里数（mpg）额定值为正态分布，均值和标准差分别为 33.8mpg 和 3.5mpg。

a. 随机选择的乘用车达到 35mpg 以上的概率是多少？

b. 随机选择 4 辆乘用车，平均 mpg 超过 35mpg 的概率是多少？

c. 随机选择 4 辆乘用车，所有乘用车达到 35mpg 以上的概率是多少？

10. 假设 IQ 分数呈正态分布，均值为 100，标准差为 16。

a. 随机选择 1 个人，其 IQ 分数低于 90 的概率是多少？

b. 随机选择 4 个人，其平均 IQ 分数低于 90 的概率是多少？

c. 随机选择 4 个人，其 IQ 分数都低于 90 的概率是多少？

11. 2019 年皮尤研究中心的一项研究发现，居住在美国的无证移民数量已降至 2004 年的水平。虽然加利福尼亚州无证移民的比例有所下降，但仍占全国大约 1 050 万无证移民的 23%。

a. 在 50 名无证移民的随机样本中，超过 20% 居住在加利福尼亚州的概率是多少？

b. 在 200 名无证移民的随机样本中，超过 20% 居住在加利福尼亚州的概率是多少？

c. 对 a 和 b 问题中计算概率之间差异的原因进行解释。

12. 假设一项研究发现 33% 的青少年在开车时会发短信。这项研究是基于 100 名青少年司机进行的。

a. 讨论样本比例的抽样分布。

b. 样本比例小于 0.30 的概率是多少？

c. 样本比例在总体比例 ±0.02 范围内的概率是多少？

13. 一家汽车制造商担心其经销商的客户满意度低，因此管理层决定对接下来的 40 名客户的满意度进行调查。如果表示满意的客户数量在 22~26 名之间，那么经销商将被罚款。如果只有不到 22 名客户表示满意，那么经销商将被解约。据了解，70% 的经销商客户在满意度调查中表示满意。

a. 经销商被罚款的可能性有多大？

b. 经销商被解约的可能性有多大？

14. 在科学博物馆的一个新展览上，人们被要求从机器中随机抽取 50 次球或 100 次球。已知这台机器有 60 个绿球和 40 个红球。在每次抽取后，人们会记录球的颜色，并将球放回进行下一次抽取。如果有超过 70% 的抽取结果是绿球，那么人们将赢得奖品。你会选择 50 次还是 100 次进行游戏呢？请解释一下。

15. 假设有 1/6 的智能手机用户受到了网络攻击。

a. 以 200 名智能手机用户为样本，讨论样本比例的抽样分布。对样本比例使用正态分布近似值是否合适？

b. 样本中超过 20% 的智能手机用户遭受网络攻击的概率是多少？

5.2 估 计

给定样本数据之后，我们可以使用样本统计对未知的总体参数进行推断，如总体均值和总体比例。统计学产生了两种基本的推断方法——估计和假设检验。虽然样本统计数据是基于一部分总体，但它们包含有用的信息，可用于估计总体参数和进行有关总体参数的测试。在本节中，我们将重点介绍估计。

如前所述，当一个统计量被用来估计一个参数时，它被称为点估计量，或者简称为估计量。估计量的一个特定值称为点估计值或估计值。回想一下，样本均值 $\overline{X}$ 是总体均值 μ 的估计量，样本比例 $\overline{P}$ 是总体比例 p 的估计量。

假设在 25 辆超环保汽车的样本中，我们发现这些汽车的平均每加仑英里数（mpg）$\overline{x}=96.52$mpg；类似地，假设 mpg 大于 100 的汽车比例 $\overline{p}=0.28$。因此，所有超环保汽车的平均 mpg 估计为 96.52mpg，而 mpg 大于 100 的所有超环保汽车的比例估计为 0.28。值得注意的是，这些估计是基于 25 辆汽车的样本，因此样本之间可能会有所不同。通常，为未知总体参数提供一个区间范围比单点估计更为有用。对于总体参数，此范围称为**置信区间**（confidence interval），也称为区间估计。

置信区间

置信区间或区间估计提供了一系列值，这些值在具有一定置信度的情况下包含了要研究的总体参数。

为了构建总体均值 μ 或总体比例 p 的置信区间，必须使 $\overline{X}$ 和 $\overline{P}$ 的抽样分布遵循或近似遵循正态分布。本书不讨论不需要正态分布条件的其他方法。通过回顾 5.1 节，我们可以知道，当基础总体为正态分布时，$\overline{X}$ 遵循正态分布；无论样本大小 n 如何，该结果都成立。如果基础总体不是正态分布，则根据中心极限定理，如果样本量足够大，即当 $n \geqslant 30$ 时 $\overline{X}$ 同样遵循正态分布。类似地，如果样本量足够大，即当 $np \geqslant 5$ 和 $n(1-p) \geqslant 5$ 时，$\overline{P}$ 也遵循正态分布。

建立置信区间的主要因素是基础统计数据的抽样分布。例如，$\overline{X}$ 的抽样分布描述了样本均值在样本之间的变化。回想一下，样本之间的可变性是通过 $\overline{X}$ 的标准误差来测量的。如果标准误差很小，则意味着样本均值不仅彼此接近，而且也接近未知总体均值 μ。

置信区间通常与**误差范围**（margin of error）相关，误差范围可解释估计量的标准误差和区间的期望置信水平。总体均值和总体比例抽样分布的对称性允许我们通过对点估计加上和减去相同的误差范围来构造置信区间。

μ 和 p 置信区间的一般格式

总体均值和总体比例的置信区间被构造为点估计值±误差范围。

举一个简单的天气的例子。如果你觉得外面的温度大约是 50 华氏度，那么你可以自信地认为实际温度在 40～60 华氏度之间。在本例中，50 华氏度类似于实际温度的点估计值，10 度是该点估计值加上和减去的误差范围。

总体均值 μ 的置信区间

在构造总体均值 μ 的置信区间之前，我们首先需要引入一个新的分布。回想一下，如果 $\overline{X}$ 呈正态分布，那么任何值 $\overline{x}$ 都可以转换为其对应值 z，其中 $z = (\overline{x} - \mu)/(\sigma/\sqrt{n})$。事实上，总体标准差 σ 几乎是不知道的。在 σ 未知的情况下，$\overline{X}$ 的标准误差 $\sigma/\sqrt{n}$ 可以方便地通过 $s/\sqrt{n}$ 来估算，其中 s 表示样本标准差。为了方便起见，我们也用 $se(\overline{X}) = s/\sqrt{n}$ 表示对 $\overline{X}$ 的标准误差的估计值。

另一个使用估计量 S 代替 σ 的标准化统计，用 $T = \dfrac{\overline{X} - \mu}{S/\sqrt{n}}$ 来估算。随机变量 T 遵循**学生 t 分布**（student's t distribution），通常称为 **t 分布**（t distribution）。

t 分布实际上是一系列与 z 分布类似的分布，它们都是钟形分布，并且在 0 周围左右对称。然而，所有 t 分布的尾部都比 z 分布稍宽一些。每个 t 分布都由自由度（df）确定。自由度决定 t 分布尾部的宽度：自由度越小，尾部越宽。因为 t 分布是由自由度定义的，所以我们通常称之为 t_{df} 分布。

t_{df} 分布

如果从具有有限方差的正态总体中抽取大小为 n 的随机样本，则统计量 $T = \dfrac{\overline{X} - \mu}{S/\sqrt{n}}$ 遵循 t_{df} 分布，其中 df 表示自由度。

□ 确定 t_{df} 的值和概率

表 5.2 列出了在所选上尾概率和自由度 df 的情况下 t_{df} 对应的值。附录 D 的表 D.2 提供了一个更

完整的表。因为 t_{df} 分布是由 df 参数确定的一系列分布，所以 t 表不像 z 表那样全面。它只列出了与有限数量的值相对应的概率。此外，与 z 表中的累积概率不同，t 表提供了分布上尾部的概率。

表 5.2　部分 t 表

df	上尾面积，α					
	0.20	0.10	0.05	0.025	0.01	0.005
1	1.376	3.078	6.314	12.706	31.821	63.657
$\vdots$	$\vdots$	$\vdots$	$\vdots$	$\vdots$	$\vdots$	$\vdots$
10	0.879	1.372	**1.812**	2.228	2.764	3.169
$\vdots$	$\vdots$	$\vdots$	$\vdots$	$\vdots$	$\vdots$	$\vdots$
∞	0.843	1.282	1.645	1.960	2.326	2.576

我们使用符号 $t_{\alpha,df}$ 来表示一个值，使得给定 df 的上尾面积等于 α。换句话说，对于随机变量 T_{df}，符号 $t_{\alpha,df}$ 表示一个值，使得 $P(T_{df} \geqslant t_{\alpha,df})=\alpha$。类似地，$t_{\alpha/2,df}$ 表示一个值，使得 $P(T_{df} \geqslant t_{\alpha/2,df})=\alpha/2$。图 5.4 对该符号做了说明。

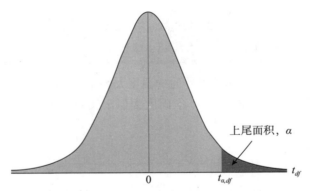

图 5.4　$P(T_{df} \geqslant t_{\alpha,df})=\alpha$ 的图像说明

在确定 $t_{\alpha,df}$ 的值时，我们需要两条信息：（1）样本大小 n 或自由度 df；（2）α。例如，假设我们想要找到在 $\alpha=0.05$，$df=10$ 的条件下 $t_{\alpha,df}$ 的值，即 $t_{0.05,10}$。我们利用表 5.2，查看标记为 df 的第一列，找到第 10 行。然后我们继续沿着这一行往右看，直到找到列 $\alpha=0.05$。值 1.812 表明 $P(T_{10} \geqslant 1.812)=0.05$。由于 t 分布的对称性，我们可以推断 $P(T_{10} \leqslant -1.812)=0.05$。图 5.5 以图形方式显示了这些结果。此外，由于整个 t_{df} 分布下的面积总和为 1，我们可以推断 $P(T_{10} < 1.812)=1-0.05=0.95$，相当于 $P(T_{10} > -1.812)$。

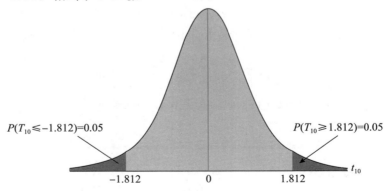

图 5.5　T_{10} 两侧的概率图，$\alpha=0.05$

有时，精确概率不能从 t 表中确定。例如，给定 $df=10$，精确概率 $P(T_{10} \geq 1.562)$ 并不在表中。但是，该概率介于 0.05 和 0.10 之间，因为值 1.562 介于 1.372 和 1.812 之间。类似地，$P(T_{10} < 1.562)$ 介于 0.90 和 0.95 之间。我们可以使用 Excel、R 语言和其他统计软件包来查找准确的概率。

如前所述，我们将 μ 的置信区间构造为点估计值±误差范围，其中误差范围说明了区间的期望置信水平和样本均值的标准误差。可以得出（此处不提供推导）误差范围是 $t_{\alpha/2,df}$ 和 $s/\sqrt{n}$ 的乘积，其中，$t_{\alpha/2,df}$ 通常称为可靠性系数。

虽然报告 95% 的置信区间是很常见的，但理论上我们可以构造任何置信水平的区间。现在我们正式地将 α 表示为允许的误差概率；在下一节中，这被称为显著性水平。这是估计程序将生成不包含 μ 的区间的概率。置信系数（$1-\alpha$）被解释为估计程序产生包含 μ 的区间的概率。因此，误差概率 α 与置信系数和置信水平相关，如下所示：

- 置信系数＝$1-\alpha$；
- 置信水平＝$100(1-\alpha)\%$。

例如，置信系数 0.95 意味着误差概率 α 等于 $1-0.95=0.05$，置信水平等于 $100(1-0.05)\%=95\%$。同样，对于 90% 的置信区间，置信系数等于 0.90，$\alpha=1-0.90=0.10$。以下陈述概括了 μ 的置信区间的构造。

μ 的置信区间

总体均值 μ 的 $100(1-\alpha)\%$ 的置信区间可以写作：

$$\overline{x} \pm t_{\alpha/2,df} \frac{s}{\sqrt{n}} \quad \text{或者} \quad \left[\overline{x} - t_{\frac{\alpha}{2},df} \frac{s}{\sqrt{n}}, \; \overline{x} + t_{\frac{\alpha}{2},df} \frac{s}{\sqrt{n}} \right]$$

式中，s 为样本标准差，$df=n-1$。该公式仅在 $\overline{X}$（近似）服从正态分布时成立。

由于置信区间经常被误解，因此我们在描述它们时需要小心。例如，假设我们为 μ 构造了一个 90% 的置信区间。这并不意味着 μ 落在置信区间内的概率是 0.90。记住 μ 是一个常数，尽管其值未知。它要么落在区间内（概率等于 1），要么不在区间内（概率等于 0）。这个随机性来自 $\overline{X}$，而不是 μ，因为许多可能的样本均值可以从总体中得出。因此，说 μ 落在某个区间内的概率为 0.90 是不正确的。90% 的置信区间仅仅意味着，如果从给定总体中提取了大量预定大小的样本，那么由估算程序（公式）形成的 90% 的区间将包含 μ。请记住，我们仅使用一个样本来推导估算值。因为有许多可能的样本，我们在 90% 的情况下都是正确的，因此给了我们 90% 的置信度。

例 5.5

在 25 辆超环保汽车的样本中，我们发现平均每加仑英里数（mpg）$\overline{x}=96.52\text{mpg}$，标准差 $s=10.70$。使用此信息构建总体均值 90% 的置信区间。假设 mpg 遵循正态分布。

解答：

由于我们假设 mpg 为正态分布，因此满足 $\overline{X}$ 属于正态分布的条件。我们将置信区间构造为 $\overline{x} \pm t_{\alpha/2,df} \frac{s}{\sqrt{n}}$。对于 90% 的置信区间，$\alpha=0.10$，$\alpha/2=0.05$，且给定 $n=25$，$df=25-1=24$。因此，$t_{0.05,24}=1.711$。μ 的 90% 置信区间写作：

$$\overline{x} \pm t_{\alpha/2,df} \frac{s}{\sqrt{n}} = 96.52 \pm 1.711 \frac{10.70}{\sqrt{25}} = 96.52 \pm 3.66$$

　　所有超环保汽车平均每加仑英里数的 90% 置信区间在 92.86～100.18 英里之间。

■ 用 Excel 和 R 语言构造 μ 的置信区间

Excel 和 R 语言在构造置信区间时非常有用，请参考下面的例子。

例5.6

　　Amazon Prime 是一项每年 119 美元的服务，其为公司的客户提供免费的两日送达服务和隔夜送达折扣。Prime 客户还可以获得其他优惠，如免费电子书。表 5.3 显示了 100 名 Prime 客户的部分年度支出（文件：Prime）。使用 Excel 和 R 语言为这 100 名 Prime 客户的年平均支出构建 95% 的置信区间，并总结结果。

表 5.3　Prime 客户年度支出

客户	支出（美元）
1	1 272
2	1 089
⋮	⋮
100	1 389

解答：

　　我们计算 $\overline{x} \pm t_{\alpha/2,df}\dfrac{s}{\sqrt{n}}$，或者我们找到置信区间的下限和上限 $\left[\overline{x}-t_{\alpha/2,df}\dfrac{s}{\sqrt{n}}, \ \overline{x}+t_{\alpha/2,df}\dfrac{s}{\sqrt{n}}\right]$。

使用 Excel

　　a. 打开数据文件 Prime。请注意，支出变量的观察值位于单元格 B2:B101 中。

　　b. 对于 95% 的置信区间，$n=100$，我们使用 = T.INV(0.975, 99) 来获得 $t_{0.025,99}$ 的值。因此，为了获得置信区间的下限，我们输入 = AVERAGE(B2:B101) − T.INV(0.975, 99) * STDEV.S(B2:101)/SQRT(100)。对于置信区间的上限，我们输入 = AVERAGE(B2:B101) + T.INV(0.975, 99) * STDEV.S(B2:101)/SQRT(100)。

　　注意：对于在 Excel 中构建置信区间的一步方法，我们可以使用在第 3 章中讨论过的分析工具包中的"描述性统计"（Descriptive Statistics）选项。在描述性统计对话框中，我们选择"汇总统计"（Summary Statistics）和"均值的置信区间"（Confidence Interval for Mean）。（默认情况下，置信水平设置为 95%，但你可以轻松输入另一个水平。）在 Excel 返回的表格中，我们可以找到均值和标记为置信水平（95.0%）的误差范围。

使用 R 语言

　　a. 将数据 Prime 导入数据框（表）中并将其标记为 myData。

　　b. 对于 95% 的置信区间，$n=100$，我们使用 qt 函数得出 $t_{0.025,99}$ 的值。因此，为了获得置信区间的下限和上限，我们输入：

```
lower <- mean(myData $ Expenditures) - qt(0.975,99,lower.tail =
TRUE) * sd(myData $ Expenditures)/sqrt(100)
upper <- mean(myData $ Expenditures) + qt(0.975,99,lower.tail =
```

TRUE) * sd(myData $ Expenditures)/sqrt(100)

注意：关于在 R 语言中一步构建置信区间的方法，请参考例 5.12。

总结

我们有 95％的信心得出结论，所有 Prime 客户的平均年度支出介于 1 240.24～1 373.64 美元之间。

■ 总体比例 p 的置信区间

回想一下，虽然总体均值 μ 描述了一个数值变量，但总体比例 p 是分类变量的基本描述指标。参数 p 表示总体中成功的比例，其中成功由特定结果定义。

与总体均值的情况一样，我们基于样本比例来估计总体比例。特别是，我们使用样本比例 $\overline{P}$ 作为总体比例 p 的点估计。此外，尽管 $\overline{P}$ 的抽样分布基于二项分布，但根据中心极限定理，我们可以通过大样本的正态分布来近似计算它。当样本量 n 满足 $np \geqslant 5$ 且 $n(1-p) \geqslant 5$ 时，这种近似计算是合理的。

使用 $\overline{P}$ 的正态近似值 $E(\overline{P}) = p$ 和 $se(\overline{P}) = \sqrt{p(1-p)/n}$，与总体均值的置信区间的构造类似，总体比例的 $100(1-\alpha)\%$ 的置信区间为 $\overline{p} \pm z_{\alpha/2} \sqrt{\dfrac{p(1-p)}{n}}$，其中符号 $z_{\alpha/2}$（可靠性系数）是与标准正态分布上尾 $\alpha/2$ 概率相关的 z 值。

这个置信区间在理论上是合理的，但是它无法实现，因为它在推导中使用的 p 是未知的。由于我们总是使用大样本进行正态分布近似，因此在区间构造中，我们也可以使用其估计值 $\overline{p}$ 代替 p。因此，我们用 $\sqrt{\dfrac{\overline{p}(1-\overline{p})}{n}}$ 代替 $\sqrt{\dfrac{p(1-p)}{n}}$。这种替代为总体比例产生了一个可行的置信区间。下面的陈述概括了 p 的置信区间的构造。

p 的置信区间

总体比例 p 的 $100(1-\alpha)\%$ 的置信区间可以写作

$$\overline{p} \pm z_{\alpha/2} \sqrt{\frac{\overline{p}(1-\overline{p})}{n}} \text{ 或者 } \left[\overline{p} - z_{\frac{\alpha}{2}} \sqrt{\frac{\overline{p}(1-\overline{p})}{n}}, \ \overline{p} + z_{\alpha/2} \sqrt{\frac{\overline{p}(1-\overline{p})}{n}} \right]$$

该公式仅在 $\overline{P}$（近似）服从正态分布时成立。

在使用样本比例 $\overline{p}$ 时，我们将评估其是否满足正态分布。也就是说，在构造总体比例 p 的置信区间时，我们要求 $n\overline{p} \geqslant 5$ 且 $n(1-\overline{p}) \geqslant 5$。

例 5.7

在 25 辆超环保汽车的样本中，其中有 7 辆汽车的每加仑英里数超过 100mpg。为每加仑英里数超过 100mpg 的所有超环保汽车的总体比例构建 90％和 99％的置信区间。

解答：

总体比例的点估计值为 $\overline{p} = 7/25 = 0.28$。注意：因为 $np \geqslant 5$ 且 $n(1-p) \geqslant 5$，其中 p 的估计值为 $\overline{p} = 0.28$，因此正态分布条件是满足的。在 90％置信水平下，$\alpha/2 = 0.10/2 = 0.05$，因此，我们发现 $z_{\alpha/2} = z_{0.05} = 1.645$。将适当的值代入 $\overline{p} \pm z_{\alpha/2} \sqrt{\dfrac{\overline{p}(1-\overline{p})}{n}}$ 中得到

$$0.28 \pm 1.645 \sqrt{\frac{0.28(1-0.28)}{25}} = 0.28 \pm 0.148$$

在 90% 的置信度下，比例在 13.2%～42.8% 之间。

对于 99% 的置信区间，我们利用 $\alpha/2 = 0.01/2 = 0.005$ 和 $z_{\alpha/2} = z_{0.005} = 2.576$，得到

$$0.28 \pm 2.576 \sqrt{\frac{0.28(1-0.28)}{25}} = 0.28 \pm 0.231$$

在 99% 的较高置信水平下，汽车中每加仑英里数在 100mpg 以上的比例在 4.9%～51.1% 之间。考虑到目前 25 辆车的样本量，我们以牺牲精确度为代价获得了置信度（从 90% 到 99%），相应的误差范围从 0.148 增加到 0.231。

练习 5.2

应用

16. 一个广受欢迎的减肥计划声称，通过其推荐的健康饮食方案，使用者的体重可以在 1 个月内明显减轻。为了估计所有顾客的平均减重情况，营养学家对 18 名节食者进行了抽样，并记录他们在加入该计划一个月后的减重情况。他计算出体重减轻的均值和标准差分别为 12.5 磅和 9.2 磅。此外，他认为体重减轻可能呈正态分布。

　　a. 以 95% 的置信水平计算出误差范围。

　　b. 计算总体均值 95% 的置信区间。

　　c. 如何降低 a 问题中报告的误差范围？

17. 文件：Customers。孟菲斯奶酪蛋糕工厂的经理报告说，在随机选择的 6 个工作日内，接待的客户数量分别为 120、130、100、205、185 和 220。她认为，工作日接待的客户数量遵循正态分布。

　　a. 以 90% 的置信水平计算误差范围。

　　b. 构建工作日平均接待客户数的 90% 的置信区间。

　　c. 如何降低 a 问题中报告的误差范围？

18. 根据最近的一项调查，高中女生平均每天会发送 100 条短信。假设这项调查是基于对 36 名高中女生的随机抽样。样本标准差为每天 10 条短信。

　　a. 以 99% 的置信水平计算误差范围。

　　b. 所有高中女生每天发送短信总体均值的 99% 的置信区间是多少？

19. 获取特许金融分析师（CFA）证书正迅速成为投资专业人士的一项要求。虽然它需要成功完成 3 个级别的艰苦考试，但这个证书通常会带来一份有前途的职业，薪水丰厚。一名金融专业的学生对 CFA 证书持有人的平均工资很好奇。他随机抽取了 36 名最近持有证书的人，计算出平均工资为 158 000 美元，标准差为 36 000 美元。使用此信息确定 CFA 证书持有人平均工资的 95% 的置信区间。

20. 数独游戏在全世界非常流行。它基于 9×9 的网格，挑战在于填充网格，使每行、每列和每 3×3 框的格子都包含数字 1～9。一位研究人员对估算一个大学生解决这个难题的平均时间感兴趣。他随机抽取了 8 名大学生，并记录了他们的解题时间，分别为 14 分钟、7 分钟、17 分钟、20 分钟、18 分钟、15 分钟、19 分钟、28 分钟。

　　a. 为大学生解决数独难题的平均时间构建 99% 的置信区间。

　　b. 做出这个推论需要什么样的假设？

21. 文件：Stock_Price。下表列出了一家大型科技公司今年前 6 个月的月度收盘价（美元）。

月份	价格
1 月	71
2 月	73
3 月	76
4 月	78
5 月	81
6 月	75

a. 计算样本均值和样本标准差。

b. 假设股票价格为正态分布，计算公司平均股票价格的 90% 的置信区间。

c. 如果区间估计使用更高的置信水平，那么误差范围会发生什么变化？

22. 假设商学院申请人 SAT 平均分数的 90% 的置信区间为 [1 690，1 810]。该置信区间使用基于 25 个样本的样本均值和样本标准差。计算区间时使用的样本均值和样本标准差是多少？

23. 老师想估算学生从一个教室到下一个教室所花费的平均时间（分钟）。他的研究助理使用 36 名学生所用时间的样本报告置信区间为 [8.20，9.80]。

a. 找到用于计算置信区间的样本平均时间。

b. 如果用于构造区间的样本标准差为 2.365，请确定置信水平。

24. 为了吸引更多的千禧一代顾客（1980—2000 年出生的顾客），一家新的服装店向顾客提供免费的美味咖啡和糕点。其在过去 5 周内平均每日收入为 1 080 美元，标准差为 260 美元。使用此样本信息构建平均每日收入的 95% 的置信区间。该店经理认为，咖啡和糕点策略将带来平均每天 1 200 美元的收入。使用 95% 的置信区间来确定经理的判断是否错误。

25. 文件：Debt_Payments。下表显示了 26 个大都市地区居民每月的平均债务（美元）支付的部分数据。构建总体均值的 90% 和 95% 置信区间，并对区间的长度进行评价。

城市	债务
华盛顿哥伦比亚特区	1 285
西雅区	1 135
⋮	⋮
匹兹堡	763

26. 文件：Economics。一所大学的副院长希望比较微观经济学和宏观经济学标准化期末考试中的平均成绩。他从这两门课程中各自随机抽取了 40 个得分。部分数据如下表所示。

微观经济学	宏观经济学
85	48
78	79
⋮	⋮
75	74

a. 分别为微观经济学和宏观经济学的平均得分构建 95% 的置信区间。

b. 解释两个区间长度不同的原因。

27. 文件：Math_Scores。几十年来，人们一直认为男孩天生比女孩在数学方面更有天赋。换句话说，由于大脑的内在差异，男孩被认为比女孩更适合解决数学问题。最近的研究挑战了这种刻板印象，认为数学成绩中的性别差异更多与文化有关，而不是与生俱来的天赋。然而，另一些人认为，虽然男孩和女孩的均值可能是相同的，但男孩的数学能力比女孩有更多的可变性，这导致一些男孩的数学能力迅速提升。有关男孩和女孩数学成绩的部分样本数据见下表。

男孩	女孩
74	83
89	76
⋮	⋮
66	74

a. 为男孩和女孩的平均分数构建 95% 的置信区间，并解释你的假设。

b. 解释两个区间长度不同的原因。

28. 文件：Startups。今天许多领先的公司，包括谷歌、微软和脸书，都是基于在大学内开发的技术。Lisa Fisher 是一位商学院教授，她认为大学的研究支出（百万美元）和研究持续时间（年）是推动创新的主要因素。她想知道研究支出和研究持续时间变量的均值是多少。她收集了 143 所大学关于这些变量的数据，其中部分数据见下表。

研究支出	研究持续时间
145.52	23
237.52	23
⋮	⋮
154.38	9

a. 构建并解释所有大学平均研究支出的95%的置信区间。

b. 构建并解释所有大学平均研究持续时间的95%的置信区间。

29. 一项针对1 026人的调查被问及他们会如何处理一份意想不到的现金礼物。47%的受访者表示，他们将用于偿还债务。

a. 在95%的置信水平下，误差范围是多少？

b. 构建95%的置信区间，以确定使用意外现金礼物偿还债务的人群比例。

30. 一项抽样调查对5 324名美国人进行了询问，他们被问及在选择居住地时最看重的因素是什么。有37%的受访者认为工作机会最重要。

a. 为那些认为好的工作机会是选择居住地时最重要因素的美国人构建90%的置信区间。

b. 为那些认为好的工作机会是选择居住地时最重要因素的美国人构建99%的置信区间。

c. 以上两个区间中哪一个误差范围更大？请解释原因。

31. 一位经济学家报告说，在1 200个美国中等收入家庭的样本中，有560个家庭积极参与股市。

a. 为积极参与股市的中等收入美国家庭的比例构建90%的置信区间。

b. 我们能否得出结论，积极参与股市的中等收入美国家庭的比例不是50%？

32. 在一项针对1 116名成年人的调查中，有47%的人赞成特朗普总统在处理经济问题上所做的工作（《今日观点》，2019年7月1日）。

a. 计算支持特朗普总统处理经济问题举措的美国人比例的90%的置信区间。

b. 由此产生的误差范围是多少？

c. 计算与99%的置信水平相关的误差范围。

33. 在最近对美国760名房主进行的一项民意调查中，有1/5的房主报告说目前正在偿还房屋净值贷款。使用0.90的置信水平，为所有美国房主中持有房屋净值贷款的房主比例构建置信区间。

34. 肥胖通常被定义为超过健康体重30磅及以上。最近一项关于肥胖的研究报告称，在美国400名成年人的随机抽样中，有27.5%的人肥胖。

a. 使用此样本信息计算美国成年人肥胖率的90%的置信区间。

b. 在90%的置信水平下，我们能否得出美国成年人肥胖率不是30%的结论？

35. 一位会计学教授因吝啬于给出高分而臭名昭著。在秋季学期的140名学生中，她只给了5%的A、23%的B、42%的C、30%的D和F。假设这是一个有代表性的班级，计算从这位教授那里得到至少一个B的概率的95%置信区间。

5.3　假设检验

每天，人们都会根据自己对世界真实状态的判断做出决定。他们认为某些事情是正确的，而另一些事情是错误的，然后采取相应的行动。例如，如果一名工程师认为某根钢丝绳的断裂强度为5 000磅及以上，那么他就会允许在施工现场使用这根钢丝绳；如果一家制造商认为，某一特定工艺生产的胶囊中精确含有100毫克的药物，那么它将把胶囊运送到药店；如果一名经理认为进货货物缺损率小于2%，那么他就会接受该货物。

在这些情况下，甚至更多的情况下，这些判断的形成可能仅仅是一个猜测、一个有根据的猜测，或者一个初步提出的命题。当人们以这种方式表达一种判断时，我们称之为一种假设。然而，每一个假设迟早都会遇到证实或反驳它的证据。确定这种性质的假设的有效性称为假设检验。

我们使用假设检验来解决两个相互排斥的假设关于某个特定总体参数的冲突。我们将其中一个假设称为**原假设**（null hypothesis），记为 H_0；另一个假设称为**备择假设**（alternative hypothesis），记为 H_A。一方面，我们将原假设对应于假定的默认自然状态或现状。另一方面，备择假设与默认状态或现状相矛盾。

原假设与备择假设

在构造假设检验时，我们定义了一个原假设（记为 H_0）和一个备择假设（记为 H_A）。我们进行假设检验，以确定样本证据是否与 H_0 相矛盾。

假设检验程序使我们能够从两个假设中留下正确的选项。如果样本证据与原假设不一致，我们拒绝原假设。相反，如果样本证据与原假设一致，则我们不会拒绝原假设。做出"我们接受原假设"的结论是不正确的，因为虽然样本信息可能并未与原假设不一致，但不一定就能证明原假设是正确的。

举一个医学领域的例子，其中 null 被定义为"一个人没有特定的疾病"。假设一个医疗程序不能检测到这种疾病。基于这些有限的信息，我们只能得出结论，我们无法检测疾病（不拒绝原假设），但不一定证明此人没有疾病（接受原假设）。

□ 定义原假设和备择假设

假设检验中的一个非常关键的步骤涉及两个相互对立假设的表述，因为检验的结论取决于假设的陈述方式。作为一般准则，我们希望建立的任何事物都放在备择假设中，而原假设表述现状。如果我们无法拒绝原假设，那么我们将维持现状或"一切照旧"。然而，如果我们拒绝原假设，这表明证据支持备择假设，这可能需要我们采取某种行动。例如，如果我们拒绝一个人没有某种特定疾病的原假设，那么我们就可以得出这个人有疾病的结论，并为此开出治疗处方。

在大多数应用中，我们需要在原假设中使用某种形式的等号（后面将提供等号的理由）。通常包含"$=$""$\leq$""$\geq$"这三个符号中任何一个的语句都是有效的原假设。考虑到备择假设与原假设相反，备择假设被指定使用"$\neq$""$>$""$<$"符号。

对立假设的构建

作为一般指南，我们使用备择假设作为建立新事物的工具，即挑战现状。在大多数应用中，关于特定感兴趣的总体参数的原假设用以下符号之一指定：$=$，$\leq$，或$\geq$。然后我们用相应的相反符号指定备择假设：$\neq$，$>$，或$<$。

假设检验既可以是单尾检验，也可以是双尾检验。当备择假设包含"$\neq$"符号时，就定义了双尾检验。例如，H_0：$\mu = \mu_0$ 与 H_A：$\mu \neq \mu_0$ 和 H_0：$p = p_0$ 与 H_A：$p \neq p_0$ 是双尾检验的例子，其中 μ_0 和 p_0 分别代表总体均值和总体比例的假设值。如果原假设被拒绝，则表明真实参数不等于假设值。

而单尾检验涉及一个原假设，该假设只能在假设值的一侧被拒绝。例如，考虑 H_0：$\mu \leq \mu_0$ 与 H_A：$\mu > \mu_0$。在这里，只有当有充分证据表明总体均值大于 μ_0 时，我们才能拒绝原假设。它也被称为右尾检验，因为原假设的拒绝发生在假设均值的右侧。另一个例子是左尾检验，H_0：$\mu \geq \mu_0$ 与 H_A：$\mu < \mu_0$，其中原假设只能在假设均值的左侧被拒绝。总体比例的单尾检验也有类似的定义。

一般来说，我们在确定对立假设时遵循 3 个步骤：

1. 确定感兴趣的相关总体参数。
2. 确定是单尾检验还是双尾检验。
3. 在原假设中使用某种形式的等号，并使用备择假设来建立一个对立的命题。

在接下来的两个例子中，我们的目标是做出合适的对立假设。

例5.8

一个贸易组织预测，今年每个家庭的返校支出平均为606.40美元。如果预测是错误的，就需要一个不同的经济模型。指定原假设和备择假设，以确定是否需要不同的经济模型。

解答：

由于我们正在检查平均返校支出，因此关注的参数是总体均值 μ。因为我们希望能够确定总体均值是否与606.40美元不同（$\mu \neq 606.40$），所以我们需要一个双尾检验，并将原假设和备择假设表述为

$$H_0 : \mu = 606.40$$
$$H_A : \mu \neq 606.40$$

如果原假设被拒绝，则建议贸易组织使用不同的经济模型。

例5.9

一位电视研究分析师希望验证一个说法，即超过50%的家庭会收看电视节目。指定原假设和备择假设以验证该说法。

解答：

这是关于总体比例 p 的单尾检验的一个例子。考虑到分析员想要确定 p 是否大于0.50，这一主张被置于备择假设中，而原假设正好相反。

$$H_0 : p \leq 0.50$$
$$H_A : p > 0.50$$

只有在拒绝了原假设的情况下，50%以上的家庭会收看电视节目的说法才是被证实的。

□ 第 I 类错误和第 II 类错误

因为假设检验的决定是基于有限的样本信息，所以我们必然会出错。在理想情况下，我们希望能够在原假设为假时拒绝原假设，而在原假设为真时不拒绝原假设。然而，我们最终可能会错误地拒绝或不拒绝原假设。换句话说，有时我们在不应拒绝的时候拒绝了原假设，或者在应该拒绝的时候不拒绝原假设。

在假设检验的背景下，我们考虑两种类型的错误：第 I 类错误和第 II 类错误。一方面，当原假设为真时，如果我们拒绝原假设，则会发生第 I 类错误。另一方面，如果原假设实际上是错误的，而我们不拒绝原假设，则会产生第 II 类错误。

表5.4总结了有关第 I 类和第 II 类错误的情况。有两种可能的正确决定：当原假设为真时不拒绝原假设，当原假设为假时拒绝原假设。相反，也可能有两种错误的决定（错误）：当原假设为真时拒绝原假设（第 I 类错误），当原假设为假时不拒绝原假设（第 II 类错误）。

表5.4 第 I 类和第 II 类错误

决定	原假设是正确的	原假设是错误的
拒绝原假设	第 I 类错误	正确的决定
不拒绝原假设	正确的决定	第 II 类错误

例 5. 10

一家在线零售商正在决定是否在新市场建立实体店。市场分析显示，如果平均每天人流量超过 500 人，那么该合资企业将盈利。对立假设具体如下：

$$H_0: \mu \leqslant 500 \text{（不建造实体店）}$$
$$H_A: \mu > 500 \text{（建造实体店）}$$

讨论第 I 类错误和第 II 类错误的后果。

解答：

当假设检验的结论是拒绝 H_0，零售商建造实体店，但实际上平均每天人流量不超过 500 人，企业将无法盈利时，会出现第 I 类错误。当假设检验的结论是不拒绝 H_0，零售商不建造实体店，但事实上，平均每天人流量超过 500 人，该企业本来是有利可图的，这时就会出现第 II 类错误。可以说，在本例中，第 I 类错误的后果比第 II 类错误的后果更严重。

要确定这两类错误中哪一个后果更严重并不总是容易的。对于给定的证据，这些错误之间存在权衡：通过降低第 I 类错误的可能性，我们隐含地增加了第 II 类错误的可能性，反之亦然。我们减少这两类错误的唯一方法是收集更多的证据。让我们用 α 表示第 I 类错误的概率，用 β 表示第 II 类错误的概率，用样本量 n 表示证据的强度。我们降低 α 和 β 的唯一方法是增加 n。然而，对于给定的 n，我们只能以更高的 β 为代价减少 α，并且只能以更高的 α 为代价减少 β。α 和 β 的最佳选择取决于这两类错误的相对成本，确定这些成本并不总是容易的。通常，关于第 I 类和第 II 类错误的最佳概率水平的决策由公司管理层做出，其中数据分析师的工作是对选定的 α 值进行假设检验。

总体均值 μ 的假设检验

实施假设检验有两种方法：p 值法和临界值法。当计算机不可用且所有计算都必须手工完成时，临界值法很有吸引力。然而，大多数研究人员和实践者倾向于 p 值法，因为几乎每个统计软件包都能报告 p 值。我们也将重点关注 p 值法。我们执行了一个四步程序，该程序适用于对总体均值、总体比例或任何其他感兴趣的总体参数的单尾检验和双尾检验。

关于总体均值 μ 的假设检验基于样本均值 $\overline{X}$ 的抽样分布，更具体地说，是使用了 $E(\overline{X}) = \mu$ 和 $se(\overline{X}) = \dfrac{\sigma}{\sqrt{n}}$ 这两个公式。如上一节所述，由于 σ 是难以得知的，我们通过 $\dfrac{s}{\sqrt{n}}$ 来估计 $se(\overline{X})$。此外，为了实施检验，$\overline{X}$ 必须是正态分布的。回想一下，当基础总体是正态分布时，$\overline{X}$ 是正态分布的。如果基础总体不是正态分布，那么根据中心极限定理，如果样本量足够大，即 $n \geqslant 30$ 时，$\overline{X}$ 近似为正态分布。

假设检验的基本原则是首先假设原假设为真，然后确定样本证据是否与该假设相矛盾。假设招聘经理希望确定平均退休年龄大于 67 岁（$\mu > 67$）。假设退休年龄是正态分布的。我们可以通过指定相互对立的假设来检验经理的观点：

$$H_0: \mu \leqslant 67$$
$$H_A: \mu > 67$$

从 25 名退休人员的随机抽样中，得出平均退休年龄为 71 岁，标准差为 9，即 $\overline{x} = 71$，$s = 9$。该样本证据对原假设的有效性提出了质疑，因为样本均值大于假设值 $\mu_0=67$。然而，$\overline{x}$ 和 μ_0 之间的差异并不一定意味着原假设是错误的。也许这种差异可以用纯粹的偶然性来解释。用适当的检验统计量来评估这种差异是很常见的。

μ 的假设检验

总体均值 μ 的假设检验的检验统计量的值计算如下：

$$t_{df}=\frac{\overline{x}-\mu_0}{s/\sqrt{n}}$$

式中，μ_0 是总体均值在自由度 $df=n-1$ 下的假设值。该公式仅在 $\overline{X}$（近似）服从正态分布时成立。

注意，检验统计量 t_{df} 的值在 $\mu=\mu_0$ 时进行评估，这解释了为什么我们需要在原假设中使用某种形式的等号。假设总体为正态分布，$n=25$（因此 $df=24$），$\overline{x}=71$，$s=9$，我们将检验统计量的值计算为 $t_{24}=\frac{\overline{x}-\mu_0}{s/\sqrt{n}}=\frac{71-67}{9/\sqrt{25}}=2.22$。因此，将 $\overline{x}=71$ 和 67 比较与将 $t_{24}=2.22$ 和 0 比较是相同的，其中 67 和 0 分别是 $\overline{X}$ 和 T_{24} 的均值。

我们现在发现代表获得样本均值可能性的 p 值，在假设原假设为真的等式（即 $\mu_0=67$）下，该均值至少与从给定样本得出的均值一样极端。由于在本例中 $\overline{x}=71$，我们将极值定义为 71 或更高的样本均值，因此我们通过 $P(\overline{X}\geq71)=P(T_{24}\geq2.22)$ 发现 p 值。表 5.5 显示了 t 表的一部分。从表 5.5 中查找 $df=24$，我们发现 $P(T_{24}\geq2.22)$ 的精确概率无法确定。由于 2.22 介于 2.064 和 2.492 之间，这意味着 p 值介于 0.01 和 0.025 之间。使用 Excel 或 R 语言（说明见下文），我们发现精确的 p 值为 0.018。图 5.6 显示了计算的 p 值。

表 5.5　部分 t 表

df	上尾面积					
	0.20	0.10	0.05	0.025	0.01	0.005
1	1.376	3.078	6.341	12.706	31.821	63.657
⋮	⋮	⋮	⋮	⋮	⋮	⋮
24	0.857	1.318	1.711	2.064	2.492	2.797

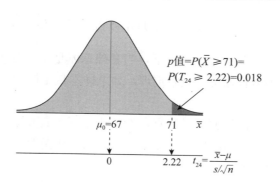

图 5.6　$t_{24}=2.22$ 的右尾检验的 p 值

请注意，当原假设为真时，样本均值大于等于 71 的概率仅为 1.8%。这似乎是一个很小的机会，但它是否足够小，允许我们拒绝原假设，而支持备择假设？让我们看看如何定义"足够小"。

请记住，当我们拒绝事实上是真的原假设时，就会发生第 I 类错误。我们将发生第 I 类错误的允许概率定义为 α；我们将 $100\alpha\%$ 作为**显著性水平**（significance level）。而 p 值被称为发生第 I 类错误的观测概率。当使用 p 值法时，决策规则为：如果 p 值 $<\alpha$，则拒绝原假设；如果 p 值 $\geq\alpha$，则不拒绝原假设。

在进行假设检验之前，我们通常为 α 选择一个值，也就是说，我们在比赛前就制定了比赛规则。在选择 α 时必须小心，因为重要的决定通常基于假设检验的结果，而假设检验又取决于 α。大多数假设检验的显著性水平分别为 1%、5% 或 10%，α 分别为 0.01、0.05 或 0.10。例如，$\alpha=0.05$ 意味着我们有 5% 的机会拒绝一个真正的原假设。

在退休年龄示例中，假设我们选择 $\alpha=0.05$ 进行假设检验。在这个显著性水平下，我们拒绝了原假设，因为 0.018<0.05。这意味着样本数据支持经理的说法，即平均退休年龄大于 67 岁。个人可能因为储蓄不足或这一代人预计比上一代人活得更长，需要工作来支付账单，从而导致超过了 67 岁的正常退休年龄。我们应该注意到，如果 α 被设置为 0.01，那么结果会有所不同。在这个较小的显著性水平下，证据不允许我们拒绝原假设（0.018>0.01）。在 1% 的显著性水平下，我们不能得出平均退休年龄大于 67 岁的结论。

在右尾检验的退休年龄示例中，我们用 $P(T_{df} \geq t_{df})$ 计算 p 值。类似地，对于左尾检验，p 值由 $P(T_{df} \leq t_{df})$ 给出。对于双尾检验，极值存在于检验统计量分布的两侧。鉴于 t_{df} 分布的对称性，双尾检验的 p 值是单尾检验的 p 值的两倍，当 $t_{df}>0$ 时计算为 $2P(T_{df} \geq t_{df})$，当 $t_{df}<0$ 时计算为 $2P(T_{df} \leq t_{df})$。

---

p 值法

在 $\mu=\mu_0$ 的假设下，p 值是观察到样本均值至少与从给定样本得出的均值一样极端的可能性。其计算取决于备择假设的说明。

备择假设	p 值
$H_A: \mu>\mu_0$	右尾概率：$P(T_{df} \geq t_{df})$
$H_A: \mu<\mu_0$	左尾概率：$P(T_{df} \leq t_{df})$
$H_A: \mu \neq \mu_0$	双尾概率： $2P(T_{df} \geq t_{df})$，$t_{df}>0$； $2P(T_{df} \leq t_{df})$，$t_{df}<0$

决策规则是：如果 p 值 $<\alpha$，则拒绝 H_0；如果 p 值 $\geq\alpha$，则不拒绝 H_0。

图 5.7 显示了根据对立假设的形式确定 p 值的 3 种不同情景。图 5.7（a）显示了左尾检验的 p 值。由于合适的检验统计量遵循 t_{df} 分布，因此我们用 $P(T_{df} \leq t_{df})$ 计算 p 值。当计算右尾检验的 p 值（见图 5.7（b））时，我们找到检验统计量 t_{df} 值右侧的区域，或者等价地用 $P(T_{df} \geq t_{df})$ 来计算。图 5.7（c）显示了双尾检验的 p 值，当 $t_{df}>0$ 时计算为 $2P(T_{df} \geq t_{df})$，当 $t_{df}<0$ 时计算为 $2P(T_{df} \leq t_{df})$。

要注意的是，如果右尾检验中 $\bar{x} \leq \mu_0$ 或 $t_{df} \leq 0$，则我们不能拒绝 H_0。例如，考虑一个右尾检验，假设为 $H_0: \mu \leq 67$ 与 $H_A: \mu>67$。在这里，如果 $\bar{x}=65$，则无须进行正式检验，因为样本均值与总体均值的假设值之间没有差异。类似地，如果左尾检验中 $\bar{x} \geq \mu_0$ 或 $t_{df} \geq 0$，则我们不能拒绝 H_0。现在，我们将总结 p 值法的四个步骤。

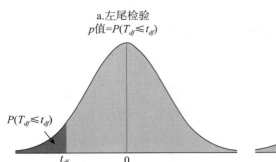
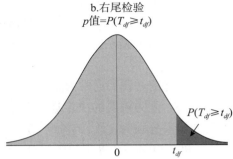

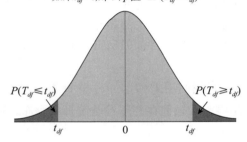

图 5.7　单尾检验、双尾检验的 p 值

---

p 值法的四个步骤

第一步：指定原假设和备择假设。我们确定感兴趣的相关总体参数，确定它是单尾检验还是双尾检验，更重要的是，在原假设中包含某种形式的等号，并将我们希望建立的任何事物放在备择假设中。

第二步：确定显著性水平。在进行假设检验之前，我们首先确定 α，这是允许出现第 I 类错误的概率。

第三步：计算检验统计量的值和 p 值。当检验总体均值 μ 时，检验统计量的值为 $t_{df} = \dfrac{\overline{x} - \mu_0}{s/\sqrt{n}}$，其中 μ_0 是总体均值的假设值。对于右尾检验，p 值为 $P(T_{df} \geq t_{df})$；对于左尾检验，p 值为 $P(T_{df} \leq t_{df})$；对于双尾检验，$t_{df} > 0$ 时 p 值为 $2P(T_{df} \geq t_{df})$，$t_{df} < 0$ 时 p 值为 $2P(T_{df} \leq t_{df})$。

第四步：陈述结论并解释结果。决策规则是，当 p 值 $< \alpha$ 时拒绝原假设，当 p 值 $\geq \alpha$ 时不拒绝原假设。在应用背景下清楚地解释结果。

例 5.11 --

在本章的引入案例中，加利福尼亚州一所大型大学的院长想知道她所在大学学生的学习时间是否少于 1961 年每周 24 小时的全国平均学习时间。她随机挑选了 35 名学生，询问他们每周的平均学习时间（小时）。根据他们的回答，她计算出样本均值为 16.371 4 小时，样本标准差为 7.215 5 小时。

a. 确定对立假设，以检验院长的疑问。

b. 计算检验统计量的值。

c. 找到 p 值。

d. 在 5% 的显著性水平下，假设检验的结论是什么？

解答：

a. 这是一个单尾检验的例子，我们想确定学生学习的平均小时数是否少于 24 小时，即 $\mu < 24$。

我们将对立假设表述为：

$$H_0: \mu \geq 24$$
$$H_A: \mu < 24$$

b. 回想一下，对于有关总体均值的任何统计推断，样本均值 $\overline{X}$ 必须是正态分布的。因为 $n = 35$，样本量大于 30，所以满足该条件。自由度 $df = n - 1 = 34$。给定 $\overline{x} = 16.371\,4$ 和 $s = 7.215\,5$，我们计算出检验统计量的值为：

$$t_{34} = \frac{\overline{x} - \mu_0}{s/\sqrt{n}} = \frac{16.371\,4 - 24}{7.215\,5/\sqrt{35}} = -6.255$$

c. 因为这是一个左尾检验，我们用 $P(T_{34} \leq -6.255)$ 计算 p 值。参考 t 表中 $df = 34$ 的情况，我们可以推断概率 $P(T_{34} \leq -6.255)$，等价于 $P(T_{34} \geq 6.255)$，小于 0.005。换句话说，我们将 p 值近似为 $P(T_{34} \leq -6.255) < 0.005$。使用 Excel 或 R 语言（说明如下），我们发现精确概率为 2.013×10^{-7}。

d. 我们拒绝原假设，因为 p 值小于 $\alpha = 0.05$。在 5% 的显著性水平下，我们得出结论，该大学的平均学习时间少于 1961 年每周 24 小时的全国平均学习时间。

■ 用 Excel 和 R 语言检验 μ

我们再次发现，Excel 和 R 语言中的函数在计算检验统计量的值和精确 p 值时非常有用。思考下面的例子。

例 5.12

正如本章引入案例所提到的，研究发现现在的大学生平均每周的学习时间为 14 小时。使用表 5.1 中的样本数据，加利福尼亚州一所大型大学的院长想检验她所在大学学生的平均学习时间是否与每周 14 小时不同。在 5% 的显著性水平下，使用 Excel 和 R 语言计算检验统计量的值和 p 值。总结结果。

解答：

因为院长想检验她所在大学学生的平均学习时间是否与每周 14 小时不同，所以我们提出了如下对立的假设：

$$H_0: \mu = 14$$
$$H_A: \mu \neq 14$$

使用 Excel

a. 打开文件 Study_Hours。注意学习时间的观察结果在单元格 A2:A36 中。

b. 我们计算检验统计量的值，$t_{34} = \frac{\overline{x} - \mu_0}{s/\sqrt{n}}$，使用 =（AVERAGE(A2:a36)−14)/(STDEV.S(A2:A36)/SQRT(36))，我们得到 $t_{34} = 1.944\,4$。

c. 尽管 Excel 提供了许多生成 p 值的函数，但我们使用 T.DIST.RT 函数。在这里，对于双尾检验和测试统计数据的正值，我们输入 =2 * T.DIST.RT(1.944\,4, 34)，Excel 返回 0.060\,2。

使用 R 语言

a. 将 Study_Hours 数据导入数据框（表）并将其标记为 myData。

b. 我们使用 R 的 t. test 函数来获得检验统计量的值和 p 值。对于该函数中的选项，我们使用 alternative 来表示备择假设的规格（对于双尾检验，表示为 "two. sided"；对于左尾检验，表示为 "less"；对于右尾检验，表示为 "greater"），使用 mu 表示均值的假设值。该函数的另一个特点是在默认情况下自动为均值提供 95% 的置信区间，使用 conf. level 选项找到其他级别。我们输入

> t. test(myData $ Hours, alternative = "two. sided", mu = 14)

其输出如图 5.8 所示。

```
One Sample t-test
data:  myData$Hours
t = 1.9444, df = 34, p-value = 0.06016
alternative hypothesis: true mean is not equal to 14
95 percent confidence interval:
 13.89281 18.85005
sample estimates:
mean of x
 16.37143
```

图 5.8　使用 t. test 函数后 R 语言的输出

总结

由于 0.060 2 的 p 值不小于 $\alpha=0.05$，因此我们不拒绝原假设。在 5% 的显著性水平下，我们无法得出加利福尼亚州这所大型大学的学生平均学习时间与每周 14 小时不同。

引入案例概要 ----

一份报告称，与 60 年前相比，如今的大学生学习时间要少得多（《华尔街日报》，2019 年 4 月 10 日）。1961 年，学生每周学习 24 小时，而现在的学生平均每周学习 14 小时。为了确定加利福尼亚州一所大型大学是否存在这种全国性趋势，随机抽取了 35 名学生，询问他们每周的平均学习时间（小时）。样本均值为 16.37 小时，标准差为 7.22 小时。

之后进行了两个假设检验。第一个检验了该大学学生的平均学习时间是否低于 1961 年全国平均每周 24 小时的水平。在 5% 的显著性水平下，样本数据表明平均学习时间低于每周 24 小时。第二个检验了这所大学学生的平均学习时间是否与当今全国平均每周 14 小时的学习时间不同。在 5% 的显著性水平下，结果并不表明这所大学学生的平均学习时间与全国平均每周 14 小时的学习时间不同。

因此，样本结果支持了报告的总体结果：本科生平均每周学习 14 小时，远低于 1961 年的每周 24 小时的平均值。然而，目前的分析并不能解释为什么会出现这种情况。例如，无法确定是学生变得更懒了，还是随着计算机时代的到来，他们可以在更短的时间内获取信息。

■ 总体比例 p 的假设检验

如前所述，有时感兴趣的变量是定性的，而不是定量的。回想一下，总体比例 p 是定性变量的基本描述指标，它是根据其样本对应的样本比例 $\overline{P}$ 进行估计的。尽管 $\overline{P}$ 基于二项分布，但是它可以在大样本中用正态分布来近似。当 $np \geqslant 5$ 和 $n(1-(p)) \geqslant 5$ 时，这种近似被认为是有效的。

由于 p 未知，因此我们通常在总体比例 p_0 的假设值下测试样本量要求。在大多数应用中，样

本量很大，近似正态分布是合理的。但是，当样本量不够大时，此处建议的统计方法即关于总体比例的推论将不再有效。p 的检验统计量定义如下。

---

p 的检验统计量

总体比例 p 的假设检验的检验统计量计算如下：

$$z = \frac{\overline{p} - p_0}{\sqrt{p_0(1 - p_0)/n}}$$

式中，p_0 是总体比例的假设值。该公式仅在 $\overline{P}$（近似）服从正态分布时成立。

下面的例子详细说明了总体比例假设检验的 4 个步骤。

例 5.13

在公众支持度不断提高的推动下，美国大麻合法化进程快速推进。如今，57％的成年人表示，大麻的使用应该合法化（www.pewresearch.org，2016 年 10 月 12 日）。俄亥俄州的一位健康从业者收集了 200 名成年人的数据，发现其中有 102 人赞成大麻合法化。

a. 这位健康从业者认为，俄亥俄州赞成大麻合法化的成年人比例并不代表全国的比例。请具体说明对立假设，以验证她的说法。

b. 计算检验统计量的值和 p 值。

c. 在 10％的显著性水平下，样本数据是否支持健康从业者的观点？

解答：

a. 感兴趣的参数是总体比例 p。健康从业者希望检验俄亥俄州赞成大麻合法化的总体比例是否与全国比例 0.57 不同。我们构建了如下对立假设：

$$H_0: p = 0.57$$
$$H_A: p \neq 0.57$$

b. 当在 $p_0 = 0.57$ 且 $n = 200$ 时进行评估时，很容易满足 $np \geq 5$ 和 $n(1 - (p)) \geq 5$ 的正态分布要求。我们使用样本比例 $\overline{p} = 102/200 = 0.51$ 计算检验统计量的值，如下所示：

$$z = \frac{\overline{p} - p_0}{\sqrt{\dfrac{p_0(1 - p_0)}{n}}} = \frac{0.51 - 0.57}{\sqrt{\dfrac{0.57(1 - 0.57)}{200}}} = -1.71$$

给定双尾检验且 $z < 0$，我们计算得到 p 值为 $2P(Z \leq z) = 2P(Z \leq -1.71) = 0.087\,2$。

c. 由于 p 值 $0.087\,2$ 小于 $\alpha = 0.10$，我们拒绝了原假设。因此，在 10％的显著性水平下，俄亥俄州赞成大麻合法化的成年人比例与全国比例不同。

练习 5.3

应用

36. 为以下检验构建原假设和备择假设：

a. 检验谷物盒中谷物的平均重量是否与 18

盎司不同。

b. 检验股票价格是否在超过 60％的交易日上涨。

c. 检验美国人的平均睡眠时间是否少于

7 小时。

　　d. 定义 a 问题第Ⅰ类和第Ⅱ类错误的后果。

37. 根据以下声明构建原假设和备择假设：

　　a. "我将在这次选举中获得大多数选票。"

　　b. "我怀疑你们的 10 英寸比萨平均不到 10 英寸。"

　　c. "我将对该公司处以罚款，因为该公司的药片不像广告中那样平均含有 250 毫克的布洛芬。"

　　d. 讨论 a 问题第Ⅰ类和第Ⅱ类错误的后果。

38. 一家大型制造企业的经理正在考虑改用新的、昂贵的软件，因为该软件有望降低其装配成本。在购买软件之前，经理希望进行假设检验，以确定新软件是否能降低其装配成本。

　　a. 制造公司的经理会更关心第Ⅰ类还是第Ⅱ类错误？请解释。

　　b. 软件公司会更关心第Ⅰ类还是第Ⅱ类错误？请解释。

39. 测谎仪是一种用来确定一个人是否在说真话的工具。这些检验被认为有 95% 的可靠性。换句话说，如果一个人说谎，那么测谎仪发现谎言的概率为 0.95。假设检验错误地检测到谎言的概率为 0.005，即使这个人实际上在说真话。考虑原假设"一个人在说真话"，回答下面的问题。

　　a. 第Ⅰ类错误的概率是多少？

　　b. 第Ⅱ类错误的概率是多少？

　　c. 第Ⅰ类和第Ⅱ类错误的后果是什么？

　　d. "我可以根据测谎结果证明这个人说的是真话"这句话有什么错误？

40. 文件：Wait_Time。一家小型便利店的经理不希望她的顾客在收银台前排队太久。特别是，如果顾客的平均等待时间超过 5 分钟，那么她愿意雇用一名员工用另一台收银机工作。她将白天随机观察到的客户的等待时间（分钟）整理如下：

3.5	5.8	7.2	1.9	6.8	8.1	5.4

　　a. 构建原假设和备择假设，以确定经理是否需要雇用其他员工。

　　b. 计算检验统计量的值和 p 值。实施此步骤需要对总体进行什么假设？

　　c. 当 $\alpha=0.10$ 时，判断经理是否需要雇用另一名员工。

41. 一台被编程为在每个谷物箱中包装 1.20 磅谷物的机器正在进行精度测试。在 36 个谷物箱的样本中，均值和标准差分别为 1.22 磅和 0.06 磅。

　　a. 构建原假设和备择假设，以确定机器是否工作不正常，即谷物包装箱的填充不足或填充过量。

　　b. 计算检验统计量的值和 p 值。

　　c. 在 5% 的显著性水平下，能否得出机器工作不正常的结论？请解释。

42. 在过去的一年里，中西部地区的房价平均上涨了 6.6%。一位房地产经纪人收集了西部地区最近 36 次房屋销售的数据。他发现平均房价上涨了 7.5%，标准差为 2%。他能否得出结论，西部地区的平均房价涨幅大于中西部地区平均房价的涨幅？使用 5% 的显著性水平进行分析。

43. 根据 45 位经济学家的平均预测，今年美国国内生产总值（GDP）将增长 2.8%。假设他们预测的样本标准差为 1%。在 5% 的显著性水平下，检验所有经济学家平均预测的 GDP 是否低于 3%。

44. 文件：MPG。本练习附带的数据显示了 50 辆混合动力汽车样本的每加仑英里数（MPG）。

　　a. 陈述原假设和备择假设，以检验平均 MPG 是否不同于 50。

　　b. 计算检验统计量的值和 p 值。

　　c. 在 $\alpha=0.05$ 时，能否得出平均 MPG 不是 50 的结论？

45. 一家汽车制造商正试图开发一种新型跑车。工程师们希望该车从 0 英里/小时加速到 60 英里/小时所需的平均时间不超过 6 秒。制造商测试了其中 12 辆车，并记录了它们的性能时间。其中 3 辆车的计时时间为 5.8 秒，5 辆车的计时时间为 5.9 秒，3 辆车的计时时间为 6.0 秒，1 辆车为 6.1 秒。在 5% 的显著性水平下，检验新跑车是否达到了在不到 6 秒的时间内从 0 英里/小时加速到 60 英里/小时的目标。假设分析数据为正态分布。

46. 文件：Highway_Speeds。一名警官关心90 号州际公路某路段的速度。本练习附带的数据显示了周六下午 40 辆车的速度。

a. 90 号州际公路这一路段的限速为每小时65 英里。请构建对立假设，以确定 90 号州际公路上车辆的平均速度是否大于限速。

b. 计算检验统计量的值和 p 值。

c. 当 $\alpha = 0.01$ 时，该警员的担忧是否合理？请解释。

47. 文件：Debt_Payments。本练习附带的数据显示了 26 个大都市地区居民的平均每月债务支出（美元）。

a. 陈述原假设和备择假设，以检验平均每月债务支出是否大于 900 美元。

b. 实施这一步骤需要对总体进行什么样的假设？

计算检验统计量的值和 p 值。

d. 当 $\alpha = 0.05$ 时，月平均债务支出是否大于900 美元？请解释。

48. 一些首次购房者，尤其是千禧一代，正在动用他们的退休金账户以支付房屋的首付款。一位经济学家担心，动用退休金账户为房屋提供资金的千禧一代的比例现在已经超过了 20%。他随机调查了 190 名拥有退休金账户的千禧一代，发现有 50 人正在借款。

a. 建立原假设和备择假设来检验经济学家的担忧。

b. 计算检验统计量的值和 p 值。

c. 在 $\alpha = 0.05$ 时判断经济学家的担忧是否合理。

49. 文件：Lottery。2012 年《商业周刊》的一项调查发现，马萨诸塞州的居民在彩票上的平均花费为 860.70 美元，是美国平均水平的 3 倍多。波士顿的一名研究人员认为，马萨诸塞州的居民在彩票上的花费低于这一数字。他调查了100 名马萨诸塞州居民，询问他们每年在彩票上的支出情况。

a. 建立对立假设来检验研究者的说法。

b. 计算检验统计量的值和 p 值。

c. 在 10% 的显著性水平下，数据是否支持研究者的说法？请解释。

50. 玛格丽塔是最常见的龙舌兰鸡尾酒之一，由龙舌兰混合橙皮酒和酸橙汁或柠檬汁制成，通常在玻璃边缘加盐。玛格丽塔的常见比例为2：1：1，其中包括 50% 的龙舌兰、25% 的橙皮酒和 25% 的新鲜酸橙汁或柠檬汁。当地一家酒吧的经理担心酒保在 50% 以上的玛格丽塔酒中使用了不正确的比例。他偷偷观察了酒保，发现30 杯玛格丽塔酒中只有 10 杯使用了正确的比例。检验经理的怀疑是否在 $\alpha = 0.05$ 时成立。

51. 一位政治家声称他得到了绝大多数选民的支持。在最近的一项调查中，40 名随机挑选的选民中有 24 人表示他们会投票给这位政治家。在 5% 的显著性水平下，这位政治家的声明是否可信？

52. 随着自付医疗费用的增加，据称超过60% 的老年人可能会对生活方式进行重大调整。如果在对 140 名老年人的调查中，有 90 名老年人报告称他们对生活方式进行了重大调整，以1% 的显著性水平来检验这一说法。

53. 一家电影制作公司正在发行一部电影，希望更多观众能够再次回到影院观看。其目标是3 000 万观众，它希望超过 30% 的观众期待再次观看这部电影。它向 200 人的测试观众放映了这部电影，然后在电影结束后，询问观众是否会在影院再次观看这部电影，测试观众中有 68 人表示会再次观看这部电影。

a. 在 5% 的显著性水平下，检验是否有超过30% 的观众会再次观看这部电影。

b. 以 10% 的显著性水平重复上述分析。

54. 文件：Silicon_Valley。根据 CNBC 2018年的一份报告，在劳动力多样性方面，硅谷高科技公司约有 60% 的员工为白人，约 20% 为亚裔，女性以及非裔美国人和拉丁美洲人的比例极低。只有约 30% 的员工为女性，而非裔美国人和拉丁美洲人只占员工总数的 15%。Tara Jones 是在硅谷一家大型高科技公司工作的应届毕业生。她想确定自己的公司是否面临与报告中相同的多样性。她收集了公司 50 名员工的性别和种族信息。部分数据见下表。

性别	种族
女	白人
男	白人

续表

性别	种族
⋮	⋮
男	非白人

a. 在 5% 的显著性水平下，确定 Tara 所在公司的女性比例是否不同于 0.30。

b. 在 5% 的显著性水平下，确定 Tara 所在公司的白人比例是否超过 0.50。

■ 5.4 大数据写作

当使用大量数据时，我们通常不构建置信区间或进行假设检验。为什么？因为结果表明，如果样本量足够大，则不同随机样本产生的 $\overline{X}$ 的估计值或 $\overline{P}$ 的估计值几乎没有差异。

回想一下，我们使用 $se(\overline{X}) = \dfrac{s}{\sqrt{n}}$ 来估计 $\overline{X}$ 的可变性，用 $se(\overline{P}) = \sqrt{\dfrac{\overline{p}(1-\overline{p})}{n}}$ 来估计 $\overline{P}$ 的可变性。在这两种情况下，可变性取决于估计值所依据的样本大小。如果样本量足够大，则可变性几乎消失，换言之，$se(\overline{X})$ 和 $se(\overline{P})$ 接近于 0。因此，在大数据的情况下，为总体均值或总体比例构建置信区间不是很有意义，因为误差范围也接近于 0。在这些情况下，当估计 μ 或 p 时，使用相关点估计量的估计值就足够了。

同样回想一下，在检验总体均值时，检验统计量的值的计算为 $t_{df} = \dfrac{\overline{x} - \mu_0}{s/\sqrt{n}}$；当检验总体比例时，检验统计量的值计算为 $z = \dfrac{\overline{p} - p_c}{\sqrt{\overline{p}(1-\overline{p})/n}}$。在大数据的情况下，相应的检验统计量的值会增加，导致一个较小的 p 值，从而在几乎任何情况下都会拒绝原假设。

因此，如果样本量足够大，统计推断就不是很有用。在"大数据写作"部分，我们将重点关注一个样本量相对较小的案例研究。

□ 案例研究

根据位于华盛顿哥伦比亚特区非营利、无党派的经济政策研究所 2018 年发表的一篇论文，我们得知收入不平等现象正在美国加剧。这些年来，富人变得更加富有，而工人阶级的工资却停滞不前。一位本地拉丁裔的政治家一直在担忧拉丁裔人的福利。在各种演讲中，他表示，他所在县拉丁裔家庭的平均工资已降至比 2017 年平均约 5 万美元更低的水平。他还表示，收入低于 3 万美元的拉丁裔家庭的比例已超过 2017 年 20% 的水平。他的这两个陈述都基于该县 36 个拉丁裔家庭的收入数据。部分数据如表 5.6 所示（文件：Latinx_Income）。

表 5.6 拉丁裔家庭收入　　　　　　　　　　　　　　　　单位：千美元

收入
23
63
⋮
47

Trevor Jones 是一名报纸记者，他对核实这位政治家的担忧很感兴趣。Trevor 希望使用该样本信息：

1. 确定拉丁裔家庭的平均收入是否低于 2017 年 5 万美元的水平。

2.确定收入低于 3 万美元的拉丁裔家庭的比例是否上升到 20% 以上。

报告样本——美国收入的不平等

在美国，一个引起激烈争论的话题是收入不平等的加剧。这一趋势在大萧条后有所增强，与 20 世纪 70 年代和 90 年代大萧条时期贫富差距缩小的情况正好相反。市场的力量如贸易的增加和技术的进步，使具有优秀技能和受过良好教育的工人生产力提高，从而提高了他们的工资。制度力量如放松管制、工会的衰落和最低工资的停滞，都加剧了收入的不平等。可以说，这种收入不平等已经被少数族裔尤其是非裔和拉丁裔美国人感受到了，因为这两个群体中有很高的比例是工人阶级。

36 个拉丁裔家庭的样本得出的平均家庭收入为 47 278 美元，标准差为 19 524 美元。样本均值低于 2017 年的 50 000 美元。此外，8 个拉丁裔家庭（约 22%）的收入低于 30 000 美元。根据这些结果，一位政治家得出结论，当前的市场状况会持续对拉丁裔的福利产生消极影响。但是，必须提供具有统计意义的证据来证实这些说法。为此，我们对有关总体均值和总体比例的假设进行了正式检验。检验结果总结在表 5.7 中。

表 5.7 假设检验的检验统计量的值和 p 值

假设	检验统计量的值	p 值
$H_0: \mu \geq 50$ $H_A: \mu < 50$	$t_{35} = \dfrac{47.278 - 50}{19.524/\sqrt{36}} = -0.837$	0.204
$H_0: p \leq 0.20$ $H_A: p > 0.20$	$z = \dfrac{0.222 - 0.20}{\sqrt{\dfrac{0.20 \times 0.80}{36}}} = 0.333$	0.369

在检验拉丁裔家庭的平均收入是否低于 2017 年的 50 000 美元时，得到的检验统计量的值为 -0.837。如果 p 值为 0.204，表 5.7 中规定的关于总体均值的原假设不能在任何合理的显著性水平下被拒绝。同样，如果 p 值为 0.369，则不能拒绝关于总体比例的原假设。因此，样本证据不支持拉丁裔家庭的平均收入低于 5 万美元或收入低于 3 万美元的拉丁裔家庭的比例超过 20% 的说法。也许这位政治家的言论是基于对抽样统计数据的粗略观察，而不是基于彻底的统计分析。

□ 案例推荐

报告 5.1（文件：Fidelity_Returns）。随附的数据是投资巨头 Fidelity 提供的两只共同基金 2001—2017 年的年度回报。Fidelity Select Automotive 主要投资于汽车、卡车、特种车辆、零件、轮胎和相关服务的制造、营销或销售公司。Fidelity Gold Automotive 主要投资于从事黄金勘探、开采、加工或交易的公司，其次投资于其他贵金属和矿物。在报告中，使用样本信息：

● 计算描述性统计数据以比较共同基金的回报。

● 通过构建和解释总体平均回报的 95% 的置信区间来评估回报。在构建置信区间时，你做了什么假设？

报告 5.2（文件：Field_Choice）。皮尤研究中心 2018 年的一项调查发现，超过一半的美国人（52%）认为年轻人不攻读科学、技术、工程和数学（STEM）学位，因为他们觉得这些科目太难了。有 60 名大学生被问及他们想在大学里攻读的领域。问卷中提供的选择包括 STEM、商业和其他，此外还收集了大学生的性别信息。随附的数据文件包含了被调查者的回答。在报告中，使用样本信息：

● 比较愿意从事 STEM 的学生比例与愿意从事商业的学生比例的 95％的置信区间。结果是否支持 2018 年的调查结果？请解释一下。

● 构建并解释大学女生比例的 95％的置信区间。

报告 5.3（文件：Wellbeing）。Gallup-Healthways 幸福指数提供了美国居民健康和幸福的评估指标。综合得分的范围是 0～100，其中 100 代表完全实现的幸福感。据报道，2017 年美国居民的总体幸福感得分为 61.5 分，比 2016 年的 62.1 分有所下降。随附的数据文件显示了随机抽取的来自南达科地州的 35 名居民的总体幸福感得分。南达科地州是幸福感水平最高的州。在报告中，使用样本信息：

● 确定南达科地州的幸福感得分是否在 5％的显著性水平下高于全国平均水平 61.5 分。

● 确定是否少于 40％的南达科地州的居民在 5％的显著性水平下报告得分低于 50 分。

● 根据你的调查结果，对南达科地州的幸福感进行评价。

回归分析

第 6 章

🎯 **学习目标**

通过学习本章，可以达成以下目标：

1. 估计和解释线性回归模型。
2. 解释拟合优度度量。
3. 进行显著性测试。
4. 解决违反 OLS 假设的常见问题。

如第 1 章所述，我们通常将商业分析研究分为三大类：描述性分析、预测性分析和规范性分析。在本章中，我们将介绍回归分析，这是预测性分析中应用最广泛的技术之一。我们使用回归分析有两个主要目的：（1）评估变量之间的关系；（2）根据若干输入变量预测目标变量的结果。例如，如果一家公司增加了 100 000 美元的广告支出，那么我们或许想要知道它可能对销售产生的影响。或者，我们可能想要基于面积和位置估计一套房屋的价格。回归分析适用于这两种情况。

我们首先探讨了用于估计线性回归模型的普通最小二乘法（OLS），假定其目标变量和输入变量之间为线性关系。然后，我们检查了一些拟合优度度量，并进行假设检验，以评估哪些输入变量最为重要。最后，我们研究了 OLS 估计量统计特性假设的重要性，以及检验程序的有效性，解决了违背模型假设的常见问题，以及违反假设的后果，并提供了若干补救措施。

引入案例　大学记分卡

随着大学成本和学生债务的上升，家庭在寻找和选择大学时所做的决策从未像现在这样重要。然而，学生和家长很难找到关于大学可负担性和价值等关键问题的清晰、可靠数据。鉴于此，教育部发布了一份重新设计的大学记分卡，报告了有关特定大学的大学成本和学生成绩的最可靠国家数据。

大学辅导员 Fiona Schmidt 认为，从大学记分卡中获得的信息可以帮助她指导家庭做出选择。

Fiona 想知道哪些大学因素会影响毕业后的收入，并希望回答以下问题：如果一所大学的花费更多或者具有更高的毕业率，那么学生应该期望毕业后赚得更多的钱吗？如果有更大比例的学生在大学毕业后偿还债务，这是否会对学生毕业后的收入产生某种影响？最后，大学的地理位置会影响学生毕业后的收入吗？

为了解答这些问题，Fiona 收集了来自 116 所大学的信息，包括学生大学毕业后的年度收入（Earnings，美元）、平均年费用（Cost，美元）、毕业率（Grad,%）、偿还债务的学生比例（Debt,%）、大学是否位于城市（City，如果位于城市则为 1，否则为 0）。表 6.1 显示了部分数据（文件：College）。

表 6.1　大学记分卡数据（2016 年 5 月）

学校	年度收入	平均年费用	毕业率	偿还债务的学生比例	大学是否位于城市
St. Ambrose Univ.	44 800	22 920	62	88	1
Albion College	45 100	23 429	73	92	0
⋮	⋮	⋮	⋮	⋮	⋮
Wittenburg Univ.	42 700	26 616	64	90	1

Fiona 希望使用表 6.1 中的信息：

1. 使用回归分析预测学生大学毕业后的收入。

2. 解释大学毕业后收入模型的拟合优度度量。

3. 确定哪些因素在解释大学毕业后的收入方面具有统计意义。

6.3 节末尾提供了本案例概要。

6.1　线性回归模型

回归分析（regression analysis）是预测性分析中应用最广泛的技术之一。我们使用它来得到两个或多个变量之间的关系，并基于多个输入变量预测目标变量的结果。回归分析允许我们通过确定哪些关系最重要，哪些关系可以忽略，进行评估和稳健预测。

我们建立一个数学模型，将目标变量或者**因变量**（response variable）的结果与一个或多个其他输入变量或者**自变量**（predictor variable）联系起来。因此，我们使用有关自变量的信息来描述和预测因变量的变化。

在引入案例中，Fiona 想知道什么因素可能影响学生大学毕业后的收入。在另一种情况下，我们可能希望根据广告预测一家公司的销售额；根据受教育程度和工作年限估算个人工资；根据房屋的大小和位置预测其售价；或者从消费者收入、利率和价格折扣方面来描述汽车的销售情况。在所有这些例子中，我们可以使用回归分析来描述感兴趣的变量之间的关系。

无论我们选择哪个因变量，我们都无法预测其精确（唯一）值。如果因变量的值是由自变量的值确定的，我们就说变量之间的关系是确定的。这在物理学中是经常发生的。例如，动量 p 是物体质量 m 和速度 v 的乘积，也就是说，$p=mv$。然而，在大多数研究领域，我们往往会发现因变量和自变量之间的关系是随机的，因为有时会因不可测量而忽略了影响因变量的相关因素。例如，当试图预测一个人的工资时，往往会忽略这个人的天赋，因为即使有可能，量化相关因素也是非常困难的。

确定关系与随机关系

如果因变量的值由自变量的值确定，则因变量与自变量之间的关系是确定的；否则，这种关系是随机的。

我们的目标是开发出一个数学模型，用于确定因变量 y 和 k 个自变量 x_1，x_2，$\cdots$，x_k 之间的关系。该模型还必须考虑到现实生活中的随机性。为了开发一个线性回归模型，我们从一个近似于我们想要建模的关系的确定性部分开始，然后添加一个随机误差项，使关系随机。

■ 线性回归模型的组成部分

我们使用经济理论、直觉和统计方法来确定哪些自变量最能解释因变量。回归模型将所有自变量视为数值型，其中分类变量的观测值首先转换为数值。回顾第 1 章和第 2 章，数值变量的观测值代表有意义的数字，而分类变量的观测值代表不同的类别。例如，收入是一个数值变量，而婚姻状况是一个分类变量。

同样回想一下，虚拟变量（也称为指示符或二元变量）的数值为 1 或 0，用于描述分类变量的两个类别。对于作为虚拟变量的自变量，通常将假定值为 0 的类别称为**参考类别**（reference category）或**基准类别**（benchmark category）。所有比较均与参考类别相关。例如，对性别进行分类的虚拟变量将男性定义为 1，将女性定义为 0。在这种情况下，参考类别将是女性。或者，我们可以将女性定义为 1，将男性定义为 0，此时男性为参考类别。

用作自变量的虚拟变量

虚拟变量采用 1 或 0 的数值来描述分类变量的两个类别。对于作为虚拟变量的自变量，我们将假定值为 0 的类别作为参考类别或基准类别。回归分析中的所有比较均与参考类别相关。

如果线性回归模型仅使用一个自变量，则该模型称为**简单线性回归模型**（simple linear regression model），用公式表示为 $y=\beta_0+\beta_1 x_1+\varepsilon$，其中 y 为因变量，β_0 和 β_1（希腊字母读作 beta）分别为未知截距和斜率参数，x_1 为自变量，ε 是随机误差项（希腊字母读作 epsilon）。（从技术上讲，我们应该对所有变量标注下标 i，即 $y_i=\beta_0+\beta_1 x_{1i}+\varepsilon_i$。目前，我们不标注下标 i。）

简单线性回归模型的基本假设是 y 的期望值位于一条直线上，用 $\beta_0+\beta_1 x_1$ 表示。表达式 β_0+

$\beta_1 x_1$ 是简单线性回归模型的确定性组成部分，可将其视为给定值 x 的期望值 y。换句话说，以 x 为条件，$E(y)=\beta_0+\beta_1 x_1$。斜率参数 β_1 决定 x 和 $E(y)$ 之间的线性关系是正（$\beta_1>0$）还是负（$\beta_1<0$）；$\beta_1=0$ 表示 x 和 $E(y)$ 之间没有线性关系。图 6.1 显示了截距 β_0 和斜率 β_1 的各种值的预期 y 值。

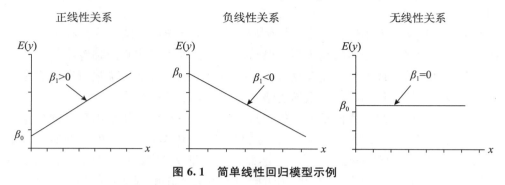

图 6.1　简单线性回归模型示例

我们可以很容易地将简单线性回归扩展到包含多个自变量。结果模型称为**多元线性回归模型**（multiple linear regression model），表示为 $y=\beta_0+\beta_1 x_1+\beta_2 x_2+\cdots+\beta_k x_k+\varepsilon$；如果给定的自变量是虚拟变量，则常用的表示法是将 x 替换为 d。简单起见，我们将简单线性回归模型或多元线性回归模型称为线性回归模型。

由于线性回归模型中使用的总体参数 β_0，β_1，β_2，$\cdots$，β_k 未知，因此必须进行估计。我们使用样本数据来估计感兴趣的总体参数。这里，样本数据由 y，x_1，x_2，$\cdots$，x_k 等 n 个观测值组成。

线性回归模型

线性回归模型定义为：

$$y=\beta_0+\beta_1 x_1+\beta_2 x_2+\cdots+\beta_k x_k+\varepsilon$$

式中，y 是因变量，x_1，x_2，$\cdots$，x_k 是 k 个自变量；ε 是随机误差项。系数 β_0，β_1，β_2，$\cdots$，β_k 是待估计的未知参数。

假设用 b_0，b_1，b_2，$\cdots$，b_k 分别表示 β_0，β_1，β_2，$\cdots$，β_k 等的估计值。我们形成的样本回归方程为 $\hat{y}=b_0+b_1 x_1+b_2 x_2+\cdots+b_k x_k$。其中 $\hat{y}$ 是给定自变量指定值的因变量的预测值。对于自变量的给定值，因变量的观测值和预测值可能不同，因为除了包含的自变量外，还有许多因素影响 y。我们把 y 的观测值和预测值之间的差异，即 $y-\hat{y}$，称为残差 e。

获取 β_0，β_1，β_2，$\cdots$，β_k 等估计值的常用方法是**普通最小二乘法**（ordinary least squares，OLS）。如果某些假设成立，那么 OLS 估计量有许多可取的性质。（我们将在 6.4 节中讨论这些假设。）OLS 法选择样本回归方程，从而使误差平方和 SSE 最小化，其中 $SSE=\sum(y-\hat{y})^2=\sum e^2$。$SSE$ 是观测值 y 与其预测值 $\hat{y}$ 之间的平方差之和，换言之，是回归方程的平方距离之和。因此，使用这个距离度量，我们说 OLS 法产生的方程与数据"最接近"。

使用微积分，为满足 OLS 标准的 b_0，b_1，b_2，$\cdots$，b_k 构建方程。实际上，每个统计软件包都会计算必要的输出，以构建一个样本回归方程。此外，本章后面讨论的用于评估模型的所有相关统计数据的值也包含在输出中。

为了图形化地展示我们刚才描述的内容，请参考图 6.2，它显示了 y 相对于 x 的散点图。叠加在散点图上的是样本回归线 $\hat{y}=b_0+b_1 x$，这是使用 OLS 法获得的。我们还显示了一个观测值的残差，即 $e=y-\hat{y}$。

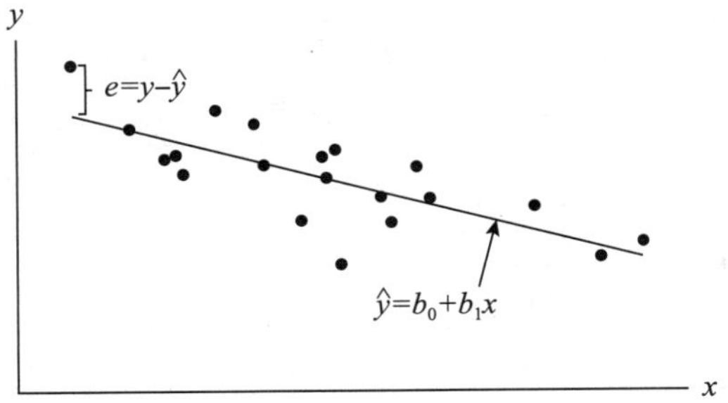

图 6.2 叠加样本回归线的 y 对 x 散点图

能够解释估计的回归系数很重要。数学上，截距估计值 b_0 表示当每个自变量 x_j（$j=1$，…，k）假设值为 0 时 $\hat{y}$ 的预测值。然而，在许多应用中，不可能为截距提供有意义的解释。对于每个自变量 x_j（$j=1$，…，k），相应的斜率系数 b_j 是 β_j 的估计值。斜率系数 b_j 在所有其他自变量不变的情况下，在相关自变量 x_j 每增加一个单位的情况下，测量因变量 $\hat{y}$ 的预测值的变化。换句话说，它代表了 x_j 对 $\hat{y}$ 的影响。

例 6.1

使用表 6.1 中的数据，估计线性回归模型，$Earnings = \beta_0 + \beta_1 Cost + \beta_2 Grad + \beta_3 Debt + \beta_4 City + \varepsilon$，其中 Earnings（收入）为学生大学毕业后每年的收入（美元），Cost（费用）是年平均费用（美元），Grad（毕业率）是学生毕业的概率（%），Debt（债务）是学生偿还债务的百分比（%），City（城市）假定为大学是否位于城市（如果大学位于城市，则其值设为 1，否则为 0）。

a. 样本回归方程是什么？

b. 请解释斜率系数。

c. 如果一所大学的年平均费用为 25 000 美元，毕业率为 60%，学生偿还债务的比例为 80%，并且位于城市，请预测学生大学毕业后的年收入。

解答：

表 6.2 显示了估算该模型的 Excel 输出。我们将在本节末尾提供获取回归输出的 Excel 和 R 语言说明。

表 6.2 例 6.1 的回归结果

回归统计量					
R	0.655 2				
R^2	0.429 2				
调整后 R^2	0.408 7				
标准误差	5 645.831				
样本量	116				
ANOVA					
	df	SS	MS	F	Significance F
回归	4	2 660 691 959	665 172 990	20.868	7.56E−13
残差	111	3 538 169 765	31 875 403		
合计	115	6 198 861 724			

续表

	系数	标准误差	t 统计量	p 值	下 95%	上 95%
截距	**10 004.966 5**	7 634.333 8	1.311	0.192 7	−5 122.98	25 132.91
Cost	**0.434 9**	0.111 0	3.917	0.000 2	0.21	0.65
Grad	**178.098 9**	69.194 0	2.574	0.011 4	40.99	315.21
Debt	**141.478 3**	117.212 0	1.207	0.230 0	−90.79	373.74
City	**2 526.788 8**	1 103.402 6	2.290	0.023 9	340.32	4 713.25

a. 如表 6.2 所示，Excel 生成了大量信息。为了回答例 6.1 中的问题，我们只需要估算系数，我们在表格的下半部分用黑体字表示。我们将在本章后面介绍剩余的信息。四舍五入至小数点后四位的系数估计值为：$b_0 = 10\ 004.966\ 5$，$b_1 = 0.434\ 9$，$b_2 = 178.098\ 9$，$b_3 = 141.478\ 3$，$b_4 = 2\ 526.788\ 8$。因此，样本回归方程为 $\widehat{Earnings} = 10\ 004.966\ 5 + 0.434\ 9Cost + 178.098\ 9Grad + 141.478\ 3Debt + 2\ 526.788\ 8City$。

b. 所有系数均为正，表明每个自变量对因变量都有正面影响。具体而言：

● 保持所有其他自变量不变，如果平均年费用每增加 1 美元，那么平均而言，预计收入将增加 b_1，即约 0.434 9 美元。这一结果表明，花更多的钱上大学是有回报的。

● 如果毕业率增加 1%，那么在保持其他自变量不变的情况下，预计平均收入将增加 178.10 美元。决策者经常争论毕业率是否可以用来衡量一所大学的学术质量。也许这不是学术质量的问题，而是毕业率更高的大学有更积极的学生，这意味着这些学生的收入更高。

● 保持其他 3 个自变量不变，学生偿还债务的百分比每增加一个百分点，预计将使预测收入增加约 141.48 美元。事实证明，债务在任何合理水平上都不具有统计意义；我们将在 6.3 节中讨论此类重要测试。

● 其他自变量不变，位于城市的大学毕业生的预测收入比其他情况要高出 2 526.79 美元。这种差异并不奇怪，因为在城市里上大学的学生可能有更多的实习机会，而这些实习机会往往会在毕业后转化为高薪工作。

c. 如果一所大学的年平均费用为 25 000 美元，毕业率为 60%，学生偿还债务的比例为 80%，并且位于城市，那么学生大学毕业后的平均收入为 $\widehat{Earnings} = 10\ 004.966\ 5 + 0.434\ 9 \times 25\ 000 + 178.098\ 9 \times 60 + 141.478\ 3 \times 80 + 2\ 526.788\ 8 \times 1 = 45\ 408.799\ 1$，或大约 45 409 美元。

■ 使用 Excel 或 R 语言估计线性回归模型

□ 使用 Excel

我们将遵循以下步骤使用 Excel 获得表 6.2 中的回归输出：

A. 打开数据文件 College。

B. 从菜单中选择"数据"（Data）→"数据分析"（Data Analysis）→"回归"（Regression）。（回想第 3 章，如果在"数据"菜单下看不到"数据分析"选项，则必须添加"分析工具库"（Analysis Toolpak）。）

C. 见图 6.3。在"回归"（Regression）对话框中，单击"输入 Y 范围"（Input Y Range）旁边的框，然后选择收入数据。单击"输入 X 范围"（Input X Range）旁边的框，然后同时选择费用、毕业率、债务和城市的数据。选择"标签"（Labels），因为我们使用收入、费用、毕业率、债务和城市作为标题。

    D. 单击"确定"（OK）。

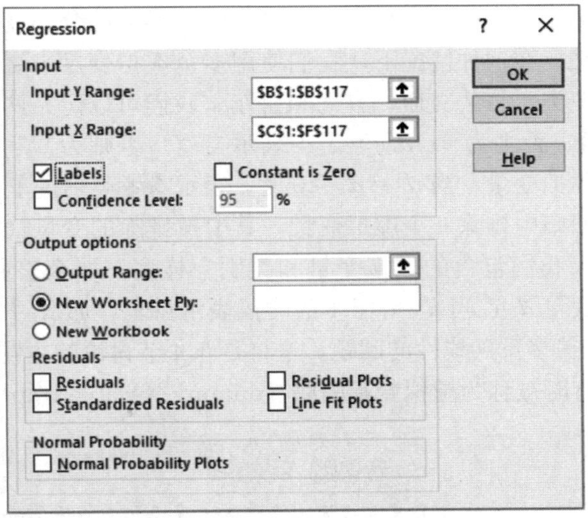

Source: Microsoft Excel

图 6.3　例 6.1 中 Excel 的回归对话框

□ 使用 R 语言

我们遵循以下步骤使用 R 语言获得表 6.2 中的回归输出：

A. 将数据 College 导入数据框（表）并将其标记为 myData。

B. 在默认情况下，R 语言将使用科学记数法报告回归输出。我们选择使用以下命令关闭此选项：

```
> options(scipen = 999)
```

为了重新启用科学记数法，我们将在提示符处输入 options（scipen=0）。

C. 使用 lm 函数创建线性模型，我们将其标记为"Multiple"。请注意，我们使用"＋"符号添加自变量，即使我们认为因变量和自变量之间可能存在负相关关系。执行此步骤后，你将不会看到输出。

```
> Multiple <- lm(Earnings ~ Cost + Grad + Debt + City, data = myData)
```

D. 使用 summary 函数查看汇总回归输出。图 6.4 显示了 R 语言回归输出。我们用黑体字标出了截距和斜率系数。正如预期，这些值与使用 Excel 获得的值相同。

```
> summary(Multiple)

Call:
lm(formula = Earnings ~ Cost + Grad + Debt + City, data = myData)

Residuals:
     Min       1Q   Median       3Q      Max
-12375.3  -3065.2   -589.9   2946.5  20189.0

Coefficients:
              Estimate Std. Error t value Pr(>|t|)
(Intercept) 10004.9665  7634.3338   1.311 0.192724
Cost            0.4349     0.1110   3.917 0.000155 ***
Grad          178.0989    69.1940   2.574 0.011373 *
Debt          141.4783   117.2120   1.207 0.229987
City         2526.7888  1103.4026   2.290 0.023912 *
---
Signif. codes:  0 '***' 0.001 '**' 0.01 '*' 0.05 '.' 0.1 ' ' 1

Residual standard error: 5646 on 111 degrees of freedom
Multiple R-squared:  0.4292, Adjusted R-squared:  0.4087
F-statistic: 20.87 on 4 and 111 DF, p-value: 0.0000000000007564
```

图 6.4　例 6.1 中 R 语言的回归输出

■ 具有多个类别的分类变量

到目前为止，我们使用了一个虚拟变量来描述只有两个类别的分类变量。有时，一个分类变量可能由两个以上的类别定义。在这种情况下，我们使用多个虚拟变量来囊括所有类别。例如，通勤的交通方式可以分为以下三类：公共交通、自驾和拼车。我们可以定义两个虚拟变量 d_1 和 d_2，其中 d_1 等于 1 表示公共交通，否则为 0；d_2 等于 1 表示自驾，否则为 0。对于这类有三种类别的情况，我们只需要定义两个虚拟变量；当 $d_1 = d_2 = 0$ 时，表示参考类别拼车。

给定截距项，我们从回归中排除一个虚拟变量，其中被排除的变量代表参考类别，其他变量则根据该类别进行评估。如果我们包含的虚拟变量和类别一样多，那么它们的总和将等于 1。例如，如果我们添加第三个虚拟变量 d_3，当 d_3 等于 1 的时候表示拼车，那么对于所有观测值，$d_1 + d_2 + d_3 = 1$。这就产生了称为完美多重共线性的问题，这将是 6.4 节讨论的主题。正如我们所见，这样的模型无法估计。这种情况有时被称为**虚拟变量陷阱**（dummy variable trap）。

避免虚拟变量陷阱

如果线性回归模型包含截距，则表示分类变量的虚拟变量数量应比变量的类别数量少一个。

一个分类变量可能有许多类别。创建许多虚拟变量不仅麻烦，而且不一定能很好地说明信息。在这种情况下，基于某种相似性对类别进行分组通常是有意义的。例如，在分析车流量时，你可能会发现工作日和周末之间的显著差异，而不是一周中不同的几天之间的差异。因此，我们可以简单地创建一个虚拟变量来指示它是工作日还是周末，而不是创建 6 个（7－1）表示一周中不同日期的虚拟变量。

例 6.2

一位政府研究人员正在分析零售额（Sales，百万美元）与国民生产总值（GNP，十亿美元）之间的关系。他还想知道，今年各季度的零售额是否存在显著差异。他收集了 10 年的季度数据，并为季度创建虚拟变量。部分数据如表 6.3 所示（文件：Retall）。

表 6.3　例 6.2 中的数据

年	季度	零售额	GNP
2007	1	921 266	14 301.854
2007	2	1 013 371	14 512.945
⋮	⋮	⋮	⋮
2016	4	1 299 699	19 134.463

a. 估计模型 $y = \beta_0 + \beta_1 x + \beta_2 d_1 + \beta_3 d_2 + \beta_4 d_3 + \varepsilon$，其中 y 和 x 分别代表零售额和 GNP；如果是第 1 季度，则 d_1 等于 1，否则为 0；如果是第 2 季度，则 d_2 等于 1，否则为 0；如果是第 3 季度，则 d_3 等于 1，否则为 0。请注意，参考类别是第 4 季度。

b. 请解释第 1 季度的斜率系数。

c. 如果 GNP 为 18 000（十亿美元），那么第 2 季度的预计销售额是多少？对于同样的 GNP，第 4 季度的预计销售额是多少？

解答：

a. 为了估计该模型，我们必须首先为季度变量创建 3 个虚拟变量 d_1、d_2 和 d_3。在本例中，如果是第 1 季度，那么 d_1 的值为 1，否则为 0；如果是第 2 季度，那么 d_2 的值为 1，否则为 0；如果是第 3 季度，那么 d_3 的值为 1，否则为 0。表 6.4 报告了该模型的部分回归结果。

表 6.4　例 6.2 的部分回归结果

	系数	标准误差	t 统计量	p 值
截距	47 095.685 9	53 963.335 0	0.873	0.388 8
GNP	65.054 8	3.215 1	20.234	6.74E−21
d_1	−108 765.258 0	13 638.196 7	−7.975	2.21E−09
d_2	−30 486.294 7	13 593.598 3	−2.243	0.031 4
d_3	−48 805.046 1	13 570.266 0	−3.596	0.000 9

b. 在其他条件相同的情况下，第 1 季度的零售额预计将比第 4 季度少约 108 765（百万美元）。

c. 假设 $x = 18\ 000$，设 $d_1 = 0$，$d_2 = 1$，$d_3 = 0$，计算 $\hat{y} = 47\ 095.685\ 9 + 65.054\ 8 \times 18\ 000 - 30\ 486.294\ 7 = 1\ 187\ 594.98$。即零售额预计约为 1 187 595（百万美元）。对于同样的 GNP，第 4 季度预计零售额（$d_1 = d_2 = d_3 = 0$）为 $\hat{y} = 47\ 095.685\ 9 + 65.054\ 8 \times 18\ 000 = 1\ 218\ 081.28$，约 1 218 081（百万美元）。

练习 6.1

应用

1. 研究人员以 50 名工人为对象，建立模型工资 $= \beta_0 + \beta_1$ 受教育程度 $+ \beta_2$ 经验 $+ \beta_3$ 年龄 $+ \varepsilon$。其中，"工资"是时薪，"受教育程度""经验""年龄"分别是受教育年限、工作经验年限和工人的年龄。部分回归结果如下表所示。

	系数	标准误差	t 统计量	p 值
截距	7.87	4.09	1.93	0.060 3
受教育程度	1.44	0.34	4.24	0.000 1
经验	0.45	0.14	3.16	0.002 8
年龄	−0.01	0.08	−0.14	0.892 0

a. 解释 β_1 和 β_2 的估计值。

b. 预测一个 30 岁、受过 4 年高等教育、有 3 年工作经验的工人的时薪。

2. 一位社会学家认为，一个地区的犯罪率会显著受到该地区贫困率和收入中位数的影响。具体来说，她假设犯罪会随着贫困的增加而增加，随着收入的增加而减少。她收集了 41 个新英格兰城市的犯罪率（每 10 万居民的犯罪率）、贫困率（%）和收入中位数（千美元）的数据。部分回归结果如下表所示。

	系数	标准误差	t 统计量	p 值
截距	−301.62	549.71	−0.55	0.586 4
贫困率	53.16	14.22	3.74	0.000 6
收入中位数	4.95	8.26	0.60	0.552 6

a. 斜率系数的符号是否符合预期？

b. 预测贫困率为 20%，收入中位数为 5 万美元的地区的犯罪率。

3. 骨质疏松症是一种退化性疾病，主要影响 60 岁以上的女性。一名研究分析师希望预测治疗这种使人衰弱的疾病的处方药 StrongBones 的销售情况。她使用的模型是销售 $= \beta_0 + \beta_1$ 人口 $+ \beta_2$ 收入 $+ \varepsilon$，销售是指 StrongBones 的销售额（百万美元），人口是指 60 岁以上的妇女的数量（百万人），收入是指 60 岁以上的妇女的平均收入（千美元）。她收集了美国 38 个城市的数据，并得出以下回归结果：

	系数	标准误差	t 统计量	p 值
截距	10.35	4.02	2.57	0.019 9
人口	8.47	2.71	3.12	0.006 2
收入	7.62	6.63	1.15	0.266 1

a. 解释斜率系数。

b. 如果一个城市有 150 万 60 岁以上的女性，她们的平均收入为 44 000 美元，预测销售额。

4. 一位研究员想要更好地理解市场营销专业学生薪酬差异的原因。他决定估计两个模型：$y = \beta_0 + \beta_1 d_1 + \varepsilon$（模型 1）和 $y = \beta_0 + \beta_1 d_1 + \beta_2 d_2 + \varepsilon$（模型 2）。这里 y 代表工资，虚拟变量 d_1 等于 1，代表男性员工，虚拟变量 d_2 等于 1，指员工拥有工商管理硕士学位。

a. 模型 1 中的参照组是什么？

b. 模型 2 中的参照组是什么？

c. 在这两种模型中，如果女性员工 d_1 等于 1，会有影响吗？

5. 将房价 y 估计为房子的平方英尺 x 和虚拟变量 d 的函数，其中 d 等于 1 指海景房。估计的房价 $\hat{y} = 118.90 + 0.12x + 52.60d$，以千美元为单位。

a. 分别计算面积为 2 000 平方英尺和 3 000 平方英尺的海景房的预测价格。

b. 分别计算面积为 2 000 平方英尺和 3 000 平方英尺的非海景房的预测价格。

c. 讨论海景对房价的影响。

6. 文件：GPA。某大型大学的研究生招生办主任正在分析研究生入学考试（GRE）的数学成绩与以后在研究生院的成绩（以平均分为绩点，即 GPA）之间的关系。她将过去 5 年内毕业的 24 名学生作为样本。部分数据如下：

GPA	GRE
3.0	700
3.5	720
⋮	⋮
3.5	780

a. 求出模型的样本回归方程：GPA $= \beta_0 + \beta_1$ GRE $+ \varepsilon$。

b. 如果一个学生在 GRE 数学部分得到 710 分，那么他的预计 GPA 是多少？

7. 文件：Education。一位社会科学家想要分析受教育程度（高等教育年限）和年薪（千美元）之间的关系。他收集了 20 个人的数据。部分数据如下：

年薪	受教育程度
40	3
53	4
⋮	⋮
38	0

a. 求出模型的样本回归方程：年薪 $= \beta_0 + \beta_1 \times$ 受教育程度 $+ \varepsilon$。

b. 解释受教育程度的系数。

c. 完成 7 年高等教育的个人预期年薪是多少？

8. 文件：Consumption。消费函数首先由 John Maynard Keynes 提出，它抓住了经济学中的一个关键关系。它表示消费是可支配收入的函数，其中可支配收入是税后收入。下表显示了 2000—2016 年美国平均年度消费（美元）和可支配收入（美元）的部分季度数据。

日期	消费	收入
2000 年第 1 季度	28 634	31 192
2000 年第 2 季度	28 837	31 438
⋮	⋮	⋮
2016 年第 4 季度	35 987	39 254

a. 求出模型的样本回归方程：消费 $= \beta_0 + \beta_1$ 收入 $+ \varepsilon$。

b. 在这个模型中，斜率系数被称为边际消费倾向。请解释它的含义。

c. 如果可支配收入为 35 000 美元，那么预计消费是多少？

9. 文件：Car_Prices。下表显示了 20 辆轿车的部分数据，其中包括价格、使用年限、行驶里程。

价格	使用年限	行驶里程
13 590	6	61 485
13 775	6	54 344
⋮	⋮	⋮
11 988	8	42 408

a. 估计样本回归方程，使我们能够根据一辆轿车的使用年限和行驶里程来预测它的价格。

b. 解释使用年限的斜率系数。

c. 预测一辆拥有 5 年历史、行驶 65 000 英里的轿车的价格。

10. 文件：Engine。某卡车公司的维护经理希望建立一个回归模型，根据 4 个自变量来预测发动机首次大修之前的时间（年）：（1）年行驶里程数（千英里）；（2）平均载重（吨）；（3）平均车速（时速）；（4）换油间隔（每 1 000 英里换油时间）。根据驾驶日志和车载计算机，我们获得了 25 辆卡车的样本数据。下表显示了部分数据。

时间	里程数	载重	时速	每 1 000 英里换油时间
7.9	42.8	19	46	15
0.9	98.5	25	46	29
⋮	⋮	⋮	⋮	⋮
6.1	61.2	24	58	19

a. 对于每个自变量，讨论它是否对发动机第一次大修之前的时间产生积极或消极的影响。

b. 求出回归模型的样本回归方程（使用所有 4 个自变量）。

c. 根据 a 问题，回归系数的符号符合逻辑吗？

d. 预测一辆每年行驶 60 000 英里，平均载重 22 吨，平均车速为 57 英里/小时，每次换油行驶 18 000 英里的卡车第一次发动机大修前的时间。

11. 文件：MCAS。教育改革是国家和国家决策者在社会经济议题清单上辩论最为激烈的话题之一。考虑一个线性回归模型，将马萨诸塞州 224 个学区的学校支出和家庭背景与学生表现联系起来。因变量是 10 年级学生 MCAS（马萨诸塞州综合评估系统）考试的平均分数。使用以下 4 个自变量：

（1）STR 为学生与教师的比例，用％表示。

（2）TSAL 为教师的平均工资，单位为千美元。

（3）INC 为家庭收入中位数，单位为千美元。

（4）SGL 为单亲家庭的百分比。

下表显示了部分数据。

分数	STR	TSAL	INC	SGL
227.00	19.00	44.01	48.89	4.70
230.67	17.90	40.17	43.91	4.60
⋮	⋮	⋮	⋮	⋮
230.67	19.20	44.79	47.64	5.10

a. 对于每个自变量，讨论它是否可能对分数产生正面或负面的影响。

b. 求样本回归方程。其中斜率系数的符号是否和预期的一样？

c. 如果 STR＝18，TSAL＝50，INC＝60，SGL＝5，预测分数是多少？

d. 如果除 INC＝80 外，其他所有内容都与 c 问题相同，那么预测分数是多少？

12. 文件：Electricity_cost。一家制药公司的设备经理想要建立一个回归模型来预测每个月的电力成本。他认为有 3 个主要变量决定电力成本（美元）：（1）室外平均温度（华氏度）；（2）每个月的工作日；（3）产品生产吨数。下表显示了过去一年每月数据的一部分。

电力成本	室外平均温度	工作日	产品生产吨数
24 100	26	24	80
23 700	32	21	73
⋮	⋮	⋮	⋮
26 000	39	22	69

a. 对于每个自变量，讨论其是否可能对每个月的电力成本产生正面或负面的影响。

b. 求出回归模型的样本回归方程（使用所有 3 个自变量）。

c. 室外平均温度为 65 华氏度，有 23 个工作日，生产了 76 吨的产品，预计一个月的电力成本是多少？

13. 文件：SAT_1。多年来，SAT 考试进行了多次修订。人们认为女生通常在数学测试中表现较差，但在写作测试中表现较好。下表是 20 名去年参加 SAT 考试的学生的数据。信息包括每名学生在考试中的部分写作分数和数学分数，学生的绩点，以及一个虚拟变量"女生"（如果学生是女生，则该虚拟变量值等于 1，否则为 0）。

写作分数	数学分数	绩点	女生
620	600	3.44	0
570	550	3.04	0
⋮	⋮	⋮	⋮
540	520	2.84	0

a. 以写作分数为因变量，绩点和女生为自变量，估计一个线性回归模型。分别计算一个绩点为 3.5 的男生和女生的预测写作分数。

b. 以数学分数为因变量，绩点和女生为自变量，估计一个线性回归模型。分别计算一个绩点为 3.5 的男生和女生的预测数学分数。

14. 文件：Franchise。一家大型快餐连锁店的总裁收集了 100 家连锁店的数据。

a. 估计模型：$y=\beta_0+\beta_1 x_1+\beta_2 x_2+\varepsilon$，其中 y 为净利润，x_1 为柜台销售，x_2 为推动销售。所有的变量都以百万美元为单位。

b. 解释与推动销售相关的系数。

c. 预测柜台销售额为 600 万美元，推动销售额为 400 万美元的连锁店的净利润。

15. 文件：Arlington。马萨诸塞州阿灵顿的一名房地产经纪人正在分析一套房屋的价格（美元）、平方英尺、卧室数量、浴室数量和一个虚拟变量"殖民地"（该值等于 1 指房屋是殖民风格的房屋，否则为 0）之间的关系。她收集了阿灵顿 36 笔交易的数据进行分析。下表显示了部分数据。

价格	平方英尺	卧室数量	浴室数量	殖民地
840 000	2 768	4	3.5	1
822 000	2 500	4	2.5	1
⋮	⋮	⋮	⋮	⋮
307 500	850	1	1	0

a. 估计模型：价格 $=\beta_0+\beta_1\times$ 平方英尺 $+\beta_2\times$ 卧室数量 $+\beta_3\times$ 浴室数量 $+\beta_4\times$ 殖民地 $+\varepsilon$。

b. 解释卧室数量和殖民地的系数。

c. 预测一套面积为 2 500 平方英尺，带有 3 间卧室和 2 间浴室的殖民地风格房屋的价格。

16. 文件：Startups。今天的许多领先公司，包括谷歌、微软和脸书，都是基于大学开发的技术。Lisa Fisher 是一名商学院教授，她喜欢分析促进创新的大学因素。她收集了 143 所大学的数据进行回归分析，其中因变量是初创公司数量，这是一种衡量创新的指标。自变量包括大学的研究支出（百万美元）、授权专利数量、技术转移办公室年限（持续时间以年计）。下表显示了部分数据。

初创公司	研究支出	专利	年限
1	145.52	8	23
1	237.52	16	23
⋮	⋮	⋮	⋮
1	154.38	3	9

a. 估计模型：初创公司 $=\beta_0+\beta_1\times$ 研究支出 $+\beta_2\times$ 专利 $+\beta_3\times$ 年限 $+\varepsilon$。

b. 预测一所大学的初创公司数量，这所大学在研究支出上花费了 1.2 亿美元，获得了 8 项专利，并拥有技术转移办公室 20 年。

c. 在其他条件不变的情况下，预计大学需要多花费多少研究支出才能增加 1 个初创公司？

17. 文件：Quarterbacks。橄榄球是每场比赛收入最高的运动。考虑到四分卫被认为是球队中最重要的球员，他通常会得到很高的薪酬，因此体育统计学家想要研究影响四分卫薪酬的因素。他认为四分卫的传球完成率是影响薪酬最重要的变量。他还想知道总触地得分和四分卫的年龄会如何影响薪酬。一位体育统计学家最近收集了一个赛季中 32 名四分卫的薪酬（Salary，百万美元）、传球完成率（PC,%）、总触地得分（TD）和年龄（Age）的数据。下表显示了部分数据。

球员	薪酬	传球完成率	总触地得分	年龄
1	25.556 6	65.2	28	27
2	22.044 1	60.5	27	26

续表

球员	薪酬	传球完成率	总触地得分	年龄
⋮	⋮	⋮	⋮	⋮
32	0.626 0	63.1	26	29

a. 估计模型：Salary $= \beta_0 + \beta_1 \times$ PC $+ \beta_2 \times$ TD $+ \beta_3 \times$ Age $+ \varepsilon$。

b. 解释和总触地得分相关的斜率系数。

c. 8 号球员赛季薪酬为 1 298.95 万美元。根据模型，如果 PC $=$ 70.6，TD $=$ 34，Age $=$ 30，那么他的预期薪酬是多少？

d. 16 号球员赛季薪酬为 8 007.3 万美元。根据模型，如果 PC $=$ 65.5，TD $=$ 28，Age $=$ 32，那么他的预期薪酬是多少？

e. 计算并解释 8 号球员和 16 号球员的剩余薪酬。

6.2　模型选择

通过简单观察样本回归方程，我们不能评估自变量是否很好地解释了因变量的变化。然而，确实存在一些客观的"拟合优度"测量方法，它们描述了样本回归方程对数据的拟合程度。回想一下，在引入案例研究中，我们对影响 116 所大学毕业生年度收入（Earnings）的因素感兴趣。在这里，我们将使用 4 个自变量的组合来估计 3 个模型，以确定哪个样本回归方程最能解释年度收入。4 个自变量是平均年费用（Cost）、毕业率（Grad）、偿还债务的学生比例（Debt）以及大学是否位于城市（City，如果位于城市为 1，否则为 0）。模型设定如下：

模型 1：Earnings $= \beta_0 + \beta_1 \text{Cost} + \varepsilon$

模型 2：Earnings $= \beta_0 + \beta_1 \text{Cost} + \beta_2 \text{Grad} + \beta_3 \text{Debt} + \varepsilon$

模型 3：Earnings $= \beta_0 + \beta_1 \text{Cost} + \beta_2 \text{Grad} + \beta_3 \text{Debt} + \beta_4 \text{City} + \varepsilon$

（为了简化，我们使用相同的符号来指代模型 1、模型 2 和模型 3 中的系数。系数和它们的估计可能有不同的意义，这取决于我们参考的模型。此外，我们注意到，在解释年度收入时，确实存在其他模型。例如，我们可以考虑其他自变量的组合。）

如果你必须从这些模型中选择一个来预测大学生毕业后的年度收入，你会选择哪个模型？也许通过使用更多的自变量，你可以更好地描述因变量。然而，对于一个给定的样本，并不总是越多越好。为了选择最优的模型，我们检验几个拟合优度的度量：估计的标准误差（表示为 s_e）、决定系数（表示为 R^2）和经调整的决定系数（表示为调整后 R^2）。我们首先讨论这些度量，然后确定模型 1、模型 2 或模型 3 为首选模型。

估计的标准误差 s_e

为了简化，我们在简单线性回归模型的背景下描述拟合优度，为此，我们将参考模型 1。图 6.5 显示了收入（y）与费用（x）的散点图，以及叠加的样本回归线。回想一下，残差 e_i 表示第 i 次观测的观测值与因变量的预测值之间的差值，即 $e_i = y_i - \hat{y}_i$。如果所有的数据点都落在这条线上，那么每个残差都是 0，换句话说，在观测值和预测值之间不会有离散。因为在实践中，我们很少（如果有的话）得到这样的结果，所以我们根据残差的相对大小来评价模型。当残差的离散度相对较小时，样本回归方程可以很好地拟合。

从样本回归方程测量离散度的一个数值度量是残差的样本方差，表示为 s_e^2。该度量定义为 y_i 与 $\hat{y}_i$ 之间的平均平方差。公式的分子是误差平方和，即 $SSE = \sum (y_i - \hat{y}_i)^2 = \sum e_i^2$。用 SSE 除以其各自的自由度 $n-k-1$ 得到 s_e^2。回想一下，由于 k 表示线性回归模型中自变量的数量，因此，对于一个简单的线性回归模型，k 等于 1。我们通常使用残差的标准差 s_e 而不是方差 s_e^2，s_e 被称为**估计**

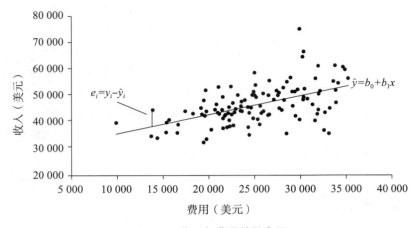

图 6.5 收入与费用的散点图

的标准误差（standard error of the estimate）。通常，s_e 是 s_e^2 的正平方根。估计的标准误差的测量单位与因变量相同。在比较具有相同因变量的模型时，我们倾向于 s_e 较小的模型。s_e 越小，说明观测值与预测值的离散性越小。

估计的标准误差

估计的标准误差 s_e 计算为：

$$s_e = \sqrt{\frac{SSE}{n-k-1}}$$

式中，SSE 为误差平方和。理论上，s_e 可以假设为 0 到 ∞ 之间的任意值，即 $0 < s_e < \infty$。在比较具有相同因变量的模型时，s_e 较小的模型优先。

对于给定的样本量 n，增加自变量的数量 k 可以减小 s_e 公式中的分子（SSE）和分母（$n-k-1$）。s_e 值所显示的净效应使我们能够确定添加的自变量是否改善了模型的拟合。几乎所有的统计软件包都能报告 s_e。Excel 在回归输出的回归统计部分报告 s_e，并将其称为"标准误差"。R 语言在回归输出的底部部分报告 s_e，并将其称为"残差标准误差"。

决定系数 R^2

与估计的标准误差一样，**决定系数**（coefficient of determination）R^2 评估样本回归方程与数据的拟合程度。特别地，R^2 量化了因变量 y 的样本变化，该因变量 y 由样本回归方程解释。它的计算方法是因变量的解释变化量与其总变化量的比值。例如，如果 $R^2 = 0.72$，我们说 y 72% 的样本变化可由样本回归方程解释。其他未被纳入模型的因素占样本变化量的剩余 28%。

我们在线性回归模型的背景下使用方差分析（ANOVA）来推导 R^2。我们表示的总变化量为 $\sum(y_i - \bar{y})^2$，也就是 y 的方差公式中的分子。这个值称为总平方和，即 SST，其可以分解成两个分量：可解释的变化量和无法解释的变化量。图 6.6 说明了简单线性回归模型中 y 的总变化量分解为两个分量的过程。

为了详细说明，我们展示了一个散点图，除 A 点外，所有的点都被删除了。A 点指的是观测点 (x_i, y_i)。斜线表示基于整个样本数据估计的回归方程；水平线和垂直线分别表示样本均值 $\bar{y}$ 和 $\bar{x}$。点 A 和点 C 之间的垂直距离是总变化量 $y_i - \bar{y}$。对于每个观测值，我们对这些差异平方，然后求出它们的和，即 $SST = \sum(y_i - \bar{y})^2$，或等于 y 的总变化量。

现在，我们关注点 B 和点 C 之间的距离，这称为解释变化量，$\hat{y}_i - \overline{y}$。也就是说，这种差异可以用 x 的变化来解释。将所有这些差异平方并求和得到回归平方和 SSR，其中 $SSR = \sum (\hat{y}_i - \overline{y})^2$。$SSR$ 是对 y 的可解释的变化量的度量。

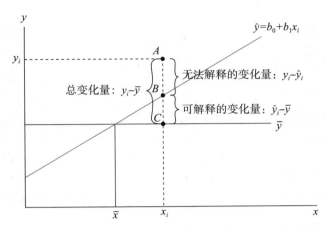

图 6.6　可解释的变化量和无法解释的变化量之间的差异

点 A 和点 B 之间的距离是无法解释的变化量。这是尚未解释的部分。将所有这些差异平方并求和即可得到熟悉的误差平方和，$SSE = \sum (y_i - \hat{y}_i)^2$。

因此，y 的总变化可以分解为可解释的变化量和无法解释的变化量：

$$SST = SSR + SSE$$

我们将两侧同时除以 SST 并重新整理得到 R^2 的公式：

$$R^2 = SSR/SST = 1 - SSE/SST$$

决定系数 R^2

决定系数 R^2 是由样本回归方程解释的样本变化量在因变量总变化量中的比例。R^2 的计算公式为：

$$R^2 = SSR/SST \text{ 或 } R^2 = 1 - SSE/SST$$

式中，$SSR = \sum (\hat{y}_i - \overline{y})^2$，$SSE = \sum (y_i - \hat{y}_i)^2$，$SST = \sum (y_i - \overline{y})^2$。

R^2 的值在 $0 \sim 1$ 之间，值越接近 1，越拟合。

几乎所有的统计软件包都能够报告 R^2。Excel 在回归输出的回归统计部分报告 R^2，并称其为 R 的平方；R 语言在系数估计值下面报告 R^2，并将其称为复合 R 的平方。

我们在线性回归模型中加入另一个自变量的目的是提高模型的有用性。结果表明，当竞争模型不包含相同数量的自变量时，我们不能使用 R^2 进行模型比较。这是因为当我们向模型中添加更多的自变量时，R^2 从未降低。在这种情况下，一种流行的模型选择方法是选择调整后 R^2 值最高的模型，这是我们接下来讨论的话题。

■ 调整后 R^2

由于 R^2 不会随着我们向线性回归模型中添加更多的自变量而降低，因此在线性回归模型中加入一组可能没有经济或直觉基础的自变量，就有可能无意中增加它的拟合优度。这是个现实问题，特别是当自变量 k 的数量相对很大的时候。为了避免 R^2 造成错误印象的可能性，几乎所有的软件包都包含**调整后 R^2**（adjusted R^2）。与 R^2 不同，调整后 R^2 明确地说明了样本容量 n 和自变量 k 的数量。我们通常使用调整后 R^2 进行模型选择，因为它对分析中包含的任何额外自变量施加惩罚。在比较具有相同因变量的模型时，我们更倾向于调整后 R^2 较高的模型，这意味着该模型能够解释 y 中更多的样本变化。

调整后 R^2

调整后的决定系数的计算公式为：

$$调整后 R^2 = 1-(1-R^2)\left(\frac{n-1}{n-k-1}\right)$$

调整后 R^2 用于比较具有不同数量自变量的竞争线性回归模型。调整后 R^2 越高，模型越好。

如果 SSE 明显大于 0，k 比 n 大，那么调整后 R^2 与 R^2 会有很大的不同。如果因变量和自变量之间的相关性足够低，那么调整后 R^2 可能是负的。估计的标准误差 s_e 和调整后 R^2 都可以用于比较不同数量预测变量的线性回归模型。但是，调整后 R^2 是更常用的模型选择标准。

例 6.3

表 6.5 提供了估计下列模型的拟合优度度量：

模型 1：Earnings $=\beta_0+\beta_1\text{Cost}+\varepsilon$
模型 2：Earnings $=\beta_0+\beta_1\text{Cost}+\beta_2\text{Grad}+\beta_3\text{Debt}+\varepsilon$
模型 3：Earnings $=\beta_0+\beta_1\text{Cost}+\beta_2\text{Grad}+\beta_3\text{Debt}+\beta_4\text{City}+\varepsilon$

表 6.5　模型 1、模型 2、模型 3 的拟合优度测量

	模型 1	模型 2	模型 3
估计的标准误差 s_e	6 271.440 7	5 751.806 5	5 645.830 6
决定系数 R^2	0.276 7	0.402 3	0.429 2
调整后 R^2	0.270 3	0.386 2	0.408 7

a. 基于两种拟合优度度量，评估三种模型中的哪一种是优选模型。
b. 请解释优选模型的决定系数。
c. 在大学毕业后的年度收入中，有多少百分比的样本变化没有被优选模型解释？

解答：

a. 与模型 1 和模型 2 相比，模型 3 的估计的标准误差最小（$s_e=5\,645.830\,6$）。模型 3 也有最高的调整后 R^2（调整后 $R^2=0.408\,7$）。因此，模型 3 是优选模型。注意，我们不能使用决定系数 R^2 来比较这 3 个模型，因为模型有不同数量的自变量。

b. 模型 3 的决定系数 R^2 为 0.429 2，这意味着 42.92% 的样本变化可以用回归模型来解释。

c. 如果 42.92% 的收入样本变化由模型 3 中的预测变量的变化来解释，那么 57.08%（$1-0.429\,2$）是不能被回归方程解释的。回归方程留下了相当大一部分无法解释的大学毕业后年度收入的样本变化，这应该不足为奇。另外，有许多因素（平均绩点、重点领域、天赋能力等）都可能解释模型中没有解释的收入变化。

■ 关于拟合优度测量的最后一点注意事项

我们注意到，本节讨论的拟合优度使用相同的样本来构建模型并对其进行评估。不幸的是，这个过程并不能帮助我们衡量估计模型在未知样本中的预测效果。在第 7 章到第 10 章中，我们将讨论交叉验证技术，通过将原始样本划分为构建（训练）模型的训练集和评估（验证）模型的验证集来评估预测模型。验证集通过将模型暴露给看不见的数据来提供独立的性能评估。

练习 6.2

应用

18. 一位分析师估计一家公司的销售额（Sales）是其广告支出（Advertising）的函数，使用的模型是 $Sales = \beta_0 + \beta_1 Advertising + \varepsilon$。通过 20 次观测，他发现 $SSR = 199.93$，$SST = 240.92$。

a. 销售中的样本变动有多大比例可以由广告支出来解释？

b. 销售中的样本变动有多大比例没有被广告支出解释？

19. 文件：Test_Scores。随附的数据文件显示了一门统计学课程 32 名学生的期中成绩和期末成绩。

a. 根据学生的期中考试成绩估计学生的期末成绩。

b. 计算估计的标准误差。

c. 计算并解释决定系数。

20. 当地一所大学的招生主任正试图确定学生的高中（High School）GPA 或 SAT 分数（Score）是否能更好地预测该学生随后的大学（Colleage）GPA。她提出了两个模型：

模型 1：Colleage GPA = $\beta_0 + \beta_1$ High School GPA + ε

模型 2：Colleage GPA = $\beta_0 + \beta_1$ SAT Score + ε

她对这些模型进行估计，得到了以下拟合优度指标。

	模型 1	模型 2
R^2	0.559 5	0.532 2
调整后 R^2	0.557 3	0.529 8
s_e	40.368 4	41.600 7

哪个模型更适合？用两个拟合优度度量来证明你的回答。

21. 文件：Property_Taxes。随附的数据文件显示，在纽约市 30 英里外的一个富裕郊区，有 20 套房屋的面积和相关房产税。

a. 根据房屋面积（平方英尺）的线性函数估算房屋的房产税。

b. 房产税的样本变化中有多大比例可由房屋的大小来解释？

c. 房产税的样本变化中有多大比例不是由房屋的大小所解释的？

22. 文件：Car_Prices。随附的数据文件显示了轿车的售价（Price）、使用年限（Age）和行驶里程（Mileage）。估计以下两个模型：

模型 1：Price = $\beta_0 + \beta_1$ Age + ε

模型 2：Price = $\beta_0 + \beta_1$ Age + β_2 Mileage + ε

哪个模型更适合？用两个适合优度度量来证明你的回答。

23. 以 41 个新英格兰城市作为样本，一位社会学家研究了每个城市的犯罪率（每 10 万居民的犯罪率）、贫困率（％）和收入中位数（千美元）之间的函数关系。他发现 $SSE = 4\ 182\ 663$，$SST = 7\ 732\ 451$。

a. 计算估计的标准误差。

b. 犯罪率的样本变化有多大比例可由自变量的变化量解释？有多大比例没有得到解释？

24. 对于一家大型餐饮连锁店，金融分析师使用以下模型来估计连锁店的净利润：$y = \beta_0 + \beta_1 x_1 + \beta_2 x_2 + \varepsilon_i$，其中 y 是净利润，x_1 是柜台销售额，x_2 是免下车销售额。以 100 家连锁店为样本，她发现 $SSE = 4.460\ 0$，$SST = 18.378\ 4$。

a. 计算估计的标准误差。

b. 计算并解释 R^2。

c. 计算调整后 R^2。

25. 文件：Football。赢得橄榄球比赛的是防守还是进攻？考虑以下部分数据，其中包括球队的获胜率（%）、获得的平均码数以及最近一个NFL赛季中允许的平均码数。

团队	获胜率	获得码数	允许码数
Arizona Cardinals	46.9	366.8	305.2
Atlanta Falcons	68.8	415.8	371.2
⋮	⋮	⋮	⋮
Washington Redskins	53.1	403.4	377.9

a. 比较两个简单的线性回归模型，其中模型1预测获胜率是获得码数的函数，模型2预测获胜率是允许码数的函数。

b. 估计一个线性回归模型——模型3，该模型应用获得码数和允许码数来预测获胜率。这个模型比其他两个模型有改进吗？请解释说明。

26. 文件：Ownership。为了确定美国的住房拥有率是否与收入挂钩，我们收集了州一级的住房拥有率（Ownership，%）和家庭收入中位数（Income，美元）的数据。下表显示了部分数据。

州	住房拥有率	家庭收入中位数
亚拉巴马州	73.2	40 933
阿拉斯加州	65.7	57 848
⋮	⋮	⋮
怀俄明州	73.0	52 201

a. 估计和解释模型：Ownership $= \beta_0 + \beta_1 \times$ Income $+ \varepsilon$。与收入相关的系数是否如预期的那样？请解释。

b. 估计的标准误差是多少？

c. 解释决定系数。这看起来是一个很有预测能力的模型吗？请解释说明。

27. 文件：Return。研究分析师试图确定一家公司的市盈率（P/E）和市销率（P/S）是否可以解释该公司过去一年的股票表现。市盈率是指公司的股价与每股收益或利润的比值。一般来说，高市盈率表明投资者对公司未来盈利增长的预期高于市盈率较低的公司。市销率的计算方法是用公司股价除以公司过去12个月的每股收益。简而言之，投资者可以利用P/S比率来决定他们为公司1美元的销售额而不是1美元的P/E比率支付多少钱。一般来说，市销率越低，投资就越有吸引力。考虑以下部分数据，其中包括30家公司今年迄今为止的回报率（%）、市盈率和市销率。

公司	回报率	市盈率	市销率
1	4.4	14.37	2.41
2	−4.5	11.01	0.78
⋮	⋮	⋮	⋮
30	16.3	13.94	1.94

a. 预估回报率 $= \beta_0 + \beta_1 \times$ P/E $+ \beta_2 \times$ P/S $+ \varepsilon$。系数的符号和预期一样吗？请解释说明。

b. 解释市盈率的斜率系数。

c. 一个市盈率为10，市销率为2的公司的预期回报是多少？

d. 估计的标准误差是多少？

e. 解释 R^2。

28. 文件：SAT_2。一般认为，一个学生的家庭越富裕，他的学术能力倾向测试（SAT）分数就越高。另一个常用的SAT分数预测指标是学生的平均绩点（GPA）。考虑以下24名学生的数据。

SAT	收入	GPA
1 651	47 000	2.79
1 581	34 000	2.97
⋮	⋮	⋮
1 940	113 000	3.96

a. 估计以下3个模型：

(1) SAT $= \beta_0 + \beta_1 \times$ 收入 $+ \varepsilon$

(2) SAT $= \beta_0 + \beta_1$ GPA $+ \varepsilon$

(3) SAT $= \beta_0 + \beta_1 \times$ 收入 $+ \beta_2$ GPA $+ \varepsilon$

b. 采用拟合优度度量，选择最佳拟合模型。

c. 给定自变量的平均值，使用最佳模型预测SAT。

6.3 显著性检验

在本节中，我们将注意力转向关于未知参数（系数）$\beta_0, \beta_1, \cdots, \beta_k$ 的假设检验，从而继续我们对线性回归模型的评估。我们特别关注联合显著性检验和个体显著性检验，以确定是否有证据表明因变量和自变量之间存在线性关系。我们注意到，为使检验有效，OLS 估计量 b_0，b_1，$\cdots$，b_k 必须是正态分布。如果随机误差项 ε 是正态分布，则满足这个条件。如果我们不能假设 ε 的正态性，那么这些检验只对大样本有效。

■ 联合显著性检验

考虑以下线性回归模型，将因变量 y 与 k 个自变量 x_1，x_2，$\cdots$，x_k 联系起来：

$$y=\beta_0+\beta_1 x_1+\beta_2 x_2+\cdots+\beta_k x_k+\varepsilon$$

如果所有的斜率系数都等于 0，那么所有的自变量都将退出模型，这意味着没有一个自变量与因变量有线性关系。相反，如果至少有一个斜率系数不等于 0，则至少有一个自变量影响因变量。

当我们评估一个线性回归模型时，联合显著性检验通常被认为是回归整体有用性的检验。该检验确定自变量 x_1，x_2，$\cdots$，x_k 对 y 有联合统计意义影响。按照第 5 章的假设检验方法，如果我们拒绝所有斜率系数都等于 0 的原假设，那么我们可以得出至少有一个自变量影响因变量的结论。关于联合显著性检验的对立假设有以下形式：

$$H_0: \beta_1=\beta_2=\cdots=\beta_k=0$$
$$H_A: \text{至少一个 } \beta_i \neq 0$$

显著性检验的检验统计量遵循 F 分布。和 t_{df} 分布一样，F 分布也是一组分布的集合，每个分布依赖于两个自由度：分子自由度 df_1 和分母自由度 df_2。它通常被称为 $F_{(df_1, df_2)}$ 分布。

我们计算联合显著性检验的检验统计量 $F_{(df_1, df_2)}=\dfrac{MSR}{MSE}$，其中 $df_1=k$，$df_2=n-k-1$，$MSR=SSR/k$，$MSE=SSE/(n-k-1)$。换句话说，$F_{(df_1, df_2)}$ 检验统计量是均方回归 MSR 与均方误差 MSE 的比率，检验统计量测量回归方程是否能够很好地解释因变量的变化量。在进行联合显著性检验时，我们总是使用右尾 F 检验，因为 $F_{(df_1, df_2)}$ 的值越大，我们就有越多的证据来拒绝原假设。

联合显著性检验

对于线性回归模型，$y=\beta_0+\beta_1 x_1+\beta_2 x_2+\cdots+\beta_k x_k+\varepsilon$，以下对立假设被用来检验联合显著性：

$$H_0: \beta_1=\beta_2=\cdots=\beta_k=0$$
$$H_A: \text{至少一个 } \beta_i \neq 0$$

检验统计量的计算公式为：

$$F_{(df_1, df_2)}=\frac{SSR/k}{SSE/(n-k-1)}=\frac{MSR}{MSE}$$

式中，$df_1=k$，$df_2=n-k-1$，SSR 为回归平方和，SSE 为误差平方和，MSR 为均方回归，MSE 为均方误差。

- 如果原假设没有被拒绝，那么自变量在解释因变量方面不具有联合显著性，由此表明这个模型没有用。
- 如果原假设被拒绝，那么自变量在解释因变量方面具有联合显著性，由此表明这个模型是有用的。

大多数统计计算机软件包，包括 Excel 和 R 语言，可以生成一个方差分析表，将因变量 y 的总变化量分解为两个组成部分：(1) 回归解释的变化量；(2) 无法解释的变化量。此外，还提供了 $F_{(df_1, df_2)}$ 检验统计量的值及其 p 值。表 6.6 显示了方差分析表的一般格式。Excel 明确提供了一个方差分析表及其回归输出，p 值报告在显著性 F 标题下。R 语言提供 $F_{(df_1, df_2)}$ 检验统计

量的值、p 值及其回归输出，这足以进行联合显著性检验。如果我们用 R 语言的方差分析函数生成一个方差分析表，甚至比 Excel 提供的信息更加详细。R 语言的方差分析表分解了每个自变量在解释因变量总变化量方面的贡献。

表 6.6　回归方差分析表的一般格式

ANOVA	df	SS	MS	F	Significance F
回归	k	SSR	$MSR = \dfrac{SSR}{k}$	$F_{(df1,df2)} = \dfrac{MSR}{MSE}$	$P\left(F_{(df1,df2)} \geqslant \dfrac{MSR}{MSE}\right)$
残差	$n-k-1$	SSE	$MSE = \dfrac{SSE}{n-k-1}$		
总计	$n-1$	SST			

例 6.4 --

让我们回顾 6.2 节中的模型 3。

模型 3：$\text{Earnings} = \beta_0 + \beta_1 \text{Cost} + \beta_2 \text{Grad} + \beta_3 \text{Debt} + \beta_4 \text{City} + \varepsilon$

回想一下，我们选择模型 3 来预测大学生毕业后的年度收入，因为它具有最低的估计的标准误差和最高的调整后 R^2。我们在表 6.7 中重现了回归结果的方差分析部分。通过检验，以确定自变量在 $\alpha = 0.05$ 的显著性水平下是否具有联合显著性。

表 6.7　模型 3 回归结果的方差分析部分

ANOVA	df	SS	MS	F	Significance F
回归	4	2 660 691 959	665 172 990	20.868	7.56E-13
残差	111	3 538 169 765	31 875 403		
总计	115	6 198 861 724			

解答：

当检验自变量是否联合显著时，为了解释年度收入，我们建立以下对立假设：

$H_0: \beta_1 = \beta_2 = \beta_3 = \beta_4 = 0$

$H_A:$ 至少一个 $\beta_i \neq 0$.

已知 $n = 116$，$k = 4$，我们发现 $df_1 = k = 4$，$df_2 = n - k - 1 = 111$。从表 6.7 中，我们发现

$$F_{(4, 111)} = \frac{2\ 660\ 691\ 959/4}{3\ 538\ 169\ 765/111} = \frac{665\ 172\ 990}{31\ 875\ 403} = 20.868$$

p 值，$P(F_{(4, 111)} \geqslant 20.868)$ 近似等于 0；它的精确值是 7.56×10^{-13}。因为 p 值小于 $\alpha = 0.05$，我们拒绝 H_0。在 5% 的显著性水平下，自变量在解释收入时具有联合显著性。

■ 个体显著性检验

除了联合检验所有的斜率系数外，我们经常希望对单个系数进行检验。再次考虑下面的线性回归模型，它将因变量 y 与 k 个自变量 x_1，x_2，$\cdots$，x_k 联系起来：

$$y = \beta_0 + \beta_1 x_1 + \beta_2 x_2 + \cdots + \beta_k x_k + \varepsilon$$

例如，如果斜率系数 $\beta_1=0$，那么自变量 x_1 基本上退出方程，这意味着 x_1 并不影响 y。换句话说，如果 $\beta_1=0$，那么 x_1 和 y 之间没有线性关系。相反，如果 β_1 不等于 0，那么 y 受 x_1 的影响。

一般来说，当我们想要检验总体系数 β_j 是否不同、大于或小于 β_{j0} 时，其中 β_{j0} 是 β_j 的假设值，对立假设有以下形式之一：

双尾检验	右尾检验	左尾检验
$H_0: \beta_j=\beta_{j0}$	$H_0: \beta_j\leqslant\beta_{j0}$	$H_0: \beta_j\geqslant\beta_{j0}$
$H_A: \beta_j\neq\beta_{j0}$	$H_A: \beta_j>\beta_{j0}$	$H_A: \beta_j<\beta_{j0}$

当检验 x_j 是否显著影响 y 时，我们设 $\beta_{j0}=0$，并指定双尾检验 $H_0: \beta_j=0$，$H_A: \beta_j\neq0$。我们可以很容易地指定单尾对立假设为正线性关系（$H_0: \beta_j\leqslant0$ 和 $H_A: \beta_j>0$）或负线性关系（$H_0: \beta_j\geqslant0$ 和 $H_A: \beta_j<0$）。

虽然显著性检验通常基于 $\beta_{j0}=0$，但在某些情况下，我们可能希望确定斜率系数是否与非零值不同。例如，如果我们分析学生学习时间和考试成绩之间的关系，我们可能想要确定，在考试前多复习一小时，是否会使学生的分数提高 5 分以上。假设 $H_0: \beta_j\leqslant5$，$H_A: \beta_j>5$。最后，尽管在大多数应用中我们都对斜率系数的假设检验感兴趣，但在某些情况下，我们也可能对截距（β_0）的检验感兴趣。截距的测试框架保持不变，即如果要检验截距是否不等于 0，则指定对立假设为 $H_0: \beta_0=0$ 和 $H_A: \beta_0\neq0$。

与所有假设检验一样，下一步是定义适当的检验统计量。

个体显著性检验

对于线性回归模型，$y=\beta_0+\beta_1x_1+\beta_2x_2+\cdots+\beta_kx_k+\varepsilon$，使用以下对立假设来进行个体显著性检验：

$$H_0: \beta_j=\beta_{j0}$$
$$H_A: \beta_j\neq\beta_{j0}$$

检验统计量为：

$$t_{df}=\frac{b_j-\beta_{j0}}{se(b_j)}$$

式中，$df=n-k-1$，b_j 为 β_j 的估计值，$se(b_j)$ 为估计量 b_j 的标准误差，β_{j0} 为 β_j 的假设值。如果 $\beta_{j0}=0$，则检验统计量的值降为 $t_{df}=\frac{b_i}{se(b_j)}$。

假设 $H_0: \beta_j=0$ 与 $H_A: \beta_j\neq0$。

● 如果不拒绝原假设，则 x_j 对解释 y 不具有显著性。
● 如果拒绝原假设，则 x_j 对解释 y 具有显著性。

需要指出的是，虽然联合显著性检验对于多元线性回归模型是重要的，但对于简单线性回归模型是多余的。事实上，对于一个简单的线性回归模型，对单个斜率系数的 F 检验的 p 值与 t 检验的 p 值是相同的。我们建议你证明一下这个事实。

例 6.5

让我们再次回顾模型 3。

模型 3：$Earnings=\beta_0+\beta_1Cost+\beta_2Grad+\beta_3Debt+\beta_4City+\varepsilon$

我们在表 6.8 中生成了一部分回归结果。对其进行假设检验，确定费用是否在 5% 的显著性水平下影响收入。

表 6.8 模型 3 的部分回归结果

	系数	标准误差	t 统计量	p 值
截距	10 004.966 5	7 634.333 8	1.311	0.192 7
Cost	0.434 9	0.111 0	3.917	0.000 2
Grad	178.098 9	69.194 0	2.574	0.011 4
Debt	141.478 3	117.212 0	1.207	0.230 0
City	2 526.788 8	1 103.402 6	2.290	0.023 9

解答:

为了确定费用是否影响收入,我们建立了以下对立假设:

$H_0: \beta_1 = 0$

$H_A: \beta_1 \neq 0$

由表 6.8 可知,$b_1 = 0.434\,9$,$se(b_1) = 0.111\,0$。已知 $n = 116$,我们发现 $df = n - k - 1 = 116 - 4 - 1 = 111$。因此,使用非四舍五入计算,我们发现检验统计量的值为 $t_{111} = \dfrac{b_j - \beta_{j0}}{se(b_j)} = \dfrac{0.434\,9 - 0}{0.111\,0} = 3.917$。注意,这种计算是不必要的,因为几乎所有统计软件包都会自动提供检验统计量的值及其相关的 p 值。和往常一样,如果 p 值 $< \alpha$,决策规则将拒绝 H_0。因为报告的 p 值是 0.000 2,所以我们拒绝 H_0。在 5% 的显著性水平下,费用在解释收入时具有显著性。

值得注意的是,计算机生成的结果仅在标准情况下有效,即实施双尾检验以确定回归系数是否不等于 0。在例 6.5 中,我们可以使用计算机生成的检验统计量的值以及相应的 p 值,因为它代表了一种标准情况。对于 $\beta_{j0} = 0$ 的单尾检验,检验统计量有效,但 p 值无效。在大多数情况下,计算机生成的 p 值必须被分成两半。对于确定回归系数是否不同于非零值的单尾检验或双尾检验,计算机生成的检验统计量的值和 p 值都无效。这些事实总结如下。

计算机生成的检验统计量和 p 值

几乎所有的统计包都报告检验统计量的值及其相关的 p 值,用于评估回归系数是否不等于 0 的双尾检验。

● 如果我们指定单尾检验,那么我们需要将计算机生成的 p 值分成两半。

● 如果我们检验系数是否与非零值不同,则不能使用计算机生成的检验统计量的值及其 p 值。

我们还想指出,对于使用 $\beta_{j0} = 0$ 的单尾检验,很少有计算机生成的 p 值无效的情况。当 b_j 的符号(以及伴随的检验统计量的值)与原假设不一致时,就会发生这种情况。例如,对于一个右尾检验,$H_0: \beta_j \leq 0$,$H_A: \beta_j > 0$。如果 b_j(以及伴随的检验统计量 t_{df} 的值)为负,则原假设不能被拒绝。同样,如果 $b_j > 0$(因此 $t_{df} > 0$)用于左尾检验,则无须进一步检验。在这些罕见的情况下,报告的 p 值是无效的。

■ 非零斜率系数的检验

在例 6.5 中,原假设包含了斜率系数的零值,即 $\beta_{j0} = 0$。现在,我们使用一个著名的金融应用程序,即资本资产定价模型(CAPM),来进行假设值不为零的检验。

设 R 代表股票或投资组合的收益。给定市场收益 R_M 和无风险收益 R_f，CAPM 表示资产的风险调整收益（$R-R_f$），R_M-R_f 表示风险调整后的市场收益。通常用标准普尔 500 指数的回报率来计算 R_M，用国库券的回报率来计算 R_f。对于经验估计，我们将 CAPM 表示为：

$$R-R_f=\alpha+\beta(R_M-R_f)+\varepsilon$$

我们可以将模型改写为 $y=\alpha+\beta x+\varepsilon$，其中 $y=R-R_f$，$x=R_M-R_f$。请注意，这本质上是一个简单的线性回归模型，使用 α 和 β 来代替通常的 β_0 和 β_1，分别表示截距系数和斜率系数。斜率系数 β 称为股票的 beta，衡量的是股票收益对整体市场水平变化的敏感程度。当 $\beta=1$ 时，市场收益的任何变化都会导致给定股票收益的相同变化。$\beta>1$ 被认为是比市场更"激进"或风险更大的股票，而 $\beta<1$ 被认为是"保守"或风险更小的股票。我们还应重视截距系数 α，它称为股票的 alpha。由于 CAPM 理论预测 α 为零，因此非零估计值表示异常收益。当 $\alpha>0$ 时异常收益为正，当 $\alpha<0$ 时异常收益为负。

例 6.6 --

强生公司成立于 120 多年前，其成立的前提是医生和护士应该使用无菌产品来治疗人们的伤口。从那时起，强生的产品成为大多数人家里的必需品。考虑 CAPM，其中使用强生风险调整股票收益 $R-R_f$ 作为因变量，使用风险调整市场收益 R_M-R_f 作为自变量。表 6.9 显示了其 60 个月数据的一部分（文件：J&J）。

表 6.9 风险调整后的强生公司股票收益与市场收益

月份	年份	$R-R_f$	R_M-R_f
1 月	2012	−0.012 9	0.040 3
2 月	2012	0.021 6	0.030 4
⋮	⋮	⋮	⋮
12 月	2016	−0.022 1	0.012 8

a. 由于强生销售的很多产品都是日用消费品，其股票通常被认为风险较小，也就是说，无论经济是好是坏，人们都需要这些产品。在 5% 的显著性水平下，beta 系数是否小于 1？

b. 在 5% 的显著性水平下，是否存在异常收益？换句话说，alpha 系数是否显著不同于 0？

解答：

使用 CAPM，我们估计模型 $R-R_f=\alpha+\beta(R_M-R_f)+\varepsilon$，回归输出的相关部分见表 6.10。

表 6.10 强生公司部分 CAPM 回归结果

	系数	标准误差	t 统计量	p 值
截距	0.004 8	0.004 2	1.127	0.264 5
R_M-R_f	0.750 3	0.139 1	5.395	1.32E−06

a. beta 系数的估计值为 0.750 3，其标准误差为 0.139 1。为了确定 beta 系数是否显著小于 1，我们将假设表示为：

$$H_0: \beta \geq 1$$
$$H_A: \beta < 1$$

给定60个数据点，$df = n - k - 1 = 60 - 1 - 1 = 58$。我们不能使用表6.10中报告的检验统计量的值或 p 值，因为 β 的假设值不是0。使用非四舍五入计算，我们发现检验统计量的值为 $t_{58} = \dfrac{b_j - \beta_{j0}}{se(b_j)} = \dfrac{0.750\ 3 - 1}{0.139\ 1} = -1.796$。我们可以使用 t 表来近似 p 值，即 $P(t_{58} \leqslant -1.796)$ 是一个介于0.025和0.05之间的值。使用统计软件，我们发现准确的 p 值是0.039。因为 p 值 $< \alpha = 0.05$，我们拒绝 H_0，并得出 β 显著小于1的结论，也就是说，强生公司的股票收益比市场收益的风险要小。

b. 当 α 与0有显著差异时，存在异常收益。因此，建立的假设是 $H_0 : \alpha = 0$ 和 $H_A : \alpha \neq 0$。因为这是一个标准情况，其中系数的假设值为0，我们可以使用报告的检验统计量的值1.127和相关的 p 值0.264 5。我们不能在任何合理的显著性水平上拒绝 H_0。因此，我们不能得出强生公司股票存在异常收益的结论。

■ 报告回归结果

回归结果通常在"用户友好"的表格中报告。表6.11报告了试图解释大学生毕业后年度收入的3个模型的回归结果。对于模型1，自变量为平均年费用；对于模型2，自变量是平均年费用、毕业率和偿还债务的学生比例；对于模型3，自变量是平均年费用、毕业率、偿还债务的学生比例，以及大学是否位于城市（如果位于城市则为1，否则为0）。如果我们只提供这个表，我们将能比较这些模型，构建所选模型的样本回归方程，并使用所提供的统计数据对模型进行可信性评估。许多表的底部都有注释部分，解释一些表示法。我们选择把 p 值放在括号里，放在所有估计系数下面。然而，一些分析人员把系数的标准误差或检验统计量的值放在括号里。无论选择哪种格式，都必须在注释部分向读者说明。

表 6.11　用于解释收入的替代回归模型的估计，$n = 116$

	模型 1	模型 2	模型 3
截距	28 375.405 1* (0.000)	11 819.474 7 (0.129)	10 004.966 5 (0.193)
Cost	0.716 9* (0.000)	0.505 0* (0.000)	0.434 9* (0.000)
Grad	NA	192.666 4* (0.007)	178.098 9* (0.011)
Debt	NA	104.657 3 (0.378)	141.478 3 (0.230)
City	NA	NA	2 526.788 8* (0.024)
Se	6 271.440 7	5 751.806 5	5 645.830 6
R^2	0.276 7	0.402 3	0.429 2
调整后 R^2	0.270 3	0.386 2	0.408 7
F 检验（p 值）	43.608（0.000）	25.124（0.000）	20.868（0.000）

注：参数估计在表的上半部分，p 值在括号中，* 表示5%的显著性水平。NA 表示不适用。表的底部包含拟合优度的度量。

引入案例概要

美国教育部门发布了一份重新设计的大学记分卡，报告了最可靠的关于大学成本和特定大学学生成绩的国家数据。这些清晰、可靠的数据受到了那些正在寻找有关大学负担能力和价值等关键问题答案的家庭的欢迎。

为了确定哪些因素最能解释毕业后的年度收入，我们估计了三种回归模型。在分析中使用了四个预测变量的组合。四个预测变量分别是平均年费用（Cost）、毕业率（Grad）、偿还债务的学生比例（Debt），以及城市虚拟变量（City）（如果大学位于城市，则等于1，否则等于0）。拟合优度测量表明，包括所有四个预测变量的模型提供了最佳的整体拟合，通过其估计的最低标准误差和最高调整后的 R^2 值来衡量。样本回归方程为：$\widehat{Earnings}=10\,004.966\,5+0.434\,49Cost+178.098\,9Grad+141.478\,3Debt+2\,526.788\,8City$。这个回归方程表明，如果一所大学的平均年费用是 2.5 万美元，毕业率是 60%，偿还债务的学生比例是 80%，并且它位于城市，那么学生毕业后的平均收入是 45 409 美元。

对该模型的进一步检验表明，四个预测变量具有联合显著性。个体显著性检验表明，Cost、Grad 和 City 在 5% 的水平上显著；Debt 在解释收入方面并不显著。R^2 显示，大约 43% 的大学生毕业后年度收入样本变异性是由模型解释的。因此，57% 的大学生毕业后年度收入样本变异性仍然无法解释。这并不完全令人惊讶，因为模型中没有包括的因素，如重点领域、平均成绩和天赋，都会影响大学生毕业后的年收入。

练习 6.3

应用

29. 为了检验二手车的售价和车龄之间的关系，一位分析师使用了最近 20 笔交易的数据，并估算出售价 $=\beta_0+\beta_1\times$ 车龄 $+\varepsilon$。部分回归结果如下表所示。

	系数	标准差	t 统计量	p 值
截距	21 187.94	733.42	28.889	1.56E-16
车龄	-1 208.25	128.95		2.41E-08

a. 构建假设，以确定二手车的售价和它的车龄是否为线性相关。

b. 计算检验统计量的值。

c. 在 5% 的显著性水平下，二手车的车龄对于解释其售价具有显著性吗？

d. 在 5% 的显著性水平下进行假设检验，以确定 β_1 是否与 -1 000 不同。展示所有相关步骤。

30. 以 20 个新英格兰城市为样本，一位社会学家研究了每个城市的犯罪率（每 10 万居民的犯罪率）、贫困率（%）和收入中位数（千美元）之间的函数关系。部分回归结果如下表所示。

ANOVA	df	SS	MS	F	Significance F
回归	2	188 246.8	94 123.40	35.20	9.04E-07

续表

ANOVA	df	SS	MS	F	Significance F
残差	17	45 457.32	2 673.96		
总计	19	233 704.1			

	系数	标准误差	t 统计量	p 值
截距	-301.792 7	549.713 5	-0.549	0.590
贫困率	53.159 7	14.219 8	3.738	0.002
收入	4.947 2	8.256 6	0.599	0.557

a. 确定样本回归方程。

b. 在 5% 的显著性水平下，贫困率和收入对解释犯罪率是否具有联合显著性？

c. 在 5% 的显著性水平下，贫困率和犯罪率是否线性相关？

d. 确定收入是否在 5% 的显著性水平下影响犯罪率。

31. Akiko Hamaguchi 是亚利桑那州凤凰城一家小型寿司店的经理。Akiko 担心，疲弱的经济环境会阻碍她所在地区的人流量，从而导致销售急剧下降。为了抵消人流量下降的影响，她开展了一场声势浩大的广告宣传活动。她认为广告支出对销售具有积极的影响。为了支持她的说法，Akiko 估计了以下线性回归模型：销售额=

$\beta_0 + \beta_1$ 失业率 $+ \beta_2$ 广告支出 $+ \varepsilon$。部分回归结果如下表所示。

ANOVA	df	SS	MS	F	Significance F
回归	2	72.637 4	36.318 7	8.760	0.003
残差	14	58.043 8	4.146 0		
总计	16	130.681			
	系数	标准误差	t 统计量	p 值	
截距	17.506 0	3.981 7	4.397	0.007	
失业率	−0.687 9	0.299 7	−2.296	0.038	
广告支出	0.026 6	0.006 8	3.932	0.002	

a. 在 5% 的显著性水平下，检验自变量是否共同影响销售额。

b. 在 1% 的显著性水平下，检验失业率与销售额是否呈负相关。

c. 在 1% 的显著性水平下，检验广告支出与销售额是否呈正相关。

32. 研究人员估计了以下模型，将公司股票的回报率作为其市盈率和市销率的函数：回报率 $= \beta_0 + \beta_1 P/E + \beta_2 P/S + \varepsilon$。部分回归结果如下表所示。

ANOVA	df	SS	MS	F	Significance F
回归	2	918.746	459.372 8	2.817	0.077
残差	27	4 402.786	163.066 1		
总计	29	5 321.532			
	系数	标准误差	t 统计量	p 值	
截距	−12.024 3	7.886 858	−1.525	0.139	
市盈率	0.145 9	0.432 2	0.338	0.738	
市销率	5.441 7	2.292 6	2.374	0.025	

a. 确定样本回归方程。

b. 在 10% 的显著性水平下，市盈率和市销率是否具有联合显著性？请展示检验的相关步骤。

c. 两个自变量是否在 10% 的显著性水平下单独显著？请展示检验的相关步骤。

33. 文件：Fertilizer。一位园艺家正在研究番茄株高与施肥量的关系。将相似条件下生长的 30 株番茄在 4 个月的时间里施用不同数量的肥料（盎司），然后测量它们的高度（英寸）。

a. 估计回归模型：高度 $= \beta_0 + \beta_1 \times$ 肥料 $+ \varepsilon$。

b. 在 5% 的显著性水平下，确定 1 盎司肥料是否使番茄株高增加超过 3 英寸。请展示检验的相关步骤。

34. 文件：Dexterity。手指的灵巧性，即手指做出精确协调的动作以抓住或组装非常小的物体的能力，在珠宝制作中非常重要。因此，高质量手表制造商 Gemco 的制造经理希望开发一种回归模型，以每班手表的产量衡量，根据用镊子在 100 个小孔中每个都放入 3 个大头针所需的时间（秒），预测新员工的生产率。他对 20 名现有员工进行了奥康纳灵巧度测试，测量了放置大头针所需的时间和每班生产的手表数量。

a. 估计回归模型：手表数量 $= \beta_0 + \beta_1 \times$ 时间 $+ \varepsilon$。

b. 该名经理声称，放置大头针每多一秒，手表的产量就减少 0.02 以上。在 5% 的显著性水平下检验这一说法。请展示测试的相关步骤。

35. 文件：Engine。某卡车公司的维修经理想建立一个回归模型，基于 4 个自变量来预测发动机第一次大修的时间（年）：（1）年行驶里程（千英里）；（2）平均载重（吨）；（3）平均行驶速度（每英里的速度）；（4）换油间隔（以千英里为单位换一次油）。根据司机日志和车载计算机，我们获得了 25 辆卡车的样本数据。

a. 根据 4 个自变量的函数估计第一次发动机大修的时间。

b. 在 10% 的显著性水平下，自变量是否具有联合显著性？请展示检验的相关步骤。

c. 自变量是否在 10% 的显著性水平下单独显著？请展示检验的相关步骤。

36. 文件：Electricity_Cost。一家制药公司的设备经理想要建立一个回归模型来预测每月的电费。有 3 个主要变量被认为决定了电力成本：（1）室外平均温度（华氏度）；（2）每月工作日（天）；（3）生产的产品数量（吨）。

a. 估计回归模型。

b. 在 10% 的显著性水平下，自变量是否具有联合显著性？请展示检验的相关步骤。

c. 自变量是否在 10% 的显著性水平下单独显著？请展示检验的相关步骤。

37. 文件：Caterpillar。卡特彼勒公司在全球范围内制造和销售重型建筑设备。卡特彼勒的股票表现很可能受到经济的强烈影响。例如，在大衰退期间，卡特彼勒的股价大幅下跌。为此，每月收集卡特彼勒的风险调整收益（$R - R_f$）和风险调整市场收益（$R_M - R_f$）的数据，周期 5 年（$n = 60$）。下表显示了部分数据。

月份	年份	$R - R_f$	$R_M - R_f$
1 月	2012	0.051 024	0.040 289
2 月	2012	−0.068 230	0.030 432
⋮	⋮	⋮	⋮
12 月	2016	0.026 386	0.012 784

a. 估算卡特彼勒公司的 CAPM。用规范的表格展示回归结果。

b. 在 5% 的显著性水平下，确定投资卡特彼勒的风险是否大于市场风险（beta 显著大于 1）。

c. 在 5% 的显著性水平下，是否有异常收益的证据？

38. 文件：Arlington。在马萨诸塞州的阿灵顿，一位房地产经纪人正在调查影响房价的因素。他收集了 36 套房屋的销售数据（美元），并记录了每一套房屋的面积（平方英尺）、卧室数量（卧室）、浴室数量（浴室），以及一个"殖民地"虚拟变量（如果房子是殖民风格的等于 1，否则为 0）。下表显示了部分数据。

房价	平方英尺	卧室	浴室	殖民地
840 000	2 768	4	3.5	1
822 000	2 500	4	2.5	1
⋮	⋮	⋮	⋮	⋮
307 500	850	1	1	1

a. 估计模型房价 $= \beta_0 + \beta_1 \times$ 平方英尺 $+ \beta_2 \times$ 卧室 $+ \beta_3 \times$ 浴室 $+ \beta_4 \times$ 殖民地 $+ \varepsilon$。用规范表格展示回归结果。

b. 在 5% 的显著性水平下，自变量对解释价格是否具有联合显著性？

c. 在 5% 的显著性水平下，是否所有自变量都单独显著地解释了房价？

39. 文件：Final_Test。在上课的第一天，一位经济学教授安排了一项测试，以衡量学生的数学基础。她认为，数学测试的表现和每周在这门课上的学习时间是预测学生期末考试成绩的主要因素。她收集了 60 名学生的数据，其中的一部分见下表。

期末成绩	数学成绩	学习时间
94	92	5
74	90	3
⋮	⋮	⋮
63	64	2

a. 根据学生的数学成绩和每周的学习时间，估计样本回归方程，从而预测学生的期末考试成绩。

b. 在 5% 的显著性水平下，学生的数学成绩和每周学习的小时数对解释学生的期末考试成绩是否具有联合显著性？

c. 在 5% 的显著性水平下，每个自变量在解释学生的期末考试成绩时是否单独显著？

40. 文件：Union_Pay。一个汽车工人工会正在与最高管理层一起，就工会工人的新时薪政策进行谈判，3 个变量分别为：（1）职业类别；（2）在公司工作的时间；（3）在任何公司担任工会成员的时间。本次目标是建立一个公平的模式，能够客观地规定小时工资，从而减少工人对工资差距的不满。对 50 名工会成员进行抽样，并将其作为工资模式的基础。下表显示了部分数据。

时薪	职业类别	在公司工作的时间	在任何公司担任工会成员的时间
15.90	24	12	7
23.70	52	17	14
⋮	⋮	⋮	⋮
26.70	43	2	2

a. 报告相应模型的样本回归方程。

b. 在 5% 的显著性水平下，自变量是否具有联合显著性？它们单独显著吗？

c. 预测职业类别为 48、在公司工作 18 年、成为工会会员 14 年的工人的时薪。

41. 文件：Yields。虽然美联储控制短期利率，但长期利率基本上取决于供求动态以及长期利率预期。为了检验短期利率和长期利率之间的关系，我们每月收集了 3 个月和 10 年期美国国债收益率的数据。下表显示了部分数据。

月份	年份	3 个月	10 年
1 月	2016	0.26	2.09
2 月	2016	0.31	1.78
⋮	⋮	⋮	⋮
12 月	2017	1.32	2.40

a. 使用 10 年期收益率作为因变量，3 个月收益率作为自变量，估计并解释样本回归方程。

b. 解释决定系数。

c. 在 5% 的显著性水平下，3 个月收益率对 10 年期收益率的解释是否显著？

d. 许多人想知道 3 个月国债收益率的变化是否意味着 10 年期国债收益率的变化。在 5% 的显著性水平下，数据支持这一设想吗？

42. 文件：BMI。根据世界卫生组织的数据，肥胖已经达到了全球流行病的程度。虽然肥胖通常与慢性疾病和残疾有关，但研究人员认为，它也可能影响薪水。换句话说，员工的体重指数（BMI）是工资的预测指标。（如果一个人的体重指数超过 25，那么他就被认为超重；如果体重指数超过 30，那么他就被认为肥胖。）随附的表格显示了 30 名受过大学教育的男性的部分薪资数据（千美元），其中包括他们各自的体重指数和一个虚拟变量"白人"（白人男性为 1，其他为 0）。

薪资	体重指数	白人
34	33	1
43	26	1
⋮	⋮	⋮
45	21	1

a. 使用体重指数和白人作为自变量估计薪资模型。确定体重指数是否在 5% 的显著性水平下影响薪资。

b. 体重指数为 30，受过大学教育的白人男性的估计薪资是多少？另外，计算一个非白人男性相应的薪资。

43. 文件：Wage。一位研究人员想知道，在一家大公司里，男性的平均工资是否比女性高。她采访了 50 名员工，收集了每名员工的时薪（美元）、高等教育年限、经验年限、年龄和一个"男性"虚拟变量的数据（如果是男性，这个虚拟变量等于 1，否则等于 0）。下表显示了部分数据。

时薪	高等教育年限	经验年限	年龄	男性
37.85	11	2	40	1
21.72	4	1	39	0
⋮	⋮	⋮	⋮	⋮
24.18	8	11	64	0

a. 估计模型工资 $= \beta_0 + \beta_1 \times$ 高等教育年限 $+ \beta_2 \times$ 经验年限 $+ \beta_3 \times$ 年龄 $+ \beta_4 \times$ 男性 $+ \varepsilon$。

b. 预测一名 40 岁、受过 10 年高等教育、有 5 年工作经验的男性员工的时薪。预测一名 40 岁具有同样资历的女员工的时薪。

c. 解释男性的估计系数。自变量男性在 5% 的显著性水平下是否显著？这些数据表明这家公司存在性别歧视吗？

44. 文件：Quotations。电路板制造商斯迪特电子公司的劳动力估算小组希望简化向潜在客户对生产成本报价的过程。它确定了生产时间（以及生产成本）的主要驱动因素，即机器安装的电子部件数量和必须手工安装的部件数量。因此，它希望使用 25 个最近随机选择的产品样本，开发一个多元回归模型来预测生产时间（以每分钟每板衡量）。下表显示了部分数据。

生产时间	机器安装组件	手工安装组件
9.1	275	14
10.8	446	12
⋮	⋮	⋮
15.5	618	16

a. 样本回归方程是什么？

b. 预测一个需要 475 个机器安装组件和 16 个手工安装组件的电路板的生产时间。

c. 生产时间的样本可变性有多大比例是由这两个自变量解释的？

d. 在 5% 的显著水平性下，自变量是否具有联合显著性？它们单独显著吗？

45. 文件：Ice_Cream。一家冰淇淋店的经理正试图确定每天会有多少名顾客。在过去几年里，该店的整体业务相对稳定，但客户数量似乎有起有落。他收集了超过 30 天的数据，记录了客户数量、最高温度（华氏度）以及当天是否属于周末（如果是周末等于 1，否则等于 0）。下表显示了部分数据。

客户数量	最高温度	周末
376	75	0
433	78	0
⋮	⋮	⋮
401	68	0

a. 估计模型客户数量 $= \beta_0 + \beta_1 \times$ 最高温度 $+ \beta_2 \times$ 周末 $+ \varepsilon$。

b. 在最高温度为 80 华氏度的周末，经理预计会有多少名客户？

c. 解释周末的估计系数。在 5% 的显著性水平下很显著吗？这将如何影响商店的人员需求？

46. 文件：QuickFix。QuickFix 是一家提供快速服务的无预约汽车维修连锁店。该公司总经理想要根据以下 4 个因素来预测任何一家连锁店每月服务的车辆数量：车库、5 英里半径内的人口数量（千人）、州际公路高速公路入口（如果方便，入口等于 1，否则为 0），以及一年中的时间（冬季等于 1，否则为 0）。他认为，在其他条件相同的情况下，州际公路附近的商店将为更多的车辆提供服务，而且由于电池和轮胎问题，更多的车辆将在冬季接受服务。现已获得 19 个地点的样本。下表显示了部分数据。

服务车辆	车库	人口数量	入口	冬季
200	3	15	0	0

续表

服务车辆	车库	人口数量	入口	冬季
351	3	22	0	1
⋮	⋮	⋮	⋮	⋮
464	6	74	1	1

a. 估计服务车辆与 4 个自变量的回归方程。

b. 解释每一个斜率系数。

c. 在 5% 的显著性水平下，自变量是否具有联合显著性？它们单独显著吗？在 10% 的显著性水平下呢？

d. 服务车辆的变化量有多大比例是由这 4 个自变量解释的？

e. 预测某一特定地点在非冬季月份维修的车辆数量，该地点有 5 个车库，人口 4 万，有方便的州际通道。

47. 文件：Industry。考虑一个回归模型，该模型将 CEO 的薪酬（百万美元）与公司的总资产（百万美元）和公司所在的行业联系起来。虚拟变量用于表示 4 个行业：制造业 d_1、其他制造业 d_2、金融服务业 d_3 和非金融服务业 d_4。下表显示了 455 位 CEO 的部分数据。

CEO	y	x	d_1	d_2	d_3	d_4
1	16.58	20 917.5	1	0	0	0
2	26.92	32 659.5	1	0	0	0
⋮	⋮	⋮	⋮	⋮	⋮	⋮
450	2.30	44 875.0	0	0	1	0

a. 估计模型 $y = \beta_0 + \beta_1 x + \beta_2 d_1 + \beta_3 d_2 + \beta_4 d_3 + \varepsilon$，其中 y 和 x 分别表示薪酬和总资产。这里的参考类别是非金融服务业。

b. 解释估计的系数。

c. 使用 5% 的显著性水平来确定相对于非金融服务业，哪些行业的高管薪酬不同。

d. 重新建立模型，以确定在 5% 的显著性水平下，其他制造业的薪酬是否高于制造业。确保你的模型考虑总资产和所有行业类型。

48. 文件：Retail。一位政府研究员正在分析零售额（百万美元）和国民生产总值（GNP）（十亿美元）之间的关系。他还想知道，今年各季度的零售额是否存在显著差异。他收集了 10 年的季度数据。下表显示了部分数据。

年	季度	零售额	GNP
2007	1	921 266	14 301.854
2007	2	1 013 371	14 512.945
⋮	⋮	⋮	⋮
2016	4	1 299 699	19 134.463

a. 估计模型 $y = \beta_0 + \beta_1 x + \beta_2 d_1 + \beta_3 d_2 + \beta_4 d_3 + \varepsilon$，其中 y 和 x 分别代表零售额和 GNP，如果是第 1 季度，$d_1=1$，否则为 0；如果是第 2 季度，$d_2=1$，否则为 0；如果是第 3 季度，$d_3=1$，否则为 0。注意：参考类别是第 4 季度。

b. 如果 GNP 等于 16 000 亿美元，预测第 2 季度和第 4 季度的零售额。

c. 哪个季度的销售额与第 4 季度相比有 5% 的显著差异？

d. 重新建立模型，在 5% 的显著性水平下，确定第 2 季度和第 3 季度的销售额是否不同。确保你的模型考虑到各个方面。

49. 文件：Longevity。根据美国疾病控制与预防中心（Centers for Disease Control and Prevention）的数据，美国人 65 岁时的预期寿命约为 18.7 年。医学研究人员认为，虽然过度饮酒对健康有害，但每天少量饮酒，尤其是葡萄酒，可能与预期寿命延长有关。还有一些研究将长寿与收入和性别联系在一起。下表显示了与 65 岁以后的寿命有关的部分数据：65 岁退休时的平均收入（千美元）、女性虚拟变量（如果个体是女性，则等于 1，否则为 0），以及每天饮酒的平均数量。

寿命	收入	女性	饮酒的平均数量
19.00	64	0	1
19.30	43	1	3

续表

寿命	收入	女性	饮酒的平均数量
⋮	⋮	⋮	⋮
20.24	36	1	0

a. 根据收入、女性和饮酒情况，使用这些数据对 65 岁时的预期寿命建模。

b. 在 $\alpha=0.01$ 处进行单尾检验，以确定女性是否比男性寿命长。

c. 预测收入 40 000 美元、每天饮酒两杯的男性在 65 岁时的预期寿命；对女性重复这个预测。

50. 文件：SAT_3。平等机会中心的一名研究人员希望确定大型州立大学录取学生的 SAT 分数是否因种族而不同。她收集了 200 名被录取学生的 SAT 分数和种族背景数据。下表显示了部分数据。

SAT	种族
1 515	白人
1 530	西班牙裔
⋮	⋮
1 614	白人

a. 估计模型 $y = \beta_0 + \beta_1 d_1 + \beta_2 d_2 + \beta_3 d_3 + \varepsilon$，其中 y 代表学生的 SAT 分数。如果学生是白人，$d_1=1$，否则为 0；如果学生是黑人，d_2 等于 1，否则为 0；如果学生是亚裔，$d_3=1$，否则为 0。注意，参考类别是西班牙裔。亚裔学生的 SAT 预测成绩是多少？如果是一名西班牙裔学生呢？

b. 在 5% 的显著性水平下，确定亚裔学生的 SAT 成绩是否与西班牙裔学生不同。

c. 重新构建模型，确定在 5% 的显著性水平下，白人学生的 SAT 成绩是否低于亚裔学生的 SAT 成绩。确保模型考虑所有的种族类别。

6.4 模型假设和常见违例

到目前为止，我们主要关注线性回归模型的估计和评估。重要的是要理解普通最小二乘法（OLS）的统计性质，以及检验程序的有效性，其取决于经典线性回归模型的假设。在本节中，我们将讨论这些假设。我们还将讨论违反假设的常见情况、违反假设的后果，并在可能的情况下提供一些补救措施。

回归分析的必要假设

在本章中，我们使用 OLS 法估计经典线性回归模型。我们还检验了各种拟合优度测量方法，并进行了假设检验，以评估哪些自变量最显著。然而，在应用这些技术时，我们要求某些假设保持不变。以下是基于经典线性回归模型的假设：

1. 回归模型为 $y = \beta_0 + \beta_1 x_1 + \beta_2 x_2 + \cdots + \beta_k x_k + \varepsilon$，线性参数是 β_0，β_1，$\cdots$，β_k。

2. 对于 x_1，x_2，$\cdots$，x_k，误差项的期望值为 0，或 $E(\varepsilon) = 0$。这意味着 $E(y) = \beta_0 + \beta_1 x_1 + \beta_2 x_2 + \cdots + \beta_k x_k$。

3. 自变量之间没有确切的线性关系，或者，用统计学术语来说，不存在完美的多重共线性。

4. 对于 x_1，x_2，$\cdots$，x_k，误差项 ε 的方差对所有观测值都是相同的；或者，用统计学术语来说，不存在异方差。如果观测值的可变性是变化的，就违反了这个假设。

5. 对于 x_1，x_2，$\cdots$，x_k，误差项 ε 是不相关的观测，或者，用统计学术语来说，没有序列相关性。如果观测结果是相关的，则违反了这个假设。

6. 误差项 ε 与任何自变量 x_1，x_2，$\cdots$，x_k 都不相关，或者，用统计学术语来说，没有内生性。一般来说，如果遗漏了重要的自变量，就违反了这个假设。

7. 对于 x_1，x_2，$\cdots$，x_k，误差项 ε 是正态分布的。这一假设允许我们构造区间估计并进行显著性检验。如果 ε 不是正态分布，则区间估计和假设检验仅对大样本量有效。

在经典线性回归模型的假设下，OLS 估计量具有理想的性质。其中，回归系数 β_j 的 OLS 估计量是无偏的，也就是 $E(b_j) = \beta_j$。而且，在所有线性无偏估计量中，样本间的变化量最小。当一个或多个模型假设被违反时，OLS 估计量的这些理想属性就会受到损害。除系数估计外，显著性检验的有效性也受到假设的影响。在某些违反假设的情况下，OLS 估计量的估计标准误差是不适用的，也就不可能依据 t 检验和 F 检验结果做出有意义的推论。

经典线性回归模型的假设大部分是基于误差项 ε。因为残差或观测误差项 $e = y - \hat{y}$ 包含关于 ε 的有用信息，所以通常使用残差来检查假设。在本节中，我们将依靠**残差图**（residual plots）来检测一些违反假设的常见情况。这些图表易于使用，并提供估计回归模型的分析信息。公式检验超出了本书的范围。

残差图

对于回归模型 $y = \beta_0 + \beta_1 x_1 + \beta_2 x_2 + \cdots + \beta_k x_k + \varepsilon$，残差计算为 $e = y - \hat{y}$，其中 $\hat{y} = b_0 + b_1 x_1 + b_2 x_2 + \cdots + b_k x_k + \varepsilon$。这些残差可以按顺序绘制或针对预测变量 x_j 来寻找模型的不足之处。

通常将残差 e 画在纵轴上，将自变量 x_j 或预测值 $\hat{y}$ 画在横轴上。这样的图对于检测偏离线性和恒定可变性是有用的。如果回归是基于时间序列数据，那么我们可以绘制残差序列，以检测观察是否相关。

残差图也可用来检测异常值。回顾第 3 章，异常值是指从其他数据中脱颖而出的观测值。对于异常观测值，结果残差将在图中脱颖而出。虽然异常值可以极大地影响预测，但如何处理它们并不总是很清楚。异常值表示的是由于数据集中记录（或包含）错误的观测结果而导致的不良数据。在这种情况下，有关的观测值应予以纠正或直接删除。或者，异常值可能只是产生于随机变化，在这种情况下，应该保留相关的观察结果。在任何情况下，残差图都能帮助我们识别潜在的异常值，以便在需要时采取纠正措施。

在图 6.7 中，当没有违反任何假设时，我们给出了一个假设的残差图。注意，所有的点都随机分散在残差的 0 值周围。此外，也没有异常值的证据，因为没有残差能从其他部分中脱颖而出。任何突出的残差点都表明一个或多个假设已经被违反了。

图 6.7 正确设定模型的残差图

在本节的最后，我们将讨论如何在 Excel 和 R 语言中获得残差图，但首先我们将描述违反假设的常见情况并提供补救措施。

常见违例 1：非线性模式

线性回归模型通常基于其计算的简单性。简单线性回归模型 $y=\beta_0+\beta_1 x+\varepsilon$ 意味着如果 x 每增加一个单位，我们预计 y 会被 β_1 改变，而不管 x 的值是多少。但是在许多应用中，这种关系不能用直线表示，因此必须用适当的曲线来表示。依靠经济理论和直觉来确定线性假设是否合适总是有用的。我们通过分析散点图或残差图来确认我们的直觉。如果数据中存在明显的非线性模式，OLS 估计可能很容易产生误导。

□ 检测

我们可以用残差图来识别非线性模式。如果残差在预测变量值之间随机分布，则线性是合理的，否则表明可能存在非线性模式。

例 6.7

一位社会学家想要研究年龄和幸福之间的关系。他采访了 24 个人，收集了年龄和幸福指数的数据，幸福指数的范围是 0～100。部分数据如表 6.12 所示（文件：Happiness_Age）。检验回归模型中的线性假设，幸福指数＝$\beta_0+\beta_1\times$年龄＋ε。

表 6.12 幸福指数与年龄

幸福指数	年龄
62	49
66	51
⋮	⋮
72	69

解答：

我们从幸福指数随年龄变化的散点图开始分析。图 6.8 显示了基于样本回归方程幸福指数＝56.18＋0.28×年龄的散点图和叠加趋势线。从图 6.8 中可以清楚地看出，线性回归模型并没有恰当地捕捉到幸福指数和年龄之间的关系。换句话说，得出一个人的幸福指数每年增加 0.28 个单位的结论是具有误导性的。

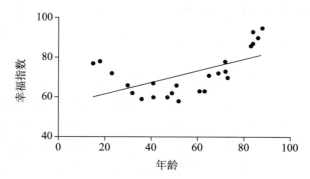

图 6.8 散点图和叠加的趋势线（例 6.7）

图 6.9 是残差图，进一步探讨了回归模型的线性假设。

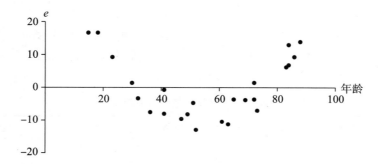

图 6.9 年龄残差图（例 6.7）

结果表明，50 岁前残差呈明显下降趋势，50 岁后残差呈稳定上升趋势。线性回归模型是不合适的，因为它在较低和较高的年龄水平上被低估，而在中等年龄水平上被高估。这一结果与 2018 年发表在《幸福杂志》上的一项研究一致，该研究表明，幸福感最初会随着年龄增长而下降，然后会随着年龄增长而上升。

□ 补救方法

线性回归模型通常被用作大多数实证研究的第一步。在许多情况下，它们为实际关系提供了非常好的近似值。然而，如果残差图表现出强烈的非线性模式，那么由线性回归模型所做的推论可能非常具有误导性。在这种情况下，我们应该采用基于响应和自变量简单变换的非线性回归方法，这些方法将在下一章中讨论。

■ 常见违例 2：多重共线性

当两个或两个以上的自变量具有精确的线性关系时，就存在完全多重共线性。考虑模型 $y = \beta_0 + \beta_1 x_1 + \beta_2 x_2 + \varepsilon$，其中 y 是奖金，x_1 是售出的汽车数量，x_2 是剩余的汽车数量。如果所有的汽车销售员开始时都有相同的库存，那么就存在完全多重共线性（$x_2 =$ 常数 $- x_1$）。由于模型不能被估计，因此完全多重共线性很容易被检测出来。然而，如果 x_2 表示来自客户的正面评价的比例，我们就有一些多重共线性，因为销售的汽车数量和正面评价的比例可能是相关的。在大多数应用中，自变量之间存在某种程度的相关性。

（非完全）多重共线性问题与小样本问题相似。多重共线性不违反任何假设，然而，它的存在导致了对斜率系数的不精确估计。换句话说，多重共线性使得自变量对因变量的独立影响难以厘清。如果多重共线性严重，我们可能就会发现重要的自变量不显著。估计的回归系数的错误符号也可能表明多重共线性。

□ **检测**

多重共线性的检测方法大多是非正式的。如果我们发现一个高 R^2 和一个显著的 F 统计量，加上单独不显著的自变量，那么可能出现了多重共线性问题。我们还可以根据自变量的相关性检测多重共线性的严重程度。一项指导意见指出，如果任意两个自变量之间的样本相关系数大于 0.80 或小于 -0.80，则多重共线性严重。方差膨胀因子（VIF）是另一种测量方法，它可以检测 3 个或更多自变量之间的高度相关性，即使没有一对自变量具有特别高的相关性。VIF 的最小可能值为 1（不存在多重共线性）。如果 VIF 超过 5 或 10，那么可能出现了多重共线性问题。关于 VIF 更详细的讨论超出了本书的范围。

例 6.8 --

在一个线性回归模型中检验多重共线性问题，该模型使用房屋价值中位数（美元）作为因变量，家庭收入中位数（美元）、人均收入（美元）和业主自住房屋百分比作为自变量。表 6.13 显示了 2010 年美国各州的部分数据（文件：Home_Values）。

表 6.13 房屋价值和其他因素

州	房屋价值中位数	家庭收入中位数	人均收入	业主自住房屋百分比
亚拉巴马州	117 600	42 081	22 984	71.1
阿拉斯加州	229 100	66 521	30 726	64.7
⋮	⋮	⋮	⋮	⋮
怀俄明州	174 000	53 802	27 860	70.2

解答：

我们估计了 3 个模型来检验多重共线性问题，表 6.14 给出了回归结果。

表 6.14 模型估计摘要（例 6.8）

变量	模型 1	模型 2	模型 3
截距	417 892.04* (0.001)	348 187.14* (0.002)	285 604.08 (0.083)
家庭收入中位数	9.04* (0.000)	7.74* (0.000)	NA
人均收入中位数	−3.27 (0.309)	NA	13.21* (0.000)
业主自住房屋百分比	−8 744.30* (0.000)	−8 027.90* (0.000)	−6 454.08* (0.001)
调整后 R^2	0.807 1	0.806 9	0.662 1

注：表中包含参数估计值，p 值在括号中，* 代表显著性在 5% 的水平下。NA 表示不适用。最后一行报告的调整后 R^2 用于模型选择。

模型 1 使用所有 3 个自变量来解释房屋价值。令人惊讶的是，人均收入变量的估计系数为 −3.27，

p 值为 0.31，在 5% 的显著性水平下甚至没有统计学意义。多重共线性可能是造成这一惊人结果的原因，因为家庭收入和人均收入可能是相关的。我们计算出这两个变量之间的样本相关系数为 0.858 2，这表明多重共线性严重。我们估计了另外两个模型，其中一个共线变量被剔除，模型 2 去掉了人均收入变量，模型 3 去掉了家庭收入中位数变量。注意，模型 3 中的人均收入现在对房屋价值产生了正的显著影响。在这两个模型之间，模型 2 优于模型 3，因为其调整后 R^2 较高（0.806 9＞0.662 1）。然而，在模型 1 和模型 2 之间如何做出选择还不是很清楚。通常，如果分析的唯一目的是进行预测，则首选模型 1，因为其调整后 R^2 值为 0.807 1。然而，如果需要评估系数估计值，则模型 2 可能是首选。

□ 补救方法

缺乏经验的研究人员为了不遗漏任何重要因素，往往会在研究中涉及太多的自变量，但这样做可能会包含本质上衡量同一事物的冗余变量。当遇到多重共线性时，一种很好的补救方法是剔除其中的一个共线性变量。难点在于如何确定哪些共线性变量是冗余的，并将其安全剔除。另一种方法是获取更多的数据，因为随着我们纳入更多的观察结果，样本相关性可能会减弱。有时它有助于用不同的方式表达自变量，以便它们不产生共线性。有时，最好的方法可能是当有理由包括所有自变量时什么也不做。尤其是当估计模型产生较高的 R^2 时，这意味着估计模型很适合进行预测。

常见违例 3：变化可变性

观测值恒定可变性的假设在使用横截面数据的研究中往往不成立。考虑模型 $y=\beta_0+\beta_1 x_1+\varepsilon$，其中 y 是家庭消费支出，x 是家庭可支配收入。假设消费的可变性在家庭收入的横截面上是相同的，这可能是不合理的。例如，我们预计，与低收入家庭相比，高收入家庭的消费具有更高的可变性。同样，随着房屋面积的扩大，房价的变化幅度也会更大，而随着公司规模的扩大，销售额的变化幅度也会更大。在变化可变性存在的情况下，OLS 估计量仍然是无偏的。然而，OLS 估计量的估计标准误差是不恰当的。因此，我们不能太相信标准 t 检验或 F 检验，因为它们是基于这些估计的标准误差。

□ 检测

我们可以用残差图来确定变化可变性。残差通常针对每个自变量 x_j 绘制；对于一个多元回归模型，我们还可以根据预测值 $\hat{y}$ 绘制。如果残差随机分布在 x_j 的值上，则不存在违例。相反，如果残差在 x_j 的值上增加或减少，就会出现违例。

例 6.9

考虑一个简单的回归模型，它将连锁便利店的月销售额（Sales，千美元）与便利店的面积（Sqft，平方英尺）联系起来。用于分析的部分数据如表 6.15 所示（文件：Convenience_Stores）。估计模型并使用残差图来确定观测值是否具有变化的可变性。

表 6.15　便利店销售额及面积

销售额	面积
140	1 810
160	2 500
⋮	⋮
110	1 470

解答：

样本回归模型为：

$$\widehat{Sales} = 22.0795 + 0.0591Sqft$$
$$(se)\quad(10.4764)\quad(0.0057)$$

我们把系数的标准误差放在括号里。在本节末尾说明 R 语言指令时，我们将参考这些值。

模型的残差图如图 6.10 所示，注意，残差似乎在横轴上呈扇形分布。因此，我们得出结论，在这个销售与面积有关的应用中，变化可变性可能是一个问题。这个结果并不令人惊讶，因为随着面积的扩大，销售额的变化会更大。例如，一个小的便利店很可能只提供有相当稳定需求的基本必需品，而规模更大的便利店可能还会有一些特色商品，从而导致销售波动更大。

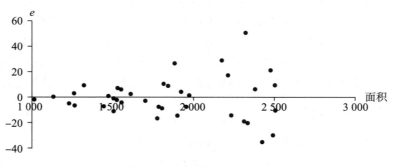

图 6.10　残差图（例 6.9）

□ 补救方法

如前所述，在变化可变性存在的情况下，OLS 估计量是无偏的，但是它们估计的标准误差是不恰当的。因此，OLS 仍然提供了合理的系数估计，但 t 检验和 F 检验不再有效。这促使一些研究人员使用 OLS 估计值和标准误差修正值，这通常称为稳健标准误差。不幸的是，当前版本的 Excel 没有包含对标准误差的更正。然而，这在许多统计软件包中都可用，包括 R 语言。在本节的末尾，我们使用 R 语言对例 6.9 进行必要的更正。有了稳健标准误差，我们就可以进行合理的 t 检验。

■ 常见违例 4：观测值相互关联

在获取 OLS 估计量时，我们假设观测值是不相关的。在时间序列数据的研究中，这种假设往往会被打破。销售、就业和资产回报等变量反映了商业周期。因此，连续的观测结果很可能是相互关联的。

在存在相关观测值的情况下，OLS 估计量是无偏的，但其估计的标准误差是不适当的。一般来说，这些标准误差向下扭曲，使模型看起来比实际情况更好，R^2 高得离谱。此外，t 检验和 F 检验可能表明，当这种情况不成立时自变量单独显著和联合显著。

□ 检测

我们可以按照时间顺序绘制残差图，以寻找相关的观测值。如果没有违例，那么残差应该在水平轴周围没有规律性。当出现几个周期内的正残差，接着是几个周期内的负残差，然后是正残差，依此类推时，表示出现违例。虽然不常见，但当一个正残差后面跟着一个负残差，然后是一个正残差，依此类推时，也表示违例。

例 6.10

假设 $y = \beta_0 + \beta_1 x_1 + \beta_2 x_2 + \varepsilon$，其中 y 代表寿司店的销售额（Sales，千美元），x_1 和 x_2 分别代表广告支出（AdsCost，美元）和失业率（Unemp，%）。表 6.16 给出了 2018 年 1 月—2019 年 5 月的部分月度数据（文件：Sushi_Restaurant）。检查残差的分布以评价序列相关性。

表 6.16　销售额、广告支出和失业率数据

月份	年份	销售额	广告支出	失业率
1	2018	27.0	550	4.6
2	2018	24.2	425	4.3
⋮	⋮	⋮	⋮	⋮
5	2019	27.4	550	9.1

解答：

模型估计为：

$$\hat{y} = 17.506\ 0 + 0.026\ 6 x_1 - 0.687\ 9 x_2$$
$$(se)\ (3.981\ 7)(0.006\ 8)\quad(0.299\ 7)$$

我们把系数的标准误差放在括号里。在本节末尾说明 R 语言指令时我们将参考这些值。

为了检测序列相关性，我们按时间 t 顺序绘制残差图，其中 t 是 1～17 个月的时间序列数据。图 6.11 显示了残差随时间的波动，首先在横轴下方聚集，然后在横轴上方聚集，依此类推。鉴于沿横轴的这种分布，我们得出结论，观测值是相关的。

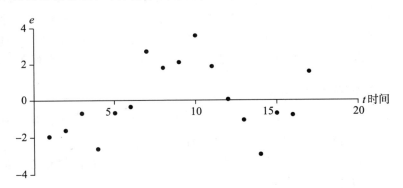

图 6.11　残差图

□ **补救方法**

如前所述，在存在相关观测值的情况下，OLS 估计量是无偏的，但它们的标准误差是不适当的，而且通常向下扭曲，使模型看起来比实际更好。因此，OLS 仍然提供了合理的系数估计，但 t 检验和 F 检验不再有效。这促使一些研究者使用 OLS 估计但修正标准误差，即通常所称的稳健标准误差。与变化可变性的情况一样，Excel 的当前版本不包括此修正。但是，它可以在许多统计软件包中获得，包括 R 语言。在本节的末尾，我们使用 R 语言对例 6.10 进行必要的修正。一旦标准误差被修正，我们就可以进行合理的 t 检验。

常见违例 5：遗漏变量

线性回归模型中的另一个关键假设是误差项与自变量不相关。一般来说，当重要的自变量被排除在外时，这个假设就不成立了。如果遗漏了一个或多个相关自变量，那么得到的 OLS 估计量是有偏差的。偏差的程度取决于被纳入的自变量和被排除的自变量之间的相关性——相关性越高，偏差越大。

假设我们要估计 $y = \beta_0 + \beta_1 x + \varepsilon$，其中 y 是工资，x 是教育年限。这个模型排除了天赋，而天赋是工资的一个重要因素。请注意，被排除的天赋与教育年限也有关。现在再考虑一下那些受过高等教育、薪水也很高的人。这个模型会把高薪水和教育联系在一起，而事实上，可能是个人的高水平天赋提高了教育水平和薪水。总之，这种违例可能导致不可靠的系数估计，一些估计系数甚至可能是错误的。

□ 补救方法

在回归模型中包含所有相关的自变量是很重要的。在运行回归模型之前，重要的第一步是编制一份潜在自变量的综合列表。然后，我们可以使用调整后 R^2 标准构建更小的自变量列表。有时，由于数据的限制，我们无法包含所有相关变量。例如，对于解释薪水的模型来说，天赋可能是一个重要的自变量，但我们不能把它包括进来，因为天赋是不可观测的。在这种情况下，我们可以使用被称为工具变量技术的方法，但这超出了本书的范围。

■ 小结

要成为回归方法的有效使用者，我们需要实践。我们应该把回归建模看作一个迭代的过程。首先要清楚地了解回归模型应该做什么，定义相关的因变量，并编制潜在自变量的综合列表。重点应该是选择一个具有经济和直观意义的模型，并避免自变量或多或少地衡量同一事物，从而导致多重共线性。然后我们将该模型应用于数据，并对其进行优化和改进。具体来说，从综合列表中，我们使用显著性检验和拟合优度度量（如估计的标准误差和调整后 R^2）来构建一个更小的自变量列表。在横截面和时间序列研究中，我们分别探索残差图，以寻找变化可变性和观测值相关性的迹象，这一点很重要。如果识别出了这两个违例中的任何一个，我们仍然可以相信回归系数的点估计。然而，除非采用必要的修正措施，否则我们不能对显著性的标准 t 检验或 F 检验抱有太大信心。

■ 用 Excel 和 R 语言构造残差图

我们首先在 Excel 和 R 语言中复制例 6.9 中的图 6.10。因为我们发现在例 6.9 中变化可变性是一个问题，所以我们展示如何在 R 语言中计算稳健标准误差。

然后我们复制例 6.10 中的图 6.11。因为在例 6.10 中我们发现观测值相关性是一个问题，所以我们展示如何在 R 语言中计算稳健标准误差。

□ 使用 Excel 复制图 6.10

A. 打开 Convenience_Stores 数据文件。

B. 从菜单中选择"数据"（Data）→"数据分析"（Data Analysis）→"回归"（Regression）。

C. 对于"要输入的 Y 范围"（Input Y Range），选择 Sales 数据，对于"要输入的 X 范围"（Input X Range），选择 Sqft 数据。

D. 挑选残差图。

E. 勾选"确定"（OK）。你应该会看到类似于图 6.10 的图形。格式化（关于颜色、坐标轴等）可以通过从菜单中选择格式来完成。

□ 使用 R 语言复制图 6.10，得到稳健标准误差

A. 将 Convenience_Stores 数据导入数据框（表）中，并将其标记为 myData。

B. 安装并加载 sandwich 包。我们用这个程序包来计算稳健标准误差。输入：

```
> install.packages("sandwich")
> library(sandwich)
```

C. 使用 lm 函数创建一个线性回归模型（对象），标记为 Simple。输入：

```
> Simple <- lm(Sales~Sqft, data = myData)
```

D. 利用 resid 函数从简单线性回归模型中获得残差，标记为 Simple_Residuals。输入：

```
> Simple_Residuals <- resid(Simple)
```

E. 使用 plot 函数创建散点图预测变量 Sqft。我们还使用 xlab 和 ylab 选项向 x 轴和 y 轴添加标签。输入：

```
> plot(Simple_Residuals ~ myData $ Sqft, xlab = "Sqft", ylab = "e")
```

R 语言返回的散点图应该类似于图 6.10。

F. 使用 sandwich 中的 vcovHC 函数计算 OLS 估计量的稳健标准误差。通过使用选项 type ＝ "HC1"，我们要求 R 语言应用一个广泛使用的公式来计算稳健标准误差（R 语言中还有其他类型的可用设计方案）。输入：

```
> vcovHC(Simple, type = "HC1")
```

R 语言返回：

	(Intercept)	Sqft
(Intercept)	**91.45127988**	$-6.095285e-02$
Sqft	-0.06095285	**4.149344e-05**

上面的输出表示方差-协方差矩阵，其中对角元素包含方差，非对角元素包含 OLS 估计量的协方差。因为我们对标准误差感兴趣，我们只需取矩阵对角线值的平方根（见黑体部分的值）。为了找到标记为 Simple_SE 的标准错误，输入：

```
> Simple_SE <- diag(vcovHC(Simple,type = "HC1"))^0.5
> Simple_SE
(Intercept)        Sqft
9.56301625      0.00644154
```

截距和 Sqft 的校正标准误差分别为 9.563 0 和 0.006 4。回想一下例 6.9，OLS 生成的截距和 Sqft 的标准误差分别为 10.476 4 和 0.005 7。所以现在我们可以很容易地使用 OLS 估计值和修正后的标准误差计算 t 检验的显著性。

☐ **使用 Excel 复制图 6.11**

A. 打开 Sushi_Restaurant 数据文件。

B. 从菜单中选择"数据"（Data）→"数据分析"（Data Analysis）→"回归"（Regression）。

C. 对于"要输入的 Y 范围"（Input Y Range），选择 Sales 数据，对于"要输入的 X 范围"（Input X Range），同时选择 AdsCost 和 Unemp 数据。

D. 选择"残差"（Residuals）。单击"确定"（OK）。

E. 给出回归输出，选择残差数据，选择"插入"（Insert）→"散点图"（Scatter）；选择左上角的选项。（如果你在选择"插入"之后找"散点图"这个选项有困难，请查找图表上面带有数据点的图形。）你应该会看到类似于图 6.11 的图形。格式化（关于颜色、坐标轴等）可以通过从菜单中选择格式来完成。

☐ **使用 R 语言复制图 6.11，得到稳健标准误差**

A. 按照使用 R 语言来复制图 6.10 说明中的步骤 A 到 D 进行操作，导入 Sushi_Restaurant 数据文件并创建一个线性回归模型（对象），标记为 Multiple，它将 Sales 表示为 AdsCost 和 Unemp 的函数。检索残差并将其标记为 Multiple_Residuals。

B. 首先使用 seq 函数创建一个时间变量，标记为 T，它具有与 Multiple_Residuals 相同的变量个数，然后使用 plot 函数。我们还使用 abline 函数在 x 轴上插入一条线。输入：

```
> T <- seq(from = 1, to = length(Multiple_Residuals))
> plot(Multiple_ Residuals ~ T, xlab = "time", ylab = "e")
> abline(h = 0)
```

R 语言返回的散点图应该类似于图 6.11。

C. 使用 sandwich 中的 NeweyWest 函数计算 OLS 估计量的稳健标准误差。通过使用 prewhite＝FALSE 选项，我们要求进行最基本的校正（许多其他选项在 R 语言中可用）。输入：

```
> NeweyWest(Multiple, prewhite = FALSE)
```

R 语言返回：

	(Intercept)	AdsCost	Unemp
(Intercept)	**18.10230474**	− 2.342228e − 02	− 5.592667e − 01
AdsCost	− 0.02342228	**4.056877e − 05**	− 9.819913e − 05
Unemp	− 0.55926668	− 9.819913e − 05	**9.036499e − 02**

输出表示方差-协方差矩阵，其中对角元素包含方差，非对角元素包含 OLS 估计量的协方差。因为我们对标准误差感兴趣，所以我们只需取矩阵对角线值的平方根（见黑体部分的值）。为了找到标有 Multiple_SE 的标准错误，输入：

```
> Multiple_SE <- diag(NeweyWest(Multiple))^0.5
> Multiple_SE
```

```
(Intercept)     AdsCost        Unemp
4.773375748   0.006961572   0.354646071
```

截距、AdsCost 和 Unemp 的校正标准误差分别为 4.773 4、0.007 0 和 0.354 6。回想一下例 6.10，对于截距、AdsCost 和 Unemp，OLS 生成的标准误差分别为 3.981 7、0.006 8 和 0.299 7。修正后的标准误差都高于 OLS 估计值，这通常是我们在回归模型中相关观测值存在问题时所期望的。我们现在可以很容易地使用 OLS 估计和修正的标准误差来计算 t 检验的显著性。

练习 6.4

理论

51. 利用 20 个观测值，估计多元回归模型 $y=\beta_0+\beta_1x_1+\beta_2x_2+\varepsilon$。部分回归结果如下：

	df	SS	MS	F	显著性 F
回归	2	2.12E+12	1.06E+12	56.556	3.07E − 08
误差	17	3.19E+11	1.88E+10		
总计	19	2.44E+12			

续表

	系数	标准误差	t 统计量	p 值	下 95%	上 95%
截距	−987 557	131 583	−7.505	0.000	−1 265 173	−709 941
x_1	29 233	32 653	0.895	0.383	−39 660	98 125
x_2	30 283	32 645	0.928	0.367	−38 592	99 158

a. 在 5％的显著性水平下，自变量是否具有联合显著性？

b. 在 5％的显著性水平下，每个自变量是否单独显著？

c. 这个模型可能存在什么问题？

52. 用横截面数据估计简单的线性回归，$y = \beta_0 + \beta_1 x + \varepsilon$。所得到的残差 e 以及自变量 x 的值如下表所示。

x	1	2	5	7	10	14	15	20	24	30
e	-2	1	-3	2	4	-5	-6	8	11	-10

a. 对残差 e 与自变量 x 的值作图，并寻找任何可识别的违例图示。

b. 哪个假设被违背了？讨论其后果并提出可能的补救措施。

53. 用时间序列数据进行简单的线性回归，$y = \beta_0 + \beta_1 x + \varepsilon$，所得残差 e 和时间变量 t 如下表所示。

t	1	2	3	4	5	6	7	8	9	10
e	-5	-4	-2	3	6	8	4	-5	-3	-2

a. 绘制残差随时间变化的图，并寻找任何可识别的违例图示。

b. 哪个假设被违背了？讨论其后果并提出可能的补救措施。

应用

54. 文件：Television。像书籍和故事一样，电视不仅仅是娱乐，它还能让孩子接触到关于世界的新信息。虽然看太多电视是有害的，但适量看电视实际上可能会有帮助。研究员 Matt Castle 收集了 28 名中学生的平均学分绩点（GPA）和他们每周看电视时间的数据。检验回归模型 GPA $= \beta_0 + \beta_1 \times$ 时间 $+ \varepsilon$ 的线性假设。

55. 文件：Delivery。快递公司 Quick2U 希望将其送货收费（美元）模式标准化，以便客户更好地了解他们的送货费用。其使用了以下 3 个自变量进行估计：（1）距离（英里）；（2）运输重量（磅）；（3）箱子数量。还收集了 30 个最近交货的样品。下表显示了部分数据。

收费	距离	运输重量	箱子数量
92.50	29	183	1
157.60	96	135	3

续表

收费	距离	运输重量	箱子数量
⋮	⋮	⋮	⋮
143.00	47	117	7

a. 估计模型收费 $= \beta_0 + \beta_1 \times$ 距离 $+ \beta_2 \times$ 运输重量 $+ \beta_3 \times$ 箱子数量 $+ \varepsilon$，并在 1% 的显著性水平下检验自变量的联合显著性和个体显著性。

b. 是否有多重共线性的证据？

c. 对残差与预测值作图，并确定是否有任何变化可变性的证据。

56. 考虑一项调查的结果，在该调查中，学生们被问及他们的 GPA，并将他们典型的 24 小时划分为学习、休闲（包括工作）和睡眠。考虑 GPA $= \beta_0 + \beta_1 \times$ 学习 $+ \beta_2 \times$ 休闲 $+ \beta_3 \times$ 睡眠 $+ \varepsilon$ 这个模型。

a. 这个模型有什么问题？

b. 请提出一种简单的方法来重新构建一个模型。

57. 文件：AnnArbor_Rental。考虑密歇根州安娜堡一个家庭的月租金（美元），作为卧室数量、浴室数量和面积（平方英尺）的函数。

a. 估计模型租金 $= \beta_0 + \beta_1 \times$ 卧室数量 $+ \beta_2 \times$ 浴室数量 $+ \beta_3 \times$ 面积 $+ \varepsilon$

b. 哪些自变量可能导致变化可变性？请解释。

c. 使用残差图来验证你的经济直觉。

58. 文件：Work_Experience。考虑一家营销公司 100 名员工的工资（美元）和工作经验（年）。估计模型工资 $= \beta_0 + \beta_1 \times$ 工作经验 $+ \varepsilon$。

a. 解释为什么要关注这个模型中的可变性。

b. 使用残差图来证实你的经济直觉。

59. 文件：Healthy_Living。健康的生活方式一直是任何社会的一个重要目标。考虑一个回归模型，它推测蔬菜和定期锻炼对健康有积极的影响，吸烟对健康有消极的影响。样本包括在美国各州观察到的这些变量的百分比。下表显示了部分数据。

州	健康	蔬菜	锻炼	吸烟
AK	88.7	23.3	60.6	14.6
AL	78.3	20.3	41.0	16.4

续表

州	健康	蔬菜	锻炼	吸烟
⋮	⋮	⋮	⋮	⋮
WY	87.5	23.3	57.2	15.2

a. 估计模型健康＝$\beta_0+\beta_1\times$蔬菜＋$\beta_2\times$锻炼＋$\beta_3\times$吸烟＋ε

b. 分析数据，确定是否存在多重共线性和变化可变性。

60. 文件：J&J。例 6.6 讨论了强生公司的资本资产定价模型（CAPM）。该模型以风险调整后的强生公司股票收益率 $R-R_f$ 作为因变量，以风险调整后的市场收益率 R_M-R_f 作为自变量。由于时间序列数据可能发生序列相关性，因此检查残差时应谨慎。构建残差随时间的散点图，并对相关观测结果进行评论。

61. 文件：Consumption。消费函数是经济学中最重要的关系之一，其中消费是可支配收入的函数。下表显示了 2000—2016 年美国年平均消费（美元）和可支配收入（美元）的部分季度数据。

日期	消费	可支配收入
2000 年第 1 季度	28 634	31 192
2000 年第 2 季度	28 837	31 438
⋮	⋮	⋮
2016 年第 4 季度	35 987	39 254

a. 估计模型消费＝$\beta_0+\beta_1\times$可支配收入＋ε。绘制残差与时间的关系，以确定是否存在观测值相关的可能性。

b. 讨论相关的观察结果并提出可能的补救措施。

62. 文件：Mowers。草坪割草机公司 Turfco 的营销经理认为，所有门店（实体店、网店等）的月销售额受以下 3 个关键变量的影响：（1）室外温度（华氏度）；（2）广告支出（千美元）；（3）促销折扣（%）。下表显示了过去两年的部分月度销售数据。

销售额	室外温度	广告支出	促销折扣
17 235	33	15	5.0
19 854	42	25	5.0
⋮	⋮	⋮	⋮
22 571	44	21	5.0

a. 估计模型销售额＝$\beta_0+\beta_1\times$室外温度＋$\beta_2\times$广告支出＋$\beta_3\times$促销折扣＋ε，并在 5% 的显著性水平下检验自变量的联合显著性和个体显著性。

b. 检查数据，寻找多重共线性的证据。提供两个理由，说明为什么在这个应用中不要处理多重共线性。

c. 检查残差图，寻找变化可变性的证据。

6.5　大数据写作

在使用大数据进行回归分析时，我们往往不太重视显著性检验。为什么会出现这种情况？因为结果表明，如果样本量足够大，那么每个自变量和因变量之间的关系在统计上都是显著的，即使这种关系没有经济意义。

在这种情况下，不同的大随机样本产生的 β_j 估值几乎没有差异。回想一下，我们使用 $se(b_j)$ 来衡量 b_j 的变化量，而这种变化量取决于两个因素：（1）总体中的样本与 β_j 所暗示的 x_j 和 y 之间的关系有多相近；（2）估计值 b_j 所基于的样本大小。如果样本量足够大，那么变化量实际上消失了，或者，等价于 $se(b_j)$ 趋于 0。当 $se(b_j)$ 趋于 0 时，t_{df} 检验统计量的值（计算为 $t_{df}=b_j/se(b_j)$）增加，导致 p 值较小，从而拒绝不显著的原假设。

因此，如果样本量足够大，统计显著性并不一定意味着一种关系具有经济意义。正因为如此，在面对大数据和评估各种模型时，我们往往依赖于直觉和模型验证，而不是显著性检验。在第 7 章到第 10 章，我们将依赖交叉验证技术来评估各种模型。

□ 案例研究

　　为艾奥瓦州埃姆斯的大学城建立一个房屋价格预测模型。在评估各种模型之前，你首先必须过滤 House_Price 数据，以获得所选变量的适当观察子集。在你得到优选模型之后，总结你的发现，并根据自变量的典型值预测艾奥瓦州埃姆斯市的房价。

报告样本——投资大学城的房地产

　　投资大学城的房地产可能是明智之举。首先，学生提供了稳定的租房需求，因为许多资金紧张的公立大学无法为大一以外的学生提供住宿。其次，这种需求预计会增长。美国国家教育统计中心预测，到 2025 年，美国大学入学人数将达到 1 980 万人，比 2014 年的 1 730 万人增加 14%。通过回归分析确定影响艾奥瓦州埃姆斯（艾奥瓦州立大学所在地）单户住宅销售价格的因素。对于 2016 年 209 栋独栋住宅的样本，我们收集了以下数据：房屋的销售价格（Price，美元）、卧室数量（Beds）、浴室数量（Baths）、面积（Sqft，平方英尺）和地块大小（Lsize，平方英尺）。表 6.17 显示了新房子（2000 年及以后建造的）、老房子（2000 年之前建造的）以及样本中所有房子相关变量的均值。中位数显示在括号中。

表 6.17　新、旧房子和所有房子变量的均值和中位数

方差	新房子	老房子	所有房子
价格	326 134 （292 000）	209 552 （190 500）	230 191 （215 000）
卧室数量	3.68 （4.00）	3.22 （3.00）	3.30 （3.00）
浴室数量	3.06 （3.00）	2.20 （2.00）	2.36 （2.00）
面积	1 867 （1 691）	1 596 （1 444）	1 644 （1 515）
地块大小	18 137 （10 361）	19 464 （10 123）	19 229 （10 171）
观测值	37	172	209

　　新房子的平均售价远远高于老房子。对于所有房子来说，因为均值高于中位数，所以房价呈正偏态分布，说明一些昂贵的房子把均值拉到了中位数以上。房子面积和地块大小也呈正偏态分布。最后，相对而言，较新的房子有更多的卧室、浴室和更大的面积，但地块面积较小。这与 2017 年《建筑》杂志上的一篇文章一致，那篇文章发现，在过去 15 年里，新房子的面积增加了 24%，而地块面积却减少了 16%。

　　为了分析可能影响房价的因素，我们考虑将所有自变量纳入线性回归模型：

$$\text{Price} = \beta_0 + \beta_1 \text{Beds} + \beta_2 \text{Baths} + \beta_3 \text{Sqft} + \beta_4 \text{Lsize} + \beta_5 \text{New} + \varepsilon$$

式中，New 是一个虚拟变量，如果房子建于 2000 年或之后，则 New 等于 1，否则为 0。预计 Beds、Bath、Sqft、Lsize 与价格呈正相关关系，也就是说，拥有更多卧室和浴室的房子预计会比拥有更少卧室和浴室的房子有更高的价格。同样，一栋面积更大的房子，或一栋位于更大地块上的房子，预计将有更高的价格。与需要维修的老房子相比，新房子有望价格更高。表 6.18 的第 2 列显示了估计这个完整模型的回归结果。

表 6.18　预测房价的回归模型的估计，$n=209$

方差	完整模型	限制模型
截距	95.82 (0.996)	5 815.38 (0.672)
Beds	3 124.63 (0.623)	NA
Baths	30 971.41* (0.000)	31 985.61* (0.000)
Sqft	76.98* (0.000)	78.36* (0.000)
Lsize	0.43* (0.000)	0.43* (0.000)
New	68 248.89* (0.000)	68 415.54* (0.000)
s_e	64 612.08	64 492.006 2
R^2	0.668 9	0.668 5
调整后 R^2	0.660 8	0.662 0
F 统计量（p 值）	82.03* (0.000)	102.86* (0.000)

注：参数估计在表的上半部分，p 值在括号内，* 表示在 5% 水平下的显著性。NA 表示不适用。表的下半部分包含拟合优度的度量。

除卧室数量外，所有自变量均具有正确的符号并具有统计学意义。也许卧室数量不具有显著性是由于多重共线性，因为卧室的数量可能与浴室的数量以及面积相关。另一种解释可能是，只有在面积较大的住宅中，额外的卧室才会增加价值。为了比较，我们估计了一个限制模型，将卧室数量从自变量列表中剔除，结果见表 6.18 第 3 列。研究结果如下：

● 限制模型因其估计的标准误差 s_e 较低、调整后 R^2 提高而更受青睐。

● 在其他因素不变的情况下，每增加一间浴室就会增加约 31 986 美元的价值。同样，一栋房子每增加 100 平方英尺（约 457 平方米），价值就会增加 7 836 美元。而地块面积每增加 1 000 平方英尺，价值就增加 430 美元。最后，相对较新的房屋要额外支付 68 416 美元。

● 决定系数表明，销售价格变化有 66.85% 是由自变量解释的，这意味着大约有 33.15% 是无法解释的。这并不奇怪，因为其他因素，如房子的状况或附近的设施，都有可能会影响销售价格。

● 假设在 15 000 平方英尺的土地上有一栋 1 600 平方英尺的房子，其中有两个浴室。考虑到首选模型，相对较新的房子预计售价为 269 969 美元，较老的房子预计售价为 201 553 美元。

□ 案例推荐

许多不同的回归模型都可以用本书中的大数据进行估计和评估。这里有一些建议。

报告 6.1（文件：House_Price）。选择两个相似的大学城，找出最能预测房屋销售价格的模型。确保包含一个虚拟变量，以解释由于位置而导致的销售价格差异的可能性。

报告 6.2（文件：College_Admissions）。选择一所感兴趣的大学，用在校学生的样本来预测学生的平均学分绩点。使用拟合优度测量来找到最佳的预测模型。为了估计这些模型，你必须首先过滤数据，以仅包括在校生。

报告 6.3（文件：NBA）。构建并比较两个分别基于进攻绩效指标和防守绩效指标的球员工资预测模型。为了估计这些模型，你必须首先过滤数据，使用仅包括基于常规赛季的职业统计数据。剔除没有工资信息的球员。

报告 6.4（文件：Longitudinal_Surveys）。构建一个线性回归模型来预测 1981 年被调查者的权重。使用拟合优度测量来找到合适的自变量。为了估计这些模型，你必须首先过滤数据以剔除缺失的观测值。

报告 6.5（文件：TechSales_Reps）。构建一个线性回归模型，用于预测软件和硬件行业销售代表的工资。创建虚拟变量来描述个性类型，描述其角色，并讨论其在预测工资以及其他相关的自变量中的作用。

高级回归分析

第 7 章

🎯 **学习目标**

通过学习本章，可以达成以下目标：

1. 使用交互变量估计和解释回归模型。

2. 估计和解释非线性回归模型。

3. 估计和解释线性概率和逻辑回归模型。

4. 使用交叉验证技术评估回归模型。

在第 6 章中，我们讨论了线性回归模型，其中自变量对因变量的偏效应是恒定的，不依赖于模型中的其他自变量。例如，当评估一套房屋的价格时，我们假设多一间卧室会导致房屋价格升高，而价格增长量与房屋面积无关，即对于不同面积的房屋而言，价格的增长量都是相同的。

在本章，我们引入交互变量来估计和解释回归模型。交互变量允许一个自变量的偏效应依赖于其他自变量的值。继续以评估房屋的价格为例，多一间卧室可能会对面积更大的房屋的价格产生更大的影响。然后，我们将注意力转向非线性关系的回归模型。当自变量和因变量之间的关系不能用线性关系表示时，就需要用到非线性回归模型。在房价的例子中，增加一间卧室对从有一间卧室变成有两间卧室的房屋价格的影响可能比从有四间卧室变成有五间卧室的房屋价格的影响更大。

到目前为止，我们已经使用回归模型来预测数值因变量的值。我们将分析扩展到估计和解释用于预测二元或虚拟因变量值的线性和逻辑回归模型。例如，我们可能希望根据自变量，如贷款价值比、借款人的收入水平等，预测抵押贷款申请人拖欠还款的概率。最后，我们将原始样本分成一个用于训练模型的训练集和一个用于评估模型的验证集，采用交叉验证技术验证回归模型。

引入案例　经理薪酬的性别差异

多年来，尽管男女之间，尤其在年轻员工中的男女之间，工资差距已经逐渐缩小，但这种差距仍然存在。根据皮尤研究中心的分析，2017 年女性的收入是男性收入的 82% 左右（http://www.pewresearch.org，2018 年 4 月 9 日）。

Ara 正在波士顿郊外的宾利大学攻读她的 MBA 学位，她对美国职场中仍然存在的工资性别差距感到不安。在一个班级项目中，她决定分析项目经理薪酬的性别差异。Ara 获得了波士顿地区中小企业 200 名项目经理的年薪（Salary，千美元）数据。此外，她还掌握了公司规模（Size）、工作经验（Experience，年）、经理是不是女性（Female，女性为 1，否则为 0）、经理是否拥有研究生学历（Grad，研究生为 1，否则为 0）等数据。表 7.1 显示了部分数据（文件：Gender_Gap）。

表 7.1　项目经理的薪酬和其他信息（$n = 200$）

薪酬	公司规模	工作经验	是不是女性	是否拥有研究生学历
111	233	11	0	1
137	327	18	0	0
⋮	⋮	⋮	⋮	⋮
117	202	19	0	0

Ara 希望使用表 7.1 中的信息来完成如下工作：

1. 分析影响项目经理薪酬的决定因素。
2. 用相关的交互变量估计和解释回归模型。
3. 确定是否有证据表明薪酬存在性别差异。

7.1 节末尾提供了本案例的概要。

7.1　包含交互变量的回归模型

如第 6 章所述，回归分析是预测性分析中使用最广泛的技术之一，它可以根据几个自变量来预测因变量的值，而其他技术将在第 8、9 和 10 章中讨论。回想一下，线性回归模型被定义为 $y = \beta_0 +$

$\beta_1 x_1 + \beta_2 x_2 + \cdots + \beta_k x_k + \varepsilon$，其中 y 为因变量，x_1，x_2，$\cdots$，x_k 为 k 个自变量，ε 为随机误差项。系数 β_0，β_1，β_2，$\cdots$，β_k 为待估计的未知参数。用普通最小二乘法推导出的样本回归方程为 $\hat{y} = b_0 + b_1 x_1 + b_2 x_2 + \cdots + b_k x_k$，其中 $\hat{y}$ 是基于自变量指定值的因变量的预测值。对于每个自变量 x_j（$j = 1$，$\cdots$，k），对应的斜率系数 b_j 度量了在保持所有其他自变量不变的前提条件下，自变量 x_j 每增加一个单位时，因变量预测值 $\hat{y}$ 的相应变化。换句话说，b_j 表示 x_j 对 $\hat{y}$ 的偏效应（或边际效应）。（注意，偏效应就是 $\hat{y}$ 对 x_j 的偏导。）

值得注意的是，在上述回归模型中，一个自变量的偏效应不依赖于任何其他自变量的值。有时，偏效应依赖于另一个自变量是很自然的。例如，在评估一套房屋的价格时，人们通常假设，无论房屋的面积有多大，多一间卧室都会导致价格的上涨。然而，这个假设可能是不现实的，因为对于更大的房屋来说，额外的卧室往往导致价格的上涨幅度更大。换句话说，卧室的数量和房屋的面积之间存在相互作用。我们通过在回归模型中加入交互变量来捕捉这种效应。

回归模型中的交互作用

当一个自变量对因变量的偏效应依赖于另一个自变量的值时，回归模型中的交互效应就出现了。

考虑一个包含两个自变量的回归模型：$y = \beta_0 + \beta_1 x_1 + \beta_2 x_2 + \varepsilon$。（分析可以很容易地扩展到包括更多自变量。）交互变量 $x_1 x_2$ 定义为两个自变量的乘积，并被纳入回归方程：$y = \beta_0 + \beta_1 x_1 + \beta_2 x_2 + \beta_3 x_1 x_2 + \varepsilon$。该回归模型被估计为 $\hat{y} = b_0 + b_1 x_1 + b_2 x_2 + b_3 x_1 x_2$。注意，$x_1$ 对 $\hat{y}$ 的偏效应现在由 $b_1 + b_3 x_2$ 给出，即取决于 x_2 的值。同样，x_2 对 $\hat{y}$ 的偏效应由 $b_2 + b_3 x_1$ 给出，即取决于 x_1 的值。

如第 6 章所述，自变量既可以是数变量，也可以是虚拟变量，分别用 x 和 d 表示。回想一下，我们使用虚拟变量来描述具有两个类别的分类变量。我们将考虑 3 种类型的交互变量：（1）两个虚拟变量的交互；（2）一个虚拟变量与一个数值变量的交互；（3）两个数值变量的交互。

两个虚拟变量的交互作用

考虑一个包含两个虚拟变量 d_1 和 d_2，以及交互变量 $d_1 d_2$ 的回归模型：$y = \beta_0 + \beta_1 d_1 + \beta_2 d_2 + \beta_3 d_1 d_2 + \varepsilon$。该模型被估计为 $\hat{y} = b_0 + b_1 d_1 + b_2 d_2 + b_3 d_1 d_2$。$d_1$ 对 $\hat{y}$ 的偏效应由 $b_1 + b_3 d_2$ 给出，当 $d_2 = 0$ 时，该值等于 b_1；当 $d_2 = 1$ 时，该值等于 $b_1 + b_3$。同理，d_2 对 $\hat{y}$ 的偏效应是 $b_2 + b_3 d_1$，它取决于 d_1 的值。具有交互变量的模型是很容易估计的。此外，我们可以对包括交互变量在内的所有变量进行显著性检验。例 7.1 说明了两个虚拟变量之间的交互作用。

例 7.1

根据美国大学与雇主协会（National Association of Colleges and Employers）的数据，我们得知在 2016 年本科水平的商科毕业生中收入最高的基本是那些主修管理信息系统（MIS）的人。这在很大程度上是由 MIS 与爆发式增长的数据分析领域高度关联引起的。在加利福尼亚大学校园中收集到的数据包括：商科毕业生的起薪（Salary，千美元）、他们的累积平均学分绩点（GPA）、他们是否主修 MIS（MIS，是为 1，不是为 0）以及他们是否辅修统计学（Statistics，是为 1，不是为 0）。部分数据如表 7.2 所示（文件：Salary_MIS）。

表 7.2 商科毕业生的起薪（$n = 120$）

起薪	GPA	主修 MIS	辅修统计学
72	3.53	1	0

续表

起薪	GPA	主修 MIS	辅修统计学
66	2.86	1	0
⋮	⋮	⋮	⋮
66	3.65	0	0

a. 评估和解释 GPA、主修 MIS 和辅修统计学背景对工资的影响，预测有或没有主修 MIS 和辅修统计学的商科毕业生的工资。采用值为 3.5 的 GPA 进行预测。

b. 将 a 问题的模型进行扩展，使其包含 MIS 和 Statistics 之间的交互，预测有或没有主修 MIS 和辅修统计学的商科毕业生的工资。采用值为 3.5 的 GPA 进行预测。

解答:

表 7.3 显示了 a 问题（见模型 1）和 b 问题（见模型 2）的回归结果。

表 7.3　商科毕业生起薪的回归结果

变量	模型 1	模型 2
常数	44.007 3* (0.000)	44.099 3* (0.000)
GPA	6.622 7* (0.000)	6.710 9* (0.000)
MIS	6.607 1* (0.000)	5.325 0* (0.000)
Statistics	6.730 9* (0.000)	5.535 0* (0.000)
MIS×Statistics	NA	3.491 5* (0.004)
调整后 R^2	0.790 1	0.802 9

注: 参数估计的括号中为 p 值，NA 表示不适用，* 表示在 5% 的显著性水平下显著。

a. 我们参照表 7.3 第 2 列推导出估计方程为 $\widehat{Salary}=44.007\,3+6.622\,7GPA+6.607\,1MIS+6.730\,9Statistics$。需要注意的是，在系数为正且 p 值近似为 0 的情况下，所有自变量都对商科毕业生的起薪产生显著的正面影响。拥有主修 MIS 背景和辅修统计学背景的学生预计将分别获得 6 607 美元和 6 731 美元的额外起薪。根据预测结果，对于 GPA 为 3.5 的商科毕业生，既没有主修 MIS 也没有辅修统计学的商科毕业生的预期薪资为 $44.007\,3+6.622\,7\times3.5+6.607\,1\times0+6.730\,9\times0=67\,187$（美元）；仅主修 MIS 的毕业生的薪资为 73 794 美元；仅辅修统计学的毕业生的薪资为 73 918 美元；同时主修 MIS 和辅修统计学的毕业生的薪资为 80 525 美元。

b. 为了估计模型 2，我们需要为交互变量 MIS×Statistics 创建一个数据列。新列的条目是通过将 MIS 和 Statistics 的列条目相乘来计算的。例如，第一个条目计算为 $1\times0=0$，其他条目的计算方法与此类似。我们参照表 7.3 第 3 列推导出估计方程为 $\widehat{Salary}=44.099\,3+6.710\,9GPA+5.325\,0MIS+5.535\,0Statistics+3.491\,5(MIS\times Statistics)$。与之前的自变量一样，交互变量在 5% 的显著性水平下也是显著的，具有统计学意义。在其他条件不变的情况下，交互变量对应的斜率系数意味着主修 MIS 的商科毕业生起薪在同时辅修统计学的情况下会增加约 3 492 美元。模型 2 提供了更好的拟合，因为它比模型 1 有更高的调整后 R^2（0.802 9＞0.790 1）。根据预测结果，对于 GPA 为 3.5 的商科毕业生，既没有主修 MIS 也没有辅修统计学的商科毕业生的预期工资为 $44.099\,3+6.710\,9\times3.5+5.325\,0\times0+$

5.535 0×0+3.491 5(0×0)＝67 588（美元）；仅主修 MIS 的毕业生年薪为 72 913 美元；仅辅修统计学的毕业生年薪为 73 123 美元；同时主修 MIS 和辅修统计学的毕业生年薪为 81 939 美元。

虚拟变量与数值变量的交互作用

考虑一个带有数值变量 x、虚拟变量 d 和交互变量 xd 的回归模型：$y＝\beta_0+\beta_1 x+\beta_2 d+\beta_3 xd+\varepsilon$。该模型估计为 $\hat{y}=b_0+b_1 x+b_2 d+b_3 xd$。$x$ 对 $\hat{y}$ 的偏效应由 $b_1+b_3 d$ 给出，如果 $d＝0$，则取值 b_1；如果 $d＝1$，则取值 b_1+b_3。d 对 $\hat{y}$ 的偏效应由 $b_2+b_3 x$ 给出，但该偏效应很难解释，因为它取决于数值变量 x 的值。比较常用的解释该偏效应的方法是使用该变量的样本均值 $\bar{x}$（或其他数据范围选择）。因此，在 x 的均值处，d 对 $\hat{y}$ 的偏效应等于 $b_2+b_3\bar{x}$。下一个例子说明了虚拟变量和数值变量的交互效应。

例7.2

美国国家卫生研究所报告的引发高血压的重要风险因素包括体重和种族。高血压常见于超重的成人和非裔美国人。根据美国心脏协会的报告，心脏收缩压（最高值）应低于 120。在最近的一项研究中，亚特兰大的一位公共政策研究人员调查了 110 名身高约 1.78 米、年龄在 55～60 岁之间的成年男子，收集了他们的收缩压（Systolic）、体重（Weight，磅）和种族（Black，黑人＝1，非黑人＝0）的数据，部分数据如表 7.4 所示（文件：BP_Race）。

表7.4 成年男性的心脏收缩压（$n＝110$）

收缩压	体重	种族
196	254	1
151	148	0
⋮	⋮	⋮
170	228	0

a. 估计并解释体重和种族对收缩压的影响。预测体重为 180 磅的黑人和非黑人成年男性的心脏收缩压。

b. 扩展 a 问题中的模型，加入体重和种族之间的交互项。预测体重为 180 磅的黑人和非黑人成年男性的心脏收缩压。

解答：

表 7.5 显示了 a 问题（见模型 1）和 b 问题（见模型 2）的回归结果。

表7.5 成年男性心脏收缩压的回归结果

变量	模型 1	模型 2
常数	80.208 5* (0.000)	70.831 2* (0.000)
Weight	0.390 1* (0.000)	0.436 2* (0.000)
Black	6.908 2* (0.001)	30.248 2* (0.006)
Weight×Black	NA	−0.111 8* (0.029)
调整后 R^2	0.707 2	0.717 5

注：参数估计的括号中为 p 值，NA 表示不适用，* 表示在 5% 的显著性水平下显著。

a. 我们参考表 7.5 的第 2 列推导的估计式为：$\overline{\text{Systolic}} = 80.208\,5 + 0.390\,1\text{Weight} + 6.908\,2\text{Black}$。两个自变量在 5% 的显著性水平下是显著的（$p$ 值 < 0.05）。在任何给定的体重下，黑人男性的收缩压都要比非黑人男性高约 7 个单位。这一结果与美国国家卫生研究所的报告结论保持一致。体重为 180 磅的黑人男性的预测收缩压为：$80.208\,5 + 0.390\,1 \times 180 + 6.908\,2 \times 1 = 157$。非黑人男性相应的收缩压为 150。

b. 为了估计模型 2，我们需要为交互变量（Weight×Black）创建一个数据列。新列的数据条目通过将 "Weight" 列条目和 "Black" 列条目相乘来计算。例如，第一个条目计算为 $254 \times 1 = 254$；类似地计算其他条目。我们参考表 7.5 的第 3 列，推导出估计式如下：$\overline{\text{Systolic}} = 70.831\,2 + 0.436\,2\text{Weight} + 30.248\,2\text{Black} - 0.111\,8(\text{Weight} \times \text{Black})$。交互变量系数为负值，在 5% 的显著性水平下显著。这个负系数很有趣，因为它表明就心脏收缩压而言，黑人男性比非黑人男性能更好地承受他们的体重。模型 2 的预测效果更好，因为其具有比模型 1 更高的调整后 R^2（0.717\,5 > 0.707\,2）。对于 180 磅的体重，黑人男性的预测收缩压为 $70.831\,2 + 0.436\,2 \times 180 + 30.248\,2 \times 1 - 0.111\,8(180 \times 1) = 159$。非黑人男性的相应心脏收缩压为 149。

两个数值变量的交互作用

考虑一个包含两个数值变量 x_1 和 x_2 以及交互变量 x_1x_2 的回归模型：$y = \beta_0 + \beta_1 x_1 + \beta_2 x_2 + \beta_3 x_1 x_2 + \varepsilon$。该模型估计为 $\hat{y} = b_0 + b_1 x_1 + b_2 x_2 + b_3 x_1 x_2$。这里，两个自变量的偏效应很难解释。例如，$b_1 + b_3 x_2$ 给出的 x_1 对 $\hat{y}$ 的偏效应取决于 x_2 的给定值。类似地，由 $b_2 + b_3 x_1$ 给出的 x_2 对 $\hat{y}$ 的偏效应取决于 x_1 的给定值。与虚拟变量和数值变量交互作用的情况一样，通常用样本均值 $\bar{x}_1$ 和 $\bar{x}_2$（或其他数据范围选择）来评估偏效应。因此，我们可以用样本均值的方法来评估两个自变量的偏效应：x_1 对 $\hat{y}$ 的偏效应等于 $b_1 + b_3 \bar{x}_2$，x_2 对 $\hat{y}$ 的偏效应等于 $b_2 + b_3 \bar{x}_1$。下一个例子说明了两个数值变量之间的交互作用。

例 7.3

工商管理硕士（MBA）曾经是商学院的旗舰项目，近年来却失去了吸引力。虽然哈佛大学、沃顿商学院和芝加哥大学等名校仍对申请者有较大吸引力，但其他学校吸引学生的难度要大得多。因此，商学院正专注于专业硕士课程，为毕业生提供必要的额外技能，以便他们为职业生涯做好准备，并在更具科技挑战的领域取得成功。

一位教育研究人员正试图分析影响美国中型大学会计学理学专业硕士（MSA）的申请数量的决定因素。两个重要的决定因素分别是商学院的市场营销费用和 MSA 毕业生在毕业后 3 个月内就业的比例。收集到的数据包括收到的申请人数量（Applicants）、市场营销费用（Marketing，千美元）和 3 个月内就业比例（Employed，%）。部分数据如表 7.6 所示（文件：Marking_MSA）。

表 7.6 MSA 项目申请数量（$n = 80$）

申请人数量	市场营销费用	就业比例
60	173	61
71	116	83
⋮	⋮	⋮
69	70	92

a. 估计并解释市场营销费用和就业比例对收到的申请数量的影响。给定 80 000 美元的营销费用，假定 50% 的毕业生在 3 个月内被聘用，预测收到的申请数量。假定 80% 的毕业生在 3 个月内会被聘用，重复上述分析。

b. 扩展 a 问题中的模型，加入市场营销费用和就业比例的交互项。给定 80 000 美元的营销费用，假定 50% 的毕业生在 3 个月内被聘用，预测收到的申请数量。假定 80% 的毕业生在 3 个月内被聘用，重复上述分析。

解答：

表 7.7 显示了 a 问题（见模型 1）和 b 问题（见模型 2）的回归结果。

表 7.7　MSA 项目申请数量的回归结果

变量	模型 1	模型 2
常数	−49.549 0* (0.000)	−16.635 6 (0.316)
Marketing	0.355 0* (0.000)	0.086 5 (0.460)
Employed	1.014 9* (0.000)	0.540 5* (0.019)
Marketing×Employed	NA	0.003 9* (0.020)
调整后 R^2	0.725 4	0.741 0

注：参数估计的括号中为 p 值，NA 表示不适用，＊表示在 5% 的显著性水平下显著。

a. 我们参考表 7.7 的第 2 列，推导出估算方程如下：$\widehat{\text{Applicants}} = -49.549\,0 + 0.355\,0\,\text{Marketing} + 1.014\,9\,\text{Employed}$。自变量均在 5% 的显著性水平下显著（$p$ 值<0.05）。在就业比例一定的情况下，市场营销费用每增加 10 000 美元，预计将带来 3.55 个申请者。类似地，在市场营销费用一定时，就业比例每增加 10% 会带来 10.149 个申请者。如果市场营销费用等于 80，就业比例等于 50，则预测的申请者人数为 −49.549 0+0.355 0×80+1.014 9×50＝30（人）。对于相同的市场营销费用，如果就业比例增加 30 个（80—50）百分点，则预测的申请者数量将增加 30 人（1.014 9×30）至 60 人。

b. 为了估计模型 2，我们需要为交互变量 Marketing×Employed 创建一个数据列。新列的数据条目通过将 "Marketing" 和 "Employed" 列条目相乘来计算。例如，第一个条目计算为 173×61＝10 533；类似地计算其他条目。我们参考表 7.7 的第 3 列推导出估计方程为 $\widehat{\text{Applicants}} = -16.635\,6 + 0.086\,5\,\text{Marketing} + 0.540\,5\,\text{Employed} + 0.003\,9\,(\text{Marketing} \times \text{Employed})$。有趣的是，市场营销费用变量在 5% 的显著性水平下不再显著；然而，其与就业比例变量的交互项是显著的。换句话说，只有商学院在安排学生毕业后的入职方面有良好的记录，商学院的营销活动才有效。模型 2 是预测的首选模型，因为它具有比模型 1 更高的调整后 R^2（0.741 0＞0.725 4）。如果市场营销费用等于 80，就业比例等于 50，则预测申请人数为 −16.635 6+0.086 5×80+0.540 5×50+0.003 9（80×50）＝33（人）。对于相同的市场营销费用，如果 MSA 校友在 3 个月内找到工作的百分比跃升到 80%，那么预测的申请人数是 59 人。

例7.4

引入案例中的目标是分析项目经理薪酬中可能存在的性别差异。使用表 7.1 中的数据进行如下分析：

a. 评估项目经理薪酬的决定因素。

b. 估计和解释含有交互项的回归模型。

c. 确定是否有证据表明薪酬中存在性别差异。

解答:

a. 除了将公司规模（Size）、工作经验（Experience）、经理是不是女性（Female）、经理是否有研究生学历（Grad）作为自变量之外，我们同样也考虑了其中关键的交互项。通过引入性别和经验、性别和学历的交互项，我们了解到经验对薪酬的影响或者学历对薪酬的影响现在取决于经理是男性还是女性。类似地，通过引入经验和公司规模的交互项，我们认为部分经验的偏效应取决于规模、部分规模的偏效应取决于经验。

b. 为了估计回归模型，我们首先创建三个新的交互变量。表 7.8 为回归结果。

表 7.8　项目经理薪酬的回归结果（$n=200$）

变量	系数	p 值
常数	41.929 8*	0.002
Size	−0.043 2	0.388
Experience	1.928 6*	0.035
Female	−4.368 8	0.654
Grad	15.435 7*	0.000
Female×Experience	−1.391 5*	0.026
Female×Grad	4.212 8	0.269
Size×Experience	0.010 5*	0.002
R^2	0.743 7	
F 统计量（p-值）	79.593 4* (0.000)	

注：* 代表在 5% 的显著性水平下显著。

总的来说，74.37% 的样本薪酬变化可以由样本回归方程解释。考虑到 F 统计量的值为 79.593 4，其 p 值近似为 0，故自变量在任何显著性水平上都是联合显著的。因为公司规模和性别在 5% 的显著性水平下并不显著，人们可能会倾向于推断男性和女性之间以及不同规模的公司之间没有薪酬差异。然而，这个推论是错误的，因为它忽略了交互变量性别×经验和公司规模×经验的显著性。性别×经验的负系数意味着，经理每多工作一年，性别因素造成的薪酬差距增加约 1 392 美元。同样，规模×经验的正系数意味着，在相对较大的公司，经理每多工作一年，薪酬就会增加更多。拥有研究生学历的项目经理的薪酬大约会增加 15 436 美元，因学历而增加的薪酬在男性经理和女性经理之间倒是没有统计上的区别。

为了更好地理解性别对薪酬差距的影响，图 7.1 显示了在公司人员规模为 244.72 名员工以及经理拥有研究生学历的样本均值下，男性和女性经理在不同经验水平下薪酬的预测值。定性地看，如果我们参考不同规模的公司或没有研究生学位的经理，结果将不会发生任何改变。我们发现，男性经理和女性经理之间的薪酬差距在经验最少的时候是最小的；然而，这种差距会随着经验的增加而扩大。例如，在工龄为 20 年时，男性经理和女性经理的预测薪酬分别约为 137 000 美元和 109 000 美元。

类似地，为了更好地理解公司规模对薪酬的影响，图 7.2 显示了拥有 200 名和 400 名员工的公司中具有研究生学历的男性经理的预测薪酬。我们发现，与拥有 400 名员工的公司相比，拥有 200 名员工的小公司中经理的预测薪酬在一开始相对较高，但随着经验的增加，拥有 400 名员工的公司

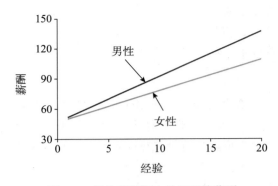

图 7.1 男性经理和女性经理的薪酬

的经理预测薪酬更高。例如，在拥有 20 年工作经验的情况下，在拥有 200 名和 400 名员工的公司中，男性经理的预测薪酬分别约为 129 000 美元和 163 000 美元。

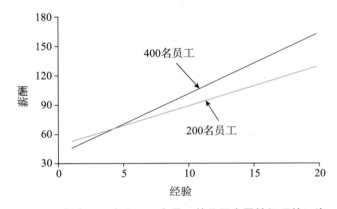

图 7.2 拥有 200 名和 400 名员工的公司中男性经理的工资

c.我们发现，尽管性别变量在 5％的显著性水平下并不显著，但项目经理的薪酬存在性别差距。性别与经验变量之间显著的交互作用意味着，每增加一年工作经验，性别造成的薪酬差距增加了约 1 392 美元，在有 20 年的工作经验之后，这种差距会达到 28 000 美元。

引入案例概要

千禧一代的女性正在缩小与男性的薪酬差距，然而在美国，这种性别差距仍然存在（《华盛顿邮报》，2019 年 5 月 14 日）。有充分证据表明，女性担任管理职务的可能性低于男性，而那些担任管理职务的女性的收入比男性低 20％左右。此报告分析了波士顿地区中小企业项目经理薪酬的性别差距。用于分析的自变量包括公司规模、工作经验、女性和研究生学历虚拟变量，以及性别和经验、性别和学历、经验和公司规模的交互项。总的来说，74.37％的样本薪酬变化可以由样本回归方程解释，自变量在任何水平上都是联合显著的。

回归分析得出了几个有趣的结果。第一，在他们的职业生涯中，男性经理和女性经理的薪酬都在增长，但增速有所不同。男性经理每工作一年，就比女性经理多赚取 1 392 美元。因此，虽然有一年工作经验的男性经理与女性经理之间的薪酬差异只有约 1 548 美元，但有 20 年工作经验的男性经理与女性经理之间的薪酬差异则增加到 27 987 美元。第二，拥有研究生学历的项目经理的薪酬要高出约 15 436 美元，而且这种研究生学历的溢价在男性经理与女性经理之间没有统计学差异。第三，经验是有回报的，尤其在规模相对较大的公司。例如，在拥有 200 名员工的公司中，拥有研究生学位和 20 年工作经验的男性经理的预测薪酬约为 129 000 美元，而在拥有 400 名员工的公司中，这一数字约为 163 000 美元。

练习 7.1

理论

1. 考虑一个线性回归模型，其中 y 代表因变量，x、d_1 和 d_2 是自变量。其中，d_1 和 d_2 为虚拟变量，假定值为 1 或 0。含有 x、d_1、d_2 和 d_1d_2 的回归模型（其中 d_1d_2 是交互变量）估计为 $\hat{y} = -1.34 + 1.02x + 3.08d_1 - 1.29d_2 + 0.58d_1d_2$。

a. 当 $x = 5$，$d_1 = 1$，d_2 等于 0 或 1 时，计算 $\hat{y}$。

b. 当 $x = 5$，$d_1 = 0$，d_2 等于 0 或 1 时，计算 $\hat{y}$。

2. 考虑一个线性回归模型，其中 y 代表因变量，x 和 d 是自变量，其中 d 是假设值为 1 或 0 的虚拟变量。包含 x、d 和交互变量 xd 的模型估计为 $\hat{y} = 5.2 + 0.9x + 1.4d + 0.2xd$。

a. 当 $x = 10$，$d = 1$ 时，计算 $\hat{y}$。

b. 当 $x = 10$，$d = 0$ 时，计算 $\hat{y}$。

3. 考虑一个线性回归模型，其中 y 代表因变量，x_1 和 x_2 是自变量。包含 x_1、x_2 和 x_1x_2（其中 x_1x_2 为交互变量）的回归模型估计为 $\hat{y} = 123.12 + 6.91x_1 - 1.53x_2 - 0.12x_1x_2$。

a. 当 $x_1 = 12$，$x_2 = 20$ 或 30 时，计算 $\hat{y}$。

b. 当 $x_1 = 24$，$x_2 = 20$ 或 30 时，计算 $\hat{y}$。

4. 文件：Exercise_7.4。随附的数据文件中包含关于因变量 y 以及自变量 x、d_1 和 d_2 的 20 个观测值。

a. 估计一个包含自变量 x、d_1 和 d_2 的回归模型，然后将其扩展到包括交互变量 d_1d_2。

b. 选择一个更优的模型，当 $x = 20$，$d_1 = 1$，d_2 等于 0 或 1 时，计算 $\hat{y}$。

5. 文件：Exercise_7.5。随附的数据文件中包含关于因变量 y 以及自变量 x 和 d 的 20 个观测值。

a. 估计一个包含自变量 x 和 d 的回归模型，然后将其扩展到包括交互变量 xd。

b. 选择一个更优的模型，当 $x = 15$，d 等于 0 或 1 时，计算 $\hat{y}$。

6. 文件：Exercise_7.6。随附的数据文件中包含关于因变量 y 以及自变量 x_1 和 x_2 的 20 个观测值。

a. 估计一个包含自变量 x_1 和 x_2 的回归模型，然后将其扩展到包括交互变量 x_1x_2。

b. 给定 $x_1 = 30$，x_2 等于 10 或 20，选择一个更优的模型计算 $\hat{y}$。

应用

7. 文件：Overweight。根据美国卫生与公众服务部的数据，与美国其他群体相比，非裔美国女性的超重率最高。如果个人的体重指数（BMI）等于 25 或更高，则被视为超重。数据收集自 120 名志愿者，下表显示了每个人的 BMI 的部分数据；虚拟变量 Female 值等于 1 时代表志愿者为女性，等于 0 时则反之；虚拟变量 Black 值等于 1 时代表志愿者是非裔美国人，等于 0 时则反之。

BMI	Female	Black
28.70	0	1
28.31	0	0
⋮	⋮	⋮
24.90	0	1

a. 构建模型用于预测白人男性、白人女性、黑人男性和黑人女性的 BMI，$\text{BMI} = \beta_0 + \beta_1\text{Female} + \beta_2\text{Black} + \beta_3(\text{Female} \times \text{Black}) + \varepsilon$。

b. 白人女性和白人男性之间的 BMI 差异在 5% 的水平下是否显著？

c. 白人男性和黑人男性之间的 BMI 差异在 5% 的水平下是否显著？

8. 文件：Diversity_Silicon。硅谷的科技公司正面临增加种族多样性的压力，因为其大多数员工是白人和亚裔男性（Bloomberg，2017 年 8 月 16 日）。黑人和西班牙裔，尤其是女性，员工人数严重不足。为了分析公司的此种表现是否受到创始领导层缺乏种族多样性的影响，我们收集了硅谷科技公司中白人男性和亚裔男性的百分比数据（Majority Male），以及创始成员是否包括女性（Female）、是否包括黑人或西班牙裔男性（Minority Male）。部分数据见下表。

Majority Male	Female	Minority Male
100	0	1
80	1	0
⋮	⋮	⋮
80	0	0

a. 估计和解释创始成员是否包括女性、是否有黑人或西班牙裔男性以及二者的交互项对硅谷科技公司种族多样性的影响。

b. 如果创始成员中只有一名女性，但没有黑人或西班牙裔男性，请预测白人男性和亚裔男性的比例。如果创始成员包括一名女性和一名西班牙裔男性，请重复上述分析。

9. 文件：IceCream。在最近的一项调查中，俄亥俄州辛辛那提市的冰淇淋卡车司机报告说，他们通常能在夏天每天挣 280 美元。一般来说，工作时间较长的日子（特别是炎热的日子）和节假日，他们的收入会更高。Irma 跟踪了一名冰淇淋卡车司机 5 周，收集了司机的日收入（Income）、在路上的小时数（Hours）、当天是不是特别炎热（Hot，如果温度高于 85 华氏度则为 1，否则为 0），以及是不是节假日（Holiday，是则为 1，否则为 0）的数据。部分数据列于下表。

日收入	小时数	是不是特别炎热	是不是节假日
196	5	1	0
282	8	0	0
⋮	⋮	⋮	⋮
374	6	1	1

a. 估计并解释在路上的小时数、是不是特别炎热以及是不是节假日对收入的影响。预测一名司机在炎热的假日工作 6 小时的收入。如果不是假期呢？

b. 扩展上述模型，加入 Hot 和 Holiday 的交互项，并预测一名司机在炎热的假日工作 6 小时的收入。如果不是假期呢？

10. 文件：Mobile_Devices。据统计，美国人平均每天在智能手机和其他移动设备上花的时间为 2 小时 37 分钟（《商业内幕》，2017 年 5 月 25 日）。移动设备的使用率在受过大学教育的富裕城市或郊区居民中尤其高。为此，研究人员对芝加哥半径 50 英里范围内的顾客展开了调查，询问了参与者每天对移动设备的平均使用时间（Usage，分钟）、家庭收入（Income，千美元）、是否居住在农村（Rural，是则为 1，否则为 0），以及是否拥有大学学位（College，是则为 1，否则为 0）。部分数据见下表。

使用时间	家庭收入	是否居住在乡村	是否拥有大学学位
172	146	0	0
165	198	0	1
⋮	⋮	⋮	⋮
110	31	0	1

a. 基于家庭收入、是否居住在农村、是否拥有大学学位，以及是否住在农村与是否拥有大学学位的交互项，估计并解释移动设备平均使用时间的回归模型。解释使用交互变量的原理。

b. 预测家庭收入为 120 000 美元、居住在农村地区、受过大学教育的人的移动设备使用时间。在其他条件相同的情况下，生活在城市或郊区的人相应的移动设备使用时间是多长？

c. 讨论大学学位对薪水的影响。

11. 文件：Urban。一位社会学家正在研究美国家庭的消费支出（Consumption，美元）、家庭收入（Income，美元）和生活在城市还是农村地区（Urban，如果是城市则为 1，否则为 0）之间的关系。她收集了美国 50 个家庭的数据，其中部分数据见下表。

消费支出	家庭收入	是否生活在城市
62 336	87 534	0

续表

消费支出	家庭收入	是否生活在城市
60 076	94 796	1
⋮	⋮	⋮
59 055	100 908	1

a. 估计模型 Consumption $= \beta_0 + \beta_1$ Income $+ \varepsilon$。计算收入为 75 000 美元的家庭的预测消费支出。

b. 在包括虚拟变量"Urban"的情况下，假设家庭收入为 75 000 美元，分别预测城市和农村地区家庭的消费支出。

c. 在包括虚拟变量"Urban"和交互变量（Income×Urban）的情况下，假设家庭收入为 75 000 美元，分别预测城市和农村地区家庭的消费支出。

d. 上面哪个模型最适合本题的数据？请解释。

12. 文件：Pick_Errors。在线零售商的配送中心最近出现了不少"挑选错误"（即取错了商品）。仓库经理认为大多数错误是由没有经验的员工造成的，她相信培训项目会有助于减少错误。在对所有员工进行培训之前，她首先考核了有 30 名员工参与的初步研究数据。收集的数据包括员工在一年中的挑选错误次数（Errors）、员工经验（Exper，年）以及员工是否参加过培训（Train，如果员工参加过培训，则为 1，否则为 0）。部分数据见下表。

挑选错误次数	员工经验	是否参加过培训
13	9	0
3	27	0
⋮	⋮	⋮
4	24	1

a. 构建两个模型：

$$\text{Errors} = \beta_0 + \beta_1 \text{Exper} + \beta_2 \text{Train} + \varepsilon;$$
$$\text{Errors} = \beta_0 + \beta_1 \text{Exper} + \beta_2 \text{Train} + \beta_3 (\text{Exper} \times \text{Train}) + \varepsilon$$

b. 哪个模型在调整后 R^2 方面提供了更好的拟合，自变量在 5%水平下的显著性是怎样的？

c. 使用所选模型预测具有 10 年工作经验且参加过培训的员工以及具有 20 年工作经验但未参加过培训的员工的挑选错误次数。

d. 对正交互项系数给出一个实际的解释。

13. 文件：BMI。根据世界卫生组织的数据，肥胖已经在全球范围内达到了流行的程度。虽然肥胖通常与慢性病和残疾有关，但研究人员认为，它也可能影响个体的工资高低。换句话说，员工的体重指数（BMI）是工资的预测因素。（如果一个人的体重指数大于或等于 25，则此人被视为超重；如果体重指数超过 30，则此人被视为肥胖。）下表显示了 30 名受过大学教育的男性的部分工资数据（Salary，千美元），其中包括他们各自的体重指数，以及一个虚拟变量 White（当男性为白人时该虚拟变量取值为 1，否则为 0）。

工资	BMI	白人
34	33	1
43	26	1
⋮	⋮	⋮
45	21	1

a. 使用 BMI 和 White 作为自变量，构建工资的回归模型。

b. 以 BMI、White 以及 BMI 和 White 的乘积作为自变量，重新构建模型。

c. 哪个模型更合适？请说明理由，并用此模型估计一个受过大学教育、BMI 为 30 的白人男性的工资。计算非白人男性的相应工资。

14. 文件：Compensation。为了鼓励绩效、提高员工忠诚度和激励员工继续学习深造，大型公司的人力资源部门希望开发中层管理人员薪酬（Comp，美元/年）的回归模型。该模型基于三个变量：（1）单位利润（Profit，千美元/年）；（2）在公司的工作年限（Years）；（3）经理是否拥有研究生学位（Grad，拥有研究生学位等于 1，否则为 0）。下表显示了来自 36 名管理人员的部分数据。

薪酬	单位利润	工作年限	是否拥有研究生学位
118 100	4 500	37	1

续表

薪酬	单位利润	工作年限	是否拥有研究生学位
90 800	5 400	5	1
⋮	⋮	⋮	⋮
85 000	4 200	29	0

a. 构建以下薪酬模型：

$$\text{Comp} = \beta_0 + \beta_1 \text{Profit} + \beta_2 \text{Years} + \beta_3 \text{Grad} + \beta_4 (\text{Profit} \times \text{Grad}) + \beta_5 (\text{Years} \times \text{Grad}) + \varepsilon。$$

b. 在 5% 的显著性水平下，回归模型整体是否显著？

c. 当 $\alpha = 0.05$ 时，哪些自变量和交互项是显著的？

d. 对于一名在公司工作了 15 年、拥有研究生学位、去年单位利润为 480 万美元的经理，用（完全）模型确定他的薪酬。

15. 文件：IPO。关于首次公开发行（IPO）定价的理论之一认为，IPO 的初始回报率（Initial Return，发行价与开盘价的变动百分比）取决于价格修正（Price Revision，发行前价格与发行价的变动百分比）。另一个可能影响初始回报率的因素是发行人的行业性质，假设为一个虚拟变量（高科技公司，High Tech），如果是高科技公司则等于 1，其他公司则等于 0。下表列出了 264 家 IPO 公司的部分数据。

初始回报率	价格修正	高科技公司
33.93	7.14	0
18.68	−26.39	0
⋮	⋮	⋮
0.08	−29.41	1

a. 构建一个以初始回报率为因变量，价格修正和高科技公司虚拟变量为自变量的回归模型。

b. 重新构建回归模型，在价格修正和高科技公司虚拟变量的基础上加入虚拟变量与价格修正的乘积。

c. 以上哪个模型是更优的回归模型？请说明理由。使用所选模型估计价格修正率为 15% 的高科技公司的初始回报率，并计算非高科技公司

的相应初始回报率。

16. 文件：GPA_College。人们通常认为 SAT 是衡量学生在大学第一年的成绩的一个重要指标。州立大学的招生负责人想分析大学一年级的平均成绩（College GPA）与学生的 SAT 分数（SAT）、未加权的高中平均成绩（HS GPA）以及学生的种族之间的关系（White，如果学生是白人则取值为 1，否则为 0）。部分数据见下表。

College GPA	SAT	HS GPA	White
4.00	1 560	4.00	1
1.78	1 060	2.18	0
⋮	⋮	⋮	⋮
3.38	1 460	4.00	0

a. 使用 SAT、HS GPA、White 以及 SAT 与 HS GPA、SAT 与 White 的交互项作为自变量，构建并解释 College GPA 的回归模型。

b. 预测 HS GPA 为 3.2，SAT 分数为 1 200、1 300 和 1 400 的白人学生大学一年级的 GPA。对同样条件的非白人学生做相应的预测。

17. 文件：Health_Factors。根据世界卫生组织的说法，个人的健康在很大程度上是由收入、教育、基因和社会关系等因素决定的。在一项调查中，120 名美国成年人被要求在 1～100 的范围内为自己的健康状况（Health）和社会关系（Social）打分。此外，该调查还收集了关于家庭收入（Income，千美元）和是否受过大学教育（College，如果有学士学位则等于 1，否则为 0）的信息。部分数据见下表。

健康状况	社会关系	家庭收入	是否受过大学教育
52	58	80	0
55	68	43	0
⋮	⋮	⋮	⋮
58	90	35	0

a. 使用社会关系、家庭收入和是否受过大学教育作为自变量，构建并解释个人健康水平的回归模型。假设 Social = 80，Income = 100，预测受过大学教育的人的健康状况。如果这个人没有受过大学教育呢？

b. 构建并解释一个扩展模型，加入社会关系与家庭收入、社会关系与是否受过大学教育的交互项。假设 Social ＝ 80，Income ＝ 100，预测受过大学教育的人的健康评级。如果这个人没有受过大学教育呢？

c. 解释以上两个模型中的哪一个能更好地进行预测。

18. 文件：College。随着大学成本和学生债务的上升，学生在寻找和选择大学时所做的决策变得异常重要。考虑来自 116 所大学的以下信息：大学毕业生的年收入（Earnings，美元）、年平均成本（Cost，美元）、毕业率（Grad，%）、学生债务率（Debt，%），以及大学是否位于城市（City，是则取值为 1，否则为 0）。部分数据见下表。

年收入	年平均成本	毕业率	债务率	是否位于城市
44 800	22 920	62	88	1
45 100	23 429	73	92	0
⋮	⋮	⋮	⋮	⋮
42 700	6 616	64	90	1

a. 基于 Earnings、Cost、Grad、Debt 和 City 以及 Cost 和 Grad 的交互项，构建大学毕业生年收入的回归模型。解释交互变量的估计系数。

b. 预测毕业率为 60%，学生债务率为 80%，年平均成本为 2 万美元、3 万美元和 4 万美元的城市中某所大学毕业生的年收入。

c. 若毕业率为 80%，请重复上述分析。

19. 文件：Rental。Jonah 在俄亥俄州辛辛那提市的租赁公司当了将近 10 年的经理人。他明白面积较大的房屋额外增加一间卧室的溢价比面积较小的房屋增加一间卧室的溢价要大。考虑每月的租金数据（Rent，美元）、房屋的建筑面积（Sqft）、卧室数量（Bed）和浴室数量（Bath）。部分数据见下表。

租金	建筑面积	卧室数量	浴室数量
2 300	2 050	3	3
1 240	680	2	1
⋮	⋮	⋮	⋮
2 800	2 370	4	3

a. 根据卧室数量、浴室数量、房屋的建筑面积以及卧室数量和建筑面积之间的交互项，构建月租金的回归模型。解释交互变量的估计系数。

b. 预测面积为 1 600 平方英尺，有 2 个浴室，卧室数量等于 2 间、3 间和 4 间的房屋的月租金。随着卧室数量从 2 间增加到 3 间，从 3 间增加到 4 间，计算预计租金增量。

c. 若面积为 2 400 平方英尺，请重复上述分析。

7.2　非线性关系的回归模型

回归分析不仅从实证上验证变量之间是否存在关系，而且会量化这种关系的强度。到目前为止，我们只考虑了线性回归模型。在许多应用中，自变量和因变量之间的关系不能用直线表示，而必须用适当的曲线来表示。事实上，函数形式的选择是建立回归模型的关键。

在本节中，我们通过对变量进行简单的变换来讨论一些常见的非线性回归模型。这些变换包括平方和自然对数，它们反映了有趣的非线性关系，同时我们仍然允许在线性回归模型的框架内进行简单的估计。我们使用拟合优度在可选模型中进行选择。

二次回归模型

线性回归模型通常由于其计算的简单性而被认为是合理的。简单线性回归模型 $y＝\beta_0＋\beta_1x＋\varepsilon$ 的一个含义是，如果 x 上升一个单位，y 的期望值将改变 β_1，而与 x 的值无关。然而，在许多应用中，变量之间的关系不能用直线来表示。我们注意到，第 6 章中讨论的线性假设将线性限制置于参数而不是变量上。因此，我们可以在线性回归模型的框架内，通过因变量和自变量的简单变换，反映许多有趣的非线性关系。

如果你研究过微观经济学，你可能已经了解到一个公司（或行业）的平均成本曲线倾向于呈现为 U 形。由于规模经济，企业的平均成本 y 最初会随着产出 x 的增加而降低。然而，当 x 增加至超过某一点时，x 的增量对 y 的影响就变成了正向的。在其他应用中，还存在自变量对相应变量的影响最初是正向的，但后来变成负向的情况，形成倒 U 形曲线。**二次回归模型**（quadratic regression model）适用于捕捉斜率（即 x 对 y 的影响）的大小和符号变化的情况。

含有一个自变量的二次回归模型表示为 $y = \beta_0 + \beta_1 x + \beta_2 x^2 + \varepsilon$，我们可以很容易地将其扩展到包括多个自变量的模型中。表达式 $\beta_0 + \beta_1 x + \beta_2 x^2$ 是二次回归模型的确定性部分。换句话说，对于 x，$E(y) = \beta_0 + \beta_1 x + \beta_2 x^2$。

图 7.3 显示了使用二次回归模型估计的含有叠加趋势线的样本数据的两个散点图。虽然估计的简单线性回归模型不包括在任何一个面板中，但是很明显，二次回归模型为两个散点图提供了更好的拟合。

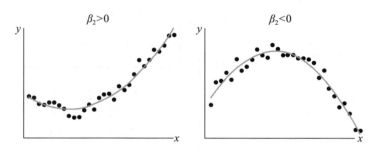

图 7.3　二次回归模型估计生成的带有趋势线的 y 对 x 散点图

确定二次回归模型相较于线性回归模型是否提供了更好的拟合是十分重要的。回想一下第 6 章，我们不能根据它们各自的 R^2 值来比较这些模型，因为二次回归模型比线性回归模型多使用一个参数。为了进行比较，我们使用调整后 R^2，它对增加的参数施加了惩罚，避免了增加自变量而高估 R^2 的问题。

为了估计二次回归模型 $y = \beta_0 + \beta_1 x + \beta_2 x^2 + \varepsilon$，我们必须首先创建一个包含 x 的平方项的变量 x^2。二次模型通常估计为 $\hat{y} = b_0 + b_1 x + b_2 x^2$，其中 b_1 和 b_2 分别是 β_1 和 β_2 的估计值。

二次回归模型中系数的解释：将估计的二次回归方程中的系数 b_1 视为在保持 x 的平方项不变的情况下 x 改变一个单位对 y 的影响是没有意义的。在非线性模型中，样本回归方程最好通过计算甚至绘图的方式呈现，在自变量的值范围内对因变量的预测效果进行解释。我们将在例 7.5 和 7.6 中详细说明这一点。

评估二次回归模型中 x 对 y 的边际效应：评估自变量 x 对因变量估计值的边际（偏）效应很重要，也就是说，我们要评估由于 x 增加一个单位而导致的 $\hat{y}$ 的变化。在估计的线性回归方程中，$\hat{y} = b_0 + b_1 x$，偏（边际）效应是恒定的，表现为斜率系数 b_1。在一个二次回归模型中，x 对 $\hat{y}$ 的偏效应可以用 $b_1 + 2 b_2 x$ 来近似。与线性回归模型不同，这种偏效应与 x 的估值有关。此外，当偏效应等于 0 时，$\hat{y}$ 达到最大值（$b_2 < 0$）或最小值（$b_2 > 0$）。当这种情况发生时，x 的值是通过求解方程 $b_1 + 2 b_2 x = 0$ 得到的，因为 $x = \dfrac{-b_1}{2 b_2}$。（注意，当一阶导数 $b_1 + 2 b_2 x$ 等于 0，二阶导数 $2 b_2$ 最大值为负，最小值为正时，可获得最佳值。）

二次回归模型

在二次回归模型 $y=\beta_0+\beta_1 x+\beta_2 x^2+\varepsilon$ 中，系数 β_2 决定了 x 和 y 之间的关系是 U 形（$\beta_2 > 0$）还是倒 U 形（$\beta_2 < 0$）。

二次模型的预测由 $\hat{y}=b_0+b_1 x+b_2 x^2$ 确定。建议使用未四舍五入的系数进行预测。

例 7.5

考虑年产量（Output，百万件）对平均成本（AC，美元）的二次回归。使用自变量 Output 和 Output^2 估计的回归方程表示为：$\widehat{AC}=10.522\,5-0.307\,3\text{Output}+0.021\,0\text{Output}^2$。统计发现，两个自变量均在 5% 的水平下显著，从而证实了二次效应。用上述估计来回答下列问题：

a. 产出水平从 400 万件变为 500 万件时，平均成本的变化是什么？

b. 产出水平从 800 万件变为 900 万件时，平均成本的变化是什么？将此结果与 a 问题结果进行比较。

c. 使平均成本最小化的产出水平是什么？

解答：

a. 生产 400 万件的预测平均成本为：

$$\widehat{AC}=10.522\,5-0.307\,3\times4+0.021\,0\times4^2=9.63(\text{美元})$$

生产 500 万件的预测平均成本为：

$$\widehat{AC}=10.522\,5-0.307\,3\times5+0.021\,0\times5^2=9.51(\text{美元})$$

产出从 400 万件增加到 500 万件会导致预测平均成本减少 0.12 美元。

b. 生产 800 万件的预测平均成本为：

$$\widehat{AC}=10.522\,5-0.307\,3\times8+0.021\,0\times8^2=9.41(\text{美元})$$

生产 900 万件的预测平均成本为：

$$\widehat{AC}=10.522\,5-0.307\,3\times9+0.021\,0\times9^2=9.46(\text{美元})$$

产出从 800 万件增加到 900 万件导致预测平均成本增加 0.05 美元。将此结果与 a 问题的结果进行比较，我们注意到 x 的单位变化取决于 x 的评估值。

c. 给定 $b_1=-0.307\,3$ 和 $b_2=0.021\,0$，使平均成本最小化的产出水平为：

$$x=\frac{-b_1}{2b_2}=\frac{-(-0.307\,3)}{2\times0.021\,0}=7.32(\text{百万件})$$

现在我们来看一个具有倒 U 形关系的示例。

例 7.6

在美国，年龄歧视是非法的，但在生活中很难证明年龄歧视现象的发生（《纽约时报》，2017 年 8 月 7 日）。即使没有歧视，人们也普遍认为，工人的工资随着年龄的增长而下降。一个年轻的工人只能期望工资随年龄增长到某一点，一旦超过这个点，工资就开始下降。Ioannes Papadopoulos 在一家大型制造企业的人力资源部工作，他正在研究工资、教育年限和年龄之间的关系。具体来说，他想验证年龄对工资的二次影响。他收集了该公司 80 名员工的数据，包括时薪（Wage，美元）、教育年限（Education）和年龄（Age）。部分数据见表 7.9。

表 7.9　美国人的小时工资　($n=80$)

时薪	教育年限	年龄
17.54	12	76
20.93	10	61
⋮	⋮	⋮
23.66	12	49

a. 绘制工资与年龄的关系图，并评估线性回归模型和二次回归模型哪种能更好地反映这种关系。通过使用适当的拟合优度度量来验证你的选择。

b. 使用适当的模型来预测受过 16 年教育，年龄等于 30 岁、50 岁或 70 岁的人的小时工资。

c. 根据该模型，受过 16 年教育的人在什么年龄会获得最高工资？

解答：

a. 图 7.4 显示了工资与年龄的散点图。我们在散点图上叠加线性和二次趋势线。与线性回归模型相比，二次回归模型似乎为数据提供了更好的拟合。

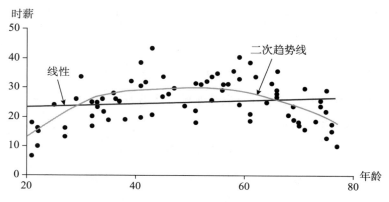

图 7.4　时薪与年龄的散点图

我们估计了两个模型：

线性回归模型：$\text{Wage}=\beta_0+\beta_1\text{Education}+\beta_2\text{Age}+\varepsilon$

二次回归模型：$\text{Wage}=\beta_0+\beta_1\text{Education}+\beta_2\text{Age}+\beta_3\text{Age}^2+\varepsilon$

为了便于说明，尽管线性和二次回归模型有不同的含义，我们仍对两个模型中的系数使用相同的符号。表 7.10 显示了线性和二次回归模型的相关回归结果。

表 7.10　例 7.6 的线性和二次回归模型的估计

变量	线性回归模型	二次回归模型
截距	2.638 1（0.268）	$-22.721\ 9^*$（0.000）
Education	$1.441\ 0^*$（0.000）	$1.254\ 0^*$（0.000）
Age	0.047 2（0.127）	$1.350\ 0^*$（0.000）

续表

变量	线性回归模型	二次回归模型
Age^2	NA	$-0.013\ 3^*$ (0.000)
调整后 R^2	0.608 8	0.825 7

　　注：参数估计值在表的主体部分，p 值在括号内，NA 表示不适用，*代表 5% 的显著性水平。最后一行显示了用于模型比较的调整后 R^2。

　　请注意，在线性回归模型中，年龄的估计系数仅为 0.047 2，即使在 10% 的显著性水平下显著，也不具备统计学意义（p 值＝0.127）。但是，如果将年龄的平方和年龄这两者联合计算，结果会发生巨大变化。在二次回归模型中，年龄与年龄的平方项的 p 值约为 0，这两个变量在任何合理水平上都具有统计学意义。此外，二次回归模型的调整后 R^2 更高（0.825 7＞0.608 8），说明此模型是个更好的预测选择。这一结论与我们从图 7.4 的散点图中得到的视觉印象相一致，表明年龄和小时工资之间存在弱线性但强二次的关系。

　　b. 受过 16 年教育的 30 岁工人的预计时薪是：

$$\widehat{\text{Wage}} = -22.721\ 9 + 1.254\ 0 \times 16 + 1.350\ 0 \times 30 - 0.013\ 3 \times 30^2 = 25.85 \text{（美元）}$$

　　类似地，50 岁工人和 70 岁工人的预计时薪是分别为 31.59 美元和 26.67 美元。

　　c. 在 b 问题中，我们预测了 30 岁、50 岁和 70 岁受过 16 年教育的工人的时薪。在这 3 个年龄中，50 岁的工人工资最高。在图 7.5 中，我们绘制了教育年限为 16 年，年龄从 20 岁到 80 岁、增量为 1 的预测工资。

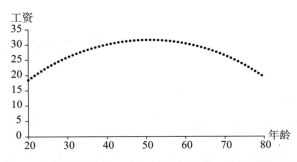

图 7.5　教育年限为 16 年、不同年龄的工人的预测工资

　　为了确定工资达到最大值时的最佳年龄，我们还求解了 $x = \dfrac{-b_2}{2b_3} = \dfrac{-(1.350\ 0)}{2(-0.013\ 3)} = 50.75$。工资最大化的最佳年龄约为 51 岁，此时时薪约为 31.60 美元。值得注意的是，在不同的教育水平下，预测工资将会有所不同，但最高工资仍将在约 51 岁时实现。建议绘制一个类似的、教育年限为 12 年的不同年龄的时薪的图表。

对数回归模型

　　考虑一个年收入 x 对年度食品支出 y 的线性回归模型：$\hat{y} = 9\ 000 + 0.20x$。估计的斜率系数值 $b_1 = 0.20$ 意味着年收入每增加 1 000 美元将导致每年食品支出增加 200 美元，无论这种收入增加是从 20 000 美元增加到 21 000 美元，还是从 52 万美元增加到 52.1 万美元。这是线性假设不合理的又一个例子，因为我们预计高收入水平下影响会更小。所以，分析当收入增加一定百分比而不是一定数量时，食品支出会发生什么变化，可能更有意义。

另一种常用的变换是基于自然对数，它将变量的数量变化转换为百分比变化。

对数变换

自然对数将变量的数量变化转换为百分比变化。

对数变换是行之有效的，因为有许多关系自然地以百分比表示。例如，对收入、房价和销售额等变量进行对数变换是很常见的。而诸如年龄、经验和分数等变量通常以其原始形式表示。我们依靠直觉以及统计方法来寻找变量的适当形式。

我们将首先阐述仅含一个自变量的对数模型，随后将其扩展到多元回归模型中。

对数-对数回归模型

在**对数-对数回归模型**（log-log regression model）中，因变量和自变量都被转换为自然对数。我们可以把这个模型写成 $\ln(y)=\beta_0+\beta_1\ln(x)+\varepsilon$，其中 $\ln(y)$ 是经对数变换的因变量，而 $\ln(x)$ 是经对数变换的自变量。通过这些变换，y 和 x 之间的关系由曲线刻画，该曲线的形状取决于斜率系数 β_1 的符号和大小。图 7.6 显示了叠加趋势线的样本数据的两个散点图。每条趋势线都是通过估计对数-对数回归模型生成的。尽管估计的简单线性回归模型不包括在两个面板中，但很明显，对数-对数回归模型为两个散点图提供了更好的拟合。

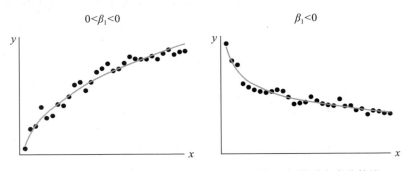

图 7.6 y 对 x 的散点图，通过估计对数-对数回归模型生成趋势线

对于 $0<\beta_1<1$，对数-对数回归模型表明了 x 和 $E(y)$ 之间的正相关关系，即随着 x 增加，$E(y)$ 以较慢的速率增加。该模型适用于粮食支出的例子，因为我们预期粮食支出与收入的变化呈正相关关系，而在较高的收入水平上这种正向影响会减少。如果 $\beta_1<0$，则表明 x 与 $E(y)$ 呈负相关；随着 x 增加，$E(y)$ 以较慢的速率减少。最后，$\beta_1>1$ 意味着 x 和 y 之间存在正的递增关系，图 7.6 中没有显示这种情况。在具体应用中，β_1 的估计值由数据确定。

注意，尽管对数-对数回归模型从变量上看是非线性的，但从系数上看仍然是线性的，因此满足线性回归模型的要求。唯一的要求是，在运行回归之前，我们必须首先将这两个变量转换为对数。而重点是在对数-对数回归模型中，斜率系数 β_1 测量的是 x 的百分比变动造成的 y 的预计百分比变动。换句话说，β_1 度量的是弹性。在对数-对数回归模型中，如果 y 代表特定商品的需求量，x 是其单价，那么 β_1 衡量需求的价格弹性，这是一个具有相当大经济学价值的参数。假设 $\beta_1=-1.2$，那么这种商品的价格增加 1% 预期将导致其需求量减少约 1.2%。

最后，即使因变量被转换为对数，我们仍然以常规单位进行预测。给定 $\widehat{\ln(y)}=b_0+b_1\ln(x)$，你可能会尝试使用反对数函数以常规单位进行预测，如 $\hat{y}=\exp(\widehat{\ln(y)})=\exp(b_0+b_1\ln(x))$，其中 b_0 和 b_1 是系数估计值。然而，众所周知，这种转换系统地低估了 y 的期望值。一个相对简单的修

正是用 $\hat{y}=\exp(b_0+b_1\ln(x)+s_e^2/2)$ 进行预测，其中 s_e 是对数回归模型估计值的标准误差。这种修正很容易实现，因为几乎所有的统计软件包都有 s_e。

对数–对数回归模型

对数–对数回归模型表示为 $\ln(y)=\beta_0+\beta_1\ln(x)+\varepsilon$，$\beta_1$ 表示当 x 增加 1% 时，$E(y)$ 的近似百分比变化。用对数–对数回归模型进行的估计用 $\hat{y}=\exp(b_0+b_1\ln(x)+s_e^2/2)$ 表示，其中 b_0 和 b_1 是系数估计值，s_e 是标准误差估计。建议使用未四舍五入的系数进行预测。

对数回归模型

对数–对数回归模型将所有变量转换为对数。**半对数回归模型**（semi-log regression model）也很常见，在这种模型中，并非所有变量都被转换成对数。我们将在简单线性回归模型的背景下讨论两种类型的半对数回归模型。只变换自变量的半对数模型通常称为**对数回归模型**（logarithmic regression model），而只变换因变量的半对数模型通常称为**指数回归模型**（exponential regression model）。当我们扩展分析以囊括多个自变量时，我们可以有许多半对数回归模型的变体。

对数回归模型定义为：

$$y=\beta_0+\beta_1\ln(x)+\varepsilon$$

像对数–对数回归模型一样，对数回归模型意味着 x 的增加将导致 $E(y)$ 以递减的速率增加（$\beta_1>0$）或减少（$\beta_1<0$）。对数回归模型适用于只有自变量可以很好地用百分比来表示的情况。图 7.7 显示了带有叠加趋势线的两个样本数据的散点图。每条趋势线都是通过估计对数回归模型生成的。虽然估计的简单线性回归模型不包括在任何一个面板中，但很明显对数回归模型为两个散点图提供了更好的拟合。因为对数–对数回归模型和对数回归模型的形状相似，所以在这两种模型之间进行选择是很棘手的。我们稍后将在本节对这两种模型进行比较。

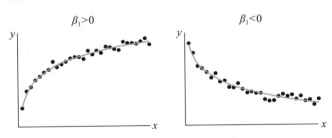

图 7.7　y 对 x 的散点图，通过估计对数回归模型生成趋势线

在对数回归模型中，因变量为常规单位，但自变量需要被转换为对数。因此，当 x 增加 1% 时，$\beta_1\times 0.01$ 测量 $E(y)$ 的近似单位变化。例如，如果 $\beta_1=5\,000$，那么 x 增加 1% 会导致 $E(y)$ 增加 50 个单位（$5\,000\times 0.01$）。因为因变量已经是常规单位，所以在进行预测时不需要进一步转换。

对数回归模型

对数回归模型定义为 $y=\beta_0+\beta_1\ln(x)+\varepsilon$，$\beta_1\times 0.01$ 衡量 x 增加 1% 时 $E(y)$ 的近似变化。

对数模型的预测是通过 $\hat{y}=b_0+b_1\ln(x)$ 进行的，其中 b_0 和 b_1 是系数估计值。建议使用未四舍五入的系数进行预测。

指数回归模型

在对数回归模型中，我们对于当 x 增加 1% 时 $E(y)$ 的单位变化感兴趣。与对数回归模型不同，指数回归模型允许我们估计，当 x 增加一个单位时 $E(y)$ 的百分比变化。指数回归模型定义为 $\ln(y)=\beta_0+\beta_1 x+\varepsilon$。

图 7.8 显示了具有叠加趋势线的样本数据的两个散点图。每条趋势线由估计指数回归模型产生。尽管估计的简单线性回归模型不包括在两个面板中，但很明显，指数回归模型为两个散点图提供了更好的拟合。

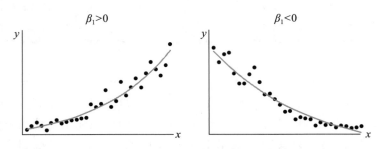

图 7.8　y 对 x 的散点图，通过估计指数回归模型生成趋势线

对于指数模型，$\beta_1\times 100$ 测量当 x 增加一个单位时 $E(y)$ 的近似百分比变化，精确的百分比变化可计算为 $(\exp(\beta_1)-1)\times 100$。例如，$\beta_1=0.05$ 意味着 x 增加一个单位导致 $E(y)$ 增加约 5%（0.05×100），更准确地说，$E(y)$ 增加 5.127 1%（$(\exp(0.05)-1)\times 100$）。在实际工作中，我们经常看到用这个模型来描述某些经济变量的增长率，比如人口、就业、工资和销售额。与对数-对数回归模型的情况相同，由于因变量是以对数来测量的，因此我们对预测进行了修正。

指数回归模型

指数回归模型定义为 $\ln(y)=\beta_0+\beta_1 x+\varepsilon$，$\beta_1\times 100$ 测量当 x 增加一个单位时 $E(y)$ 的近似百分比变化。指数回归模型的预测表示为 $\hat{y}=\exp(b_0+b_1\ln(x)+s_e^2/2)$，其中 b_0 和 b_1 是系数估计值，s_e 是标准误差估计。建议使用未四舍五入的系数进行预测。

虽然这些对数模型很容易在线性回归模型的框架内进行估计，但在进行预测和解释估计的斜率系数时必须小心。解释斜率系数时，请记住，对数本质上是将变量的变化转换为百分比变化。对各回归模型的总结见表 7.11。

表 7.11　线性、对数-对数、对数和指数回归模型的总结

模型	预测值	估计斜率系数
$y=\beta_0+\beta_1 x+\varepsilon$	$\hat{y}=b_0+b_1 x$	b_1 测量 x 增加一个单位时 $\hat{y}$ 的变化
$\ln(y)=\beta_0+\beta_1\ln(x)+\varepsilon$	$\hat{y}=\exp(b_0+b_1\ln(x)+s_e^2/2)$	b_1 测量 x 增加 1% 时 $\hat{y}$ 的近似百分比变化
$y=\beta_0+\beta_1\ln(x)+\varepsilon$	$\hat{y}=b_0+b_1\ln(x)$	$b_1\times 0.01$ 测量 x 增加 1% 时 $\hat{y}$ 的近似变化
$\ln(y)=\beta_0+\beta_1 x+\varepsilon$	$\hat{y}=\exp(b_0+b_1 x+s_e^2/2)$	$b_1\times 100$ 测量 x 增加一个单位时 $\hat{y}$ 的近似百分比变化

建议使用未四舍五入的系数进行预测。

例 7.7 --

在大学城投资房地产回报丰厚（《大学投资者》，2017 年 8 月 22 日）。首先，由于资金紧缺的公立大学无法为大一以外的学生提供住宿，因此学生租房需求量大且稳定。其次，随着越来越多婴儿潮一代的孩子进入大学，这种需求预计将会增长。表 7.12 显示了密歇根州安娜堡的部分租金数据，安娜堡是密歇根大学主校区所在地（文件：AnnArbor）。这些数据包括月 40 套房屋的月租金

（Rent，美元）、卧室数量（Beds）、浴室数量（Baths）以及建筑面积（Sqft，平方英尺）。

表 7.12 密歇根州安娜堡的租金数据 （n＝40）

租金	卧室数量	浴室数量	建筑面积
645	1	1	500
675	1	1	648
⋮	⋮	⋮	⋮
2 400	3	2.5	2 700

a. 分别绘制租金与 3 个自变量的散点图，并评估租金与这些自变量的关系的最佳表示是直线还是曲线。确定可能需要进行对数转换的变量。

b. 构建线性和相关的对数回归模型，预测一套面积为 1 600 平方英尺、有 3 间卧室和 2 间浴室的房屋的租金。

解答：

鉴于卧室数量和浴室数量的性质，我们将只以常规单位测量这些变量。但是，我们将考虑租金和建筑面积的对数转换，因为它们的变化通常以百分比表示。

a. 在图 7.9 中，我们绘制了租金与卧室数量和浴室数量的散点图，并叠加线性和指数趋势线（注意，指数回归模型只对因变量进行对数变换）。从图 7.9 中很难看出租金与卧室数量或租金与浴室数量之间的关系更适合用直线还是曲线来表示。我们将使用拟合优度度量进行选择。

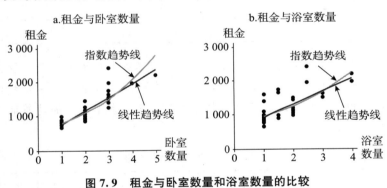

图 7.9 租金与卧室数量和浴室数量的比较

现在我们在图 7.10 中绘制租金与建筑面积的关系。在这里，租金与建筑面积之间的关系比起直线，似乎更适合用曲线来衡量。

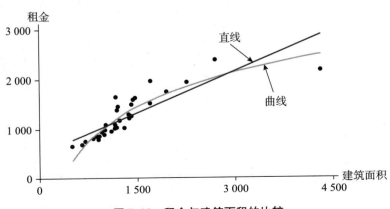

图 7.10 租金与建筑面积的比较

将建筑面积变量进行对数转换后的对数回归模型比线性回归模型更符合数据特征,表明随着建筑面积的增加,房屋租金以递减的速度增加。换句话说,当建筑面积从 1 000 平方英尺增加到 2 000 平方英尺造成的租金的增加,高于建筑面积从 2 000 平方英尺增加到 3 000 平方英尺造成的租金的增加。另外两个值得考虑的模型是指数回归模型和对数-对数回归模型,其中指数回归模型只有租金被对数变换,对数-对数回归模型中的租金和建筑面积都被对数变换。为了避免数字杂乱,这些趋势线没有叠加在散点图上,不过,我们都会评估所有模型。

b. 尽管前面的可视化工具很有指导意义,但为了更科学地对 4 个模型进行评估,我们使用拟合优度度量方法来选择最适合的预测模型。

模型 1:$Rent = \beta_0 + \beta_1 Beds + \beta_2 Baths + \beta_3 Sqft + \varepsilon$

模型 2:$Rent = \beta_0 + \beta_1 Beds + \beta_2 Baths + \beta_3 \ln(Sqft) + \varepsilon$

模型 3:$\ln(Rent) = \beta_0 + \beta_1 Beds + \beta_2 Baths + \beta_3 Sqft + \varepsilon$

模型 4:$\ln(Rent) = \beta_0 + \beta_1 Beds + \beta_2 Baths + \beta_3 \ln(Sqft) + \varepsilon$

为了估计这些模型,我们首先对租金和建筑面积进行对数变换。参见表 7.13 的最后两列。

表 7.13 将租金和建筑面积转换为对数

Rent	Beds	Baths	Sqft	ln(Rent)	ln(Sqft)
645	1	1	500	6.469 3	6.214 6
675	1	1	648	6.514 7	6.473 9
⋮	⋮	⋮	⋮	⋮	⋮
2 400	3	2.5	2 700	7.783 2	7.901 0

在模型 1 和模型 2 中,我们使用租金作为因变量,卧室数量和浴室数量以及模型 1 中的建筑面积、模型 2 中的建筑面积的对数作为自变量。类似地,在模型 3 和模型 4 中,我们使用租金的对数作为因变量,卧室数量和浴室数量以及模型 3 中的建筑面积、模型 4 中的建筑面积的对数作为自变量。模型估计总结在表 7.14 中。

表 7.14 例 7.7 的回归结果

	因变量:Rent		因变量:ln (Rent)	
	模型 1	模型 2	模型 3	模型 4
截距	300.411 6* (0.001)	−3 909.741 5* (0.001)	6.329 4* (0.000)	3.380 8* (0.000)
Beds	225.810 0* (0.001)	131.778 1* (0.040)	0.226 2* (0.000)	0.124 6* (0.009)
Baths	89.266 1 (0.119)	36.425 5 (0.494)	0.083 1 (0.060)	0.025 4 (0.514)
Sqft	0.209 6* (0.028)	NA	0.000 1 (0.362)	NA
ln(Sqft)	NA	675.264 8* (0.000)	NA	0.474 2* (0.001)
s_e	193.159 1	172.271 1	0.147 9	0.126 2
R^2	0.809 2	0.848 2	0.809 5	0.861 3

注:括号中为 p 值,NA 表示不适用,* 表示在 5% 的水平下显著。

卧室数量和建筑面积在 5% 的水平下显著且具有统计学意义,而浴室数量则不显著。我们使用上述 4 种模型来预测一套面积为 1 600 平方英尺、有 3 间卧室和 2 间浴室的房屋的租金。为了预测基于 ln(Rent) 的模型 3 和模型 4，我们将添加校正项 $s_e^2/2$。

模型 1：$\widehat{\text{Rent}} = 300.411\,6 + 225.810\,0 \times 3 + 89.266\,1 \times 2 + 0.209\,6 \times 1\,600 = 1\,492(美元)$

模型 2：$\widehat{\text{Rent}} = -3\,909.741\,5 + 131.778\,1 \times 3 + 36.425\,5 \times 2 + 675.264\,8 \times \ln(1\,600)$
$= 1\,540(美元)$

模型 3：$\widehat{\text{Rent}} = \exp(6.329\,4 + 0.226\,2 \times 3 + 0.083\,1 \times 2 + 0.000\,1 \times 1\,600 + 0.147\,9^2/2)$
$= 1\,549(美元)$

模型 4：$\widehat{\text{Rent}} = \exp(3.380\,8 + 0.124\,6 \times 3 + 0.025\,4 \times 2 + 0.474\,2 \times \ln(1\,600) + 0.126\,2^2/2)$
$= 1\,498(美元)$

租金的预测值从模型 1 的 1 492 美元到模型 3 的 1 463 美元不等。接下来，我们将讨论哪个模型提供了更好的预测。

比较线性和对数变换回归模型

如例 7.7 所示，对于特定的应用场景，通常我们不清楚使用哪种回归模型最为合适。但我们可以用经济直觉和散点图来指明方向，也可以用拟合优度来证明我们的选择是否正确。在第 6 章中，我们引入 R^2 来比较包含相同数量的自变量的模型；如果自变量的数量不同，我们比较调整后 R^2。此类比较仅在不同模型的因变量相同时有效。由于 R^2 测量的是因变量的样本变化百分比，我们无法就因变量 y 的变化百分比与 $\ln(y)$ 的变化百分比进行比较。基于计算机生成的 y 和 $\ln(y)$ 的 R^2 是没有区别的，这就好比拿橙子和苹果进行比较。为了进行有效的比较，即使回归模型中的因变量为 $\ln(y)$，我们也需要计算因变量 y 的百分比变动下适当的 R^2。在第 6 章中，我们计算了 $R^2 = SSR/SST = 1 - SSE/SST$。这里，我们将使用另一种方法，即对样本 y 和 $\hat{y}$ 的相关系数求平方。

计算决定系数 R^2 的另一种方法
决定系数 R^2 可以计算为 $R^2 = (r_{y\hat{y}})^2$，其中 $r_{y\hat{y}}$ 是 y 和 $\hat{y}$ 之间的样本相关系数。

例 7.8 详细说明了使用 Excel 和 R 语言进行上述计算的过程。

用 Excel 和 R 语言比较线性和对数变换回归模型

例7.8

回顾例 7.7 中的 4 个回归模型，并确定哪个模型最适合用来预测。

解答：

从表 7.14 来看，模型 4 具有最高的计算机生成的 R^2 值 0.861 3。然而，这并不意味着模型 4 一定是最好的，因为这里计算的 R^2 是基于模型 1 和模型 2 的 Rent 以及模型 3 和模型 4 的 ln(Rent)。因此，我们虽然可以推断模型 2 优于模型 1（0.848 2＞0.809 2），模型 4 优于模型 3（0.861 3＞0.809 5），但不能基于计算机生成的 R^2 直接比较模型 2 和模型 4。为了进行有效的比较，我们从头开始计算模型 4 的 R^2；换言之，即使使用租金的对数进行估算，R^2 也应该是基于租金的。

对于模型 4，我们首先计算 $\widehat{\text{Rent}} = \exp(b_0 + b_1 \text{Beds} + b_2 \text{Baths} + b_3 \ln(\text{Sqft}) + s_e^2/2)$。例如，对于

第一个样本观测值，当卧室数量＝1，浴室数量＝1，建筑面积＝500平方英尺时，预测租金计算如下：

$$\widehat{Rent}=\exp(3.380\ 8+0.124\ 6\times1+0.025\ 4\times1+0.474\ 2\times\ln(500)+0.126\ 2^2/2)=656(美元)。$$

其他样本观测值的预测租金也是用类似的方法进行计算。Excel 和 R 语言在计算租金的预测值时非常有用，并且可以根据 Rent，而不是 $\ln(Rent)$ 为模型 4 生成 R^2 值。

使用 Excel

a. 打开 AnnArbor 数据文件：使用 Excel 的 ln 函数将租金和建筑面积变量转换成各自的对数。

b. 从菜单中选择"数据"（Data）→"数据分析"（Data Analysis）→"回归"（Regression）来估计模型 4。对于"要输入的 Y 范围"（Input Y Range），选择 $\ln(Rent)$ 数据，对于"要输入的 X 范围"（Input X Range），同时选择 Beds、Baths 和 $\ln(Sqft)$ 数据。如果你勾选"残差"（Residuals）框，则 Excel 会提供 $\ln(Rent)$ 或 $\widehat{\ln(Rent)}$ 的预测值。选择此框，然后单击"确定"（OK）。

c. 为方便起见，将 $\widehat{\ln(Rent)}$ 的数值粘贴到电子表格上租金观测值的旁边，表 7.15 的前两列显示了部分结果。接下来，我们要计算 $\widehat{Rent}=\exp\ (b_0+b_1Beds+b_2Baths+b_3\ln(Sqft)+s_e^2/2)$。根据 Excel 生成的 $\ln(Rent)$ 的预测值，这个方程简化为 $\widehat{Rent}=\exp(\widehat{\ln(Rent)}+s_e^2/2)$。将来自模型 4 估计的标准误差 s_e 代入该方程得到 $\widehat{Rent}=\exp(\widehat{\ln(Rent)}+0.126\ 2^2/2)$。（要获得更精确的估计，可以使用回归输出中 s_e 的未四舍五入值。）表 7.15 的第 3 列显示了部分结果。

表 7.15　模型 4 的 Excel 产生的预测值

Rent	$\ln(Rent)$	$\widehat{Rent}=\exp(\widehat{\ln(Rent)}+0.126\ 2^2/2)$
645	6.477 8	655.733 4
675	6.600 7	742.521 0
⋮	⋮	⋮
2 400	7.564 8	1 944.576 0

d. 最后，使用 Excel 的 CORREL 函数计算 Rent 与 $\widehat{Rent}$ 之间的相关性为 $r_{y\hat{y}}=0.869\ 1$。将样本相关系数平方，以求得决定系数 $R^2=0.869\ 1^2=0.755\ 4$。

现在，我们可以将此值与计算机生成的基于 Rent 的模型 2 的 R^2 值进行比较，并得出结论：模型 2 更适合进行预测，因为 $0.848\ 2>0.755\ 4$。

使用 R 语言

a. 将 AnnArbor 数据导入数据框（表）并标记为 myData。

b. 如第 6 章所示，我们使用 lm 函数来创建一个回归模型，或者用 R 语言的术语来说，创建一个对象。我们将此对象标记为 Model4。我们还使用 log 函数对变量 Rent 和 Sqft 进行自然对数变换。输入：

```
> Model4 <- lm(log(Rent)~ Beds + Baths + log(Sqft),data = myData)
> summary(Model4)
```

c. 然后，我们使用 predict 函数为模型 4（即 $\widehat{\ln(Rent)}$）生成预测值。在函数中，我们指出模型或对象的名称。我们为 $\ln(Rent)$ 设置标签为 Pred_lnRent。输入：

```
> Pred_lnRent <- predict(Model4)
```

d. 接下来，我们要计算租金的预测值：$\widehat{Rent} = \overline{\ln(Rent)} + s_e^2/2)$。我们把预测值 $\widehat{Rent}$ 标记为 Pred_Rent。我们可以使用模型汇总输出提供的标准误差的估计值 0.126 2。然后，我们会得到未经四舍五入的标准误差估计值并且标记为 SE，以便下一步提供更精确的预测值估计。输入：

```
> SE <- summary(Model4) $ sigma
> Pred_Rent <- exp(Pred_InRent + SE^2/2)
```

e. 最后，我们使用 R 语言的 cor 函数来计算 Rent 和 $\widehat{Rent}$ 的相关性。我们用这个值的平方来求决定系数 R^2。输入：

```
> cor(myData $ Rent,Pred_Rent)^2
```

R 语言的返回值为 0.755 418 8，这与我们使用 Excel 获得的结果相同。如果我们用 Excel 计算时也使用未经四舍五入的 s_e 值，那么 Excel 与 R 语言返回值的最后一位小数也将相同。因此，我们再次得出结论，由于模型 2 的 R^2 为 0.848 2，模型 2 比模型 4 更适合进行预测。

练习 7.2

理论

20. 考虑估计的二次模型 $\hat{y} = 20 + 1.9x - 0.05x^2$。

a. 当 x 等于 10、20 和 30 时，预测 y 的值。

b. 找出 y 达到最佳估计值时的 x 值。在这个 x 值下，y 的估计值是最大值还是最小值？

21. 考虑以下线性回归模型和二次回归模型以及它们各自的 R^2 和调整后 R^2。

	线性回归模型	二次回归模型
截距	13.308 7	1.765 6
x	0.339 2	4.096 6
x^2	NA	−0.252 8
R^2	0.131 7	0.584 4
调整后 R^2	0.023 2	0.465 7

a. 使用适当的拟合优度来证明哪个模型更贴合此数据。

b. 使用最佳拟合模型，预测 $x = 4$、8 和 12 时的 y 值。

22. 考虑线性、对数、指数和对数-对数的样本回归模型。针对每个估计模型，预测当 x 等于 50 时 y 的值。

	因变量：y		因变量：$\ln(y)$	
	模型 1	模型 2	模型 3	模型 4
截距	18.52	−6.74	1.48	1.02
x	1.68	NA	0.06	NA
$\ln(x)$	NA	29.96	NA	0.96
s_e	23.92	19.71	0.12	0.10

23. 考虑以下线性回归模型和对数回归模型。

	线性回归模型	对数回归模型
截距	6.790 4	−5.671 2
x	1.060 7	NA
$\ln(x)$	NA	10.544 7*
s_e	2.493 5	1.523 1
R^2	0.823 3	0.934 1
调整后 R^2	0.801 3	0.925 9

a. 证明哪个模型更贴合此数据。

b. 使用所选模型预测 $x = 10$ 时 y 的值。

24. 考虑以下对数-对数回归模型和指数回归模型。

	对数-对数回归模型	指数回归模型
截距	1.882 6	2.021 9
x	NA	0.051 3
$\ln(x)$	0.366 3	NA
S_e	0.350 8	0.292 2
R^2	0.518 7	0.666 0
调整后 R^2	0.458 5	0.624 2

a. 证明哪个模型更贴合此数据。

b. 使用所选模型预测 $x=20$ 时 y 的值。

应用

25. 文件：Television。大量研究表明看太多电视会影响孩子的学习成绩，但也有人认为看电视对孩子来说不一定是坏事（《今日心理学》，2012 年 10 月 22 日）。像书籍和故事一样，电视不仅能娱乐心灵，而且能让孩子接触到关于世界的新信息。虽然看太多电视有害，但看适当时间的电视实际上可能会对孩子有所帮助。研究人员 Matt Castle 收集了 28 名中学生的平均学分绩点（GPA）和他们每周看电视的时间（Hours）。部分数据见下表。

平均学分绩点	时间
3.24	19
3.10	21
⋮	⋮
3.31	4

a. 构建一个二次回归模型，其中，中学生的平均学分绩点按时间和时间的平方回归。

b. 该模型中的二次项是否合理？请说明理由。

c. 找出中学生每周看电视的最佳小时数。

26. 文件：Sales_Reps。Brendan Connolly 管理一家高科技公司的人力资源部门。他获得了 300 名销售代表的工资（Salary）信息，以及他们的年龄（Age）、性别（Female=0 表示女性）和表明客户满意度的净推广分数（NPS）。部分数据见下表。

工资	年龄	性别	净推广分数
97 000	44	0	9

续表

工资	年龄	性别	净推广分数
50 000	34	0	4
⋮	⋮	⋮	⋮
88 000	36	0	10

a. 使用工资的自然对数作为因变量，年龄、年龄的平方、性别和净推广分数作为自变量，估计和解释二次回归模型。

b. 确定工资的自然对数取得最大值时的最佳年龄。

c. 在最佳年龄，以及当净推广分数=8 时，分别预测男性和女性销售代表的工资。

27. 文件：Fertilizer2。一位园艺师正在研究番茄的株高和施肥量之间的关系。他以在类似条件下生长的 30 株番茄植株作为研究样本，让它们在 4 个月的时间里接受不同量的肥料（Fertilizer，盎司），然后测量它们的高度（Height，英寸）。部分数据见下表。

高度	肥料
20.4	1.9
29.1	5.0
⋮	⋮
36.4	3.1

a. 估计线性回归模型：$Height = \beta_0 + \beta_1 Fertilizer + \varepsilon$。

b. 估计二次回归模型：$Height = \beta_0 + \beta_1 Fertilizer + \beta_2 Fertilizer^2 + \varepsilon$。找出高度达到最小值或最大值时的施肥量。

c. 用最合适的模型预测 4 个月后番茄植株的高度达到 3.0 英寸所需要使用的肥料为多少盎司。

28. 文件：Circuit_Boards。一家电子公司的运营经理认为，工人制造电路板所需的时间不一定与电路板上的零件数量成正比。他想构建一个回归模型，根据零件数量（Parts）预测工人的制造时间（Time，分钟）。他收集了过去 25 块电路板的数据。该数据的一部分见下表。

时间	零件数量
30.8	62
9.8	32
⋮	⋮
29.8	60

a. 估计线性回归模型，构建零件数量的函数预测制造电路板的时间。然后估计二次回归模型，构建零件数量和零件数量的平方的函数预测制造电路板的时间。

b. 根据变量显著性（$\alpha = 0.05$）和调整后 R^2 对两个模型进行评估。

c. 使用最佳拟合模型，预测制造一块由 48 个零件组成的电路板所需的时间。

29. 文件：Inventory_Cost。仓库分销商的库存经理希望根据订单数量（Quantity，件）预测库存成本（Cost，美元）。她认为这可能是一种非线性关系，因为它的两个主要组成部分与订单数量的关系朝相反的方向移动：（1）订单处理成本（采购人员、装运、运输的成本）随着订单数量的增加而减少（由于需要的订单减少）；（2）持有成本（资金、设施、仓库人员、设备的成本）随着订单数量的增加而增加（由于持有更多的库存）。她收集了过去 36 个月的每月库存成本和订单数量。部分数据见下表。

库存成本	订单数量
844	54.4
503	52.1
⋮	⋮
870	55.5

a. 创建库存成本随订单数量变化的散点图，并叠加线性趋势线和二次趋势线。

b. 估计线性回归模型，以订单数量的函数预测库存成本。然后估计二次回归模型，以订单数量和订单数量的平方的函数预测库存成本。

c. 根据显著性测试（$\alpha = 0.05$）和调整后 R^2 评估这两个模型。

d. 使用最佳拟合模型预测订单数量为 800 件的每月库存成本。

30. 文件：Dexterity。制造经理对 120 名现有员工进行灵巧度测试，以便根据完工时间（Time，秒）和性别虚拟变量（Male，男性取值为 1，女性取值为 0）来预测手表产量。部分数据见下表。

手表产量	完工时间	性别
28	503	1
33	534	1
⋮	⋮	⋮
24	518	1

a. 估计线性回归模型：Watches $= \beta_0 + \beta_1$Time$+\beta_2$Male$+\varepsilon$。解释完工时间的斜率系数的含义。如果完成灵巧度测试所需的时间是 550 秒，那么男女员工的手表产量预测是多少？

b. 估计对数回归模型：Watches $= \beta_0 + \beta_1$ln(Time)$+\beta_2$Male$+\varepsilon$。解释 ln(Time) 的斜率系数的含义。如果完成灵巧度测试所需的时间是 550 秒，那么男女员工的手表产量预测是多少？

c. 哪个模型更合适？请说明理由。

31. 文件：Wine_Pricing。普林斯顿大学的 Orley AShenfelter 教授是葡萄酒经济学领域的先驱。他声称，与旧的正统观念相反，葡萄酒的质量主要由天气条件来解释。葡萄酒浪漫主义者指责他破坏了整个品酒文化。在 1995 年《机会》杂志上发表的一篇有趣的合著论文中，他构建并使用了一个多元回归模型，其中以相对于 1961 年的平均葡萄酒价格所衡量的质量作为因变量 y。自变量是平均温度 x_1（摄氏度）、冬季降雨量 x_2（毫米）、收获季将雨量 x_3（毫米）和葡萄酒的年份 x_4。部分数据见下表。

y	x_1	x_2	x_3	x_4
0.368 4	17.116 7	600	160	31
0.634 8	16.733 3	690	80	30
⋮	⋮	⋮	⋮	⋮
0.135 9	16.000 0	578	74	3

a. 估计线性回归模型 $y = \beta_0 + \beta_1 x_1 + \beta_2 x_2 + \beta_3 x_3 + \beta_4 x_4 + \varepsilon$，如果 $x_1 = 16$、$x_2 = 600$、$x_3 = 120$、$x_4 = 20$，预测价格是多少？

b. 估计指数回归模型 $\ln(y)=\beta_0+\beta_1 x_1+\beta_2 x_2+\beta_3 x_3+\beta_4 x_4+\varepsilon$，如果 $x_1=16$、$x_2=600$、$x_3=120$、$x_4=20$，预测价格是多少？

c. 根据 R^2 选择合适的预测模型。

32. 文件：Electricity。医药公司的设备经理希望建立一个回归模型来预测每个月的电力成本（Cost，美元）。他认为影响电力成本的 3 个主要变量为：（1）室外平均温度（Temp，华氏度）；（2）每月的工作天数（Days）；（3）生产的产品吨数（Tons）。根据过去每月数据得到的 80 个观测值进行相关预测。部分数据见下表。

电力成本	室外温度	工作天数	产品吨数
16 747	46	22	75
7 901	31	24	98
⋮	⋮	⋮	⋮
11 380	56	28	84

a. 估计线性回归模型：$\mathrm{Cost}=\beta_0+\beta_1\mathrm{Temp}+\beta_2\mathrm{Days}+\beta_3\mathrm{Tons}+\varepsilon$。当某月的室外平均温度为 65 华氏度，工作天数为 23 天，产量为 76 吨时，预计该月电力成本是多少？

b. 估计指数回归模型：$\ln(\mathrm{Cost})=\beta_0+\beta_1\mathrm{Temp}+\beta_2\mathrm{Days}+\beta_3\mathrm{Tons}+\varepsilon$。当某月的室外平均温度为 65 华氏度，工作天数为 23 天，产量为 76 吨时，预计该月电力成本是多少？

c. 基于 R^2，哪个模型提供了更好的拟合？

33. 文件：Davis_Rental。Chad Dobson 听说投资大学城房地产前景良好。他有兴趣在加利福尼亚州的戴维斯进行投资，因为那里有加利福尼亚州大学的一个校区。他可以获得的数据包括：27 套房屋的月租金（Rent，美元），以及房屋的 3 个特征：卧室数量（Beds）、浴室数量（Baths）和建筑面积（Sqft）。部分数据见下表。

租金	卧室数量	浴室数量	建筑面积
2 950	4	4	1 453
2 400	4	2	1 476
⋮	⋮	⋮	⋮
744	2	1	930

a. 估计使用租金作为因变量的线性回归模型。估计使用租金的对数作为因变量的指数回归模型。

b. 用线性回归模型和指数回归模型计算一栋面积为 1 500 平方英尺、有 3 间卧室和 2 间浴室的房屋的预计租金（忽略显著性检验）。

c. 使用 R^2 选择合适的预测模型。

34. 文件：Savings_Rate。下表显示了 2007 年 1 月至 2010 年 11 月美国个人储蓄率（Savings，%）和个人可支配收入（Income，十亿美元）的部分月度数据。

日期	储蓄率	可支配收入
2007 年 1 月	2.2	10 198.2
2007 年 2 月	2.3	10 252.9
⋮	⋮	⋮
2010 年 11 月	5.5	11 511.9

a. 估计线性回归模型 $\mathrm{Savings}=\beta_0+\beta_1\mathrm{Income}+\varepsilon$ 和对数-对数回归模型 $\ln(\mathrm{Savings})=\beta_0+\beta_1\ln(\mathrm{Income})+\varepsilon$。对于每个模型，如果收入＝10 500 美元，请预测储蓄率。

b. 哪个模型更优？请说明理由。

35. 文件：Learning_Curve。学习曲线在生产操作中被用来估计随着操作员经验丰富程度的提高，他完成重复任务所需花费的时间。假设一名生产经理观察特定操作员的前 100 个生产单位的学习过程，并记录了 30 个时间值（分钟）。部分数据见下表。

单位耗用时间	单位数量
18.30	3
17.50	5
⋮	⋮
5.60	100

a. 创建一个单位耗用时间相对于单位数量的散点图。叠加线性趋势线和对数趋势线，直观确定最佳拟合模型。

b. 使用单位数量作为自变量，估计简单线性回归模型和对数回归模型以预测单位耗用时间。

c. 基于 R^2，使用最佳拟合模型预测操作员建造 50 单位产品所需的时间。

36. 文件：Happiness。人们曾无数次尝试去理解幸福。因为没有一种特殊的方法来量化它，所以研究人员通常依靠调查来获得对幸福感的主观评估。一项研究发现，在保持其他一切不变的情况下，人们在 40 多岁时似乎最不快乐（《今日心理学》，2018 年 4 月 27 日）。另一项研究表明，金钱确实能买到幸福，但随着年收入超过 75 000 美元，它的作用会减弱（《金钱杂志》，2018 年 2 月 14 日）。考虑一份包括 100 名成年劳动者自评的 0～100 分的幸福指数，以及他们的年龄和年收入的调查数据。部分数据见下表。

幸福指数	年龄	收入
69	49	52 000
83	47	123 000
⋮	⋮	⋮
79	31	105 000

a. 根据年龄、年龄的平方和收入的对数来估计和解释幸福指数的回归模型。

b. 预测收入为 8 万美元，年龄为 30 岁、45 岁和 60 岁的劳动者的幸福指数。

c. 预测年龄为 60 岁，收入为 25 000 美元、75 000 美元和 125 000 美元的劳动者的幸福指数。

37. 文件：Production_Function。经济学家经常研究生产函数的投入和产出之间的关系。这种关系的一种常见建模方式被称为柯布-道格拉斯生产函数。这个函数可以表示为 $\ln(Q) = \beta_1 \ln(L) + \beta_2 \ln(K) + \varepsilon$，其中 Q 代表产出，L 代表劳动力，K 代表资本。下表列出了 2004 年美国农业的部分数据。

州	产出	劳动力	资本
AL	3.197 3	2.768 2	3.131 5
AR	7.700 6	4.927 8	4.796 1
⋮	⋮	⋮	⋮
WY	1.299 3	1.652 5	1.520 6

a. 估计 $\ln(Q) = \beta_0 + \beta_1 \ln(L) + \beta_2 \ln(K) + \varepsilon$。如果劳动力增加 1%，资本保持不变，产出的预期变化是多少？

b. 在资本保持不变的情况下，我们能否在 5% 的显著性水平下得出结论：劳动力增加 1% 会使产出增加 0.5% 以上？

38. 文件：Smoking。一位营养师想了解收入和健康食品对吸烟率的影响。他收集了美国各州吸烟者的比例、该州经常吃水果和蔬菜的人口比例以及该州的收入中位数（美元）等数据。部分数据见下表。

州	吸烟率	水果/蔬菜	收入中位数
AK	14.6	23.3	61 604
AL	16.4	20.3	39 980
⋮	⋮	⋮	⋮
WY	15.2	23.3	52 470

a. 估计 $\text{Smoke} = \beta_0 + \beta_1 \text{Fruits/Vegetables} + \beta_2 \text{Income} + \varepsilon$。

b. 将此模型与收入变量对数转换后的模型进行比较。

7.3　线性概率模型和逻辑回归模型

到目前为止，我们已经学习分析了使用虚拟（二元）变量作为自变量的回归模型。在本节中，我们分析二元选择（分类）模型（binary choice (classification) models），该模型的因变量是二元变量。在消费者选择理论中充斥着各种应用场景，比如是否要买房、是否加入健身俱乐部或是否读研。在公司层面，经理们会做出各种决策，比如是否开展营销活动、是否进行债务重组或是否批准贷款。在所有这些应用中，因变量都是二元的，其中一个选项可以指定为 1，另一个可以指定为 0。通常，这种选择可能与许多因素——自变量有关。例如，一个家庭是否买房取决于家庭收入、抵押贷款利率等自变量。

线性概率模型

考虑一个简单的线性回归模型 $y=\beta_0+\beta_1x+\varepsilon$，其中 y 是二元变量，我们可以很容易地将该模型扩展到包含多个自变量的模型。这种因变量为二元变量的线性回归模型称作**线性概率模型**（linear probability model，LPM）

> **线性概率模型**
>
> 线性概率模型表示为 $y=\beta_0+\beta_1x+\varepsilon$，其中 y 假设为 1 或 0。这个模型通过 $\hat{y}=b_0+b_1x$ 进行预测，其中 b_0 和 b_1 是总体参数 β_0 和 β_1 的估计，$\hat{y}=\hat{p}$ 表示预测的成功概率。

例 7.9

最终导致大萧条的 2006 年次贷危机迫使金融机构在发放抵押贷款时变得格外严格。现有 30 份最近的抵押贷款申请，用以分析抵押贷款批准概率。如果抵押贷款获得批准，那么因变量 y 等于 1，否则为 0。很多人相信，贷款是否获得批准取决于首付款比例 x_1 和收入贷款比率 x_2。表 7.16 显示了部分数据（文件：Mortgage）。

表 7.16　抵押申请数据

y	x_1	x_2
1	16.35	49.94
1	34.43	56.16
⋮	⋮	⋮
0	17.85	26.86

a. 估计并解释线性概率模型：$y=\beta_0+\beta_1x_1+\beta_2x_2+\varepsilon$。

b. 预测首付款比例 20%、收入贷款比率 30% 的申请人的贷款批准概率。如果首付款比例是 30% 呢？

解答：

a. 表 7.17 显示了部分回归结果。估计的回归方程为 $\hat{p}=\hat{y}=-0.868\,2+0.018\,8x_1+0.025\,8x_2$。两个自变量对贷款批准概率均产生正向显著影响，显著性水平为 5%，p 值分别为 0.012 和 0.000。此外，保持收入贷款比率不变，$b_1=0.018\,8$ 意味着首付款比例增加 1 个百分点会使贷款批准概率增加 0.018 8，即增加 1.88%。同样，在首付款比例不变的情况下，收入贷款比率增加 1 个百分点会使贷款批准概率增加 0.025 8，即增加 2.58%。

表 7.17　例 7.9 的线性概率模型结果

	系数	标准差	t 统计量	p 值
截距	−0.868 2	0.281 1	−3.089	0.005
x_1	0.018 8	0.007 0	2.695	0.012
x_2	0.025 8	0.006 3	4.107	0.000

b. 对于首付款比例 20% 且收入贷款比率 30% 的申请人，预测贷款批准概率为 $\hat{p}=-0.868\,2+0.018\,8\times20+0.025\,8\times30=0.281\,8$。同样，对于首付款比例 30% 的申请人，预测贷款批准概率为

$\hat{p} = -0.868\ 2 + 0.018\ 8 \times 30 + 0.025\ 8 \times 30 = 0.469\ 8$。换句话说，随着首付款比例增加 10 个百分点，贷款批准的预测概率增加 0.188 0（0.469 8 $-$ 0.281 8），这基本上是估计斜率 0.018 8 乘以 10。收入贷款比率变量的估计斜率系数可以类似地进行预测。

虽然线性概率模型很容易估计和解释，但它也有一些缺点。主要是它可以产生大于 1 或小于 0 的预测概率。例如，对于 60% 的首付款比例，在相同的收入贷款比率为 30% 的情况下，我们得到的预测贷款批准概率为 $\hat{p} = -0.868\ 2 + 0.018\ 8 \times 60 + 0.025\ 8 \times 30 = 1.033\ 8$，概率大于 1。同样，对于 5% 的首付款比例，模型预测为负概率，$\hat{p} = -0.868\ 2 + 0.018\ 8 \times 5 + 0.025\ 8 \times 30 = -0.000\ 2$。此外，该模型的线性关系也可能存疑。例如，如果申请人支付 30% 而不是 20% 的首付款，我们预计贷款批准的可能性会大大增加。如果首付款比例从 60% 增加到 70%，同样增加 10 个百分点，这种可能性增加的幅度可能会小得多。线性概率模型无法区分这两种情况。由于这些原因，我们引入了逻辑回归模型，这是一个更适合二元因变量的概率模型。

逻辑回归模型

回想一下，在一个估计的线性概率模型中 $\hat{p} = \hat{y} = b_0 + b_1 x$，$x$ 对 $\hat{p}$ 的影响由估计的斜率 b_1 获得，这是恒定的。此外，对于任何给定的斜率，我们可以找到某个 x 值的预测概率在 $[0, 1]$ 区间之外。为了进行有意义的分析，我们想要一个非线性规范，将预测概率限制在 0 和 1 之间。

考虑以下逻辑规范：

$$\hat{p} = \frac{\exp(b_0 + b_1 x)}{1 + \exp(b_0 + b_1 x)}$$

式中，$\exp(b_0 + b_1 x) = e^{b_0 + b_1 x}$，$e \approx 2.718$。此逻辑规范确保了所有 x 值的估计概率在 0 和 1 之间。

逻辑回归模型不能用标准的普通最小二乘法来估计，而是采用**最大似然估计法**（maximum likelihood estimation，MLE）。虽然 Excel 不支持逻辑回归模型的最大似然估计，但可以很容易地用大多数统计软件包进行估计，包括 Analytic Solver 和 R 语言。鉴于逻辑回归模型在商业应用中的相关性，能够用估计的模型进行解释和预测非常重要。

逻辑回归模型

逻辑回归模型是一个非线性模型，可以用大多数统计软件包进行估计。该模型可以估计为：

$$\hat{p} = \frac{\exp(b_0 + b_1 x)}{1 + \exp(b_0 + b_1 x)}$$

式中，b_0 和 b_1 是总体参数 β_0 和 β_1 的估计值，$\hat{p}$ 是预测的成功概率。

假设 $b_1 > 0$，图 7.11 显示了线性概率模型和逻辑回归模型下的预测概率 $\hat{p}$ 和自变量 x 之间的关系。请注意，在线性概率模型中，较小的 x 值使概率低于 0，较大的 x 值使概率超过 1。然而，逻辑回归模型所隐含的概率总是被限制在 $[0, 1]$ 区间内。（为了便于说明，我们使用相同的符号来表示线性概率模型和逻辑回归模型中的系数。然而，我们注意到，这些系数及其估计值具有不同的含义，其取决于我们所参考的模型。）

能够解释逻辑回归模型的回归系数是很重要的。在线性概率模型中，回归系数的解释很简单。例如，如果估计的线性概率模型为 $\hat{p} = -0.20 + 0.03x$，这意味着 x 每增加 1 个单位，预测概率 $\hat{p}$ 增加 0.03。我们注意到，无论 x 是从 10 增加到 11 还是从 20 增加到 21，$\hat{p}$ 都会增加 0.03。

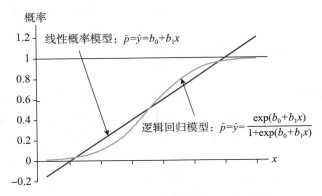

图 7.11 线性概率模型和逻辑回归模型的预测概率，$b_1 > 0$

现在考虑估计的逻辑回归模型 $\hat{p} = \dfrac{\exp(-2.10+0.18x)}{1+\exp(-2.10+0.18x)}$，因为回归系数 $b_1 = 0.18$ 为正，我们可以推断 x 对 $\hat{p}$ 有正向影响。然而，基于估计回归系数的确切影响并不明显。解释估计系数的一个方法是强调 x 对 $\hat{p}$ 的影响是变化的。例如，给定 $x=10$，我们计算预测概率为 $\hat{p}=\dfrac{\exp(-2.10+0.18\times10)}{1+\exp(-2.10+0.18\times10)}=0.4256$。同样，对于 $x=11$，预测概率为 $\hat{p}=0.4700$。因此，当 x 从 10 增加一个单位到 11 时，预测概率增加 0.0444。但是，如果 x 从 20 增加到 21，$\hat{p}$ 的增幅就不一样了。我们可以发现，当 $x=20$ 时，$\hat{p}$ 从 0.8176 增加到 $x=21$ 时的 0.8429，增加的幅度较小，为 0.0253。因此，当 x 相对较大时，它对预测概率的影响减小，这与图 7.11 中逻辑概率的描述是一致的。

例 7.10 -

让我们回顾一下例 7.9。

a. 根据申请人首付款比例 x_1 和收入贷款比率 x_2，估计并解释贷款批准概率 y 的逻辑回归模型。

b. 对于收入贷款比率为 30% 的申请人，预测首付款比例为 20% 和 30% 的贷款批准概率。

c. 将逻辑回归模型估计的预测概率与例 7.9 中用线性概率模型估计的预测概率进行比较。

解答：

a. 我们使用 R 语言产生表 7.18 所示的逻辑回归结果。（本节末尾提供了使用 Analytic Solver 和 R 语言估计逻辑回归模型的说明。）

表 7.18 例 7.10 的逻辑回归结果

	估计值	标准差	z 值	$P(>\lvert z \rvert)$
截距	-9.3671	3.1958	-2.931	0.003
x_1	0.1349	0.0640	2.107	0.035
x_2	0.1782	0.0646	2.758	0.006

与线性概率模型的情况一样，由于估计系数为正，且 p 值分别为 0.035 和 0.006，两个自变量均对贷款批准概率具有正向显著影响，显著性水平为 5%。（在最大似然估计中，显著性检验仅对大样本有效。因此，我们采用 z 检验来代替通常的 t 检验，以评估系数的统计显著性。）

b. 估计的概率方程计算如下：

$$\hat{p} = \frac{\exp(-9.367\,1 + 0.134\,9x_1 + 0.178\,2x_2)}{1 + \exp(-9.367\,1 + 0.134\,9x_1 + 0.178\,2x_2)}$$

当 $x_1 = 20$ 和 $x_2 = 30$ 时，预测贷款批准概率为：

$$\hat{p} = \frac{\exp(-9.367\,1 + 0.134\,9 \times 20 + 0.178\,2 \times 30)}{1 + \exp(-9.367\,1 + 0.134\,9 \times 20 + 0.178\,2 \times 30)} = 0.210\,3$$

类似地，$x_1 = 30$ 和 $x_2 = 30$ 的预测贷款批准概率为 0.506 5。值得注意的是，假设收入贷款比率为 30%，当首付款比例从 20% 增加到 30% 时，预测概率增加 0.296 2（0.506 5−0.210 3）。而在收入贷款比率相同时，当首付款比例从 50% 增加到 60% 时，预测概率仅增加 0.044 9（0.983 3−0.938 4）。

c. 表 7.19 提供了给定 $x_2 = 30$ 时不同 x_1 取值下的线性概率模型和逻辑回归模型的预测概率。

表 7.19　线性概率模型和逻辑回归模型的预测概率

x_1	x_2	线性概率模型	逻辑回归模型
5	30	−0.000 2	0.034 0
20	30	0.281 8	0.210 3
30	30	0.469 8	0.506 5
50	30	0.845 8	0.938 4
60	30	1.033 8	0.983 3

如前所述，对于线性概率模型，预测概率可以为负或大于 1。而对于自变量的所有可能值，逻辑回归模型的预测概率均保持在 0 和 1 之间。因此，在二元选择模型中，最好使用逻辑回归模型，而不是线性概率模型。

有时，分析师更喜欢用优势比来解释估计的逻辑回归模型。优势比是成功概率 $P(y=1)$ 与失败概率 $P(y=0)$ 之比，或简写为 $\hat{p}/(1-\hat{p})$。优势比指标在体育和赌博中特别受欢迎。

二元选择模型的准确性

目前，没有通用的拟合优度度量可以用来评估二元选择模型与数据的拟合程度。与线性回归模型的情况不同，我们不能基于估计的标准误差 s_e、决定系数 R^2 或调整后 R^2 来评估二元选择模型的性能。我们也不能使用残差分析，因为因变量只能取 0 和 1，只对应两个残差值：$y=0$ 时为 $-\hat{y}$，$y=1$ 时为 $1-\hat{y}$。

评估线性概率模型和逻辑回归模型性能的常用方法为根据正确分类观测值的百分比定义的准确率。使用 0.5 的默认截止值，我们将因变量 y 的二元值与二元预测值进行比较，当 $\hat{y} \geq 0.5$ 时，二元预测值等于 1，当 $\hat{y} < 0.5$ 时，二元预测值等于 0（$\hat{y}$ 是估计概率）。准确率的计算方法是正确预测的数量除以总体样本数量。

二元选择模型的准确率

使用默认的 0.5 截止值，对于 $\hat{y} \geq 0.5$，二元预测值计算为 1，对于 $\hat{y} < 0.5$，计算为 0。然后将这些值与 y 值进行比较，得出模型的准确率如下：

$$\frac{正确预测的数量}{总样本数量} \times 100\%$$

尽管准确率测量是有用的，但有时会产生误导。在有许多 1 和几个 0，或者许多 0 和几个 1 的应用中，即使模型对不太可能的结果预测不佳，正确分类的观测值百分比也可能很高。例如，在欺诈检测的情况下，我们主要感兴趣的是识别欺诈案件，而欺诈案件的数量通常只占案件总数非常小的百分比（不到1%）。一个能准确识别所有非欺诈案件但遗漏了大多数欺诈案件的欺诈检测模型尽管具有极高的准确率（＞99%），却并不有用。因此，最好分别报告二元因变量两种结果正确分类观测值的百分比，这被称为敏感性和特异性测量。

请注意，性能指标的相关性，包括准确性、敏感性和特异性，取决于它们相关的错误指定成本。尽管截止值默认为0.50，但分析师可以选择更高或更低的截止值来改进特定的效果衡量标准。第8章将更为详细地阐述性能指标和截止值。

例 7.11

对于抵押贷款批准概率的例子，比较估计的线性概率模型（LPM）和估计的逻辑回归模型LRM 的准确率。

解答：

为了计算准确率，我们首先基于自变量样本值找到预测的批准概率。对于第一个样本观测值，我们发现预测的批准概率为：

$$\hat{y} = -0.868\ 2 + 0.018\ 8 \times 16.35 + 0.025\ 8 \times 49.94 = 0.727\ 6\ (\text{LPM})$$

$$\hat{y} = \frac{\exp(-9.367\ 1 + 0.134\ 9 \times 16.35 + 0.178\ 2 \times 49.94)}{1 + \exp(-9.367\ 1 + 0.134\ 9 \times 16.35 + 0.178\ 2 \times 49.94)} = 0.850\ 4\ (\text{LRM})$$

因为两个模型的预测值都大于0.5，所以它们对应的二元预测值是1。对其他样本观测值的预测也采用类似的计算方法，这些预测的一部分见表7.20。

表 7.20 计算二元选择模型的准确率

y	x_1	x_2	预测值		二元预测值	
			LPM	LRM	LPM	LRM
1	16.35	49.94	0.727 6	0.850 4	1	1
1	34.43	56.16	1.228 0	0.995 0	1	1
...	...	...	...	...	...	...
0	17.85	26.86	0.160 4	0.102 2	0	0

我们发现，在30个观测值中，二元预测值分别与案例中线性概率模型下第25个 y 值和逻辑回归模型下第26个 y 值相匹配。因此，线性概率模型的准确率为83.33%，逻辑回归模型的准确率为86.67%。我们推断逻辑回归模型比线性概率模型提供了更好的预测。

使用 Analytic Solver 和 R 语言估计逻辑回归模型

Analytic Solver 和 R 语言可以用于估计逻辑回归模型和计算相应的准确率；我们使用抵押贷款的数据来重复例7.10和例7.11的结果。

□ 使用 Analytic Solver

在遵循 Analytic Solver 的指引之前，请确保已经阅读附录 B（Excel 和 Excel 加载项入门）。

A. 打开 Mortgage 数据文件。

B. 从菜单中选择"数据挖掘"（Data Mining）→"分类"（Classify）→"逻辑回归"（Logistic Regression）。

C. 如图 7.12 所示，单击"数据范围"（Data Range）旁边的 图标，突出显示单元格 A1：C31。确保勾选了"第一行包含标题"（First Row Contains Headers）。"输入变量数据"（Variables in Input Data）框将被填充。选择变量 x_1 和 x_2 并将其移动到"选定变量"（Selected Variables）框，将因变量 y 移动到"输出变量"（Output Variable）框。接受其他默认值，然后单击"下一步"（Next）。

图 7.12　逻辑回归对话框

资料来源：Microsoft Excel.

D. 检查"回归：显示"（Regression：Display）下的"方差 - 协方差矩阵"（Variance-Covariance Matrix），这用于计算显著性检验的标准误差。单击"下一步"（Next）并接受默认值。单击"完成"（Finish）。

E. Analytic Solver 将在单独的工作表中生成大量输出。图 7.13 的顶部显示了 LogReg_Output 工作表的相关部分。

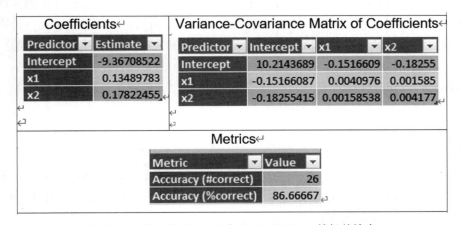

图 7.13　例 7.10 和 7.11 中 Analytic Solver 的相关输出

资料来源：Microsoft Excel.

注意，系数估计值与表 7.18 中计算的相同。为了找到标准误差，我们取方差-协方差矩阵对角元素的正平方根。例如 b_1 的标准误差 $= \sqrt{0.004\,097\,6} = 0.064\,0$，与表 7.18 相同。$z$ 值计算如下：

$$z = \frac{b_1}{s_e(b_1)} = \frac{0.134\,9}{0.064\,0} = 2.107。$$

F. 图 7.13 的底部显示了来自 LogReg_TrainingScore 工作表的输出。我们发现有 26 个观测值被正确分类，即占 86.666 67%。同样，这些结果与我们在例 7.11 中得出的结果相同。

□ **使用 R 语言**

A. 将 Mortgage 数据导入数据框（表）中，并将其标记为 myData。

B. 我们使用 glm 函数来构造逻辑回归模型对象，glm 函数是 lm 函数的广义版本，我们将构造的这个对象标记为 Logistic_Model。在函数中，我们首先将 y 指定为 x_1 和 x_2 的函数，然后使用 family 选项来表示模型的类型。最后，我们指定数据框。和 lm 函数一样，我们在输入命令后不会看到任何即时输出。我们使用 summary 函数来获得输出。输入：

```
> Logistic_Model <- glm(y~x1 + x2, family = binomial(link = logit), data = myData)
> summary(Logistic_Model)
```

图 7.14 显示了 R 语言下的回归输出。注意，估计的逻辑回归模型结果与表 7.18 中的结果相同。

Coefficients:				
	Estimate	Std. Error	z value	Pr(>|z|)
(Intercept)	−9.36709	3.19580	−2.931	0.00338 **
x1	0.13490	0.06401	2.107	0.03508 *
x2	0.17822	0.06463	2.758	0.00582 **
——				
Signif. codes:	0 '***'	0.001 '**'	0.01 '*'	0.05 '.' 0.1 ' ' 1

图 7.14　R 语言下例 7.11 的相关输出

C. 我们使用 predict 函数来计算给定样本值的预测概率，标记为 Pred。输入：

```
> Pred <- predict(Logistic_Model, type = "response")
```

D. 我们使用 round 函数来构造二元预测值，标记为 Binary。如果预测概率为 0.50 或更大，则其对应的二元值为 1；如果预测概率小于 0.50，则它对应的二元值为 0。输入：

```
> Binary <- round(Pred)
```

E. y 和 Binary 现在都包含 0 和 1。我们想找出样本中 y 等于 Binary 的值的比例。回想一下第 2 章，双等号（==）用于比较 y 和 Binary 的值。如果两个值相同，运算符返回 1，否则返回 0。我们使用 mean 函数计算正确分类观测值的比例，然后乘以 100% 得到一个百分比。输入：

```
> 100 * mean(myData $ y = = Binary)
R returns:[1]86.66667.
```

练习 7.3

理论

39. 考虑一个二元因变量 y 和一个在 0～4 之间变化的自变量 x。线性概率模型估计为 $\hat{y} = -1.11 + 0.54x$。

a. 计算 $x = 2$ 和 $x = 3$ 时的估计概率。

b. 对于 x 的哪些值，估计概率为负或大于 1？

40. 考虑一个二元因变量 y 和一个自变量 x。

下表包含线性概率模型和逻辑回归模型的参数估计，相关的 p 值显示在括号中。

变量	线性概率模型	逻辑回归模型
截距	-0.72 (0.04)	-6.20 (0.04)
x	0.05 (0.06)	0.26 (0.02)

a. 测试两个模型的截距和斜率系数在 5% 水平下的显著性。

b. 当 $x=20$ 和 $x=30$ 时，线性概率模型的预测概率是多少？

c. 当 $x=20$ 和 $x=30$ 时，逻辑回归模型的预测概率是多少？

41. 考虑一个二元因变量 y 和两个自变量 x_1 和 x_2。下表包含线性概率模型和逻辑回归模型的参数估计，相关的 p 值显示在括号中。

变量	线性概率模型	逻辑回归模型
截距	-0.40 (0.03)	-2.20 (0.01)
x_1	0.32 (0.04)	0.98 (0.06)
x_2	-0.04 (0.01)	0.20 (0.01)

a. 讨论变量的显著性。

b. 当 $x_1=4$，$x_2=10$ 或 20 时，线性概率模型的预测概率是多少？

c. 当 $x_1=4$，$x_2=10$ 或 20 时，逻辑回归模型的预测概率是多少？

42. 使用 30 个观测值，在估计逻辑回归模型时获得以下输出。

	估计值	标准差	z 值	$P(>|z|)$
截距	-0.188	0.083	2.27	0.024
x	3.852	1.771	2.18	0.030

a. $x=0.40$ 时的预测概率是多少？

b. x 在 5% 的水平下显著吗？

43. 文件：Exercise_7.43。附带的数据文件包含对二元因变量 y 以及自变量 x_1 和 x_2 的 20 个观测值。

a. 估计线性概率模型。当 $x_1=12$，$x_2=8$ 时，y 的估计值是多少？

b. 估计逻辑回归模型。当 $x_1=12$，$x_2=8$ 时，y 的估计值是多少？

44. 文件：Exercise_7.44。附带的数据文件包含对二元因变量 y 以及自变量 x_1 和 x_2 的 20 个观测值。

a. 估计和解释线性概率模型和逻辑回归模型。

b. 计算两个模型的准确率。

c. 使用拟合更优的模型，计算当 $x_1=60$ 和 $x_2=18$ 时 y 的估计值。

应用

45. 文件：Purchase。零售分析师 Annabel 一直在跟踪紧身衣市场的先驱安德玛公司。在温暖和凉爽的天气进行体育活动时，紧身衣可以让湿气远离穿着者的身体。Annabel 认为，安德玛品牌吸引的是更年轻的顾客，而更老牌的公司耐克和阿迪达斯吸引的是年龄更大的顾客。为了检验她的想法，她收集了顾客年龄数据，并询问他们是否购买了安德玛（1 表示购买，0 表示不购买）。部分数据见下表。

购买	年龄
1	30
0	19
⋮	⋮
1	24

a. 以是否购买安德玛作为因变量，年龄作为自变量，估计线性概率模型。

b. 计算 20 岁和 30 岁顾客购买安德玛的预测概率。

c. 检验 Annabel 的想法，即安德玛品牌在 5% 的显著性水平下更吸引年轻顾客。

46. 文件：Purchase。参考练习 45 中有关数据集的描述。估计逻辑回归模型，其中是否购买安德玛取决于顾客年龄。

a. 计算 20 岁和 30 岁顾客购买安德玛的预测概率。

b. 检验 Annabel 的想法，即安德玛品牌在 5% 的显著性水平下更吸引年轻顾客。

47. 文件：Parole。越来越多的假释委员会试图使用风险评估工具确定犯人重新犯罪的可能性（《监狱法律新闻》，2016 年 2 月 2 日）。这些模型大多基于一系列的性格特征和个人传记事实。许多研究发现，老年人比年轻人不容易再次犯罪。此外，一旦假释，女性不太可能再次犯罪。一位社会学家收集了 20 名两年前被假释的犯人数据：假释犯是否在过去两年里犯了另一项罪行（Crime）（犯罪等于 1，否则等于 0）、释放时假释犯的年龄（Age）和假释犯的性别（Male）（男性等于 1，否则等于 0）。下表显示了部分数据。

犯罪	年龄	性别
1	25	1
0	42	1
⋮	⋮	⋮
0	30	1

a. 估计线性概率模型，其中是否再次犯罪取决于年龄和假释犯的性别。

b. 这些结果是否与其他关于年龄和假释犯性别的研究一致？

c. 预测 25 岁男性假释犯再次犯罪的概率，另外，对一名 25 岁的女性假释犯重复这个预测。

48. 文件：Parole。参考练习 47 中有关数据集的描述。

a. 估计逻辑回归模型，其中是否再次犯罪取决于年龄和假释犯的性别。

b. 这些结果是否与其他关于年龄和假释犯性别的研究一致？

c. 预测 25 岁男性假释犯再次犯罪的概率，另外，对一名 25 岁的女性假释犯重复这个预测。

49. 文件：Health_Insurance。根据 2017 年的人口普查数据，超过 90% 的美国人有医疗保险（美国消费者新闻与商业频道，2018 年 5 月 22 日）。然而，尚有更高比例处于较低经济水平的美国人仍然没有医疗保险。参考下表中与佐治亚州亚特兰大市 30 名工作人员的承保情况相关的部分数据（Insurance）（1 代表承保，0 代表未承保）。该表还包括雇主支付的保险费百分比与个人收入（千美元）。

承保情况	保险费百分比	收入
1	0	88
0	0	60
⋮	⋮	⋮
0	60	60

a. 以保险费百分比和收入作为自变量，分析承保情况的线性概率模型。

b. 考虑一个收入为 60 000 美元的人。如果她的雇主缴纳 50% 的保险费，那么她有保险的可能性有多大？如果她的雇主缴纳 75% 的保险费呢？

50. 文件：Health_Insurance。请参考练习 49 中有关数据集的描述。估计逻辑回归模型，其中是否承保取决于雇主支付的保险费百分比和收入。考虑一个收入为 60 000 美元的人，如果她的雇主缴纳 50% 的保险费，那么她有保险的可能性有多大？如果她的雇主缴纳 75% 的保险费呢？

51. 文件：Assembly。由于装配线工作较为烦琐和重复，因此它可能并不适合每个人。因此，生产经理正在开发一个二元选择模型来预测新雇用的员工是否会在工作岗位上至少待一年（Stay）（如果新雇用的员工至少待一年，则取值为 1，否则为 0）。他将使用 3 个自变量：（1）年龄（Age）；（2）虚拟变量性别（Female），如果新员工是女性，则等于 1，否则等于 0；（3）虚拟变量装配（Assembly，如果新员工以前在装配线上工作过，则取值为 1，否则等于 0）。下表显示了 32 名装配线工人的部分数据。

工作	年龄	性别	装配
0	35	1	0
0	26	1	0
⋮	⋮	⋮	⋮
1	30	0	1

a. 估计和解释线性概率模型和逻辑回归模型，其中一年后是否还在工作取决于年龄、性别和是否有装配工作经验。

b. 计算两个模型的准确率。

c. 用拟合优度模型预测一个以前没有在装配线上工作过的 45 岁女性一年后仍然在职的概率。如果她以前在装配线上工作过呢？

52. 文件：CFA。特许金融分析师（CFA）证书是金融行业的专业资格证。雇主鼓励他们未来的员工参加 CFA 考试。固石投资的人力资源经理 Daniella Campos 正在审核 10 份工作申请。鉴于 CFA 一级考试的通过率很低，Daniella 想知道这 10 名员工未来能否通过。从历史上看，有工作经验和良好大学平均成绩的人通过率更高。凭借这种认知，她汇总了去年参加 CFA 一级考试的 263 名现任员工的信息，包括员工的考试成绩（1 表示通过考试，0 表示未通过考试）、员工的大学平均学分绩点（GPA）以及工作年数。部分数据见下表。

通过考试	平均学分绩点	工作年数
1	3.75	18
0	2.62	17
⋮	⋮	⋮
0	2.54	4

a. 估计线性概率模型，预测大学 GPA 为 3.80 且有 5 年经验的考生通过 CFA 一级考试的概率。

b. 估计逻辑回归模型，预测大学 GPA 为 3.80 且有 5 年经验的考生通过 CFA 一级考试的概率。

53. 文件：Admit。不像小型的私立大学那样密切关注个人陈述、老师推荐信等，大型公立大学系统主要依靠学生的平均学分绩点（GPA）和 SAT 或 ACT 的分数来做出录取决定。现有 120 名申请人的大学录取数据（如果被录取等于 1，否则等于 0）以及学生的 GPA 和 SAT 成绩。部分数据见下表。

录取数据	GPA	SAT
1	3.10	1 550
0	2.70	1 360
⋮	⋮	⋮

续表

录取数据	GPA	SAT
1	4.40	1 320

a. 估计和解释适当的线性概率模型和逻辑回归模型。

b. 计算两个模型的准确率。

c. 使用更优的模型预测一名 GPA＝3.0，SAT＝1 400 的学生被录取的概率。如果 GPA＝4.0 呢？

54. 文件：Divorce。离婚行为在美国社会已经越来越普遍。根据 2019 年盖洛普民意调查，77％的美国成年人认为离婚在道德上是可以接受的，这一比例自 2001 年以来增长了 17 个百分点（盖洛普，2019 年 5 月 29 日）。不太有宗教信仰的年轻人对离婚的接受度更高。一位社会学家在美国中西部的一个小镇上进行了一项调查，在调查中，200 名美国成年人被问及他们对离婚的看法（道德上可以接受的等于 1，否则等于 0）、宗教信仰（非常虔诚的宗教信徒等于 1，否则等于 0），以及他们的年龄。部分数据见下表。

离婚接受度	年龄	宗教信仰
1	78	0
1	20	0
⋮	⋮	⋮
1	22	0

a. 估计和解释适当的线性概率模型和逻辑回归模型。

b. 计算两个模型的准确率。

c. 使用更优的模型来预测一个 40 岁、有非常虔诚的宗教信仰的成年人在道德上接受离婚的概率。如果该成年人不太有宗教信仰，那么概率是多少？

55. 文件：STEM。一些研究报告称，女性和少数族裔学生在科学、技术、工程和数学（STEM）职业中的参与率较低。一名高中辅导员调查了 240 名即将上大学的学生，收集学生是否申请了 STEM 相关专业（如果申请了 STEM 相关专业则为 1，否则为 0）、学生是否为女性（如果为女性则为 1，否则为 0），是否为白人

（如果是白人则为 1，否则为 0），以及是否为亚裔（如果是亚裔则为 1，否则为 0）的信息。调查内容还包括学生的高中平均学分绩点（GPA）和 SAT 成绩。部分数据见下表。

STEM	GPA	SAT	白人	女性	亚裔
0	3.7	1 420	0	0	1
0	4.4	1 240	0	1	1
⋮	⋮	⋮	⋮	⋮	⋮
0	3.8	1 390	0	1	0

a. 使用 STEM 作为因变量，GPA、SAT、白人、女性和亚裔作为自变量，估计和解释逻辑回归模型。

b. 一个 GPA＝3.4，SAT＝1 400 的白人男性申请 STEM 相关专业的概率是多少？其他条件相同时，一个亚裔男性和一个既不是白人也不是亚裔的男性对应的申请概率分别是多少？

c. 一个 GPA＝3.4，SAT＝1 400 的白人女性申请 STEM 相关专业的概率是多少？其他条件相同时，一个亚裔女性和一个既不是白人也不是亚裔的女性对应的申请概率分别是多少？

7.4　交叉验证方法

在 6.2 节中，我们讨论了拟合优度度量（估计的标准误差 s_e、决定系数 R^2 和调整后 R^2），它总结了样本回归方程与线性回归模型中数据的拟合程度。同样，在 7.3 节中，我们根据二元选择模型的准确率来评估它们的性能。所有这些方法都有助于我们评估用于构建模型的样本数据的可预测性。但这些方法并不能帮助我们衡量一个估计模型在样本之外的预测效果。

一个模型有可能在用于估计的数据集上表现得非常好，但是一旦使用了新的数据集，它的表现可能就会很糟糕。回想一下，在线性回归模型中，我们可以很容易地通过加入一大堆自变量来提高拟合度，正如 R^2 所测量的那样，其中一些变量可能没有经济上的合理性。我们通常称这种建模为**过度拟合**（overfitting）。当一个估计模型开始描述数据的特性而不是变量之间的真实关系时，就会出现过度拟合。过度拟合下的模型预测能力会受到损害，因为模型与给定数据过于一致。过度拟合的模型将无法在一个有自己特性的新样本中描述这种相关关系。尽管调整后 R^2 对额外的自变量施加了惩罚，但该方法仍然在估计和评估时使用了相同的数据。

过度拟合

当回归模型变得过于复杂以适应给定样本数据的特性时，就会发生过度拟合。模型与样本数据的一致性过高，会导致模型的预测能力受到损害。

评估模型预测能力的一个有用方法是在未用于估计的数据集上进行测试。**交叉验证**（cross-validation）是一种评估预测模型的技术，它将原始样本划分为构建（训练）模型的训练集和评估（验证）模型的验证集。尽管可以单独评估训练集的性能，但这样做可能会导致过于乐观的估计，因为在评估时使用了与构建模型时相同的数据。而验证集则通过将模型暴露给样本之外的数据，提供了独立的性能评估。有时，数据被划分成可选的第三组，即测试数据集，第 8、9 和 10 章将对此做进一步阐述。

交叉验证

交叉验证是一种技术，其中样本被划分为训练和验证集，训练集用于估计模型，验证集用于评估所估计的模型对未知数据的预测效果。

在本节中，我们将研究两种交叉验证方法：**留出法**（holdout method）和 **K 折交叉验证方法**（k-fold cross-validation method）。对于这两种方法，通常使用验证集的均方根误差（RMSE）来评估线性回归模型，其中 $\text{RMSE} = \sqrt{\dfrac{\sum (y - \hat{y})^2}{n^*}}$，$n^*$ 是验证集中的观测值数量。回想一下 RMSE 是均方误差的平方根。除了 RMSE，其他重要的性能测量方法包括平均绝对偏差（MAD）和平均绝对百分比误差（MAPE），这些方法将在第 8 章中讨论。为了评估二元选择模型，我们使用验证集中正确分类规测值的百分比来计算准确率，其他测度性能指标的方法将在第 8 章中讨论。

注意，与验证集相比，训练集中的可预测性可能更高，因为模型是从训练集中构建的。换句话说，与验证集相比，训练集中的 RMSE 将更低，并且准确率将更高。一般而言，训练集和验证集的 RMSE（或准确率）之间的较大差异表明存在前面讨论的过度拟合问题；该模型非常适合训练数据集，但不能推广到样本之外的数据集。

■ 留出法

最简单的交叉验证方法是留出法。样本数据集被划分为两个独立且互斥的数据集——训练集和验证集。图 7.15 显示了将样本数据划分为两个不同的集合的过程。对于应该如何划分样本数据没有规则限制。在理想情况下，我们应该在划分数据时进行随机抽取。为了便于说明，我们将使用前 75% 的观测值作为训练集，其余 25% 的观测值作为验证集。在 Analytic Solver 和 R 语言中很容易进行随机抽取，以便对数据进行分区。

训练集　　　验证集

图 7.15　为留出法划分样本

留出法的实现过程如下：

A. 将样本数据分为两部分，分别标注为训练集和验证集。

B. 使用训练集估计模型。

C. 使用来自训练集的估计模型预测验证集中的因变量。

D. 计算每个模型的 RMSE（或准确率）。更优的模型将具有最小的 RMSE（或最高的准确率）。

在理想情况下，我们希望在训练集中具有最佳性能的模型在验证集中也具有最佳性能。例如，我们希望在验证集中具有最高调整后 R^2 的线性回归模型也具有最低 RMSE。如前所述，若两者之间有结果冲突，则表明有过度拟合的迹象。如果数据分析专业人员在训练集和验证集中分别有足够数量的观测值用于有效的估计和评估，则他们通常依赖交叉验证来选择模型。在选择最佳模型之后，我们通常用整个数据集重新估计该模型以进行预测。

例 7.12

引入案例的目标是分析项目经理薪酬中的性别差距。考虑两个模型来分析项目经理的薪酬。模型 1 使用 Size、Experience、Female 和 Grad 作为自变量，而模型 2 还包括 Female 与 Experience、Female 与 Grad、Size 与 Experience 之间的交互项。使用留出法比较两个模型的预测性能，其中前 150 个观测值作为训练集，其余 50 个观测值作为验证集。

解答：

我们使用具有 150 个观测值的训练集来估计模型 1 和模型 2。估计数据见表 7.21。

表 7.21 模型的估计

变量	模型 1	模型 2
常数	7.445 3	56.107 7
Size	0.113 6	−0.118 5
Experience	4.225 0	1.089 1
Female	−23.290 9	7.377 1
Grad	15.611 6	15.264 0
Female×Experience	NA	−2.042 8
Female×Grad	NA	2.204 2
Size×Experience	NA	0.015 0
调整后 R^2	0.689 6	0.728 4

注：参数估计数，NA 表示不适用。

基于训练集，模型 2 更适用于预测，因为它具有比模型 1 更高的调整后 R^2（0.728 4＞0.689 6），但不能保证模型 2 在验证集中也有更好的预测性。我们使用估计模型来预测验证集中的因变量，并计算 $\text{RMSE} = \sqrt{\dfrac{\sum (y - \hat{y})^2}{n^*}}$，其中 $n^* = 50$，代表验证集中的样本数目。部分计算结果见表 7.22。

表 7.22 留出法分析

样本	y	$\hat{y}$（模型 1）	$\hat{y}$（模型 2）
151	117	113.291 3	105.810 6
152	125	121.325 7	126.115 3
⋮	⋮	⋮	⋮
200	117	110.668 5	110.404 5
RMSE		11.31	12.54

有趣的是，在训练集中表现较好的模型 2 在验证集中表现较差（12.54＞11.31）。根据结果，模型 1 更适用于预测。

例 7.13

在例 7.8 中，我们使用了样本内方法来比较两个模型，其中模型 1 使用 Rent 作为因变量，而模型 2 使用 ln(Rent) 作为因变量。回想一下，这两个分别记为模型 2 和模型 4，模型的自变量都包括卧室数量、浴室数量和建筑面积的对数。使用留出法比较这两个模型的预测性，其中前 30 个样本观测值作为训练集，其余 10 个样本观测值作为验证集（文件：AnnArbor）。

解答：

我们使用含有 30 个观测值的训练集来估计模型 1 和模型 2。估计数据见表 7.23。

表 7.23　模型的估计

变量	模型 1	模型 2
常数	−2 674.255 2	2.574 2
Beds	123.667 2	0.097 5
Baths	18.026 7	−0.002 5
ln(Sqft)	496.967 1	0.600 4
s_e	104.208 2	0.085 4

注：标准误差 s_e 用于模型 2 的预测。

我们使用估计的模型来预测验证集中的因变量，并计算两个模型各自的 $\text{RMSE} = \sqrt{\dfrac{\sum (y - \hat{y})^2}{n^*}}$，其中 $n^* = 10$，表示验证集中的样本数。部分计算结果见表 7.24。

表 7.24　留出法分析

样本	y	$\hat{y}$（模型 1）	$\hat{y}$（模型 2）
31	1 518	1 447.458 7	1 523.510 3
32	1 600	1 328.916 1	1 385.790 1
⋮	⋮	⋮	⋮
40	2 400	1 668.354 0	2 013.729 1
RMSE		362.52	422.25

因此，基于该交叉验证方法，模型 1 被认为是比模型 2 更好的预测模型（362.52＜422.25）。上述结果与例 7.8 中基于样本内方法的分析一致。

在例 7.14 中，我们使用留出法来评估二元选择模型。

例 7.14　--

Peter Derby 是一家私募股权公司的网络安全分析师。他所在公司的信箱已经被大量的垃圾邮件淹没了。Peter 被要求在公司的电子邮件服务器上运行垃圾邮件检测系统。他分析了 500 封垃圾邮件和合法电子邮件的样本，并计算了以下相关变量：垃圾邮件（Spam，如果是垃圾邮件则为 1，否则为 0）、收件人数量（Recipients）、超链接数量（Hyperlinks）以及邮件中的字符数（Characters）。部分数据见表 7.25（文件：Spam）。

表 7.25　垃圾邮件数据（$n = 500$）

样本	垃圾邮件	收件人数量	超链接数量	字符数
1	0	19	1	47
2	0	15	1	58
⋮	⋮	⋮	⋮	⋮
500	1	13	2	32

a. 使用留出法比较垃圾邮件的两个逻辑回归模型的准确率，将前 375 个样本观测值用于训练，将其余 125 个样本观测值用于验证。模型 1 使用 Recipients、Hyperlinks 和 Characters 作为自变量，

模型 2 剔除了模型 1 中不显著的自变量。

b. 如果收件人、超链接和字符数分别为 20、5 和 60，用拟合程度更高的模型重新估计垃圾邮件的概率。

解答：

a. 我们使用具有 375 个观测值的训练集来估计两个逻辑回归模型，估计情况见表 7.26。请注意，在模型 1 中，变量 Characters 在 5% 的水平下不显著，因此在模型 2 中被剔除。

表 7.26　垃圾邮件的估计数据 （$n = 500$）

变量	模型 1	模型 2
常数	−5.177 8* (0.000)	−5.804 5* (0.000)
Recipients	0.176 5* (0.000)	0.180 6* (0.000)
Hyperlinks	0.547 3* (0.000)	0.540 2* (0.000)
Characters	−0.010 4 (0.074)	NA

注：参数估计后的括号内为 p 值，NA 表示不适用，＊表示在 5% 的显著性水平下显著。

为了计算估计的逻辑回归模型的准确率，我们首先计算模型在验证集中的预测概率，部分计算结果见表 7.27。

表 7.27　留出法分析

样本	垃圾邮件	预测值		二元预测值	
		模型 1	模型 2	模型 1	模型 2
376	0	0.473 4	0.536 7	0	1
377	0	0.696 3	0.703 7	1	1
⋮	⋮	⋮	⋮	⋮	⋮
500	1	0.107 0	0.085 0	0	0

在将预测概率转换为二元预测值并与实际垃圾邮件数据进行比较的过程中，我们发现模型 1 和模型 2 的准确率分别为 68.00% 和 65.60%。基于这些比率，我们推断模型 1 优于模型 2（68.00%＞65.60%）。

b. 使用全部 500 个样本观测值重新估计模型 1，以预测收件人、超链接和字符数分别为 20、5 和 60 的垃圾邮件概率：

$$\widehat{\text{Spam}} = \frac{\exp(-3.824\ 3 + 0.107\ 5 \times 20 + 0.513\ 3 \times 5 - 0.014\ 1 \times 60)}{1 + \exp(-3.824\ 3 + 0.107\ 5 \times 20 + 0.513\ 3 \times 5 - 0.014\ 1 \times 60)} = 0.51$$

■ 使用 Analytic Solver 和 R 语言计算逻辑回归模型的留出法

使用 Analytic Solver 和 R 语言有助于划分数据、使用训练集估计模型以及进行必要的交叉验证。如前所述，我们通常通过随机抽取将样本数据划分为训练集和验证集。在这里，出于复制的目的，我们将继续使用样本数据的后半部分作为验证集。我们使用 Spam 数据复制例 7.14 中模型 1 的结果，模型 2 的结果可以类似地进行推导。

□ 使用 Analytic Solver

A. 打开 Spam 数据文件。在数据文件的 F 列中，创建一个名为 Flag 的变量，其中字母 T 表示前 375 个样本，字母 V 表示剩余 125 个样本，这里 T 和 V 分别指代训练集和验证集。

B. 从菜单中，选择"数据挖掘"（Data Mining）→"分区"（Partition）→"标准分区"（Standard Partition）。通过突出显示单元格 A1：F501 指定数据范围。选择变量 Spam、Recipients、Hyperlinks 和 Characters，并将其移动到"选定变量"框（Selected Variables）中。虽然有一个随机选取行的选项，但对于分区选项，我们选择"使用分区变量"（Use partition variable）。选择 Flag 并将其移动到"使用分区变量"（Use partition variable）框，请参见图 7.16 中相关部分的屏幕截图。单击"确定"（OK）。STDPartition 工作表中现在包含分区数据，其中训练集中有 375 个观测值，验证集中有 125 个观测值。

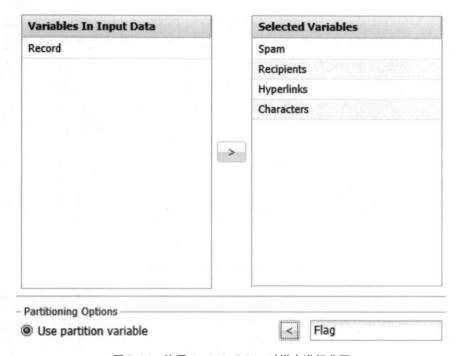

图 7.16　使用 Analytic Solver 对样本进行分区

资料来源：Microsoft Excel.

C. 确保 STDPartition 工作表处于活动状态，然后选择"数据挖掘"（Data Mining）→"分类"（Classify）→"逻辑回归"（Logistic Regression）。选择变量 Recipients、Hyperlinks 和 Characters，并将其移动到"选定变量"框（Selected Variables）中，将 Spam 变量移动到到"输出变量"框（Output Variable）。单击"完成"（Finish）。在 LogReg_ValidationScore 工作表中，你会发现精确度（%correct）等于 68%。这与例 7.14 中模型 1 的推导结果相同。

□ 使用 R 语言

A. 将 Spam 数据导入数据框（表），并将其标记为 myData。

B. 将样本划分为训练集和验证集，分别标记为 TData 和 VData。输入：

```
> TData <- myData[1:375,]
> VData <- myData[376:500,]
```

C. 使用训练集 TData 来估计模型 1。输入：

```
> Model1 <- glm(Spam ~ Recipients + Hyperlinks + Characters,
  family = binomial(link = logit),data = TData)
```

D. 使用估计值对 VData 进行预测，然后将其转换为二元预测值。最后，计算验证集中的准确率。输入：

```
> Pred1 <- predict(Model1,VData,type = "response")
> Binary1 <- round(Pred1)
> 100 * mean(VData $ Spam = = Binary1)
R returns:[1] 68
```

这与例 7.14 中模型 1 的推导结果相同。

■ K 折交叉验证方法

留出法的主要限制是实验仅执行一次，其中从训练集获得的估计用于验证集对因变量进行预测。因此，模型的选择将取决于数据的划分方式。一种对数据划分不太敏感的常用方法被称为 K 折交叉验证方法。在这里，原始样本被划分为 k 个子集，每次用 $(k-1)$ 个子集训练，剩下的一个做模型评估。换句话说，就是执行留出法 k 次。在图 7.17 中，我们展示了 $k=4$ 的实验。

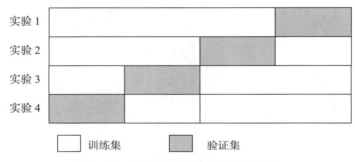

图 7.17 为 K 折交叉验证方法划分样本

如上所述，在每个实验中，一个子集用作验证集，其余的 $(k-1)$ 个子集放在一起形成一个训练集。评估方法的平均值用于选择拟合表现最佳的模型。k 越大，K 折交叉验证方法的可靠性越高，其计算成本也越高。当 k 等于样本量时，生成的方法也被称为**留一法**（leave-one-out cross-validation method），在该方法中，每次只使用一个观测值作为验证集。

> **留出法和 K 折交叉验证方法**
>
> 在留出法中，样本数据集被划分为两个独立且互斥的数据集：训练集和验证集。在 K 折交叉验证方法中，样本数据被划分为 k 个子集，将其中一个子集用作验证集，剩余的 $(k-1)$ 个子集放在一起形成一个训练集。通过对评估指标进行平均，K 折交叉验证方法对数据划分的敏感性低于留出法。

例 7.15 --

在例 7.12 中，我们使用留出法评估了用于分析项目经理薪酬的两个模型。模型 1 使用了 Size、Experience、Female 和 Grad 作为自变量。模型 2 扩展了模型，还包括 Female 与 Experience、Female 与 Grad、Size 与 Experience 的交互项。使用 K 折交叉验证方法比较两个模型的预测性，假设 $k=4$（文件：Gender_Gap）。

解答：

我们分别用 151～200、101～150、51～100 和 1～50 号观测值形成的验证集对这两个模型进行

四次评估。每次评估的训练集都包含用于估计回归模型的剩余观测值。在表 7.28 中，我们还提供了

两个模型的 RMSE 值，$RMSE = \sqrt{\dfrac{\sum(y-\hat{y})^2}{n^*}}$，其中 $n^* = 50$，表示验证集中的样本数。

表 7. 28　$k=4$ 的 K 折交叉验证方法的 RMSE

验证集中的观测值	模型 1	模型 2
151～200	11. 31	12. 54
101～150	12. 26	11. 88
51～100	13. 30	12. 09
1～50	13. 76	13. 46
平均 RMSE	12. 66	12. 49

在例 7.12 中，我们注意到模型 1 在验证集中表现更好，尽管在测试集中表现较差。通过 K 折交叉验证方法，我们观察到只有在验证集中使用 151～200 号观测值时，模型 1 的性能才更好。对于其他划分区域，模型 2 更好，平均 RMSE 更低（12.49＜12.66）。综上我们得出结论，模型 2 是一个更好的预测模型。只要条件允许，最好使用更可靠的 K 折交叉验证方法。

同样，我们可以使用 K 折交叉验证方法，通过比较模型的平均准确率来评估二元选择模型的预测性。

正如你可能已经注意到的那样，K 折交叉验证方法非常复杂。像 R 语言这样的软件包提供了几种自动化进行 K 折交叉验证的方法。在本章中，我们主要关注基于固定观测值的数据划分。例如，在例 7.15 中，我们根据数据在样本中的显示方式将数据分成四个相等的部分。软件包通常随机抽取观测值进行数据划分。因此，这些软件包的结果与我们通过固定数据划分获得的结果不完全相同。然而，在大多数情况下，这种决策不受所用方法的影响。在附录 7.1 中，我们介绍了 R 语言中流行的用于实施 K 折交叉验证方法的 Caret 包，我们将在第 9 章和第 10 章中进行回顾。

练习 7.4

理论

56. 文件：Exercise_7.56。随附的数据文件包含 40 个关于因变量 y 以及自变量 x 和 d 的观测值。考虑两个线性回归模型，其中模型 1 使用变量 x 和 d，模型 2 通过包括交互变量 xd 来扩展模型。使用留出法比较模型的预测能力，使用前 30 个观测值作为训练集，剩余 10 个观测值作为验证集。

57. 文件：Exercise_7.57。随附的数据文件包含 40 个因变量 y 以及对应的自变量 x_1 和 x_2 的观测值。使用留出法比较线性模型和指数模型的预测能力，使用前 30 个观测值作为训练集，剩余 10 个观测值作为验证集。

58. 文件：Exercise_7.58。随附的数据文件包含 40 个二元因变量 y 以及对应的自变量 x_1 和 x_2 的观测值。使用留出法比较线性概率模型和逻辑回归模型的准确率，使用前 30 个观测值作为训练集，剩余 10 个观测值作为验证集。

应用

59. 文件：Icecream。随附的数据文件包含 35 个观测值，包括冰激凌卡车司机的每日收入（Income，美元）、在路上的小时数（Hours）、

是不是特别炎热的一天（Hot，如果温度高于85华氏度，则为1，否则为0），以及是不是假日（Holiday，如果是假日则等于1，否则为0）。考虑两个模型，模型1基于变量Hours、Hot和Holiday预测收入，模型2还包括变量Hot和Holiday之间的交互项。使用留出法比较模型的预测能力，使用前24个观测值作为训练集，剩余11个观测值作为验证集。

60. 文件：Mobile_Devices。随附的数据文件包含80名参与者的调查数据，包括平均每天对移动设备的使用时间（Usage，分钟）、家庭收入（Income，千美元）、是否居住在农村地区（Rural，如果居住在农村地区则为1，否则为0），以及是否取得大学学历（College，如果为大学毕业生则为1，否则为0）。考虑移动设备使用时间的两个预测模型：模型1基于变量Income、Rural和College预测Usage，模型2还包括变量Rural和College的交互项。

a. 使用留出法比较模型的预测能力，使用前60个观测值作为训练集，剩余20个观测值作为验证集。

b. 使用K折交叉验证方法比较当$k=4$时模型的预测能力。

61. 文件：BMI。随附的数据文件包含30名受过大学教育的男性的工资（千美元）数据、他们各自的BMI以及种族的虚拟变量（White，白人为1，其他为0）。模型1使用BMI、White作为自变量预测工资。模型2包括BMI和White，以及两者的交互项。

a. 使用留出法比较模型的预测能力，使用前20个观测值作为训练集，剩余10个观测值作为验证集。

b. 使用K折交叉验证方法比较当$k=3$时模型的预测能力。

62. 文件：Pick_Errors。随附的数据文件包含30名员工一年发生挑选错误的次数（Errors）、员工的工作经验（Exper，年），以及该员工是否参加过培训（Train，如果该员工参加过培训则为1，否则为0）的信息。模型1使用Exper和Train作为自变量来预测挑选错误次

数。模型2包括Exper、Train，以及两者的交互项。

a. 使用留出法比较模型的预测能力，使用前20个观测值作为训练集，剩余10个观测值作为验证集。

b. 使用K折交叉验证方法比较当$k=3$时模型的预测能力。

63. 文件：Health_Factors。随附的数据文件包含120名美国成年人的调查信息，他们对自己的健康（Health）和社会关系（Social）进行了1~100分的评分。该文件还包含他们的家庭收入（Income，千美元）和大学教育情况（College，如果他们有学士学位则为1，否则为0）。考虑健康水平的两个线性回归模型：模型1使用Social、Income和College作为自变量，模型2还包括Social与Income以及Social与College的交互项。

a. 使用留出法比较模型的预测能力，使用前90个观测值作为训练集，剩余30个观测值作为验证集。

b. 使用K折交叉验证方法比较当$k=4$时模型的预测能力。

64. 文件：Rental。随附的数据文件包含租金（Rent，美元）以及80套房屋的建筑面积（Sqft）、卧室数量（Bed）和浴室数量（Bath）的月度数据。考虑租金的两个线性回归模型：模型1使用变量Bed、Bath和Sqft预测租金，而模型2还包括Bed和Sqft的交互项。

a. 使用留出法比较模型的预测能力，使用前60个观测值作为训练集，剩余20个观测值作为验证集。

b. 使用K折交叉验证方法比较当$k=4$时模型的预测能力。

65. 文件：Crew_Size。随附的数据文件包含过去27周内有关员工数量和生产能力（每周的生产数量）的每周数据。考虑一个线性回归模型和一个二次回归模型来预测基于员工数量的生产能力。

a. 使用留出法比较模型的预测能力，使用前18个观测值作为训练集，剩余9个观测值作为验证集。

b. 使用 K 折交叉验证方法比较当 $k=3$ 时模型的预测能力。

66. 文件：Happiness。随附的数据文件包含 100 名在职成年人自我评估的幸福指数（Happiness）（0～100 分），以及他们的年龄（Age）和年收入（Income）。考虑两个二次模型：模型 1 基于变量 Age、Age^2 和 Income 预测幸福指数，模型 2 基于变量 Age、Age^2 和 ln（Income）预测幸福指数。

a. 使用留出法比较模型的预测能力，使用前 75 个观测值作为训练集，剩余 25 个观测值作为验证集。

b. 使用 K 折交叉验证方法比较当 $k=4$ 时模型的预测能力。

67. 文件：Electricity。考虑一个回归模型，根据平均室外温度（Temp，华氏度）、每月工作天数（Days）、生产产品的吨数（Tons）预测每月的电力成本（Cost，美元）。随附的数据文件包含 80 个观测值。使用留出法比较线性回归模型和指数回归模型的预测能力，使用前 60 个观测值作为训练集，剩余 20 个观测值作为验证集。

68. 文件：Arlington_Homes。随附的数据文件包含马萨诸塞州阿灵顿 36 套单户住宅的销售价格（美元）。为了分析房屋的价格，自变量包括房屋建筑面积（Sqft）、卧室数量（Beds）、浴室数量（Baths），以及是否为殖民地风格（Colonial）（如果为殖民地风格则为

1，否则为 0）。

a. 使用留出法比较线性模型和指数模型的预测能力，使用前 24 个观测值作为训练集，剩余 12 个观测值作为验证集。

b. 使用 K 折交叉验证方法比较当 $k=3$ 时模型的预测能力。

69. 文件：Purchase。参考随附的数据来预测以顾客年龄为基础的安德玛购买行为（Purchase）（购买安德玛为 1，否则为 0）。

a. 使用留出法比较线性概率模型（模型 1）和逻辑回归模型（模型 2）的准确率，前 20 个观测值作为训练集，其余 10 个观测值作为验证集。

b. 使用 K 折交叉验证方法来比较当 $k=3$ 时模型的准确率。

70. 文件：Divorce。参考随附的数据，以年龄和宗教信仰（Religious）（如果有宗教信仰，取值为 1，否则为 0）为基础，分析人们是如何看待离婚的（Acceptable）（如果道德上可以接受，取值为 1，否则为 0）。

a. 使用留出法比较两个关于离婚接受度的逻辑回归模型的准确率，使用前 150 个观测值作为训练集，剩余 50 个观测值作为验证集。其中，模型 1 使用年龄和宗教信仰作为自变量，模型 2 在上述两个自变量之外还包含年龄和宗教信仰的交互项。

b. 使用 K 折交叉验证方法比较当 $k=4$ 时模型的准确率。

7.5　大数据写作

如第 6 章所述，使用大数据进行回归分析时，重点应放在模型的预测能力上，而不一定放在显著性的检验上。在本节中，我们将使用逻辑回归模型预测大学录取和入学决定。在运行模型之前，我们首先过滤 College_Admission 数据集中的数据，以获得所选变量的适当观测子集。我们鼓励运用模型复刻报告中的结果。

□ 案例研究

制作一份样本报告，分析北美一所四年制大学艺术与文学学院的录取和入学决定。自变量包括申请人的性别、种族、高中平均成绩和 SAT 分数。使用自变量的典型值预测录取概率和入学概率（文件：College_Admission）。

报告样本——大学录取和入学情况

大学录取对学生和家长来说都是压力重重的，因为学校的录取决定不能用公式来计算。学校在做出录取决定时考虑的两个重要因素是学生的高中成绩和标准化考试成绩。根据美国大学招生咨询协会（NACAC），我们得知学生的高中成绩比标准化考试成绩更重要。

正如学生对收到录取通知书感到焦虑一样，大多数大学也担心能否达到招生目标。一所大学的录取数量取决于它的招生目标和入学率，入学率即被录取后到该校注册的学生的百分比。入学率很难预测，因为它取决于学院的录取率以及学生申请的学院数量。随着入学申请数量和录取数量的增加，入学率会不断下降。

在本报告中，我们分析了影响北美一所四年制大学艺术与文学学院录取概率和入学概率的因素。预测因素包括申请人的高中平均成绩（GPA）、SAT 分数，以及申请人是不是男性、是不是白人和是不是亚裔的虚拟变量。在表 7.29 中，我们展示了具有代表性的申请人概况。

表 7.29 艺术与文学学院申请人简介

变量	申请	录取	入学
男性申请人（%）	30.76	27.37	26.68
白人申请人（%）	55.59	61.13	69.83
亚裔申请人（%）	12.42	11.73	8.73
其他申请人（%）	31.99	27.14	21.45
高中平均成绩（GPA）	3.50	3.86	3.74
SAT 分数（平均）	1 146	1 269	1 229
申请人数	6 964	1 739	401

申请艺术与文学学院的 6 964 名学生中，有 30.76% 的学生为男性。此外，白人和亚裔申请人的比例分别为 55.59% 和 12.42%，约 32.00% 来自其他族群。申请人的 GPA 平均为 3.50，SAT 分数平均为 1 146。表 7.29 还显示，有 1 739 名（或 24.97%）申请人获准入学，其中 401 名（23.06%）决定入学。正如预期的那样，被录取的申请人的平均 GPA 和 SAT 分数高于申请人和入学者，但与入学者的成绩差距较小。

使用相同的自变量估计两个逻辑回归模型，一个用于预测录取概率，另一个用于预测入学概率。第一次回归统计了 6 964 名申请人，而第二次回归统计了 1 739 名被录取的申请人。结果如表 7.30 所示。

表 7.30 大学录取和入学申请人的逻辑回归模型

变量	录取	入学
常数	−17.573 2* (−37.41)	7.296 5* (8.48)
男性虚拟变量	0.045 9 (0.61)	−0.143 3 (−1.05)

续表

变量	录取	入学
白人虚拟变量	−0.349 8* (−4.43)	0.765 3* (5.15)
亚裔虚拟变量	−0.414 0* (−3.57)	−0.007 4 (−0.03)
高中平均成绩	2.762 9* (25.74)	−1.426 5* (−7.17)
SAT 分数	0.005 6* (20.93)	−0.002 8* (−5.99)
准确率（%）	81	77
样本数量	6 964	1 739

注：括号中为 z 值；＊表示在 5% 的水平下显著；准确率衡量正确分类的观测值的百分比。

　　两种模型的准确率分别为 81% 和 77%，说明二者在预测概率方面都做得很好。似乎申请人的性别在录取或入学注册中没有任何作用。有趣的是，白人申请人和亚裔申请人的录取概率低于其他种族的申请人，也许是由于平权行动，大学录取比例较高的是那些代表性不足的申请人。在 GPA 和 SAT 方面，与设想一致的是，优质申请人会被录取。

　　在入学情况方面，白人被录取申请人比其他所有被录取申请人更有可能入学。最后，GPA 和 SAT 分数高的被录取申请人不太可能进入这所大学。这并不奇怪，因为学业优秀的申请人会有很多录取通知书，这降低了申请人接受某所大学录取通知书的可能性。

　　为了进一步解释 SAT 分数对大学录取和入学的影响，我们计算了 GPA 为 3.8，SAT 分数在 1 000~1 600 之间的所有种族的具有代表性的男性的预计录取和入学概率。结果如图 7.18 和 7.19 所示。

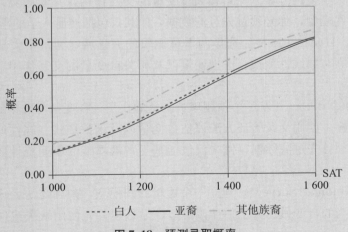

图 7.18　预测录取概率

　　考虑有代表性的男性申请者的 SAT 分数为 1 300 的情况。对于白人男性，预测的录取概率和入学概率分别为 47% 和 24%。亚裔的相应概率分别为 45% 和 13%，所有其他族裔的相应概率分别为 55% 和 13%。随着 SAT 分数的增加，概率越来越接近。代表性不足的申请人的录取率偏高的做法与其他学院的录取做法一致，这些学院认为种族多样性能够丰富学生的教育经历。

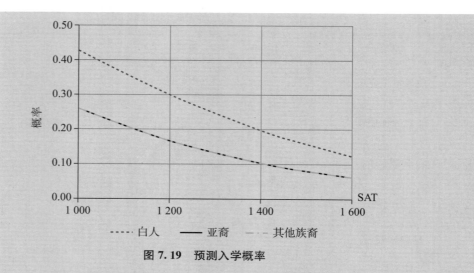

图 7.19 预测入学概率

　　遗憾的是，尽管该学院的录取率较高，但由于少数族裔申请者的录取率较低，使得实际入学人数的比例甚至低于申请人数的比例。正如我们在表 7.29 中所看到的，约 32% 的少数族裔的申请人获准入学，但真正入学注册的比例下降到了 21.45%。这与《纽约时报》（2017 年 8 月 24 日）的一篇文章一致，该文章发现，与 35 年前相比，黑人和西班牙裔学生在美国顶级学院和大学中的比例更低。亚裔申请人的录取率最低，为 8.73%。因此我们建议学院探索非白人申请人录取率特别低的原因，并找到提高录取率的方法。

□ 案例推荐

　　许多预测模型可以通过本书附带的大数据进行估计和评估。以下是一些建议。

　　报告 7.1（文件：College_Admissions）。选择一所感兴趣的大学，并使用一些注册学生的样本来最好地预测学生的大学平均分数。探索相关自变量的交互作用，并使用交叉验证方法选择最佳预测模型。为了估计这些模型，你必须首先过滤数据，使其只包括注册入学的学生。

　　报告 7.2（文件：House_Price）。选择两个可比较的大学城，为每个大学城的房屋销售价格开发一个预测模型。探索对数线性变换、虚拟变量以及相关自变量的交互作用。使用交叉验证方法选择最佳预测模型。

　　报告 7.3（文件：NBA）。开发一个预测球员工资的模型，自变量考虑年龄（二次效应）、身高、体重和相关的绩效指标。使用交叉验证方法评估自变量以及函数形式（线性或指数）的选择。为了估计这些模型，你必须首先过滤数据，使之仅包括基于常规季节的职业统计数据，并排除没有工资信息的球员。

　　报告 7.4（Longitudinal_Survey）。建立一个逻辑回归模型，预测受访者成年后是否外向。使用交叉验证方法选择适当的自变量。为了估计该模型，你必须首先使用缺失或估算策略处理缺失的观测值。

　　报告 7.5（TechSales_Reps）。净推荐值（NPS）是衡量客户满意度和忠诚度的关键指标。使用软件产品组中具有大学学历的员工的数据来开发逻辑回归模型，以预测销售代表的 NPS 得分是否为 9 分或更高。使用交叉验证方法选择适当的自变量。为了估计此模型，你必须首先构造（虚拟）目标变量来表示 NPS 是否大于等于 9，并将数据划分成子集，仅包括在软件产品组中工作并具有大学学位的员工。

■ 附录 7.1　R 语言中 K 折交叉验证方法的 Caret 包

R 语言中的 Caret（英文分类和回归训练的缩写）包是一组试图简化创建预测模型的过程的函数。它对于实现 K 折交叉验证方法非常有用。我们将在这里介绍它，并将在第 9 章和第 10 章中重新对其进行讨论。（如附录 C 所述，我们需要注意以下说明仅基于 R 语言 3.5.3 版本，其可能不适用于其他版本。）

□ 使用 Caret 包评估线性回归模型

为了进行说明，我们将使用 Gender_Gap 数据重新计算例 7.15 的结果。

A. 将 Gender_Gap 数据导入数据框（表），并将其标记为 myData。

B. 安装并加载 Caret 包。输入：

```
> install. packages("caret")
> library(caret)
```

在某些计算机上，你可能还需要使用命令安装其他支持 Caret 的软件包。

```
> install. packages("caret",dependencies = c("Depends","Suggests")).
```

C. 使用 trainControl 函数和 train 函数。对于 trainControl 函数的选项，我们使用 method 指定采样方法（此处将交叉验证表示为"cv"），使用 number 指定折叠的数量。输入：

```
> myControl <- trainControl(method = "cv",number = 4)
```

D. 在 train 函数中，我们指定模型，然后设置以下选项：data（表示数据框）、method（此处将线性模型表示为"lm"）和 trControl（表示使用 trainControl 功能时定义的变量）。我们展示了模型 1 和模型 2 的步骤。输入：

```
> Model1 <- train(Salary~ Size + Experience + Female + Grad,
data = myData,method = "lm",trControl = myControl)
> Model1
> Model2 <- train(Salary~ Size + Experience + Female + Grad
 + Female * Experience + Female * Grad + Size * Experience,data = myData,
method = "lm",trControl = myControl)
> Model2
```

R 语言报告了平均 RMSE（均方根误差）以及其他指标。模型 1 的平均 RMSE（均方根误差）为 12.60，模型 2 的平均 RMSE（均方根误差）为 12.38（结果会有所不同）。这些数值与表 7.28 中报告的数值相当接近，但不完全相同。产生差异的原因是 R 语言使用随机绘制来确定训练集和验证集，而我们在例 7.15 中使用固定绘制，重新运行 R 命令将得到稍微不同的结果。然而，对于这两种方法，我们发现模型 2 更适用于预测。

我们可以很容易地修改 trainControl 函数以重复实现 K 折交叉验证方法。例如，假设我们想要实现重复 5 次的四折交叉验证，我们只需要将前面的函数修改为：

```
> myControl <- trainControl(method = "repeatedcv",number = 4,repeats = 5)
```

□ 使用 Caret 包评估逻辑回归模型

为了进行说明，我们使用例 7.14 中用于评估模型 1 和模型 2 的 Spam 数据。前三个步骤与评估线性回归模型时使用的步骤类似。

A. 将 Spam 数据导入数据框（表），并将其标记为 myData。

B. 安装并加载 Caret 包。输入：

```
> install.packages("caret")
> library(caret)
```

C. >myControl<-trainControl(method="cv",number=4)

D. 在估计逻辑回归模型之前，我们必须将 y 从数字类型转换为因子类型，以便 R 语言将其视为具有两类的分类变量，即虚拟变量。我们使用 as.factor 函数来完成此任务。输入：

```
> myData $ Spam <- as.factor(myData $ Spam)
> Model1 <- train(Spam ～ Recipients + Hyperlinks + Characters,
data = myData, trControl = myControl, method = "glm", family = binomial(link = logit),
metric = "Accuracy")
> Model1
> Model2 <- train(Spam ～ Recipients + Hyperlinks, data = myData,
trControl = myControl, method = "glm", family = binomial(link = logit),
metric = "Accuracy")
> Model2
```

R 语言报告模型 1 的准确率为 78.59%，模型 2 的准确率为 76.60%（结果会有所不同）。如例 7.14 所示，我们发现模型 1 更适合进行预测。同样，我们可以通过修改前面的函数来实现重复 5 次的四折交叉验证。

```
> myControl <- trainControl(method = "repeatedcv", number = 4, repeats = 5)
```

数据挖掘导论

第 8 章

学习目标

通过学习本章，可以达成以下目标：

1. 描述数据挖掘的过程。

2. 运用相似性指标。

3. 评估数据挖掘模型的预测性能。

4. 进行主成分分析。

　　数据挖掘是将分析技术应用于数据集以发现隐藏的结构、模式和变量之间关系的过程。这些技术超出了第 3 章中讨论的数据可视化和综合指标以及第 6 章和第 7 章中讨论的线性回归模型和逻辑回归模型的范围。在本章中，我们首先概述了数据挖掘、数据挖掘过程以及两种主要的数据挖掘技术：有监督（或预测性、定向）数据挖掘和无监督（或描述性、非定向）数据挖掘。

　　然后，我们探讨了与数据挖掘相关的三个关键问题：相似性指标、预测性能评估和降维。相似性指标衡量一组观测值之间是否相似，它是数据挖掘技术的重要组成部分。在有监督数据挖掘中，预测性能评估是模型选择的关键步骤。我们将原始样本划分为用于构建（训练）模型的训练集、用于评估模型的验证集和可选测试数据集，开发了几个性能度量指标来评估模型在未知样本中的预测性能。

　　最后，我们讨论了主成分分析这一降维技术。这项技术将数据集中的变量数量减少到一组较小的主成分，这些主成分保留了原始数据中的大部分关键信息。这些概念是理解第 9、10 和 11 章中讨论的有监督和无监督数据挖掘技术的先决知识。

引入案例　社交媒体营销

　　Alissa Bridges 是 FashionTech 的营销总监。FashionTech 是一家在线服装零售商，专门为男性和女性提供运动服。FashionTech 的目标市场包括年龄在 18～35 岁、具有积极户外生活方式的个人，他们在购买服装时既追求时尚又追求价值。该公司通过各种媒体渠道销售其产品，包括电视广告、季刊、广告植入、搜索引擎和社交媒体。Alissa 聘请了一家社交媒体营销公司 MarketWiz，开发预测模型，帮助 FashionTech 获得新客户，并增加现有客户的销售额。MarketWiz 利用 FashionTech 社交媒体营销和销售的历史数据，开发了两种类型的预测模型。

　　● 一个是分类模型，预测潜在客户在社交媒体账户中收到促销信息后 30 天内从 FashionTech 购买产品的可能性。

　　● 另一个是预测模型，预测通过社交媒体渠道获得的客户的年购买量。

　　为了评估预测模型的性能，Alissa 的团队希望使用验证数据集：

　　1. 评估分类模型将潜在客户分为购买类和非购买类的准确程度。

　　2. 评估预测模型在预测通过社交媒体渠道获得的客户的年购买量中的预测性能。

　　8.3 节结尾介绍了本案例概要。

8.1　数据挖掘概述

　　人工智能、机器学习和数据挖掘等术语描述了计算机软件在传统数据分析技术无法实现的解决方案中的应用。广义而言，**人工智能**（artificial intelligence）被用来描述展示人类智能和认知功能的计算机系统，如推理、模式识别和复杂数据的解释。

　　1959 年，IBM 计算机科学家亚瑟·塞缪尔创造了**机器学习**（machine learning）这个术语。它描述了一种人工智能的应用，允许计算机在没有人工干预或帮助的情况下自主学习。机器学习技术可以发现数据中隐藏的模式和关系，并使用自主学习算法来评估结果，随着时间的推移提高性能。优步（Uber）是一种流行的叫车服务软件，它使用机器学习算法来预测乘客需求，从而有策略地将司机派往不同的地点。

　　数据挖掘（data mining）描述了将一套必要的分析技术应用于机器学习和人工智能发展的过程。数据挖掘的目标是发现数据中隐藏的模式和关系，这使我们能够获得相关信息以帮助做出决策。正如我们将在接下来的三章中讨论的那样，数据挖掘技术能够用于数据分离、模式识别、分类和预测。例如，一家零售公司可能致力于研究消费者行为，并将客户分为不同的细分市场，以便设计和定制针对每个细分市场的独特促销活动。该公司还可以利用以往促销活动的信息来帮助预测现有客户和潜在客户的未来行为。

在许多方面，这些概念的定义相互重叠，没有明确的界限。例如，公共交通部门可能会使用数据挖掘工具来分析前几个月的交通数据，从而为整个城市的交通灯计时制定一般指导原则。在使用机器学习算法根据高峰时段的实时交通信息对单个交通信号灯进行微调的同时，可以使用人工智能技术处理涉及复杂环境的交通拥堵和交通事故并做出决策。因此，数据挖掘通常被认为是机器学习和人工智能的组成部分。

人工智能、机器学习和数据挖掘

人工智能、机器学习和数据挖掘这三个术语经常组合在一起或互换使用，因为它们的定义往往重叠，没有明确的界限。这些术语的以下一般定义只是强调了这一事实：

● 人工智能是一种计算机系统，它可以展示类似人类的智能和认知功能，如推理、模式识别和解释复杂数据。

● 机器学习描述了集成自主学习算法的技术，这些算法旨在评估结果，并随着时间的推移提高性能。

● 数据挖掘是应用一组分析技术的过程，旨在发现数据中隐藏的模式和关系。

数据挖掘过程

数据挖掘是一个复杂的过程，它检查大量数据以确定模式，然后使用它们来获得有价值的业务见解。随着数据挖掘越来越流行，人们越来越需要在该领域建立通用标准。从业者通常采用跨行业数据挖掘标准流程（CRISP-DM）方法或抽样、探索、修正、建模和评估（SEMMA）方法进行数据挖掘分析。无论采用哪种方法，在准备数据和选择分析技术之前，充分了解周围的社会经济环境、业务目标和潜在问题都是非常重要的。我们现在详细介绍这两种方法。

☐ CRISP-DM

CRISP-DM 是由 5 家公司于 20 世纪 90 年代开发的数据挖掘方法：SPSS、TeraData、Daimler AG、NCR 和 OHRA。CRISP-DM 主要包括 6 个阶段：业务理解、数据理解、数据准备、建模、评估和部署。

这 6 个阶段可以概括如下：

1. 业务理解：该阶段侧重于理解数据挖掘项目及其目标。在该阶段收集有关数据挖掘项目的情境背景信息（例如资源和数据可用性），以确定具体目标（例如预测销售给某个客户群体的单位数量或特定区域增加的销售额）、项目进度和可交付成果。

2. 数据理解：该阶段包括收集相关数据并进行初步分析以理解数据。这些初步分析的结果可能会为后续数据挖掘阶段带来灵感和潜在假设。

3. 数据准备：该阶段的具体任务包括记录和选择变量、数据整理以及数据清理。例如，某些数据挖掘技术可能需要对数值和分类数据构造子集或进行转换。第 2 章讨论了这些内容以及其他与数据整理相关的话题。

4. 建模：该阶段涉及数据挖掘技术的选择和执行，包括前面讨论的线性回归模型和逻辑回归模型。某些分析技术需要在数据集中对变量设置特定的格式和类型。例如，传统的朴素贝叶斯技术（在第 9 章中讨论）只能用于分类变量。因此，我们可能需要返回数据准备阶段来转换数据。我们还需要记录我们做出的假设（例如正态分布、缺失值处理等），并为模型设置参数值。对于数据挖掘，我们通常需要留出一部分数据集，用于训练和验证模型。

5.评估：在开发数据挖掘模型后，我们根据特定标准评估模型的性能（本章稍后将讨论）以选择满足项目业务目标的最佳模型。然后，我们根据第 1 阶段描述的业务目标，审查和解释模型结果。在本书中每个回归和数据挖掘章节的末尾，我们都涵盖了一个名为"大数据写作"的部分，其中书面报告根据分析结果给出了结论、解释和建议。

6.部署：在最后阶段，我们根据分析结果制定了一套可行的建议。与其他业务项目类似，我们需要一个用于部署、监视和反馈的策略。CRISP-DM 模型被认为是一个生命周期，同时也意味着数据挖掘项目的周期性。一旦建议得到实施，我们可能会获得有关后续数据挖掘项目的更多灵感。

图 8.1 显示了 CRISP-DM 方法的步骤。

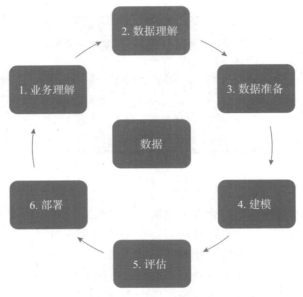

图 8.1 CRISP-DM 数据挖掘方法

□ SEMMA

一些数据挖掘从业者更喜欢 SEMMA 方法。该方法由 SAS 研究所开发，侧重于一组核心任务，并提供一个逐步分析数据的过程。SEMMA 方法的 5 个步骤可总结如下：

1.采样：第一步的重点是确定适当的变量，合并或分割数据集，并为后续分析提取数据样本。

2.探索：第二步实施各种探索性数据分析技术，包括数据可视化和汇总度量，以彻底了解数据。

3.修正：第三步与 CRISP-DM 方法中的数据准备阶段类似，选择、创建和转换相关变量，为后续分析准备数据集。

4.建模：第四步与 CRISP-DM 方法中的建模阶段类似，选择分析技术和模型并应用于数据，产生结果。

5.评估：第五步向最终用户展示不同模型的结果，用户对不同模型的结果和性能进行比较。在某些情况下，还可以使用从模型中获得的结论对新出现的观测值进行预测。

图 8.2 显示了 SEMMA 方法的步骤。

图 8.2 SEMMA 数据挖掘方法

CRISP-DM 和 SEMMA 都很好地涵盖了数据挖掘的顺序步骤，包括问题识别、数据探索、数据收集、数据处理、分析、绩效评估和实施。需要注意的是，并非所有数据挖掘应用程序都需要这些过程中的每一步。此外，在实践中，CRISP-DM 中的数据准备阶段和 SEMMA 中的修正步骤在数据挖掘中起着重要作用。分析师或分析团队倾向于将相当大一部分项目时间（通常为 80%）用于理解、清理、转换和准备建模活动之前的数据。领先的数据分析网站 KD Nuggets 进行的几项调查表明，CRISP-DM 方法比 SEMMA 方法更受欢迎。许多人认为 CRISP-DM 是一种真正适用的方法，因为它提供了一种全面的数据挖掘方法，包括详细的阶段、任务和活动。

有监督数据挖掘和无监督数据挖掘

数据挖掘使用多种算法来识别数据中隐藏的模式和关系。这些算法分为有监督技术和无监督技术，这取决于它们"学习"数据以进行预测或识别模式的方式是否不同。为了开发预测模型，人们倾向于使用**有监督的数据挖掘**（supervised data mining）技术，而**无监督的数据挖掘**（unsupervised data mining）技术在数据探索、降维和模式识别方面特别有效。有监督技术和无监督技术之间的关键区别在于，在有监督的数据挖掘中需要识别因变量。在第 6 章和第 7 章中，我们将目标变量称为因变量，这是统计中经常使用的名称。由于因变量的历史值存在于数据集中，因此数据挖掘算法可以检查自变量对因变量的影响。相反，在无监督的数据挖掘中，不需要识别因变量。

有监督的数据挖掘

最常用的有监督的数据挖掘算法基于经典的统计技术。第 6 章和第 7 章讨论的线性回归模型和逻辑回归模型是这些技术的示例，这些模型基于多个自变量预测因变量的结果。数学模型将因变量（通常称为 y）的结果与一个或多个自变量（通常称为 x_1，x_2，$\cdots$，x_k）相关联。因此，我们使用有关自变量的信息来预测和描述因变量的变化。基于这一技术，回归模型是"训练"或"监督"的，因为因变量的已知值被用于建立模型。此外，可以根据预测值偏离因变量实际值的程度来评估模型的性能。有几种机器学习算法广泛应用于有监督的数据挖掘，我们将在第 9 章和第 10 章讨论其中的三种技术，包括 k-最近邻法、朴素贝叶斯法和决策树法。

有监督的数据挖掘通常包括**分类模型**（classification models）和**预测模型**（prediction models）。在分类模型中，因变量是分类变量。分类的目标是预测新情况下的类别组成。例如，营销经理可以将潜在客户分为买家和非买家，金融分析师可以将股票分为买入、持有和卖出三类。在预测模型中，因变量是数值变量。预测的示例包括预测客户的支出、房屋售价或医疗程序后的住院时间等。

无监督的数据挖掘

无监督的数据挖掘不需要了解因变量。它被称为无监督学习，因为与有监督学习不同，该算法允许计算机识别复杂的过程和模式，而无须分析师提供任何具体指导。在商业分析领域，无监督学习被认为是探索性数据分析和描述性数据分析的重要组成部分。在进行有监督学习之前，可以使用无监督学习来理解数据集、提出问题或总结数据。

无监督学习常用于**降维**（dimension reduction）和**模式识别**（pattern recognition）。降维（本章后面将讨论）是指将一组高维数据（具有大量变量的数据）转换为具有较少变量的数据的过程，同时保留原始数据中的大部分信息。在使用其他数据挖掘方法以减少信息冗余和提高模型稳定性之前，这是一个重要的步骤。维度缩减与当今的大数据环境尤其相关。例如，传感器或其他物联网（IOT）设备收集的数据往往具有大量变量（高维），它们携带的信息中也会出现大量冗余。降低这些数据集的维数将有助于找出数据中的重要模式，并建立更稳定的预测模型。

模式识别是使用机器学习技术识别模式的过程（在第 11 章中讨论）。模式可能是客户行为的重复模式、文档中词语的重复组合、对象的可识别特征或属于同一组事物的共同特征等。例如，零售公司使用模式识别技术将客户分为不同的细分市场，以便定制每个细分市场感兴趣的产品和服务。

无监督的数据挖掘

在无监督的数据挖掘中，没有因变量。无监督学习的常见应用包括降维和模式识别。
- 降维是将一组高维数据转换为低维数据的过程。
- 模式识别是使用机器学习技术识别数据中的模式的过程。

本章接下来的几节将探讨与数据挖掘相关的三个关键概念：相似性指标、性能评估和降维技术。它们是理解第 9、10 和 11 章中讨论的数据挖掘技术的先决知识。

8.2　相似性指标

我们首先探讨**相似性指标**（similarity measures），它用以衡量一组观测值之间是否相似。这些度量对于理解本书后面讨论的有监督和无监督数据挖掘技术非常重要。例如，在第 9 章的 k-最近邻法（KNN）中，相似性指标用于识别彼此相似或近邻的观测值。在第 11 章中，聚类分析发现数据中观测值之间的相似性，并根据相似的特征将其分组为有意义的聚类。聚类的形成方式是，观测值在一个组内相似，但在不同组间不相似。

相似性指标基于成对变量观测值（记录）之间的距离。观测值之间距离较小意味着相似性较高，而观测值之间距离较大意味着相似性较低。在本章中，我们将所有变量表示为 x_1，x_2，…，x_k。

考虑表 8.1 所示的变量 x_1 和 x_2 的观测值。

表 8.1　3 组 x_1 和 x_2 的观测值

观测值	x_1	x_2
1	3	4
2	4	5
3	10	1

图 8.3 绘制了观测值。我们可以清楚地看到，观测值 1 和观测值 2 彼此更接近，这意味着它们彼此"相似"。此外，我们可以看到观测值 3 远离观测值 1 和观测值 2，这代表与它们不同。在本节中，我们将介绍一种更正式的方法来度量数值变量和分类变量观测值之间的相似性。

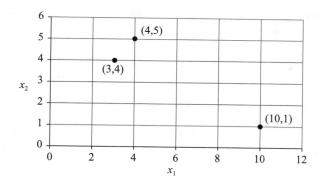

图 8.3 3 对观测值的散点图

数值数据的相似性指标

欧几里得距离（Euclidean distance）是评估数值变量相似性最广泛使用的度量之一。它被定义为两次观测值之间的直线长度。对于具有 k 个变量的数据集，第 i 个观测值和第 j 个观测值之间的欧几里得距离计算如下：

$$\text{欧几里得距离} = \sqrt{(x_{1i}-x_{1j})^2+(x_{2i}-x_{2j})^2+(x_{3i}-x_{3j})^2+\cdots+(x_{ki}-x_{kj})^2}$$

式中，x_{ki} 和 x_{kj} 表示第 k 个变量的第 i 个和第 j 个观测值。

如果只允许水平或垂直移动，则**曼哈顿距离**（Manhattan distance）是两个观测值之间的最短距离。与以方形街区布局的曼哈顿相似，两点之间的曼哈顿距离是车辆在城市中从一点到另一点的最短路径。对于具有 k 个变量的数据集，第 i 次和第 j 次观测值之间的曼哈顿距离计算如下：

$$\text{曼哈顿距离} = |x_{1i}-x_{1j}|+|x_{2i}-x_{2j}|+|x_{3i}-x_{3j}|+\cdots+|x_{ki}-x_{kj}|$$

式中，x_{ki} 和 x_{kj} 表示第 k 个变量的第 i 个和第 j 个观测值。

例 8.1

请参阅表 8.1，其中说明了变量 x_1 和 x_2 的 3 个观测值。

a. 计算并解释所有成对观测值之间的欧几里得距离。

b. 计算并解释所有成对观测值之间的曼哈顿距离。

解答：

a. 所有成对观测值之间的欧几里得距离计算如下。

观测值 1 和 2：

$$\sqrt{(x_{11}-x_{12})^2+(x_{21}-x_{22})^2}=\sqrt{(3-4)^2+(4-5)^2}=1.41$$

观测值 1 和 3：

$$\sqrt{(x_{11}-x_{13})^2+(x_{21}-x_{23})^2}=\sqrt{(3-10)^2+(4-1)^2}=7.62$$

观测值 2 和 3：

$$\sqrt{(x_{12}-x_{13})^2+(x_{22}-x_{23})^2}=\sqrt{(4-10)^2+(5-1)^2}=7.21$$

使用欧几里得距离来衡量相似性，观测值 1 和观测值 2 最相似，最短欧几里得距离为 1.41。鉴于最长的欧几里得距离为 7.62，观测值 1 和观测值 3 最不相似。图 8.3 佐证了这一结论。

b. 所有成对观测值之间的曼哈顿距离计算如下：

$$观测值 1 和 2 = |x_{11} - x_{12}| + |x_{21} - x_{22}| = |3 - 4| + |4 - 5| = 2$$

$$观测值 1 和 3 = |x_{11} - x_{13}| + |x_{21} - x_{23}| = |3 - 10| + |4 - 1| = 10$$

$$观测值 2 和 3 = |x_{12} - x_{13}| + |x_{22} - x_{23}| = |4 - 10| + |5 - 1| = 10$$

与使用欧几里得距离发现的结果一样，根据曼哈顿距离，观测值 1 和观测值 2 最为相似。观测值 1 和观测值 2 与观测值 3 同样不相似。

欧几里得距离和曼哈顿距离

对于数值数据，相似性指标基于成对变量观测值（记录）之间的距离。对于具有 k 个变量的数据集，第 i 次和第 j 次观测值之间的欧几里得距离和曼哈顿距离计算如下：

$$欧几里得距离 = \sqrt{(x_{1i} - x_{1j})^2 + (x_{2i} - x_{2j})^2 + (x_{3i} - x_{3j})^2 + \cdots + (x_{ki} - x_{kj})^2}$$

$$曼哈顿距离 = |x_{1i} - x_{1j}| + |x_{2i} - x_{2j}| + |x_{3i} - x_{3j}| + \cdots + |x_{ki} - x_{kj}|$$

式中，x_{ki} 和 x_{kj} 代表第 k 个变量的第 i 个和第 j 个观测值。

如例 8.1 所示，不同的距离度量可能会导致不同的推断。众所周知，欧几里得距离比曼哈顿距离更受离群值的影响。在例 8.1 中，第 3 个观测值显然是一个异常值，因此，曼哈顿距离可能更合适。然而，大多数数据挖掘算法都采用欧几里得距离。

☐ 标准化和规范化

当一个数据集包含多个变量时，每个变量的度量尺度都会影响距离度量，也会影响我们如何确定两个观测值之间的相似性。例如，在比较消费者信息时，年收入等数据往往比每周上网时间更大，因为年收入是更大的数字。因此，与每周上网的小时数相比，年收入对相似性指标的影响更大。

这种尺度差异会扭曲观测值之间的真实距离，并导致不准确的结果。因此，在计算数据挖掘技术的相似性指标之前，通常通过**标准化**（standardizing）或**规范化**（normalizing）数值数据的办法来统一数据的量纲。数值数据的这些转换将确保在计算相似性指标时，每个变量获得相等的权重。

标准化数据的一种常见方法是计算 z 值，这在第 3 章中进行了讨论。回想一下，z 值测量了给定观测值与样本均值之间的距离，即标准差。为了找到第 k 个变量（表示为 z_{ki}）第 i 个观测值的 z 值，我们计算：

$$z_{ki} = \frac{x_{ki} - \overline{x}_k}{s_k}$$

式中，x_{ki} 是第 k 个变量的第 i 个观测值，$\overline{x}_k$ 和 s_k 分别是第 k 个变量的均值和标准差。

另一种广泛使用的转换方法是最小-最大归一化法。该方法从观测值中提取最小值，然后将其与观测值的差值除以最大值与最小值之差。此方法能够将每个值重新调整为介于 0 和 1 之间。为了对第 k 个变量（表示为 q_{ki}）第 i 个观测值进行最小-最大归一化，我们计算：

$$q_{ki} = \frac{x_{ki} - \min_k}{\text{range}_k}$$

式中，x_{ki} 是第 k 个变量的第 i 个观测值，$\min_k$ 和 range_k 分别是第 k 个变量的最小值和全距。

数值数据的标准化和规范化

z 值和最小-最大归一化法是使数值数据独立于刻度的两种转换技术。第 k 个变量 z_{ki} 第 i 个观测值的 z 值计算如下：

$$z_{ki}=\frac{x_{ki}-\overline{x}_k}{s_k}$$

式中，x_{ki} 是第 k 个变量的第 i 个观测值，$\overline{x}_k$ 和 s_k 分别是第 k 个变量的均值和标准差。

第 k 个变量 q_{ki} 第 i 个观测值的最小-最大归一化法计算如下：

$$q_{ki}=\frac{x_{ki}-\min_k}{range_k}$$

式中，x_{ki} 是第 k 个变量的第 i 个观测值，$\min_k$ 和 $range_k$ 分别是第 k 个变量的最小值和观测范围内最大值与最小值之差。

□ 关于规范化的注记

需要注意的是，"规范化"一词在统计学中有多种含义。通常，它指的是使数值数据独立于尺度的过程，即消除量纲的影响。有时，该术语甚至用于 z 值标准化流程；Analytic Solver 使用该术语将数值数据转换为 z 值。在本书中，为了避免混淆，我们更喜欢使用术语"最小-最大归一化法"。

例 8.2 演示了如何标准化和规范化数据。

例8.2

考虑五位消费者的一个样本，他们的年收入（美元）和每周在线的时间（小时）显示在表 8.2 的第 2 和第 3 列。根据原始数据计算的距离度量可能会被扭曲，因为年收入值远大于每周在线的小时数。

表 8.2 年收入和在线时间

姓名	收入	在线时间	标准化收入	标准化在线时间	规范化收入	规范化在线时间
Jane	125 678	2.5	1.247 3	−1.507 1	1.000 0	0.000 0
Kevin	65 901	10.1	−1.189 2	1.038 2	0.000 0	1.000 0
Dolores	75 550	5.8	−0.795 9	−0.401 9	0.161 4	0.434 2
Deshaun	110 250	9.0	0.618 4	0.669 8	0.741 9	0.855 3
Mei	98 005	7.6	0.119 4	0.201 0	0.537 1	0.671 1

a. 使用 z 值将收入和在线时间的观测值标准化。

b. 使用最小-最大归一化法对收入和在线时间的观测值进行标准化。

解答：

a. 为了使收入观测值标准化，我们首先计算其均值和标准差，分别为 95 077 美元和 24 534.45 美元。然后，我们将每个观测值与均值之间的差值除以标准差。对于 Jane，我们发现其标准化收入为：

$$z_{\text{Jane的收入}}=\frac{x_{\text{Jane的收入}}-\overline{x}_{\text{收入}}}{s_{\text{收入}}}=\frac{125\ 678-95\ 077}{24\ 534.45}=1.247\ 3$$

因此，Jane 的收入比样本中所有消费者的平均收入高出 1.247 3 个标准差。表 8.2 的第 4 列显示了所有收入观测值的标准化值。例如，Kevin 的年收入比平均收入低 1.189 2 个标准差。

在线时间的均值和标准差分别为 7.0 小时和 2.99 小时，在线时间的标准化值也类似。表 8.2 第 5 列显示了这些标准化值。标准化值具有相似的尺度，因此，在计算距离度量时，它们将获得相等的权重。

b. 为了使收入观测值正常化，我们首先找到收入的最小值和最大值分别为 65 901 美元和 125 678 美元，然后计算出全距为 59 777 美元。接着，我们将每个观测值与最小值之间的差值除以全距。对于 Jane，我们发现收入的最小-最大标准化值为：

$$q_{\text{Jane的收入}} = \frac{x_{\text{Jane的收入}} - \min_{\text{收入}}}{\text{range}_{\text{收入}}} = \frac{125\ 678 - 65\ 901}{59\ 777} = 1$$

因为最小-最大归一化将每个观测值重新缩放为 0 到 1 之间，因此年收入最高的 Jane 的最小-最大归一化收入为 1，而年收入最低的 Kevin 的最小-最大归一化收入为 0。收入的最小-最大标准化值如表 8.2 第 6 列所示。

分别使用 2.5 小时和 10.1 小时的最小值和最大值，可以找到在线时间的最小-最大标准化值。表 8.2 的第 7 列显示了在线时间的最小-最大标准化值。与标准化值的情况一样，最小-最大标准化值具有相似的尺度，因此，在计算距离度量时，它们将获得相等的权重。

■ 分类数据的相似性指标

欧几里得距离测度和曼哈顿距离测度适用于数值变量。在处理分类变量时，我们依赖于其他相似性指标。例如，你可能对汽车类型的分析感兴趣，其中分类变量的值包括轿车、运动型多用途车、卡车、小型货车等。回想一下，只有两个类别的分类变量称为二值变量。例如，在分析贷款时，二值变量的值包括已批准或未批准。分类数据和二值数据的两种常用测量方法是匹配系数和 Jaccard 系数。

□ 匹配系数

分类变量的**匹配系数**（matching coefficient）基于匹配值，以确定观测值（记录）之间的相似性。两个观测值之间的匹配系数为：

$$\text{匹配系数} = \frac{\text{拥有匹配结果的变量数}}{\text{变量总数}}$$

匹配系数的值越高，两个观测值越相似。匹配系数值为 1 表示完全匹配。

例 8.3

表 8.3 显示了 3 名大学生的特征信息。每条记录显示了学生的专业、领域、性别以及该学生是否在院长名单上等信息。计算所有学生两两之间的匹配系数，并确定他们之间的相似性。

表 8.3 大学生的特征

学生	专业	领域	性别	是否在院长名单
1	商业	管理信息系统	女	是
2	工程	电子	男	是
3	商业	会计	女	否

解答：

比较学生 1 和学生 2，4 个变量中只有 1 个（即是否在院长名单上）具有匹配值。因此，匹配系数等于 1/4＝0.25。比较学生 1 和学生 3，4 个变量中的 2 个（即专业和性别）具有匹配值。因此，匹配系数等于 2/4＝0.50。比较学生 2 和 3，4 个变量都没有匹配值。因此，匹配系数等于 0/4＝0。

根据这 3 名学生的匹配系数，学生 1 和学生 3 最相似，而学生 2 和学生 3 最不相似。

□ Jaccard 系数

由于匹配系数不区分积极结果（例如购买）和消极结果（例如未购买），因此最终可能会提供一种误导性的相似性指标。例如，对在一个杂货店购买众多产品的消费者购买行为进行分析。直觉上，两个购买相同产品的消费者表现出相似的行为。如果一个消费者只购买纸杯蛋糕，另一个消费者只购买有机苹果，大多数人会认为这两个消费者并不相似。但是一个简单的匹配系数可以解释这样一个事实，即两个消费者都没有购买数千种其他产品，因此错误地产生了非常高的匹配系数值。

Jaccard 系数（Jaccard's coefficient）是以法国科学家 Paul Jaccard 的名字命名的，在消极结果不如积极结果重要的情况下，它是一个更合适的相似性指标。该系数计算如下：

$$\text{Jaccard 系数} = \frac{\text{具有匹配积极结果的变量数量}}{\text{变量总数} - \text{具有匹配消极结果的变量数量}}$$

例 8.4

一家零售商店收集销售点信息，其中显示每笔销售交易中是否包含 5 种产品。该信息见表 8.4。"是"表示积极结果，"否"表示消极结果。例如，交易 1 表示消费者购买了计算机键盘、鼠标和耳机。计算并比较所有两两交易集的匹配系数和 Jaccard 系数。

表 8.4　零售交易

交易	键盘	记忆卡	鼠标	USB 驱动器	耳机
1	是	否	是	否	是
2	是	是	是	否	否
3	否	否	否	否	是
4	是	否	否	否	否

解答：

我们演示了如何计算交易 1 和交易 2 之间的匹配系数和 Jaccard 系数。对于匹配系数，交易 1 和交易 2 有 3 个匹配值：键盘、鼠标和 USB 驱动器。由于有 5 种产品（5 个变量），匹配系数计算为 3/5＝0.6。对于 Jaccard 系数，交易 1 和交易 2 有两个匹配的正结果（键盘和鼠标）和一个匹配的负结果（USB 驱动器）。因此，该对交易的 Jaccard 系数计算为 2/(5－1)＝0.50。其余的系数计算类似，如表 8.5 所示。

表 8.5　将匹配系数与 Jaccard 系数进行比较

交易	匹配系数	Jaccard 系数
1 和 2	3/5＝0.6	2/4＝0.50
1 和 3	3/5＝0.6	1/3＝0.33

续表

交易	匹配系数	Jaccard 系数
1 和 4	3/5＝0.6	1/3＝0.33
2 和 3	1/5＝0.2	0/4＝0.00
2 和 4	3/5＝0.6	1/3＝0.33
3 和 4	3/5＝0.6	0/2＝0.00

表 8.5 显示，这两个指标都在交易 1 和交易 2 间产生最高系数，这意味着这两项交易最为相似。然而，我们也发现了一些显著的差异。例如，当交易出现消极结果（例如交易 1 和交易 3、交易 1 和交易 4 等）并进行比较时，匹配系数会产生更高的值。因为在销售交易中缺少特定产品（即产生负面结果）通常不如正面结果重要，所以将负面结果包括在相似性指标中具有误导性。考虑交易 3 和交易 4。事实上，这两位客户没有购买相同的 3 种产品（存储卡、鼠标和 USB 驱动器），但这可能并不意味着这两项交易或客户之间有任何相似之处。Jaccard 系数进行了适当的调整，如果 Jaccard 系数为 0，则表明这两项交易不同。另外，0.6 的匹配系数错误地表明了一个相对较高的相似性，因为匹配负面结果的数量对其有影响。

匹配系数与 Jaccard 系数

匹配系数和 Jaccard 系数是分类数据的相似性指标。对于具有 k 个变量的数据集，第 i 个和第 j 个观测值（记录）之间的匹配系数计算为：

$$匹配系数＝\frac{匹配输出的变量数}{变量总数}$$

对于具有 k 个变量的数据集，第 i 次和第 j 次观测值之间的 Jaccard 系数计算如下：

$$Jaccard 系数＝\frac{具有匹配积极结果的变量数量}{变量总数－具有匹配消极结果的变量数量}$$

当两个观测值之间仅匹配积极结果的信息量更大时，Jaccard 系数是合适的。

练习 8.2

注意：对于本节中的练习，建议在计算中使用未四舍五入的数字。

理论

1. 文件：Exercise_8.1。随附的数据文件包含 10 个带有两个变量 x_1 和 x_2 的观测值。

a. 使用原始值，计算前两个观测值之间的欧几里得距离。

b. 使用原始值，计算前两个观测值之间的曼哈顿距离。

c. 基于整个数据集，计算 x_1 和 x_2 的样本均值和标准差。使用 z 值对这些值进行标准化，然后计算前两个观测值之间的欧几里得距离。

d. 基于整个数据集，找出 x_1 和 x_2 的最小值和最大值。使用最小-最大归一化法，然后计算前两个观测值之间的欧几里得距离。

2. 文件：Exercise_8.2。随附的数据文件包含 10 个观测值，其中包含 3 个变量 x_1、x_2 和 x_3。

a. 使用原始值，计算前两个观测值之间的欧几里得距离。

b. 使用原始值，计算前两个观测值之间的曼哈顿距离。

c. 基于整个数据集，计算 3 个变量的样本均值和标准差。使用 z 值对这些值进行标准化，然后计算前两个观测值之间的欧几里得距离。

d. 基于整个数据集，找出 3 个变量的最小值和最大值。使用最小-最大归一化法，然后计算前两个观测值之间的欧几里得距离。

3. 文件：Exercise_8.3。随附的数据文件包含 28 个观测值，其中包含 3 个变量 x_1、x_2 和 x_3。

a. 使用原始值，计算前 3 个观测值两两之间所有可能的欧几里得距离。

b. 基于整个数据集，计算 3 个变量的样本均值和标准差。使用 z 值对这些值进行标准化，然后计算前三个观测值两两之间的欧几里得距离。将结果与 a 中进行比较。

c. 使用原始值，然后使用 z 值对这些值进行标准化，计算前 3 个观测值两两之间所有可能的曼哈顿距离。

4. 文件：Exercise_8.4。随附的数据文件包含 19 个带有两个变量 x_1 和 x_2 的观测值。

a. 使用原始值，计算前 3 个观测值两两之间所有可能的欧几里得距离。

b. 根据整个数据集，找出 3 个变量的最小值和最大值。使用最小-最大归一化法进行规范化，然后计算前 3 个观测值两两之间所有可能的欧几里得距离。

c. 使用原始值，然后使用最小-最大归一化法，计算前 3 个观测值两两之间所有可能的曼哈顿距离。

5. 文件：Exercise_8.5。随附的数据文件包含 10 个带有两个变量 x_1 和 x_2 的观测值。

a. 基于整个数据集，计算两个变量的样本均值和标准差。使用原始值，然后使用 z 值对这些值进行标准化，计算前 3 个观测值两两之间所有可能的欧几里得距离。

b. 使用原始值，然后使用 z 值对这些值进行标准化，计算前 3 个观测值两两之间所有可能的曼哈顿距离。

6. 文件：Exercise_8.6。随附的数据文件包含 12 个观测值，其中包含 3 个变量 x_1、x_2 和 x_3。

a. 基于整个数据集，计算 3 个变量的样本均值和标准差。使用原始值，然后使用 z 值对这些值进行标准化，计算前 3 个观测值两两之间所有可能的欧几里得距离。

b. 根据整个数据集，找出 3 个变量的最小值和最大值。使用原始值，然后使用最小-最大归一化法，计算前 3 个观测值两两之间所有可能的曼哈顿距离。

7. 文件：Exercise_8.7。随附的数据文件包含 5 个观测值和 3 个分类变量 x_1、x_2 和 x_3。

a. 计算所有观测值两两之间的匹配系数。

b. 确定彼此最相似和最不相似的观测值。

8. 文件：Exercise_8.8。附带的文件包含 4 个观测值和 4 个分类变量 x_1、x_2、x_3 和 x_4。

a. 计算所有观测值两两之间的匹配系数。

b. 确定彼此最相似和最不相似的一对观测值。

9. 文件：Exercise_8.9。随附的文件包含 6 个观测值和 4 个二值变量 x_1、x_2、x_3 和 x_4。

a. 计算所有观测值两两之间的匹配系数。找出彼此最相似和最不相似的一对观测值。

b. 计算所有观测值两两之间的 Jaccard 系数。找出彼此最相似和最不相似的一对观测值。

应用

10. 文件：Employees。考虑下面的部分数据，列出新聘员工起薪（千美元）及其大学 GPA。

员工	工资	GPA
1	72	3.53
2	66	2.86
3	72	3.69
⋮	⋮	⋮
11	59	3.49

a. 在不转换值的情况下，计算前 3 名员工两两之间所有可能的欧几里得距离。确保在计算中排除员工人数。

b. 计算工资和 GPA 的标准化 z 值，然后计算前 3 名员工两两之间的所有可能的欧几里得距离。讨论标准化对相似距离的影响。

c. 使用标准化 z 值，计算前 3 名员工两两之间的所有可能的曼哈顿距离。讨论欧几里得距离和曼哈顿距离之间的差异。

11. 文件：Online_Retailers。考虑以下部分数据，其中列出了在线零售商的年收入（美元）、零售商网站上的产品数量（SKU）以及每天访问网站的次数（访问量）。

网站 ID	年收入	SKU	访问量
001	2 984 567	34 567	546 799
002	1 230 956	22 398	342 455
⋮	⋮	⋮	⋮
010	2 278 890	28 773	333 219

a. 在不转换值的情况下，根据年收入、SKU 和每日访问量，计算网站 001、003 和 005 的所有观测值两两之间的欧几里得距离。确保从计算中排除网站 ID。

b. 计算年收入、SKU 和每日访问量的最小-最大标准化值，然后计算网站 001、003 和 005 的所有观测值两两之间的欧几里得距离。讨论 a 问题和 b 问题的差异。确保从计算中排除网站 ID。

c. 使用最小-最大归一化法，计算网站 001、003 和 005 的所有观测值两两之间的曼哈顿距离。讨论欧几里得距离和曼哈顿距离之间的差异。确保从计算中排除网站 ID。

12. 文件：Vehicles。考虑下表的部分数据，该数据显示基于 3 个变量的车辆信息：车辆类型、车辆是否具有全轮驱动（AWD），以及车辆的变速器是自动还是手动。

车辆	类型	AWD	变速器
1	SUV	是	自动
2	轿车	否	手动
⋮	⋮	⋮	⋮
56	SUV	否	自动

a. 使用前 5 辆车，根据车辆类型、全轮驱动和变速器计算所有观测值两两之间的匹配系数。

b. 识别并描述彼此最相似和最不相似的车辆。描述这些车辆的特点。

13. 文件：Home_Loan。考虑以下部分数据，其中包括有关房屋贷款申请的信息。每项申请的可变因素包括：（1）申请是常规申请还是联邦住房管理局补贴的申请（贷款类型）；（2）该房产是单户住宅还是多户住宅（房产类型）；（3）申请是否用于首次购买或再融资（目的）。

申请	贷款类型	房产类型	目的
1	常规	单户	首次购买
2	常规	多户	再融资
⋮	⋮	⋮	⋮
103	联邦住房管理局	单户	首次购买

a. 使用前 5 个申请数据，根据贷款类型、房产类型和目的计算所有观测值两两之间的匹配系数。

b. 识别和描述彼此最相似和最不相似的贷款申请。描述这些贷款申请的特点。

14. 文件：University_Students。收集有关大学生的信息。感兴趣的变量包括（1）学生是否是本科或研究生（教育水平）；（2）学生是否主修数学；（3）学生是否辅修统计学；（4）学生是男性还是女性。部分数据如下表所示。

学生	教育水平	主修数学	辅修统计学	性别
1	研究生	是	是	女性
2	本科生	是	否	男性
⋮	⋮	⋮	⋮	⋮
8	研究生	是	是	男性

a. 使用前 5 名学生的信息，根据 4 个变量计算所有观测值两两之间的匹配系数。

b. 识别和描述彼此最相似和最不相似的学生。

15. Bookstore。考虑下表的数据，其中显示了本地书店的一部分销售数据。每个二值变量表示是否在交易中购买特定的图书类型。

交易	科学	旅游指南	自我帮助	生物	儿童
1	0	0	1	1	1
2	1	0	1	0	1

续表

交易	科学	旅游指南	自我帮助	生物	儿童
⋮	⋮	⋮	⋮	⋮	⋮
101	0	0	0	0	1

a. 使用前 5 个销售交易的信息，计算 5 个二值变量的所有观测值两两之间的匹配系数。

b. 使用前 5 个销售交易的信息，计算 5 个二值变量的所有观测值两两之间的 Jaccard 系数。

c. 根据 a 和 b 的结果，确定并描述彼此最相似和最不相似的交易。讨论 a 和 b 结果之间的差异。

16. 文件：Grocery_Store。考虑下表的数据，其中显示了杂货店的一部分销售数据。每个二值变量表示是否在交易中购买产品。

交易	肉	生产	烘焙食品	糖果
1	1	0	1	1
2	1	1	0	1
⋮	⋮	⋮	⋮	⋮
258	1	1	1	0

a. 使用前 5 个销售交易，计算 4 个二值变量的所有观测值两两之间的匹配系数。

b. 使用前 5 个销售交易，计算 4 个二值变量的所有观测值两两之间的 Jaccard 系数。

c. 根据 a 和 b 的结果，确定并描述彼此最相似和最不相似的交易。讨论 a 和 b 结果之间的差异。

17. 文件：Fast_Food。考虑下表的数据，其中显示了本地快餐店的一部分销售交易数据。每个二值变量表示产品是否作为销售交易的一部分购买。

交易	汉堡	炸鸡	苏打
1	0	1	0
2	1	1	0
⋮	⋮	⋮	⋮
238	0	1	1

a. 使用前 5 个销售交易的信息，计算 3 个二值变量的所有观测值两两之间的匹配系数。

b. 使用前 5 个销售交易的信息，计算 3 个二值变量的所有观测值两两之间的 Jaccard 系数。

c. 根据 a 和 b 的结果，确定并描述彼此最相似和最不相似的交易。讨论 a 和 b 结果之间的差异。

8.3　性能评估

在本节中，我们评估数据挖掘模型的预测性能，包括第 6 章和第 7 章中讨论的线性回归模型和逻辑回归模型。回想一下，制定性能衡量标准并评估模型在未知样本中的表现十分重要，而不能仅根据用于构建模型的样本数据进行评估。

在第 7 章中，我们讨论了交叉验证技术，其中我们将原始样本划分为用于构建模型的训练集和用于评估模型的验证集。我们使用均方根误差（RMSE）评估线性回归模型，使用准确率评估逻辑回归模型。在本章中，我们将分析扩展到可应用于有监督数据挖掘模型的其他几个性能度量。

数据分区

数据分区（data partitioning）是将数据集划分为训练数据集、验证数据集和测试数据集（在某些情况下可选）的过程。一种常见的数据分区实践是对数据进行双向随机分区，以生成训练数据集和验证数据集。我们使用随机划分，而不是第 7 章中讨论的固定划分，以避免在选择训练数据集和验证数据集时出现任何偏差。训练数据集通常包含较大部分的数据，"训练"数据挖掘算法，以确定自变量和目标（响应）变量之间的关系。验证数据集不涉及模型构建，用于对数据挖掘模型的预测性能进行无偏评估。

基于训练数据集构建的模型用于预测验证数据集中因变量的值，然后将这些预测值与验证数据集因变量的实际值进行比较，以评估模型的性能。从该过程中获得的性能度量可用于评估模型性能、微调模型或比较不同模型的性能。通常的做法是将 60% 的数据划分到训练数据集中，将 40% 的数据划分到验证数据集中。但是，如果模型构建过程可以受益于更大的训练数据集，则会使用 70% 的训练分区和 30% 的验证分区。如第 7 章所述，我们可以使用留出法和 K 折交叉验证方法实现交叉验证。

在有监督数据挖掘中，我们有时使用数据的三向随机分区来生成训练数据集、验证数据集和测试数据集。第 3 个数据分区即测试数据集，它不涉及模型构建或模型选择，用于评估最终模型在以前从未见过的新数据集上的准确性。与双向分区的情况一样，数据通常被分区以创建无偏差的训练数据集、验证数据集和测试数据集。在三向随机划分方法中，通常按照 50% 的训练数据集、30% 的验证数据集和 20% 的测试数据集划分比例。与 K 折交叉验证方法相反，三向随机划分通常使用留出法来实现。

数据分区

数据分区是将数据集划分为训练数据集、验证数据集和可选测试数据集的过程。训练数据集用于生成一个或多个模型。验证数据集用于微调或比较不同模型的性能。可选测试数据集用于评估在新数据集中最终模型的性能。

过采样

有时，我们希望分类的目标类非常少，这降低了分类模型的可用性。例如，为了建立一个分类模型，以向在线零售商反馈哪些潜在客户可能会回复促销电子邮件，零售商进行了一项实验——向 10 000 名潜在客户发送促销电子邮件，其中只有 200 名客户回复，响应率为 2%。这个实验的结果数据将主要由无应答者组成，几乎没有什么信息可以将他们与目标类别的应答者区分开来。如果该零售商试图建立分类模型，表现最好的模型可能是表明潜在客户不会回复促销电子邮件的模型，因为该模型的准确率极高，为 98%。然而，此方案下性能最佳的模型可能对零售商而言毫无用处。

此问题的常见解决方案称为**过采样**（oversampling）。过采样技术涉及有意从一个类别中选择比从另一个或多个类别中更多的样本，以调整数据集的类别分布。如果对罕见的目标类样本进行过采样，则这些样本在数据集中会更具代表性。这将导致在预测目标类样本时产生更有用的预测模型。

在促销电子邮件示例中，零售商可以通过包括大多数（如果不是全部的话）响应者和减少非响应者的数量来对稀有类样本进行过采样，以便生成的数据集构成响应者和非响应者的良性组合。

过采样

过采样过程提升稀有类相对于其他类的权重，以调整数据集的类分布。

通常而言，我们只对训练数据集进行过采样，验证数据集和测试数据集中的观测值会保持原始的类别比例，以便产生的性能预测值将更能代表实际情况。

有监督数据挖掘中的性能评估

在 6.2 节中，我们使用拟合优度度量（如 R^2 和调整后 R^2）来评估回归模型拟合或解释数据的程度。然而，由于存在**过度拟合**（overfitting）的可能，很好地拟合一组样本数据的模型可能无法准确预测新的观测值。回想 7.4 节，当模型对一组数据的响应过于接近，但未能可靠地预测未来的观测值时，就会发生过度拟合。换句话说，过度拟合模型解释了一组特定数据中的噪声，而不是可以推广到未来观测的基本模式。过度拟合可能会随着模型复杂性的增加而变得更加严重（例如模型中包含更多的自变量）。

过度拟合

过度拟合发生在预测模型过于复杂，以至于无法拟合给定样本数据的情况下。由于过度拟合使模型与样本数据过于接近，因此模型的预测能力会受到损害。

数据分区和交叉验证可用于检测过度拟合，并对模型的预测性能进行客观评估。我们使用训练数据集开发模型，然后通过检查从验证数据集获得的性能度量对是否过度拟合进行评估。如图 8.4 所示，当模型越来越复杂时，模型在训练数据集上的性能趋于提高（即预测错误率降低），而在验证数据集上的性能最初会提高，但在某一点后会恶化。除了提供模型的无偏性能评估外，验证数据集通常用于在一些有监督数据挖掘技术（例如，第 9 章和第 10 章中讨论的 KNN 和决策树）中确定最佳模型复杂性。

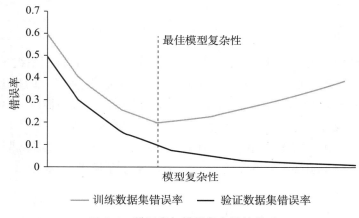

图 8.4 错误率与模型复杂性的关系

现在，我们将讨论因变量为分类变量的分类模型和因变量为数值变量的预测模型的性能评估。分类模型和预测模型中使用的性能度量是不同的，我们将在以下各小节分别讨论这些问题。

■ 分类模型的性能评估

分类模型的性能评估可以通过混淆矩阵计算。这个表格总结了从验证数据集获得的分类结果。表 8.6 显示了二元分类问题的混淆矩阵。假设目标类（也称为成功类）是分类 1，而非目标类是分类 0。从混淆矩阵中，我们可以看到两种正确的分类：

- 真阳性（TP）是模型正确分类的 1 类观测值。
- 真阴性（TN）是模型正确分类的 0 类观测值。

相反，可能有两种不正确的分类：

- 假阳性（FP）是模型错误地归类为 1 类观测值的 0 类观测值。
- 假阴性（FN）是模型错误地归类为 0 类观测值的 1 类观测值。

表 8.6 混淆矩阵

实际分类	预测分类 1	预测分类 0
分类 1	TP	FN
分类 0	FP	TN

以下是分类模型的常见性能度量：

误分类率（misclassification rate），也称为**错误率**（error rate），是被错误分类的观测值的总比例。换句话说，误分类率衡量预测模型做出错误预测的频率。其使用以下公式计算：

$$误分类率 = \frac{FP + FN}{TP + TN + FP + FN}$$

准确率（accuracy rate）是被正确分类的观测值的总比例。它衡量预测模型做出正确预测的频率，可以视为误分类率的相反衡量标准。其使用以下公式计算：

$$准确率 = 1 - 误分类率 = \frac{TP + TN}{TP + TN + FP + FN}$$

敏感性（sensitivity），也称为**响应度**（recall），是正确分类的目标类别样本的比例。其使用以下公式计算：

$$敏感性 = \frac{TP}{TP + FN}$$

为了更好地理解敏感性的重要性，在这里思考一个模型。例如，预测一组患者中的乳腺癌患者。具有 100% 敏感性的预测模型可以正确识别所有癌症患者。敏感性为 60% 的模型仅能正确识别 60% 的癌症患者（真阳性），而剩下 40% 的癌症患者未被发现和治疗（假阴性）。开发一个高敏感性的预测模型对于帮助识别危及生命但疾病仍可治疗的患者显然很重要。

精度（precision），也称为**正预测值**（positive predictive value），是实际属于目标类别的预测目标类别样本的比例。它与敏感性不同的地方在于，分母基于预测的目标类，而不是实际的目标类。其使用以下公式计算：

$$精度 = \frac{TP}{TP + FP}$$

再次以乳腺癌的预测模型为例。敏感性衡量的是检测呈阳性的癌症患者的比例（真阳性占癌症患者的比例），而精度衡量的是检测呈阳性的患者实际患有癌症的比例（真阳性占阳性患者的比例）。精度低的预测模型将不必要地使许多无癌患者（假阳性）接受进一步的医学检测和治疗。

特异性（specificity）是正确分类的非目标类别样本的比例。其使用以下公式计算：

$$特异性 = \frac{TN}{TN + FP}$$

我们再一次来考虑乳腺癌的预测模型。一个具有 100% 特异性的预测模型可以正确识别所有没有癌症的患者。一个具有 75% 特异性的模型可以正确识别 75% 的患者为无癌（真阴性），但剩余的 25% 的无癌患者被模型归类为有癌（假阳性）。这 25% 的患者可能会不必要地接受进一步的医学检测或治疗。

分类模型的性能评估

分类模型的常见性能评估方法包括以下内容：

● 误分类率，也称为错误率，是被错误分类的观测值的总比例。

● 准确率是被正确分类的观测值的总比例。

● 敏感性，也称为响应度，是正确分类的目标类别样本的比例。

● 精度，也称为正预测值，是实际属于目标类别的预测目标类别样本的比例。

● 特异性是正确分类的非目标类别样本的比例。

这些性能度量共同代表分类模型的性能。当目标类别和非目标类别的错误分类代价相当时，总

体误分类率和准确率是度量模型性能的良好指标。然而，当错误分类的成本较高，或目标类别观测值的比例非常小时，可将重点放在敏感性或特异性度量上。

现在考虑引入案例中的社交媒体营销示例。将购买客户误分类为非购买客户的成本（如利润损失）通常远高于将非购买客户误分类为购买客户的成本（如发送营销材料的成本）。在这种情况下，营销人员往往更关注敏感性度量而不是总体准确率，因为敏感性度量表明分类模型能够正确识别的买家比例。此外，实际买家往往只占所有潜在买家的小部分。因此，准确率可能具有误导性，因为较高的总体准确率可能是对大量非买家进行正确分类的结果，但这并不表示营销活动成功。

在实践中，为了评估分类模型的性能，我们经常将模型与基线或基准进行比较。一种常见的基线方法是将模型的准确率与朴素贝叶斯法的准确率进行比较。在朴素贝叶斯法中，所有样本都被归类为最主要的类别。第 9 章和第 10 章提供了朴素贝叶斯法基线的其他信息和示例。

例 8.5

回想一下引入案例中的 FashionTech 示例，其中第 1 类（目标类别）是指在收到促销信息后 30 天内至少购买一种产品的社交媒体用户组，第 0 类（非目标类别）是指在收到促销信息后不进行购买的社交媒体用户组。表 8.7 显示了将分类模型应用于 200 个观测值的验证数据集后获得的混淆矩阵。（我们随后将展示如何在 Excel 中创建混淆矩阵。）

表 8.7　FashionTech 示例的混淆矩阵

实际分类	预测分类 1	预测分类 0
分类 1	29	19
分类 0	19	133

a. 解释混淆矩阵中的 4 种分类。

b. 计算并解释准确率。

c. 计算并解释敏感性和特异性。

解答：

a. 混淆矩阵中的值解释如下：

● 真阳性（TP）：有 29 名 FashionTech 客户进行了购买，并通过分类模型被正确归类为买家，因此 TP＝29。

● 真阴性（TN）：有 133 名 FashionTech 客户没有购买，并且根据分类模型被正确归类为非买家，因此 TN＝133。

● 假阳性（FP）：有 19 名 FashionTech 客户没有购买，但被分类模型（表 8.7 左下单元格）错误地归类为买家，因此 FP＝19。

● 假阴性（FN）：有 19 名 FashionTech 客户进行了采购，但根据分类模型被归类为非买家（表 8.7 右上单元格），因此 FN＝19。

b. 准确率的计算公式为（TP＋TN）/（TP＋TN＋FP＋FN）＝（29＋133）/（29＋133＋19＋19）＝0.81，该测量意味着 81% 的观测值被正确分类。

c. 敏感性的计算公式为 TP/（TP＋FN）＝29/（29＋19）＝0.604，这是分类模型能够正确识别的买家比例。特异性的计算公式为 TN/（TN＋FP）＝133/（133＋19）＝0.875，这是分类模型能够正确识别的非买家比例。如前所述，在此应用中，敏感性度量是更有用的性能度量。

使用 Excel 获取混淆矩阵和性能度量

表 8.7 中的混淆矩阵基于 FashionTech 公司在引入案例中生成的 Class_Prob 数据集。数据集中的每一行包括观测值所属的实际类别和由预测的分类模型预测的目标概率，FashionTech 公司没有提供模型的详细信息。部分数据如表 8.8 所示（文件：Class_Prob）。

表 8.8　FashionTech 公司数据集的一部分

实际分类	目标概率
1	0.775 857 87
0	0.047 090 09
⋮	⋮
0	0.381 116 70

在这里，我们展示了每一步的 Excel 指令，在给定目标概率的情况下，为预测的分类模型构建混淆矩阵，具体来说，我们复制了表 8.7。（在第 9 章和第 10 章中，我们将讨论 Analytic Solver 和 R 语言如何预测分类模型、生成混淆矩阵和性能指标。）

A. 打开 Class_Prob 数据文件。

B. 基于 0.5 的默认截止值导出预测类，换句话说，如果目标概率大于或等于 0.5，则预测类等于 1，否则为 0。在单元格 C1 中输入列标题"PredClass"。在单元格 C2 中输入公式＝IF(B2＞＝0.5，1，0)。使用 C2 中的公式填充范围 C3:C201。

C. 计算混淆矩阵 4 个分类的值，如下所示：

● 在单元格 D1 中输入列标题"真阳性"。在单元格 D2 中输入公式＝IF(AND(A2＝1，C2＝1)，1，0)。使用 D2 中的公式填充范围 D3:D201。

● 在单元格 E1 中输入列标题"真阴性"。在单元格 E2 中输入公式＝IF(AND(A2＝0，C2＝0)，1，0)。使用 E2 中的公式填充范围 E3:E201。

● 在单元格 F1 中输入列标题"假阳性"。在单元格 F2 中输入公式＝IF(AND(A2＝0，C2＝1)，1，0)。使用 F2 中的公式填充范围 F3:F201。

● 在单元格 G1 中输入列标题"假阴性"。在单元格 G2 中输入公式＝IF(AND(A2＝1，C2＝0)，1，0)。使用 G2 中的公式填充范围 G3:G201。

D. 输入表 8.9 中所示的公式，建立混淆矩阵。结果分析表应与表 8.7 相同。

表 8.9　混淆矩阵的 Excel 公式

实际分类	预测分类 1	预测分类 0
分类 1	＝COUNTIF(D2:D201，1)	＝COUNTIF(G2:G201，1)
分类 0	＝COUNTIF(F2:F201，1)	＝COUNTIF(E2:E201，1)

选择截止值

基于 7.3 节介绍的二元选择模型，我们计算了新抵押贷款申请被批准（分类 1）或拒绝（分类 0）的可能性。如果预测概率值大于或等于 0.5，我们将新贷款申请归类为分类 1（已批准），否则归类为分类 0（已拒绝）。换言之，我们使用了默认的截止值 0.5。所有有监督数据挖掘中的分类技术都遵循类似的过程，即通过将目标类别的预测概率（属于目标类别所需的最小概率）与预定截止值进行比较来确定类别成员。然而，在某些实践中，由于不对称的错误分类成本或不均匀的类别分布，分析师可能会选择增大或减小截止值，以将更少或更多的观测值分类到目标类别。因此，截止值的选择会影响混淆矩阵和由此产生的性能度量。例 8.6 强调了截止值对分类模型性能度量的影响。

例 8.6

表 8.10 显示了 10 个分类变量观测值的实际类别和预测目标类别概率。该表还包括基于 5 个不同截止值的预测目标类别成员。

表 8.10　不同截止值下的实际和预测目标类别成员情况

序次	实际类别	预测目标类别概率	5 个截止值的预测目标类别				
			0.15	0.25	0.50	0.75	0.85
1	1	0.73	1	1	1	0	0
2	1	0.48	1	1	0	0	0
3	0	0.22	1	0	0	0	0
4	1	0.33	1	1	0	0	0
5	0	0.52	1	1	1	0	0
6	0	0.1	0	0	0	0	0
7	1	0.98	1	1	1	1	1
8	0	0.05	0	0	0	0	0
9	0	0.12	0	0	0	0	0
10	1	0.78	1	1	1	1	0

a. 计算截止值为 0.25 和 0.75 时的误分类率。

b. 使用 0.25 和 0.75 的截止值计算敏感性和精度。

c. 报告并解释所有 5 个截止值的性能度量指标。

解答：

a. 误分类率是指误分类观测值的总比例。当截止值为 0.25 时，我们注意到只有一个观测值，即第 5 个观测值未正确分类，因此，误分类率为 1/10＝0.10。当截止值为 0.75 时，观测值 1、2 和 4 未正确分类，误分类率为 3/10＝0.30。

b. 敏感性是指正确分类的目标类别样本的比例。当截止值为 0.25 时，我们发现所有实际类别为 1 类的观测值都被正确归类为目标类别，因此敏感性为 5/5＝1。当截止值为 0.75 时，敏感性降至 2/5＝0.40。精度是实际属于目标类别的预测目标类别样本的比例。当截止值为 0.25 时，我们注意到在 6 个预测的目标类别样本中，有 5 个样本属于目标类别，因此精度为 5/6＝0.833。当截止值为 0.75 时，精度增加到 2/2＝1。

c. 表 8.11 显示了表 8.10 中不同截止值的性能度量。

表 8.11　分类性能度量

截止值	误分类率	准确率	敏感性	精度	特异性
0.15	0.20	0.80	1.00	0.714	0.60
0.25	0.10	0.90	1.00	0.833	0.80
0.50	0.30	0.70	0.60	0.750	0.80

续表

截止值	误分类率	准确率	敏感性	精度	特异性
0.75	0.30	0.70	0.40	1.000	1.00
0.85	0.40	0.60	0.20	1.000	1.00

如表 8.11 所示，截止值的选择会极大地影响混淆矩阵和性能度量。虽然二元选择模型的截止值默认为 0.50，但分析师可以选择更大或更小的截止值，将更少或更多的观测值分类到目标类别中，以调整不对称的错误分类成本或不均匀的类别分布。

■ 分类性能图

有时，使用图表来展示评估数据挖掘模型的预测性能会提供更多信息。最流行的性能图是累积提升图、十分位提升图和接受者操作特征曲线。

□ 累积提升图

累积提升图（cumulative lift chart，也称为累积增益图或提升图）显示了与随机选择相比，预测模型在捕获目标类别样本方面的改进。它还允许我们确定模型预测中那些不那么有用的点。图 8.5 显示了分类模型的累积提升图。图中显示了通过确定所有样本的数量（百分比）获得的目标类别样本的数量（百分比）。x 轴表示所选样本的数量。y 轴表示模型确定的目标类别（类别 1）样本的累积数量。对角线表示基线模型，其中观测值是随机选择的，而非使用预测模型。对角线的斜率是类别 1 的样本数除以样本总数，或随机选择的样本属于类别 1 的概率。假设 5 000 个样本中有 475 个属于类别 1。随机选择的属于类别 1 的样本的概率或对角线斜率为 475/5 000＝0.095。注意，在图 8.5 中，对角线的斜率为 190/2 000＝0.095。

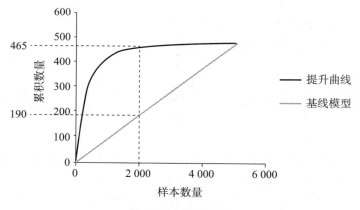

图 8.5　累积提升图

图 8.5 中的曲线称为提升曲线，它表示分类模型识别类别 1 的样本（例如，买家）的能力。为了构建提升曲线，验证数据集中的观测值根据其属于目标类别（即类别 1）的预测概率按降序排序。图 8.5 中的提升曲线表明，如果我们选择预测概率最高的前 2 000 个观测值，那么我们将捕获 465 个类别 1 的观测值。如果我们选择运行 2 000 个观测值，那么我们将只捕获 190 个类别 1 的观测值。模型捕获的类别 1 的观测值与随机选择捕获的观测值之比称为提升。

图 8.5 所示的累积提升图显示，当我们选择 2 000 个观测值时，模型提供的提升为 465/190 或 2.447。这意味着，在模型选择的前 2 000 个观测值中，我们能够捕获到的类别 1 的观测值是随机选择的 2 000 个观测值的 2.447 倍。因此，与随机选择相比，累积提升图显示了预测模型捕捉目标类

别样本的能力。在从营销到欺诈检测的大多数应用中，高提升数是可取的，这意味着我们能够通过只关注一小部分具有高预测概率的样本来捕获大部分目标类别样本。高于基线的提升曲线表明模型具有良好的预测性能。提升曲线越位于基线之上，模型识别目标类别样本的能力就越好。

□　**十分位提升图**

十分位提升图（decile-wise lift chart）传达的信息与累积提升图相似，但以 10 个相同大小的间隔（例如，每 10% 的观测值）呈现信息。它通常以条形图的形式呈现，其中 y 轴表示模型识别的目标类别样本与通过随机选择识别的目标类别样本的比率。十分位提升图如图 8.6 所示。

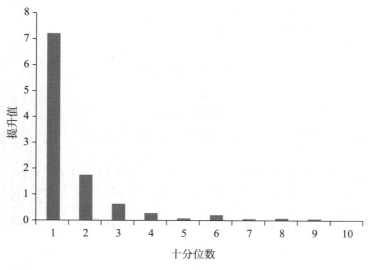

图 8.6　十分位提升图

图 8.6 显示，前 10% 的观测值（第一项）的提升约为 7.1，这意味着模型选择的前 10% 的观测值所包含的类别 1 的样本数是随机选择的 10% 的 7.1 倍。它还允许我们确定模型预测中不那么有用的点。例如，在第二个十分位数之后，提升值下降到 1 以下，这表明该模型捕获的目标类别样本将少于后续十分位数中的随机选择。因此，在这种情况下，如果我们的目标是捕获目标类别样本（例如在营销活动中或在检测欺诈性信用卡交易时），那么我们将重点关注属于目标类别的预测概率最高的前 20% 的观测值。

□　**接受者操作特征曲线**

接受者操作特征曲线（receiver operating characteristic（ROC）curve）显示了所有截止值的敏感性和特异性度量，以及模型能够对目标和非目标类别样本进行总体分类的准确程度。ROC 曲线如图 8.7 所示。ROC 曲线的 x 轴等于特异性，范围从 0（对非目标类别样本实现 100% 正确分类）到 1（对非目标类别样本实现 0% 正确分类），y 轴等于敏感性，范围从 0（对目标类别样本实现 0% 正确分类）到 1（对目标类别样本实现 100% 正确分类）。因此，图上的完美点是点（0，1），因为它表明该模型能够同时正确分类 100% 的目标类别样本和非目标类别样本。

图 8.7 显示了 ROC 曲线以及斜线，该斜线表示一个基线模型，该模型根据目标类别样本的先验概率将观测值随机分配给两个类别。因此，一个好的预测模型应该有一条位于对角线上方的 ROC 曲线。ROC 曲线和基线之间的面积越大，模型越好。我们还可以使用**曲线下面积**（area under the curve，AUC）来评估模型的整体性能，该度量的范围从 0（最差模型）到 1（完美模型）。对角线的 AUC 值为 0.5。你所使用的软件产品将提供 AUC 值。图 8.7 中的 ROC 曲线的 AUC 值为 0.945 7，这表明该模型具有非常高的预测性能。

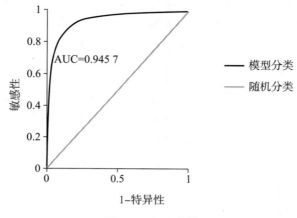

图 8.7　ROC 曲线

分类性能图摘要

● 累积提升图表示分类模型识别目标类别样本的能力。与随机选择相比，它显示了预测模型在捕获目标类别样本方面的改进。

● 十分位提升图传达的信息与累积提升图相同，但以 10 个相同大小的间隔呈现信息。

● 接受者操作特征（ROC）曲线显示了所有截止值的敏感性和特异性测量，以及模型能够对目标和非目标类样本进行总体分类的准确程度。

例 8.7

让我们回到引入案例，Alissa 和她的 FashionTech 团队希望评估 MarketWiz 开发的预测模型的性能。Alissa 和她的团队构建了累积提升图、十分位提升图和 ROC 曲线，如图 8.8 所示。请解释这些性能图表。（我们随后将演示如何在 Excel 中创建这些图形。）

解答：

图 8.8(a) 中的累积提升图表明，分类模型优于基线模型，因为它位于基线模型的上方。图表显示，如果选择属于 1 类的 50 个预测概率最高的观测值（占总观测值的 25%），我们将能够捕获 48 个实际 1 类样本中的 30 个，即 30/48＝0.625，也即 62.5%。在随机选择样本的基线模型中，我们只能捕获 12/48＝0.25，或 1 类样本的 25%。因此，在此情况下，分类模型的提升为 0.625/0.25＝2.5。

图 8.8(b) 中的十分位提升图显示了分类模型在捕获每十分位的目标类别样本时与基线模型相比所提供的改进（提升）。例如，第 1 个十分位数的提升为 2.29，这意味着，预测概率最高的前 10% 的观测值属于目标类别，其实际目标类别样本数是随机选择的 10% 观测值的 2.29 倍。由于前 4 个十分位数的提升值大于 1，我们将能够通过选择具有最高概率属于目标类别的前 40% 的观测值来捕获大部分目标类别样本。图 8.8(b) 中的十分位提升图还显示，在 8 个十分位之后，找不到目标类别样本。这表明，如果我们的目标是捕获目标类别样本，那么我们可以忽略预测概率最低的 20% 的观测值。

图 8.8(c) 中的 ROC 曲线表明分类模型优于基线模型，因为它位于基线模型的上方，并且比基线模型更接近点 (0, 1)。ROC 曲线表明，在所有截止值上，分类模型比基线模型具有更高的敏感性（即正确分类目标类别样本的能力）和特异性（即正确分类非目标类别样本的能力）。请注意，虽然手动绘制 ROC 曲线时很难计算 AUC，但软件产品（如 Analytic Solver 和 R 语言）会自动为 ROC 曲线提供 AUC。

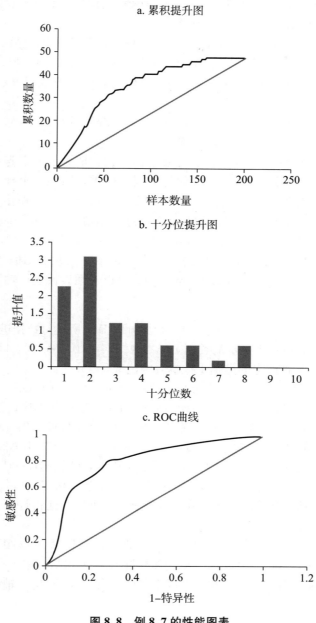

图 8.8　例 8.7 的性能图表

现在，我们使用 Excel 复制图 8.8 所示的图形。这些图基于我们之前在 Excel 中创建混淆矩阵时使用的 Class_Prob 数据文件。

使用 Excel 获取分类性能图

□ 累积提升图

A. 打开原始 Class_Prob 数据文件。

B. 选择数据范围 B1:B201。选择"首页"（Home）→"排序或筛选"（Sort & Filter）→"从大到小排序"（Sort Largest to Smallest）。在"排序警告"（Sort Warning）对话框中选择"展开所选内

容"（Expand the Selection），单击"排序"（Sort）。这将根据预测的属于目标类别的概率按降序对所有观测值进行排序。观测值越靠近顶部，概率越大。

C. 在 D 列中创建一个列标题为"♯ of Cases"的新列，在 E 列中创建另一个列标题为"Cumulative"的新列。用数据序列 1 到 200 填充单元格 D2:D201，本栏记录观测次数。在单元格 E2 中输入公式＝A2，在单元格 E3 中输入公式＝E2＋A3。用 E3 中的公式填充范围 E4:E201。这将创建一列，记录类别 1 样本的累积数量。

D. 选择范围 D1:E201。选择"插入"（Insert）→"平滑线散点"（Scatter with Smooth Lines）以创建散点图，该散点图连接一条线中的所有数据点。

E. 为了将分类模型的累积提升图与基线模型进行比较，请添加一条连接点（0，0）和（200，48）的对角线。由于 200 个样本中有 48 个实际的类别 1 样本，因此每个样本属于类别 1 的概率为 48/200＝0.24。右键单击图表区域并选择"选择数据"（Select Data）。单击"选择数据源"（Select Data Source）对话框中的"添加"（Add）按钮。在"序列名称"（Series names:）框中输入"基线模型"（Baseline Model）。在"X 系列值"（Series X values:）框中输入"0，200"。在"Y 系列值"（Series Y Values:）框中输入"0，48"。单击"确定"（OK）两次。（通过从菜单中选择"格式"（Format）→"添加图表元素"（Add Chart Elements），可以对图表标题、轴标题等进行格式化。）

□ 十分位提升图

A. 打开原始数据文件 Class_Prob，并按照累积提升图 B 中所述对数据进行排序。

B. 我们需要计算每十分位数中确定的类别 1 样本数（200×0.10＝20，即每十分位数中有 20 个）与如果随机选择 10% 的样本将确定的类别 1 样本数的比率。

首先在 D1 中创建一个列标题"♯每十分位类别 1 样本"（♯ of Class 1 Cases in Each Decile），在 E1 中创建一个列标题"十分位提升"（Decile-Wise Lift）。为了找出第 1 个十分位数中确定的类别 1 样本的数量，第 1 个十分位数比率的分子，在 D2 中输入"＝SUM(A2:A21)"。类似地，为了找出第 2 个十分位数中确定的类别 1 样本的数量，在 D3 中输入"＝SUM(A22:A41)"。其他 8 个十分位数也是以同样的方式找到的。由于共有 48 个类别 1 样本，随机选择的 10% 样本中的类别 1 样本数为 48×0.10＝4.8 个，这是所有十分位数比率的分母。在单元格 E2 中输入公式＝D2/4.8，以计算第 1 个十分位数的提升值。用 E2 中的公式填充范围 E3:E11。这将计算其余 9 个十分位数的提升值。

C. 选择范围 E2:E11。选择"插入"（Insert）→"插入柱状图或条形图"（Insert Column or Bar Chart)→"聚集柱形图"（Clustered Columns）以创建柱形图。（通过从菜单中选择"格式"（Format）→"添加图表元素"（Add Chart Elements），可以完成格式化（关于图表标题、轴标题等）。）

□ ROC 曲线

在前面，我们使用 Class_Prob 数据推导了混淆矩阵以及截止值为 0.5 的结果性能度量。为了构建 ROC 曲线，我们按照相同的程序寻找各种截止值的性能度量。我们创建了 Spec_Sens 数据集，其中包含以 0.05 为增量从 0 到 1 的截止值的特异性和敏感性度量。数据集包括：截止值（截止）、特异性值（特异性）和敏感性值（敏感）。部分数据如表 8.12 所示。

表 8.12　Spec_Sens 数据集的一部分

截止值	特异性值	敏感性值
0	0	1
0.05	0.296 053	0.958 333
⋮	⋮	⋮
1	1	0

A. 打开 Spec_Sens 数据文件。

B. 选择 C 列。单击鼠标右键并选择"插入"（Insert）以插入列。在新栏中键入列标题"1－特异性"（1－Specificity）。在 C2 中插入公式＝1－B2。用 C2 中的公式填充范围 C3：C22。新列计算 A 列中所有截止值的 1－特异性值。

C. 选择范围 C1：D22。选择"插入"（Insert）→"平滑线散点"（Scatter with Smooth Lines）以创建一个散点图，该散点图连接一条线中的所有数据点。将图表标题更改为"ROC 曲线"（ROC Curve）。将 x 轴标题更改为"1－特异性"（1－Specificity），将 y 轴标题更改为"敏感性"（Sensitivity）。

D. 将分类模型的 ROC 曲线与基线模型的 ROC 曲线进行比较，添加一条连接点（0，0）和（1，1）的对角线。右键单击图表区域并选择"选择数据"（Select Data）。单击"选择数据源"（Select Data Source）对话框中的"添加"（Add）按钮。在"序列名称"（Series name：）框中输入"基线模型"（Baseline Model）。在"X 系列值"（Series X values：）框中输入"0，1"。在"Y 系列值"（Series Y values：）框中输入"0，1"。单击"确定"（OK）两次。

预测模型的性能评估

现在我们来考虑目标变量具有数值的预测模型的性能评估。与第 6 章和第 7 章中讨论的回归模型的性能评估类似，有监督数据挖掘模型的预测性能是通过计算**预测误差**（prediction error）来评估的。预测误差是因变量的实际值 y 和预测值 $\hat{y}$ 之间的差。计算如下：

$$e＝y－\hat{y}$$

请注意，预测误差的计算方法与残差相同，但它是使用验证数据集而不是训练数据集计算的。与回归模型一样，更小的预测误差 e 是更优选择。下面强调了 5 种性能评估指标：（1）均方根误差（RMSE）；（2）均值误差（ME）或平均误差（AE）；（3）平均绝对偏差（MAD）或平均绝对误差（MAE）；（4）平均百分比误差（MPE）；（5）平均绝对百分比误差（MAPE）。

预测模型的性能评估

所有性能评估指标的测算均基于验证数据集中给定的 n 个观测值的预测误差 $e＝y－\hat{y}$。

● **均方根误差**（root mean square error，RMSE）与线性回归模型中预测值的标准误差相似，只是它是针对验证数据集而不是训练数据集计算的。它的计算公式为 $\text{RMSE}=\sqrt{\dfrac{\sum e_i^2}{n}}$。因为 RMSE 使用预测误差的平方，所以在用于模型的比较时，它会突出预测误差较大的模型。

● **均值误差**（mean error，ME）或**平均误差**（average error，AE）是预测误差的平均值，计算公式为 $\text{ME}=\dfrac{\sum e_i}{n}$。因为正误差和负误差相互抵消，所以平均误差被用作预测偏差的度量。平均而言，正 ME 表示模型预测不足，负 ME 表示模型预测过高，ME 接近 0 表示预测无偏。

● **平均绝对偏差**（mean absolute deviation，MAD）或**平均绝对误差**（mean absolute error，MAE）是绝对误差的均值，计算公式为 $\text{MAD}=\dfrac{\sum |e_i|}{n}$。平均绝对偏差测量误差的平均大小，而不考虑其方向。由于误差不是平方值，因此具有较大误差的模型不会像在 RMSE 中那样被突出显示。

● **平均百分比误差**（mean percentage error，MPE）是误差百分比的平均值，计算公式为 $\text{MPE}=\left(\dfrac{1}{n}\sum \dfrac{e_i}{y_i}\right)\times 100\%$。由于平均百分比误差的正负值可以相互抵消，因此平均百分比误差通常被用作预测偏差的度量。然而，它并不反映误差的大小。

● **平均绝对百分比误差**(mean absolute percentage error，MAPE) 是误差百分比绝对值的平均值，计算公式为 $MAPE = \left(\frac{1}{n} \sum \left| \frac{e_i}{y_i} \right| \right) \times 100\%$。它以实际值的百分比显示误差，给出误差大小的度量。

测算误差大小的两个最常用的性能度量是 RMSE 和 MAD。它们的范围都在 0 到正无穷之间，其值越小，表示预测模型性能越好。因为 RMSE 对大的预测偏差给予了相对较大的权重，所以当预测偏差特别不受欢迎时，RMSE 更有用。请注意，RMSE 将始终大于或等于 MAD，仅当所有误差的大小相同时，RMSE＝MAD。

我们无法为 RMSE 和 MAD 定义一个"良好"的值，因为它们都假设与原始因变量相同的单位。例如，RMSE 和 MAD 值将根据购买金额是以美元表示还是以欧元表示而变化，这使得这些指标很难单独解释，尽管它们对模型选择很有用。无论计算中使用何种货币，RMSE 或 MAD 最低的模型始终都优于其他模型。MAPE 的主要吸引力在于它是以百分比表示的，因此，它比较易于理解。

例8.8

回想一下引入案例，Alissa 和她的 FashionTech 团队希望评估 MarketWiz 开发的预测模型的性能。他们设计了两个预测模型来预测通过社交媒体渠道获得的客户的年购买量。在将预测模型应用于 200 个观测值的验证数据集后，Alissa 和她的团队生成了预测数据集，其中包含 200 个观测值的预测一年购买量。数据集的每一行包括两个模型（PredVal1 和 PredVal2）的实际目标值（ActVal）和相应的预测值。部分数据如表 8.13 所示（文件：Prediction）。

表 8.13　实际值和预测值

实际值	预测值 1	预测值 2
1 326.50	1 189.60	1 169.60
546.00	493.30	506.30
⋮	⋮	⋮
689.50	481.50	493.50

使用表 8.13 中的数据，计算了两个预测模型的 5 种性能指标 RMSE、ME、MAD、MPE 和 MAPE，如表 8.14 所示。使用这些度量来比较模型的性能。（我们随后将展示如何在 Excel 中计算这些度量值。）

表 8.14　预测性能度量

性能测量	模型 1	模型 2
RMSE	171.348 9	174.175 8
ME	11.253 0	12.048 0
MAD	115.165 0	117.992 0
MPE	−2.05%	−2.08%
MAPE	15.51%	15.95%

解答：

对于这两个模型，ME 和 MPE 作为预测偏差的度量，提供了相互冲突的结果。ME 的正值表明两个模型的预测都倾向于低估购买量，而 MPE 的负值表明预测都倾向于略微高估购买量的百分比。由于模型 1 的所有性能指标值都较低，因此我们认为模型 1 具有较低的预测偏差和较低的误差幅度。因此，模型 1 是预测通过社交媒体渠道获得的客户一年购买量的首选模型。

使用 Excel 获取用于预测模型的性能度量

我们复制了表 8.14 中所示的模型 1 的性能度量；模型 2 的性能度量可以进行类似的计算。

A. 打开 Prediction 数据文件。

B. 在 D 列中创建一个新列，以计算每个观测值的预测误差。在单元格 D1 中输入列标题"误差"。在单元格 D2 中输入公式＝A2－B2。用公式填充范围 D3：D201。

C. 在 E 列中创建一个新列，以计算每个观测值的平方预测误差。在单元格 E1 中输入列标题"平方误差"。在单元格 E2 中输入公式＝D2^2。用公式填充范围 E3：E201。

D. 在 F 列中创建一个新列，以计算每个观测值的绝对预测误差。在单元格 F1 中键入列标题"绝对误差"。在单元格 F2 中输入公式＝ABS(D2)。用公式填充范围 F3：F201。

E. 在 G 列中创建一个新列，以计算预测误差占每个观测值的实际值的百分比。在单元格 G1 中输入列标题"百分比误差"。在单元格 G2 中输入公式＝D2/A2。用公式填充范围 G3：G201。

F. 在 H 列中创建一个新列，以计算每个观测值的绝对误差百分比。在单元格 H1 中输入列标题"绝对百分比误差"。在单元格 H2 中输入公式＝ABS(G2)。用公式填充范围 H3：H201。

G. 如表 8.15 所示，通过输入公式计算工作表中任意位置的性能度量。得到的表格应与表 8.14 的第 2 列相同。

表 8.15　预测性能度量的 Excel 公式

性能度量	公式
RMSE	＝SQRT(SUM(E2：E201)/200)
ME	＝SUM(D2：D201)/200
MAD	＝SUM(F2：F201)/200
MPE	＝SUM(G2：G201)/200
MAPE	＝SUM(H2：H201)/200

引入案例概要

MarketWiz 为在线服装零售商开发预测模型，旨在帮助 FashionTech 获得新客户并增加现有客户的销售额。据估计，分类模型可预测 FashionTech 的客户在社交媒体账户中收到促销信息后 30 天内的购买概率。利用验证数据集中的 200 个观测值，构建以 0.5 为截止值的混淆矩阵，以评估模型的性能。混淆矩阵显示，模型对 29 名买家和 133 名非买家进行了正确分类，显示准确率为 0.81。

敏感性测度为 0.604 2，特异性测度为 0.875 0，表明该模型在正确分类非买家方面优于正确分类买家。由于混淆矩阵和性能度量对选择的截止值敏感，因此 MarketWiz 解释说，如果截止值降低，则模型将对更多买家进行正确分类，但同时对更多非买家进行错误分类。因为发送社交媒体信息的成本很低，FashionTech 同意将截止值降低到 0.25，以将敏感度提高到 0.812 5。

该案例还使用累积提升图、十分位提升图和 ROC 曲线，以图形方式评估模型的性能。累积提升图和十分位提升图表明，该模型可以通过仅针对部分预测购买概率最高的社交媒体用户来捕获几乎所有的实际买家。ROC 曲线显示，该模型在所有截止值中的表现，就敏感性和特异性来说，要优于基线模型（随机猜测）。总的来说，分类模型很好地将潜在客户分为购买类和非购买类。

有两个预测模型可以预测通过社交媒体渠道获得的客户的一年购买量。为了比较模型的性能，使用验证数据集中的 200 个观测值计算几个性能指标。由于第 1 个预测模型的所有性能指标值都较低，因此我们得出结论，与第 2 个模型相比，第 1 个模型具有较低的预测偏差和较低的误差幅度。因此，第 1 个模型是预测通过社交媒体渠道获得的客户一年购买量的首选模型。

练习 8.3

理论

18. 文件：Exercise_8.18。使用随附的数据集构建一个混淆矩阵，列出 10 个观测值的实际类成员和预测类成员。

19. 计算以下混淆矩阵的误分类率、准确率、敏感性、精度和特异性。

实际类别	预测类别 1	预测类别 0
1	120	67
0	35	278

20. 计算以下混淆矩阵的误分类率、准确率、敏感性、精度和特异性。

实际类别	预测类别 1	预测类别 0
1	254	10
0	87	649

21. 计算以下混淆矩阵的误分类率、准确率、敏感性、精度和特异性。

实际类别	预测类别 1	预测类别 0
1	295	378
0	379	3 948

22. 计算以下混淆矩阵的误分类率、准确率、敏感性、精度和特异性。

实际类别	预测类别 1	预测类别 0
1	1 367	25
0	35	1 573

23. 文件：Exercise_8.23。使用随附的数据集回答以下问题，该数据集列出了 10 次观测的实际类别和预测类别 1（目标类别）的概率。

a. 使用 0.5 的截止值计算误分类率、准确率、敏感性、精度和特异性。

b. 使用 0.25 的截止值计算误分类率、准确率、敏感性、精度和特异性。

c. 使用 0.75 的截止值计算误分类率、准确率、敏感性、精度和特异性。

24. 使用前面练习中的数据。

a. 如果模型选择了 5 个观测值，与随机选择的 5 个观测值相比，分类模型提供的提升是什么？

b. 如果模型选择了 8 个观测值，与随机选择的 8 个观测值相比，分类模型提供的提升是什么？

25. 文件：Exercise_8.25。使用随附的数据集回答以下问题，该数据集列出了 10 次观测的实际类别和预测类别 0（非目标类别）的概率。

a. 使用 0.5 的截止值计算误分类率、准确率、敏感性、精度和特异性。

b. 使用 0.25 的截止值计算误分类率、准确率、敏感性、精度和特异性。

c. 使用 0.75 的截止值计算误分类率、准确率、敏感性、精度和特异性。

26. 使用前面练习中的数据。

a. 如果模型选择了 5 个观测值，与随机选择的 5 个观测值相比，分类模型提供的提升是什么？

b. 如果模型选择了 8 个观测值，与随机选择的 8 个观测值相比，分类模型提供的提升是什么？

27. 文件：Exercise_8.27。使用随附数据集 10 次观测的实际值和预测值计算 RMSE、ME、

MAD、MPE 和 MAPE。

28. 文件：Exercise_8.28。使用随附数据集 10 次观测的实际值和预测值计算 RMSE、ME、MAD、MPE 和 MAPE。

应用

29. 一家邮购目录公司开发了一种分类模型，用于预测潜在客户在收到邮购目录时是否会下单。如果预测客户会下订单，则将其归类为 1 类，否则将其归类为 0 类。验证数据集产生以下混淆矩阵。

实际类别	预测类别 1	预测类别 0
1	75	25
0	84	816

a. 计算分类模型的误分类率、准确率、敏感性、精度和特异性。

b. 根据 0.5 的截止值生成混淆矩阵。如果截止值降低到 0.25，则敏感性值是增大还是减小？特异性值是多少？

c. 如果订单的利润远远高于发送目录的成本，那么公司是否会从将潜在客户划分为 1 类和 0 类的较高或较低截止值中获益？

30. Randy Johnson 是一家国家汽车保险公司的保险理算师。Randy 利用历史保险索赔数据，在数据分析师的帮助下建立了保险欺诈检测模型。将模型应用于验证数据集，生成了以下混淆矩阵。欺诈性保险索赔为 1 类案件，而非欺诈性保险索赔为 0 类案件。

实际类别	预测类别 1	预测类别 0
1	130	170
0	2 402	27 298

a. 计算分类模型的误分类率、准确率、敏感性、精度和特异性。

b. 是否应该对数据进行过采样以产生更可靠的分类模型？

c. 根据 0.5 的截止值生成混淆矩阵。如果遗漏欺诈性保险索赔的成本远高于调查潜在欺诈性保险索赔的成本，那么在对索赔进行分类时，是否应提高或降低截止值？

31. 文件：Credit_Cards。一家国家银行开发了一种预测模型，用于识别更有可能接受信用卡服务的客户。如果预计客户将接受信用卡服务，则该客户被归类为 1 类；否则，客户被归类为 0 类。将模型应用于验证数据集生成一个表，该表列出了验证数据集中 100 个观测值的实际类别和预测类别 1 的概率。该表的一部分如下所示。

客户	实际类别	预测类别 1 的概率
1	1	0.22
2	0	0.54
⋮	⋮	⋮
100	1	0.5

a. 使用截止值 0.25、0.5 和 0.75，为验证数据集的预测结果分类。根据每个截止值的分类结果，在 Excel 中生成混淆矩阵。

b. 计算 a 问题中指定的 3 个截止值的分类模型的误分类率、准确率、敏感性、精度和特异性。

c. 为分类模型创建累积提升图和十分位提升图。

d. 与随机选择 20% 的观测值相比，如果模型选择了 20% 的观测值，那么分类模型提供了什么方面的提升？

e. 与随机选择 50% 的观测值相比，如果模型选择了 50% 的观测值，那么分类模型提供了什么方面的提升？

32. 文件：IT_Professionals。Kenzi Williams 是一家高科技公司的人力资源总监。为了管理公司 IT 专业人员的高离职率，她开发了一个预测模型，用于识别更有可能在第一年内离开公司的软件工程师。如果软件工程师预计在一年内离开公司，则将其归为 1 类；否则归为 0 类。将模型应用于验证数据集生成一个表，该表列出了验证数据集中 100 个观测值的实际类别和预测类别 1 的概率。该表的一部分如下所示。

员工	实际类别	预测类别 1 的概率
1	0	0.09
2	0	0.22

续表

员工	实际类别	预测类别 1 的概率
⋮	⋮	⋮
100	1	0.41

a. 使用截止值 0.25、0.5 和 0.75。根据每个截止值的分类结果生成混淆矩阵。

b. 根据 a 中指定的 3 个截止值计算分类模型的误分类率、准确率、敏感性、精度和特异性。

c. 为分类模型创建累积提升图和十分位提升图。

d. 与随机选择 20% 的观测值相比，如果模型选择了 20% 的观测值，那么分类模型提供了什么方面的提升？

e. 与随机选择 50% 的观测值相比，如果模型选择了 50% 的观测值，那么分类模型提供了什么方面的提升？

33. 文件：Gamers。在线游戏应用程序开发公司 Monstermash 建立了一个预测模型来识别可能进行应用内付费的玩家。该模型将可能进行应用内付费的玩家分类至类别 1，将不太可能进行应用内付费的玩家分类至类别 0。将模型应用于验证数据集，生成一个表，其中列出了验证数据集中玩家的实际类别和预测类别 1 的概率。该表的一部分如下所示。

玩家	实际类别	预测类别 1 的概率
1	0	0.022 666
2	0	0.032 561
⋮	⋮	⋮
920	0	0.040 652

a. 使用截止值 0.25、0.5 和 0.75，为验证数据集的预测结果分类。

b. 根据每个截止值的分类结果生成混淆矩阵。根据 a 中指定的 3 个截止值计算分类模型的误分类率、准确率、敏感性、精度和特异性。

c. 为分类模型创建累积提升图、十分位提升图和 ROC 曲线。

d. 与随机选择 20% 的观测值相比，如果模型选择了 20% 的观测值，那么分类模型提供了什么方面的提升？

e. 与随机选择 50% 的观测值相比，如果模型选择了 50% 的观测值，那么分类模型提供了什么方面的提升？

34. 文件：House_Prices。一家房地产公司建立了两个预测模型，用于估算房屋售价。使用一个包含 10 个观测值的小测试数据集，它试图评估预测模型在新数据集上的表现。下表列出了两个预测模型产生的部分实际价格和预测价格。

房子	实际价格 美元	预测价格 1 美元	预测价格 2 美元
1	230 500	254 000	256 000
2	209 900	215 500	223 400
⋮	⋮	⋮	⋮
10	328 900	340 000	324 500

a. 计算两个预测模型的 ME、RMSE、MAD、MPE 和 MAPE。

b. 预测模型是否都在均值上高估或低估了实际售价？

c. 将预测模型与一个基线模型进行比较，在该模型中，预测每栋房屋将以训练数据集中所有房屋的平均价格，即 260 500 美元出售。房地产公司建立的预测模型在 RMSE 方面是否优于基线模型？

d. 哪种预测模型的性能更好？

35. 文件：Customer_Spending。Mary Grant 是一家在线零售商的营销经理，她建立了两个预测模型来预测新客户的年度支出。将模型应用于验证数据集中的 100 个观测值，生成一个表，其中列出了客户的实际支出和预测支出。数据集的一部分如下表所示。

消费者	实际支出	预测支出 1	预测支出 2
1	555	587	487
2	190	198	182
⋮	⋮	⋮	⋮
100	464	380	312

a. 计算两个预测模型的 ME、RMSE、MAD、

MPE 和 MAPE。

　　b.预测模型是否都在均值上高估或低估了实际支出？

　　c.比较两种预测模型的 RMSE 和 MAD。哪个预测模型性能更好？

　　d.将更好的预测模型与基线模型进行比较，在基线模型中，每个客户的预测消费额都是训练数据集中案例的平均消费额，即 290 美元。Mary 建立的更好的预测模型在 RMSE 方面是否优于基线模型？

8.4　主成分分析

　　在许多现实情况中，我们可能会发现很多数据集包含大量变量，在科学、医学和消费者研究中尤其如此。包含许多变量（维度）的数据集称为高维数据集。有时，变量的数量甚至超过了数据集中观测值的数量。在一些情况下，我们能够剔除一些多余的变量，但有时直接剔除这些变量可能会导致丢失有价值的信息。

　　主成分分析（PCA）是一种有用的降维技术。当我们想要减少变量数量，却又不想丢失重要信息时，它特别有效。主成分分析将大量可能互相相关的变量转换为少量被称为主成分的互不相关的变量。这些主成分使我们能够用较少数量的有代表性的变量来描述数据，同时又解释了数据中的大部分差异。

　　主成分分析是一种无监督数据挖掘技术，它允许我们选择相对少量的主成分来反映数据中发现的大多数特征。例如，它可以在应用其他无监督机器学习方法（如聚类）之前进行数据可视化和预处理。我们还可以将主成分分析与有监督机器学习方法一起使用，例如线性回归和逻辑回归，其中大量的自变量可以用较少数量的主成分代替。

　　给定 n 个观测值，主要任务是找到主成分 PC_1，PC_2，…，PC_m，即 k 个原始变量 $x_1, x_2, …, x_k$（$m \leq k$）的加权线性组合。权重的推导涉及线性代数中特征分解的数学技巧，这超出了本书的范围。在这里，我们只需使用 Analytic Solver 和 R 语言来推导权重、相应的主成分以及它们在数据中所反映的差异。虽然这些互不相关的主成分在数量上少于原始变量，但它们保留了数据中的大部分信息。

主成分分析

　　当面对大量的相关变量时，主成分分析用较少数量的有代表性的变量（称为主成分）来描述这组变量。主成分是互不相关的变量，其值是原始变量的加权线性组合。第一主成分解释了数据中的大部分差异，其次是第二主成分，依此类推。

　　我们用一个简单的例子说明主成分分析是如何发挥作用的。表 8.16 显示了部分数据（文件：CandyBars），其中列出了37 块糖果棒的营养成分：热量（卡路里）、脂肪（克）、蛋白质（克）和碳水化合物（克）。为了便于阐述，我们将展示单个主成分如何反映两个变量之间的大部分差异：脂肪（表示为 x_1）和蛋白质（表示为 x_2）。

表 8.16　糖果棒的营养成分（$n=37$）

品牌	热量	脂肪	蛋白质	碳水化合物
Peanut Butter Twix	311.0	18.5	5.3	31.4
Baby Ruth	275.0	13.0	3.2	39.0
⋮	⋮	⋮	⋮	⋮
Twizzlers Cherry Nibs	139.0	1.1	1.0	31.7

　　分析数据时，我们通常对与数据变化趋势相关的信息感兴趣。如果数据没有变化（所有数据点

的值都相同），那么我们就没有什么可研究的了！因此，变化最大的方向包含的信息最多。第一主成分指向数据差异最大的方向（见图 8.9 中的 PC_1）。直观上看，这条线反映了数据中最大的变化。或者，我们可以将第一主成分解释为最接近数据变化趋势的线。

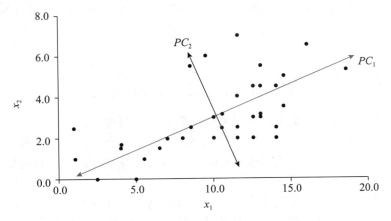

图 8.9　变量 x_1（脂肪）和 x_2（蛋白质）的散点图

　　我们也可以把第一主成分的值看作 x_1 和 x_2 值的加权线性组合。在图 8.9 中，由于 x_1 和 x_2 之间似乎存在线性关系，因此可以合理预期 x_1 和 x_2 值的线性组合将充分反映该关系。换言之，第一主成分似乎反映了两个变量中包含的大部分信息。如前所述，PCA 是有效的，尤其是当变量高度相关时。

　　第二主成分 PC_2 是与 PC_1 不相关的变量的线性组合，并反映数据中的第二大变化。在图 8.9 中，PC_2 表示数据的第二主成分，其中 PC_2 垂直于（或者，更正式的术语表达为正交于）PC_1 或与 PC_1 不相关。

　　通过对数据集应用主成分分析，我们确定了所有最终的主成分彼此不相关，同时反映了数据中包含的几乎所有信息（差异）。在我们的例子中，第一主成分（PC_1）表示数据中总差异的很大一部分，第二主成分（PC_2）表示剩余差异的大部分。

　　在图 8.10 中，通过旋转数据点，使第一和第二主成分的方向与轴重合。注意，数据没有改变，我们只是从另一个角度看数据。数据点相对彼此的位置保持不变，唯一改变的是用于导出数据点坐标的轴。这里的另一个区别是，原始轴的定义清晰，易于理解，它们代表了糖果棒的脂肪和蛋白质含量。然而，新轴更为抽象，只表示原始变量的加权线性组合。每个数据点的第一和第二主成分的值是 x_1 和 x_2 在新轴上的投射值。

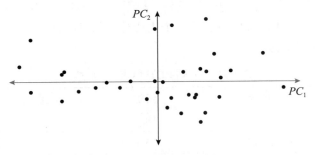

图 8.10　旋转数据的散点图

　　在这个例子中，有两个原始变量，或者说是二维数据，我们最多可以构造两个主成分。即使如此，第一成分也包含了关于 x_1 和 x_2 的更多信息。由于数据中的大量变化现在由第一主成分 PC_1 反映，用 PC_1 替换原始变量 x_1 和 x_2，将导致较少的信息损失。换言之，我们可以用一个主成分 PC_1 替换两个原始变量 x_1 和 x_2，而不会丢失很多信息。主成分分析对数据的规模很敏感。在糖果棒的例子中，因为脂肪相比蛋白质而言变化更多，如果不进行标准化，那么它将主导主成分分析的结果。因此，建议在进行主成分分析之前对数据进行标准化（例如转换为 z 值）。

当在 Analytic Solver 或 R 语言中应用主成分分析时，会生成相当多的输出结果。我们聚焦于计算 PC 分数和方差分布的权重。图 8.11 总结了糖果棒例子的这部分输出结果。（以下将简要展示在 Analytic Solver 和 R 语言中应用主成分分析的说明。）

a. 脂肪和蛋白质的权重

特征/成分	PC_1	PC_2
脂肪（克）	0.707 107	−0.707 11
蛋白质（克）	0.707 107	0.707 107

b. 方差分布

	PC_1	PC_2
方差	1.784 387	0.215 613
方差百分比	89.219 33	10.780 67
累积方差（%）	89.219 33	100

c. 原始值、z 值和 PC 分数

产品	脂肪	蛋白质	脂肪（z 值）	蛋白质（z 值）	PC_1 分数	PC_2 分数
3 Musketeers	6.5	1.5	−0.786 0	−0.898 2	−1.191 0	−0.079 3
5th Avenue	12.5	4.5	0.092 9	0.440 9	0.377 5	0.246 1
⋮	⋮	⋮	⋮	⋮	⋮	⋮
York Peppermint Pattie	4	1.5	−1.152 3	−0.898 2	−1.449 9	0.179 6

图 8.11　糖果棒例子的主成分分析结果

图 8.11(c) 最后两列所展示的 PC 分数是基于图 8.11(a) 所示的权重计算得出的。以下公式用于计算第 i 次观测的第 m 个主成分得分 $PC_{m,i}$：

$$PC_{m,i} = w_{m1}z_{1i} + w_{m2}z_{2i} + \cdots + w_{mk}z_{ki}$$

式中，w_{mk} 是第 m 个主成分的第 k 个变量的权重，z_{ki} 是第 k 个变量第 i 次观测的标准化值。

例如，让我们计算第一个糖果棒品牌 3 Musketeers 的 PC_1 分数，表示为 $PC_{1,3M}$。图 8.11(a) 表明脂肪和蛋白质的权重均为 0.707 107，所以 $w_{11}=0.707\,107$，$w_{12}=0.707\,107$。图 8.11(c) 表明 3 Musketeers 的脂肪和蛋白质含量的标准化值分别为 −0.786 0 和 −0.898 2，因此 $z_{11}=-0.786\,0$ 和 $z_{21}=-0.898\,2$。我们计算 $PC_{1,3M}$ 得出：

$$PC_{1,3M} = w_{11}z_{11} + w_{12}z_{21} = 0.707\,107 \times (-0.786\,0) + 0.707\,107 \times (-0.898\,2) = -1.191\,0$$

每个糖果棒的 PC_1 分数显示在图 8.11(c) 中的倒数第 2 列。同理，3 Musketeers 的 PC_2 分数 $PC_{2,3M}$ 的计算如下：

$$PC_{2,3M} = w_{21}z_{11} + w_{22}z_{21} = -0.707\,11 \times (-0.786\,0) + 0.707\,107 \times (-0.898\,2)$$
$$= -0.079\,3$$

每个糖果棒品牌的 PC_2 分数显示在图 8.11c 中的最后一列。

图 8.11b 显示了所有主成分的方差分布。PC_1 占总差异的 89.22%，而 PC_2 仅占 10.78%。由于主成分分析重新分配了数据中的方差，因此单独使用 PC_1 几乎不会导致信息损失。

到目前为止，我们已经研究了二维数据，我们最多可以用它构造两个主成分。如果我们有 k 个原始变量，x_1，x_2，…，x_k，那么最多可以构造 k 个主成分。例如，有了糖果棒关于热量、脂肪、蛋白质和碳水化合物的数据，我们可以构建 4 个主成分以供分析。从第一个主成分到最后一个主成分，其能够解释的变化量逐步减少。因此，前几个主成分通常代表数据中总变化（或信息）的很大一部分。这使得我们可以在不会丢失大量信息的前提下，通过只包含前几个主成分而不是整个原始变量列表，来显著减少维度的数量。在实践中，预先确定的方差百分比（例如 80%）被用作确定要保留的主成分数量的阈值。此外，主成分是互不相关的。因此，在随后的数据挖掘分析中不会存在多重共线性的问题。

■ 使用 Analytic Solver 和 R 语言进行主成分分析

在例 8.9 中，我们将解释如何使用 Analytic Solver 和 R 语言对 12 个变量应用主成分分析。

例 8.9

利用世界银行健康营养和人口统计数据库中的 2 000 条数据，考虑 38 个国家的国家一级健康和人口指标。对每个国家而言，这些指标包括：每 1 000 人的死亡率（Death Rate，%）、人均健康支出（Healh Expend，美元）、出生时的预期寿命（Life Exp，年）、每 1 000 名成年男性的死亡率（Male Mortality）、每 1 000 名成年女性的死亡率（Female Mortality）、年人口增长率（Population Growth，%）、女性人口（Female Pop，%）、男性人口（Male Pop，%）、总人口（Total Pop）、劳动力规模（Labor Pop）、每名妇女的生育率（Fertility Rate）和每 1 000 人的出生率（Birth Rate）。部分数据如表 8.17 所示（文件：Health）。

表 8.17　国家一级健康和人口指标

国家名称	死亡率	人均健康支出	…	出生率
阿根廷	7.80	706.90	…	19.41
奥地利	9.60	2 415.78	…	9.80
⋮	⋮	⋮	⋮	⋮
瑞士	8.70	3 540.86	…	10.90

解答：

如前所述，当变量高度相关时，主成分分析尤其有效。对健康数据的相关分析表明，许多变量之间存在很强的相关性。例如，男性和女性死亡率之间的相关系数为 0.95，表明这两个变量之间有很强的正相关关系。相关性度量告诉我们，从方差的角度来看，一个国家男性死亡率的一些信息与女性死亡率重复。然而，如果我们从数据集中剔除其中一个变量，那么可能会丢失数据中相当大一部分的变化（信息）。而主成分分析应用于具有大量相关变量的数据集，可以显著降低数据维数，同时保留数据中几乎所有的信息。

接下来，我们将解释如何使用 Analytic Solver 和 R 语言对健康和人口数据集应用主成分分析，同时总结了研究结果。

使用 Analytic Solver

a. 打开 Health 数据文件。

b. 从菜单中选择"数据挖掘"（Data Mining）→"转换"（Transform）→"主成分分析"（Principal Components）。

c. 参见图 8.12，单击"数据范围"（Data range）旁边的省略号按钮，突出显示单元格＄Ａ＄1：＄Ｍ＄39。确保选中"第一行包含标题"（First Row Contains Headers）。"输入变量数据"（Variables In Input Data）的框将被填充。选择并将除国家名称以外的所有变量移动到"选定变量"（Selected Variables）框中。接受其他默认设置并单击"下一步"（Next）。

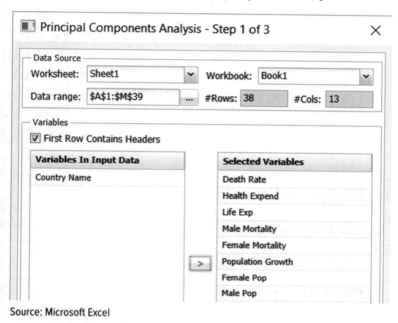

Source: Microsoft Excel

图 8.12　主成分分析对话框中的第 1 步，共 3 步

d. 参见图 8.13，Analytic Solver 为要在结果中显示的主成分数量提供了两个选项。第一个选项是显示固定数量的主成分。可计算的主成分总数与变量数相同，因此，本例中显示的最大主成分数为 12。另一个选项允许显示最少数量的成分，这些成分共同解释了数据中至少一定百分比的总方差，其中默认阈值为 95％。选择该选项以显示所有 12 个成分。

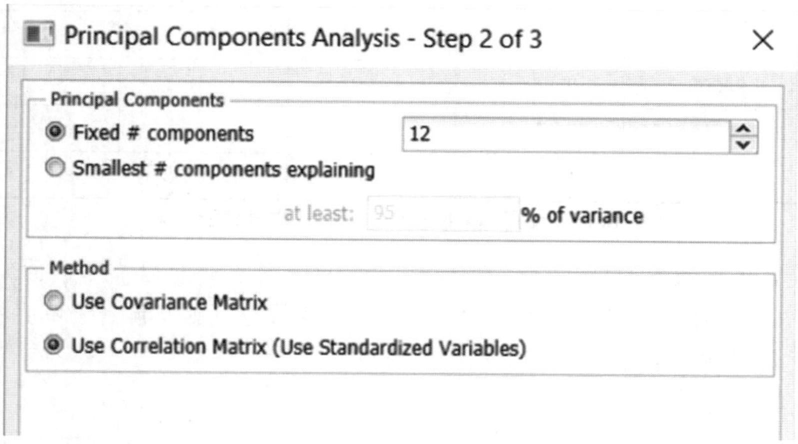

Source: Microsoft Excel

图 8.13　主成分分析对话框中的第 2 步，共 3 步

Analytic Solver 还提供了选择两种应用主成分分析方法的选项：使用协方差矩阵或相关矩阵。

回想一下，相关系数是无单位的，因此，选择使用相关矩阵选项相当于使用主成分分析的标准化数据。如前所述，当量纲不同时，建议在应用主成分分析之前对数据进行标准化（转换为 z 值）。健康数据集的数据规模差异很大，因此，我们将选择使用相关矩阵选项，以消除数据规模对结果的影响。单击"下一步"。

e.在最后一个对话框中，确保选中"主成分得分"（Show principal components score）旁边的框。单击"完成"（Finish）。

Analytic Solver 插入了两个新工作表（PCA_Output 和 PCA_Scores）。图 8.14(c) 显示了 PCA_Scores 工作表中 38 个国家的部分主成分分数。这里，记录 1 指的是阿根廷，记录 2 指的是奥地利，依此类推。回想一下，主成分是原始变量的加权线性组合。图 8.14(a) 和 图 8.14(b) 总结了 PCA_Output 工作表的结果，包括用于计算主成分分数的权重和每个主成分所占的方差量。我们看到第一主成分占很大一部分，占数据总方差的 46.618 9%。在原始变量中，预期寿命在第一主成分中的绝对权重最大，其次是出生率。累计而言，前 4 个主成分占数据总方差的 93.348 6%，表明如果我们将数据的维度从最初的 12 个变量减少到新计算的 4 个主成分，仍然能够保留数据中几乎所有的信息。

a.方差分布

特征/成分	PC_1	PC_2	PC_3	PC_4	$\cdots$	PC_{12}
方差%	46.618 9	24.695 3	15.324 0	6.710 4	$\cdots$	$-5.782\ 9E-13$
累积方差%	46.618 9	71.314 2	86.638 2	93.348 6	$\cdots$	100

b. 主成分权重

特征/成分	PC_1	PC_2	PC_3	PC_4	$\cdots$	PC_{12}
死亡率	$-0.126\ 1$	0.425 0	0.165 1	$-0.504\ 0$	$\cdots$	$-1.124\ 5E-12$
人均健康支出	0.278 0	0.080 9	$-0.062\ 1$	$-0.767\ 4$	$\cdots$	$1.067\ 8E-12$
$\vdots$	$\vdots$	$\vdots$	$\vdots$	$\vdots$	$\vdots$	$\vdots$
出生率	$-0.407\ 1$	0.021 3	$-0.073\ 1$	$-0.021\ 1$	$\cdots$	$1.935\ 7E-12$

c. 主成分分数

记录编号	PC_1	PC_2	PC_3	PC_4	$\cdots$	PC_{12}
记录 1	0.096 6	0.404 5	$-0.225\ 5$	0.631 2	$\cdots$	$-1.07E-12$
记录 2	2.009 2	0.966 4	$-0.002\ 0$	$-0.419\ 2$	$\cdots$	$4.585E-13$
$\vdots$	$\vdots$	$\vdots$	$\vdots$	$\vdots$	$\vdots$	$\vdots$
记录 38	2.297 2	0.545 0	$-0.320\ 2$	$-1.102\ 8$	$\cdots$	$7.811E-13$

图 8.14　使用 Analytic Solver 的主成分分析结果

需要注意的是，不同版本的 Analytic Solver 和 Excel 可能会产生略有不同的结果，特别是对于非常小的值，如 PC_{12} 的主成分分数、权重和方差。其他主成分（如当前例子中的前 4 个成分）的结果应在不同版本之间保持一致。

使用 R 语言

如附录 C 所述，我们注意到以下说明是基于 R 语言的 3.5.3 版本。此外，由于两个软件采用的算法不同，因此 R 语言的结果可能与 Analytic Solver 的结果略有不同。R 语言中某些主成分得分的符号可能与 Analytic Solver 中计算结果的符号相反。然而，这些符号差异不会对相应的数据挖掘技术产生影响。

a.将 Health 数据导入数据框（表），并将其标记为 myData。

b. 使用 head 函数检查数据，显示 myData 数据框的部分观测结果。输入：

```
> head(myData)
```

c. 我们在分析时排除国家名称变量（第一个变量），标准化其余变量，并将其标准化值存储在名为 myData 的数据框中。标准化数据使用 scale 函数。输入：

```
> myData.st <- scale(myData[ , -1])
```

d. 我们使用 prcomp 函数应用主成分分析，并使用 summary 函数显示主成分分析的结果。输入：

```
> pca <- prcomp(myData.st)
> summary(pca)
```

图 8.15(a) 展示了主成分分析结果的一部分。从表中的累积比例（Cumulative Proportion）一行可以看出，前 4 个主成分占数据总方差的 93.35%。这与 Analytic Solver 的结果一致，尽管方差的确切累积比例数值略有不同。

e. 为了检查计算主成分的权重，我们展示了主成分分析结果的旋转属性。输入：

```
> pca $ rotation
```

图 8.15(b) 展示了一部分权重。同样，这里的权重与 Analytic Solver 生成的权重非常相似。

f. 为了查看主成分分数，我们展示了主成分分析结果的 x 属性。输入：

```
> pca $ x
```

图 8.15(c) 显示了观测结果的一部分主成分得分。总体来看，结果与 Analytic Solver 产生的结果一致。

```
a. R's summary results
Importance of components%s:
                          PC1       PC2       PC3       PC4     ...      PC12
Standard deviation      2.3652    1.7215    1.3561    0.8974    ...    3.345e-17
Proportion of variance  0.4662    0.2470    0.1532    0.0671    ...    0.000e+00
Cumulative Proportion   0.4662    0.7131    0.8664    0.9335    ...    1.000e+00

b. R's PCA weights
                 PC1           PC2           PC3           PC4        ...        PC12
Death.Rate     0.12614475    0.42498298   -0.16514637   -0.50397341  ...   -7.138364e-17
Health.Expend -0.27803071    0.08089049    0.06210637   -0.76743206  ...    1.446584e-16
     :              :             :             :             :        :          :
Birth.Rate     0.40706962    0.02131421    0.07310887   -0.02106416  ...    1.614795e-17

c. R's Principal components
              PC1           PC2           PC3           PC4          ...        PC12
[1,]       -0.09655764    0.40453066    0.225491452    0.631209232   ...   -4.286392e-17
[2,]       -2.00916845    0.96638977    0.002007443   -0.419234070   ...   -1.816474e-18
    :            :             :             :              :          :          :
[38,]      -2.29716742    0.54503126    0.320183989   -1.102757401   ...    1.099835e-16
```

图 8.15　使用 R 语言的主成分分析结果

g. 为了列出国家（第 1 个变量）以及主成分得分，我们首先使用 data.frame 语句将 myData 数据框与主成分得分相结合。然后删除第 2 列到第 13 列，这几列中包含 myData 数据框中的原始变量。我们使用 head 函数展示新数据框中的部分观测值。输入：

```
> newData <- data.frame(myData, pca $ x)
> newData <- newData[ , -(2:13)]
> head(newData)
```

如前所述，主成分分析允许我们通过保留数据中大部分信息的几个互不相关的主成分来替换大量原始变量，从而显著降低数据的维数。然而，这些优势是有代价的。比如主成分只是原始变量的加权线性组合，它们是抽象的，不容易解释。此外，主成分分析仅适用于数值数据。

练习 8.4

注："AS"和"R"表示必须分别使用 Analytic Solver 和 R 语言来解题。

理论

36. 文件：Exercise_8.36。AS。对附带的数据集进行主成分分析。

a. 使用数据和协方差矩阵计算前两个主成分。计算第一主成分分数的权重是多少？第一主成分占总方差的百分比是多少？

b. 使用数据和相关矩阵计算前两个主成分。计算第一主成分分数的权重是多少？第一主成分占总方差的百分比是多少？

c. 请评析 a 问题和 b 问题结果的差异。

37. 文件：Exercise_8.37。AS。对附带的数据集进行主成分分析。

a. 使用数据和协方差矩阵，并选择最少的成分来解释至少 85% 的方差。创建了多少个主成分？计算出的主成分占总方差的百分比是多少？第一主成分分数的权重是多少？

b. 使用数据和相关矩阵来应用主成分分析。保持所有其他选项与 a 问题中的相同。创建了多少个主成分？计算出的主成分占总方差的百分比是多少？第一主成分分数的权重是多少？

38. 文件：Exercise_8.38。AS。对附带的数据集进行主成分分析。

a. 使用数据和协方差矩阵计算 7 个主成分。为了占总方差的 80%，需要保留多少主成分？第一主成分分数的权重是多少？

b. 使用数据和相关矩阵计算 7 个主成分。为了占总方差的 80%，需要保留多少主成分？第一主成分分数的权重是多少？

c. 评析 a 问题和 b 问题结果的差异。

39. 文件：Exercise_8.39。R。标准化附带的数据集，然后进行主成分分析。

a. 前三个主成分占总方差的百分比是多少？

b. 第一主成分分数的权重是多少？

c. 第一个观测值的第一主成分分数是多少？

40. 文件：Exercise_8.40。R。标准化附带的数据集，然后进行主成分分析。

a. 需要多少个主成分至少占总方差的 80%？

b. 第一主成分分数的权重是多少？

c. 第一个观测值的第二主成分分数是多少？

41. 文件：Exercise_8.41。AS。对附带的数据集进行主成分分析。

a. 使用标准化数据计算主成分。选择至少占总方差 80% 的主成分分数。Analytic Solver 显示了多少个主成分？

b. 第一主成分分数的权重是多少？第一个观测值的第二主成分分数是多少？

42. 下表显示了计算主成分的权重和两个观测值的数据。

权重	PC_1	PC_2
x_1	−0.892	0.452
x_2	−0.452	−0.892
	x_1	x_2
观测值 1	4.04	12.77
观测值 2	4.10	12.18

a. x_1 的均值和标准差分别为 3.5 和 1.2。x_2 的均值和标准差分别为 11.75 和 3.8。计算两次观测的 x_1 和 x_2 值的 z 值。

b. 计算观测值 1 的第一主成分分数。

c. 计算观测值 2 的第二主成分分数。

43. 下表显示了计算主成分的权重和两个观测值的数据。

权重	PC_1	PC_2
x_1	−0.81	0.59
x_2	−0.59	−0.81
	x_1	x_2
观测值 1	7.30	342.90

续表

权重	PC_1	PC_2
观测值 2	3.20	258.60

a. x_1 的均值和标准差分别为 5.8 和 2.4。x_2 的均值和标准差分别为 380.5 和 123.4。计算两次观测的 x_1 和 x_2 值的 z 值。

b. 计算观测值 1 的第一主成分分数。

c. 计算观测值 2 的第二主成分分数。

44. 下表显示了计算主成分的权重和三个观测值的标准化数据（z 值）。

权重	PC_1	PC_2	PC_3
x_1	−0.57	0.62	0.55
x_2	−0.64	0.09	−0.76
x_3	0.52	0.78	−0.34
	z_1	z_2	z_3
观测值 1	0.71	0.33	−0.36
观测值 2	2.81	2.44	−1.41
观测值 3	−0.76	−1.18	1.37

a. 计算观测值 1 的第一主成分分数。

b. 计算观测值 2 的第二主成分分数。

c. 计算观测值 3 的第三主成分分数。

45. 以下 Analytic Solver 结果由主成分分析生成。

	PC_1	PC_2	PC_3	PC_4	PC_5
方差（%）	76.265 6	13.672 8	8.962 6	0.875 1	0.223 9
累积方差（%）	76.265 6	89.938 4	98.901 0	99.776 1	100

a. 数据集中有多少个原始变量？

b. 第三主成分占方差的百分比是多少？

c. 为了至少占数据总方差的 95%，需要保留多少主成分？

46. 以下 R 语言结果由主成分分析得出。

成分的重要性（%）					
	PC1	PC2	PC3	PC4	⋯	PC9
标准差	2.029 4	1.789 5	1.133 8	0.836 07	⋯	1.538e−16
差异比例	0.421 7	0.327 9	0.131 6	0.071 58	⋯	0.000e+00
累积比例	0.421 7	0.749 7	0.881 3	0.952 88	⋯	1.000e+00

a. 数据集中有多少个原始变量？

b. 第三主成分占方差的百分比是多少？

c. 为了至少占数据总方差的 85%，需要保留多少主成分？

应用

47. 文件：Development。随附的数据集包含世界银行 2015 年收集的 11 个非洲国家的一些经济指标。这些经济指标包括农业年增长率（农业）、出口年增长率（出口）、最终消费年增长率（最终消费）、GDP 年增长率（GDP 增长）和人均 GDP 年增长率（人均 GDP 增长）。数据集的一部分见下表。

国家	农业	出口	⋯	人均 GDP 增长
布基纳法索	−3.476 1	1.382 2	⋯	0.884 8
布隆迪	−2.982 6	−9.900 0	⋯	−6.817 7
⋮	⋮	⋮	⋮	⋮
马里	6.924 2	4.671 9	⋯	2.898 8

a. 对数据进行相关性分析。讨论数据集中变量之间的相关性。哪对变量的相关性最高？

b. 对数据集中的所有变量进行主成分分析。在分析之前对数据进行标准化，如果使用的是 Analytic Solver，则使用相关矩阵。

c. 用软件计算主成分的最大数量。计算了多少个主成分？前三个主成分占总方差的百分比是多少？为了至少占数据总方差的 80%，必须保留多少主成分？

d. 在计算第一主成分时，哪个原始变量的权重最高？在计算第二主成分时，哪个原始变量的权重最高？

e. 创建一个新的数据集，其中包含至少占数据总方差 80% 的国家名称和主成分。

48. 文件：Football_Players。AS。Beza Gordon-Smith 是北加利福尼亚州的一名高中四年级的学生，她喜欢看橄榄球。她记录了橄榄球成绩和每个高中球队四分卫的统计数据。下表显示了 Beza 记录的部分数据，包括以下变量：Beza 分配给每个四分卫的球员编号（Player）、球队名称（Team）、完成传球（Comp）、尝试传球（Att）、完成百分比（Pct）、总投掷码数（Yds）、每次尝试平均码数（Avg）、每场比赛投掷码数（Yds/G）、触地得分数（TD）和拦截次数（Int）。

球员编号	球队名称	完成传球	…	拦截次数
1	Albatrosses	154	…	6
2	Bobcats	341	…	5
⋮	…	⋮	⋮	⋮
43	Salamanders	263	…	4

a. 对数据集中除球员编号外的所有变量进行主成分分析。在这种情况下，应该使用协方差矩阵还是相关矩阵进行分析？请解释。

b. 用软件计算主成分的最大数量。计算了多少个主成分？前三个主成分占总方差的百分比是多少？为了至少占数据总方差的 80%，必须保留多少个主成分？

c. 在计算第一主成分时，哪个原始变量的权重最高？在计算第二主成分时，哪个原始变量的权重最高？

d. 第一个记录（球员 1）的主成分 1 分数是多少？

49. 文件：Baseball_Players。R。Ben Derby 是一所大学棒球队的球探。他每周会参加许多高中的比赛和训练，以评估在每个大学招聘季节招募的潜在球员。他还详细记录了每个潜在球员的情况。他的大学队尤其需要在下个赛季增加一名击球手。幸运的是，Ben 有 144 名高中球员的信息，他们在上个赛季至少打了 100 场比赛。下面的表格中显示了部分数据，其中包括以下变量：球员编号（Player）、比赛次数（G）、打数（AB）、得点（R）、安打（H）、本垒打（HR）、打点（RBI）、打击率（AVG）、上垒率（OBP）和长打率（SLG）。

球员编号	比赛次数	击球次数	…	击球百分比
1	156	621	…	0.552
2	142	451	…	0.501
⋮	⋮	⋮	⋮	⋮
144	144	524	…	0.573

a. 对数据集中除球员编号外的所有变量进行主成分分析。在分析之前对数据进行标准化。

b. 计算了多少个主成分？必须保留多少个主成分才能至少占数据总方差的 80%？

c. 列举用于计算第一主成分得分的权重。

d. 创建一个新的数据集，该数据集包含球员姓名和至少占数据总方差 80% 的主成分。

50. 文件：Internet_Addiction。网瘾已被发现是大学生中普遍存在的问题。科罗拉多州一所小型文科学院利用 Kimberly Young 博士开发的网瘾测试（IAT）对学生进行了一项网瘾调查。IAT 包含 20 个问题，用于衡量网瘾的各个方面。在 IAT 中得分高的人更有可能互联网使用不当，存在网瘾问题。数据中还包括学生的性别（1 为女性，0 为男性）以及他们是否为研究生（1 为研究生，0 为本科生）。数据集中的一部分见下表。

记录编号	IAT1	IAT2	…	研究生
1	2	2	…	1
2	2	3	…	0
⋮	⋮	⋮	⋮	⋮
350	1	2	…	0

a. 对除记录编号外的所有变量进行主成分分析。应该标准化数据吗？请解释。

b. 计算了多少个主成分？第一主成分占总方差的百分比是多少？为了至少占数据总方差的 80%，必须保留多少主成分？

c. 在计算第一主成分时，哪个原始变量的权重最高？在计算第二主成分时，哪个原始变量的权重最高？

d. 第一条记录的第一主成分分数是多少？

51. 文件：Nutritional_Facts。R。Jenny 是 Hillside 学院营养研究专业一年级的学生，她正在对各种常见食物及其营养成分进行研究。她收集了一组数据，其中包含 30 种常见食物的营养成分。Jenny 认为这些食物的许多营养成分是高度相关的，她想知道是否有办法通过创建主成分来降低数据集的维数。数据集的一部分如下表所示。（数值基于 100 克食品。）

名称	卡路里	脂肪总量	…	蛋白质
香蕉	89	0.3	…	1.1

续表

名称	卡路里	脂肪总量	…	蛋白质
蛋	155	11	…	13
⋮	⋮	⋮	⋮	⋮
金枪鱼	184	6	…	30

a. 对除名称变量外的所有变量进行主成分分析。应该标准化数据吗？请解释一下。

b. 计算了多少个主成分？第一主成分占总方差的百分比是多少？为了至少占数据总方差的 80%，必须保留多少个主成分？

c. 列举用于计算第一主成分得分的权重。

d. 创建一个新的数据集，其中包含食品名称和占数据总方差至少 80% 的主成分。

52. 文件：Happiness。自 2014 年以来，联合国每年都对成员国的幸福感进行研究，其委托社会科学和心理学专家收集相关数据，并定义与幸福感相关的测量方法。幸福感的测量基于问卷调查，使用人们对自己生活的感受（人生阶梯）、积极和消极情绪水平、做出选择的自由度（人生选择）以及社会支持、预期寿命和相对家庭收入等综合指标。这些数据被转换成每个成员国的数值型分数。下表显示了联合国的部分数据。

国家	人生阶梯	社会支持	…	相对家庭收入
阿尔巴尼亚	4.511 1	0.638 4	…	0.416 5
阿根廷	6.427 2	0.882 8	…	0.332 1
⋮	⋮	⋮	⋮	⋮
津巴布韦	3.735 4	0.768 4	…	0.596 7

a. 对除国家变量外的所有变量进行主成分分析。应该标准化数据吗？请解释一下。

b. 第一主成分占总方差的百分比是多少？为了至少占数据总方差的 80%，必须保留多少个主成分？

c. 列举用于计算第一主成分得分的权重。在计算第二主成分时，哪个原始变量的权重最高？

d. 第一条记录（阿尔巴尼亚）的第一主成分分数是多少？

53. 文件：Tennis。R。在网球比赛中，球员发球和回击的好坏往往决定比赛的结果。教练和球员跟踪这些数字，并夜以继日地努力改进。

下表显示了包括当地青年网球运动员在内的数据样本。相关变量包括 ACE 数量（Aces）、双误次数（DF）、一发成功率（1ST SRV）、一发得分率（1ST SRV WIN）、挽救破发点成功率（BP SVD）、发球局胜率（SRV WIN）、接一发得分率（1ST RTN WIN）、接发球局胜率（RTN WIN）、破发成功率（BP CONV）。

运动员编号	Aces	DF	…	BP CONV
1	96	144	…	48.2
2	180	164	…	50.3
⋮	⋮	⋮	⋮	⋮
40	49	62	…	48.5

a. 对除运动员编号变量外的所有变量进行主成分分析，并显示用于计算第一主成分得分的权重。

b. 在计算第一主成分时，哪个原始变量的权重最高？在计算第二主成分时，哪个原始变量的权重最高？

c. 创建一个新的数据集，其中包含运动员列和至少占数据总方差 90% 的主成分。

54. 文件：Stocks。投资者通常会考虑各种信息来进行投资决策。下表显示了大型上市公司及其财务信息的样本。相关信息包括股价、股息占股价的百分比、市盈率（PE）、每股收益（EPS）、账面价值、过去 52 周内的最低和最高股价（52 周低点和 52 周高点）、公司股票市值（市值）和息税折旧摊销前盈余（EBITDA，十亿美元）。

公司名称	股价	股息占比	…	EBITDA
3M	189.09	2.48	…	8.70
Abbott Lab	45.00	2.34	…	4.59
⋮	⋮	⋮	⋮	⋮
Zoetis	53.07	0.79	…	1.70

a. 对除公司名称变量外的所有变量进行主成分分析。应该标准化数据吗？请解释一下。

b. 第一主成分占总方差的百分比是多少？为了至少占数据总方差的 80%，必须保留多少个主成分？

c. 在计算第一主成分时，哪个原始变量的权重最高？在计算第二主成分时，哪个原始变量的权重最高？

d. 第一个记录（3M）的第一主成分分数是多少？

8.5   大数据写作

大数据存在的一个固有问题是，数据集可能很复杂，并且包含许多变量（维度）。为了减少信息冗余并提高结果模型的稳定性，我们建议采用降维技术，以获得更多可管理的变量，从而保留原始数据中的大部分（并非全部）信息。降维技术，如主成分分析，在实现这一目标方面是比较有效的，其通常在建模之前进行。

□ 案例研究

Merrick Stevens 是 ACE 体育管理公司的体育分析师，该公司是一家拥有 200 多名运动员的体育机构。Merrick 的任务是分析与体育相关的数据，并为 NBA 开发一个预测模型。他使用的 NBA 数据集（文件：NBA）包含 30 支 NBA 球队和 455 名球员的信息。球员统计数据涵盖了近几个赛季以及他们的职业生涯。因为球员的薪水是基于其在多个赛季的表现，所以 Merrick 决定只看球员职业生涯中常规赛季的数据，而不是特定赛季的数据。

考虑到大量的自变量可以解释球员的工资，Merrick 决定调查主成分分析作为建立模型的第一步是否有利。

报告样本——NBA 球员数据的降维

NBA 球员的薪水是由一系列变量决定的。在构建可用于预测 NBA 球员薪水的模型之前，Merrick 收集了 455 名 NBA 球员的 23 个可能自变量的数据。这些变量包括身体变量，如球员的年龄、身高和体重，以及表现变量，如比赛次数、投篮次数、三分球次数等。

许多自变量之间的高度相关性表明数据中存在信息冗余。为了消除薪水模型中潜在的多重共线性问题，提高模型的稳健性，我们对 23 个自变量进行了主成分分析降维。

在进行主成分分析之前，我们先对数据进行标准化，以消除数据量纲的影响。主成分分析不受要产生的主成分数量的限制，假设分析使用了 23 个自变量，估计了 23 个主成分。表 8.18 显示了主成分分析输出中有关权重和方差的部分。第一主成分占总方差的 44.121 8%，分数（每场比赛的平均分数）在第一主成分中的权重最大。参考表 8.18 中的"累积方差（%）"行，发现前 7 个主成分几乎占原始数据总方差的 90%。

表 8.18   主成分权重和方差

特征/成分	PC_1	PC_2	PC_3	PC_4	PC_5	PC_6	PC_7	...	PC_{23}
年龄	−0.145 5	0.023 3	−0.671 2	−0.020 0	−0.055 9	0.059 0	−0.032 5	...	0.001 7
体重	0.017 2	0.023 3	−0.671 2	−0.020 0	−0.028 8	−0.091 9	0.106 6	...	0.000 5
⋮	⋮	⋮	⋮	⋮	⋮	⋮	⋮	⋮	⋮
分数	−0.302 4	−0.024 4	0.091 0	0.063 1	0.046 3	−0.224 8	−0.000 8	...	−0.788 8
方差（%）	44.121 8	24.361 5	6.807 6	5.286 5	3.280 6	2.972 7	2.756 0	...	0.017 5
累积方差（%）	44.121 8	68.483 2	75.290 9	80.577 4	83.858 0	86.830 7	89.586 7	...	100

在之后的分析中，建议使用前 7 个主成分作为自变量来构建预测 NBA 球员工资的模型。表 8.19 显示了前 7 个主成分的部分主成分分数。通过使用 7 个主成分代替原来的 23 个自变量，消除了信息冗余。此外，大量高度相关的自变量已被一组较少的互不相关的主成分取代，这些主成分在原始数据中保留了至少 90% 的信息。

表 8.19　主成分分数

运动员	PC_1	PC_2	PC_3	PC_4	PC_5	PC_6	PC_7
Metta World peace	−4.677 8	−0.317 7	−1.901 9	0.432 4	−1.405 6	0.664 2	0.934 7
Elton Brand	−5.407 5	4.376 6	−1.928 1	−0.729 6	0.291 1	0.435 1	0.777 8
Kobe Bryant	−9.519 6	−1.332 9	−1.916 8	−0.554 7	0.260 8	−2.131 4	1.217 0
⋮	⋮	⋮	⋮	⋮	⋮	⋮	⋮
Luis Montero	5.948 2	−1.500 2	−0.337 3	−0.729 6	1.591 6	−0.562 4	2.120 2

□ **案例推荐**

主成分分析可以应用于许多情况和不同的数据集，特别是本书附带的大数据。这里有一些推荐阅读的案例。

报告 8.1（文件：Longitudinal_Information）。仅选择居住在城市地区的个人为数据子集。通过将数值变量（如年龄、身高、体重、教育年限、兄弟姐妹的人数、家庭规模、就业周数、自尊程度和收入）转换为一组较少的主成分来降低数据维数，这些主成分至少保留了原始数据中 90% 的信息。注意：由于变量的量纲不同，需要在主成分分析之前对数据进行标准化。

报告 8.2（文件：College_Admissions）。选择三所大学中的一所。通过将数值变量（如高中 GPA、MCA GPAs、SAT 分数和 ACT 分数）转换为一组较少的主成分来降低数据维数，这些主成分至少保留了原始数据中 90% 的信息。然后使用主成分作为自变量，建立预测入学的模型。

报告 8.3（文件：House_Price）。在数据集中选择一个大学城。通过将数值变量（如卧室数量、浴室数量、住宅面积、地块面积和房屋年限）转换为一组较少的主成分来降低数据维数，这些主成分至少保留了原始数据中 90% 的信息。然后使用主成分作为自变量，建立预测房屋销售价格的模型。

报告 8.4（文件：TechSales_Reps）。仅将在硬件部门工作并拥有大学学位的员工作为数据子集。通过将数值变量（如年龄、在公司工作年限、资质证书数量、反馈分数和工资）转换为一组较少的主成分（保留原始数据中至少 85% 的信息）来降低数据维数。然后使用主成分作为自变量，建立预测净推荐值（NPS）的模型。

有监督数据挖掘：k-最近邻法和朴素贝叶斯方法

第 9 章

🎯 **学习目标**

通过学习本章，可以达成以下目标：

1. 解释有监督数据挖掘技术之间的关键区别。

2. 应用 k-最近邻法对新记录进行分类。

3. 应用朴素贝叶斯方法对新记录进行分类。

在第 9 章和第 10 章中，我们讨论有监督数据挖掘，它也被称为预测或定向数据挖掘。这些模型用于基于多个自变量的值来预测因变量的值。如第 8 章所述，有监督数据挖掘包括分类模型和预测模型。在分类模型中，因变量是分类的，目标是对新样本进行分类。例子包括将潜在客户分类为买家和非买家，或将金融资产分类为买入、持有和卖出。在预测模型中，因变量是数值的，目标是预测其数值。例如，预测消费者支出、房屋售价或医疗康复所需的时间。

第 6 章和第 7 章讨论的线性回归模型和逻辑回归模型是重要的预测和分类模型。在本章中，我们探讨两种广泛使用的有监督数据挖掘技术：k-最近邻法和朴素贝叶斯方法。第 10 章将讨论另一种被称为决策树的流行技术。k-最近邻法是一种数据驱动的技术，通过基于自变量识别新样本的 k 个近邻值来对新样本进行分类或预测。朴素贝叶斯方法是一种分类技术，它根据自变量的先验概率和条件概率计算新样本属于目标类别的后验概率。这些数据挖掘技术经常用于在各种业务场景中构建预测模型。

引入案例　24/7 健身中心年度会员资格

24/7 健身中心是一家提供全方位服务的高端健身房，其通过广告和每月的开放日活动招募会员。在每个开放日，参与者都将获得一次参观的机会并获取一天的通行证。潜在会员通过回答一些关于自身情况和日常锻炼习惯的问题来注册参与开放日活动。健身中心的工作人员会给潜在会员打一个跟进电话，并通过邮件将信息发送给参与开放日活动的人，以期让潜在会员注册成为年度会员。

24/7 健身中心经理 Janet Williams 希望制定一种数据驱动的战略，以选择与哪些新的开放日参与者联系。她在 Gym 数据文件的工作表 Gym_Data 中收集了 1 000 名过去的开放日参与者信息。数据包括参与者是否购买会员资格（如果购买，"是否注册"列等于1，否则为0）、参与者的年龄和年收入，以及参与者每周锻炼的平均小时数。Janet 还收集了 23 名新的开放日参与者的年龄、年收入和每周锻炼时间，并在 Gym 数据文件中保存了一个名为 Gym_Score 的单独工作表。由于这些是新的开放日参与者，因此在工作表中没有注册信息。两个工作表的部分数据如表 9.1 所示（文件：Gym）。

表 9.1　24/7 健身数据

a. Gym_Data 工作表

是否注册	年龄	年收入	每周锻炼时间
1	26	18 000	14
0	43	13 000	9
⋮	⋮	⋮	⋮
0	48	67 000	18

b. Gym_Score 工作表

年龄	年收入	每周锻炼时间
22	33 000	5
23	65 000	9
⋮	⋮	⋮
51	88 000	6

Janet 希望使用这些数据完成以下任务：

1. 开发一个数据驱动的分类模型，用于预测潜在会员是否会购买健身中心会员资格。

2. 确定 23 名新的开放日参与者中有哪些人可能会购买健身中心会员资格。

9.2 节提供了本案例概要。

9.1　有监督数据挖掘简介

有监督数据挖掘技术包括因变量为分类变量的分类模型和因变量为数值变量的预测模型。分类模型的例子包括预测消费者是否会进行购买、抵押贷款是否会获得批准、患者是否患有某种疾病以及电子邮件是不是垃圾邮件。类似地，预测模型的例子包括预测房屋的销售价格、商学院毕业生的工资、公司的总销售额以及消费者的债务偿还情况。

第 6 章和第 7 章讨论的线性回归模型和逻辑回归模型是重要的预测模型和分类模型。在本章中，我们通过包括两种广泛使用的数据挖掘技术来扩展分析：k-最近邻法和朴素贝叶斯方法。第 10 章介绍分类和回归决策树以及集合树的广泛覆盖。

在有监督数据挖掘中，能够对新样本的结果进行分类或预测非常重要。如前几章所述，我们在本书中交替使用实例、记录、观察这 3 个术语。例如，在引入案例中，24/7 健身中心经理对开放日活动参与者是否可能购买健身中心会员感兴趣。这种分类基于自变量的给定值，称为**记录评分**（scoring a record）。在线性回归模型和逻辑回归模型中，评分很简单，因为估计方程允许我们获得给定预测值的因变量预测值。由于在有监督数据挖掘技术中不存在这样的估计方程，因此我们依赖 Analytic Solver 和 R 语言中的内置算法来对新记录进行评分。在第 9 章和第 10 章中，我们将为每个已解决的案例提供两个工作表，其中"data"工作表将帮助我们找到更优的数据挖掘技术，用于在"score"工作表中预测新的记录。

记录评分

一种基于给定的自变量值对新记录的因变量值进行分类或预测的过程。

如 7.4 节和 8.3 节所述，当为了适应给定样本数据的要求导致预测模型过于复杂时，就会出现过度拟合问题。一个模型可能在用于估算的数据集上适用，但一旦使用了一个新的数据集，可能就会出现问题。为了解决这个问题，我们将数据划分为训练数据集、验证数据集和可选测试数据集。训练数据集用于生成一个或多个模型。验证数据集用于评估模型的性能并选择最佳模型。可选测试数据集用于评估最终模型在新数据集上的性能。本章后面将提供 Analytic Solver 和 R 语言中数据分区和交叉验证的实例。

在 8.3 节中，我们还讨论了评估预测模型的几种性能指标。对于分类模型，混淆矩阵用于总结从验证或测试数据集中获得的所有结果。这些结果包括真阳性和真阴性，即模型对观测值进行了正确分类。同样，假阳性和假阴性结果意味着模型对观测值的分类不正确。基于这些结果，我们计算准确率、敏感性和特异性等性能指标。我们还使用了图形表示，如累积提升图、十分位提升图和接受者操作特性曲线（ROC 曲线）来评估模型性能。对于预测模型，我们考虑了预测误差，即数字因变量的实际值和预测值之间的差异。我们还讨论了几种衡量预测误差大小的指标，包括均方根误差（RMSE）、平均误差（ME）、平均绝对偏差（MAD）或平均绝对误差（MAE）、平均百分比误差（MPE）和平均绝对百分比误差（MAPE）。在本章中，我们将简单解释预测模型，并使用 Analytic Solver 和 R 语言评估它们的性能。

有监督数据挖掘技术的比较

每种数据挖掘技术都有其优点和局限性。如第 8 章所述，在实践中，人们倾向于基于不同的技术开发几种预测模型，并根据性能和其他实际考虑因素选择最佳模型。在这里，我们总结了有监督数据挖掘技术之间的主要区别。

第 6 章和第 7 章讨论的线性回归模型和逻辑回归模型是最普遍的数据挖掘技术，具有广泛的实际应用。回归结果以一种易于解释的方式描述自变量和因变量之间的关系。回归技术早在 19 世纪就用于预测小行星位置等的广泛研究。从那时起，科学家和实践者在无数的研究和实践中应用了这一概念。

k-最近邻法（KNN 法）是一种相对简单的数据挖掘工具，其基本概念易于理解。它已被广泛用于开发线上公司的推荐系统。诸如书籍购买和电影或电视观看习惯等消费者信息被用于训练 k-最近邻法，以便为新书、电影或电视节目提供个性化建议。销售或提供这些产品的线上公司可以开发一个数据收集系统，以有效收集这些信息。k-最近邻法被认为是非常有效的分类方法，例如生成准确的产品推荐，但在预测方面并未广泛使用。在本章中，我们仅将 k-最近邻法用于分类模型。

朴素贝叶斯方法运算速度相对较快，即使在应用于大数据时也是如此，基本概念也很简单，相对容易理解。它通常用于商业垃圾邮件的过滤，事实上，它是最古老和最有效的垃圾邮件过滤技术之一。与关键字过滤、黑名单和白名单等其他技术不同，朴素贝叶斯方法可以学习和识别新的垃圾邮件，并允许个人用户通过将电子邮件分类为垃圾邮件或非垃圾邮件来训练朴素贝叶斯方法。此外，电子邮件信息通常可以被收集并简化为仅由分类变量组成的数据集，这是传统朴素贝叶斯方法的要求。

分类与回归树（CART）有许多优点，我们将在第 10 章中讨论。树表示法非常容易理解，基于规则的结果也很容易解释。CART 算法只需要相对较少的数据量，就可以同时处理数值变量和分类变量。因为它是一种非参数方法，所以它不依赖于属于潜在分布的数据，这与许多实际情况有关。因此，它已被广泛应用于欺诈检测、医疗状况诊断、股票交易决策和预测学生学业成绩。

虽然决策树非常流行，但它对数据的变化非常敏感。即使是数据中的微小变化也可能导致截然不同的树和结果。集成树模型将多个单树模型组合成一个集成模型，通常被认为比单树模型具有更好、更稳定的预测性能。

另外两种超出本书范围的技术——判别分析和神经网络，也作为参考纳入了本书的讨论。判别分析是一种稳健的分类技术，它与决策树一样，提供有关预测值重要性的信息。但是，由于它假设自变量呈正态分布且方差相等，因此仅适用于数字自变量。

神经网络可用于分类和预测，它通过学习、记忆和概括来模仿大脑的神经结构。因此，神经网络可以提取数据中高度复杂的关系，并用作复杂机器学习系统（通常称为深度学习）的构建块。一个广受关注的神经网络应用程序——谷歌的自动驾驶汽车项目 Waymo，声称已经使用了数百万个数据点来训练汽车识别、适应和安全响应公共道路上的行人和物体。尽管神经网络很老练，但它不能洞察分类或预测的基本原理，而且缺乏可解释性。许多实践者将神经网络比作黑匣子，并发现很难向非技术受众证明结果的合理性。

表 9.2 总结了流行的有监督数据挖掘技术的优点和局限性。这些技术的性质和一些先决条件使它们适用于某些类型的分析和应用。

表 9.2　有监督数据挖掘技术的比较

技术	优点	局限性
线性回归（第 6 章、7.1 节和 7.2 节）	广泛使用；计算效率高；生成具有可解释参数和预测重要性信息的"最佳"数学函数	仅用于预测；可能受到非线性、自变量之间的共线性以及其他违反假设情况的影响
逻辑回归（7.3 节）	计算效率高；提供预测重要性信息和概率解释	仅用于分类；可能受自变量之间的共线性影响
k-最近邻法（9.2 节）	用于分类和预测，作为分类方法特别有效；易于理解；不假定数据中存在任何潜在分布	不提供有关预测值重要性的信息；由于需要搜索整个训练数据集，因此计算成本较高
朴素贝叶斯方法（9.3 节）	简单、高效、有效	仅用于分类；假设自变量之间具有独立性；预测值必须是分类的或转换为分类的
分类回归树（CART）（10.2 节和 10.3 节）	用于分类和预测；易于理解和解释；易于向非技术决策者解释和证明；提供预测重要性信息；不假设数据中存在任何潜在分布；在处理异常值和缺失值时非常稳健	无法体现变量之间的交互作用；对数据变化敏感；单树模型容易过度拟合
集成树模型（10.4 节）	用于分类和预测；解决了单树模型的过度拟合问题	由于不提供树形图，因此缺乏可解释性
判别分析（未包含在本书中）	提供预测重要性信息；说明自变量之间的相互作用	仅用于分类；假设自变量呈正态分布且方差相等；仅使用数字自变量
神经网络（未包含在本书中）	用于分类和预测；灵活；捕捉复杂的关系	缺乏对关系或结果的洞悉力；缺乏可解释性；计算成本高

9.2　k-最近邻法

在本节中，我们将探讨一种有监督数据挖掘技术，即 k-最近邻法，通常缩写为 KNN。KNN 方法已被用于多种场景，包括消费者信用评级、贷款申请评估、欺诈检测和医疗诊断。它是一种最简单但最常用的数据挖掘技术，用于因变量为分类变量时的分类模型，以及因变量为数值变量时的预测模型。此外，由于传统的 KNN 方法要求自变量必须是数值变量，因此可能需要进行数据转换，以将分类自变量转换为数值自变量。有关分类数据的转换问题，请参阅本书 2.5 节。

KNN 方法是一种非常有效的分类工具。然而，它作为一种预测工具，并未被广泛使用。在本节中，我们主要关注因变量为二元变量的分类问题。

KNN 方法属于数据挖掘技术的范畴，它被称为基于记忆的推理。基于记忆的推理的前提是，我们倾向于使用对我们过去经历过的类似情况的记忆来指导我们的决策。信用卡公司可以使用 KNN 方法，根据类似客户的信息评估新的信用卡申请人。KNN 方法将与新信用卡申请人最相似的现有信用卡持有人视为其"最近邻"，并使用现有信息决定是否批准新的申请。在医学领域，医生和护士可以使用 KNN 方法来观察过去的患者，以帮助确定新患者是否患有类似的疾病。过去有类似症状的患者被认为是新患者的"最近邻"，他们的信息可以用来帮助诊断新患者。

k-最近邻法（KNN 方法）

一种基于记忆的推理技术，使用与新观测值最相似的过去观测值来分类或预测因变量的值。

为了更好地理解 KNN 方法是如何运作的，请思考一家抵押公司试图确定一名新的申请人是否有可能拖欠房屋贷款的例子。新申请人 36 岁，年收入 64 000 美元。抵押贷款公司从 10 名收入（千美元）和年龄特征相似的老客户中提取信息，包括该客户是否拖欠贷款。表 9.3 展示了相关数据。

表 9.3　住房贷款客户特征

客户 ID	收入	年龄	是否拖欠贷款
001	65	35	是
002	59	34	否
003	71	40	否
004	67	32	否
005	60	31	是
006	59	37	否
007	72	42	否
008	63	34	否
009	64	38	否
010	71	34	是

KNN 方法的工作原理是识别大量与新观测值（即新的贷款申请人）最相似的现有观测值（即过去的贷款申请人），以便对新观测值进行分类。因此，KNN 方法的核心要义是：（1）选择的相似性度量指标；（2）要考虑的最近邻（k）的数量。在实际应用中，KNN 方法通常使用欧几里得距离来度量观测值之间的相似性。在抵押贷款的案例中，考虑到年龄和收入变量的量纲差异，我们将在计算观测值之间的欧几里得距离之前对这些变量进行标准化。本书 8.2 节讨论了相似性度量、欧几里得距离和变量标准化的相关内容。

为展示 KNN 方法的过程，图 9.1 显示了 10 位老客户的年龄与收入的散点图。其中，拖欠贷款的客户用黑色标记，未拖欠贷款的客户用灰色标记。我们将新的申请人作为三角形添加到散点图中，并确定圆圈中的三个最近邻。换而言之，我们在 KNN 方法中令 $k=3$。当然，我们也可以使用数据集中新申请人和其他申请人之间的欧几里得距离，基于数学方法确定最近邻。在这种情况下，三个最近邻中只有一人拖欠贷款（圆圈里的三个最近邻中只有一个黑色标记）。因此，我们估计新申请人违约的概率为 $1/3=0.33$。抵押贷款公司可以将违约概率与预设的截止值进行比较，以决定是否批准新申请人的贷款。如果公司使用 0.5 作为违约概率的截止值，那么新贷款申请人将被归类为不太可能违约的类别，并将获得贷款申请的批准。但是，如果截止值为 0.25，新贷款申请人将被归类为可能违约的类别。我们在 8.3 节中讨论了截止值及其对分类的影响。

从本例中可以看出，k 的选择将导致不同的分类结果。例如，如果 $k=1$，那么我们使用唯一的最近邻（黑色标记）来作为新申请人的相似申请者。在这种情况下，新申请人违约的概率变为 $1/1=1$。

由于 KNN 方法是一种有监督数据挖掘技术，因此可以使用数据分区来确定其性能并提升模型的复杂程度。最近邻观测值通常在训练数据集中识别。大多数实践者通过检验验证数据集中的一系列 k 值及其相应的性能指标来最小化 KNN 方法的错误率，并确定最佳的 k 值。在一些软件应用程序（如 Analytic Solver）中，测试数据集被用于评估最终预测模型的性能和最佳的 k 值。KNN 方法还可以根据与新观测值最相似的现有观测值对新观测值进行分类。如前所述，此过程即根据自变量的值对新观测值进行评分。如图 9.1 所示，KNN 方法首先搜索整个训练数据集中最相似的现有观测值，然后对新观测值评分。

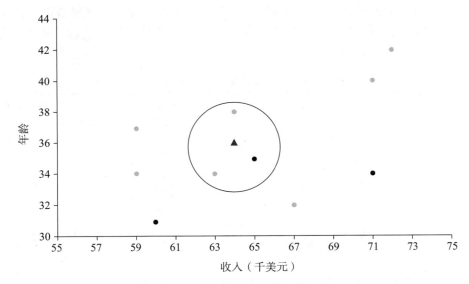

图 9.1　住房贷款申请者的年龄与收入

与传统的线性回归模型和逻辑回归模型分析不同，KNN 方法在进行预测时不假设数据中存在任何潜在分布。这种非参数方法使得 KNN 方法在实际情况下非常有用，因为实际数据并不总是遵循理论假设。虽然 KNN 方法操作比较简单，但其结果往往非常精确。由于 KNN 方法是在整个训练数据集中搜索最近邻，因此该过程可能非常耗时且计算量庞大，尤其对于大规模的数据而言。幸运的是，一些计算机软件程序涵盖了 KNN 方法。例 9.1 说明了如何使用 Analytic Solver 和 R 语言来执行 KNN 方法。

例 9.1 --

回想一下引入案例，24/7 健身中心的经理 Janet Williams 收集了 1 000 名过去的开放日活动参与者（Gym_Data 工作表）和 23 名新的开放日活动参与者（Gym_Score 工作表）的数据。这些数据包括参与者的年龄和年收入，参与者每周锻炼的平均小时数，以及 Gym_Data 工作表中的参与者是否购买了会员资格。Janet 对一个能够帮助她识别可能购买会员资格的开放日活动参与者的模型很感兴趣。应用 KNN 方法构建分类模型并评估其性能。报告相关的性能指标，并对新观测值进行评分（文件：Gym）。

解答：

使用 Analytic Solver

如第 7 章和第 8 章所述，为了开发和评估分类模型，我们通常使用留出法（holdout）或 K 折交叉验证方法进行交叉验证。Analytic Solver 为留出法提供了一个流程，并允许将数据集划分为训练数据集、验证数据集和测试数据集。在本章中，我们将 Analytic Solver 中的数据集划分为 50% 的训练数据集、30% 的验证数据集和 20% 的测试数据集。在这里，使用构建模型时未使用的测试数据集对基于 KNN 方法构建的模型的预测性能进行独立评估。

a. 打开 Gym 数据文件，转到 Gym_Data 工作表。

b. 选择"数据挖掘"（Data Mining）→"分区"（Partition）→"标准分区"（Standard Partition）。

c. 参见图 9.2，单击"数据范围"（Data Range）旁边的省略号按钮，突出显示单元格＄A＄1：＄D＄1001。确保选中"第一行包含标题"（First Row Contains Headers）。"输入变量数据"（Variables In Input Data）框将被填充。选择所有变量并将其移动到"选定变量"（Selected Variables）框中。选择"指定百分比"（Specify percentages），其中 50% 用于训练集，30% 用于验证集，20% 用于测试集。接受其他默认值。单击"确定"（OK）。

图 9.2　Analytic Solver 的标准数据分区

资料来源：Microsoft Excel.

　　d. Analytic Solver 将使用分区后的数据创建一个名为 STDPartition 的新工作表。在该工作表的"分区摘要"（Partition Summary）中，每个分区会呈现以下数量的观测值：训练数据集 500 个，验证数据集 300 个，测试数据集 200 个。

　　e. 选择"数据挖掘"（Data Mining）→"分类"（Classify）→"k-最近邻法"（k-Nearest Neighbors）。参见图 9.3。确保 STDPartition 工作表处于活动状态。在"数据"（Data）选项卡中，选择并将年龄（Age）、年收入（Income）和每周锻炼时间（Hours）移动到"选定变量"（Selected Variables）框中。选择"注册"（Enroll）作为"输出变量"（Output Variable）。接受其他默认设置并单击"下一步"（Next）。

图 9.3　KNN 分类

资料来源：Microsoft Excel.

f. 参见图 9.4。在"参数"(Parameters)选项卡中,单击"重新缩放数据"(Rescale Data),然后选中"重新缩放数据"(Rescale Data)复选框。选择"标准化"(Standardization),然后单击"完成"(Done)。在"♯Neighbors(K)"框中,输入 10,然后在"搜索最近邻"(Nearest Neighbors:Search)下选择"从 1 到 K 搜索"(Search 1...K)。Analytic Solver 将使用 $1\sim10$ 的 k 值重复 KNN 方法,但在后续步骤中将仅使用产生最佳结果的 k 值。单击"下一步"(Next)。

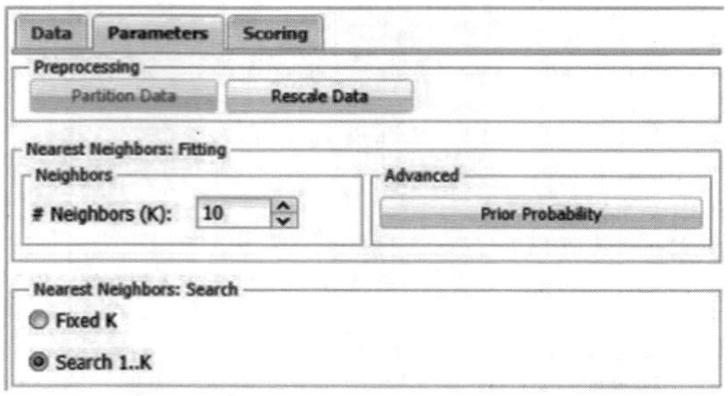

图 9.4　KNN 参数选项

资料来源:Microsoft Excel.

g. 参见图 9.5。在"得分"(Scoring)选项卡中,选中"摘要报告"(Summary Report boxes)中的"分数培训数据"(Score Training Data)、"分数验证数据"(Score Validation Data)、"分数测试数据"(Score Test Data)。此外,还需要选中"分数训练数据"(Score Training Data)中的"提升图"(Lift Charts box)。选中"对数据进行评分"(Score New Data)下的"在工作表中"(In Worksheet)复选框。在"新数据(WS)"(New Data(WS))选项卡中,在"工作表"(Worksheet)框中选择"Gym_Score",并在"数据范围"(Data range)中输入"＄A＄1：＄C＄24"。这 23 名潜在会员的观测值将通过 KNN 分类算法进行评分。确保选中"第一行包含标题"(First Row Contains Headers),然后单击"按名匹配"(Match By Name)按钮。单击"完成"(Finish)。

图 9.5　Analytic Solver 的评分选项

资料来源:Microsoft Excel.

Analytic Solver 将创建 7 个新工作表。KNNC_Output 工作表使用验证数据集显示每个 k 值的误分类率。回想一下第 8 章,误分类率是错误分类的数据的总比例(假阳性和假阴性的总和)。图 9.6 表明在 k 值为 3 时,误分类率最低,为 8%。因此,在随后的计算中应使用 $k=3$。

K	% Misclassification
1	11.66666667
2	11.33333333
3	8
4	9.333333333
5	9.333333333
6	10.33333333
7	10.66666667
8	10
9	10
10	8.666666667

图 9.6　误分类率

资料来源：Microsoft Excel.

KNNC_TrainingScore、KNNC_ValidationScore 和 KNNC_TestScore 工作表显示了训练数据集、验证数据集和测试数据集的分类结果，其 *k* 值为 3。图 9.7 总结了测试数据集的主要结果。在这里，我们将重点介绍应用程序中最值得关注的性能指标。准确率的结果表明，有 89.5％的观测值被正确分类，因此，有 10.5％的观测值被错误分类（参见误分类率）。通常，来自训练数据集的性能指标将优于来自验证或测试数据集的结果。但是，如果训练数据集中的性能指标比验证和测试数据集中的性能指标好得多，则可能会出现过度拟合的问题。在 24/7 健身中心案例中，KNN 方法可以准确预测训练数据集中 94.6％的观测值和验证数据集中 92％的观测值（此处未显示性能指标），而测试数据集的准确率略低（89.5％），这表明可能存在一定的过度拟合。但是，该差异并未大到足以表明存在严重的过度拟合问题。敏感性为 0.90，这是模型能够正确识别的会员比例，而特异性为 0.89，则是模型能够正确识别的非会员比例。

Confusion Matrix

Actual\Predicted	0	1
0	107	13
1	8	72

Error Report

Class	# Cases	# Errors	% Error
0	120	13	10.83333
1	80	8	10
Overall	200	21	10.5

Metrics

Metric	Value
Accuracy (#correct)	179
Accuracy (%correct)	89.5
Specificity	0.891667
Sensitivity (Recall)	0.9
Precision	0.847059
F1 score	0.872727
Success Class	1
Success Probability	0.5

图 9.7　分类总表

资料来源：Microsoft Excel.

为了回应 KNN 方法构建的模型是否具有良好的预测性能这一问题，我们可以将模型的准确率与朴素贝叶斯方法的准确率进行比较。在朴素贝叶斯方法中，所有样本都被划分为主要类别。例如，在 200 个测试数据中有 80 个目标类别（即在健身中心注册）样本，朴素贝叶斯方法会假设每个样本属于目标类别的概率为 80/200 或 0.4。如果使用 0.5 作为截止值，朴素贝叶斯方法会将所有样本分类为非目标类别（即不在健身中心注册），准确率为（200－80）÷200＝0.60，敏感性为 0，特异性为 1。因此，我们得出结论，KNN 方法比朴素贝叶斯方法具有更好的预测性能，特别是以识别目标类别样本为目的时。

如第 8 章例 8.6 所示，截止值的选择会影响混淆矩阵和由此产生的性能指标。在一般情况下，Analytic Solver 会使用 0.5 作为二元选择模型的截止值。由于不对称的错误分类成本或不均匀的类别分布，分析人员可以选择增大或减小截止值，以将更少或更多的观测值分类到目标类别中。

在本例中，失去一个本应购买健身中心会员资格的潜在健身中心会员的机会成本可能比接触一个最终未购买健身中心会员资格的潜在健身中心会员的成本高得多。此外，在 1 000 名过去的开放日参与者的数据集中，有 403 人购买了健身中心会员，这表明开放日参与者购买健身中心会员的概率为 0.403（403÷1 000），而不是具有相同类别分布的二元选择情况下的默认概率 0.5。

在这种情况下，健身中心的经理可能会将截止值降到低于 0.5，以便将更多样本分类到目标类别中，以获得更高的敏感性。在 Analytic Solver 中使用不同的截止值评估预测性能，要在步骤 e 中数据选项卡的"成功概率截止"框中输入所需的截止值，例如 0.25。可以尝试使用许多不同的截止值，以检查它们对性能指标的影响。

图 9.8 总结了 KNNC_TestLiftChart 工作表中的输出。因为 Analytic Solver 使用训练和验证数据集来确定最佳 k 值，所以它使用测试数据集和 KNNC_TestLiftChart 工作表中显示的图表来提供 KNN 方法分类结果的独立评估。

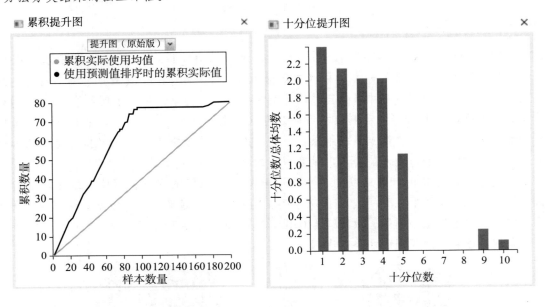

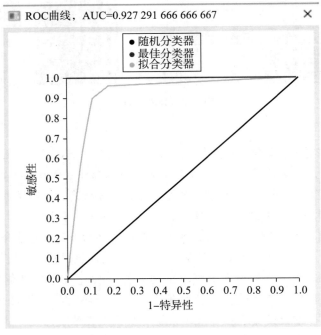

图 9.8　KNN 的性能图表

在累积提升图中，黑线表示基于 KNN 方法构建的模型结果，对角线表示对潜在健身中心成员随机分类的模型（基线模型）。在这种情况下，KNN 模型的黑线远高于对角线，这表明 KNN 方法在预测潜在会员是否会购买健身中心会员方面比基线模型表现得更好。

十分位提升图显示，KNN 模型选择的前 10% 的潜在会员中，实际购买健身中心会员的人数约为随机选择的 10% 的潜在会员的 2.375 倍。（该值从未显示的十分位数表中获得。）此外，十分位提升图还显示，几乎所有 1 类样本（即购买健身中心会员）都在前 5 个十分位数的样本中被识别，因为它们具有最高的 1 类预测概率。类似地，ROC 曲线图中 KNN 模型的黑线位于对角线的上方。ROC 曲线下的面积，即 AUC 值非常高（为 0.927 3），表明 KNN 模型在所有可能的截止值的敏感性和特异性方面表现得都非常好。

在 KNNC_NewScore 工作表中，对 23 名潜在会员的观测值进行评分。Prediction：Enroll 列显示每个观测值的分类结果。KNN 模型预测，在 23 名参与者中有 6 名将购买健身中心会员资格。我们将 KNNC_NewScore 工作表中的信息与 Janet 最近收集的一次开放日的 23 名参与者的信息结合起来。

表 9.4 显示了部分评分结果。根据这一分组情况，Janet 和她的员工应该将第二位参与者——23 岁，年收入 65 000 美元，每周锻炼 9 小时，以及最后一位参与者——51 岁，年收入 88 000 美元，每周锻炼 6 小时作为健身中心会员的最可能目标。被 KNN 模型归类为更有可能购买健身中心会员的开放日参与者大多是 50 岁以上的个体，或是年收入相对较高，或是每周至少锻炼 9 小时。

表 9.4　KNN 的 Analytic Solver 评分结果

记录编号	Prediction：Enroll	PostProb：0	PostProb：1	年龄	年收入	每周锻炼时间
记录 1	0	1	0	22	33 000	5
记录 2	1	0.333 3	0.666 7	23	65 000	9
⋮	⋮	⋮	⋮	⋮	⋮	⋮
记录 23	1	0	1	51	88 000	6

使用 R 语言

如前所述，为了评估 KNN 方法的准确性以及确定适当的 k 值，我们通常使用第 7 章中讨论的留出法或 K 折交叉验证方法进行交叉验证。R 语言中的大多数数据挖掘包都支持 K 折交叉验证方法，与留出法相比，K 折交叉验证方法对数据的分区方式不太敏感。因此，在 R 语言中，我们只需要将数据集划分为两个分区，即训练数据集和验证数据集，并进行 K 折交叉验证。根据可用的数据量，当进行交叉验证时，大多数从业者将数据分为 60% 的训练数据集和 40% 的验证数据集，或 70% 的训练数据集和 30% 的验证数据集。我们将 Gym_Data 工作表中的数据分成两部分，60% 用于训练，40% 用于验证，然后进行 10 折交叉验证。（如附录 C 所述，注意以下说明基于 R 语言 3.5.3 版本，但可能不适用于不同版本的 R 语言。）

a. 将数据从 Gym 数据文件的 Gym_Data 工作表中导入数据框（表），并将其标记为 myData。

b. 为了进行 KNN 方法的预测以及查看由此产生的性能指标和图表，需要安装并加载 caret、gains 和 pROC 包。输入：

```
> install.packages(c("caret", "gains", "pROC"))
> library(caret)
> library(gains)
> library(pROC)
```

在某些计算机上，可能还需要输入如下命令安装其他包以支持 caret 包的运行。

```
> install.packages("caret", dependencies = c("Depends", "Suggests"))
```

此外，如果 R Studio 提示，请安装并加载 car 包。

c. 我们使用 scale 函数来标准化 Age、Income 和 Hours 变量，将标准化值存储在名为 myData1 的新数据框中，并将原始 Enroll 变量添加到 myData1。我们使用 as.factor 函数将目标变量 Enroll 转换为分类数据类型。为了简化 R 语言的代码，我们使用 colnames 函数将 myData1 $ myData.Enroll（第 4 列）重命名为 myData1 $ Enroll。输入：

```
> myData1 <- scale(myData[2:4])
> myData1 <- data.frame(myData1, myData $ Enroll)
> colnames(myData1)[4] <- 'Enroll'
> myData1 $ Enroll <- as.factor(myData1 $ Enroll)
```

d. 为了将数据划分为 60% 的训练数据集和 40% 的验证数据集，我们使用 createDataPartition 函数并指定 Enroll 作为目标变量。为了确保一致性，我们使用 set.seed 函数将随机种子设置为 1。输入：

```
> set.seed(1)
> myIndex <- createDataPartition(myData1 $ Enroll, p = 0.6,
list = FALSE)
> trainSet <- myData1[myIndex, ]
> validationSet <- myData1[ -myIndex, ]
```

使用选项 $p=0.6$ 将数据集划分为 60% 的训练数据集和 40% 的验证数据集。60% 的训练数据集分配给名为 trainSet 的对象，另外 40% 分配给 validationSet 对象。为了保持训练数据集和验证数据集的目标类别和非目标类别样本的比例相同，R 语言将 601 个样本划分为训练数据集，另外 399 个样本划分为验证数据集。

e. 将 method 选项设置为 cv，选项编号设置为 10，我们使用 trainControl 函数实现 10 折交叉验证。输入：

```
> myCtrl <- trainControl(method = "cv", number = 10)
```

f. 我们使用 expand.grid 函数指定 1～10 的可能 k 值，并将结果存储在名为 myGrid 的对象中。根据准确率确定最佳 k 值。k 值的范围可能不同，可以通过更改语句中的数字来尝试不同的范围。输入：

```
> myGrid <- expand.grid(.k = c(1:10))
```

g. 为了使用步骤 e 和 f 中指定的值来对训练数据集实施 KNN 方法，我们使用 train 函数并将结果存储在名为 KNN_fit 的对象中。为了确保交叉验证结果的一致性，我们再次使用 set.seed 函数来设置随机种子。输入：

```
> set.seed(1)
> KNN _ fit <- train(Enroll ~., data = trainSet, method = "knn",
trControl = myCtrl, tuneGrid = myGrid)
> KNN _ fit
```

注意，Enroll 变量被指定为目标变量，"knn" 被指定为分类方法。KNN 方法的结果如图 9.9 所示。$k=6$ 时能产生最高的准确率（0.910 269 5），我们将在后续步骤中使用它。

h. 我们应用 $k=6$ 的 KNN 模型，对验证数据集使用 predict 函数，然后使用 confusionMatrix 函数创建混淆矩阵。输入：

```
k     Accuracy      Kappa
1     0.8586839     0.7068705
2     0.8636556     0.7161206
3     0.8986302     0.7913498
4     0.8737941     0.7394298
5     0.9052978     0.8049542
6     0.9102695     0.8148253
7     0.9036584     0.8015972
8     0.9052422     0.8040322
9     0.9068806     0.8071254
10    0.9051584     0.8044090
```

图 9.9　KNN 训练结果

```
> KNN_Class <- predict(KNN_fit, newdata = validationSet)
> confusionMatrix(KNN_Class,validationSet $ Enroll, positive = '1')
```

注意，我们将 1 类样本（在健身中心注册）确定为 positive 或 success 的样本。在其他情况下，positive 样本可能不同。此外，验证数据集中的 Enroll 变量被标识为目标变量。相关结果如图 9.10 所示。来自验证数据集的混淆矩阵结果表明该分类的准确率高（0.914 8），敏感性高（0.894 4），特异性高（0.928 6）。这些性能指标的其他详细信息可以参见 8.3 节。

```
Confusion Matrix and Statistics

            Reference
prediction   0    1
         0  221   17
         1   17  144

              Accuracy : 0.9148
                95% CI : (0.883, 0.9403)
    No Information Rate : 0.5965
    P-Value [Acc > NIR] : <2e-16

                 Kappa : 0.823

 Mcnemar's Test P-Value : 1

           Sensitivity : 0.8944
           Specificity : 0.9286
        Pos Pred Value : 0.8944
        Neg Pred Value : 0.9286
            Prevalence : 0.4035
        Detection Rate : 0.3609
  Detection Prevalence : 0.4035
     Balanced Accuracy : 0.9115

      'Positive' Class : 1
```

图 9.10　KNN 的混淆矩阵

为了评估 KNN 模型的预测性能，我们可以将其性能指标与朴素贝叶斯方法的性能指标进行比较。在朴素贝叶斯方法中，所有样本都被划分为主要类别。因为在 399 个验证数据集样本中有 161 个目标类别（在健身中心注册）样本，所以朴素贝叶斯方法会将所有样本分类为非目标类别（不在健身中心注册），准确率的计算公式为（399－161）÷399＝0.596 5，敏感性为 0，特异性为 1。因此，KNN 模型显示出比朴素贝叶斯方法更好的预测性能，特别是以识别目标类别样本为目的时。

如第 8 章中例 8.6 所示，截止值的选择会影响混淆矩阵和由此产生的性能指标。在一般情况下，R 语言使用 0.5 作为二元选择模型的截止值。由于不对称的错误分类成本或不均匀的类别分布，分析时可以选择增大或减小截止值，以将更少或更多的观测值分类到目标类别中。在本例中，失去一个本应购买健身中心会员资格的潜在会员的机会成本可能高于联系最终未购买健身中心会员资格的潜在会员的成本。此外，在包含 1 000 名此前开放日参与者的数据集中，有 403 人购买了健身中心会员资格，这表明开放日参与者购买健身中心会员资格的概率为 0.403（403÷1 000），而不是具有相同类别分布的二元选择情况下的默认概率 0.5。在这种情况下，健身中心的经理可能会将截止值降到低于 0.5，以便将更多样本分类到目标类别中，从而获得更高的敏感性。这将在步骤 i 中进行说明。

i. 为了使用 R 语言中不同的截止值来评估 KNN 模型的预测性能，我们首先计算每个样本属于目标类别的概率，而不是其分类结果。在 predict 函数中，我们将类型（type）选项设置为 "prob"，以预测概率。输入：

```
> KNN_Class_prob <- predict(KNN_fit, newdata = validationSet, type = 'prob')
> KNN_Class_prob
```

图 9.11 显示了与前几个样本相关的概率。如图所示，第一列给出了属于 0 类（未在健身中心注册）的样本的概率，第二列给出了属于 1 类（在健身中心注册）的样本的概率。使用默认概率 0.5 以外的截止值确定样本的分类结果（例如 0.25，目的是为了准确区分出更多的 1 类样本），我们将第二列的值与新的截止值下的情况进行比较。

	0	1
1	1.000 000 0	0.000 000 0
2	0.333 333 3	0.666 666 7
3	1.000 000 0	0.000 000 0
4	1.000 000 0	0.000 000 0
5	1.000 000 0	0.000 000 0
6	1.000 000 0	0.000 000 0
7	0.166 666 7	0.833 333 3

图 9.11 预测概率

j. 为使用新的截止值 0.25 构造混淆矩阵，我们使用 ifelse 函数来确定类别。我们使用 as.factor 函数，用于将类别转换为分类变量，分类变量与目标变量 Enroll 的数据类型相同。输入：

```
> confusionMatrix(as.factor(ifelse(KNN_Class_prob[,2]>0.25,
  '1', '0')), validationSet$Enroll, positive = '1')
```

由此产生的混淆矩阵（此处未显示）提供了使用截止值 0.25 的 KNN 模型的性能指标。在新的混淆矩阵中，准确率、敏感性和特异性分别为 0.879 7、0.962 7 和 0.823 5。虽然整体准确率比以前低，但新的截止值下有更高的敏感性，表明健身中心经理正确识别了更多的目标类别样本。

k. 为了创建累积增益表和累积提升图，我们需要按照 gains 包的要求将 Enroll 变量转换回数值数据。输入：

```
> validationSet$Enroll <- as.numeric(as.character(validationSet$Enroll))
```

l. 我们使用 gains 函数生成累积增益表。gains 函数需要两个参数：实际类别和预测的目标类别概率。输入：

```
> gains_table <- gains(validationSet$Enroll, KNN_Class_prob[,2])
> gains_table
```

图 9.12 显示了相关结果。一般情况下，累积增益表根据样本属于目标类别的概率将其分为 10 个组。图 9.12 的最后一列表示每组的平均概率。（注意：四舍五入保留两位小数。）在 R 语言中，

如果概率值少于 10 个，则累积增益表和十分位提升图将少于 10 组。

Depth of File	N	Cume N	Mean Resp	Cume Mean Resp	Cume Pct of Total Resp	Lift Index	Cume Lift	Mean Model Score
15	59	59	0.93	0.93	34.2%	231	231	1.00
30	62	121	0.90	0.92	68.9%	224	227	0.83
31	1	122	1.00	0.92	69.6%	248	228	0.71
38	28	150	0.93	0.92	85.7%	230	228	0.67
43	21	171	0.57	0.88	93.2%	142	217	0.50
43	1	172	0.00	0.87	93.2%	0	216	0.43
49	24	196	0.21	0.79	96.3%	52	196	0.33
49	1	197	0.00	0.79	96.3%	0	195	0.29
58	34	231	0.09	0.68	98.1%	22	170	0.17
100	168	399	0.02	0.40	100.0%	4	100	0.00

图 9.12　累积增益表

　　m. 我们使用 plot 函数绘制累积提升图，如图 9.13 所示。第一个命令绘制 KNN 模型的提升曲线，第二个命令绘制一条虚线对角线以指示基线模型。输入：

```
> plot(c(0, gains _ table $ cume. pct. of. total * sum(validationSet
  $ Enroll)) ~ c(0, gains _ table $ cume. obs), xlab = "# of cases",
  ylab = "Cumulative", main = "Cumulative Lift Chart", type = "l")
> lines(c(0, sum(validationSet $ Enroll)) ~ c(0,
  dim(validationSet)[1]), col = "red", lty = 2)
```

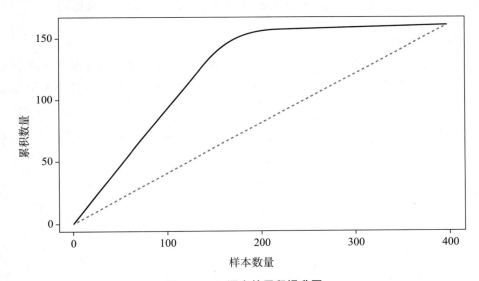

图 9.13　R 语言的累积提升图

　　n. 为了绘制十分位提升图，我们使用 barplot 函数绘制条形图。输入：

```
> barplot(gains _ table $ mean. resp/mean(validationSet $ Enroll),
  names. arg = gains _ table $ depth, xlab = "Percentile", ylab = "Lift",
  ylim = c(0,3), main = "Decile - Wise Lift Chart")
```

　　十分位提升图如图 9.14 所示。十分位提升图显示，如果 24/7 健身中心联系预测注册概率最高的前 15% 的潜在会员，那么健身中心将能够新增 2 名会员。与 24/7 健身中心随机选择 15% 的潜在会员进行联系的情况相比，实际购买健身中心会员资格的潜在会员数量增加 2.31 倍。与基线模型相比，KNN 模型具有更高的预测能力。

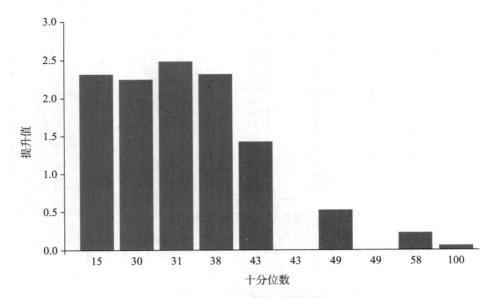

图 9.14　R 语言的十分位提升图

o. 我们使用 roc 函数，它可以生成一个 roc 对象，用来绘制 ROC 曲线。然后我们使用 plot. roc 函数绘制 ROC 曲线，使用 auc 函数检索 AUC 值。输入：

```
> roc _ object <- roc(validationSet $ Enroll, KNN _ Class _ prob[,2])
> plot.roc(roc _ object)
> auc(roc _ object)
```

ROC 曲线下的面积，即 AUC 值非常高（0.953 2），表明 KNN 模型在预测潜在会员的健身中心注册人数方面表现非常好。图 9.15 展示了 ROC 曲线。对于所有截止值，KNN 模型在敏感性和特异性方面均优于基线模型（显示为虚线对角线）。

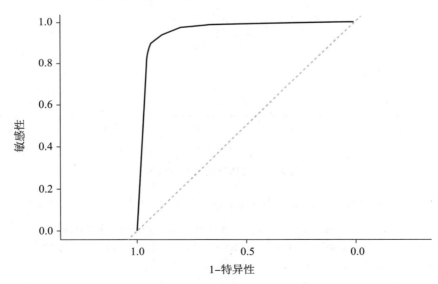

图 9.15　R 语言的 ROC 曲线，AUC＝0.953 2

p. 为了对潜在的会员的观测值进行评分，我们将数据从 Gym 数据文件的 Gym_Score 工作表导入数据框（表）中，并将其命名为 myScoreData。由于 KNN 方法识别历史样本中的最近邻，因此我们使用从历史样本计算的均值和标准差来标准化新数据。这里我们使用 preProcess 函数来计算 my-

Data 中预测变量的均值和标准差。中心法计算均值并从每个值中减去均值，比例法（scale method）计算标准差并将每个值除以标准差。predict 函数使用预处理语句中的均值和标准差来标准化 my-ScoreData，并将 z 值存储在名为 myScoreData1 的新数据框中。最后，我们使用 predict 函数对新观测值进行评分。输入：

```
> PreProcessing <- preProcess(myData[ , 2:4], method = c("center", "scale"))
> myScoreData1 <- predict(PreProcessing, myScoreData)
> KNN_Score <- predict(KNN_fit, newdata = myScoreData1)
```

q. 评分完成后，KNN_Score 将包含分类结果（潜在会员是否可能注册：是＝1，否＝0）。我们使用 data.frame 函数将分类结果添加至原始数据集，使用 View 函数显示更新的数据集。输入：

```
> myScoreData <- data.frame(myScoreData, KNN_Score)
> View(myScoreData)
```

部分记录如表 9.5 所示。由于内置算法不同，Analytic Solver 和 R 语言会产生不同的分类结果。研究结果表明，24/7 健身中心应重点联系 40 岁以上、年收入较高的潜在会员。

表 9.5　R 语言对 KNN 的评分结果

记录	年龄	年收入	每周锻炼时间	KNN_Score
1	22	33 000	5	0
2	23	65 000	9	1
⋮	⋮	⋮	⋮	⋮
23	51	88 000	6	1

如前所述，KNN 方法最常用于目标变量为分类变量的分类方法。但是，它也可用于预测数值变量。为了预测新样本的值，KNN 方法使用与欧几里得距离类似的方法来识别最近邻，但不同的是，KNN 方法使用其 k 个最近邻的均值来估计新样本目标变量的值。如第 8 章所述，为了评估 KNN 方法的预测性能，我们使用预测指标，如均方根误差（RMSE）和平均绝对偏差（MAD），而不是误分类率或准确率。将 KNN 方法用于预测的函数可以在 Analytic Solver 和 R 语言中找到。然而，由于 KNN 方法一般用于分类，因此本章仅侧重于使用 KNN 方法进行分类。

引入案例概要

健身中心和健身设施的会员流动率通常较高。与其他健身房一样，24/7 健身中心依靠定期招募新会员来维持其业务和财务状况。24/7 健身中心经理 Janet Williams 完全熟悉数据分析技术，她使用 KNN 方法分析健身中心过去开放日的数据。她想更好地了解哪些参与者在参加活动后可能会购买健身中心会员资格。

总的来说，Janet 发现 KNN 方法在预测潜在会员是否购买会员资格方面提供了相当高的准确性。测试数据集的准确率、敏感性和特异性均在 80% 以上。更重要的是，KNN 方法确定了可能购买健身中心会员资格的开放日活动参与者。例如，分析结果表明，年收入相对较高的 50 岁或 50 岁以上的开放日活动参与者和每周至少锻炼 9 小时的同龄人群更有可能在参加开放日活动后注册成为会员。有了这些切实可行的结论，Janet 决定培训她的员工定期分析每月的开放日活动数据，以帮助 24/7 健身中心增加其会员数量。

练习 9.2

注意：这些练习可以使用 Analytic Solver 或 R 语言解决。但是，答案将取决于所使用的软件包。R 语言中的所有答案都基于 3.5.3 版本。对于 Analytic Solver，将数据集划分为 50% 的训练数据集、30% 的验证数据集和 20% 的测试数据集，并使用 12345 作为默认随机种子。对于 R 语言，将数据集划分为 60% 的训练数据集和 40% 的验证数据集，并进行 10 折交叉验证。使用 set. seed (1) 指定用于数据分区和交叉验证的随机种子。搜索 k 的最佳值时，在 Analytic Solver 和 R 语言的可能 k 值范围（1～10）内搜索。某些数据文件有两个工作表（例如，Exercise_9.3_Data 和 Exercise_9.3_Score 工作表），用于模型开发和新样本的评分。

理论

1. 文件：Exercise_9.1。随附文件中有 60 个观测值，其中包含二元因变量 y 以及自变量 x_1 和 x_2。

a. 对数据集进行 KNN 分析。k 的最佳值是多少？

b. 报告测试数据集（Analytic Solver）或验证数据集（R）的准确率、特异性、敏感性和精度。

2. 文件：Exercise_9.2。随附文件中有 111 个观测值，其中包含二元因变量 y 以及自变量 x_1、x_2、x_3 和 x_4。

a. 对数据集进行 KNN 分析。k 的最佳值是多少？

b. 报告测试数据集（Analytic Solver）或验证数据集（R）的准确率、特异性、敏感性和精度。

c. 评价 KNN 分类模型的性能。

3. 文件：Exercise_9.3。随附文件中有 80 个观测值，其中包含二元因变量 y 以及自变量 x_1、x_2、x_3 和 x_4。

a. 对数据集进行 KNN 分析。k 的最佳值是多少？

b. 最佳 k 值的误分类率是多少？

c. 报告测试数据集（Analytic Solver）或验证数据集（R）的准确率、特异性、敏感性和精度。

d. ROC 曲线下的面积（或 AUC 值）是多少？

e. 在 Exercise_9.3_Score 工作表中为新的观测值评分。第一个观测值的预测响应值是多少？

4. 文件：Exercise_9.4。随附文件中有 200 个观测值，其中包含二元因变量 y 以及自变量 x_1、x_2、x_3、x_4 和 x_5。

a. 对数据集进行 KNN 分析。k 的最佳值是多少？

b. 最佳 k 值的误分类率是多少？

c. 报告测试数据集（Analytic Solver）或验证数据集（R）的准确率、特异性、敏感性和精度。

d. 将截止值更改为 0.2。报告测试数据集（Analytic Solver）或验证数据集（R）的准确率、特异性、敏感性和精度。

e. 评价 KNN 分类模型的性能。

5. 文件：Exercise_9.5。随附文件中有 1 000 个观测值，其中包含二元因变量 y 以及自变量 x_1、x_2 和 x_3。

a. 对数据集进行 KNN 分析。k 的最佳值是多少？

b. 最佳 k 值的误分类率是多少？

c. 报告测试数据集（Analytic Solver）或验证数据集（R）的准确率、特异性、敏感性、精度以及 AUC 值。

d. 评价 KNN 分类模型的性能。

6. 文件：Exercise_9.6。随附文件中有 2 000 个观测值，其中包含二元因变量 y 以及自变量 x_1、x_2 和 x_3。

a. 对数据集进行 KNN 分析。k 的最佳值是多少？

b. 报告测试数据集（Analytic Solver）或验证数据集（R）的准确率、特异性、敏感性、精度以及 AUC 值。

c. 通过比较特异性和敏感性，评价 KNN 分类模型的性能。

d. 画出累积提升图、十分位提升图和 ROC 曲线。

7. 文件：Exercise_9.7。随附文件中有 400 个观测值，其中包含二元因变量 y 以及自变量 x_1、x_2、x_3 和 x_4。

a. 对数据集进行 KNN 分析。k 的最佳值是多少？

b. 报告测试数据集（Analytic Solver）或验证数据集（R）的准确率、特异性、敏感性、精度以及 AUC 值。

c. 十分位提升图中显示的最左侧条形的提升值是多少？

d. 在 Exercise_9.7_Score 工作表中为新的观测值评分。前两个新观测值的预测响应值是多少？

应用

8. 文件：Admit。大学通常依靠高中生的平均成绩（GPA）、SAT 成绩或 ACT 成绩来决定大学的入学资格。考虑 120 位大学入学申请者的数据（如果录取则为 1，否则为 0），以及学生的 GPA 和 SAT 成绩。下表显示了录取数据工作表的一部分。

录取	GPA	SAT
1	3.10	1 550
0	2.70	1 360
⋮	⋮	⋮
1	4.40	1 320

a. 应用 KNN 分析，以评估录取数据工作表中大学录取决策的分类模型，并在录取分数工作表中为新申请者评分。k 的最佳值是多少？

b. 报告测试数据集（Analytic Solver）或验证数据集（R）的准确率、特异性、敏感性和精度。

c. ROC 曲线下的面积（或 AUC 值）是多少？评价 KNN 分类模型的性能。

d. 第一位新申请者的预计录取结果是什么？

9. 文件：CFA。特许金融分析师（CFA）是金融业的专业认证。雇主鼓励他们的潜在员工完成 CFA 考试。SolidRock 投资公司的人力资源经理 Daniella Campos 正在审查 10 份求职申请。鉴于 CFA 一级考试的通过率很低，Daniella 想知道这 10 名员工未来是否能够通过 CFA 一级考试。根据历史数据，有工作经验和大学 GPA 较高的员工通过率较高。凭借这一认知，她汇编了 63 名去年参加 CFA 一级考试的现任员工的信息，包括该员工考试的通过率（1 表示通过，0 表示不通过）、该员工的大学 GPA 以及多年的工作经验。CFA_Data 工作表的一部分如下表所示。

通过	GPA	工作经验
1	3.20	11
1	3.75	15
⋮	⋮	⋮
1	3.21	6

a. 使用 CFA_Data 工作表进行 KNN 分析，构建 CFA 一级考试的分类模型，并在 CFA_Score 工作表中为 10 名求职者打分。$k=3$、4、5 情况下的误分类率分别是多少？

b. k 的最佳值是多少？报告测试数据集（Analytic Solver）或验证数据集（R）的总体准确率、特异性、敏感性和精度。

c. 第一位求职者的 CFA 一级考试预测结果是什么？

10. 文件：SocialMedia。一家社交媒体营销公司正在进行消费者调查，以了解收入水平和年龄如何与消费者是否对社交媒体活动做出积极反应相关。Aliyah Turner 是一名新的大学实习生，被指派从过去的营销活动中收集数据。她收集了过去营销活动中 284 名消费者的数据，包括收入（千美元）、年龄以及是否参与了营销活动（如果参与了营销活动则为 1，否则为 0）。下表显示了 SocialMedia_Data 工作表的一部分。

营销活动	收入	年龄
0	103.3	67
0	61.4	34
⋮	⋮	⋮
1	91.3	40

a. 使用 SocialMedia_Data 工作表，应用 KNN 方法构建社交媒体营销活动的分类模型，并在 SocialMedia_Score 工作表中对新的消费者样本进行评分。k 的最佳值是多少？

b. 报告测试数据集（Analytic Solver）或验证数据集（R）的总体准确率、特异性、敏感性和精度。

c. ROC 曲线下的面积（或 AUC 值）是多少？评价 KNN 分类模型的性能。

d. 第一名新的消费者的预测结果是什么？

e. 将截止值更改为 0.3。报告测试数据集（Analytic Solver）或验证数据集（R）的总体准确率、特异性、敏感性和精度。

11. 文件：Spam。Peter Derby 是一家私人股份公司的网络安全分析师。他所在公司的同事被大量垃圾邮件淹没。Peter 被要求在公司的电子邮件服务器上安装一个垃圾邮件检测系统。他审查了 500 封垃圾邮件和合法电子邮件样本，其中包含以下相关变量：垃圾邮件（如果是垃圾邮件则为 1，否则为 0）、收件人数量、超链接数量和邮件中的字符数。Spam_Data 工作表的一部分如下表所示。

垃圾邮件	收件人数量	超链接数量	字符数
0	19	1	47
0	15	1	58
⋮	⋮	⋮	⋮
1	13	2	32

a. 应用 KNN 方法，使用 Spam_Data 工作表构建垃圾邮件检测的分类模型，并在 Spam_Score 工作表中对新电子邮件评分。k 的最佳值是多少？

b. 报告测试数据集（Analytic Solver）或验证数据集（R）的总体准确率、特异性、敏感性和精度。

c. ROC 曲线下的面积（或 AUC 值）是多少？

d. 第一封新电子邮件的预期结果是什么？

12. 文件：Security。执法机构通过定期监控社交媒体网站，来识别和评估潜在的犯罪和恐怖主义活动。例如，通过跟踪脸书页面上的某些关键词，将数据编译到数据挖掘模型中，可以确定脸书页面是否构成潜在威胁。Matthew Osorio 警官被指派探索可用于此目的的数据挖掘技术。他首先尝试使用 KNN 方法来监控和评估社交媒体网站，这些网站包含"战争""炸弹""攻击"等与战争相关的术语，以及"极端主义""激进""阴谋"等可疑关键词，其中一部分如下表所示。数据集中的每条记录都包括以下变量：威胁（如果构成威胁则为 1，否则为 0）、可疑词语的数量（词汇和关键词）以及指向或提及可疑站点的超链接的数量。

威胁	可疑词汇数量	可疑关键词数量	可疑超链接数量
0	6	5	5
0	3	5	8
⋮	⋮	⋮	⋮
1	4	4	2

a. 对数据集进行 KNN 分析。k 的最佳值是多少？

b. 最佳 k 值的误分类率是多少？

c. 报告测试数据集（Analytic Solver）或验证数据集（R）的准确率、特异性、敏感性和精度。

d. 画出累积提升图。整个提升曲线是否位于基线之上？

e. 画出十分位提升图。最左侧条形的提升值是多少？

f. 画出 ROC 曲线。ROC 曲线下的面积（或 AUC 值）是多少？

g. 评价 KNN 分类模型的性能。

13. 文件：HR。Daniel Lara 是一家大型科技咨询公司的人力资源经理，他一直在阅读有关使用分析方法预测新员工成功的文章。随着科技行业性质的快速变化，一些员工很难跟上所在行业的步伐，因此错过了晋升到管理岗位的机会。Daniel 特别感兴趣的是，新员工在公司工作 10 年后是否有可能晋升到管理层。他收集了 300 名在该公司工作至少 10 年的现有员工的信息。这些信息基于员工最初申请公司工作时提供的工作申请。对于每位员工，列出了以下变量：晋升

（如果在 10 年内晋升则为 1，否则为 0）、GPA（毕业时的大学 GPA）、体育（大学期间的体育活动数量）和领导力（学生组织中的领导角色数量）。HR_Data 工作表的一部分如下表所示。

晋升	GPA	体育	领导力
0	3.28	0	2
1	3.93	6	3
⋮	⋮	⋮	⋮
0	3.54	5	0

a. 使用 HR_Data 工作表帮助 Daniel 进行 KNN 分析，以确定员工在公司工作 10 年后是否有可能晋升到管理层。在 HR_Score 工作表中为 10 名新员工评分。最佳 k 值是多少？第一位新员工的预期结果是什么？

b. 最佳 k 值的误分类率是多少？

c. 报告测试数据集（Analytic Solver）或验证数据集（R）的准确率、特异性、敏感性和精度。

d. 画出累积提升图、十分位提升图和 ROC 曲线。

e. 评价 KNN 分类模型的性能。KNN 方法是预测员工成功的有效方法吗？

14. 文件：Heart。近年来，医学研究已经将数据分析的使用纳入在早期发现心脏病的新方法中。医生对准确识别高危患者，以便及时实施预防性护理和干预特别感兴趣。现有一组信息，包括患者的年龄、血压（收缩压和舒张压）、BMI，以及患者是否患有心脏病的指标（如果患有心脏病则为 1，否则为 0）。下表中提供了部分数据。

心脏病	年龄	收缩压	舒张压	BMI
0	44	112	111	17
1	55	128	90	27
⋮	⋮	⋮	⋮	⋮
0	29	144	85	32

a. 对数据集进行 KNN 分析。k 的最佳值是多少？

b. 最佳 k 值的误分类率是多少？

c. 报告测试数据集（Analytic Solver）或验证数据集（R）的准确率、特异性、敏感性和精度。

d. 画出累积提升图、十分位提升图和 ROC 曲线。

e. 对 KNN 分类模型的性能进行评论。KNN 方法是预测心脏病的有效方法吗？

15. 文件：Retail。在线零售商经常使用推荐系统向消费者推荐新产品。我们将消费者与具有类似特征的其他人进行比较，如过去的购买、年龄、收入和教育水平。一个数据集（如下表所示）通常被用作零售业产品推荐系统的一部分。系统中使用的变量包括消费者是否最终购买了推荐的商品（如果购买则为 1，否则为 0）、消费者的年龄、收入（千美元）以及之前购买的类似商品的数量（历史购买数量）。

购买	年龄	收入	历史购买数量
1	48	99	21
1	47	32	0
⋮	⋮	⋮	⋮
0	34	110	2

a. 在 Retail_Data 工作表中应用 KNN 分析，以确定消费者是否可能进行购买。在 Retail_Score 工作表中，对 10 名新消费者的记录进行评分。最佳 k 值是多少？第一名新消费者的预期结果是什么？

b. 最佳 k 值的误分类率是多少？

c. 报告测试数据集（Analytic Solver）或验证数据集（R）的准确率、特异性、敏感性和精度。

d. 画出十分位提升图。最左侧条形的提升值是多少？

e. 画出 ROC 曲线。ROC 曲线下的面积（或 AUC 值）是多少？

f. 评价 KNN 分类模型的性能。KNN 分类是开发推荐系统的有效方法吗？

16. 文件：Solar。New Age Solar 是一家为住户提供销售和安装太阳能电池板服务的公司。该公司的销售代表会联系并亲自拜访潜在客户，介绍安装太阳能电池板的好处。这种高度接触的方法效果很好，因为客户感觉他们得到的个人服务满足了他们的个人需求，但它比其他大众营销方法更昂贵。该公司希望在拜访更有可能安装太阳能电池板的潜在客户时采取非常具有战略性的策略。为此，该公司收集了一组销售代表过去的拜访数据，包括潜在客户的年龄和年收入（千美元），以及客户是否购买太阳能电池板（安装为Y，不安装为N）。Solar_Data 工作表的一部分如下表所示。

年收入	年龄	安装
115	45	N
68	31	Y
⋮	⋮	⋮
73	34	N

　　a. 在 Solar_Data 工作表中应用 KNN 分析，以确定潜在客户是否可能购买太阳能电池板。在 Solar_Score 工作表中对 11 名新潜在客户的记录进行评分。最佳 k 值是多少？第一位新潜在客户的预测结果是什么？

　　b. 最佳 k 值的误分类率是多少？

　　c. 报告测试数据集（Analytic Solver）或验证数据集（R）的准确率、特异性、敏感性和精度。

　　d. 画出累积提升图、十分位提升图和 ROC 曲线。

　　e. 根据 c 问题和 d 问题的答案，评价 KNN 方法是不是对潜在客户进行分类的有效方法。

　　17. 文件：Machine。在机器发生故障之前预测该故障的发生，可以为制造商节省数百万美元。制造商希望能够提前进行预防性维护或维修，以尽量减少机器停机时间，并安装电子传感器来监控机器及其周围环境。然而，机器越复杂，诊断和预测故障就越困难。数据挖掘已被用于分析环境因素，以预测复杂的机器（如纳米技术设备）是否会在生产周期中出现故障。随附的数据集包含 480 个观测值和 3 个环境变量：设备所在房间的湿度水平（％）、房间的温度（华氏度），以及一个因变量，用于表示设备是否在下一个生产周期内发生故障（如果发生故障则为1，否则为0）。

湿度	温度	故障
9.36	79.99	0
10.37	61.89	0
⋮	⋮	⋮
15.02	38.02	1

　　a. 对数据集应用 KNN 分析。k 的最佳值是多少？

　　b. 最佳 k 值的误分类率是多少？

　　c. 报告测试数据集（Analytic Solver）或验证数据集（R）的准确率、特异性、敏感性和精度。

　　d. ROC 曲线下的面积（或 AUC 值）是多少？

　　e. 根据 c 问题和 d 问题的答案，评价 KNN 方法是不是对潜在客户进行分类的有效方法。

　　f. 将截止值更改为 0.3。报告测试数据集（Analytic Solver）或验证数据集（R）的准确率、特异性、敏感性和精度。

9.3　朴素贝叶斯方法

　　朴素贝叶斯方法代表了一系列允许预测观测值属于特定类别的概率的分类模型。朴素贝叶斯方法基于第 4 章中讨论的贝叶斯定理。回想一下，贝叶斯定理使用新信息来更新先验概率，以形成后验概率。

　　假设因变量由两个类别定义：一类潜在客户将进行购买，另一类潜在客户将不进行购买。在这里，我们可以使用进行购买的客户比例来估计先验概率。如果我们使用客户的性别作为自变量，则后验概率是根据潜在客户的性别（男性或女性）来进行估计的。类似地，其他自变量必须是分类变量或被转换成分类变量，以用于估计后验概率。值得关注的是，当自变量的数量很多时，估计后验概率可能会变得很麻烦。

为了简化计算，朴素贝叶斯方法的分类模型假设自变量是独立的。由于这种独立性假设往往不现实，因此被贴上了"朴素"的标签。虽然变量独立性的假设没有识别自变量之间可能的相互作用，但与更复杂的分类方法相比，这种简单的方法在许多现实情况下具有良好的表现，特别是在以根据其属于目标类别的概率对样本进行排序为主要目标的情况下。朴素贝叶斯方法的基本概念非常容易理解，也易于实现。在具有大数据集的实际应用中，例如目标营销、医疗诊断、垃圾邮件检测、文本文档分类和人脸识别等，这一方法尤其具有吸引力。

> **朴素贝叶斯方法**
>
> 朴素贝叶斯方法代表了一类基于贝叶斯定理的分类模型。尽管它在分类自变量之间做出很强的独立性假设，但它在许多实际应用中表现良好。

在第4章中，我们使用贝叶斯定理，即 $P(B|A)=\dfrac{P(B)P(A|B)}{P(A)}$，将先验概率 $P(B)$ 更新为后验概率 $P(B|A)$。考虑一个简单的分类模型，其中因变量 y 和自变量 x 都是二元变量。这里，我们用贝叶斯定理得到 $P(y|x)=\dfrac{P(y)P(x|y)}{P(x)}$。继续使用客户购买的案例。如果潜在客户进行购买，则 y 等于1，否则 y 为0。如果客户是男性，则 x 等于1，否则 x 为0。表9.6显示了训练数据集的每个类别的观测值数量。

表 9.6 训练数据集的各类别统计

观测值	男性（$x=1$）	女性（$x=0$）
购买（$y=1$）	30	50
不购买（$y=0$）	20	100

假设潜在客户是男性（女性），我们使用相关比例来计算其进行（不进行）购买的条件概率，如下所示：

$$P(y=1|x=1)=30/50=0.60; P(y=0|x=1)=20/50=0.40$$

如果潜在客户是女性，我们得出条件概率为：

$$P(y=1|x=0)=50/150=0.333; P(y=0|x=0)=100/150=0.667$$

在这个简单的案例中，我们会将男性客户分配到"进行购买"的类别，因为0.60＞0.40。而因为0.333＜0.667，所以女性客户会被划入"不进行购买"的类别。

这个案例中有两个值得注意的问题。首先，在具有多个男性和女性客户观测值的情况下，它使用了一个分类自变量，即客户的性别。如果我们使用一个像收入这样的数值变量作为自变量，就很难在所有的收入水平上找到多条记录。在实践中，使用数值自变量的情况是很普遍的，但首先需要将它们转换成分类变量。其次，很难找到只使用一个自变量的分类模型。通常，在分类时会使用多个自变量。我们现在来解决这两个问题。

延续客户购买的案例，用 y 代表潜在客户是否进行购买。假设 x_1，x_2，…，x_k 代表 k 个自变量，具体可能包括客户的性别、收入、年龄和大学学历等。扩展的贝叶斯定理将给定的 x_1 到 x_k 下 y 的概率描述为：

$$P(y|x_1, x_2, \cdots, x_k)=\frac{P(y)P(x_1, x_2, \cdots, x_k|y)}{P(x_1, x_2, \cdots, x_k)}$$

假设 x_1，x_2，…，x_k 相互独立，给定的 x_1，x_2，…，x_k 下 y 的概率可简化为：

$$P(y \mid x_1, x_2, \cdots, x_k) = \frac{P(y)(P(x_1 \mid y)P(x_2 \mid y) \cdots P(x_k \mid y))}{P(x_1, x_2, \cdots, x_k)}$$

与其他分类方法相比，这种简化显著提高了朴素贝叶斯分类器的效率，尤其是在对大数据集或大量自变量进行分类时。如果零售商希望将潜在客户分类为购买（$y=1$）和非购买（$y=0$），那么我们将计算并比较以下两个概率值：

$$P(y=1 \mid x_1, x_2, \cdots, x_k) = \frac{P(y=1)(P(x_1 \mid y=1)P(x_2 \mid y=1) \cdots P(x_k \mid y=1))}{P(x_1, x_2, \cdots, x_k)}$$

$$P(y=0 \mid x_1, x_2, \cdots, x_k) = \frac{P(y=0)(P(x_1 \mid y=0)P(x_2 \mid y=0) \cdots P(x_k \mid y=0))}{P(x_1, x_2, \cdots, x_k)}$$

如果 $P(y=1 \mid x_1, x_2, \cdots, x_k)$ 较高，如 $\hat{y}=1$，那么我们将得出结论，即潜在客户会进行购买；同样地，如果 $P(y=0 \mid x_1, x_2, \cdots, x_k)$ 较高，如 $\hat{y}=0$，那么，我们将得出结论，即潜在客户不会进行购买。在二者相等的情况下，可以使用多种方法进行预测，如 random tiebreak，基于频率最高的结果进行选择，或按照字母顺序进行选择。

如前所述，朴素贝叶斯分类器需要在所有自变量都是分类变量的数据集上执行。为了识别连续型变量的影响，它们必须首先被转换成离散值，这个过程被称为"binning"，其在第 2 章中有详细的描述。例如，收入可以很容易地转换成离散值或 bins，即 1＝[0, 50 000 美元)，2＝[50 000 美元，100 000 美元)，3＝[100 000 美元，500 000 美元)，等等。还有一类特殊的朴素贝叶斯分类器，被称为高斯朴素贝叶斯，其假设连续型变量遵循正态分布，并将密度函数用于估计朴素贝叶斯分类器的条件概率。然而，这种技术超出了本书的范围。

朴素贝叶斯分类器的另一个潜在问题是存在包括罕见结果的情况，例如需要将患者分类为罕见疾病。当训练数据集中不存在这种罕见结果时，问题就出现了。根据前面展示的公式，这种罕见结果的概率将被估计为 0，并且没有新的观测值会被分配到这一类别。为了克服这个问题，大多数朴素贝叶斯算法允许用非零值（通常值为 1）替换零概率值。这种技术被称为平滑或拉普拉斯平滑。

因为朴素贝叶斯方法是一种有监督数据挖掘技术，可以使用数据分区来评估模型的性能。与 KNN 方法不同，朴素贝叶斯方法不使用验证数据集来优化模型的复杂程度，例如找到 k 的最佳值。因此，通常只将数据划分为训练数据集和验证数据集。训练数据集用于计算条件概率，验证数据集用于评估朴素贝叶斯模型在新数据集上的性能。

朴素贝叶斯方法的本质是使用相关的比例来估计每类因变量和训练数据集中所有自变量组合下的条件概率。尽管理论上很简单，但当使用大量的自变量时，这种方法会变得相当复杂。幸运的是，有几个软件包能够常规地执行朴素贝叶斯方法。在例 9.2 中，我们将使用 Analytic Solver 和 R 语言来说明这个过程。

例 9.2 -

华盛顿特区的一个公共政策研究所每年夏天都会雇用一些大学实习生。今年，来自马萨诸塞州的经济学专业三年级学生 Sara Anderson 被选为研究实习生之一。她的第一项任务是进行数据分析，帮助国会办公室更好地了解收入低于贫困线的美国居民。为了完成这项任务，Sara 提取了一组由美国人口普查局维护的相关数据。数据集有 9 980 个观测值，存储在 Census 数据文件的 Census_Data 工作表中。每个样本都包含个人的婚姻状况（Married，已婚为 Y，未婚为 N）、性别（Female，女性为 Y，男性为 N）、种族（White，白人为 Y，非白人为 N）、年龄（Age，1＝[18, 25 岁)，2＝

[25，35 岁），3＝[35，45 岁），4＝[45，55 岁），5＝55 岁及以上）、是否接受过大学教育（接受为 Y，不接受为 N），以及个人收入是否低于贫困线（Poverty，贫困为 1，其他为 0）。此外，她在 Census 数据文件的 Census_Score 工作表中保存了 66 名新个体的自变量记录，以便于朴素贝叶斯分类器进行评分。两个工作表的一部分如表 9.7 所示（文件：Census）。

表 9.7　部分普查数据

a. Census_Data 工作表

已婚	女性	白人	年龄	教育	贫困
Y	N	Y	1	N	0
Y	N	Y	1	N	0
⋮	⋮	⋮	⋮	⋮	⋮
N	Y	N	5	N	1

b. Census _ Score 工作表

已婚	女性	白人	年龄	教育
N	Y	Y	5	N
N	Y	Y	5	N
⋮	⋮	⋮	⋮	⋮
Y	N	Y	5	Y

请帮助 Sara 开发一个朴素贝叶斯分类模型，使用所有 5 个自变量来预测个体是否处于贫困状况。报告相关的性能指标，并对新的观测值进行评分。

解答：

使用 Analytic Solver

a. 打开 Census 数据文件，转到 Census_Data 工作表。

b. 选择"数据挖掘"（Data Mining）→"分区"（Partition）→"标准分区"（Standard Partition）。

c. 对于"数据范围"（Data Range），突出显示单元格＄A＄1：＄F＄9981，并选中"第一行包含标题"（First Row Contains Headers）。填充"输入数据中的变量"（Variables in Input Data）框。选择"自动百分比"（Automatic percentages），训练集为 60％，验证集为 40％。接受其他默认值，然后单击确定。

d. Analytic Solver 将使用分区后的数据创建一个名为 STDPartition 的新工作表。确保 STDPartition 工作表处于激活状态。选择"数据挖掘"（Data Mining）→"分区"（Classify）→"朴素贝叶斯"（Naive Bayes）。

e. 在"数据"（Data）选项卡中，选择并将 Married、Female、White、Age、Edu 移至"选定变量"（Selected Variables）框。选择 Poverty 作为"输出变量"（Output Variable）。接受其他默认值，然后单击"下一步"（Next）。注意：如果使用除默认值 0.5 以外的截止值，请在"成功概率截止"（Success Probability Cutoff）框中输入所需的截止值（例如 0.75）。

f. 在"参数"（Parameters）选项卡中，请注意 Analytic Solver 提供了拉普拉斯平滑选项。在这种情况下，训练数据集的所有结果类别中没有缺失值，因此不需要平滑。取消选中拉普拉斯平滑旁边的框。单击"评分"（Scoring）选项卡。

g. 选中"分数训练数据"（Score Training Data）和"分数验证数据"（Score Validation Data）的"汇总报告"（Summary Report）。同时选中"分数验证数据"（Score Validation Data）的"提升

图表"（Lift Charts）。选中"评分新数据"（Score New Data）下的"工作表"（In Worksheet）。一个名为"新数据"（New Data）（WS）的新选项卡将打开。在工作表的下拉框中，选择"普查分数"（Census_Score），选择"数据范围"（Data Range）＄A＄1：SES67，单击"按名称匹配"（Match by Name），然后单击"完成"（Finish）。

Analytic Solver 将创建 6 个新工作表。NB_Output 工作表总结了我们指定的朴素贝叶斯方法的输入参数。NB_TrainingScore 和 NB_ValidationScore 工作表分别显示了训练数据集和验证数据集的混淆矩阵和模型的性能指标。验证数据集的混淆矩阵和性能指标如图 9.16 所示。

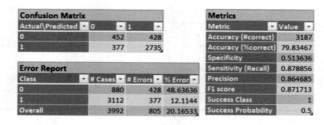

图 9.16 朴素贝叶斯方法的 Analytic Solver 分类汇总表
资料来源：Microsoft Excel.

模型的总体准确率为 79.83％，但特异性（51.36％）和敏感性（87.89％）之间存在显著差异。这表明，通过使用 0.5 的默认截止值，该模型在识别贫困人口（1 类）方面比识别非贫困人口（0 类）更加准确。

朴素贝叶斯分类法的性能也可以使用累积提升图、十分位提升图和测试数据集的 ROC 曲线进行可视化评估，如图 9.17 所示。累积提升图和十分位提升图显示，朴素贝叶斯分类法的性能优于基线模型。ROC 曲线还显示，朴素贝叶斯分类法在所有截止值的敏感性和特异性方面都优于基线模型。曲线下面积（AUC）为 0.846 5，比随机分类法（AUC＝0.5）更接近最优水平（AUC＝1）。

NB_NewScore 工作表显示了对 Census_Score 工作表中的新样本的分类预测结果。对于每个样本，朴素贝叶斯分类法显示了预测值（包括是否贫困，以及两种结果的概率）。表 9.8 显示了部分分类结果和原始自变量。朴素贝叶斯模型将受过大学教育的已婚男性归类为不太可能生活贫困的人。

表 9.8 朴素贝叶斯输出结果

记录编号	预测：贫困	后期预测：0	后期预测：1	已婚	女性	白人	年龄	教育
记录 1	1	0.016 9	0.983 1	N	Y	Y	5	N
记录 2	1	0.016 9	0.983 1	N	Y	Y	5	N
⋮	⋮	⋮	⋮	⋮	⋮	⋮	⋮	⋮
记录 66	0	0.690 2	0.309 8	Y	N	Y	5	Y

使用 R 语言

和之前一样，我们将使用 caret 包进行 K 折交叉验证的分类。因此，我们将把数据分为两个部分，分别用于训练和验证。（我们再次注意到，以下说明基于 R 语言 3.5.3 版本，但可能不适用于不同版本的 R 语言。）

a. 将 Census 数据文件中的 Census_Data 工作表中的数据导入数据框（表），并将其标记为 myData。

b. caret 包和 klaR 包包含必要的函数，即用于数据分区、K 折交叉验证和朴素贝叶斯分类的必要函数。另外，类似 KNN 法的示例，可以使用 gains 包和 pROC 包生成累积提升图、十分位提升图和 ROC 曲线，以直观地检查模型的性能。如果你还没有安装并加载所有的软件包，输入：

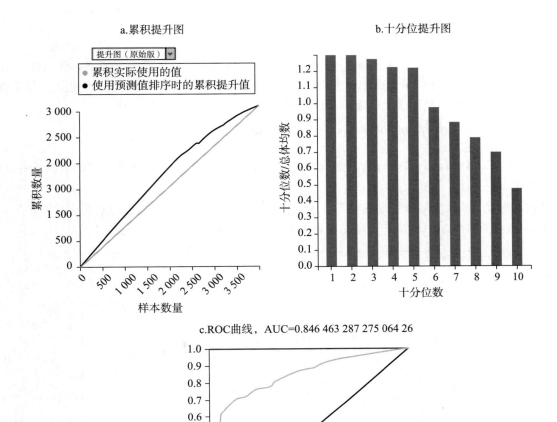

图 9.17　朴素贝叶斯 Analytic Solver 的性能图

```
> install.packages("caret")
> install.packages("klaR")
> install.packages("gains")
> install.packages("pROC")
> library(caret)
> library(klaR)
> library(gains)
> library(pROC)
```

c. 我们使用 as. factor 命令将 Poverty 变量转换为分类变量。输入：

```
> myData $ Poverty <- as.factor(myData $ Poverty)
```

d. 和 KNN 法的示例一样，我们使用 set. seed 命令来设置随机种子为 1，以保证一致性。我们使用 createDataPartition 函数将数据划分为训练数据集（60%）和验证数据集（40%）。输入：

```
> set.seed(1)
> myIndex <- createDataPartition(myData $ Poverty, p = 0.6, list = FALSE)
```

```
> trainSet <- myData[myIndex, ]
> validationSet <- myData[ -myIndex, ]
```

e. 我们使用 trainControl 函数来指定一个 10 折交叉验证过程。在训练数据集中，我们使用 train
函数并设置方法选项为"nb"，它代表朴素贝叶斯方法。Poverty 变量被设置为目标变量。为了确保
交叉验证结果的一致性，我们再次使用 set.seed 函数来固定一个随机种子。输入：

```
> myCtrl <- trainControl(method = 'cv', number = 10)
> set.seed(1)
> nb_fit <- train(Poverty ~., data = trainSet, method = "nb", trControl = myCtrl)
> nb_fit
```

图 9.18 显示了朴素贝叶斯的输出结果。朴素贝叶斯分类法根据目标变量的基本分布产生了两个
准确率值，并在最终模型中使用产生较高准确率的选项（本例中为 77.29%）。

```
Naive Bayes

5989 samples
   5 predictor
   2 classes: '0', '1'

No pre-processing
Resampling: Cross-Validated (10 fold)
Summary of sample sizes: 5390, 5390, 5390, 5390, 5390, 5391, ...
Resampling results across tuning parameters:

  usekernel  Accuracy   Kappa
  FALSE      0.7580586  0.3954072
   TRUE      0.7729170  0.4171048
```

图 9.18　朴素贝叶斯的输出结果

f. 我们使用 predict 函数和 confusionMatrix 函数，在验证数据集上验证模型，并生成一个混淆
矩阵。输入：

```
> nb_class <- predict(nb_fit, newdata = validationSet)
> confusionMatrix(nb_class, validationSet $ Poverty, positive = '1')
```

请注意，在 confusionMatrix 语句中，我们指定 Poverty 变量中的值"1"为 positive 或 success
类别。模型的准确率（75.65%）仍然与训练数据集的结果一致。与 Analytic Solver 不同，R 语言中
的朴素贝叶斯模型的敏感性和特异性十分接近（分别为 76.73% 和 71.80%）。再次强调，因为这两
种软件的算法是不一样的，所以产生了不同的结果。图 9.19 显示了 R 语言的部分结果。

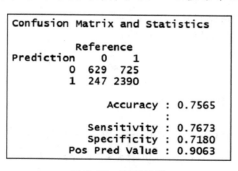

图 9.19　混淆矩阵

我们也可以使用其他截止值，而不是默认值 0.5 来创建混淆矩阵。例如，使用下面的命令来指
定截止值为 0.75。

```
> nb _ class _ prob <- predict(nb _ fit, newdata = validationSet, type = 'prob')
> confusionMatrix(as.factor(ifelse(nb _ class _ prob[,2]>0.75, '1',
  '0')), validationSet $ Poverty, positive = '1')
```

g. 为了创建两类提升图和 ROC 曲线，我们首先需要通过使用 predict 函数和 gains 函数来创建累积收益表。请注意，在上一步中，Poverty 变量被转换成了分类变量。使用 gains 函数则需要将该变量转换回数值变量。输入：

```
> nb _ class _ prob <- predict(nb _ fit, newdata = validationSet, type = 'prob')
> validationSet $ Poverty <- as.numeric(validationSet $ Poverty)
> gains _ table <- gains(validationSet $ Poverty, nb _ class _ prob[,2])
> gains _ table
```

图 9.20 显示了累积增益表。

Depth of File	N	Cume N	Mean Resp	Cume Mean Resp	Cume Pct of Total Resp	Lift Index	Cume Lift	Mean Model Score
12	490	490	1.00	1.00	12.8%	112	112	1.00
20	311	801	1.00	1.00	22.5%	112	112	0.9
.			.	.				.
.			.	.				.
100	216	3991	0.35	0.78	100.0%	76	100	0.24

图 9.20　累积增益表

h. 我们使用 plot 函数和 line 函数来创建累积提升图，如图 9.21 所示。输入：

```
> plot(c(0, gains _ table $ cume.pct.of.total * sum(validationSet $
  Poverty)) ~ c(0, gains _ table $ cume.obs), xlab = "# of cases",
  ylab = "Cumulative", type = "l")
> lines(c(0, sum(validationSet $ Poverty)) ~ c(0, dim(validationSet)
  [1]), col = "red", lty = 2)
```

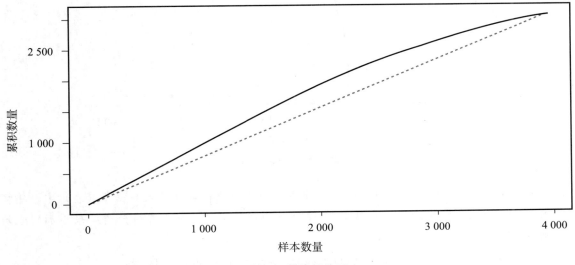

图 9.21　累积提升图

i. 我们使用 barplot 函数来创建十分位提升图，如图 9.22 所示。输入：

```
> barplot(gains _ table $ mean.resp/mean(validationSet $ Poverty), names.
  arg = gains _ table $ depth, xlab = "Percentile", ylab = "Lift", ylim =
```

c(0,1.5), main = "Decile-Wise Lift Chart")

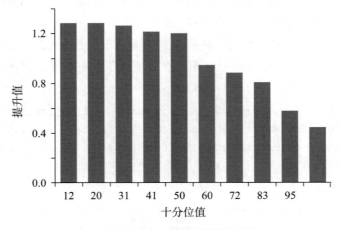

图 9.22 十分位提升图

j. 我们使用 roc 函数、plot.roc 函数和 auc 函数来创建 ROC 曲线并计算曲线下的面积。输入：

> roc _ object <- roc(validationSet $ Poverty, nb _ class _ prob[,2])
> plot.roc(roc _ object)
> auc(roc _ object)

ROC 曲线下的面积，即 AUC 值为 0.843 7，这表明朴素贝叶斯模型在预测个体是否处于贫困状况时表现良好。图 9.23 显示了 ROC 曲线，它表明该模型在所有截止值的敏感性和特异性方面都优于基线模型（对角线所示）。

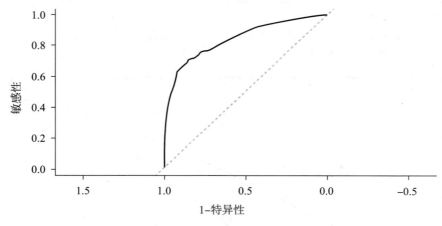

图 9.23 ROC 曲线

k. 将 Census 数据文件的 Census_Score 工作表中新的观测值数据导入数据框（表）中，并将其标记为 myScoreData。使用 predict 函数对 66 个新的观测值进行评分，并将分类结果添加到原始数据中。输入：

> nb _ class _ score <- predict(nb _ fit, newdata = myScoreData)
> myScoreData <- data.frame(myScoreData, nb _ class _ score)

表 9.9 显示了 R 语言的评分结果。与 Analytic Solver 中的模型类似，R 语言的朴素贝叶斯模型倾向于将已婚且受过大学教育的男性的新样本归入不太可能处于贫困状况的类别。

表 9.9　R 语言输出的朴素贝叶斯结果

记录	已婚	女性	白人	年龄	教育	得分
1	N	Y	Y	5	N	1
2	N	Y	Y	5	N	1
⋮	⋮	⋮	⋮	⋮	⋮	⋮
66	Y	N	Y	5	Y	0

将数值数据转化为分类数据

如前所述，为了进行朴素贝叶斯分析，所有自变量必须是分类变量。在这里，我们将简要地演示如何将数值归类为离散类别。如需获得更多信息，请回顾第 2 章的相关内容。

在引入案例中，一家 24/7 健身中心的会员经理 Janet Williams 正在举办一个开放日活动，并收集潜在会员的信息。她希望使用朴素贝叶斯方法，以确定潜在会员是否有可能购买健身中心的会员资格。然而，由于自变量，即年龄、收入和时间都是数值数据，她必须首先将它们转换成分类数据。

使用 Gym_Data 工作表中的数据，我们将概述对年龄变量进行分类的过程，其他变量也可以进行类似的分类。请注意，年龄变量的数值范围是 21～68。假设我们想将年龄分成 5 个类别。

在 Analytic Solver 中，进入"数据挖掘"（Data Mining）→"数据分析"（Data Analysis）→"变换"（Transform）→"变换连续数据"（Transform Continuous Data）→"分类"（Bin）。点击"数据范围"（Data Range）旁边的省略号，突出显示单元格＄A＄1：＄D＄1001。选择年龄，将其转换为一个名为 Binned_Age 的分类变量，并在"♯变量的分类"（♯bins for variable）中选择 5。选择"等间隔"（Equal interval）。点击"应用于所选变量"（Apply to Selected Variable），然后点击"完成"（Finish）。Bin_Transform 工作表将显示分类后的年龄变量，范围为 1～5。新的变量可以被复制并粘贴到原始的 Gym_Data 工作表，并用于朴素贝叶斯方法和其他需要分类变量的分析技术。

在 R 语言中，我们首先将 Gym_Data 工作表中的数据导入 R 语言，并将生成的数据框称为 Binning。下面的语句将实现第一个类别，从 20 岁开始，并将最后一个类别设为 70 岁，每个区间值设为 10 岁。

```
> age _ bins <- cut(Binning $ Age, breaks = seq(20, 70, by = 10))
```

现在可以将 age_bins 变量添加到原始数据框中，用于需要类别型变量的分析。

一般而言，我们会根据数据或概念设计来调整分类选项。例如，如果我们想比较低收入者和高收入者，那么我们可能会把收入变量分成两类。关于这一内容的其他讨论可以在第 2 章中找到。

练习 9.3

注意：这些练习可以使用 Analytic Solver 或 R 语言解决。但是，答案将取决于所使用的软件包。R 语言中的所有解答都基于 3.5.3 版本。对于 Analytic Solver，将数据划分为 60％的训练集和 40％的验证集，并使用 12345 作为默认随机种子。对于 R 语言，将数据划分为 60％的训练集和 40％的验证集，并进行 10 折交叉验证。使用 set.seed(1) 指定用于数据分区和交叉验证的随机种子。某些数据文件有两个工作表（例如，Exercise_9.18_Data 和 Exercise_9.18_Score 工作表），用于模型开发和新样本的评分。

理论

18. 文件：Exercise_9.18。附带的数据集包含 3 个自变量（x_1、x_2、x_3）和因变量（y）。在 Exercise_9.18_Data 工作表中对数据进行分区，建立一个朴素贝叶斯分类模型，其中"Yes"表示 y 的阳性（positive）或成功（success）类别。在 Exercise_9.18_Score 工作表中对 10 个新观测值评分。

a. 报告验证数据集的准确率、敏感性和特异性。

b. 生成十分位提升图。最左边的条形的提升值是多少？这个值意味着什么？

c. 生成 ROC 曲线。ROC 曲线下的面积（即 AUC 值）是多少？

d. 报告前 3 个新观测值的评分结果。

19. 文件：Exercise_9.19。附带的数据集包含 3 个自变量（x_1、x_2、x_3）和因变量（y）。在 Exercise_9.19_Data 工作表中对数据进行分区，建立一个朴素贝叶斯分类模型，其中"Yes"表示 y 的阳性（positive）或成功（success）类别。在 Exercise_9.19_Score 工作表中对 5 个新观测值进行评分。

a. 报告验证数据集的准确率、敏感性和特异性。

b. ROC 曲线下的面积（即 AUC 值）是多少？

c. 报告 5 个新观测值的评分结果。

20. 文件：Exercise_9.20。附带的数据集包含 4 个自变量（x_1、x_2、x_3、x_4）和因变量（y）。在 Exercise_9.20_Data 工作表中对数据进行分区，建立一个朴素贝叶斯分类模型，其中"1"表示 y 的阳性（positive）或成功（success）类别。在 Exercise_9.20_Score 工作表中对 5 个新观测值进行评分。

a. 报告验证数据集的准确率、敏感性和特异性。

b. 生成累积提升图。整个提升曲线是否位于基线之上？

c. 生成 ROC 曲线。ROC 曲线下的面积（即 AUC 值）是多少？

d. 报告 5 个新观测值的评分结果。

e. 建立只有 x_1、x_2 和 y 的朴素贝叶斯模型。重复步骤 a 至 c，并比较结果。

21. 文件：Exercise_9.21。附带的数据集包含 3 个自变量（x_1、x_2、x_3）和因变量（y）。

a. 报告验证数据集的准确率、敏感性和特异性。

b. 生成十分位提升图。最左边的条形的提升值是多少？这个值意味着什么？

c. 生成 ROC 曲线。ROC 曲线下的面积（即 AUC 值）是多少？

d. 能否使用朴素贝叶斯模型对数据进行有效分类？请解释。

22. 文件：Exercise_9.22。附带的数据集包含 3 个自变量（x_1、x_2、x_3）和因变量（y）。

a. 报告验证数据集的准确率、敏感性、特异性和精度。

b. 生成累积提升图。整个提升曲线是否位于基线之上？

c. 生成 ROC 曲线。ROC 曲线下的面积（即 AUC 值）是多少？

d. 朴素贝叶斯模型可以用来有效地对数据进行分类吗？请解释。

23. 文件：Exercise_9.23。附带的数据集包含两个自变量（x_1、x_2）和因变量（y）。对数据进行分区，建立一个朴素贝叶斯分类模型，其中"1"表示 y 的阳性（positive）或成功（success）类别。

a. 报告验证数据集的准确率、敏感性、特异性和精度。

b. 生成十分位提升图。最左边的条形的提升值是多少？

c. 生成 ROC 曲线。ROC 曲线下的面积（即 AUC 值）是多少？

d. 朴素贝叶斯模型可以用来有效地对数据进行分类吗？请解释。

24. 文件：Exercise_9.24。附带的数据集包含 3 个自变量（x_1、x_2、x_3）和因变量（y）。

a. 对自变量 x_1、x_2、x_3 进行分类。对于 Analytic Solver，选择"等量"（Equal count）选项，并将每个变量分为 3 个类别。对于 R 语言，将 x_1 分为 [0，6)、[6，14) 和 [14，30)；将 x_2 分为 [0，10)、[10，20) 和 [20，61)；

将 x_3 分为 $[0，3)$、$[3，5)$ 和 $[5，10)$。前两个观测值的各变量的分类值是多少？

b. 对转换后的数据进行分区，建立一个朴素贝叶斯分类模型，其中"1"表示 y 的阳性（positive）或成功（success）类别。报告验证数据集的准确率、敏感性、特异性和精度。

c. 生成 ROC 曲线。ROC 曲线下的面积（即 AUC 值）是多少？

d. 将截止值改为 0.2。报告验证数据集的准确率、敏感性、特异性和精度。

25. 文件：Exercise_9.25。附带的数据集包含 3 个自变量（x_1、x_2、x_3）和因变量（y）。

a. 对自变量 x_1 和 x_2 进行分类。对于 Analytic Solver，选择"等量"（Equal count）选项，并将每个变量分为 3 个类别。对于 R 语言，将 x_1 分为 $[0，60)$、$[60，400)$ 和 $[400，30\ 000)$；将 x_2 分为 $[0，160)$、$[160，400)$ 和 $[400，800)$。前两个观测值的各变量的分类值是多少？

b. 对转换后的数据进行分区，建立一个朴素贝叶斯分类模型，其中"1"表示 y 的阳性（positive）或成功（success）类别。报告验证数据集的准确率、敏感性、特异性和精度。

c. 生成 ROC 曲线。ROC 曲线下的面积（即 AUC 值）是多少？

26. 文件：Exercise_9.26。附带的数据集包含 3 个自变量（x_1、x_2、x_3）和因变量（y）。

a. 对自变量 x_1、x_2、x_3 进行分类。对于 Analytic Solver，选择"等间距"（Equal interval）选项，并将每个变量分为 2 个类别。对于 R 语言，将 x_1 分为 $[0，125)$ 和 $[125，250)$；将 x_2 分为 $[0，30)$ 和 $[30，60)$；将 x_3 分为 $[0，30)$ 和 $[30，60)$。前两个观测值的各变量的分类值是多少？

b. 对转换后的数据进行分区，建立一个朴素贝叶斯分类模型，其中"1"表示 y 的阳性（positive）或成功（success）类别。报告验证数据集的准确率、敏感性、特异性和精度。

c. 生成 ROC 曲线。ROC 曲线下的面积（即 AUC 值）是多少？

d. 将截止值改为 0.4。报告验证数据集的准确率、敏感性、特异性和精度。

27. 文件：Exercise_9.27。附带的数据集包含 4 个自变量（x_1、x_2、x_3、x_4）和因变量（y）。

a. 对自变量 x_1、x_2、x_3、x_4 进行分类。对于 Analytic Solver，选择"等间距"（Equal interval）选项，并将每个变量分为 2 个类别。对于 R 语言，将 x_1 分为 $[0，40\ 000)$ 和 $[40\ 000，80\ 000)$；将 x_2 分为 $[0，50)$ 和 $[50，100)$；将 x_3 分为 $[50，75)$ 和 $[75，100)$；将 x_4 分为 $[0，20\ 000)$ 和 $[20\ 000，40\ 000)$。前两个观测值的各变量的分类值是多少？

b. 对转换后的数据进行分区，建立一个朴素贝叶斯分类模型，其中"1"表示 y 的阳性（positive）或成功（success）类别。报告验证数据集的准确率、敏感性、特异性和精度。

c. 生成 ROC 曲线。ROC 曲线下的面积（即 AUC 值）是多少？

d. 朴素贝叶斯模型可以用来有效地对数据进行分类吗？请解释。

应用

28. 文件：International。每年都有成千上万的国际学生申请美国的研究生项目。其中两个最重要的录取标准是本科时的 GPA 和托福成绩。智利圣地亚哥的一所英语培训机构想要检查其在过去两年里申请美国研究生的学生的录取情况。这些结果将被用来帮助新生了解他们被首选的研究生项目录取的概率。数据集的一部分显示在下表中，其中包含以下变量：录取（如果被录取则为 1，否则为 0）；GPA（1 代表低于 3.00，2 代表 3.00～3.49，3 代表 3.50 及以上）；托福（H 代表 80 分或以上，L 代表低于 80 分）。

录取	GPA	托福
1	1	H
0	1	H
⋮	⋮	⋮
0	1	L

a. 对数据进行分区，建立一个朴素贝叶斯分类模型。报告验证数据集的准确率、敏感性、特异性和精度。

b. 生成 ROC 曲线。ROC 曲线下的面积（即

AUC 值）是多少？

c. 朴素贝叶斯模型可以用来有效地对数据进行分类吗？请解释。

29. 文件：OnlineRetail。一家在线零售商正在提供一种新的跑步鞋。该零售商计划向其现有的一些客户发送一封带有折扣优惠信息的电子邮件，并想知道是否可以使用数据挖掘分析技术，以预测客户是否会对电子邮件信息做出反应。该零售商准备了一个数据集，其中包括 170 位过去接受过在线促销的客户，包括以下变量：购买（如果购买为 1，否则为 0）；年龄（1 代表 20 岁及以下，2 代表 21～30 岁，3 代表 31～40 岁，4 代表 41～50 岁，5 代表 51 岁及以上）；收入（1 代表 0～5 万美元，2 代表 5.1 万～8 万美元，3 代表 8.1 万～10 万美元，4 代表 10 万美元以上）；曾经购买（1 代表从来没有购买，2 代表曾经购买 1～2 次，3 代表曾经购买 3～6 次，4 代表曾经购买 7 次或以上）。数据集的一部分显示在下表中。

购买	年龄	收入	曾经购买
1	4	3	4
1	4	1	1
⋮	⋮	⋮	⋮
1	3	4	3

a. 对数据进行分区，建立一个朴素贝叶斯分类模型。报告验证数据集的准确率、敏感性、特异性和精度。

b. 生成十分位提升图。最左边的条形的提升值是多少？这个值意味着什么？

c. 生成 ROC 曲线。ROC 曲线下的面积（即 AUC 值）是多少？

d. 朴素贝叶斯模型可以用来有效地对数据进行分类吗？请解释。

30. 文件：MedSchool。在美国，医学院的录取竞争非常激烈，顶级医学院的录取率可能低至 2% 或 3%。在如此低的录取率下，医学院招生咨询在许多城市越来越受欢迎。为了更好地服务客户，医学院招生顾问 Paul Foster 希望建立一个数据驱动的模型，以预测一名新的申请者是否有可能被前 10 名的医学院录取。他收集了一个数据集，其中有 1 992 名过去申请前 10 名医学院的学生，并包括以下变量：性别（F＝女性，M＝男性），父母是否上过大学（如果父母有大学学位则为 1，否则为 0），GPA（如果本科 GPA 为 3.50 或更高则为 1，否则为 0），是否被录取（如果被前 10 名的医学院录取则为 1，否则为 0）。数据集的一部分显示在下表中。

性别	父母是否上过大学	GPA	是否被录取
F	1	1	1
M	1	0	0
⋮	⋮	⋮	⋮
M	0	0	0

a. 对数据进行分区，建立一个朴素贝叶斯分类模型。报告验证数据集的准确率、敏感性、特异性和精度。

b. 生成十分位提升图。最左边的条形的提升值是多少？这个值意味着什么？

c. 生成 ROC 曲线。ROC 曲线下的面积（即 AUC 值）是多少？

d. 朴素贝叶斯模型可以用来有效地对医学院申请者的数据进行分类吗？请解释你的答案。

31. 文件：CreditCard。一家家装零售店正在为其顾客提供商店品牌的信用卡。顾客在用信用卡购买店内家装产品时，会获得很大的折扣。为了保持这一营销活动的盈利能力，商店经理希望只向那些每月有可能维持高额信用卡余额的顾客提供这些优惠。从一个全国性家装业协会获得的数据集包含 500 名消费者的记录，他们持有其他家装店提供的类似信用卡。相关变量包括性别（女性或男性）、教育（1 代表没有完成大学学业，2 代表获得本科学位，3 代表获得研究生学位）、孩子（如果有孩子则为 1，否则为 0）、年龄（1 代表 20 岁以下，2 代表 20～29 岁，3 代表 30～39 岁，4 代表 40～49 岁，5 代表 50～59 岁，6 代表 60 岁及以上）。余额是因变量，如果客户每月保持较高的余额则为 1，否则为 0。CreditCard_Data 工作表的一部分显示在下表中。

性别	教育	孩子	年龄	余额
女	2	Y	3	1

续表

性别	教育	孩子	年龄	余额
男	1	N	4	0
⋮	⋮	⋮	⋮	⋮
女	2	Y	3	0

a. 对数据进行分区，建立一个朴素贝叶斯分类模型。报告验证数据集的准确率、敏感性、特异性和精度。

b. 生成 ROC 曲线。ROC 曲线下的面积（即 AUC 值）是多少？

c. 解释各项性能指标并评价朴素贝叶斯模型的有效性。

d. 对 CreditCard_Score 工作表中的新客户记录进行评分。第一位客户记录的评分结果是什么？

e. 将截止值改为 0.3。报告验证数据集的准确率、敏感性、特异性和精度。

32. 文件：Volunteer。社区中心正在发起一项活动——招募当地居民帮助维护一个受保护的自然保护区，其中包括步行道、观鸟台、野生花卉和动物。社区中心希望向选定的居民发出邮件，邀请他们自愿腾出时间帮忙，但没有足够的财力来开展大规模的邮寄工作。因此，他们向镇长寻求帮助，分析存储在 Volunteer_Data 工作表中的 5 000 名当地居民和他们过去参与志愿活动的数据集。这些数据包括性别（F＝女性，M＝男性）、已婚（Y＝已婚，N＝未婚）、大学（如果有大学学位为 1，否则为 0）、收入（如果年收入在 5 万美元以上为 1，否则为 0）和志愿者（如果参与过志愿者活动为 1，否则为 0）。他们想用分析结果来帮助选择有可能接受志愿者邀请的居民。部分数据集见下表。

性别	已婚	大学	收入	志愿者
F	N	0	0	1
F	Y	1	0	1
⋮	⋮	⋮	⋮	⋮
F	Y	1	1	1

a. 对数据进行分区，建立一个朴素贝叶斯分类模型。报告验证数据集的准确率、敏感性、特异性和精度。

b. 生成 ROC 曲线和十分位提升图。ROC 曲线下的面积（即 AUC 值）是多少？在十分位提升图中，最左边的条形的提升值是多少？

c. 在 Volunteer_Score 工作表中对新的志愿者记录进行评分。第一位志愿者的评分结果是什么？

33. 文件：Vacation。Nora Jackson 在海滩上拥有一些度假屋。她与一个出租屋业主联盟合作，收集了一个数据集，以建立分类模型，预先判断潜在客户在假期中租用海滨房屋的可能性。数据集的一部分显示在下表中，包括以下变量：潜在客户是否拥有房屋（如果拥有则为 1，否则为 0），客户是否有孩子（如果有孩子则为 1，否则为 0），客户的年龄，年收入，以及客户之前是否租过海滨房屋（如果曾经租赁则为 1，否则为 0）。

拥有	孩子	年龄	年收入	曾经租赁
0	1	41	64 000	0
1	0	64	22 000	0
⋮	⋮	⋮	⋮	⋮
0	0	67	146 000	1

a. 对年龄和年收入变量进行分类。对于 Analytic Solver，选择"等量"（Equal count）选项，并将这两个变量分为两类。对于 R 语言，将年龄分为 [22，45) 和 [45，85)，收入分为 [0，85 000) 和 [85 000，300 000)。

b. 对转换后的数据进行分区，建立一个朴素贝叶斯分类模型。报告验证数据集的准确率、敏感性、特异性和精度。

c. 生成十分位提升图。

d. 生成 ROC 曲线。ROC 曲线下的面积（即 AUC 值）是多少？

e. 解释性能指标并评估朴素贝叶斯模型的有效性。

34. 文件：InGame。一家移动游戏公司想研究一组现有客户在游戏中的购买行为。其提取了一组数据，其中一部分如下表所示，包括客户的年龄、性别（如果是女性则为 1，否则为 0）、每周的游戏时间、客户的手机是否与脸书账户相连（如果相连则为 1，否则为 0），以及客户是否在游戏中有过购买行为（如果购买则为 1，否则为 0）。

年龄	性别	游戏时间	脸书	购买
35	1	21	0	1
34	0	2	1	1
⋮	⋮	⋮	⋮	⋮
49	1	26	1	1

担任	兼职工作	GPA	体育运动	领导力
0	0	0	1	1
0	1	0	0	0
⋮	⋮	⋮	⋮	⋮
0	1	0	0	1

a. 对年龄和游戏时间变量进行分类。对于 Analytic Solver，选择"等间距"（Equal interval）选项，并将这两个变量分为两类。对于 R 语言，将年龄分为 [15，40) 和 [40，65)，将游戏时间分为 [0，20) 和 [20，40)。对于前两个观测值，年龄和游戏时间的分类值是多少？

b. 对转换后的数据进行分区，建立一个朴素贝叶斯分类模型。报告验证数据集的准确率、敏感性、特异性和精度。

c. 生成 ROC 曲线。ROC 曲线下的面积（或 AUC 值）是多少？

d. 解释性能指标并评估朴素贝叶斯模型的有效性。

35. 文件：Grit。《福布斯》杂志发表了一篇文章，研究了职业成功和可能有助于职业成功的因素（2018 年 8 月 30 日）。事实证明，职业成功与天赋关系不大，不一定受考试成绩或智商的影响。相反，勇气，或者说毅力和激情的结合，被认为是影响一个人获得职业成功的良好指标。Tom Weyerhaeuser 是一家投资银行的人力资源经理，他正在进行校园招聘，想要知道如何衡量求职者的勇气。他认为，可以通过询问每位求职者的 GPA、体育活动、在大学期间的领导角色、留学经历和大学期间的兼职情况，来衡量每位求职者是否具有在投资银行业取得成功的毅力和激情。他从企业的人力资源数据库中提取了 157 名在职员工的数据，这些变量包括他们目前是否担任高层管理职位（如果担任，则为 1，否则为 0），在大学期间是否有兼职工作（如果有兼职工作为 1，否则为 0），毕业时的 GPA 是否高于 3.5（如果高于 3.5，则 GPA 为 1，否则为 0），是否代表学校参加体育活动（如果参加体育活动，则为 1，否则为 0），以及是否在大学组织中有领导力（如果有领导力，则为 1，否则为 0）。Grit_Data 工作表的一部分显示在下表中。

a. 对数据进行分区，建立一个朴素贝叶斯分类模型。报告验证数据集的准确率、敏感性、特异性和精度。

b. 生成并显示累积提升图、十分位提升图和 ROC 曲线。

c. 生成 ROC 曲线。ROC 曲线下的面积（即 AUC 值）是多少？

d. 解释性能指标并评估朴素贝叶斯模型的有效性。

e. 在 Grit_Score 工作表中对新的求职者进行评分。第一位求职者的预测结果是什么？

36. 文件：Graduation。对许多高等教育机构来说，预测进入大学的新生是否会辍学一直是一个挑战。Nelson Touré 是一所常春藤大学的高级学生成功顾问，他被要求调查一些可以让大学更积极主动地为有风险的学生提供支持的指标。Nelson 获取了 200 名以往学生的数据集，并选择了以下变量纳入他的研究：毕业（如果毕业则为 1，否则为 0）；学生是否在其第一门微积分、统计学或数学课程中获得合格成绩（如果合格，则数学为 1，否则为 0）；学生是否在他的第一门英语或通信课程中获得合格成绩（如果合格，则语言为 1，否则为 0）；学生在第一学期是否与咨询中心有任何接触（如果是则建议为 1，否则为 0）；学生在大学第一年里是否住在校园里（如果是，则宿舍为 1，其他为 0）。部分数据见下表。

毕业	数学	语言	建议	宿舍
1	1	0	0	1
0	0	1	0	1
⋮	⋮	⋮	⋮	⋮
1	1	1	1	1

a. 对数据进行分区，建立一个朴素贝叶斯分

类模型。报告验证数据集的准确率、敏感性、特异性和精度。

b. 生成累积提升图。整个提升曲线是否位于基线之上？

c. 生成 ROC 曲线。ROC 曲线下的面积（即 AUC 值）是多少？

d. 解释结果并评估朴素贝叶斯模型的有效性。

37. 文件：Fraud。信用卡欺诈正在成为金融业的一个严重问题，并可能给银行、信用卡公司和消费者带来相当大的损失。使用数据挖掘技术进行欺诈检测已经成为银行和信用卡公司打击欺诈交易的一个不可或缺的手段。一个信用卡数据集样本包含以下变量：欺诈（如果有欺诈活动为 1，否则为 0），金额（金额水平低为 1，金额水平中等为 2，金额水平高为 3），在线（如果是在线交易则为 1，否则为 0），以及先前（如果持卡人以前购买过产品则为 1，否则为 0）。部分数据见下表。

欺诈	金额	在线	先前
0	2	0	1
0	3	0	0
⋮	⋮	⋮	⋮
0	2	0	1

a. 对数据进行分区，建立一个朴素贝叶斯分类模型。报告验证数据集的准确率、敏感性、特异性和精度。

b. 生成十分位提升图。最左边的条形的提升值是多少？这个值意味着什么？

c. 生成 ROC 曲线。ROC 曲线下的面积（即 AUC 值）是多少？

d. 解释性能指标并评估朴素贝叶斯模型的有效性。报告验证数据集的准确率、敏感性、特异性和精度。

38. 文件：Insurance。保险公司使用一些要素来帮助确定汽车保险的保费金额。综合考量信用分数、过失事故史、年龄和性别等因素，可以给予适当折扣或较低的保费。考虑一个 200 名现有司机获得保险折扣的数据集。数据集包括以下变量：折扣（如果获得折扣为 1，否则为 0），女

性（如果是女性为 1，否则为 0），信用（1 表示低信用，2 表示中等信用，3 表示高信用），过失（如果有过失事故史则为 1，否则为 0），年龄（如果是 25 岁及以上则为 1，否则为 0）。部分数据见下表。

折扣	女性	信用	过失	年龄
1	0	2	0	0
0	0	3	0	1
⋮	⋮	⋮	⋮	⋮
1	1	1	1	1

a. 对数据进行分区，建立一个朴素贝叶斯分类模型。报告验证数据集的准确率、敏感性、特异性和精度。

b. 显示累积提升图、十分位提升图和 ROC 曲线。

c. 生成 ROC 曲线。ROC 曲线下的面积（即 AUC 值）是多少？

d. 解释性能指标并评估朴素贝叶斯模型的有效性。

39. 文件：Solar。参考练习 9.16，了解 New Age solar 这家太阳能电池板公司和 solar_Data 工作表的使用说明。

a. 在 Solar_Data 工作表中对年龄和收入变量进行分类。对于 Analytic Solver，选择等量选项，并将这两个变量分为两类。对于 R 语言，将年龄分为［30，50）和［50，90），收入分为［30，85）和［85，140）。

b. 对转换后的数据进行分区，建立一个朴素贝叶斯分类模型。报告验证数据集的准确率、敏感性、特异性和精度。

c. 生成 ROC 曲线。ROC 曲线下的面积（即 AUC 值）是多少？

d. 解释结果并评估朴素贝叶斯模型的有效性。

40. 文件：Depression。Michelle McGrath 是一名大学生，正在努力完成一个本科研究项目，以达到她的心理学学位要求。她对如何利用身体和行为因素来预测一个人患抑郁症的风险十分感兴趣。在得到导师的批准后，她向当地居民发出调查问卷，询问他们的年龄、教育年限（教

育）、每月从事中等或剧烈体力活动的时间（小时数），以及他们是否经历过抑郁症（如果抑郁则为 Y，否则为 N）。261 名受访者的部分数据见下表。

年龄	教育	小时数	抑郁
44	12	20	Y
49	9	30	Y
⋮	⋮	⋮	⋮
69	15	34	Y

a. 对年龄、教育和小时数变量进行分类。对于 Analytic Solver，选择"等间距"选项，并将这 3 个变量分为 3 类。对于 R 语言，将年龄分为 $[20, 40)$、$[40, 60)$ 和 $[60, 81)$，教育分为 $[9, 12)$、$[12, 16)$ 和 $[16, 20)$，小时数分为 $[0, 55)$、$[55, 105)$ 和 $[105, 150)$。

b. 对转换后的数据进行分区，建立一个朴素贝叶斯分类模型。报告验证数据集的准确率、敏感性、特异性和精度。

c. 生成 ROC 曲线。ROC 曲线下的面积（即 AUC 值）是多少？

d. 解释结果并评估朴素贝叶斯模型的有效性。

9.4　大数据写作

在本章中，我们讨论了两种著名的用于分类问题的有监督数据挖掘技术：KNN 方法和朴素贝叶斯方法。在引入案例中，我们使用 KNN 方法来分析健身中心会员数据，其自变量均为数值变量，并预测潜在会员是否会购买健身中心会员资格。然而，朴素贝叶斯方法需要使用分类自变量。在接下来介绍的大数据案例中，我们将把数值自变量转换为分类变量，并使用朴素贝叶斯方法来预测高中生的大学录取情况。关于数据处理和转换的细节在第 2 章。

□ 案例研究

每年都有数以百万计的高中生申请和争夺他们所选择的大学的录取机会。对于许多学生和他们的父母而言，这通常需要多年的准备，特别是那些希望进入排名靠前的大学的学生。在高中时期，学生们通常与升学顾问合作，研究了解不同的大学并及时掌握申请及录取的过程。

海滨中学的升学顾问 Elena Sheridan 正在为 14 名有兴趣申请同一所 4 年制热门大学的学生工作。校长要求她准备一份报告，分析这 14 名学生被三个学术项目中任何一个录取的概率。在海滨中学的辅导员提供的以往的申请人数据中，自变量包括学生的高中 GPA、SAT 分数，以及反映学生性别（男性）、种族（白人）和生源（亚洲人）的虚拟变量。Elena 还想知道父母的教育水平是否会成为影响学生被大学录取概率的自变量，并计划将父母双方的教育水平纳入她的分析。

在与其他高中升学顾问讨论过后，她认为 GPA 在 3.5 以上的高中生被所选择的大学录取的概率要高得多。她还认为，SAT 成绩达到 1 200 分以上，将大大增加被录取的概率。为了检验这些宏观感知中的假设，Elena 想把高中 GPA 和 SAT 分数转换成与这些阈值相对应的分类变量。此外，数据集中还有一个因变量，表明以往的申请人是否被大学录取。

构建朴素贝叶斯分类模型，并完成一份报告，对可能影响一个高中生是否被一所 4 年制大学录取的因素进行分析。自变量包括申请人的性别、种族、父母的教育水平、高中 GPA 和 SAT 分数。将高中 GPA 和 SAT 分数转换成适当的分类变量。在 College_Admission_Score 工作表中预测 14 名海滨中学的高中生是否会被录取（文件：College_Admission）。

报告样本——大学申请

高中生努力在学业上取得优异成绩，并通过课外成就使自己与众不同。进入正确的大学和选择正确的专业可以帮助他们开启成功的职业生涯。

　　海滨中学辅导员可以获得的大学录取数据集包括以往学生的记录，他们申请了一所热门的 4 年制大学。该大学有三个学院：艺术与文学学院、商业和经济学院、数学和科学学院。该数据集被用来开发基于朴素贝叶斯方法的分类模型，以预测海滨中学的 14 名成绩优异的学生是否会被该大学的三个学院中的任意一个录取。

　　这 14 名在校学生是毕业班的尖子生。然而，由于录取过程竞争激烈，这些学生中的一些人可能无法获得他们希望就读的大学的录取通知书。此外，不同的学术项目可能有不同的录取标准。因此，我们根据以下变量为这三个学院分别建立了朴素贝叶斯分类模型：父母的教育水平、高中 GPA、SAT 分数、性别、种族和生源。由于朴素贝叶斯方法要求所有的自变量都是分类变量，因此高中 GPA 和 SAT 分数需要被转换成二元变量。其中，GPA 不低于 3.50 的表示为 1，否则为 0；SAT 分数不低于 1 200 的表示为 1，否则为 0。学生的基本情况和学业信息摘要如下。

- 在 14 名学生中，有 8 名是女性，4 名是亚洲人，6 名是非白人。
- 14 名学生的平均高中 GPA 和 SAT 分数分别为 3.64 和 1 261。
- 9 名学生目前的 GPA 不低于 3.50，10 名学生的 SAT 分数不低于 1 200 分。
- 除 3 名学生外，其他学生的父母中至少有一人获得了 4 年制大学学位。

　　尽管学生目前还没有决定他们要攻读哪个学术项目，但他们中的大多数人都表示对艺术与文学学院感兴趣。数据集中有 6 964 条过去申请这个项目的记录，这些记录被划分为训练数据集、验证数据集和测试数据集。基于测试数据集，艺术与文学学院的朴素贝叶斯模型的总体准确率为 75.81%，特异性和敏感性分别为 84.65% 和 48.83%。

　　表 9.10 显示了三个学院的分类模型的性能指标汇总。朴素贝叶斯模型预测，14 名优秀学生中只有 4 名会被艺术与文学学院录取。这个项目似乎是三个学术项目中最热门的。14 名学生在每个学术项目的评分结果见表 9.11。

表 9.10　朴素贝叶斯分类法的性能度量

学校	准确率 (%)	特异性 (%)	敏感性 (%)	AUC (%)	升降比：第 1 个十分位数
艺术与文学学院	75.81	84.65	48.83	78.35	2.21
商业和经济学院	77.44	83.20	67.86	83.49	2.14
数学和科学学院	76.24	79.81	69.19	81.66	2.07

　　商业和经济学院也是学生目前的热门选择。数据集中有 4 103 条过去申请这个项目的记录，这些记录被划分为训练数据集、验证数据集和测试数据集。基于测试数据集，模型的准确率、特异性和敏感性分别为 77.44%、83.20% 和 67.86%。该模型预测 14 名学生中的 6 名将被这个项目录取。

　　根据数学和科学学院过去的 6 272 条申请记录，同样构建了一个类似的朴素贝叶斯模型。如表 9.10 所示，基于测试数据集，模型的准确率、特异性和敏感性分别为 76.24%、79.81% 和 69.19%。根据评分结果，14 名学生中有 6 名有可能被这个项目录取。这与之前的模型认为可能被商业和经济学院录取的 6 名学生完全相同。

　　根据总体准确率，朴素贝叶斯分类法的表现相当好。累积提升率和十分位提升图也表明，朴素贝叶斯分类法比基线随机模型更有效。如表 9.10 所示，三个模型的第一个十分位数的提升值都在 2.0 以上，AUC 值在 80% 左右。然而，与其他性能指标相比，这些模型的敏感性相对较低，尤其是艺术与文学学院。这可能是因为学校还使用了数据集中没有包含的定性因素，这使得我们很难对所有过去被对应学院录取的申请人进行正确的分类（即识别真阳性案例）。与录取过程相关的定性因素包括推荐信、书面论文，以及学生的艺术作品（艺术与文学学院）。

表 9.11 列出了 14 名在校学生样本的评分结果。一般来说，只有那些 GPA 至少保持在 3.50 及以上、SAT 考试成绩在 1 200 分及以上的学生才有可能被三个学术项目中的任何一个录取。在这 14 名学生中，只有 6 人符合这两个标准，而仅靠高 GPA 和高 SAT 分数中的一项是不可能被各学院录取的。

表 9.11　14 名学生的预测结果

编号	GDP 至少 3.50	SAT 至少 1 200	招生预测		
			艺术与文学	商业和经济	数学和科学
1	Y	Y	Y	Y	Y
2	Y	N	N	N	N
3	N	Y	N	N	N
4	N	Y	N	N	N
5	N	Y	N	N	N
6	Y	Y	N	Y	Y
7	Y	N	N	N	N
8	N	Y	N	N	N
9	Y	Y	Y	Y	Y
10	Y	Y	Y	Y	Y
11	N	N	N	N	N
12	Y	Y	Y	Y	Y
13	Y	Y	N	Y	Y
14	Y	N	N	N	N

这些数据驱动的结果证实了宏观感知，即 GPA 达到 3.5 和 SAT 成绩达到 1 200 分是海滨中学的学生需要达到的最低门槛，以便被更热门的学院或大学录取。此外，艺术与文学学院似乎比其他两所学校更加热门。在 GPA 超过 3.50 和 SAT 分数超过 1 200 的 6 名学生中，只有 4 名学生有可能被该专业录取。根据这些信息，建议希望进入艺术与文学学院的 14 名学生中的一部分人申请其他有类似学位课程的学院和大学，作为后备计划。

□ 案例推荐

有监督数据挖掘技术可以应用于许多情况和不同的数据集。以下是推荐的随附案例大数据集。

报告 9.1（文件：Longitudinal_Survey）。对数据进行分组，只包括那些居住在城市地区的个人。使用自变量，如性别、父母的受教育程度、身高、体重、教育年限、自尊量表，以及该个人小时候或成年后是否外向，预测个人的婚姻是否会以离婚、分居或再婚告终。注意：你可能需要在分析前删除有缺失值的观测值。

报告 9.2（文件：Longitudinal_Survey）。对数据进行分组，只包括那些居住在非城市地区的个人。使用自变量，如父母的受教育程度、种族、自尊量表以及该个人小时候是否外向，预测个人是否会有全职工作（例如每年工作 52 周）。注意：你可能需要在分析前删除有缺失值的观测值。

报告 9.3（文件：TechSales_Reps）。对数据进行分组，只包括软件产品组中受过大学教育的销售人员。使用自变量，如年龄、性别、公司任期、获得的专业证书数量、年度评议成绩和性格类型，预测销售人员是否会获得高的（9 分或 10 分）净促进者分数（NPS）。注意：你可能需要进行数据转换，以满足分析技术的要求。

报告 9.4（文件：College_Admissions）。对数据进行分组，只包括其中一个学院。使用自变量，如性别、种族、高中 GPA、SAT/ACT 分数和父母的受教育程度，预测被录取的申请人是否最终决定在该学院入学。

报告 9.5（文件：Car_Crash）。对数据进行分组，只包括发生在一个城市或一个月内的事故。使用自变量，如天气状况、日照时间和事故是否发生在高速公路上，预测车祸是否会导致死亡或严重伤害。

有监督数据挖掘：决策树

第 *10* 章

◎ 学习目标

通过学习本章，可以达成以下目标：

1. 应用分类树对新记录进行分类。
2. 应用回归树来预测新记录。
3. 应用集合树模型对新记录进行分类。

在上一章中，我们研究了两种广泛使用的有监督数据挖掘技术：k-最近邻法（KNN）和朴素贝叶斯方法。回顾一下，KNN 方法是一种数据驱动的技术，它通过根据数值预测变量确定新样本的 k-最近邻法来对新样本进行分类。朴素贝叶斯方法是另一种分类技术，它根据新样本的先验概率和分类预测变量的条件概率，计算出新样本属于目标类别的后验概率。在本章中，我们将重点讨论另一种流行的有监督数据挖掘技术，即决策树。决策树可以通过数值和分类预测变量来构建，并且用于分类和预测问题。我们首先详细讨论分类与回归树（CART）方法，它被认为是最透明和最容易解释的数据挖掘技术之一。在本章的最后，我们还将讨论一种叫作集合树的方法，即把多个决策树结合起来，以提高模型的预测性能，减少过度拟合。

引入案例　桑尼维尔银行的房屋净值信贷额度

桑尼维尔银行成立于 1990 年，是一家地方社区银行，为整个南加利福尼亚州的企业、个人和非营利组织提供服务。该银行致力于提供个性化的服务和广泛的银行产品与服务，以配合大型金融机构的服务。在过去的五年中，桑尼维尔银行被南加利福尼亚州居民评为"最佳本地银行"。

当桑尼维尔银行的零售银行经理 Hayden Sellar 听说银行的房屋净值信贷额度（HELOC）业务最近有所下降时，他感到大吃一惊，因为他并不认为这种下降是银行利率的竞争力造成的。毕竟，客户选择与桑尼维尔银行合作是由于其优质的服务，而不仅仅是因为优惠的利率。Hayden 的直觉表明，桑尼维尔银行在推销 HELOC 产品时没有瞄准正确的客户。

为此，Hayden 统计了桑尼维尔银行过去向其推销 HELOC 产品的 500 位客户的数据。这些数据包括年龄（Age）、性别（Sex）、收入（Income），以及客户是否对 HELOC 的提议做出响应（HELOC，如果响应等于 1，否则等于 0）。表 10.1(a) 显示了这些数据的一部分。Hayden 还收集了 20 位新银行客户的年龄、性别和收入数据。表 10.1(b) 显示了这些数据的一部分。Hayden 计划使用从历史数据中产生的预测模型来预测这些新客户是否会对 HELOC 的提议做出响应。这两个工作表都在 HELOC 数据文件中。

表 10.1　银行客户和他们对于 HELOC 提议的响应

a. HELOC_Data 工作表

年龄	性别	收入	HELOC
30	女性	101 000	0
25	男性	86 000	0
⋮	⋮	⋮	⋮
47	男性	33 000	1

b. HELOC_Score 工作表

年龄	性别	收入
25	女性	45 000
23	男性	22 000
⋮	⋮	⋮
51	男性	43 000

Hayden 希望利用这些数据来完成以下任务：

1. 开发一个分类树，用于预测银行客户是否会响应 HELOC 的提议。

2. 确定在 20 个新客户中，哪些客户可能会对 HELOC 的提议做出响应。

10.2 节提供了本案例概要。

10.1　分类树和回归树简介

　　决策树是一种流行的有监督数据挖掘技术，有着广泛的应用前景。其吸引力在于，输出显示一个或多个易于解释的倒置树。一般来说，决策树代表一组 If-Then 规则，根据这些规则，对这些语句的回答将最终决定了手头应用程序的解决方案。

　　想象一个商业决策，比如引入案例中银行经理试图判断哪些客户可能会响应银行的房屋净值信贷额度（HELOC）提议。图 10.1 显示了应用于 HELOC 示例的假设决策树。决策树的顶部节点称为根节点（root node）。根节点是第一个应用拆分值的变量。根节点的左分支表示变量值小于（<）拆分值的情况，右分支表示变量值大于或等于（≥）拆分值的情况。图 10.1 显示根节点是年龄变量。年龄小于 50 岁的客户被安排在左分支，至少为 50 岁的客户被安排在右分支。这些分支通常会导致应用更多决策规则的内节点（interior node）。在这个简化的例子中，收入变量是一个内节点。如果变量来自不同的分支，则该变量的拆分值有所不同。在这里，50 岁以下客户的收入分割值为100 000 美元，而 50 岁以上客户的收入分割值为 50 000 美元。决策树的底部节点称为叶节点（leaf node）或终端节点，这是给出分类或预测结果的地方。在 HELOC 示例中，叶节点指示客户是否会响应 HELOC 提议。

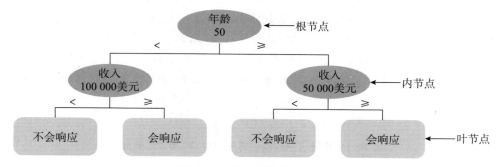

图 10.1　简化的决策树示例

　　从图 10.1 可以得出以下 4 个规则：

　　如果年龄<50 岁，收入<100 000 美元，则客户不会响应。

　　如果年龄<50 岁，收入≥100 000 美元，则客户会响应。

　　如果年龄≥50 岁，收入<50 000 美元，则客户不会响应。

　　如果年龄≥50 岁，收入≥50 000 美元，则客户会响应。

　　银行经理在营销本行 HELOC 产品时可以将这些规则应用于未来的客户。

分类树和回归树

　　如桑尼维尔银行 HELOC 产品的例子所示，决策树根据预测变量的值（如年龄<50 与年龄≥50）将样本分类或分割成多个子集。在每个节点上，潜在客户根据他们的年龄或收入被分类或分成小组。这个过程在决策树的每一级重复进行，直到每个子集只包含目标变量值相似的样本。这个过程是递归的，因为每一次分割的基础都取决于之前的分割结果。例如，在图 10.1 中，收入变量的分割取决于先前年龄变量的拆分。最后的 4 个子集都包含了目标变量值相同的样本，即客户是否会响应。像 4 个子集这样的叶节点称为**纯子集**（pure subset），其中每个叶节点包含具有相同目标变量值的情况，因此无须进一步拆分。

图 10.1 中的决策树有意地展示了简单的情形，以帮助说明相关概念。但读者需要明白，对于现实世界中的大型复杂数据集，需要许多内节点才能达到纯子集。有时，在目标变量相同、观测值不同的情况下，甚至不能达到纯子集。

纯子集
纯子集由叶节点组成，这些叶节点包含目标变量值相同的样本。无须进一步分割纯子集。

这种将样本连续拆分或划分为纯子集的做法是**分类与回归树**（classification and regression trees，CART）算法的主要构建模块。CART 算法产生的决策树是二元的，这意味着每个决策节点都有两个分支。当目标变量是分类变量时，CART 算法产生一个**分类树**（classification tree）来预测新样本的类别。当目标变量是数值变量时，CART 算法产生一个**回归树**（regression tree）来估计新样本目标变量的数值。

分类与回归树（CART）
CART 算法根据预测变量的值，将样本依次分割成越来越多的同质子集。
● 当目标变量是分类变量时，CART 算法产生一个分类树来预测未来样本的类别。
● 当目标变量为数值变量时，CART 算法产生一棵回归树来预测未来样本的目标变量的数值。

像第 9 章讨论的其他有监督数据挖掘方法一样，决策树通常是使用分割的数据集建立的。通常的做法是将数据分为三组：训练数据集、验证数据集和测试数据集。CART 算法首先会通过选择所有预测变量的最佳分割直到不能再进行分割得到所有可能的分割值，使用训练数据集来构成决策树。这通常是在所有的叶节点只包含属于分类树的同一类别的样本或具有相同结果值的回归树时实现的。换句话说，叶节点都是纯子集。这一步产生的决策树称为**全树**（full tree），也称为完全生长树或最大树，因为它代表了 CART 算法为识别纯子集所能进行的最大分割数。

然而，一棵完整的树往往会过度拟合数据，导致应用于新样本时预测性能较低，这对于决策节点和接近树末端的分支来说尤其如此，因为这些分割往往基于非常少的样本，并倾向于适应噪声而不是数据本身的基本模式。验证数据集甚至是测试数据集被用来评估决策树的性能和可能出现的过度拟合问题。

在 CART 中，验证数据集被用来优化树的复杂性，通过"修剪"完整的树，使其成为更简单的树，以更好地概括新数据。修剪是去除决策树的分支以提高其更准确地预测新样本的能力。修剪过程会产生一组具有不同复杂程度的候选决策树，然后通过比较性能指标，如分类树的错误分类率或来自验证数据集的回归树的均方根误差（RMSE），以确定产生最低错误率的树，称为**最小误差树**（minimum error tree）。最小误差树是所有候选树在验证数据集上产生最小分类或预测误差的最小（最不复杂）树。另外，**最佳修剪树**（best-pruned tree），即验证误差在最小误差树的一个标准误差之内的最小（最不复杂）树，可以作为最终决策树。因为验证数据集是原始数据的一个样本，将树的选择标准放宽一个标准误差就可以说明抽样误差。最后，对树的预测性能的独立评估有时是通过将最终的树应用于测试数据集来进行的。

虽然基本概念相同，但不同的软件包往往以不同的方式使用数据挖掘技术。正如第 9 章中的 KNN 示例，Analytic Solver 使用验证数据集来确定最佳的模型复杂性，而 R 语言使用交叉验证技术。同样，对于决策树方法，Analytic Solver 使用三向分区（即训练、验证和测试数据）来建立和修剪决策树，而 R 语言通过实现 K 折交叉验证方法来修剪决策树，因此使用了双向分区（即只有训练和验证数据）。关于交叉验证方法的详细说明，请参考本书的 7.4 节。

各种决策树

全树是一棵完整的决策树，代表了 CART 算法为了识别纯子集而愿意进行的最大分割数。由于全树可能出现过度拟合问题，进而不能很好地推广到新的数据上，因此通常通过移除较弱的分支来修剪全树，以创建最小误差树或最佳修剪树。

- 最小误差树是具有最小验证误差的最不复杂的树。
- 最佳修剪树是验证误差在最小误差树的一个标准误差之内的最不复杂的树。

决策树方法因具有很多特点而备受欢迎。第一，该技术是通用的，可以处理分类和数值目标变量。第二，树状图和 If-Then 规则很容易被实施者理解、解释，并在现实世界中实施，即使其是非技术性的受众。第三，通过递归划分和修剪过程自动选择最具鉴别力的预测变量，而最重要的预测变量出现在树状图的顶部，同时变量的重要性信息可以帮助完善未来的数据收集工作。第四，由于该方法是数据驱动的，它不像线性回归模型和逻辑回归模型那样假定预测因子和目标变量之间存在特定类型的关系。此外，由于该方法可以处理完整的数据，不受异常值的影响，因此需要的数据准备工作相对较少。

与此同时，它确实需要一个相对较大的训练数据集来建立一个合理准确的模型，而且计算成本随着预测变量和观测值的增加而呈指数级增长。此外，由于 CART 算法中使用的是递归划分过程，因此训练数据集的微小变化将导致树的巨大差异。在本章后面，我们将讨论集合树，其目的是提高模型的稳定性。

10.2　分类树

在本节中，我们将着重讨论结果变量为二元变量的决策树的应用。我们将在这些应用程序中生成的决策树称为分类树。如前所述，CART 算法使用递归划分过程将样本数据集分成越来越纯的子集来构建树。在一个带有二元目标变量的分类问题中，当一个子集包含所有属于同一个类的情况时（类之间 100% 和 0% 的分离），它就被认为是"纯"的。杂质程度最高的一个子集是一半的情况属于一个类别，而另一半属于另一个类别（类之间 50% 和 50% 的分离）。因此，杂质是通过这两类情况的分离程度来衡量的。为了构建决策树，我们需要了解每个预测变量可能的分割点，以及 CART 算法如何确定最佳分割。

☐ 识别可能的分割点

以引入案例中的 HELOC 产品为例。回想一下，银行经理收集了 500 名银行客户的历史数据，包括客户的年龄、性别、收入以及客户是否响应了 HELOC 的提议（如果响应，则 HELOC 等于 1，否则等于 0）。表 10.2 显示了从该数据集中随机选择的标记为 HELOC_Data_20 的 20 个样本的一部分。作为训练数据集的这 20 个样本仅用于说明，以创建具有两个预测变量（年龄和收入）的分类树。

表 10.2　HELOC_Data_20 工作表

年龄	收入	HELOC
44	99 000	0
63	158 000	1
...	...	...
40	97 000	0

CART 算法使用预测变量连续取值的中点作为可能的分割点。例如，20 个样本的年龄变量按升序排列可得到以下数组：

$$\{23，24，25，35，36，37，39，40，43，44，45，47，51，59，62，63\}$$

（请注意，有些值会多次出现，但为了确定拆分点，每个值只需要在数组中出现一次。）

因此，第一个可能的分割点计算为（23+24)/2=23.5，第二个可能的分割点计算为（24+25)/2=24.5，其余可能的分割点以同样的方式找到。以下数据数组显示了年龄的所有可能分割点：

$$\{23.5，24.5，30，35.5，36.5，38，39.5，41.5，43.5，44.5，46，49，55，60.5，62.5\}$$

例 10.1

在表 10.2 的 20 个样本中，收入变量可能的分割点是什么？

解答：

首先，我们将收入的值按升序排列，得到以下数组。

$$\{4\,000，11\,000，14\,000，17\,000，32\,000，47\,000，50\,000，53\,000，64\,000，65\,000，68\,000，$$
$$77\,000，93\,000，95\,000，97\,000，98\,000，99\,000，105\,000，109\,000，158\,000\}$$

接下来，我们找到连续样本之间的中点。第一个分割点的值是（4 000+11 000)/2=7 500，第二个可能的分割点为（11 000+14 000)/2=12 500。下面的数组显示了收入变量的所有可能分割点：

$$\{7\,500，12\,500，15\,500，24\,500，39\,500，48\,500，51\,500，58\,500，64\,500，66\,500，72\,500，$$
$$85\,000，94\,000，96\,000，97\,500，98\,500，102\,000，107\,000，133\,500\}$$

在确定了两个变量所有可能的分割点之后，下一步是找到最佳分割点，使所产生的两个子集的杂质最小化。回顾一下，决策树中一个节点的杂质是由类之间的分离程度来衡量的。有几种不同的方法来衡量杂质程度，包括基尼杂质指数（Gini impurity index）、熵指数（entropy index）和卡方检验（Chi-Square test）。在本章中，我们使用基尼杂质指数来说明如何确定产生分类树的最佳分割点。

□ 基尼杂质指数

基尼杂质指数，或简称为基尼指数，用来衡量在多类别的分类背景下一组数据的杂质程度。用 m 作为目标变量类别的数量，基尼指数的计算方法如下：

$$基尼指数 = 1 - \sum_{k=1}^{m} P_k^2$$

式中，$P_k = \dfrac{所有属于 k 的样本数}{所有样本数}$。

例 10.2

回到 HELOC 的例子中，观察随机选择的 20 位客户。图 10.2 显示了这 20 个样本的收入与年龄的关系图。15 个黑点代表没有响应 HELOC 提议的客户（0 类），而 5 个灰点代表响应 HELOC 提议的客户（1 类）。利用图 10.2 中的信息，找出总体的基尼指数。

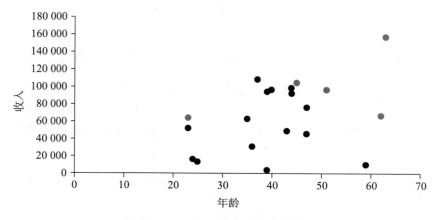

图 10.2　$n=20$ 时收入与年龄关系图

解答：

在这 20 个样本中，有 5 个样本属于 1 类，其余的样本属于 0 类。这 20 个样本的基尼指数可以计算如下：

$$基尼指数_{20样本}=1-[(15/20)^2+(5/20)^2]=1-(0.562\,5+0.062\,5)=0.375\,0$$

这组 20 个样本不是一个纯子集，因为 15 个样本属于 0 类，5 个样本属于 1 类（75% 和 25% 之分）。

例 10.3 展示了递归划分过程中的下一步，即剔除杂质来构建一个分类树。

例 10.3

我们继续讨论适用于表 10.2 中随机抽取的 20 个样本的 HELOC 例子。之前，我们计算了年龄变量的可能分割点。其中一个可能的分割点是年龄＝49。图 10.3 显示了年龄＝49 时的一条黑色垂直线。左边的子集包含所有年龄小于 49 岁的样本，右边的子集包含所有年龄大于或等于 49 岁的样本。使用图 10.3 来计算年龄为 49 岁的基尼指数。

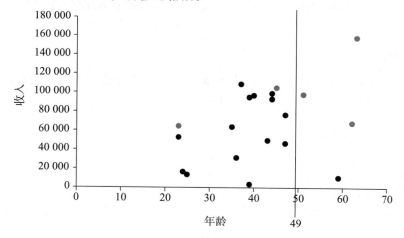

图 10.3　以年龄 49 岁为分割线

解答：

在左边子集（年龄＜49）的 16 个样本中，有 2 个属于 1 类，14 个属于 0 类。对于右边子集（年龄≥49 岁）中的 4 个样本，1 个属于 1 类，3 个属于 0 类。因此，这两个子集的基尼指数是：

$$基尼指数_{年龄<49}=1-[(14/16)^2+(2/16)^2]=1-[0.765\ 6+0.015\ 6]=0.218\ 8$$
$$基尼指数_{年龄≥49}=1-[(1/4)^2+(3/4)^2]=1-[0.062\ 5+0.562\ 5]=0.375\ 0$$

为了计算分割后的总体基尼指数，我们使用加权组合的基尼指数，以每个分区中样本的百分比作为权重。

$$基尼指数_{年龄=49}=(16/20)\times0.218\ 8+(4/20)\times0.375\ 0=0.175\ 0+0.075=0.25$$

使用 49 岁的年龄分割点对样本进行分割，基尼指数从 0.375 降至 0.25。预测器的最佳分割点是通过比较该预测器所有可能分割的基尼指数来选择的。在我们的例子中，如果你计算年龄变量所有可能分割点的基尼指数，那么你会发现 49 岁的分割点会产生最小的基尼指数，因此，这个分割点被选为年龄变量的最佳分割点。

因为在 HELOC 的例子中，我们还没有从 20 个样本中选出一个纯子集，所以我们将使用收入变量继续进行递归划分过程。请看例 10.4。

例 10.4

回顾例 10.1，当收入＝64 500 时，是收入变量可能的分割点之一。图 10.4 显示了收入＝64 500 时的一条水平黑线。这个分割点产生了上下两个分区。计算收入分割点为 64 500 时的基尼指数。

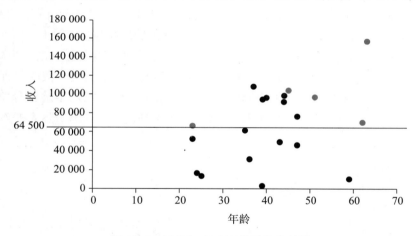

图 10.4　以收入 64 500 美元为分割线

解答：

在顶端子集（收入≥64 500）的 11 个样本中，5 个属于 1 类，6 个属于 0 类。对于底部子集的 9 个样本（收入＜64 500），没有人属于 1 类，9 人属于 0 类。因此，这两个子集的基尼指数分别为：

$$基尼指数_{收入≥64\ 500}=1-[(6/11)^2+(5/11)^2]=1-(0.297\ 5+0.206\ 6)=0.495\ 9$$
$$基尼指数_{收入<64\ 500}=1-[(9/9)^2+(0/9)^2]=1-(1+0)=0$$

这种分割的基尼指数计算如下：

$$基尼指数_{分割收入=64\ 500}=(11/20)\times0.495\ 9+(9/20)\times0=0.272\ 7+0=0.272\ 7$$

从中可以看出，在所有可能的收入分割中，收入＝64 500的分割产生了最小的基尼指数。请注意，年龄＝49和收入＝64 500的分割（例10.3和10.4）产生的基尼指数比例10.2中计算的原始基尼指数更好。接下来，我们将开始构建决策树，考虑从年龄和收入两部分的分割中获得基尼指数值。

□ 构建决策树

在有年龄和收入预测变量的HELOC例子中，我们比较了两个预测变量最佳分割的基尼指数。在两个预测变量所有可能的分割点中，使用年龄＝49的分割点产生的杂质减少最多，因为它的基尼指数是最小的（0.25＜0.272 7）。因此，年龄被用作决策树上的根节点，分割点为年龄49岁。图10.5显示了这个结果。

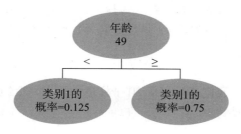

图10.5　根节点分区

接下来，我们要找出客户对HELOC提议做出响应的概率，因为客户的年龄已经确定。一般来说，这个概率是通过找到一个分区中属于目标类别样本的比例来实现的。在HELOC的例子中，一个年龄小于49岁的客户对HELOC提议做出响应的概率（目标类别或类别1）是2/16＝0.125（见图10.3）。同样地，一个49岁或以上的客户对HELOC提议做出响应的概率是3/4＝0.75。

为了扩展决策树，对所有类别重复这一过程，直到没有任何分割点可以进一步减少杂质。换句话说，当递归过程不能再产生较小的基尼指数时，或者当所有分区成为纯子集时（即基尼指数＝0），递归过程就终止了。图10.6显示了整个递归划分过程的结果。请注意，年龄被分割为23.6和49，收入被分割为39 500、59 000、102 000和107 000。在这种情况下，所有分区都是纯子集。

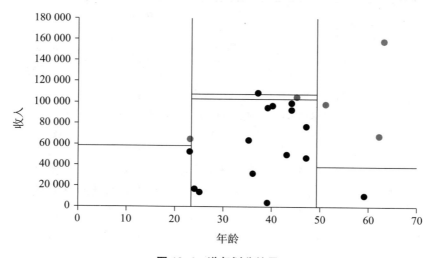

图10.6　递归划分结果

递归划分过程产生了图10.7中的完整分类树。在年龄较大的群体中（49岁以上），那些年收入至少为39 500美元的人有可能对HELOC的提议做出响应。在年龄小于23.5岁较年轻的年龄组中，年收入至少为59 000美元的人有可能对该提议做出响应。年龄在24～49岁之间、年收入在 102 000～107 000 美元之间的人也有可能对该提议做出响应。

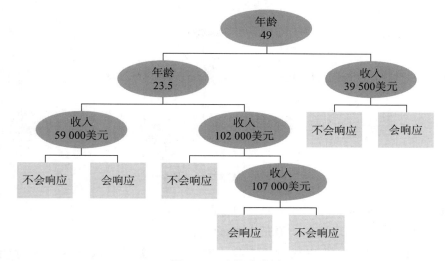

图 10.7　完整分类树

虽然本例中生成的分类树相对简单，因为我们使用的是一个只有 20 个观测值和两个预测变量的小数据集，但一个包含许多预测变量的大数据集可能会生成包含许多决策节点的非常复杂的树。随着分类数量的增加，训练数据集的误分类率将降低，当所有分区仅包含属于同一类的样本观测值时，误分类率最终将达到 0。然而，对于一个新的数据集（例如，验证数据），误分类率最初可能会降低，但由于过度拟合，在某一点之后可能会增加。因此，修剪是优化最终决策树复杂性的重要步骤。

☐ **修剪决策树**

表 10.3 显示了从 HELOC_Data 工作表中随机选择的另外 5 个观测值，我们使用它们作为验证数据来修剪图 10.7 中完全生长的分类树。

表 10.3　验证数据

年龄	性别	收入	HELOC
50	女	35 000	0
23	男	60 000	0
56	男	87 000	1
42	女	90 000	0
62	男	71 000	1

修剪分类树的简单方法是通过用叶节点替换树的分支来降低验证数据集的误分类率；很快，我们将展示如何使用 Analytic Solver 和 R 语言构建和修剪分类树。例如，图 10.8 显示了一个修剪后的树，其中过去具有分割点的内节点年龄＝23.5 现在被替换为叶节点，因为到达该节点的大多数客户属于类别 0，所以叶节点预测该子集中的客户不会响应 HELOC 的提议。这个更简单的树在验证数据集上将产生最佳的分类性能。验证数据中的所有 5 个观测值都被正确分类。如果我们使用图 10.7 中的完全生长的树对验证数据进行评分，那么我们将获得 80% 的准确率，因为第二个观察被错误分类了。

与完全生长的树不同，从修剪过程中获得的树要简单得多。从优化树中可以得出以下三个规则：

● 如果年龄小于 49 岁，则客户不会响应。

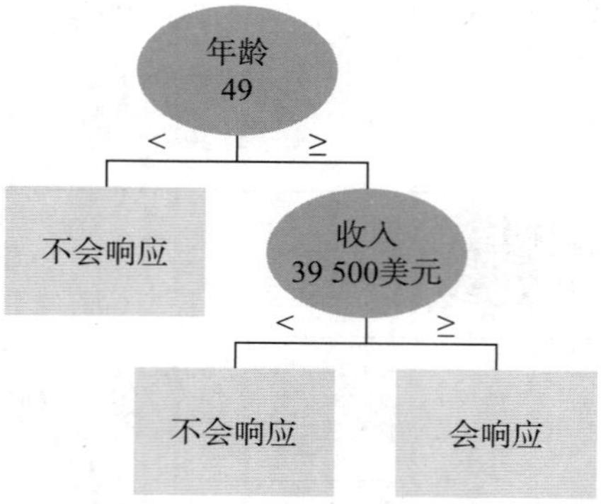

图 10.8　修剪后的决策树

- 如果年龄≥49 岁，收入＜39 500 美元，则客户不会响应。
- 如果年龄≥49 岁，收入≥39 500 美元，则客户会响应。

优化后的树显示，年龄在 49 岁或以上、收入在 39 500 美元或以上的个人可能会对银行的 HELOC 报价做出响应。正如这个例子所展示的，修剪在确定决策树的最优复杂度和减少过度拟合方面是有效的。

■ 使用 Analytic Solver 和 R 语言来建立分类树

我们现在将演示如何使用 Analytic Solver 和 R 语言来建立完整数据集的分类树。关注例 10.5。

例 10.5

在引入案例中，桑尼维尔银行的银行经理 Hayden Sellar 希望利用 500 名银行客户的历史数据来建立一个分类模型，以确定新的银行客户是否会响应 HELOC 的提议。他还认为桑尼维尔银行在营销其 HELOC 产品时没有瞄准正确的客户，并希望这个分类模型能够为银行提供有价值的情报。Hayden 计划评估该模型的性能，然后将 20 个新的银行客户分类为可能或不可能对 HELOC 提议做出响应。使用 Analytic Solver 和 R 语言来建立首选的分类树，然后使用这个树对新的案例进行评分（文件：HELOC）。

解答：

使用 Analytic Solver

a. 打开 HELOC 数据文件中的 HELOC_Data 工作表。

b. 选择"数据挖掘"（Data Mining）→"分区"（Partition）→"标准分区"（Standard Partition）。

c. 在"标准数据分区"（Standard Data Partition）对话框中，我们选择数据范围 $A$1：$D$501，并将年龄、性别、收入和 HELOC 移到"选定变量"（Selected Variables）对话框中。选择"随机选取行"（Pick up rows randomly），并勾选"设置种子"（Set seed）复选框，使用默认的随机种子 12345。选择"指定百分比"（Specify percentages），将 50％、30％和 20％的数据分别分配给训练、验证和测试集。点击"确定"（OK）。

d. Analytic Solver 将创建一个新的工作表，名为 STDPartition，其中包含被分割的数据。在 STDPartition 工作表中，选择"数据挖掘"（Data Mining）→"分类"（Classify）→"分类树"（Classification Tree），打开"分类树"（Classification Tree）对话框。在"数据"（Data）选项卡中，选择并将预测变量年龄和收入移至"选定变量"（Selected Variables）框中，将性别移至"分类变量"（Categorical Variables）框中。选择 HELOC 作为输出变量。接受其他默认值。点击"下一步"（Next）。

　　e. 在"参数"（Parameters）选项卡中，选中"剪枝（使用验证集）"（Prune（Using Validation Set））复选框，点击"评分树按钮"（Tree For Scoring button）按钮。选择"最佳修剪"（Best Pruned）。单击"完成"（Done）。这个选择是告诉 Analytic Solver 使用最佳修剪的树对样本进行评分，以评估分类树的性能并对新样本进行评分。勾选"显示功能重要性"（Show Feature Importance）的复选框，并点击"要显示的树"（Trees to Display）的按钮。勾选"完全成长"（Fully Grown）、"最佳修剪"（Best Pruned）和"最小误差"（Minimum Error）旁边的方框。单击"完成"（Done）。这将告诉 Analytic Solver 在结果中显示完整的、最佳修剪的和最小误差的树。接受其他默认值。点击"下一步"（Next）。

　　f. 在"得分"（Scoring）选项卡中，选中"总结报告"（Summary report）框中的"分数训练数据"（Score Training Data）、"分数验证数据"（Score Validation Data）和"分数测试数据"（Score Test Data）。同时勾选"分数测试数据"（Score Test Data）的"提升图"（Lift Charts）。勾选"在工作表中"（In Worksheet）下的"对新数据进行评分"（Score New Data）复选框。在"新数据（WS）"（New Data（WS））选项卡中，在工作表框中选择 HELOC_Score。数据范围＄A＄1：＄C＄21 中的这 20 个银行新客户样本将被分类树算法打分。确保选中"第一行包含标题"（First Row Contains Headers）被选中，并点击"按名称匹配"（Match By Name）按钮。接受其他默认值。单击"完成"（Finish）。

　　CT_Output 工作表显示了修剪日志，报告了取决于决策节点数量的错误率。表 10.4 显示了修剪日志的一部分，列出了决策节点的错误率。最小验证错误率为 0.16 的最简单的树出现在 3 个决策节点中。

表 10.4　**Analytic Solver 的修剪日志**

决策节点	错误率
0	0.226 7
1	0.226 7
2	0.226 7
3	0.160 0
4	0.200 0
5	0.200 0
6	0.200 0

　　是否有一个更简单的树，其验证错误率在最小验证错误率的一个标准误差之内？为了回答这个问题，我们必须对树形图进行观察。CT_FullTree 工作表显示了完整的树。全树是相当复杂的，有许多决策节点。由于全树过大，因此在这里不予以展示。CT_BestTree 和 CT_MinErrorTree 工作表显示了最佳修剪树和最小误差树。当比较这两张树形图时，我们发现最佳修剪树和最小误差树是一样的。因此，在这个例子中，找不到验证错误率在最小验证错误率的一个标准误差之内的更简单的树。图 10.9 显示了最佳修剪树和最小误差树。这棵树相对简单，有 3 个决策节点，如果包括终端节点，则共有 7 个节点。根节点中的预测变量是 Sex，因为 Sex 是一个分类变量，Analytic Solver 使用类别的属性值"Set"作为分割值。

　　为了弄清它的意思，我们将鼠标指针放在根节点上，然后在树的上方出现以下文字。

决策节点

如果性别是来自〔女性〕集合，则向左走。

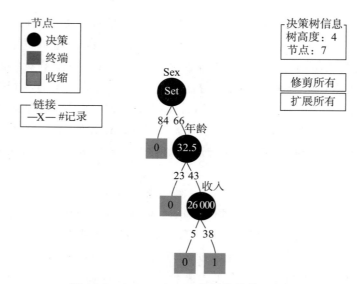

图 10.9　Analytic Solver 的最佳修剪分类树

如果性别不在〔女性〕集合中，则向右走。

我们可以从分类树中得出一些 If-Then 规则。例如，有一条规则是，如果客户是一个小于 32.5 岁的男性，那么他就不会对 HELOC 的提议做出响应。另一条规则是，如果客户是 32.5 岁或以上的男性，收入超过 26 000 美元，那么他就会对 HELOC 提议做出响应。最后，也许更重要的是，分类树表明，女性客户不可能对 HELOC 的提议做出响应，这证实了银行经理的直觉，即目前的营销活动并没有针对所有正确的客户。因为验证数据集是用来修剪的，所以分类树在新数据上的表现应该用测试数据集来评估。为了评估所产生的分类树的性能，我们转向测试数据集。CT_TestScore 工作表中的分类总结部分内容如图 10.10 所示。

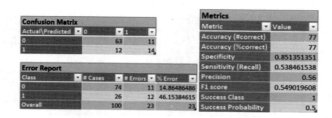

图 10.10　Analytic Solver 的摘要指标

资料来源：Microsoft Excel.

性能指标显示，该模型的总体错误率为 23%，敏感性为 0.538 5，特异性为 0.851 4。请注意，这些性能指标对使用的阈值非常敏感。在这个例子中，默认的截止值是 0.5。如果我们降低阈值，更多的样本将被归入目标类别，从而导致性能指标的不同值。为了评估分类树使用不同阈值的性能，在 Analytic Solver 中，在步骤 d 中的"数据"选项卡的成功概率截止值（Success Probability Cutoff）框中输入所需的截止值。为了评估独立于截止值的模型性能，我们现在检查累积提升图、十分位提升图和 ROC 曲线。

图 10.11(a) 显示了累积提升图。左上方的折线远高于对角线，表明分类树在预测潜在客户是否会对 HELOC 提议做出响应方面比基准模型表现得更好。累计提升图显示，如果我们把 HELOC 的提议发送给 50 个银行客户（测试数据样本量的一半），那么这些客户对提议的预测概率最高，我们将能够接触到 26 个对 HELOC 提议有响应的客户中的 22 人（84.6%）。另外，如果我们向 50 个随机选择的客户发送提议，那么我们只能接触到对提议做出响应的客户中的 13 人。

图 10.11(b) 显示的是十分位提升图。例如，通过分类树选择的前 10% 的潜在客户，与随机选择的 10% 的潜在客户相比，有 1.92 倍的客户会对 HELOC 提议做出响应。

最后，ROC 曲线（见图 10.11(c)）显示分类树在敏感性和特异性方面比基准模型好得多。曲线下的面积（AUC）为 0.771 0，与随机分类法（AUC=0.5）相比，更接近最佳分类法（AUC=1）。

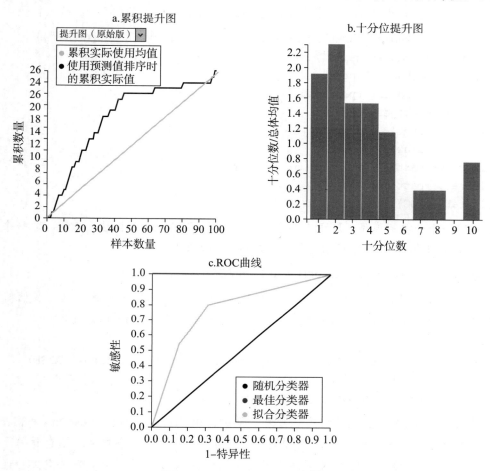

图 10.11　Analytic Solver 性能图

CT_NewScore 工作表显示了 20 条新客户记录的分类预测。结果总结在表 10.5 中。正如"预测：HELOC"一列所示，前两个潜在客户被归类为不可能对 HELOC 提议做出响应，而最后一个客户则可能对 HELOC 提议做出响应。"测后：0"和"测后：1"两列提供了预测属于 0 类和 1 类的客户的预测概率。

表 10.5　Analytic Solver 的评分结果

记录编号	预测：HELOC	测后：0	测后：1	年龄	性别	收入
记录 1	0	0.919 1	0.080 9	25	女	45 000
记录 2	0	0.736 8	0.263 2	23	男	22 000
⋮	⋮	⋮	⋮	⋮	⋮	⋮
记录 20	1	0.296 9	0.703 1	51	男	43 000

使用 R 语言

在 R 语言中构建决策树的最流行的算法可以在 rpart 包中找到。R 语言按照第 9 章中讨论过的

KNN 方法来构建决策树。Analytic Solver 使用三分法（即训练数据集、验证数据集和测试数据集）构建决策树，而 R 语言使用两分法（即只有训练数据集和验证数据集）构建决策树，并且通过 K 折交叉验证方法来修剪决策树。

    a. 将 HELOC 数据文件中的 HELOC_Data 工作表数据导入数据框（表），并将其标记为 myData。

    b. 使用以下命令安装并加载 caret、gains、rpart、rpart.plot 和 pROC 包。输入：

```
> install.packages("caret", dependencies = c("Depends", "Suggests"))
> install.packages("gains")
> install.packages("rpart")
> install.packages("rpart.plot")
> install.packages("pROC")
> library(caret)
> library(gains)
> library(rpart)
> library(rpart.plot)
> library(pROC)
```

    c. 为了构建一个分类树模型，R 语言要求目标变量 HELOC 是一个因子变量，即一个分类数据类型。我们使用 as.factor 命令将 HELOC 变量转换为分类类型。输入：

```
> myData $ HELOC <- as.factor(myData $ HELOC)
```

    d. 我们使用 set.seed 命令将随机种子设置为 1，从而产生与本例相同的分区。我们使用 createDataPartition 函数将数据划分为训练数据集（70%）和验证数据集（30%）。输入：

```
> set.seed(1)
> myIndex <- createDataPartition(myData $ HELOC, p = 0.7, list = FALSE)
> trainSet <- myData[myIndex, ]
> validationSet <- myData[ -myIndex, ]
```

    e. 我们使用 rpart 函数来生成默认的分类树，即 default_tree。在 rpart 函数中，我们指定了模型结构、数据源和方法。方法（method）选项设置为"类"，用于构造分类树。要查看关于默认树的细节，请使用 summary 函数。因为 R 语言使用交叉验证法来修剪树，为了确保交叉验证结果的一致性，我们使用 set.seed 函数来设置随机种子为 1。输入：

```
> set.seed(1)
> default_tree <- rpart(HELOC ~ ., data = trainSet, method = "class")
> summary(default_tree)
```

    f. 想要直观地查看分类树，请使用 prp 函数。类型（type）选项被设置为 1，这样除了叶节点之外的所有节点都会在树状图中被标记出来。额外（extra）选项被设置为 1，这样就可以显示属于每个节点的观测值的数量。under 选项被设置为 TRUE，以显示图中每个决策节点下的节点数。输入：

```
> prp(default_tree, type = 1, extra = 1, under = TRUE)
```

    图 10.12 显示了默认的分类树。第一个决策节点是在性别变量上，之后是年龄变量和收入变量的分支。请注意，R 语言呈现的决策树的格式与 Analytic Solver 略有不同。根节点提供了关于如何解释树的信息。例如，在图 10.12 中，根节点显示，如果性别是女性，则转到左边的分支，否则转到右边的分支。随后的决策节点也遵循同样的格式。例如第二个决策节点表明，如果年龄小于 25 岁，则转到左边的分支，否则转到右边的分支。

    如何在默认的分类树中确定分割的数量？

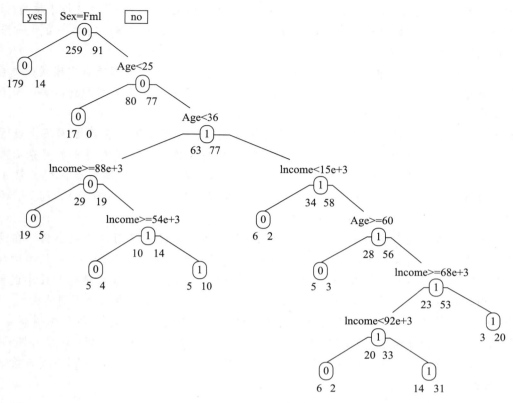

图 10.12　R 语言输出的默认决策树

rpart 函数使用复杂性参数（cp）来确定何时停止树的生长。如果向树添加另一个分支的成本超过了 cp 的值，那么树的生长将不会继续。rpart 函数的默认 cp 值是 0.01。然而，在大多数情况下，很难事先知道哪个 cp 值会产生最佳性能的树。因此，通常的做法是先长出完整的树，然后根据 rpart 函数内置的交叉验证过程所产生的分类错误，将其修剪成一个不那么复杂的树。通过确定与最小的交叉验证分类误差相关的 cp 值，我们可以创建最小误差树。或者，我们可以产生最佳修剪树，即错误率在最小错误率的一个标准误差之内的最小树。接下来，我们将展示修剪过程以优化树的复杂性。

g. 我们首先通过使用 rpart 函数来增长全树。我们将选项 cp 设置为 0，minsplit 设置为 2，minbucket 设置为 1。minsplit 选项规定了父节点中可以进一步分割的最小观测值数量，minbucket 选项规定了叶节点中允许的最小观测值数量。这些设置可以确保产生尽可能大的树。我们使用 prp 函数绘制全树。同样，为了确保交叉验证结果的一致性，我们使用 set.seed 函数指定了一个随机种子为 1。输入：

```
> set.seed(1)
> full_tree <- rpart(HELOC ~ ., data = trainSet, method = "class",
cp = 0, minsplit = 2, minbucket = 1)
> prp(full_tree, type = 1, extra = 1, under = TRUE)
```

在这种情况下，完整的树是非常复杂的，在这里不予显示。

h. 为了确定与最小的交叉验证分类误差相关的 cp 值，我们使用 printcp 函数来显示复杂度参数表，输入：

```
> printcp(full_tree)
```

图 10.13 显示了 9 棵候选树的复杂度参数表，从中可以看出 9 棵树的复杂度越来越高。nsplit 列显示了每棵树的分割数。每棵树的叶节点的数量可以用 nsplit＋1 来计算。例如，最后一棵树有 82 个分叉，所以它有 83 个叶节点。

rel 误差列显示了如果所有的样本都被分类到主要的类别中，相对于根节点中错误分类样本的比例，每棵树的错误分类样本的比例。我们可以看到，最后一棵树是完全生长的树，其叶节点只包含属于同一类别的样本，由于其相关误差为 0，因此也没有错误分类的样本。

xerror 列显示了与每棵候选树相关的交叉验证误差。它是识别可能在新数据集上表现良好的树的推荐度量。从 xerror 列可以看出，交叉验证误差最初会随着分类树变得更加复杂而减小，然后在过某一个特定点后又增大。这很常见，也说明了复杂树模型的过度拟合问题。第 4 棵树有 6 个分叉，同时交叉验证误差最小（相对于根节点的交叉验证误差为 0.835 16），因此，它是误差最小的树。

xstd 列可用于识别最佳修剪树，即误差在最小误差树标准误差范围内的最小树。在这种情况下，没有一个更简单的树具有满足此标准的交叉验证错误。换句话说，没有一个更简单的树具有小于 0.835 160＋0.084 763 或 0.919 923 的相对交叉验证错误。因此，最佳修剪树和最小误差树是同一棵树。然而，在许多情况下，你可能会发现最佳修剪树和最小误差树是两个不同的树。

图 10.14 显示了另一棵分类树的假设性复杂度参数表。在这种情况下，第 3 棵树有 5 个分叉，同时有一个相对交叉验证误差（0.879 12）在最小误差（0.813 19＋0.083 945＝0.897 135）的一个标准误差之内。因此，第 3 棵树，有 5 个分叉，是最好的修剪树。接下来，我们使用与第 3 棵树相关的 cp 值来进行修剪。

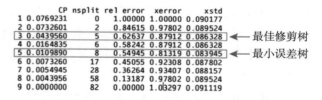

```
Classification tree:
rpart(formula = HELOC ~ ., data = trainSet, method = "class",
      cp = 0, minsplit = 2, minbucket = 1)

Variables actually used in tree construction:
[1] Age    Sex Income

Root node error: 91/350 = 0.26

n= 350
```

	CP	nsplit	rel error	xerror	xstd
1	0.0769231	0	1.00000	1.00000	0.090177
2	0.0732601	2	0.84615	1.02198	0.090810
3	0.0439560	5	0.62637	0.97802	0.089524
4	0.0164835	6	0.58242	0.83516	0.084763
5	0.0109890	8	0.54945	0.86813	0.085945
6	0.0073260	17	0.45055	0.84615	0.085163
7	0.0054945	28	0.36264	0.91209	0.087442
8	0.0043956	58	0.13187	0.94505	0.088507
9	0.0000000	82	0.00000	0.95604	0.088851

图 10.13　R 语言的复杂度参数表

	CP	nsplit	rel error	xerror	xstd	
1	0.0769231	0	1.00000	1.00000	0.090177	
2	0.0732601	2	0.84615	0.97802	0.089524	
3	0.0439560	5	0.62637	0.87912	0.086328	← 最佳修剪树
4	0.0164835	6	0.58242	0.87912	0.086328	
5	0.0109890	8	0.54945	0.81319	0.083945	← 最小误差树
6	0.0073260	17	0.45055	0.92308	0.087802	
7	0.0054945	28	0.36264	0.93407	0.088157	
8	0.0043956	58	0.13187	0.97802	0.089524	
9	0.0000000	82	0.00000	1.03297	0.091119	

图 10.14　R 语言的假设性复杂度参数表

i. 我们使用 prune 函数，通过使用与第 4 棵树相关的 cp 值来创建修剪后的树。请注意，R 语言结果中提供的 cp 值被四舍五入到小数点后的 7 位数。为了确保我们没有使用比实际 cp 值更小的 cp 值，我们使用一个比表格中显示的 cp 值稍大但比下一棵树的 cp 值小的 cp 值。在这种情况下，我们将使用 0.016 483 6，这个数字比与第 4 棵树相关的 cp 值（0.016 483 5）略大。我们使用 prp 函数显示修剪后的树。输入：

```
> pruned_tree <- prune(full_tree, cp = 0.016 483 6)
> prp(pruned_tree, type = 1, extra = 1, under = TRUE)
```

图 10.15 显示了修剪后的树，它有 6 个分叉和 7 个叶节点。请注意，与图 10.12 中的默认树相比，这是一棵更简单的树，分支更少。接下来，我们将使用验证数据集评估修剪后树的表现。

j. 我们用 predict 函数预测验证数据集中的观测值的类别。我们将类型选项设置为"类"，这样就会产生类别而不是其概率。输入：

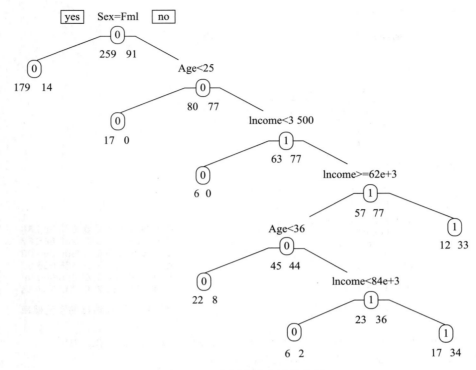

图 10.15 R 语言输出的修剪树

```
> predicted _ class <- predict(pruned _ tree, validationSet, type = "class")
```

k. 混淆矩阵可以通过比较验证数据集的预测类别和实际类别来创建。我们使用 confusionMatrix 函数来生成混淆矩阵和各种性能指标。positive＝"1" 选项指定 1 为目标类别（对 HELOC 提议的响应）。输入：

```
> confusionMatrix(predicted _ class, valid.data $ HELOC, positive = "1")
```

图 10.16 报告了混淆矩阵和相关性能指标。该模型的总体准确率为 76.67%，敏感性为 0.487 2，特异性为 0.864 9。这些指标表明，虽然总体准确率相对较高，但该模型使用默认截止值 0.5，正确地对非目标类别（不响应 HELOC 提议的客户）样本进行分类的比例要比目标类别（响应 HELOC 提议的客户）样本大得多。如前所述，这些性能指标对截止值高度敏感。在本例中，默认截止值为 0.5，这远高于数据集中目标类样本的比例，即 0.26。通过降低截止值以接近实际类别分布，我们能够将更多的样本分类到目标类别中，并提高敏感性度量。以下步骤对此进行了说明。

l. 为了在 R 语言中使用不同的截止值来评估分类树模型的预期表现，我们首先计算每个验证样本属于目标类别而不是其他类别的概率。在 predict 函数中，我们将类型（type）选项设置为 "prob"，以预测概率。输入：

```
> predicted _ prob <- predict(pruned _ tree, validationSet, type = "prob")
> head(predicted _ prob)
```

图 10.17 显示了与前几种情况相关的概率。第一列列出了属于 0 类的概率，第二列列出了属于 1 类的概率。使用不等于默认值 0.5 的其他截止值（例如 0.26，目的是准确地分类更多的 1 类样本）来确定样本的类别，我们将第二列中的值与新的截止值进行比较。

m. 使用新的截止值 0.26 构造混淆矩阵，我们使用 ifelse 函数来确定类别。我们使用 as.factor 函数将类别转换为因子，因子类型与目标变量 HELOC 的数据类型相同。输入：

```
Confusion Matrix and Statistics

              Reference
Prediction  0   1
         0  96  20
         1  15  19

              Accuracy : 0.766 7
                95% CI : (0.690 7, 0.831 8)
    No Information Rate : 0.74
    P-Value [Acc > NIR] : 0.260 2

                 Kappa : 0.367 3

Mcnemar's Test P-Value : 0.499 0

           Sensitivity : 0.487 2
           Specificity : 0.864 9
        Pos Pred Value : 0.558 8
        Neg Pred Value : 0.827 6
            Prevalence : 0.260 0
        Detection Rate : 0.126 7
  Detection Prevalence : 0.226 7
     Balanced Accuracy : 0.676 0

      'Positive' class : 1
```

图 10.16 R 语言的总体指标

```
                0                1
1  0.927 461 1    0.072 538 86
2  0.733 333 3    0.266 666 67
3  1.000 000 0    0.000 000 00
4  0.333 333 3    0.666 666 67
5  0.750 000 0    0.250 000 00
6  0.266 666 7    0.733 333 33
```

图 10.17 R 语言的预测概率

```
> confusionMatrix(as.factor(ifelse(predicted_prob[,2]>0.26, '1',
'0')), validationSet $ HELOC, positive = '1')
```

由此产生的混淆矩阵（此处未显示）提供了使用截止值 0.26 修剪决策树的性能度量。在新的混淆矩阵中，准确性、敏感性和特异性分别为 0.766 7、0.641 0 和 0.810 8。新的截止值允许银行经理根据更高的敏感性值正确识别更多的目标类别样本。

为了评估独立于截止值的模型性能，我们现在检查累积提升图、十分位提升图和 ROC 曲线。

n. 我们首先使用 as. numeric 函数将目标变量（HELOC）转换为 gains 包所需的数字数据类型。我们使用 gains 函数生成累积增益表。gains 函数需要两个输入：实际类别和预测的目标类别概率。因为在图 10.17 中，"1" 是目标类别，我们将第二列作为预测的目标类别概率。输入：

```
> validationSet $ HELOC <- as.numeric(as.character(validationSet $ HELOC))
> gains_table <- gains(validationSet $ HELOC, predicted _ prob[,2])
> gains_table
```

图 10.18 显示了累积增益表。因为在修剪树中只有 6 个可分配给每种情况的可能目标类别概率——0.73、0.67、0.27、0.25、0.07 和 0.00，gains 函数只生成 6 个组，而不是默认的 10 个组，每个组对应一个唯一的概率值。（注意：这些值四舍五入到小数点后的两位数字。这就是为什么你会受到警告：不同的预测值少于请求的组。）

Depth of File	N	Cume N	Mean Resp	Cume Mean Resp	Cume Pct of Total Resp	Lift Index	Cume Lift	Mean Model Score
14	21	21	0.52	0.52	28.2%	201	201	0.73
23	13	34	0.62	0.56	48.7%	237	215	0.67
31	12	46	0.50	0.54	64.1%	192	209	0.27
37	9	55	0.78	0.58	82.1%	299	224	0.25
92	83	138	0.08	0.28	100.0%	32	109	0.07
100	12	150	0.00	0.26	100.0%	0	100	0.00

图 10.18 R 语言的累积增益表

o. 因为 R 语言绘制累积提升图、十分位提升图和 ROC 曲线的说明已在第 9 章中详细讨论，所以我们在此对这些指令进行汇总。输入：

```
> plot(c(0, gains_table $ cume.pct.of.total * sum(validationSet $
  HELOC)) ~ c(0, gains_table $ cume.obs), xlab = "# of cases",
  ylab = "Cumulative", main = "Cumulative Lift Chart", type = "l")
> lines(c(0, sum(validationSet $ HELOC)) ~ c(0, dim(validationSet)
  [1]), col = "red", lty = 2)
> barplot(gains_table $ mean.resp/mean(validationSet $ HELOC),
  names.arg = gains_table $ depth, xlab = "Percentile", ylab = "Lift",
  ylim = c(0,3), main = "Decile - Wise Lift Chart")
> roc_object <- roc(validataionSet $ HELOC, predicted_prob[,2])
> plot.roc(roc_object)
> auc(roc_object)
```

图 10.19(a) 显示的是累积提升图。该图显示，与默认模型相比，分类模型显示出卓越的预测能力。桑尼维尔银行可以通过预测概率最高的一小批潜在客户，接触到更多实际会对 HELOC 提议做出响应的潜在客户。图 10.19(b) 显示的是十分位提升图。如果桑尼维尔银行向预测响应 HELOC 提议的可能性最高的 14% 的潜在客户发送提议，那么与随机选择 14% 的客户相比，它能够捕获实际响应 HELOC 提议的人数的两倍。图 10.19(c) 显示的是 ROC 曲线。这条曲线再次表明，分类树模型在所有截止值的敏感性和特异性方面都优于基线模型。AUC 值为 0.805 也加强了这一发现。

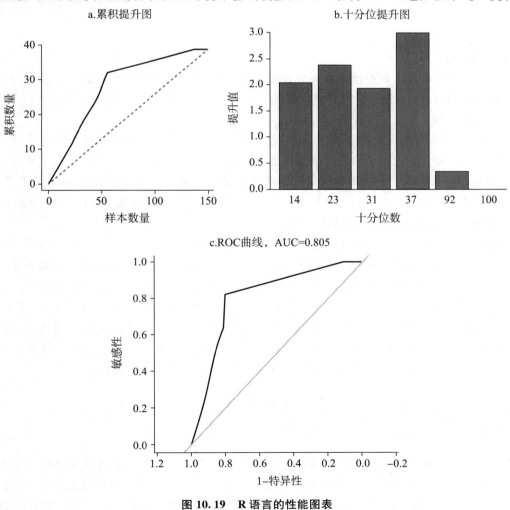

图 10.19　R 语言的性能图表

p. 最后，为了给这 20 个新的样本打分，我们把 HELOC_Score 工作表中的数据导入名为 my-ScoreData 的数据框（表）中，然后使用 predict 函数，利用分类树生成新样本的预测类别和概率。输入：

```
> predicted_class_score <- predict(pruned_tree, myScoreData, type = "class")
> predicted_class_score
> predicted_class_prob <- predict(pruned_tree, myScoreData, type = "prob")
> predicted_class_prob
```

表 10.6 总结了评分结果。尽管由于构造树的不同，概率略有不同，但是样本的预测类别与在 Analytic Solver 中构造的分类树所预测的类别相似。

表 10.6　R 语言的评分结果

记录编号	预测：HELOC	测后：0	测后：1	年龄	性别	收入
记录 1	0	0.927 5	0.072 5	25	女	45 000
记录 2	0	1	0	23	男	22 000
⋮	⋮	⋮	⋮	⋮	⋮	⋮
记录 20	1	0.266 7	0.733 3	51	男	43 000

引入案例概要

数据驱动的营销决策可以帮助组织更好地瞄准潜在客户，同时降低营销成本。桑尼维尔银行的零售银行部经理 Hayden Sellar 对使用数据挖掘工具来帮助他的团队识别那些更有可能对某些银行产品和服务感兴趣的客户很感兴趣。

Hayden 和他的团队利用之前接受过桑尼维尔银行 HELOC 产品的 500 名用户这个小样本进行实验，建立了一个分类树，用于预测哪些新客户可能接受银行的 HELOC 产品。这个模型的分类准确率在 77% 左右，相比以前 Hayden 和他的团队用经验和直觉所能达到的准确率有了显著的提升。有了这个数据驱动的模型，桑尼维尔银行可以专注于小部分非常有可能接受 HELOC 的客户。例如，近 40 岁的高收入男性很有可能接受 HELOC。

对树形图的进一步研究同样给 Hayden 和他的团队带来了一个非常令人担忧的问题。决策树的预测结果显示女性客户不太可能接受 HELOC，同时，Hayden 知道桑尼维尔银行的客户中女性占了很大的比例，而对 HELOC 产品感兴趣的女性客户的比例却低得惊人，这会不会是由于银行在对 HELOC 的营销中存在无意识的偏见？为了回答这个问题，Hayden 和他的团队打算回顾以往 HELOC 产品的广告，正如他们所料，所有以前的 HELOC 广告似乎确实更针对男性客户。这证实了 Hayden 的想法，即桑尼维尔银行目前的营销策略没有瞄准正确的客户。因此，他准备与银行的营销团队会面交流，以消除其营销中任何无意识的偏见，更加关注女性客户。

练习 10.2

注意：练习题前标注的 AS 或 R 代表这个问题只能用 Analytic Solver 或 R 语言来解决。在使用 Analytic Solver 时，需要把数据集分为 50% 的训练数据集、30% 的验证数据集和 20% 的测试数据集，用 12345 作为默认随机种子。在使用 R 语言时，需要把数据集分为 70% 的训练数据集和

30%的验证数据集。在数据划分和交叉验证时，使用命令 set.seed（1）来指定随机种子为 1。有些数据文件包含两个工作表（例如 Exercise_10.7_Data 和 Exercise_10.7_Score 工作表），分别用来建立模型和为新记录评分。如果预测变量是字符格式的，那么将该预测变量视为分类变量，否则将其视为数值变量。

理论

1. 文件：Exercise_10.1。数据集包含两个预测变量——年龄和收入，以及一个二元目标变量，即报纸订阅，表示是否订阅报纸。一家媒体公司希望创建一棵决策树来预测一个人是否会订阅报纸。

a. 按照从小到大的顺序列出年龄的可能分割值。

b. 按照从小到大的顺序列出收入的可能分割值。

2. 文件：Exercise_10.2。数据集包含两个预测变量——年平均晴天数和年平均降水量，以及一个数值目标变量，即年平均作物产量（蒲式耳/英亩）。一位农业研究人员希望创建一棵决策树，用于预测不同地区的年平均作物产量。

a. 按照从小到大的顺序列出天数的可能分割值。

b. 按照从小到大的顺序列出降水量的可能分割值。

3. 在对数据集进行分区后，第一个分区包含 43 个属于 1 类的样本和 12 个属于 0 类的样本，第二个分区包含 24 个属于 1 类的样本和 121 个属于 0 类的样本。

a. 计算根节点的基尼杂质指数。

b. 计算分区 1 的基尼杂质指数。

c. 计算分区 2 的基尼杂质指数。

d. 计算分割后的基尼杂质指数。

4. 在使用年龄为 45.5 的分割值对数据集进行分割后，年龄<45.5 的分区包含 22 名有糖尿病诊断的患者和 178 名没有糖尿病诊断的患者，而年龄≥45.5 的分区包含 48 名有糖尿病诊断的患者和 152 名没有糖尿病诊断的患者。

a. 计算根节点的基尼杂质指数。

b. 计算年龄<45.5 的分区的基尼杂质指数。

c. 计算年龄≥45.4 的分区的基尼杂质指数。

d. 计算分割后的基尼杂质指数。

e. 说明这个分割中产生的规则。

5. 文件：Exercise_10.5。使用数据包回答以下问题。

a. 根据基尼杂质指数，哪个年龄分割值能最好地将报纸订阅者与非订阅者分开？

b. 根据基尼杂质指数，哪个收入分割值能最好地将报纸订阅者与非订阅者分开？

c. 在年龄和收入的最佳分割值之间，哪一个应该被选为预测某人是不是报纸订阅者的决策树的第一个分割值？

d. 说明这个分割中产生的规则。

6. 下面的分类树将葡萄酒的类型（A、B 或 C）与酒精含量、黄酮、苹果酸和镁联系起来。对下列未知类别的葡萄酒进行分类。

a. 酒精含量＝13.3，黄酮＝1.95，苹果酸＝1.03，镁＝114。

b. 酒精含量＝11.8，黄酮＝2.44，苹果酸＝0.97，镁＝103。

c. 酒精含量＝12.9，黄酮＝2.21，苹果酸＝1.22，镁＝99。

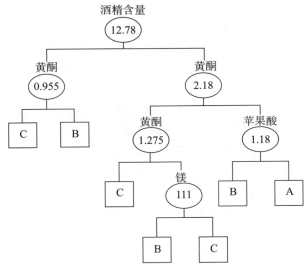

7. 文件：Exercise_10.7。AS。Exercise_10.7_Data 工作中的数据集包含 4 个预测变量（$x_1 \sim x_4$）和 1 个二元目标变量（y）。选择最佳修剪树进行评分，并显示完全生长树、最佳修剪树以及最小误差树。

a. 验证数据的修剪日志的最小误差是多少？

多少个决策节点与最小误差有关？

b. 显示最佳修剪树。在最佳修剪树中有多少个叶节点？在最小误差树中有多少个叶节点？

c. 最佳修剪树的第一次分割的预测变量和分割值是什么？

d. 在测试数据上，最佳修剪树的分类准确率、敏感性、特异性和精度是多少？

e. 生成测试数据上的最佳修剪树的十分位提升图。十分位提升图中最左边的条形的提升值是多少？这个值意味着什么？

f. 生成测试数据上的最佳修剪树的 ROC 曲线。ROC 曲线下的面积（AUC）是多少？

g. 使用最佳剪枝树对 Exercise_10.7_Score 工作表中的新观测值进行评分。新观测值的预测响应值是多少？第 1 个观测值的 1 类概率是多少？将你的答案四舍五入到小数点后 4 位。

8. 文件：Exercise_10.8。AS。Exercise_10.8_Data 工作表中的数据集包含 4 个预测变量（$x_1 \sim x_4$）和 1 个二元目标变量（y）。选择最佳修剪树进行评分，并显示完全生长树、最佳修剪树以及最小误差树。

a. 验证数据的修剪日志的最小误差是多少？多少个决策节点与最小误差有关？

b. 显示最佳修剪树。在最佳修剪树中有多少个叶节点？在最小误差树中有多少个叶节点？

c. 最佳修剪树的第一次分割的预测变量和分割值是什么？

d. 在测试数据上，最佳修剪树的分类准确率、敏感性、特异性和精度是多少？

e. 生成测试数据上的最佳修剪树的十分位提升图。十分位提升图中最左边的条形的提升值是多少？这个值意味着什么？

f. 生成测试数据上的最佳修剪树的 ROC 曲线。ROC 曲线下的面积（AUC）是多少？

g. 使用最佳修剪树对 Exercise_10.8_Score 工作表中的新观测值进行评分。新观测值的预测响应值是多少？第 1 个观测值的 1 类概率是多少？将你的答案四舍五入到小数点后 4 位。

9. 文件：Exercise_10.9。R。数据集包含 5 个预测变量（$x_1 \sim x_5$）和 1 个二元目标变量（y）。按照下面的说明，使用 Exercise_10.9_Data 工作表创建分类树。

a. 使用 rpart 函数建立一个默认的分类树。显示默认的分类树。默认分类树中有多少个叶节点？默认分类树的第一个分叉（根节点）的预测变量和分割值是多少？

b. 使用 rpart 函数来建立一棵完全生长的分类树，显示 cp 表。与最小交叉验证误差相关的 cp 值是多少？最小误差树中有多少个分叉？

c. 在最小误差树的交叉验证误差的一个标准误差范围内，是否有一棵更简单的树？如果有，那么与最佳修剪树相关的 cp 值是多少？

d. 使用 prune 函数将全树修剪为最小误差树。显示最小误差树。在最小误差树中有多少个叶节点？

e. 现在将 1 类指定为阳性类。在验证数据上，最小误差树的准确率、敏感性、特异性和精度是多少？

f. 在验证数据上生成最小误差树的累积提升图和十分位提升图。整个提升曲线是否位于基线之上？十分位提升图中最左边的条形的提升值是多少？这个值意味着什么？

g. 在验证数据上生成最小误差树的 ROC 曲线。ROC 曲线下的面积（AUC）是多少？

h. 在 Exercise_10.9_Score 工作表中对新的观察结果进行评分。新观测值的预测响应值是多少？第 1 个观测值的 1 类概率是多少？将你的答案四舍五入到小数点后 4 位。

10. 文件：Exercise_10.10。R。数据集包含 4 个预测变量（$x_1 \sim x_4$）和 1 个二元目标变量（y）。按照下面的说明，使用 Exercise_10.10_Data 工作表创建分类树。

a. 使用 rpart 函数建立一个默认的分类树。显示默认的分类树。默认分类树中有多少个叶节点？默认分类树的第一个分叉（根节点）的预测变量和分割值是多少？

b. 使用 rpart 函数来建立一棵完全生长的分类树。显示 cp 表。与最低交叉验证误差相关的 cp 值是多少？最小误差树中有多少个分叉？

c. 在最小误差树的交叉验证误差的一个标准误差范围内，是否有一棵更简单的树？如果有，那么与最佳修剪树相关的 cp 值是多少？

d. 如果 c 问题的答案是"否"，请使用 prune 函数将全树修剪为最佳修剪树或最小误差树。显示修剪后的树。修剪后的树上有多少个叶节点？

e. 现在将 1 类指定为阳性类。在验证数据上，修剪后的树的准确率、敏感性、特异性和精度是多少？

f. 在验证数据上生成修剪后的树的十分位提升图。十分位提升图中最左边的条形的提升值是多少？这个值意味着什么？

g. 在验证数据上生成修剪后的树的 ROC 曲线。ROC 曲线下的面积（AUC）是多少？

h. 使用修剪树对 Exercise_10.10_Score 工作表中的新观测值进行评分。新观测值的预测响应值是多少？第 1 个观测值的 1 类概率是多少？将你的答案四舍五入到小数点后 4 位。

应用

11. 文件：Travel_Plan。AS。Jerry Stevenson 是一家旅行社的经理。他想建立一个模型，以预测客户是否会在未来一年内旅行。他编制了一个包含以下变量的数据集：个人是否有大学学位（College），个人是否有信用卡债务（CreditCard），家庭每年的食品支出（FoodSpend），年收入（Income），以及客户是否在未来一年内旅行的计划（TravelPlan，1＝有旅行计划，0＝没有旅行计划）。Travel_Plan_Data 工作表的一部分显示在下表中。创建一个分类树模型来预测客户是否会在下一年内旅行（TravelPlan）。选择最佳修剪树进行评分，并显示完全生长树、最佳修剪树和最小误差树。

大学学位	信用卡债务	食品支出	年收入	旅行计划
否	否	2 905.97	65 982	1
是	否	4 677.03	57 274	1
⋮	⋮	⋮	⋮	⋮
否	否	1 892.37	77 626	0

a. 最佳修剪树和最小误差树中有多少个叶节点？最佳修剪树的根节点的预测变量和分割值是多少？

b. 在测试数据上，最佳修剪树的分类准确率、敏感性和特异性是多少？

c. 生成 ROC 曲线。ROC 曲线下的面积（AUC）是多少？

d. 使用最佳修剪树对 Travel_Plan_Score 工作表中的两位新客户进行评分。第一位客户在未来一年内有旅行计划的概率是多少？第二位客户呢？

12. 文件：Travel_Plan。R。参考前面练习中的问题描述及数据集。请建立一个默认的分类树来预测客户是否在未来一年内有旅行计划，并显示默认的分类树。

a. 分类树中共有多少个叶节点？默认分类树的第一次分割的预测变量和分割值是什么？

b. 建立一棵完整的树。哪个 cp 值与最小交叉验证误差有关？最小误差树中有多少个分叉？

c. 是否有一棵更简单的树，其交叉验证误差在最小交叉验证误差的一个标准误差之内？如果有，那么哪个 cp 值与最佳修剪树有关？

d. 如果 c 问题的答案是"否"，那么将全树修剪为最佳修剪树或最小误差树。显示该树，修剪后的树上有多少个叶节点？

e. 创建一个混淆矩阵，显示各种性能指标。指定 1 类为阳性类。在验证数据上，修剪后的树的准确率、敏感性、特异性和精度是多少？

f. 显示最小误差树在验证数据上的累积提升图、十分位提升图和 ROC 曲线。对分类树的性能进行评论。

g. 使用修剪后的树对 Travel_Plan_Score 工作表中的两位新客户进行评分。第一位客户在未来 12 个月内有旅行计划的概率是多少？第二位客户呢？将你的答案四舍五入到小数点后 4 位。

13. 文件：Continue_Edu。R。Samantha Brown 是一所重点大学的继续教育部门的主任。继续教育部门在夏季向社区提供各种为期 5 周的课程。Samantha 想知道哪些社区成员更有可能报名参加这些暑期课程。她编制了 2 000 名社区成员的数据集，其中包括以下变量：年龄（Age）、结婚年限（Marriage）、年收入（Income）、教育水平（Edu）、是否拥有自己的住所（Own）、是否拥有宠物（Pet）、是否居住在城市或郊区（City），以及之前是否参加过至少一门继续教育课程（ContinueEdu）（已报名为 1，否则为 0）。Con-

tinue_Edu_Data 工作表的一部分显示在下表中。请建立一个默认的分类树来预测一名社区成员是否有可能报名参加暑期课程，并展示默认的分类树。

年龄	结婚年限	年收入	教育水平	住所	宠物	城市	继续教育课程
78	50	64 000	1	0	1	1	0
64	35	22 000	3	1	0	1	0
⋮	⋮	⋮	⋮	⋮	⋮	⋮	⋮
67	38	146 000	1	0	1	1	0

a. 分类树中有多少个叶节点？默认分类树的第一次分割的预测变量和分割值是什么？

b. 建立一棵完整的树。哪个 cp 值与最小交叉验证误差有关？最小误差树中有多少个分叉？

c. 是否有一棵更简单的树，其交叉验证误差在最小交叉验证误差的一个标准误差之内？如果有，那么哪个 cp 值与最佳修剪树有关？

d. 如果 c 问题的答案是"否"，那么将全树修剪为最佳修剪树或最小误差树。显示该树。在修剪后的树上有多少个叶节点？

e. 创建一个混淆矩阵，显示各种性能指标。现指定 1 类为阳性类。在验证数据上，修剪后的树的准确性、敏感性、特异性和精度是多少？

f. 将截止值改为 0.1。报告验证数据上修剪后的树的准确率、敏感性、特异性和精度。

g. 生成十分位提升图。十分位提升图中最左边的条形的提升值是多少？

h. 生成 ROC 曲线。ROC 曲线下的面积（AUC）是多少？

i. 在 Continue_Edu_Score 工作表中使用修剪后的树对两个新个体进行评分。第一名社区成员报名参加夏季课程的概率是多少？第二名社区成员呢？将你的答案四舍五入到小数点后 4 位。

14. 文件：Continue_Edu。AS。问题描述和数据集同上。创建一个分类树模型来预测社区成员是否有可能报名参加暑期课程（ContinueEdu）。选择最佳修剪树进行评分，并显示完全生长树、最佳修剪树和最小误差树。

a. 最佳修剪树和最小误差树中有多少个叶节点？最佳修剪树的根节点的预测变量和分割值是

多少？

b. 在测试数据上，最佳修剪树的准确率、敏感性和特异性是多少？

c. 显示累积提升图、十分位提升图和 ROC 曲线。对该分类模型的性能进行评价。

d. 在 Continue_Edu_Score 工作表中使用最佳修剪树对两个新样本进行评分。第一名社区成员报名参加暑期班的概率是多少？第二名社区成员呢？

15. 文件：Church。AS。以下是 Church_Data 工作表中的数据集，用 5 个预测变量将个人划分为可能或不可能参加教会的人：教育年限（Education）、年收入（Income）、年龄（Age）、性别（Sex，F＝女性，M＝男性）和婚姻状况（Married，Y＝是，N＝否）。结果变量是教会（Church，1＝参加，0＝不参加）。建立一个分类树模型来预测个人是否有可能参加教会。选择最佳修剪树进行评分，并显示完全生长树、最佳修剪树和最小误差树。

教育年限	年收入	年龄	性别	婚姻状况	教会
8	97 700	71	F	N	1
18	3 900	35	F	Y	1
⋮	⋮	⋮	⋮	⋮	⋮
18	151 400	49	F	Y	1

a. 在最佳修剪树和最小误差树中有多少个叶节点？从最佳修剪树中可以得出的规则是什么？

b. 最佳修剪树在测试数据上的准确率、敏感性、特异性和精度如何？

c. 生成 ROC 曲线。ROC 曲线下的面积（AUC）是多少？

d. 使用最佳修剪树对 Church_Score 工作表中的案例进行评分。根据 0.5 的截止值，得分数据集中的个体有多大比例可能会参加教会？

16. 文件：Church。R。问题描述和数据集同上。建立一棵默认的分类树来预测一个人是否有可能参加教会。显示默认的分类树。

a. 树上有多少个叶节点？默认分类树的第一次分割的预测变量和分割值是什么？从根节点可以得出的规则是什么？

b. 建立一棵完整的树。哪个 cp 值与最小交叉验证误差有关？

c. 是否有一棵更简单的树，其交叉验证误差在最小交叉验证误差的一个标准误差之内？如果有，那么哪个 cp 值与最佳修剪树相关？最佳修剪树中有多少个分叉？

d. 如果 c 问题的答案为"否"，那么将全树修剪为最佳修剪树或最小误差树。创建一个混淆矩阵并显示各种性能指标。指定 1 类为阳性类。在验证数据上，修剪后的树的准确性、敏感性、特异性和精度是多少？

e. 显示最小误差树在验证数据上的累积提升图、十分位提升图和 ROC 曲线。对分类树的性能进行评价。

f. 使用最佳修剪树对 Church_Score 工作表中的样本进行评分。根据 0.5 的截止值，得分数据集中有多大比例的人可能会参加教会？

17. 文件：Mobile_Banking。AS。桑尼维尔银行希望识别那些可能对其新的移动银行应用程序感兴趣的客户。Mobile_Banking_Data 工作表包含 500 条客户记录，这些记录是从该银行的移动银行应用的前一次营销活动中收集的。数据集中的每个观测值都包含客户的年龄（Age）、性别（Sex，男性为 Male，女性为 Female）、教育水平（Edu，从 1 到 3）、收入（Income，千美元）、客户是否有存款证明账户（CD），以及客户是否下载了移动银行应用程序（App，如果下载了等于 1，否则等于 0）。数据集的一部分显示在下表中。创建一个分类树模型，预测客户是否会下载移动银行应用程序。指定其中一个作为成功类，因为我们对识别下载应用程序的客户更感兴趣。选择最佳修剪树进行评分，并显示完全生长树、最佳修剪树和最小误差树。

年龄	性别	教育水平	收入	CD	App
32	男性	1	0	是	0
40	女性	1	1	否	0
⋮	⋮	⋮	⋮	⋮	⋮
26	女性	3	215	是	1

a. 最佳修剪树和最小误差树中有多少个叶节点？最佳修剪树的根节点的预测变量和分割值是多少？

b. 最佳修剪树在测试数据上的准确率、敏感性、特异性和精度是多少？

c. 生成十分位提升图。十分位提升图中最左边的条形的提升值是什么？它意味着什么？

d. 生成 ROC 曲线。ROC 曲线下的面积（AUC）是多少？

e. 使用最佳修剪树对 Mobile_Banking_Score 工作表中的 20 位客户进行评分。根据你的分类模型，这 20 位新客户中有多少人可能会下载移动银行应用？第一位新客户下载该应用程序的概率是多少？

18. 文件：Mobile_Banking。AS。案例介绍和数据集同上。建立一棵默认的分类树来预测客户是否会下载移动银行应用程序。显示默认的分类树。

a. 树上有多少个叶节点？默认分类树的第一次分割的预测变量和分割值是什么？说明从树形图顶部的第一个叶节点可以得出的规则。

b. 建立一棵完整的树。哪个 cp 值与最小交叉验证误差有关？

c. 是否有一棵更简单的树，其交叉验证误差在最小交叉验证误差的一个标准误差之内？如果有，那么哪个 cp 值与最佳修剪树有关？最佳修剪树中有多少个分叉？

d. 如果 c 问题的答案是"否"，那么将全树修剪为最佳修剪树或最小误差树。显示该树。创建一个混淆矩阵并显示各种性能指标。将 1 类指定为阳性类。修剪后的树在验证数据上的准确率、敏感性、特异性和精度是多少？

e. 生成十分位提升图。十分位提升图中最左边的条形的提升值是多少？

f. 生成 ROC 曲线。ROC 曲线下的面积（AUC）是多少？

g. 在 Mobile_Banking_Score 工作表中，使用修剪后的树为 20 位新客户打分。根据你的分类模型，有多少位客户可能会下载移动银行应用程序？第一位客户下载移动银行应用程序的概率是多少？将你的答案四舍五入到小数点后 4 位。

19. 文件：Graduate。R。Dereck Anderson

是一所重点大学的机构研究人员。该大学制定了一个目标，即在 5 年内使 4 年内毕业的学生人数增加 20%。Dereck 的老板要求他创建一个模型，标明任何有很大可能无法在 4 年内毕业的学生。他编制了一个包含 2 000 名大学往届生的数据集，其中包含以下变量：性别（Sex，男性用 M 表示，女性用 F 表示），学生是否为白种人（White，是则等于 1，否则等于 0），高中 GPA（HS GPA），SAT 分数（SAT），大学 GPA（GPA），学生的父母是否受过大学教育（College Parent，是则等于 1，否则等于 0），以及学生是否在 4 年内毕业（Grad，是则等于 1，否则等于 0）。Graduate_Data 工作表的一部分显示在下表中。建立一棵默认的分类树来预测学生是否能在 4 年内毕业（Grad）。显示该分类树。

性别	白种人	HS GPA	SAT	GPA	College Parent	Grad
F	1	4.14	1 410	2.949	1	1
M	1	3.3	1 260	2.789	1	1
⋮	⋮	⋮	⋮	⋮	⋮	⋮
M	0	3.08	950	2.09	0	0

a. 默认分类树第一次分割的预测变量和分割值是什么？说明从根节点可以得出的规则。

b. 建立一棵完全生长树。哪个 cp 值与最小交叉验证误差有关？

c. 是否有一棵更简单的树，其交叉验证误差在最小交叉验证误差的一个标准误差之内？如果有，那么哪个 cp 值与最佳修剪树有关？

d. 如果 c 问题的答案是"否"，那么将全树修剪为最佳修剪树或最小误差树。显示该树。修剪后的树与 a 问题中创建的默认分类树是否相同？

e. 创建一个混淆矩阵并显示各种性能指标。现指定 1 类为阳性类。修剪后的树在验证数据上的准确率、敏感性、特异性和精度是多少？

f. 生成累积提升图。提升曲线是否位于基线之上？这意味着什么？

g. 生成 ROC 曲线。ROC 曲线下的面积（AUC）是多少？AUC 值意味着什么？

h. 用修剪过的树对 Graduate_Score 工作表

中的 3 名大学生进行评分。根据你的模型，这 3 名学生中有几人能够在 4 年内毕业？

20. 文件：Graduate。AS。案例介绍和数据集同上。建立一个分类树模型来预测学生是否能在 4 年内毕业（Grad）。指定 0 为成功类，因为我们更感兴趣的是识别那些有可能在 4 年内无法毕业的学生。选择最佳修剪树进行评分，并显示完全生长树、最佳修剪树和最小误差树。

a. 在最佳修剪树和最小误差树中有多少个叶节点？从最佳修剪树中可以得出的规则是什么？

b. 最佳修剪树在测试数据上的准确率、敏感性、特异性和精度是多少？

c. 生成累积提升图。提升曲线是否位于基线之上？这意味着什么？

d. 生成 ROC 曲线。ROC 曲线下的面积（AUC）是多少？

e. 使用最佳修剪树对 Graduate_Score 工作表中的 3 名大学生进行评分。根据你的模型，这 3 名学生是否能在 4 年内毕业？

21. 文件：In_App_Pur。AS。Monstermash 是一家网络游戏应用开发公司，它希望能够预测哪些游戏玩家可能会在应用内进行购买。该公司的数据分析师 Ranon Weatherby 编制了一个关于客户的数据集，其中包含以下变量：客户年龄（Age）、性别（Sex，男性则为 1，否则为 0）、家庭收入（Income，千美元）、玩网络游戏的年限（Years）、每周玩网络游戏的时间（Hours）、客户是否有信用卡（CreditCard，是则为 1，否则为 0）、客户是否有脸书资料（Facebook），以及客户是否曾经在应用内进行购买（Buy，是则为 1，否则为 0）。In_App_Pur_Data 工作表的一部分显示在下表中。创建一个分类树模型来预测客户是否会在应用内进行购买（Buy）。选择最佳修剪树进行评分，并显示全生长树、最佳修剪树和最小误差树。

年龄	性别	家庭收入	年限	时间	信用卡	脸书	购买
40	0	139	3	25	1	1	0
26	0	138	7	4	1	1	0
⋮	⋮	⋮	⋮	⋮	⋮	⋮	⋮
44	1	64	9	26	1	0	1

a. 最佳修剪树和最小误差树中有多少个叶节点？最佳修剪树的根节点的预测变量和分割值是多少？

b. 描述由最佳修剪树产生的规则。

c. 最佳修剪树在测试数据上的准确率、敏感性、特异性和精度是多少？

d. 显示累积提升图、十分位提升图和 ROC 曲线，该分类模型的表现是否优于基线模型？ROC 曲线下的面积（AUC）是多少？

e. 在 In_App_Pur_Score 工作表中，使用最佳修剪树对两名新客户进行评分。根据你的模型，第一名新客户会在应用内进行购买吗？第二名新客户呢？这两名新客户在应用内进行购买的概率是多少？

22. 文件：In_App_Pur。R。案例描述和数据集同上，建立一棵默认的分类树来预测游戏玩家是否会在应用内进行购买。显示分类树。

a. 默认分类树的第一次分割的预测变量和分割值是什么？

b. 建立一棵完整的树。哪个 cp 值与最小交叉验证误差有关？

c. 是否有一棵更简单的树，其交叉验证误差在最小交叉验证误差的一个标准误差之内？如果有，那么哪个 cp 值与最佳修剪树有关？

d. 如果 c 问题的答案是"否"，则将全树修剪为最佳修剪树或最小误差树。创建一个混淆矩阵并显示各种性能指标。指定 1 类为阳性。最小误差树在验证数据上的准确率、敏感性和特异性是多少？

e. 显示最小误差树在验证数据上的累积提升图、十分位提升图和 ROC 曲线。对分类树的性能进行评价。

f. 在 In_App_Pur_Score 工作表中用修剪后的树对两名游戏玩家进行评分。根据你的分类模型，第一名游戏玩家在应用内进行购买的概率是多少？第二名游戏玩家的概率是多少？

10.3　回归树

在 10.2 节中，我们介绍了分类树，其中目标变量假定为分类值。现在我们讨论的回归树中目标变量假定为一个数值。与分类树一样，回归树也可以使用 CART 算法来构建。运用 CART 算法对分类树和回归树的操作是类似的，但也有以下 3 个重要区别。

首先，由于回归树的目标变量是数值，预测值是属于同一叶节点的前几个实例的平均值。例如，考虑一棵预测客户在 12 个月内消费额的回归树。让其中一个叶节点由训练数据集中的 4 个样本组成，这些样本中顾客的消费额为 259.00、412.50、139.75 和 188.45。在预测属于这个叶节点的任意一名新顾客的消费额时，预测值即为以上 4 个数值的平均值，即 $\dfrac{259.00+412.50+139.75+188.45}{4}=249.925$。

其次，在分类树中，CART 算法利用基尼杂质指数来衡量杂质程度，而在回归树中，CART 算法利用均方误差（MSE）来衡量杂质程度。回顾一下，MSE 为每个叶节点或子集中目标变量的实际值和预测值之间的平方差的平均值。如果一个子集中所有样本的实际值都被准确预测，那么 MSE 等于 0，表明该子集是纯子集。非纯子集的 MSE 是没有上限的，MSE 越高，子集就越不纯。原则上，回归树的递归划分过程与例 10.1 到例 10.5 中分类树的划分过程相似。因此，在例 10.6 中，我们将只演示如何运用 CART 算法计算 MSE 来确定回归树的分割。

最后，由于回归树是一种预测技术，因此我们使用 8.3 节中讨论的预测性能指标来评估回归树的性能。也就是说，我们将使用均方根误差（RMSE）、平均误差（ME）、平均绝对偏差（MAD）或平均绝对误差（MAE）、平均百分比误差（MPE）和平均绝对百分比误差（MAPE）这些指标对预测性能进行评估。

在 10.2 节中，我们展示了 Hayden 和他的团队通过建立分类树，预测了哪些新客户可能接受桑尼维尔银行的 HELOC 提议。受到这些商业洞见的鼓舞，Hayden 又有了一个数据挖掘项目的想法。

Hayden 的零售银行团队对高价值客户很感兴趣，高价值客户指的就是那些经常在桑尼维尔银行的账户中有大额存款的客户。Hayden 希望可以用一个预测模型帮助他的团队识别并关注这群高价值客户。他编制了一个数据文件 Balance，其中有两个工作表，Balance_Data 和 Balance_Score。表 10.7(a) 显示了 Balance_Data 工作表的一部分，其中包含 500 名现有客户的信息，包括客户的年龄（Age）、性别（Sex）、年收入（Income）以及平均每月的账户余额（Balance）。表 10.7(b) 显示了 Balance_Score 工作表的一部分，其中包括 20 名潜在客户的年龄、性别和年收入。最终，Hayden 希望建立一个预测模型，使用现有客户的数据来预测这 20 名潜在客户的平均账户余额。

表 10.7　Balance 数据文件

a. Balance_Data 工作表

年龄	性别	年收入	账户余额
38	女性	60 000	3 250
20	男性	41 000	3 546
⋮	⋮	⋮	⋮
50	女性	17 000	2 529

b. Balance_Score 工作表

年龄	性别	年收入
35	女性	65 000
56	男性	160 000
⋮	⋮	⋮
52	女性	155 000

在建立预测树之前，我们首先展示如何使用较小的数据集来识别可能的分割点。

□ **识别可能的分割点**

与分类树类似，构建回归树的第一个步骤是确定预测变量的可能分割。原则上，回归树的递归划分过程类似于 10.2 节中介绍的分类树的递归划分过程。在例 10.6 中，我们展示了如何运用 CART 算法计算 MSE 来确定回归树的分割。

例 10.6

为了说明问题，我们只使用了一个小的数据集，即从 Balance_Data 工作表中随机抽取了 20 名银行客户。表 10.8 显示了其中的一部分数据，我们将它保存在 Balance_Data_20 工作表中。请基于 MSE 衡量杂质程度，为年龄（Age）变量选择最佳分割方式。

表 10.8　Balance_Data_20 工作表

年龄	平均每月余额
43	1 775
34	3 675
⋮	⋮
26	10 761

解答：

与例 10.1 类似，我们通过寻找 Age 变量两个连续的值的中点来识别可能的分割点。首先将 20 名潜在客户的年龄按升序排列在下面的数组中。

$$\{18，20，24，26，28，29，31，33，34，43，45，46，48，52，58\}$$

（请注意，有些值在原始数据中出现了多次，但为了确定分割点，每个值在上面的数组中只出现一次。）

因此，第一个可能的分割点为 $(18+20)/2=19$，下一个可能的分割点为 $(20+24)/2=22$，剩余的可能的分割点也以相同的方式计算得到，如下所示：

$$\{19，22，25，27，28.5，30，32，33.5，38.5，44，45.5，47，50，55\}$$

考虑其中两个可能的分割——30 和 32。我们将计算并比较这两个分割值的 MSE，以找到两者中更好的分割。回顾一下，MSE 是每个分区中实际账户余额和预测账户余额之间的平方差的平均值。在 Age＝30 处的分割创造了两个分区：年龄＜30 的客户（8 例）和年龄≥30 的客户（12 例）。这两个分区的平均银行账户余额分别为 7 811.25 美元和 4 445 美元。这表明，如果我们利用"Age＝30"作为分割点，并建立一个回归树，那么所有＜30 岁的潜在客户的余额的预测值为 7 811.25 美元，而所有 30 岁及以上的客户的余额的预测值为 4 445 美元。对于"Age＝30"的分割，每个分区的 MSE 计算结果为：

$$
\begin{aligned}
\mathrm{MSE}_{\mathrm{Age}<30}=&(1/8)\times[(11\,062-7\,811.25)^2+(758-7\,811.25)^2+(3\,675-7\,811.25)^2\\
&+(24\,011-7\,811.25)^2+(4\,825-7\,811.25)^2+(2\,861-7\,811.25)^2\\
&+(4\,537-7\,811.25)^2+(10\,761-7\,811.25)^2]\\
=&\,49\,087\,572.2
\end{aligned}
$$

$$
\begin{aligned}
\mathrm{MSE}_{\mathrm{Age}\geqslant30}=&(1/12)\times[(1\,775-4\,445)^2+(3\,675-4\,445)^2+(4\,244-4\,445)^2+(4\,962-4\,445)^2\\
&+(3\,743-4\,445)^2+(8\,290-4\,445)^2+(6\,188-4\,445)^2+(14\,390-4\,445)^2\\
&+(4\,282-4\,445)^2+(57-4\,445)^2+(428-4\,445)^2+(1\,306-4\,445)^2]\\
=&\,14\,209\,843.0
\end{aligned}
$$

为了计算这一分割下的整体 MSE，我们利用每个分区的实例数量作为权重计算加权平均 MSE。

$$\mathrm{MSE}_{\mathrm{split(Age=30)}}=(8/20)\times49\,087\,572.2+(12/20)\times14\,209\,843=28\,160\,934.7$$

同样地，在 Age＝32 处的分割也会产生两个分区：年龄＜32 岁的客户（9 例）和年龄≥32 的客户（11 例）。这两个分区的平均银行账户余额分别为 7 494.667 美元和 4 398 美元。对于"Age＝32"的分割，每个分区的 MSE 计算结果为：

$$
\begin{aligned}
\mathrm{MSE}_{\mathrm{Age}<32}=&(1/9)\times[(4\,962-7\,494.667)^2+(11\,062-7\,494.667)^2+(758-7\,494.667)^2\\
&+(3\,675-7\,494.667)^2+(24\,011-7\,494.667)^2+(4\,825-7\,494.667)^2\\
&+(2\,861-7\,494.667)^2+(4\,537-7\,494.667)^2+(10\,761-7\,494.667)^2]\\
=&\,44\,435\,197.6
\end{aligned}
$$

$$
\begin{aligned}
\mathrm{MSE}_{\mathrm{Age}\geqslant32}=&(1/11)\times[(1\,775-4\,398)^2+(3\,675-4\,398)^2+(4\,244-4\,398)^2\\
&+(3\,743-4\,398)^2+(8\,290-4\,398)^2+(6\,188-4\,398)^2+(14\,390-4\,398)^2\\
&+(4\,282-4\,398)^2+(57-4\,398)^2+(428-4\,398)^2+(1\,306-4\,398)^2]\\
=&\,15\,475\,138.9
\end{aligned}
$$

这一分割的整体 MSE 计算结果为

$$MSE_{split(Age=32)} = (9/20) \times 44\ 435\ 197.6 + (11/20) \times 15\ 475\ 138.9 = 28\ 507\ 165.3$$

由于"Age＝30"的分割的 MSE 值略小于"Age＝32"的分割的 MSE 值，这表明"Age＝30"的分割所产生的杂质程度较低，因此构建回归树时"Age＝30"的分割是一个更好的选择。事实上，如果我们计算本例中 Age 所有可能的分割的 MSE 值，那么我们会发现"Age＝30"的分割是最好的，因为它产生的 MSE 值最小。图 10.20 显示了当年龄是唯一的预测变量时的回归树。

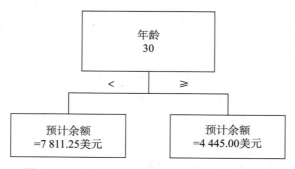

图 10.20　仅使用年龄作为预测变量时的回归树

如前所述，用于分类树的递归划分过程也适用于回归树。使用 MSE 作为杂质程度的衡量标准，我们可以通过在所有预测变量的每个递归划分步骤中选择最佳分割，来构建一棵回归树。现在我们将使用 Analytic Solver 和 R 语言构建一棵预测树。

■ 使用 Analytic Solver 和 R 语言构建一棵预测树

例 10.7

Hayden 想利用 500 名银行客户的历史数据，建立一个预测模型，以此来预测客户的账户余额。他还计划评估回归树的性能，然后对 20 名新客户进行评分。请使用 Analytic Solver 和 R 语言来建立最佳的预测树，然后用这棵树来对新的样本进行评分（文件：Balance）。

解答：

使用 Analytic Solver

a. 打开 Balance 数据文件中的 Balance_Data 工作表。

b. 选择"数据挖掘"（Data Mining）→"分区"（Partition）→"标准分区"（Standard Partition）。

c. 在"标准数据分区"（Standard Data Partition）对话框中，我们选择数据范围 \$A\$1：\$D\$501，并将年龄、性别、年收入和账户余额移至"选定变量"（Selected Variables）框中。"随机选择行"（Pick up rows randomly），勾选 Set seed 复选框，使用默认的随机种子"12345"。选择"指定百分比"（Specify percentages），分别将 50%、30% 和 20% 的数据分配给训练、验证和测试集。点击 OK。

d. Analytic Solver 将创建一个新的工作表，名为"STDPartition"，其中包含被划分的数据。在 STDPartition 工作表中，选择"数据挖掘"（Data Mining）→"预测"（Predict）→"回归树"（Regression Tree），打开"回归树"（Regression Tree）对话框。在选项卡"数据"（Data）中，将预测变量"年龄"和"年收入"移至"选定变量"（Selected Variables）框中，将"性别"移至"分类变量"（Categorical Variables）框中。选择并移动目标变量"账户余额"，到"输出变量"（Output Variable) 框中。保留其他默认设置。点击"下一步"(Next)。

　　e. 在"参数"(Parameters) 选项卡中，选中"使用验证集"(Prune) 复选框，然后单击"评分树按钮"(Tree for Scoring) 按钮。选择"最佳修剪"(Best Pruned)，然后点击"完成"(Done)。这个选择告诉 Analytic Solver 使用最佳修剪树对实例进行评分。点击"要显示的树"(Trees to Display) 按钮。勾选"完全成长"(Fully Grown)、"最佳修剪"(Best Pruned) 和"最小误差"(Minimum Error) 旁边的复选框，然后点击"完成"(Down)。保留其他默认值。点击"下一步"(Next)。

　　f. 在"得分"(Scoring) 选项卡中，勾选"分数训练数据"(Score Training Data)、"分数验证数据"(Score Validation Data) 和"分数测试数据"(Score Test Data) 的"摘要报告"(Summary Report) 复选框。在 Score New Data 区中，勾选"在工作表中"(In Worksheet) 的复选框。在"新数据"(New Data（WS）) 选项卡中，选择"平均得分"(Balance_Score)。这 20 条新银行客户的记录将由回归树进行评分。确保选中"第一行包含标题"(First Row Contains Headers)，并单击"按名称匹配"(Match by Name) 按钮。保留其他默认设置。点击"完成"(Finish)。

　　Analytic Solver 创建了许多工作表。表 10.9 显示了修剪日志的一部分，它可以在 RT_Output 工作表中找到。修剪日志显示，在两个决策节点下可以出现最小验证 MSE 为 34 625 847.56 的最简树。因为没有更小的树的验证 MSE 在这个值的一个标准误差之内，所以在这个例子中，最小误差树和最佳修剪树是一致的。

表 10.9　Analytic Solver 的修剪日志

决策节点数量	成本复杂度	验证 MSE
0	10 010 714.87	47 757 025.42
1	8 713 455.60	39 391 178.20
2	7 016 220.13	34 625 847.56
3	7 091 273.75	35 733 534.52
4	6 440 499.50	35 411 119.80
5	5 154 901.31	35 536 360.84
6	5 764 821.26	36 632 166.92

　　RT_FullTree 工作表显示了全树。全树有众多决策节点，这导致它很大且相当复杂，因此在这里我们不予以展示。RT_BestTree 和 RT_MinErrorTree 工作表分别显示了最佳修剪树和最小误差树。如前所述，本例中这两棵树是相同的。图 10.21 显示了该树。它比较简单，只有两个决策节点（如果包括终端节点，则共有 5 个节点）。我们可以得出以下 If-Then 规则：

　　● 如果客户的年收入不低于 157 500 美元，那么账户余额的预测值为 15 448.3 美元。

　　● 如果客户的年收入不低于 72 500 美元，但低于 157 500 美元，那么账户余额的预测值为 7 630.6 美元。

　　● 如果客户的年收入低于 72 500 美元，那么账户余额的预测值为 3 200.6 美元。

　　回归树表明，拥有高收入的银行客户倾向于在其支票账户中保持高余额。而年龄和性别对余额的预测值没有影响。

　　因为验证数据是用来剪枝的，所以应该用测试数据集来评估回归树在新数据集上的预测性能。RT_TestScore 工作表中 Testing：Prediction Summary 的部分性能指标如表 10.10 所示。RMSE 意味着平均账户余额预测值的标准误差为 6 151.07 美元，MAD 意味着预测的余额与实际余额平均相差 4 326.83 美元。

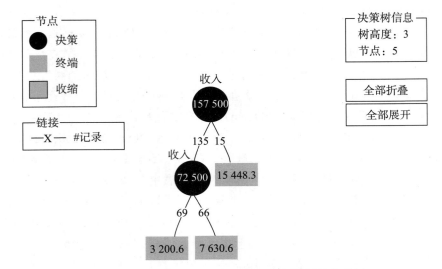

图 10.21　Analytic Solver 的最小误差树和最佳修剪树

表 10.10　Analytic Solver 输出的性能指标

性能指标	值
RMSE	6 151.07
MAD	4 326.83

有时，性能指标隐含的预测误差显得很大，这对并不存在简单且明确的数据模式的回归树来说是很常见的。然而，如果你对客户的预测余额从高到低进行排序，那么你会发现回归树模型在预测客户的账户余额是倾向于高或者低这方面做得比较好。因此，在众多情况下，预测目标变量的值可能不是回归树模型的最终目标。在我们的例子中，Hayden 可能会使用回归树模型来识别那些倾向于拥有较高账户余额的客户，而并非试图预测客户的实际余额的具体数值。RT_NewScore 工作表显示了使用我们的回归树预测的 20 名新客户的期末账户余额。表 10.11 显示了部分预测的余额。

表 10.11　Analytic Solver 输出的评分结果

记录编号	余额预测值	年龄	性别	收入
记录 1	3 200.60	35	女性	65 000
记录 2	15 448.29	56	男性	160 000
⋮	⋮	⋮	⋮	⋮
记录 20	7 630.60	52	女性	155 000

使用 R 语言

正如前面在构建分类树时提到的，R 语言的内置交叉验证过程意味着我们不需要像在使用 Analytics Solver 时那样将数据分成三部分。在这里，我们只需把数据分成两部分：训练数据集和验证数据集。

a. 将 Balance data 文件的 Balance_Data 工作表中的数据导入一个数据框（表）中，并将其标为 myData。

b. 使用以下命令安装并加载 caret、rpart、rpart. plot 和 forecast 包（如果你还没有这么做过的话）。输入以下代码：

```
> install.packages("caret", dependencies = c("Depends", "Suggests"))
> install.packages("rpart")
> install.packages("rpart.plot")
> install.packages("forecast")
> library(caret)
> library(rpart)
> library(rpart.plot)
> library(forecast)
```

c. 通过设置随机种子为 1，我们将生成与本例相同的划分。由于构建决策树是一个数据驱动的过程，而且可以从大量的训练集中获益，因此我们使用 createDataPartition 函数将 70% 的数据随机分配到训练数据集，30% 的数据分配到验证数据集。输入以下代码：

```
> set.seed(1)
> myIndex <- createDataPartition(myData $ Balance, p = 0.7, list = FALSE)
> trainSet <- myData[myIndex, ]
> validationSet <- myData[ -myIndex, ]
```

d. 我们使用 rpart 函数来生成名为 default_tree 的默认分类树。在 rpart 函数中，我们指定模型结构、数据源和方法。方法="anova" 选项告诉该函数建立一个回归树来估计一个数字目标值。要查看默认树的细节，请使用 summary 函数。为了确保交叉验证结果的一致性，我们使用 set.seed 函数将随机种子设置为 1。输入以下代码：

```
> set.seed(1)
> default _ tree <- rpart(Balance ~ ., data = trainSet, method = "anova")
> summary(default _ tree)
```

e. 为了直观地观察回归树，我们使用 prp 函数。我们设置 type 选项为 1，这样除了叶节点之外的所有节点都会在树形图中标记出来。我们设置 extra 选项为 1，以便显示属于每个节点的观察值的数量。我们设置 under 选项为 TRUE，以便在图中的每个决策节点下显示样本的数量。输入以下代码：

```
> prp(default _ tree, type = 1, extra = 1, under = TRUE)
```

图 10.22 显示了用于预测平均余额的默认回归树。

如前所述，为了找到最佳决策树，通常的做法是先生成全树，然后根据 rpart 函数的交叉验证过程中产生的预测误差，将其修剪成一个不太复杂的树。通过确定与最小交叉验证预测误差相关的复杂性参数（cp）的值，我们可以创建最小误差树。接下来，我们将展示修剪过程以优化树的复杂性。

f. 我们首先使用 rpart 函数来生成全树。我们将选项 cp 设为 0，minsplit 设为 2，minbucket 设为 1。正如在分类树部分所讨论的那样，这些设置可以确保产生最大的树。我们使用 prp 函数绘制全树。同样，为了确保交叉验证结果的一致性，将随机种子设置为 1。输入以下代码：

```
> set.seed(1)
> full _ tree <- rpart(Balance ~ ., data = trainSet, method = "anova",
cp = 0, minsplit = 2, minbucket = 1)
> prp(full _ tree, type = 1, extra = 1, under = TRUE)
```

在这种情况下，全树是非常复杂的，我们不在这里展示。

g. 为了确定与最小的交叉验证预测误差相关的 cp 值，我们使用 printcp 函数。输入以下代码：

```
> printcp(full_tree)
```

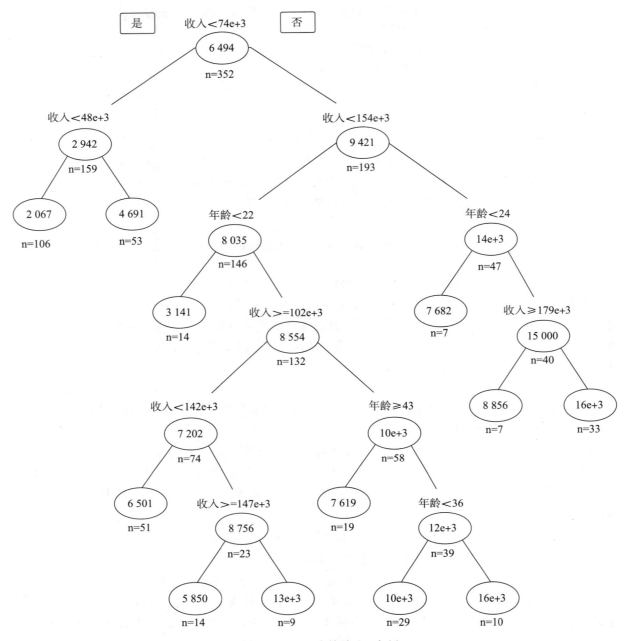

图10.22　R语言的默认回归树

　　由于全树的复杂性，我们在cp表中显示了273个子树选项。图10.23显示了复杂度参数表的一部分，可以看到前8个候选树的复杂度依次增加。nsplit列显示了每棵树的分支数量。rel error列显示了每棵树的预测误差，它是相对于根节点的预测误差，即如果所有的实例都被赋予所有余额平均值的预测余额。树的预测性能需要通过检查与每棵树相关的交叉验证误差来评估（见xerror列）。第3棵树有两个分叉，它具有最小的交叉验证误差（xerror＝0.721 72），因此，它是最小误差树。xstd列（标准误差）可以用来确定最佳修剪树，即交叉验证误差在最小误差树的一个标准误差之内（0.721 72＋0.105 21＝0.826 93）的最小的树。在这个例子中，第2棵树（只有一个分支）的交叉验证误差为0.783 54，在一个标准误差范围内，因此，它是最佳修剪树。接下来，我们使用与第2棵树相关的cp值来生成最佳修剪树。

```
Regression tree:
rpart(formula = Balance ~ ., data = trainSet, method = "anova",
      cp = 0, minsplit = 2, minbucket = 1)

Variables actually used in tree construction:
[1] Age    Sex   Income

Root node error: 1.5323e+10/352 = 43532223

n= 352

          CP nsplit  relerror   xerror    xstd
1 2.3884e-01   0   1.0000000  1.00736  0.12558
2 7.5218e-02   1   0.7611608  0.78354  0.10941   ← 最佳修剪树
3 2.4196e-02   2   0.6859424  0.72172  0.10521   ← 最小误差树
4 2.0775e-02   3   0.6617459  0.81956  0.12570
5 2.0084e-02   4   0.6409709  0.86702  0.12851
6 1.8255e-02   5   0.6208865  0.87927  0.12873
7 1.6691e-02   6   0.6026315  0.87122  0.12825
8 1.5877e-02  10   0.5358656  1.02948  0.16621
```

图 10.23 R 语言的复杂度参数

h. 我们使用 prune 函数，通过使用与第 2 棵树相关的 cp 值来生成最佳修剪树。同样，为了避免化简造成的问题，我们使用的 cp 值要略大于与第 2 棵树相关的 cp 值，但要小于下一棵更小的树的 cp 值。在这种情况下，我们将使用 7.5219e-02 作为 cp 值。我们使用 prp 函数显示修剪后的树。输入以下代码：

```
> pruned_tree <- prune(full_tree, cp = 7.5219e-02)
> prp(pruned_tree, type = 1, extra = 1, under = TRUE)
```

图 10.24 显示了最佳修剪树的树形图。该树只有一个分叉节点和两个叶节点。框中的数值是属于每个节点的客户的预测余额。该树显示，如果一个客户的收入低于 74 000 美元，那么预测的余额为 2 942 美元；否则，预测的余额为 9 421 美元。这表明了高收入客户倾向于有更高的银行账户余额。接下来，我们使用验证数据集来评估修剪后的树的性能。

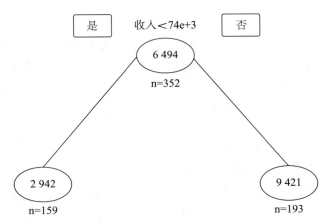

图 10.24 R 语言的最佳修剪树

i. 我们使用 predict 函数预测验证数据集中的观测值的平均余额。输入以下代码：

```
> predicted_value <- predict(pruned_tree, validationSet)
```

j. 为了评估回归树的性能，我们使用 accuracy 函数计算预测的性能指标。accuracy 函数需要两个参数：预测值和实际值。输入：

```
> accuracy(predicted_value, validationSet $ Balance)
```

各种性能指标如图 10.25 所示。

```
                ME       RMSE      MAE      MPE      MAPE
Test set   27.64637   6818.736  4383.283  -305.334  334.4715
```

图 10.25　R 语言输出的性能指标

k. 最后，为了给这 20 个新的样本评分，我们将 Balance 数据文件中的 Balance_Score 工作表中的数据导入一个名为 myScoreData 的数据框（表）中，并利用我们的回归树，使用 predict 函数为新样本生成预测的平均账户余额（命名为 predicted_value_score）。

```
> predicted_value_score <- predict(pruned_tree, myScoreData)
> predicted_value_score
```

表 10.12 总结了评分结果。可以看出，在 R 语言中构建的回归树所预测的年度余额与在 Analytic Solver 中生成的回归树所预测的年度余额有一定的差异。这是由于两个软件中随机选择的训练数据集不同造成的。然而，与 Analytic Solver 的情况一样，经过修剪的回归树表明，收入对余额的预测值有很大影响，但年龄和性别对其没有影响。

表 10.12　R 语言输出的评分结果

记录编号	余额预测值	年龄	性别	收入
记录 1	2 941.94	35	女性	65 000
记录 2	9 421.17	56	男性	160 000
⋮	⋮	⋮	⋮	⋮
记录 20	9 421.17	52	女性	155 000

练习 10.3

注意：练习题前标注的 AS 或 R 代表这个问题只能用 Analytic Solver 或 R 语言来解决。在使用 Analytic Solver 时，需要把数据集分为 50% 的训练数据集、30% 的验证数据集和 20% 的测试数据集。使用 12345 生成的随机种子。使用 R 语言时，需要把数据集分为 70% 的训练数据集和 30% 的验证数据集。在数据划分和交叉验证时，使用命令 set.seed(1) 来指定随机种子为 1。有些数据文件包含两个工作表（例如 Exercise_10.28_Data 和 Exercise_10.28_Score 工作表），分别用来建立模型并为新记录评分。如果预测变量是字符格式的，那么将该预测变量视为分类变量，否则将其视为数值变量。

理论

23. 文件：Exercise_10.23。文件中的数据集包含两个预测变量 x_1 和 x_2，一个数字目标变量 y。使用此数据集构建一棵回归树。

a. 按升序排序 x_1 可能的分割值。

b. 按升序排序 x_2 可能的分割值。

c. 以 $x_1=131$ 为分割，计算 MSE（最小均方误差）。

d. 以 $x_2=105$ 为分割，计算 MSE。

e. 比较并解释 c 和 d 的结果。

24. 文件：Exercise_10.24。文件中的数据集包含三个预测变量 x_1、x_2 和 x_3，一个数字目标变量 y。使用此数据集构建一棵回归树。

a. 按升序排列 x_1 可能的分割值。

b. 按升序排列 x_2 可能的分割值。

c. 按升序排列 x_3 可能的分割值。

d. 以 $x_1=252$ 为分割，计算 MSE。

e. 以 $x_2 = 92.5$ 为分割，计算 MSE。

f. 以 $x_3 = 14.25$ 为分割，计算 MSE。

g. 比较并解释 d、e 和 f 的结果。

25. 文件：Exercise_10.25。文件中的数据集包含两个预测变量 x_1 和 x_2，一个数字目标变量 y。使用此数据集构建一棵回归树。

a. 如何分割 x_1 将产生最小的 MSE？

b. 如何分割 x_2 将产生最小的 MSE？

c. 如果用文件中的数据集构建回归树，那么哪个变量和分割值将被用于创建根节点？

d. 陈述分割生成的规则。

26. 文件：Exercise_10.26。文件中的数据集包含三个预测变量 x_1、x_2 和 x_3，一个数字目标变量 y。使用此数据集可以构建一棵回归树。

a. 如何分割 x_1 将产生最小的 MSE？

b. 如何分割 x_2 将产生最小的 MSE？

c. 如何分割 x_3 将产生最小的 MSE？

d. 如果用文件中的数据集构建回归树，那么哪个变量和分割值将被用于创建根节点？

e. 陈述分割生成的规则。

27. 下面的回归树将信用分数与违约次数（NUM DEF）、未还款余额（REV BAL）和信用历史年限（YRS HIST）联系起来。预测以下每个人的信用分数。

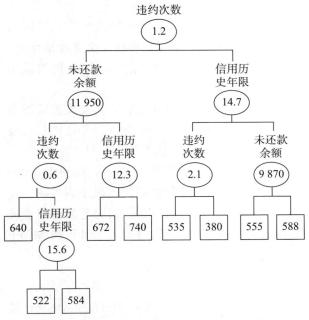

a. 此人没有违约记录，未还款余额为 4 200 美元，有 12 年的信用历史。

b. 此人有 2 条违约记录，未还款余额为 6 500 美元，有 7 年的信用历史。

c. 此人有 1 条违约记录，未还款余额为 12 700 美元，有 25 年的信用历史。

d. 此人有 2 条违约记录，未还款余额为 8 100 美元，有 16 年的信用历史。

28. 文件：Exercise_10.28。AS。使用 Exercise_10.28_Data 工作表中的数据创建一棵回归树（预测变量为 x_1 至 x_5，目标变量为 y）。选出用于评分的最佳修剪树，并且展示完全生长树、最佳修剪树和最小误差树。

a. 修剪日志中的最小验证 MSE 是多少？有多少个决策节点与最小误差有关？

b. 最佳修剪树和最小误差树中有几个叶节点？

c. 请展示最佳修剪树。最佳修剪树的第一个分割点（根节点）的预测变量和分割值是什么？从根节点可以得出的规则是什么？

d. 最佳修剪树在测试数据中得到的 RMSE 和 MAD 分别是多少？

e. 使用最佳修剪树，为 Exericse_10.28_Score 工作表中的新观测值评分。第一个观测值的预测值为多少？

f. 预测值 y 的最小值、最大值和均值分别为多少？

29. 文件：Exercise_10.29。AS。使用文件中的数据创建一棵回归树（预测变量为 x_1 至 x_4，目标变量为 y）。选出用于评分的最佳修剪树，并且展示完全生长树、最佳修剪树和最小误差树。

a. 修剪日志中的最小验证 MSE 是多少？有多少个决策节点与最小误差有关？

b. 最佳修剪树和最小误差树中有几个叶节点？

c. 请展示最佳修剪树。最佳修剪树的第一个分割点（根节点）的预测变量和分割值是什么？从根节点可以得出的规则是什么？

d. 最佳修剪树在测试数据中得到的 RMSE 和 MAD 分别是多少？

e. 假如新观测值满足 $x_1 = 20$，$x_2 = 40$，$x_3 = 36$，$x_4 = 8.3$ 的条件，根据最佳修剪树，它的预

测值 y 为多少？

30. 文件：Exercise_10.30。R。使用 Exercise_10.30_Data 工作表中的数据创建一棵回归树（预测变量为 x_1 至 x_4，目标变量为 y）。

a. 使用 rpart 函数构建一棵默认回归树。展示这棵默认回归树。在这棵默认回归树中有多少个叶节点？

b. 默认回归树的第一次分割（根节点）的预测变量和分割值是什么？从根节点可以得出的规则是什么？

c. 使用 rpart 函数构建一棵完全生长的回归树。展示 cp 表格。哪棵树有最小交叉验证误差？最小误差树中有几个分割点？

d. 是否有一棵更简单的树，其交叉验证误差在最小交叉验证误差的一个标准误差之内？与最佳修剪树相关的 cp 值是多少？

e. 如果 d 问题的答案是"否"，则将全树修剪为最佳修剪树或最小误差树。显示修剪后的树。修剪后的树有多少个叶节点？

f. 修剪后的树在验证数据集上的 ME、RMSE、MAE、MPE 和 MAPE 指标分别是多少？

g. 在 Exercise_10.30_Score 工作表中给新的观测值打分。第一个观测值的预测值是多少？预测值 y 的最小值、最大值和均值是多少？

31. 文件：Exercise_10.31。R。使用文件中的数据创建一棵回归树（预测变量为 x_1 至 x_4，目标变量为 y）。

a. 使用 rpart 函数构建一棵默认回归树。展示这棵默认回归树，并指出它有几个叶节点。这棵默认回归树的第一次分割的预测变量和分割值是多少？

b. 使用 rpart 函数构建一棵完全生长的回归树。最小误差树相关的 cp 值是多少？最小误差树中有几个分割点？

c. 是否有一棵更简单的树，其交叉验证误差在最小交叉验证误差的一个标准误差之内？与最佳修剪树相关的 cp 值是多少？最佳修剪树中有几个分割点？

d. 如果 c 问题的答案是"否"，则将全树修剪为最佳修剪树或最小误差树。显示修剪后的树。修剪后的树在验证数据集上的 ME、RMSE、MAE、MPE 和 MAPE 指标分别是多少？

e. 评价修剪回归树的性能。

32. 文件：Exercise_10.32。AS。使用文件中的数据创建一棵回归树（预测变量为 x_1 至 x_4，目标变量为 y）。选择用于评分的最佳修剪树，展示完全生长树、最佳修剪树和最小误差树。

a. 在修建日志中的最小验证 MSE 是多少？有多少个决策节点与最小误差相关？

b. 展示最佳修剪树。在最佳修剪的最小误差树中有多少个叶节点？

c. 最佳修剪回归树的第一次分割（根节点）的预测变量和分割值是多少？从根节点可以得出的规则是什么？

d. 最佳修剪树的 RMSE 和 MAD 分别是多少？

33. 文件：Exercise_10.33。R。用文件中的数据创建一棵回归树（预测变量为 x_1 至 x_4，目标变量为 y）。

a. 使用 rpart 函数创建一棵默认回归树。使用 prp 函数展示这棵树。在这棵默认回归树中有多少个叶节点？

b. 默认回归树的第一次分割（根节点）的预测变量和分割值是多少？从根节点可以得出的规则是什么？

c. 使用 rpart 函数构建一棵完全生长的回归树。展示 cp 表格。哪棵树有最小交叉验证误差？最小误差树中有几个分割点？哪个 cp 值与最小误差树相关？

d. 是否有一棵更简单的树，其交叉验证误差在最小交叉验证误差的一个标准误差之内？与最佳修剪树相关的 cp 值是多少？

e. 如果 d 问题的答案是"否"，则使用 prune 函数将全树修剪为最佳修剪树或最小误差树。使用 prp 函数展示修剪后的树。修剪后的树在验证数据集上的 ME、RMSE、MAE、MPE 和 MAPE 指标分别是多少？

应用

34. 文件：Travel。AS。Jerry Stevenson 是一家旅行社的经理。他想建立一个可以预测客户旅游产品年度支出的模型。他编制了一个数据集，其中包含以下变量：是否有大学学位（College），是否有信用卡债务（CreditCard），家庭年度食品支出（FoodSpend），年度收入（Income），以及家庭年度旅游产品支出（TravelSpend）。Travel_Data 工作表的一部分显示在下表中。创建一个回归树模型来预测客户在旅游产品上的家庭年度支出（TravelSpend）。选择最佳修剪树进行评分，并显示完全生长树、最佳修剪树和最小误差树。

College	CreditCard	FoodSpend	Income	TravelSpend
是	是	5 472.43	49 150	827.4
否	是	9 130.73	47 806	863.55
⋮	⋮	⋮	⋮	⋮
是	是	5 584	53 504	1 748.1

a. 最佳修剪树和最小误差树中分别有多少个叶节点？从根节点可以得出的规则是什么？

b. 最佳修剪树在测试数据集上的 RMSE 和 MAD 是多少？

c. 使用最佳修剪树，给 Travel_Score 工作表中的两名新客户评分，他们预测的家庭年度旅游产品支出是多少？

35. 文件：Travel。R。案例表述承上例，建立一棵默认的回归树来预测客户每年在旅游产品上的家庭支出。显示回归树。

a. 默认回归树中有多少个叶节点？默认回归树第一次分割的预测变量和分割值是多少？

b. 建立一棵完全生长树。哪个 cp 值与最小交叉验证误差有关？最小误差树中有多少个分割点？最小交叉验证误差是多少？

c. 是否有一棵更简单的树，其交叉验证误差在最小误差的一个标准误差之内？如果有，那么哪个 cp 值与最佳修剪树有关？

d. 如果 c 问题的答案是"否"，则将全树修剪为最佳修剪树或最小误差树。请展示该树。修剪后的树有多少个叶节点？

e. 修剪后的树在验证数据集上的 ME、RMSE、MAE、MPE 和 MAPE 是多少？

f. 使用修剪后的树对 Travel_Score 工作表中的两名新客户进行评分。他们在旅游产品上的预测年度支出金额是多少？

36. 文件：Houses。R。Melissa Hill 是加利福尼亚州伯克利的一名房地产经纪人。她想建立一个预测模型，以更准确地给房屋定价。Melissa 在 House_Data 工作表中编制了一个数据集，其中包含了过去一年售出的房屋信息。该数据集包含以下变量：卧室数量（BM）、浴室数量（Bath）、房屋面积（SQFT）、地段大小（Lot_Size）、房屋类型（Type）、房屋年龄（Age）和售价（Price）。数据集的一部分显示在下表中。请建立一棵默认的回归树来预测房屋价格（Price），并展示此回归树。

BM	Bath	SQFT	Lot_Size	Type	Age	Price
4	2	1 520	4 050	单户住宅	110	500 000
3	2	1 251	3 200	单户住宅	112	775 000
⋮	⋮	⋮	⋮	⋮	⋮	⋮
4	4	4 314	7 056	单户住宅	78	2 635 000

a. 默认回归树第一次分割的预测变量和分割值是多少？从根节点可以得出的规则是什么？

b. 建立一棵完全生长树。哪个 cp 值与最小交叉验证误差有关？误差最小的树中有多少个分割点？

c. 是否有一棵更简单的树，其交叉验证误差在最小误差的一个标准误差之内？如果有，那么哪个 cp 值与最佳修剪树有关？

d. 如果 c 问题的答案是"否"，那么请将全树修剪为最佳修剪树或最小误差树。展示该树。修剪后的树有多少个叶节点？

e. 修剪后的树在验证数据集上的 ME、RMSE、MAE、MPE 和 MAPE 是多少？平均而言，回归树对房屋价格的预测是过度还是不足？回归树模型对房屋价格的预测是否有效？

f. 使用修剪后的树对 Houses_Score 工作表中的两套新房进行评分。它们的预测价格是多少？

37. 文件：Houses。AS。案例描述承上例。创建一个预测房屋价格（Price）的回归树模型。选择最佳修剪树进行评分，并显示完全生长树、最佳修剪树和最小误差树。

a. 请展示最佳修剪树。在最佳修剪树中有多少个叶结点？最佳修剪树的根节点的预测变量和分割值是多少？

b. 最佳修剪树在测试数据集上的 RMSE 和 MAD 是多少？平均而言，回归树对房屋价格的预测是过度还是不足？回归树模型对房屋价格的预测是否有效？

c. 使用修剪后的树对 Houses_Score 工作表中的两套新房进行评分。它们的预测价格是多少？

38. 文件：E_Retailer。AS。一家在线零售公司正试图预测客户在今年前 3 个月的消费支出。该公司的营销分析师 Brian Duffy 编制了 200 名现有客户的数据集，其中包括性别（Female，女性为 1，否则为 0），年收入（Income），年龄（Age），以及今年前 3 个月的总支出（Spending）。E-Retailer_Data 工作表的部分数据显示在下表中。创建一个回归树模型来预测客户在一年中前 3 个月的消费情况（Spending）。选择最佳修剪树进行评分，并显示完全生长树、最佳修剪树和最小误差树。

Female	Income	Age	Spending
0	87.5	52	156.88
1	66.5	43	275.16
⋮	⋮	⋮	⋮
0	51.9	61	159.51

a. 请展示最佳修剪树。在最佳修剪树中有多少个叶节点？

b. 最佳修剪树在测试数据集上的 RMSE 和 MAD 是多少？

c. 使用最佳修剪树对 E-Retailer_Score 工作表中的 10 名新客户进行评分。根据你的模型，预测的消费金额的均值和中位数是多少？

39. 文件：E_Retailer。R。案例描述承上例。建立一棵默认的回归树来预测客户在今年前 3 个月的支出。请展示回归树。

a. 从默认的回归树中可以得出哪些规则？

b. 建立一棵完全生长树。哪个 cp 值与最小交叉验证误差有关？最小误差树中有多少个叶节点？

c. 是否有一棵更简单的树，其交叉验证误差在最小误差的一个标准误差之内？如果有，那么

哪个 cp 值与最佳修剪树有关？

d. 如果 c 问题的答案是"否"，那么请将全树修剪为最佳修剪树或最小误差树，并展示该树。修剪后的树有多少个叶节点？

e. 修剪后的树在验证数据集上的 ME、RMSE、MAE、MPE 和 MAPE 是多少？

f. 使用修剪后的树对 E-Retailer_Score 工作表中的 10 名新客户进行评分。前 3 个月的预测消费额的均值和中位数是多少？

40. 文件：Electricity。R。美国能源信息署的能源研究员 Kyle Robson 正试图建立一个预测各州年度电力零售额的模型。Kyle 已经为 50 个州和哥伦比亚特区编制了一个数据集，其中包括平均电力零售价格（Price，美分/千瓦时），人均发电量（Generation），家庭收入中位数（Income），以及人均电力零售量（Sales，兆瓦时）。数据集的一部分显示在下表中。建立一个默认的回归树来预测人均电力零售量。请展示回归树。

州	Price	Generation	Income	Sales
亚拉巴马州	9.56	29.12	44 765	18.05
阿拉斯加州	17.93	8.58	73 355	8.3
⋮	⋮	⋮	⋮	⋮
怀俄明州	8.19	81.32	60 214	28.86

a. 默认回归树的第一次分割的预测变量和分割值是多少？从默认回归树中可以得出哪些规则？

b. 建立一棵完全生长树。哪个 cp 值与最小交叉验证误差有关？最小误差树中有多少个叶节点？

c. 是否有一棵更简单的树，其交叉验证误差在最小误差的一个标准误差之内？如果有，那么哪个 cp 值与最佳修剪树有关？

d. 如果 c 问题的答案是"否"，那么请将全树修剪为最佳修剪树或最小误差树。显示该树。修剪后的树有多少个叶节点？

e. 修剪后的树在验证数据集上的 ME、RMSE、MAE、MPE 和 MAPE 是多少？

f. 对于一个有以下数值的州，即 Price＝11，Generation＝25，Income＝65 000，预测的人均电力零售量是多少？

41. 文件：Electricity。AS。案例描述承上。创建一个预测人均电力零售量的回归树模型。选择最佳修剪树进行评分，并显示完全生长树、最佳修剪树和最小误差树。

a. 在最佳修剪树和最小误差树中有多少个叶节点？

b. 最佳修剪树的第一次分割的预测变量和分割值是多少？从根节点可以得出的规则是什么？

c. 最佳修剪树在测试数据集上的 RMSE 和 MAD 是多少？

d. 对于一个有以下数值的州，即 Price=11，Generation=25，Income=65 000，预测的人均电力零售量是多少？

42. 文件：NBA。AS。Merrick Stevens 是一名体育分析师，为 ACE 体育管理公司工作，该公司是一家代理 200 多名运动员的体育机构。他对了解 NBA 球员的工资与其体能和表现数据之间的关系感兴趣。Merrick 构建了一个数据集，其中包含 30 支 NBA 球队和 445 名球员的信息。NBA_Data 工作表的一部分如下表所示。数据集中每个字段的详细描述可以在 NBA Information. docx 中找到。创建一个预测 NBA 球员工资的回归树模型。选择最佳修剪树进行评分，并显示完全生长树、最佳修剪树和最小误差树。

球员序号	工资	年龄	…	得分
1	947 276	36	…	13.5
2	25 000 000	37	…	17.6
⋮	⋮	⋮	⋮	⋮
445	525 093	23	…	1.2

a. 在最佳修剪树和最小误差树中有多少个叶节点？

b. 请展示最佳修剪树。最佳修剪树的第一次分割的预测变量和分割值是多少？

c. 最佳修剪树在测试数据集上的 RMSE 和 MAD 是多少？

d. 在 NBA_Score 工作表中，用修剪过的树给 Merrick 试图签约的 3 名 NBA 球员，其作为 ACE 体育管理公司的客户打分。这 3 名球员的平均预期工资是多少？

43. 文件：NBA。R。案例描述承上。建立一棵默认的回归树来预测一个 NBA 球员的工资。请展示回归树。

a. 默认回归树的第一次分割的预测变量和分割值是什么？

b. 建立一棵完全生长树。哪个 cp 值与最小交叉验证误差有关？最小误差树中有多少个叶节点？

c. 是否有一棵更简单的树，其交叉验证误差在最小误差的一个标准误差之内？如果有，那么哪个 cp 值与最佳修剪树有关？

d. 如果 c 问题的答案是"否"，那么请将全树修剪为最佳修剪树或最小误差树。展示该树。修剪后的树可以得出哪些规则？

e. 修剪后的树在验证数据集上的 ME、RMSE、MAE、MPE 和 MAPE 是多少？

f. 在 NBA_Score 工作表中，用修剪过的树给 Merrick 试图签约的 3 名 NBA 球员，其作为 ACE 体育管理的客户打分。这 3 名球员的平均预期工资是多少？

10.4　集成树模型

虽然决策树是一种非常流行的分类和预测技术，但它们对数据的变化很敏感。即使是数据的微小变化，也可能导致树的结构和预测结果发生巨大的变化。此外，一个单一的树模型可能会导致过度拟合的结果，这意味着它很适合当前进行训练的数据集，但未必适合陌生的数据集。**集成树模型**（ensemble tree models）作为解决这些问题的方法之一，将多个单树模型组合成一个集成模型。集成树方法在当前获得了越来越多的青睐，并且被证明在许多情况下比单树模型具有更好、更稳定的预测性能。

集成树的原理是将一组单树的结果合并成一个分类或预测模型。换句话说，我们将一组相对较弱的单树模型（通常称为弱分类器）组合成一个较强的集成树模型以减少预测误差。对于分类模型，我们使用多数规则，即从所有单树模型中选择预测频率最高的类别作为最终分类。对于预测模型，我们使用所有单树模型的平均预测值。有时，我们还可以使用更复杂的技术，如加权多数投票或加权平均，即赋予预测性能更好的树更大权重，从而产生更准确的预测。与单树不同，由于集成树模型是由多棵树组合起来构建的集成模型，因此不能用树形图直观显示。

在构建集成树模型时，有三种常见的策略：装袋法、提升方法和随机森林。**装袋法**（bagging）使用引导聚合法，通过对原始数据的重复采样和替换来创建多个训练数据集，每个训练数据集都被用来构建一棵决策树。装袋法结合不同训练数据集产生单树模型的方法，有助于提高树模型的稳定性。

第二种集成策略被称为**提升方法**（boosting）。提升方法同样采用重复取样与替换来生成多个单树模型。但是，它是一个迭代和连续的过程，更加关注那些被错误分类或有较大预测误差的样本。在每一次迭代中，前一轮被错误分类或有较大预测误差的样本被赋予更高的权重，并被纳入下一次抽样。因此，最初分类或预测错误率较高的单个树模型最终会进行调整，以对这些棘手的样本做出更好的分类或预测，最终集成模型的性能会在多次迭代中改善。

装袋法和提升方法策略的关键区别在于，在装袋法中，每个实例被纳入样本的概率相同，但在提升方法中，之前被错误分类或有较大预测误差的实例被纳入样本的概率增加。提升方法策略的优点是，它迫使建模过程重视最棘手的实例，但对应地，它也更容易出现过度拟合。

随机森林（Random forest）是装袋法的延伸。在装袋法中，由于单棵树是从训练数据集中相同的预测变量池中创建的，因此，它们之间往往非常相似。所以装袋法中生成的单棵树及其预测可能是高度相关的。对高度相关的预测树，进行平均化可能并不会使预测误差的方差大幅下降。为了克服这个问题，随机森林策略不仅实现了对训练数据的重复采样，还随机选择了一个预测变量子集（称为特征）以构建每棵树。

如果预测变量是高度相关的，那么随机森林策略效果更好。这种方法可以产生更好的多样性和相关性更弱的单树模型，从而大大减少预测误差的方差。随机森林策略的一个原则是，每棵树要选择的随机特征的数量等于预测变量总数的平方根。例如，如果数据中有 16 个预测变量，那么每棵树将随机选择 $\sqrt{16} = 4$ 个特征纳入树中。由于部分变量对分类预测过程贡献较小，因此我们将其从未来的分析中剔除。

集成树模型

集成树模型结合了多个单树模型以减少预测误差的多样化。对于分类模型，通常使用多数规则，即从所有单树模型中选择预测频率最高的类别作为最终分类。对于预测模型，通常使用所有单树模型的平均预测值。常见的集合树策略包括装袋法、提升方法和随机森林。

● 装袋法使用引导聚合法，它通过对原始数据的重复抽样和替换来创建多个训练数据集。

● 提升方法通过加权抽样过程，迫使模型更多地关注在以前的树中被错误分类或有较大预测误差的实例。

● 随机森林通过对原始数据进行重复采样，并随机选择一个被称为特征的预测变量子集来构建每棵树，从而创建一个树的集合。

总之，装袋法比较容易实现，且可以并行生成树。提升方法专注于难以分类或预测的实例。然而，由于每个树权的权重取决于先前生成的树，提升方法不能并行开发树，这导致它的计算成本更高，并可能导致过度拟合。随机森林的优点包含了装袋法的简单性和高计算效率，并在此基础上为这个过程增加了更好的多样性。最后，因为随机森林生成了多个单树模型，所以通常不需要对集合模型进行修剪。因此，我们只需要将数据划分为训练数据集和验证数据集。在不需要测试数据集的情况下，这种方法增加了可用于采样和训练模型的数据量。遗憾的是，由于集成树不能以树形图的形式呈现，因此它们比单树更难解读。集成树模型是否比单树模型表现更好，取决于数据、预测变

量和每个问题特有的其他因素。在大多数情况下，集成模型的预测结果会更准确、更可靠。在例 10.8 中，我们演示了如何使用 Analytic Solver 和 R 语言来建立集成分类树模型，当然，集成预测树模型也可以通过类似的途径建立。

使用 Analytic Solver 和 R 语言来建立集成分类树模型

例 10.8 ......

请利用例 10.5 中使用的 HELOC 数据集，使用 Analytic Solver 和 R 语言建立集成分类树模型。比较集成树模型和例 10.5 中建立的单树模型的性能。

解答：

我们首先会提供使用装袋法建立集成分类树的详细说明。在本例的最后，我们会给出提升方法和随机森林所需的必要调整。

使用 Analytic Solver

a. 打开 HELOC 数据文件中的 HELOC_Data 工作表。

b. 选择"数据挖掘"（Data Mining）→"分区"（Partition）（在"数据挖掘"（Data Mining）组下）→"标准分区"（Standard Partition）。

c. 在"标准数据分区"（Standard Data Partition）对话框中，我们选择数据范围 $A\$1:\$D\$501$，并将 Age、Sex、Income 和 HELOC 变量移至"选定变量"（Selected Variables）栏中。由于集成树的建模过程不涉及修剪，因此我们只需要训练数据集和验证数据集来构建模型和评估模型的性能。选择"随机选取行"（Pick up rows randomly），勾选"设置种子"（Set seed），使用默认的随机种子 12345。选择"指定百分比"（Specify percentages），将 60% 和 40% 的数据分别分配给训练数据集和验证数据集。点击"确定"（OK）。

d. 在"STD 分区"（STDPartition）工作表中，选择"分类"（Classify）→"集成"（Ensemble）→"装袋"（Bagging）。在"数据"（Data）选项卡中，将预测变量 Age 和 Income 移至"选定变量"（Selected Variables）栏，将 Sex 移至"分类变量"（Categorical Variables）栏。选择并移动 HELOC 到"输出变量"（Output Variable）栏中。保留其他默认设置。点击"下一步"（Next）。

e. 在"参数"（Parameters）选项卡中，在"弱学习"（Weak Learner）的下拉菜单中选择"决策树"（Decision Tree）。保留其他默认设置并点击"下一步"（Next）。Analytic Solver 将构建 10 棵决策树作为弱分类器，并为集成树模型使用装袋法。

f. 在"得分"（Scoring）选项卡中，在"摘要报告"（Summary Report）中，勾选"分数训练数据"（Score Training Data）和"分数验证数据"（Score Validation Data）的复选框。同时也要在"提升图"（Lift Charts）中勾选"分数验证数据"（Score Validation Data）。检查在"对新数据进行评分"（Score New Data）下的"工作表"（Worksheet）复选框。在"对新数据（WS）进行评分"（Score New Data（WS））下，在"工作表"（Worksheet）中选择 HELOC_Score。这 20 条在数据范围 $A\$1:\$C\$21$ 中的新银行客户记录将会被集成树模型评分。请确保选中"第一行包含标题"（First Row Contains Headers），并点击"按名称匹配"（Match By Name）。保留其他默认设置并点击"完成"（Finish）。Analytic Solver 返回集成树模型的输出结果需要比较长的时间，因为它需要在构建最终的集成树模型之前先创建 10 个单一的分类树。

为了评估模型的性能，我们现在关注图 10.26 所示的"验证：分类总结"中的 CBagging_validationScore 工作表。模型性能指标显示，集成树模型的总体错误分类率为 21.5%，灵敏度为 0.673 5，特异性为 0.821 2。回顾一下，例 10.5 中的单一分类树的错误分类率为 23%，敏感性为 0.538 5，特异性为 0.851 4。与单一分类树模型相比，目前的集成树模型的总体预测性能略好，敏感性更高，正确识别 1 类样本（对 HELOC 提议做出响应的客户）的能力更强。

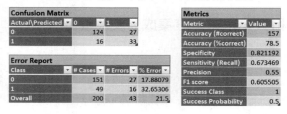

Confusion Matrix

Actual\Predicted	0	1
0	124	27
1	16	33

Error Report

Class	# Cases	# Errors	% Error
0	151	27	17.88079
1	49	16	32.65306
Overall	200	43	21.5

Metrics

Metric	Value
Accuracy (#correct)	157
Accuracy (%correct)	78.5
Specificity	0.821192
Sensitivity (Recall)	0.673469
Precision	0.55
F1 score	0.605505
Success Class	1
Success Probability	0.5

图 10.26 Analytic Solver 输出的指标总结

回顾一下，图 10.26 中的模型性能指标是基于 0.5 的截止值给出的。降低截止值将把更多的实例归入目标类别，产生不同的性能指标评分。因此，为了客观地评估模型的性能，我们推荐累积提升图、十分位提升图和 ROC 曲线，因为它们与截止值无关（见图 10.27）。

图 10.27(a) 为累积提升图。图中显示折线远在对角线之上，表明与基线模型相比，集成树模型对潜在客户是否会响应 HELOC 提议的预测能力更强。例如，如果我们向 100 名预测概率最高的银行客户（验证数据样本量的一半）发送 HELOC 提议，我们将能够联系到 49 名客户中的 42 名（85.71%），而这些客户也在实际中对提议做出了响应。另外，如果我们把 HELOC 提议发送给 100 名随机选择的客户，结果显示只有 50% 的客户会做出响应。

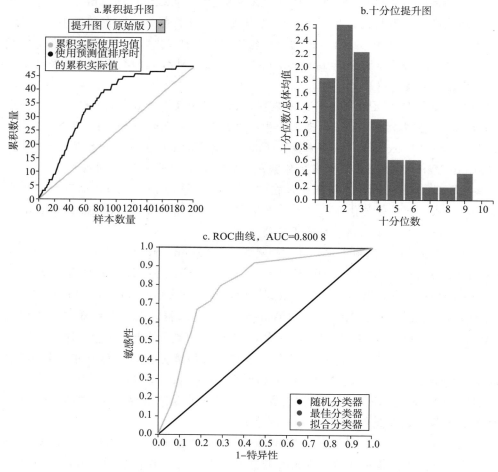

图 10.27 Analytic Solver 输出的性能图

图 10.27(b) 为十分位提升图。例如，集成树模型选择的前 10% 的潜在客户中，与随机选择的 10% 的潜在客户相比，对 HELOC 提议做出响应的客户为后者的 1.84 倍。

最后，ROC 曲线（见图 10.27(c)）显示，不论选择何种截止值，相比基线模型，集成树拥有更优秀的敏感性和特异性水平。曲线下面积（AUC）为 0.800 8，与随机分类器（AUC=0.5）相比，更接近最佳分类器（AUC=1）。总的来说，Analytic Solver 中所生成的集成树模型的预测性能比单树分类模型略好。另外，敏感性、特异性和 AUC 等指标的比较，请参考例 10.5。

在 CBagging_NewScore 工作表中，我们对 20 名新银行客户进行了评分，结果总结在表 10.13 中。"是否接受 HELOC（预测）"一栏显示了这 20 条记录中每一条的分类结果。列表中的第一个潜在客户被归类为不太可能对 HELOC 提议做出响应的客户，而第二个潜在客户则是可能做出响应的客户。"后验概率：0"和"后验概率：1"列分别提供了客户属于 0 类和 1 类的预测概率。

表 10.13　Analytic Solver 输出的评分结果

记录编号	是否接受 HELOC（预测）	后验概率：0	后验概率：1	年龄	性别	收入
记录 1	0	1	0	25	女性	45 000
记录 2	1	0.6	0.4	23	男性	22 000
⋮	⋮	⋮	⋮	⋮	⋮	⋮
记录 20	1	0.1	0.9	51	男性	43 000

如果我们需要创建一个使用提升方法的集成树模型，重复前面的步骤即可。但在步骤 d 中选择"分类"（Classify）→"集成"（Ensemble）→"提升"（Boosting）。在"参数"（Parameters）选项卡中，Analytic Solver 提供了 3 种不同的 AdaBoost 算法，这些算法的差异在于训练记录权重的更新方式。保留所有其他的默认设置。在这种情况下，提升方法集成模型的预测性能比例 10.5 中的装袋法集成模型和单一分类树略差，总体错误分类率为 27.5%，灵敏度为 0.346 9，特异性为 0.847 7，累积提升图、十分位提升图和 ROC 曲线也都表明了同样的信息。提升方法集成树的 AUC 值仅为 0.759 0。

如果我们需要创建一个使用随机森林策略创建的集成树模型，重复前面的步骤即可，但在步骤 d 中选择"分类"（Classify）→"集成"（Ensemble）→"随机森林"（Random Trees）。在"参数"（Parameters）选项卡中，"随机选择的特征数量"（Number of Randomly Selected Features）的默认数值为 2，表示在构建每棵树的时候将随机选择两个预测变量。勾选"显示参数重要性"（Show Feature Importance）旁边的方框，接受所有其他默认设置。模型性能指标和图表显示，随机森林模型的预测性能与装袋法集成树模型几乎相同，总体误分类率为 21%，敏感性为 0.693 9，特异性为 0.821 2，AUC 值为 0.810 0。表 10.14 中的特征重要性表显示，年龄是预测银行客户是否会对 HELOC 提议做出响应的最重要因素，其次是收入。

表 10.14　Analytic Solver 输出的特征重要性表

特征	重要性值
年龄	3.048 356 023
收入	1.874 119 349
性别	0.285 117 909

你会发现，这与例 10.5 中建立的单树模型得到的结果相矛盾，后者发现性别是区分响应者和非

响应者的最重要的变量。造成这种差异的原因是，学生版的 Analytic Solver 只允许创建 10 个弱分类器，而每个分类器只能随机选择两个预测变量来构建树。在数量非常有限的弱分类器中，性别对于是否响应可能没有得到充分的体现，从而导致部分特征重要性的评估出现偏差。正如我们在采用 R 语言的例子中看到的，如果构建一个有 100 个弱分类器的集成树模型，我们将能够进行更可靠的特征重要性分析。

使用 R 语言

a. 从 HELOC 数据文件的 HELOC_Data 工作表中导入数据到一个数据框（表）中，并标记为 myData。

b. 安装并加载 caret、gains、pROC 和 randomForest 包。输入以下代码：

```
> install.packages("caret", dependencies = c("Depends", "Suggests"))
> install.packages("gains")
> install.packages("pROC")
> install.packages("randomForest")
> library(caret)
> library(gains)
> library(pROC)
> library(randomForest)
```

c. 因为 randomForest 包要求所有的分类变量都要明确地被声明为因子变量，所以我们使用 as.factor 函数将分类目标变量 HELOC 和分类预测变量 Sex 转换成因子变量。输入以下代码：

```
> myData $ HELOC <- as.factor(myData $ HELOC)
> myData $ Sex <- as.factor(myData $ Sex)
```

d. 我们将数据划分为训练数据集（60%）和验证数据集（40%）。设置随机种子为 1，这样生成的划分将和本例中相同。输入以下代码：

```
> set.seed(1)
> myIndex <- createDataPartition(myData $ HELOC, p = 0.6, list = FALSE)
> trainSet <- myData[myIndex, ]
> validationSet <- myData[ -myIndex, ]
```

e. 我们首先使用 randomForest 函数来构建使用装袋法的集成树模型。我们将 ntree 选项设置为 100，这代表函数要建立 100 个单树模型。由于数据中有 3 个预测变量，我们将 mtry 选项设为 3，在每个单树模型中使用所有 3 个预测变量，这也表明我们正在使用装袋法。我们将重要性（importance）选项设置为 TRUE，以生成特征重要性信息。同样，设置随机种子为 1，这样生成的划分将和本例中相同。输入以下代码：

```
> set.seed(1)
> bagging _ tree <- randomForest(HELOC ~ ., data = trainSet, ntree = 100, mtry = 3, importance = TRUE)
```

f. 使用 varImpPlot 函数可以以图形方式显示特征重要性。我们将类型（type）选项设置为 1，以显示特征重要性，即整体精度的均值下降。另外，如果我们将类型选项设为 2，那么 R 语言就会使用基尼杂质指数的均值下降来衡量特征重要性。如图 10.28 所示，模型中最重要的预测变量是性别，因为如果我们忽视这个预测变量，模型的分类准确率将下降最多。第二重要的预测变量是年龄。

```
> varImpPlot(bagging _ tree, type = 1)
```

装袋法树

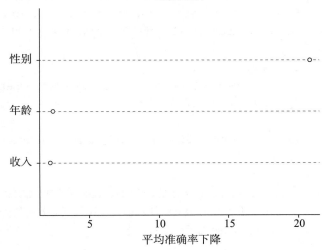

图 10.28 R 语言输出的特征重要性图

g. 下面的命令通过比较验证数据集的预测类成员（predicted class memberships）和实际类成员（actual class memberships）来创建混淆矩阵。

> predicted_class <- predict(bagging_tree, validationSet)
> confusionMatrix(predicted_class, validationSet $ HELOC, positive = "1")

混淆矩阵显示在图 10.29 中。性能指标显示，在验证数据集中，装袋法集成树模型的总体准确率为 80%。如前所述，该模型在正确区分 0 类实例（Class 0 cases）（特异性＝0.885 1）时比区分 1 类实例（敏感性＝0.557 7）时要好得多。

```
Confusion Matrix and Statistics

          Reference
Prediction   0   1
         0 131  23
         1  17  29

               Accuracy : 0.8
                 95% CI : (0.7378, 0.8531)
    NO Information Rate : 0.74
    P-Value [ACC > NIR] : 0.02937

                  Kappa : 0.46

 Mcnemar's Test P-Value : 0.42920

            Sensitivity : 0.5577
            Specificity : 0.8851
         Pos Pred Value : 0.6304
         Neg Pred Value : 0.8506
             Prevalence : 0.2600
         Detection Rate : 0.1450
   Detection Prevalence : 0.2300
      Balanced Accuracy : 0.7214

       'Positive' class : 1
```

图 10.29 R 语言输出的指标总结

h. 以下命令可以创建累积提升图、十分位提升图和 ROC 曲线。由于创建这些图表的命令已经在前面的章节中讨论过了，我们在此不再赘述。输入：

```
> predicted_prob <- predict(bagging_tree, validationSet, type = "prob")
> validationSet $ HELOC <- as.numeric(as.character(validationSet $ HELOC))
> gains_table <- gains(validationSet $ HELOC, predicted_prob[,2])
> gains_table
> # cumulative lift chart
> plot(c(0, gains_table $ cume.pct.of.total * sum(validationSet $ HELOC))
~ c(0, gains_table $ cume.obs), xlab = "# cases", ylab = "Cumulative",
type = "l")
> lines(c(0, sum(validationSet $ HELOC)) ~ c(0, dim(validationSet)
[1]), col = "red", lty = 2)
> # decile - wise lift chart
> barplot(gains_table $ mean.resp/mean(validationSet $ HELOC),
names.arg = gains_table $ depth, xlab = "Percentile", ylab = "Lift", ylim =
c(0, 3), main = "Decile - Wise Lift Chart")
> # ROC curve
> roc_object <- roc(validationSet $ HELOC, predicted_prob[,2])
> plot.roc(roc_object)
> # compute auc
> auc(roc_object)
```

图 10.30 中显示了累积提升图、十分位提升图和 ROC 曲线。因为这些结果与使用 Analytic Solver 的结果相当，所以我们在此不再重复分析。总的来说，与例 10.5 中用 R 语言制作的单树分类模型相比，装袋法集成树模型的预测性能略有提高。

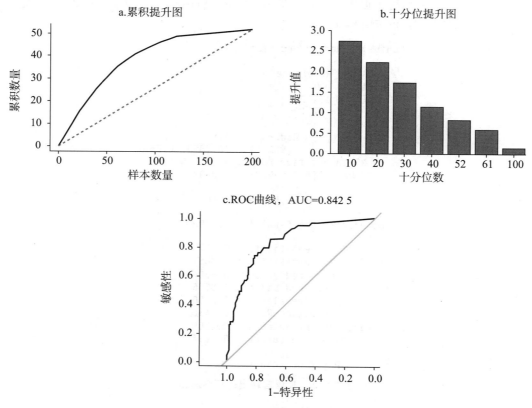

图 10.30　R 语言输出的性能图

i.最后，为了给这 20 个新样本评分，我们将 HELOC 数据文件中的 HELOC_Score 工作表的数据导入一个名为 myScoreData 的数据框（表）中，并利用装袋法集成树，使用 predict 函数为新实例生成预测的类别和概率。我们首先将分类预测变量性别转换为因子变量，使其与步骤 e 中创建的装袋法集成树模型中的性别变量一致。输入：

```
> myScoreData $ Sex <- as.factor(myScoreData $ Sex)
> predicted_class_score <- predict(bagging_tree, myScoreData, type = "class")
> predicted_class_score
> predicted_class_prob <- predict(bagging_tree, myScoreData, type = "prob")
> predicted_class_prob
```

表 10.15 中总结了评分结果。和前面讨论过的一样，由于两个软件使用的内置算法不同，因此在 R 语言和 Analytic Solver 中构建的装袋法集成树所预测的概率也不同。

表 10.15　R 语言输出的评分结果

记录 ID	是否接受 HELOC（预测）	后验概率：0	后验概率：1	年龄	性别	收入
记录 1	0	1	0	25	女性	45 000
记录 2	0	0.72	0.28	23	男性	22 000
⋮	⋮	⋮	⋮	⋮	⋮	⋮
记录 20	1	0.39	0.61	51	男性	43 000

要使用随机森林策略创建一个集成树模型，只需将前面步骤 e 中的 R 命令替换为以下命令：

```
> set.seed(1)
> randomforest_tree <- randomForest(HELOC ~ ., data = trainSet,
ntree = 100, mtry = 2, importance = TRUE)
```

正如你所看到的，装袋法和随机森林命令之间的唯一区别是为 randomForest 函数中的 mtry 参数设定的数值。因为随机森林为建立每个单树模型选择一个预测变量的子集，所以我们要指定子集中包括预测变量的数量。在这种情况下，我们要求该函数随机选择两个预测变量来建立单个单树模型。

R 语言可以使用 adabag 包的 boosting 函数来创建使用提升方法的集成树模型。由于 adabag 包的要求，因此我们创建提升方法集成树模型的方式略有不同，如下所示：

a.从 HELOC 数据文件的 HELOC_Data 工作表中导入数据到一个数据框（表）中，并标记为 myData。

b.安装并加载 caret、gains、pROC 和 adabag 包。输入以下命令：

```
> install.packages("caret", dependencies = c("Depends", "Suggests"))
> install.packages("gains")
> install.packages("pROC")
> install.packages("adabag")
> library(caret)
> library(gains)
> library(pROC)
> library(adabag)
```

c.由于 adabag 包要求使用数据框类对象，因此我们使用 data.frame 函数将 myData 转换为数据框类对象。同时，我们将分类变量（即 Sex 和 HELOC）转换成因子变量。输入以下命令：

```
> myData <- data.frame(myData)
> myData $ HELOC <- as.factor(myData $ HELOC)
> myData $ Sex <- as.factor(myData $ Sex)
```

d. 我们将随机种子设置为 1，并将数据分为训练数据集（60%）和验证数据集（40%）。输入以下命令：

```
> set.seed(1)
> myIndex <- createDataPartition(myData $ HELOC, p = 0.6, list = FALSE)
> trainSet <- myData[myIndex, ]
> validationSet <- myData[ -myIndex, ]
```

e. 我们使用 boosting 函数来构建使用提升方法的集成树模型。设置随机种子为 1，得到的结果将与本例相同。mfinal 选项指定了要创建的弱分类器（单树模型）的数量。输入：

```
> set.seed(1)
> boosting _ tree <- boosting(HELOC ~ ., data = trainset, mfinal = 100)
```

f. 下面的命令通过比较验证数据集的预测类别和实际类别来创建混淆矩阵。对于提升方法集成树模型，predict 函数产生了一个列表（此处名为 prediction），其中包括预测类别和概率。可以分别用 prediction $ class 和 prediction $ prob 来访问预测类别和预测的概率。

```
> prediction <- predict(bagging_tree, validationSet)
> confusionMatrix(as.factor(prediction $ class), validationSet $ HELOC,
positive = "1")
```

验证准确率、敏感度和特异性分别为 0.8、0.557 7 和 0.885 1。使用默认截止值 0.5，提升方法集成树的预测性能与装袋法集成树相同。

g. 下面的命令创建了累积提升图、十分位提升图和 ROC 曲线。由于创建这些图表的语法已经在前面的章节中讨论过了，因此我们在此不再重复。请注意，我们使用 prediction $ prob［，2］访问属于 1 类（目标类别）的验证实例的预测概率，因为 1 类的概率列在该对象的第 2 列。

```
> validationSet $ HELOC <- as.numeric(as.character(validationSet $ HELOC))
> gains_table <- gains(validationSet $ HELOC, prediction $ prob[,2])
> gains_table
> # cumulative lift chart
> plot(c(0, gains_table $ cume.pct.of.total * sum(validationSet $ HELOC))
~ c(0, gains_table $ cume.obs),xlab = " # cases", ylab = "Cumulative",
type = "l")
> lines(c(0, sum(validationSet $ HELOC)) ~ c(0, dim(validationSet)
[1]), col = "red", lty = 2)
> # decile - wise lift chart
> barplot(gains_table $ mean.resp/mean(validationSet $ HELOC), names.
arg = gains_table $ depth, xlab = "Percentile", ylab = "Lift", ylim = c(0,
3), main = "Decile - Wise Lift Chart")
> # ROC curve
> roc_object <- roc(validationSet $ HELOC, prediction $ prob[,2])
> plot.roc(roc_object)
> # compute auc
> auc(roc_object)
```

提升方法集成树的 ROC 曲线的 AUC 值为 0.820 9，略低于从装袋法集成树得出的 ROC 曲线的

AUC 值。

h. 最后，为了对这 20 个新样本进行评分，我们将 HELOC 数据文件中的 HELOC_Score 工作表中的数据导入一个数据框（表）中，并将其标记为 myScoreData。按照软件的要求，将 myScoreData 转换成数据框类对象，将预测变量性别转换成因子变量。输入以下代码：

```
> myScoreData <- data.frame(myScoreData)
> myScoreData $ Sex <- as.factor(myScoreData $ Sex)
> predicted_class_score <- predict(boosting_tree, myScoreData)
> predicted_class_score $ class
> predicted_class_score $ prob
```

提升方法集成树模型的评分结果与装袋法集成树模型的评分结果略有不同；第 20 个实例被提升方法模型归为 0 类实例，而被装袋法模型归为 1 类实例。如前所述，与装袋法和随机森林模型不同，提升方法模型不能提供变量的重要性信息。

练习 10.4

注意：以下这些练习题可以用 Analytic Solver 或 R 语言来解决。然而，答案将取决于你使用的软件包。对于 Analytic Solver，读者需要将数据集分为两部分，分别是 60% 的训练数据集和 40% 的验证数据集，并使用 12345 作为默认的随机种子。在构建集成模型时需要创建 10 个弱分类器。对于 R 语言，读者需要将数据集划分为两部分，分别是 60% 的训练数据集和 40% 的验证数据集，并使用语句 set. seed(1) 来指定用于数据划分和构建集成树模型的随机种子。在构建集成树模型时，创建 100 个弱分类器。如果预测变量的值是字符格式的，那么就把预测变量当作分类变量。否则，将预测变量作为数值变量处理。

理论

44. 文件：Exercise_10.44。使用附带的数据集创建一个装袋法集成分类树模型（预测变量为 x_1 至 x_4，目标变量为 y）。

a. 请利用验证数据集计算总体准确率、敏感性和特异性。

b. 请计算该模型的 AUC 值。

c. 假设 $x_1 = 3.45$，$x_2 = 1$，$x_3 = 18$，$x_4 = 5.80$，请为新记录评分。另外，装袋法集成树模型对该记录如何分类？新记录被分类至 1 类数据的概率有多大？

45. 文件：Exercise_10.45。使用附带的数据集创建一个提升方法集成分类树模型（预测变量为 x_1 至 x_4，目标变量为 y）。

a. 请利用验证数据集计算总体准确率、敏感性和特异性。

b. 请计算该模型的 AUC 值。

c. 假设 $x_1 = 3.45$，$x_2 = 1$，$x_3 = 18$，$x_4 = 5.80$，请为新记录评分。另外，提升方法集成树模型对该记录如何分类？新记录被分类至 1 类数据的概率有多大？

46. 文件：Exercise_10.46。使用附带的数据集创建一个随机森林集成分类树模型（预测变量为 x_1 至 x_4，目标变量为 y）。请随机选择两个预测变量来构建每个弱分类器。

a. 请利用验证数据集计算总体准确率、敏感性和特异性。

b. 请计算该模型的 AUC 值。

c. 请指出最重要的预测变量。

d. 假设 $x_1 = 3.45$，$x_2 = 1$，$x_3 = 18$，$x_4 = 5.80$，请为新记录评分。另外，随机森林集成树模型对该记录如何分类？新记录被分类至 1 类数据的概率有多大？

47. 文件：Exercise_10.47。使用附带的数据集创建一个装袋法集成分类树模型（预测变量为 x_1 至 x_5，目标变量为 y）。

a. 请利用验证数据集计算总体准确率、敏感性和特异性。

b. 在十分位提升图中最左侧条形代表的提升值为多少？

c. 假设 $x_1 = 52.8$，$x_2 = 230.50$，$x_3 = 1$，$x_4 = 144$，$x_5 = 6.23$，请为新记录评分。另外，装袋法集成树模型对该记录如何分类？新记录被分类至 1 类数据的概率有多大？

48. 文件：Exercise_10.48。使用附带的数据集创建一个提升方法集成分类树模型（预测变量为 x_1 至 x_5，目标变量为 y）。

a. 请利用验证数据集计算总体准确率、敏感性和特异性。

b. 在十分位提升图中最左侧条形代表的提升值是多少？

c. 假设 $x_1 = 52.8$，$x_2 = 230.50$，$x_3 = 1$，$x_4 = 144$，$x_5 = 6.23$，请为新记录评分。另外，提升方法集成树模型对该记录如何分类？新记录被分类至 1 类数据的概率有多大？

49. 文件：Exercise_10.49。使用附带的数据集创建一个随机森林集成分类树模型（预测变量为 x_1 至 x_5，目标变量为 y）。请随机选择两个预测变量来构建每个弱分类器。

a. 请利用验证数据集计算总体准确率、敏感性和特异性。

b. 在十分位提升图中最左侧条形代表的提升值是多少？

c. 请指出最重要的预测变量。

d. 假设 $x_1 = 52.8$，$x_2 = 230.50$，$x_3 = 1$，$x_4 = 144$，$x_5 = 6.23$，请为新记录评分。另外，随机森林集成树模型对该记录如何分类？新记录被分类至 1 类数据的概率有多大？

应用

50. 文件：Spam。Mateo Derby 在一家私募股权公司担任网络安全分析员。他的同事每天都被大量的垃圾邮件淹没。Mateo 被要求在该公司的电子邮件服务器上安装一个垃圾邮件检测系统。在他审阅的 500 封邮件的样本中，相关的变量有：垃圾邮件（如果是垃圾邮件为 1，否则为 0）、收件人的数量、超链接的数量以及信息中的字符数。Spam_Data 工作表的一部分显示在下面的表格中。

垃圾邮件	收件人的数量	超链接的数量	字符数
0	19	1	47
0	15	1	58
⋮	⋮	⋮	⋮
1	13	2	32

a. 创建一个装袋法集成分类树模型来判断一封新邮件是否为垃圾邮件。请计算此模型用于验证数据集时的总体准确率、敏感性和特异性，并请计算该模型的 AUC 值。

b. 创建一个随机森林集成分类树模型。随机选择两个预测变量用于构建每个弱分类器。请计算此模型用于验证数据集时的总体准确率、敏感性和特异性，并计算该模型的 AUC 值，最后指出该模型中最重要的预测变量。

c. 使用装袋法集成分类树模型为 Spam_Score 工作表中的新记录进行评分，其中多少封邮件被预测为垃圾邮件？

51. 文件：HR。Daniella Lara 是一家大型科技咨询公司的人力资源经理，她一直在阅读关于使用分析方法来预测新员工职场表现的相关文章。由于科技行业瞬息万变，一些员工难以达到自己领域的领先地位，从而错过了晋升到管理岗位的机会，因此，Daniella 对新员工在公司工作 10 年后被提拔到管理岗位的可能性特别感兴趣。她收集了在该公司工作至少 10 年的员工的信息，这些信息基于员工提交工作申请时留下的个人信息。每个员工都列出了以下变量：晋升（如果在 10 年内晋升为 1，否则为 0），GPA（大学毕业时的 GPA），体育（大学期间的体育活动数量），以及领导力（在学生组织中担任的领导角色数量）。HR_Data 工作表的一部分显示在下表中。

晋升	GPA	体育	领导力
0	3.28	0	2
1	3.93	6	3
⋮	⋮	⋮	⋮
0	3.54	5	0

a. 创建一个装袋法集成分类树模型来判断一

名新员工是否会在 10 年后被提拔到管理岗位。请计算此模型用于验证数据集时的总体准确率、敏感性和特异性，并计算该模型的 AUC 值。

b. 创建一个随机森林集成分类树模型，并随机选择两个预测变量用于构建每个弱分类器。请计算此模型用于验证数据集时的总体准确率、敏感性和特异性，计算该模型的 AUC 值，并指出该模型中最重要的预测变量。

c. 使用装袋法集成分类树模型为 HR_Score 工作表中的新样本评分。第一名新员工在 10 年内晋升的概率是多少？根据 0.5 的截止值，数据集中有多少名新员工有可能在 10 年内得到晋升？

52. 文件：Heart。近年来，医学研究已纳入数据分析应用，以寻找在早期阶段检测心脏疾病的新方法。医学家对准确识别高危病人，以便其及时进行预防护理和干预特别感兴趣。现存在一组关于病人年龄、血压（收缩压和舒张压）和 BMI 的信息，以及病人是否有心脏病（如果有心脏病为 1，否则为 0）的数据集。数据集的一部分如下表所示。

心脏病	年龄	收缩压	舒张压	BMI
0	44	112	111	17
1	55	128	90	27
⋮	⋮	⋮	⋮	⋮
0	29	144	85	32

a. 创建一个装袋法集成分类树模型来判断一名患者是否会患心脏病。请计算此模型用于验证数据集时的总体准确率、敏感性和特异性，并计算该模型的 AUC 值。

b. 创建一个提升方法集成分类树模型。请计算此模型用于验证数据集时的总体准确率、敏感性和特异性，并计算该模型的 AUC 值。

c. 比较两种集成树模型，如果用 AUC 值作为评价标准，那么哪一种模型的稳健性更好？

53. 文件：Solar。新时代太阳能公司的业务是销售和安装太阳能电池板。该公司的销售代表会联系并亲自拜访潜在客户，介绍安装太阳能电池板的好处。这种高强度接触方法效果很好，因为在客户角度看来，他们得到了满足其个人需求

的私人服务，但它相应地也比其他大规模的营销方法更昂贵。该公司希望更加有战略性地访问那些更有可能安装太阳能电池板的潜在客户。为此，公司编制了一套过去的销售数据。这些数据包括潜在客户的年龄和年收入（千美元），以及客户是否购买了太阳能电池板（安装，Y/N）。Solar_Data 工作表的一部分显示在下表中。

年收入	年龄	安装
115	45	N
68	31	Y
⋮	⋮	⋮
73	34	N

a. 创建一个装袋法集成分类树模型来判断一名客户是否会购买太阳能板。请计算此模型用于验证数据集时的总体准确率、敏感性和特异性，并计算该模型的 AUC 值。

b. 创建一个提升方法集成分类树模型。请计算此模型用于验证数据集时的总体准确率、敏感性和特异性，并计算该模型的 AUC 值。

c. 比较两种集成树模型，如果用十分位提升图中最左侧条形代表的提升值作为评价标准，那么哪一种模型的稳健性更好？

d. 使用装袋法集成分类树模型对 Solar_Score 工作表中的新记录进行评分。在截止值为 0.5 的基础上，数据集中有多少百分比的潜在客户会购买太阳能电池板？

54. 文件：MedSchool。在美国，医学院的录取竞争非常激烈，顶级医学院的录取率可能低至 2% 或 3%。在如此低的录取率下，医学院招生咨询在许多城市已成为一项不断增长的业务。为了更好地服务客户，医学院招生顾问 Paul Foster 希望建立一个数据驱动的模型，以预测新申请人是否有可能被十大医学院之一录取。他收集整理了一个数据库，其中有 1 992 名学生在过去申请过十大医学院，信息包含以下变量：性别（F 代表女性，M 代表男性），上过大学的父母（如果父母有大学学位则为 1，否则为 0），GPA（如果本科 GPA 为 3.50 或更高则为 1，否则为 0），医学院录取（如果被前 10 名医学院录取则

为 1，否则为 0）。数据集的一部分显示在下表中。

性别	上过大学的父母	GPA	医学院录取
F	1	1	1
M	1	0	1
⋮	⋮	⋮	⋮
M	0	0	0

a. 创建一个装袋法集成分类树模型来判断一名新申请者是否会被十大医学院录取。请计算此模型用于验证数据集时的总体准确率、敏感性和特异性，并计算该模型的 AUC 值。

b. 创建一个随机森林集成分类树模型。随机选择两个预测变量用于构建每个弱分类器。请计算此模型用于验证数据集时的总体准确率、敏感性和特异性，并计算该模型的 AUC 值。指出该模型中最重要的预测变量。

c. 比较两种集成树模型，如果用 AUC 值作为评价标准，那么哪一种模型的稳健性更好？

55. 文件：Fraud。信用卡欺诈正在成为金融业的一个严重问题，它给银行、信用卡发卡机构和消费者带来了相当大的损失。利用数据挖掘技术进行欺诈检测已成为银行和信用卡公司打击欺诈交易的一个不可或缺的工具。一个信用卡数据集样本包含以下变量：欺诈（如果有欺诈活动为 1，否则为 0），金额（低为 1，中为 2，高为 3），在线（如果有在线交易为 1，否则为 0），以及先前（如果持卡人以前购买过产品为 1，否则为 0）。数据集的一部分显示在下表中。

欺诈	金额	在线	先前
0	2	0	1
0	3	0	0
⋮	⋮	⋮	⋮
0	2	0	1

a. 创建一个装袋法集成分类树模型来判断一次交易是否涉嫌欺诈。请计算此模型用于验证数据集时的总体准确率、敏感性和特异性，并计算该模型的 AUC 值。

b. 创建一个随机森林集成分类树模型。随机选择两个预测变量用于构建每个弱分类器。请计算此模型用于验证数据集时的总体准确率、敏感性和特异性，并计算该模型的 AUC 值。指出该模型中最重要的预测变量。

c. 比较两种集成树模型，如果用十分位提升图中最左侧条形代表的提升值作为评价标准，那么哪一种模型的稳健性更好？

56. 文件：Travel_Plan。数据集的描述请参照练习 11。将数据划分为 60% 的训练数据集和 40% 的验证数据集。对于 Analytic Solver，使用 12345 作为随机种子，并创建 10 个弱分类器。对于 R 语言，使用 1 作为随机种子，创建 100 个弱分类器。

a. 创建一个装袋法集成分类树模型来判断一名客户是否会在未来一年内旅游。请计算此模型用于验证数据集时的总体准确率、敏感性和特异性，并计算该模型的 AUC 值。

b. 比较集成树模型和单树模型（见练习 11、练习 12）的预测性能，哪种模型的稳健性更好？请做解释说明。

c. 使用装袋法集成分类树模型为 Travel_Plan_Score 工作表中的两名新客户评分。两名客户在未来一年内旅游的概率分别有多大？

57. 文件：Continue_Edu。数据集的描述请参照练习 13。

a. 创建一个提升方法集成分类树模型。请计算此模型用于验证数据集时的总体准确率、敏感性和特异性，并计算该模型的 AUC 值。

b. 比较集成树模型和单树模型（见练习 13 和练习 14）的预测性能，哪种模型的稳健性更好？请解释说明。

c. 使用提升方法集成分类树模型为 Continue_Edu_Score 工作表中的两个新案例评分。两个人被继续教育课程录取的概率分别有多大？

58. 文件：Church。数据集的描述请参照练习 15。

a. 创建一个随机森林集成分类树模型。随机选择两个预测变量用于构建每个弱分类器。请计算此模型用于验证数据集时的总体准确率、敏感性和特异性，并计算该模型的 AUC 值。指出该模型中最重要的预测变量。

b. 比较集成树模型和单树模型（见练习 15

和练习 16）的预测性能，哪种模型的稳健性更好？请解释说明。

c. 使用随机森林集成分类树模型为 Church_Score 工作表中的两个新案例评分。基于截止值为 0.5 的假设，该工作表中的个人参加教会的概率有多大？

59. 文件：Graduate。数据集的描述请参照练习 19。

a. 创建一个随机森林集成分类树模型。随机选择两个预测变量用于构建每个弱分类器。请计算此模型用于验证数据集时的总体准确率、敏感性和特异性，并计算该模型的 AUC 值。指出该模型中最重要的预测变量。

b. 比较集成树模型和单树模型（见练习 19 和练习 20）的性能，哪种模型的稳健性更好？请解释说明。

请解释说明。

c. 使用随机森林集成分类树模型为 Graduate_Score 工作表中的两位学生进行评分，并分别求出他们在未来 4 年内毕业的概率。

60. 文件：In_App_Pur。数据集的描述请参照练习 21。

a. 创建一个提升方法集成分类树模型。请计算此模型用于验证数据集时的总体准确率、敏感性和特异性，并计算该模型的 AUC 值。

b. 比较集成树模型和单树模型（见练习 21 和练习 22）的性能，哪种模型的稳健性更好？请解释说明。

c. 使用提升方法集成分类树模型为 In_App_Pur_Score 工作表中的两名玩家评分，并分别求出两名玩家在应用内进行购买的概率。

10.5　大数据写作

□ 案例研究

由于目前美国有数百万人为学生贷款债务和高失业率所困扰，因此政策制定者提出了上大学是不是一项好投资的问题。社会学研究生 Richard Clancy 想为他的硕士论文设计一个预测个人收入的模型。他找到了一个由美国劳工统计局维护的数据库，叫作国家纵向调查（NLS），该数据库长期跟踪美国的 12 000 多人。该数据主要关注这些人的劳动力活动，但也包括许多其他变量信息，如收入、教育、性别、种族、人格特质、健康状况和婚姻史。

报告样本——预测个人收入

根据美国人口普查局的数据，2000 年美国个人收入中位数为 29 998 美元。由于一个人的收入是由许多因素决定的，因此建立一个模型来预测一个人的收入是否会达到或超过个人收入的中位数是非常有用的。根据有关个人收入的文献和美国劳工统计局提供的数据，以下预测变量将被用来解释个人收入：

- 本人的教育水平；
- 母亲的教育水平；
- 父亲的教育水平；
- 城市（如果此人在 14 岁时生活在城市地区，那么这个变量等于 1，否则为 0）；
- 黑人（如果此人是黑人，那么这个变量等于 1，否则为 0）；
- 西班牙裔（如果此人是西班牙裔，那么这个变量等于 1，否则为 0）；
- 白人（如果此人是白人，那么这个变量等于 1，否则为 0）；
- 男性（如果此人是男性，那么这个变量等于 1，否则为 0）；
- 自尊（使用罗森伯格自尊量表衡量；分数越高表示自尊越高）；

● 外向的孩子（如果此人在 6 岁时是外向的，那么这个变量等于 1，否则为 0）；
● 外向的成年人（如果此人在成年后是外向的，那么这个变量等于 1，否则为 0）。

　　由于我们的目标是确定一个人的收入是否达到或超过个人收入的中位数，而不是一个人的实际收入，因此目标变量收入被转换为一个分类变量（是或否）。如果个人收入大于等于 29 998 美元，则假设目标变量的值为 1，否则为 0。最终的数据集中包含 5 821 个观测值，缺失的观测值已经从分析中剔除。

　　为了建立一个预测模型并评估模型的性能，数据被划分为两部分，分别是 60% 的训练数据集和 40% 的验证数据集。由于预测变量包括数值数据和分类数据两种类型的数据，因此决策树方法是为该应用程序建立分类模型的一种合适技术。图 10.31 显示了有 8 个决策节点和 9 个叶节点的最佳修剪分类树。从分类树中可以用个人的性别、教育水平、种族和母亲的教育水平来预测个人的收入水平。例如，如果一个人是男性，并且受过 16 年以上的教育，那么他的收入很有可能达到或超过美国的收入中位数。如果一个人是女性，教育年限少于 16 年，那么她的收入很有可能低于美国的收入中位数。

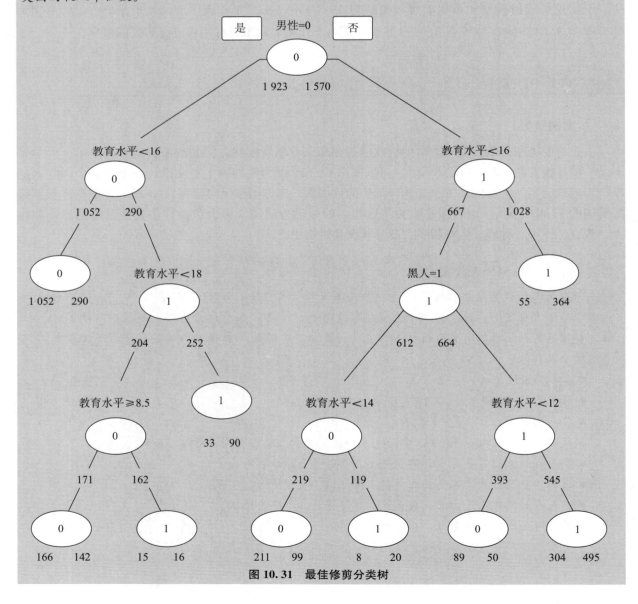

图 10.31　最佳修剪分类树

分类树的性能是根据该模型对验证数据进行分类的准确程度来评估的。如表 10.16 所示，我们可以用混淆矩阵计算出总体准确率为 69.5％，敏感性为 0.599 4，特异性为 0.773 0，精度为 0.683 0。总的来说，该模型在预测个人的收入水平方面表现出了相当好的性能。

表 10.16　混淆矩阵

实际类别	预测类别	
	1 类	**0 类**
1 类	627	291
0 类	419	991

为了提高预测性能，我们还开发了一个随机森林集成树模型。集成树模型的准确率为 69.72％，敏感性为 0.613 8，特异性为 0.765 2，精度为 0.680 8，与单树模型相比仅有轻微的提高。由于单树分类模型比集成树模型更容易解释，因此我们采用单一决策树模型作为最终的预测模型。

从图 10.31 中的分类树得出的结论并不令人惊讶。例如，已经有充分的证据表明，较高的教育水平会带来较高的收入。同样，虽然近年来基于性别和种族的工资差异已经缩小，但其仍然存在。根据皮尤研究中心的分析，2018 年女性的收入是男性收入的 85％，黑人家庭的平均收入仅比白人家庭平均收入的一半略高。

然而，令人惊讶的是，一个人的自尊水平以及一个人在童年或成年时是否外向并不影响一个人的收入水平。也许这些心理因素与个人后来的学业成绩等多个指标相关。也就是说，自尊心强的人可能会去接受高等教育，而接受高等教育反过来又会影响个人的收入。

本报告设计的分类模型为政策制定者提供了重要和可操作的见解。该模型强调，性别和种族的收入差距仍然存在。男性和非黑人比女性和黑人更有可能获得高于中等水平的收入。在制定改善经济前景的公平政策时，应特别关注该模型所确定的收入可能低于中位数的群体。

□ **案例推荐**

决策树被认为是最透明和最容易解释的有监督数据挖掘技术之一。它们可以应用于许多情况和不同的数据集。下面是一些使用本书所附的大数据的建议。

报告 10.1（文件：Car_Crash）。取原始数据的一个子集，使其只包括在一个城市或在一个月内发生的事故。建立一个决策树模型，利用预测变量如交通违章类别、天气状况、碰撞类型、事故地点和照明状况，来预测汽车事故是否导致死亡或严重伤害。注意：由于许多预测变量是分类的，因此，你需要在分析前将它们转换成适当的数据形式。

报告 10.2（文件：Longitudinal_Survey）。取原始数据的一个子集，使其只包括那些居住在城市地区的人。建立一个决策树模型来预测一个人的体重指数（BMI）或一个人是否会超重，使用预测变量如性别、教育年限、父母教育年限、自尊量表，以及这个人在小时候和成年时是否外向。提示：美国疾病控制和预防中心（CDC）将超重定义为 BMI 等于或大于 25。

报告 10.3（文件：TechSales_Reps）。取原始数据的一个子集，使其只包括软件产品组中受过大学教育的销售人员。建立一个决策树模型，利用预测变量如年龄、性别、在公司的任期、获得的专业证书数量、年度评估分数和性格类型，来预测销售人员是否会获得高（9 分或 10 分）净推荐值得分。提示：你可能需要进行数据转换，以满足分析技术的要求。

报告 10.4（文件：College_Admissions）。取原始数据的一个子集，使其只包括三所大学中的一所。建立一系列决策树模型，根据申请人的性别、种族、高中 GPA、SAT/ACT 分数和父母的教育水平，预测哪所大学最有可能录取某位大学申请人。提示：你需要为每所大学构建一个决策树模型。模型产生的录取概率最高的大学就是最有可能录取申请人的大学。

报告 10.5（文件：House_Price）。建立一个决策树模型，利用预测变量如卧室数量、浴室数量、房屋面积、土地面积和房龄，来预测房屋的销售价格。提示：由于各地区的房地产价值可能有很大不同，因此你可能需要为数据集中的每个地区开发一个模型。将决策树模型的性能与第 9 章中讨论的使用其他有监督学习技术的预测模型进行比较。

无监督数据挖掘

第 *11* 章

🎯 **学习目标**

通过学习本章，可以达成以下目标：

1. 进行层次聚类分析。

2. 进行 k-均值聚类分析。

3. 进行关联规则分析。

正如前几章所讨论的，数据挖掘是一个应用分析技术来寻找隐藏的结构、模式和数据之间关系的过程。它被分为有监督（又称预测性或定向的）数据挖掘和无监督（又称描述性或不定向的）数据挖掘。第 8 章概述了数据挖掘的概念，其中包括观察值（又称记录值）之间的距离度量、用于降维的主成分分析等。第 9 章和第 10 章的重点是有监督数据挖掘。在本章中，我们将把注意力转向无监督数据挖掘。

我们将探讨两种流行的无监督数据挖掘技术：聚类分析和关联规则分析。聚类分析可以分析并发现数据之间的相似性，并将这类具有相似特征的数据纳入观察值的聚簇中。一个聚簇中的对象都是相似的，但在不同的聚簇里的对象是不相似的，这就是聚簇生成的原理。聚类分析往往很有帮助。例如，营销人员可以利用聚类分析，把客户分成不同的种类，然后对每一类客户制定有针对性的营销方案。关联规则分析（又称市场购物篮分析）可以识别数据之间的隐藏关系和数据共同发生时的情况，这种分析也是很有帮助的。例如，电子商务公司可以根据客户的购买记录进行关联规则分析，向客户推荐他们可能感兴趣的相关产品。

引入案例　糖果棒的营养成分

　　Aliyah Williams 是南加利福尼亚州一所著名商学院的优等生，与此同时，她也是一位初出茅庐的企业家，拥有一家自动售货机企业。她的大多数自动售货机都位于校园和市中心，里面放有各种零食，包括多种糖果棒。Aliyah 意识到，在购买食品时，加利福尼亚州的消费者越来越有健康意识，同时她在消费者研究课上了解到，美国农业部（USDA）有一个网站，上面有关于食品（包括糖果棒）的营养成分数据库。

　　Aliyah 想要更好地选择糖果棒，并有策略地将它们组合在一起，陈列在她的自动售货机里。她还想根据经常光顾的消费者的类型，在不同的地方摆放不同的产品。表 11.1 是 Aliyah 从美国农业部网站下载的部分数据。其中包括每种糖果棒的热量（Calories）、脂肪（Fat，克）、蛋白质（Protein，克）和碳水化合物（Carb，克）。

表 11.1　糖果棒的营养成分

品牌	卡路里	脂肪	蛋白质	碳水化合物
Peanut butter twix	311.0	18.5	5.3	31.4
BabyRuth	275.0	13.0	3.2	39.0
⋮	⋮	⋮	⋮	⋮
Twizzlers Cherry Nibs	139.0	1.1	1.0	31.7

Aliyah 希望用表 11.1 中的信息来：

1. 分析营养成分数据，并根据营养成分对糖果棒进行分组。

2. 从每组中选择一些糖果棒，以更好地满足当今消费者的口味。

3. 根据分组情况，在每台自动售货机中摆放不同种类的糖果棒。

11.2 节末尾提供了本案例的概要。

11.1　层次聚类分析

数据挖掘使用许多种机器学习算法来识别数据中的模式。这些算法被分为有监督数据挖掘（又称预测性或定向的）和无监督（又称描述性或不定向的）数据挖掘，这一分类取决于它们学习数据以进行预测的方式。**有监督数据挖掘**（supervised data mining），也称为监督学习，是开发预测模型的常用方法。第 6 章、第 7 章、第 9 章和第 10 章讨论了有监督数据挖掘应用的两个主要类型，即分类和预测。这些模型可以根据若干个输入变量（自变量）来预测输出变量（因变量或目标变量）的结果。在一些监督学习方法（如回归）中，我们估计出一个数学模型，它将目标变量的结果（通常称为 y）与一个或多个自变量（通常称为 x_1，x_2，$\cdots$，x_k）联系起来。因为回归模型的目标变量的观察值已经被用来在训练集中建立模型，所以回归模型是训练过的或被监督的。此外，模型的性能可以根据预测值与验证集中目标变量的实际值的偏差程度来评估。

在本章中，我们将重点讨论**无监督数据挖掘**（unsupervised data mining，又称无监督学习）。它不需要提前知道因变量。它之所以被称为无监督学习，是因为与有监督学习不同，它允许计算机在没有任何具体指导规则的情况下识别复杂的数据模式。无监督学习是探索性数据分析的一个重要部分，因为它不区分目标变量 y 和自变量 x。在本章中，我们将所有的 k 个变量表示为 x_1，x_2，$\cdots$，x_k。有几种机器学习算法可以用来实现两种核心的无监督数据挖掘技术——聚类分析和关联规则分析。

在第 8 章中，我们探讨了几种相似性度量方法来衡量一组观察值（或样本）是否相似。特别地，我们对数值变量使用了欧几里得和曼哈顿距离测量法，这些数值变量通常首先被标准化或归一化，使其与量纲无关。此外，匹配法和 Jaccard 系数被用来度量分类变量的相似性，这些做法对于有监督和无监督数据挖掘方法来说都是必要的。例如，在聚类分析中，不同的聚簇根据不同的相似性度量形成，具体而言，同一个聚簇内的对象具有高相似性，不同聚簇内的对象不相似。

层次聚类分析

像将对象分成具有某种相似特征的类别这项重要的任务，人们几乎每天都在做。我们有能力识别物体之间的模式或共同特征，并将它们分类为组群或簇。考虑到分组在日常生活中的重要性，我们引入了聚类分析。**聚类分析**（cluster analysis）是使用最广泛的无监督数据挖掘技术之一，它通过相似性度量（在 8.2 节中讨论过）将数据集中的观察值（记录值）分类，使观察值在一个簇中相似，在不同的簇中不相似。

聚类分析通常被认为是描述性分析的一部分，因为它通过将数据集中的大量观察值归纳为少数同质的簇，进行探索性分析。簇的特征或概况有助于我们理解并描述观察值数据中存在的不同组别。

虽然聚类分析可以单独进行，但它有时也会在有监督学习方法之前进行，以帮助分离并显示出特征迥异的观察值。例如，给奢侈品或收藏品车辆定价可能需要一个与经济型车辆定价非常不同的模型。因此，合理的做法是，将不同类型的车辆分为不同的组别，并为每个组别单独开发定价模型，以达到更好的预测性能。

聚类分析

聚类分析是一种无监督数据挖掘技术，它将数据分成具有相似特征的簇。

聚类分析的一种常见的应用方式是客户细分或市场细分，公司通过分析大量与客户相关的人口统计学数据和行为数据，将客户细分成不同的组别。例如，信用卡公司可能会将客户分为每月还清账单的客户和每月不能还清账单的客户，并且在这两个客户群中，根据他们的消费习惯进一步分组。公司可能会针对每个细分客户群体进行不同的促销和广告活动，或为每个群体设计不同的金融产品。

聚类分析使我们将人、产品、商业交易和许多其他类型的观察值分成许多内部同质的组，其中每个组都有自己独有的特征，以区别于其他组。相似地，保险公司可能希望根据汽车保单持有人的特征（如年龄、年行驶里程和平均索赔成本）对他们进行分组，以便基于每个组别设置最优的保费。

两种常见的聚类技术是层次聚类和 k-均值聚类。我们在本节中讨论层次聚类，在下一节中讨论 k-均值聚类。**层次聚类**（hierarchical clustering）是一种使用迭代过程将数据分组到簇的层次结构中的技术。层次聚类的常见策略通常使用以下两种方法之一：**凝聚聚类**（agglomerative clustering，又称凝聚嵌套或 AGNES）和**分裂聚类**（divisive clustering，又称分裂分析或 DIANA）。凝聚聚类开始时，每个观察值都是它自己的簇，但随着层次的上升，算法迭代合并彼此相似的簇，因此它有时也被称为"自下而上"的方法。相反，分裂聚类首先将所有的观察值分配到一个簇中，但随着层次的向下移动，算法迭代地分离最不相似的观察值，因此它有时也被称为"自上而下"的方法。

层次聚类

层次聚类是一种使用迭代过程将数据分组到簇的层次结构中的技术。层次聚类的常用策略分为以下两种：凝聚聚类和分裂聚类。

● 凝聚聚类是一种"自下而上"的方法，每个观察值都是它自己的簇，但随着层次的上升，算法迭代合并彼此相似的簇。

● 分裂聚类是一种"自上而下"的方法，它首先将所有的观察值分配到一个簇中，但随着层次的向下移动，算法迭代地分离最不相似的观察值。

在本书中，我们重点研究了凝聚聚类，它是两种层次聚类方法中比较常用的方法。凝聚聚类的计算机应用程序可以简单修改，以实现分裂聚类。我们首先使用数值变量或分类变量的数据创建凝聚簇，然后扩展分析，囊括混合数据，并结合来自数值变量和分类变量的数据。

▓ 数值变量或分类变量的凝聚聚类

正如前面提到的，在凝聚聚类中，最初数据中的每个观察值都形成了自己的簇。然后，该算法根据相似性将这些簇依次合并为更大的簇，直到所有的观察值合并为一个最终的簇（称为根）。我们使用数值变量的欧几里得距离或曼哈顿距离，以及分类变量的匹配法或 Jaccard 系数来测量观察值的（不）相似性。在这里，我们使用 z 值标准化，消除数值变量尺度。距离测量和 z 值标准化在 8.2 节中已讨论。

在合并簇的迭代过程中，凝聚聚类算法使用以下连接方法之一来评估簇之间的（不）相似性。

● 单连接法使用不属于同一簇的一对观察值之间的最近距离。

● 完全连接法使用不属于同一簇的一对观察值之间的最远距离。

● 凝聚点法使用簇之间的凝聚点距离，其中簇中各个变量的平均值共同表示簇的中心或凝聚点。

● 平均连接法使用不属于同一簇的所有观测对之间的平均距离。

● Ward 法是 Joe H. Ward 在 1963 年开发的，它使用了一种略有不同的算法来最小化簇内的不相似性。具体来说，它使用误差平方和（ESS）来衡量当观察值聚类时发生的信息损失，其中 ESS 被定义为单个观测和聚类平均值之间的平方差。Ward 法在许多聚类分析软件中得到了广泛的应用，如 Analytic Solver 和 R 语言。

为了进一步说明上面提到的前三种连接方法，请看图 11.1 中的两个潜在的簇。黑线表示单连接距离，灰线表示完全连接距离，虚线表示凝聚点距离。平均连接距离（图中没有显示）是两个簇之间所有 9 个可能对的平均距离。Ward 法（图中没有显示）则需要计算误差平方和，以衡量当观察值聚类时的信息损失。

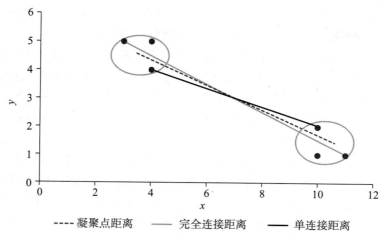

---- 凝聚点距离　—— 完全连接距离　—— 单连接距离

图 11.1　层次聚类的连接距离

☐ 树状图

一旦凝聚聚类算法完成其聚类过程，数据通常就会以树状结构表示，其中每个观察值都可以被认为是树上的叶子。我们将树状结构称为树状图，它能让用户直观地查看聚类结果并确定数据中合适的聚类数。尽管确定簇的正确数量有些主观，但我们仍然可以直接观察树状图来做出决策。图 11.2 是一个树状图的示例。

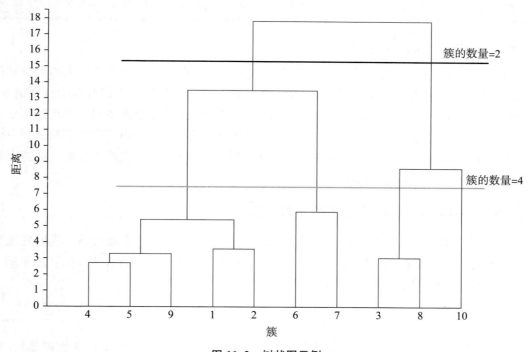

图 11.2　树状图示例

从树状图的顶部往下看，我们可以看到两个主要分支。每个分支代表一个可能的观察值的簇。总的来说，这两个分支由 10 个子分支或子簇组成，由水平轴下方的值标记。右侧较小的分支包括编号为 3、8 和 10 的 3 个子分支或子簇。每个分支（簇）或子分支（子簇）的高度表示距离，或者是它与合并的其他分支或子分支的差异程度。高度越高，表示该簇与其他簇的差异度就越大。例如，子簇 4 和 5 彼此非常相似，因此在较低的高度相连接。因此，我们通常可以通过目视检查树状图来确定适当数量的簇。对于图 11.2 中的树状图，我们可能会决定将观察结果分成两个簇。因此，我们可以通过水平切割树状图来获得两个主要分支（两个簇），如黑线所示。

仅依赖树状图树枝的高度可能会导致生成统计上显著但缺乏甚至没有实际意义的簇。因此，我们经常同时考虑定量测量（例如树状图）和实际情况，来确定合适的最终簇的数量。例如，假设图 11.2 中的树状图表示将客户聚类到内部同质的簇中的过程。如果一家公司决定向特定群体销售其生产的 4 种不同产品之一，那么在这种情况下选择 4 个簇似乎是合适的。也就是说，在图 11.2 中，树将在灰线处被切割，而不是在黑线处。

我们还应该根据描述性统计来检查每个簇的概况。例如，假设年龄、性别、收入、受教育程度和每周在线时间是聚类分析中对客户进行分组的变量，那么每个簇都可以根据其最具定义性的特征进行描述。一个簇可能包括年龄在 35～45 岁之间高收入、高学历的女性客户，另一个簇可能主要包括年龄在 18～25 岁之间、每周在线时间超过 20 小时的客户。我们可以将第一类人称为中年女性专业人士，将第二类人称为年轻网民。

另一种聚类的常用方法是合并未在聚类中使用但决策者感兴趣的变量。例如，我们可能会发现第一个簇中的很大一部分客户在过去一年中至少购买了我们的产品 5 次，而第二个簇中的大多数客户在过去 6 个月内都没有下过订单。基于这些从聚类分析中获得的信息，公司可以设计不同的产品或营销策略来针对不同的客户群。

树状图

树状图是将数据表示为树状结构的图形，其中每个分支都可以视为一组观察结果。

□ 使用层次聚类法的注意事项

聚类方法挖掘有效的、隐含的数据模式的能力取决于如何实现它。而最终产生的聚类结构取决于数据转换方法（z 值标准化或统一化）、观察值之间的距离（欧几里得距离或曼哈顿距离）、使用的算法（凝聚聚类或分裂聚类）和簇之间的连接方式（单连接法、完全连接法、平均连接法、凝聚点法或 Ward 法）。由于方法的确定依赖于给定的数据和具体情境，因此尚不存在方法选择方面的标准策略。因为聚类本质上是一种用于数据探索的无监督技术，所以从概念的角度看，对特定数据情况最合适的技术应该就是最有意义的技术。

■ 使用 Analytic Solver 和 R 语言执行凝聚聚类

在例 11.1 中，我们演示如何使用 Analytic Solver 和 R 语言来执行凝聚聚类。我们发现聚类分析的结果对特定算法是敏感的，由于 Analytic Solver 中使用的算法与 R 语言使用的算法不同，因此聚类结果可能也会有所不同。

例 11.1

表 11.2 显示了与美国 41 个城市的犯罪率（Crime，每 100 000 名居民的犯罪数量）、贫困率（Poverty，%）和收入中位数（Income，千美元）相关的部分数据（文件：Cities）。使用 Analytic Solver 和 R 语言执行凝聚聚类。请解释结果。

表 11.2　美国 41 个城市的人口统计数据

城市	犯罪率	贫困率	收入中位数
巴恩斯特布尔	710.6	3.8	58.422

续表

城市	犯罪率	贫困率	收入中位数
波士顿	1 317.7	16.7	48.729
⋮	⋮	⋮	⋮
沃里克	139.7	3.9	59.445

解答:

使用 Analytic Solver

a. 打开 Cities 数据文件。

b. 在菜单中选择"数据挖掘"(Data Mining)→"聚类"(Cluster)→"层次聚类"(Hierarchical Clustering)。

c. 如图 11.3 所示,单击"数据范围"(Data range)旁边的省略号按钮并选择单元格 $A$1: $D$42。确保选中"第一行包含标题"(First Row Contains Headers)。填充输入数据框中的变量。选择并移动变量 Crime、Poverty 和 Income 到"选定变量"(Selected Variables)框中。接受其他默认值并单击"下一步"(Next)。

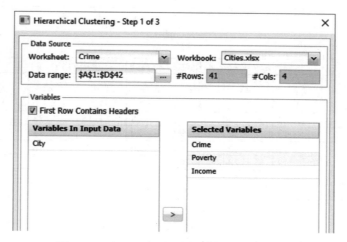

图 11.3 Analytic Solver 中的层次聚类对话框

资料来源:Microsoft Excel.

d. 在下一个对话框中选择"规范化输入数据"(Normalize input data)。正如 8.2 节中所解释的那样,数值上具有较大尺度的变量(在本例中是犯罪率)往往可以主导结果。请注意,Analytic Solver 使用输入 Normalize 来进行 z 值标准化。对于相似性度量,我们选择欧几里得距离,因为所有的输入变量都是数字变量。本例采用 Ward 法作为聚类方法,单击"完成"(Finish)。

e. 在最后一个对话框中,在"输出选项"(Output Options)下选择"绘制树状图"(Draw Dendrogram)和"显示簇成员"(Show Cluster Membership),并设置最大叶子数量为 10,簇的数量为 3。单击"完成"(Finish)。

在 Cities 工作表旁边,Analytic Solver 将插入 3 个新的工作表:HC_Output、HC_Clusters 和 HC_Dendrogram。HC_Output 工作表只是提供了我们所输入的输入参数的摘要。HC_Clusters 工作表列出了每一个观察值以及它分配到的簇和它的子簇。目前我们最感兴趣的是 HC_Dendrogram 工作表,如果选择此工作表,则在弹出窗口会显示树状图,其他信息也将显示在相应的工作表中。

图 11.4 的上半部分显示了树状图,下半部分显示了每个观察值分配到的簇。观察树状图我们可

以发现，数据中的观测结果属于 3 个不同的簇。我们可以切割树状图（例如，y 轴值为 8）来获得这些簇，例如，第一个簇由子簇 1、5 和 10 组成。这个簇包括观察值 1（来自子簇 1），7、9、16、20、21、29、32 和 41（来自子簇 5），以及 35 和 37（来自子簇 10）。

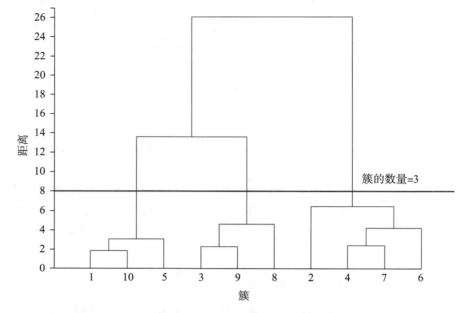

簇图示（数字表示相对于原始数据的记录序列）									
子簇 1	子簇 2	子簇 3	子簇 4	子簇 5	子簇 6	子簇 7	子簇 8	子簇 9	子簇 10
1	2	4	5	7	8	15	23	25	35
	3	13	11	9	30		24	27	37
	6	17	12	16	40		26	34	
	10	19	28	20			38	36	
	14	22	33	21			39		
	18	31		29					
				32					
				41					

图 11.4 Analytic Solver 中的 HC_Dendrogram 工作表

3 个分支的高度都很高，说明聚类结构很好，因为簇之间的距离很大。这证实了我们在步骤 e 中指定 3 个簇的决定产生了相当好的结果。要向 Cities 工作表中的原始数据添加簇成员，可以转到 HC_Clusters 工作表，将簇编号复制并粘贴到 Cities 工作表中。表 11.3 显示了更新后的 Cities 工作表的一部分。

表 11.3 使用 Analytic Solver 更新例 11.1 的 Cities 数据

城市	犯罪率	贫困率	收入中位数	记录编号	簇	子簇
巴恩斯特布尔	710.6	3.8	58.422	记录 1	1	1
波士顿	1 317.7	16.7	48.729	记录 2	2	2
...	...	...	...	...	...	...
沃里克	139.7	3.9	59.445	记录 41	1	5

我们现在可以计算每个簇的汇总统计信息，以查看簇的特征。表 11.4 显示了这些概括性统计数

据，包括每一组的平均犯罪率、贫困率和收入中位数。我们将簇 1 定义为 3 个簇中犯罪率最低、贫困率最低、收入中位数最高的 11 个城市。簇 2 代表了 3 个簇中犯罪率最高、贫困率最高、收入中位数最低的 15 个城市。簇 3 的犯罪率更接近第一组，贫困率中等，收入中位数更接近第二组。当决策者做出投资决策或试图了解经济政策对不同城市的不同影响时，他们可能会发现这类信息很有用。

表 11.4　例 11.1 使用 Analytic Solver 的层次聚类结果

簇	犯罪率	贫困率	收入中位数
1 (N=11)	235.90	5.51	61.39
2 (N=15)	1 096.20	18.45	40.33
3 (N=15)	362.03	11.61	44.61

与其他聚类方法相比，Ward 法在这种情况下产生的聚类结构中，每个簇都有合理数量的观察值。如果我们使用单连接法或凝聚点法，那么分析会导致几个簇只有一个观察结果，这通常不是理想的结果。我们鼓励读者使用不同的聚类方法进行实验，并检验不同的结果。

使用 R 语言

a. 将 Cities 数据导入数据框（表），并将其标记为 myData。

b. 安装并加载聚类包。输入：

```
> install.packages("cluster")
> library(cluster)
```

c. 我们从分析中排除城市变量，标准化犯罪率、贫困率和收入中位数变量，并将它们的标准化值存储在名为 myData1 的数据框中。我们用 scale 函数来标准化这 3 个变量的值。输入：

```
> myData1 <- scale(myData[ , 2:4])
```

如果不需要标准化，我们只需选择 3 个数值变量，我们的 R 代码将是

```
> myData1 <- myData[ , 2:4].
```

d. 我们使用 dist 函数来确定观察结果之间的相似性，并将距离值存储在一个名为 d 的新变量中。对于 dist 函数中的选项，我们可以用不同的距离计算方法。距离计算的选项包括"欧几里得距离"、"曼哈顿距离"、"二元距离"（表示 Jaccard 系数）、"最大距离"和"闵可夫斯基距离"。（最后两种距离计算方法不在本书讨论范围内。）我们指定"欧几里得"来使用欧几里得距离作为相似性度量。输入：

```
> d <- dist(myData1, method = "euclidean")
```

e. 我们使用 agnes 函数进行凝聚聚类，并将结果标记为 aResult。对于 agnes 函数中的选项，我们使用 method 来指定聚类方法。聚类方法的选项包括"单"（单连接）、"完全"（完全连接）、"平均"、"ward"（Ward 法）、"加权"和"灵活"。我们指定"ward"。diss 选项（表示不相似）设置为 TRUE，表示变量 d 包含距离矩阵而不是原始变量。输入 aResult，可以得到包含凝聚系数的聚类结果，凝聚系数用来衡量聚类结构的强度以及数据中是否存在自然的聚类结构。一般情况下，系数值为 0.75 或更大，表明存在良好的自然聚类结构。输入：

```
> aResult <- agnes(d, diss = TRUE, method = "ward")
> aResult
```

R 语言将展示以下部分结果：

```
Call: agnes(x = myData, method = "ward")
```

Agglomerative coefficient: 0.942097

凝聚系数（0.942 097）表明数据中存在良好和自然的聚类。

f. 我们使用 plot 函数来生成树状图以及横幅图。输入：

> plot(aResult)

Hit <Return> to see next plot:

系统将提示按回车键以显示图形。按下回车键，横幅图就会出现。

图 11.5（a）显示了横幅图。横幅图是树状图的另一种选择。横幅图中的灰色条形代表观测结果，灰色条形之间的每个空白间隙代表潜在的簇。与树状图一样，我们可以切割横幅以获得所需的簇的数量。在本例中，如果我们在高度值＝7 的地方切割横幅，那么我们将得到一个有 3 个簇的结果。如果再次按回车键，则出现树状图。图 11.5（b）为树状图，所得结果与 Analytic Solver 求得的结果一致。

a. 横幅图

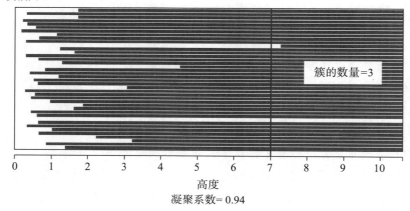

b. 树状图（观测值1~41标在*x*轴上）

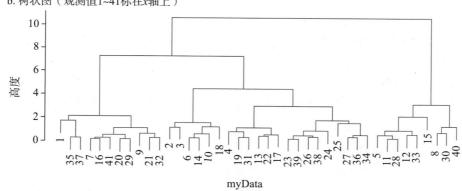

图 11.5　R 中的横幅图和树状图

g. 通过对横幅图和树状图的检查，我们可以确定聚类的数量。我们使用 cutree 函数来创建 3 个不同的簇。输入：

> aClusters <- cutree(aResult, k = 3)

h. 我们可以使用 data.frame 函数将簇成员添加到原始数据框 myData 中。然后我们使用 View 函数检查更新后的 myData 数据框。输入：

```
> myData <- data.frame(myData, aClusters)
> View(myData)
```

表 11.5 显示了更新后的 Cities 数据的一部分。

表 11.5　例 11.1 使用 R 语言更新的 Cities 数据

城市	犯罪率	贫困率	收入中位数	a 簇
巴恩斯特布尔	710.6	3.8	58.422	1
波士顿	1 317.7	16.7	48.729	2
…	…	…	…	…
沃里克	139.7	3.9	59.445	1

i. 我们使用 summary 函数来获取 3 个簇的汇总统计信息。输入：

```
> summary(subset(myData, aClusters = = 1))
> summary(subset(myData, aClusters = = 2))
> summary(subset(myData, aClusters = = 3))
```

j. 为了找出每个分类中的观察值数量，as.factor 函数将聚类数据转换为分类数据，然后使用 summary 函数找出每个聚类中的观察值。输入：

```
> summary(as.factor(aClusters))
```

表 11.6 显示了犯罪率、贫困率和收入中位数的均值。结果与 Analytic Solver 得到的结果不同，但它们是一致的。簇 1 仍然是 3 个簇中犯罪率最低、贫困率最低、收入中位数最高的 11 个城市。然而，只有 9 个城市落在簇 3，这些城市的犯罪率最高，贫困率最高，收入中位数最低。而 Analytic Solver 将 15 个城市聚集在这一类别中。R 语言将 21 个城市归类在中间，而 Analytic Solver 将 15 个城市归类在这一类别中。

表 11.6　例 11.1 使用 R 语言的层次聚类结果

簇	犯罪率	贫困率	收入中位数
1（N=11）	235.90	5.51	61.39
2（N=21）	544.2	12.28	45.64
3（N=9）	1 160.5	21.46	35.06

混合数据的凝聚聚类

迄今为止，我们已经讨论了数值变量的聚类数据。现在我们将用包含数值变量和分类变量的数据（也称为混合数据）来扩展分析。混合数据通常是商业应用的兴趣所在。例如，一家公司可能想要基于诸如收入和年龄等数值变量以及诸如性别和种族等分类变量对观察结果进行聚类。

为了用混合数据测量两个观察值之间的距离，我们通常使用 John C. Gower 提出的距离度量，即 Gower 系数。Gower 系数计算每个变量的距离，将其转换为 [0，1] 尺度，并计算缩放距离的加权平均，作为两个观察值之间的相似性度量。Gower 相似系数的讨论超出了本书的范围。Analytic Solver 的当前版本不能计算 Gower 相似系数，因此，对于混合数据，我们只使用 R 语言进行凝聚聚类。请考虑下面的例子。

例 11.2 --

一家全国性电话运营商对其目前的移动电话用户进行了一项社会人口统计研究。用户需要填写调查问卷，问题包括他们当前的年度收入，是否生活在城市（如果生活在城市则为 1，否则为 0），婚姻状况（如果已婚则为 1，否则为 0），性别（如果为男性则为 1，否则为 0），以及是否有大学学位（如果有大学学位，则为 1，否则为 0）。表 11.7 显示了从 196 名用户收集的部分调查数据（文件：Subscribers）。

表 11.7 移动电话用户

年度收入	性别	婚姻状况	大学学位	生活在城市
61 643	1	1	1	0
91 095	1	1	1	1
...	...	...	...	...
54 638	1	1	1	1

使用 Gower 相似性度量进行凝聚聚类分析，并解释结果。

解答：

我们使用 R 语言，Gower 系数执行凝聚聚类分析，使用许多与例 11.1 中相同的步骤。考虑到这个原因，我们省略了某些步骤。

使用 R 语言

a. 将 Subscribers 数据导入数据框（表）中，并将其标记为 myData。安装并加载 Cluster 包（如果你还没有安装的话）。输入：

```
> install.packages("cluster")
> library(cluster)
```

b. 数据集中的第一个变量是移动用户识别号码，其不会在聚类分析中使用。我们使用 daisy 函数来确定观察值之间的相似性，并将结果标记为 d。对于 daisy 函数中的选项，我们使用"度量"（metric）来指定距离计算。距离计算选项包括"欧几里得""曼哈顿""Gower"。我们指定"Gower"。输入：

```
> d <- daisy(myData[ , 2:6], metric = "gower")
```

如果再次输入 d，R 语言将报告所有可能的观测对的所有不相似性度量。验证观测 1 和观测 2 的不相似性度量为 2.277 405e-01。这等于 1 减去 Gower 系数。

c. 我们使用 agnes 函数和 Ward 法进行凝聚聚类，并将结果标记为 mResult。输入：

```
> mResult <- agnes(d, method = "ward")
> mResult
```

R 语言报告的凝聚系数为 0.997 260 4。

d. 我们使用 plot 函数得到横幅图和树状图。输入：

```
> plot(mResult)
```

按照提示查看横幅图和树状图。图 11.6 显示了树状图。

e. 我们使用 cutree 函数获得 4 个簇，然后将簇成员信息添加到 myData 数据框中。我们使用 summary 函数来获取每个簇的汇总统计信息。表 11.8 提供了每个簇的均值。

```
> mClusters <- cutree(mResult, k = 4)
```

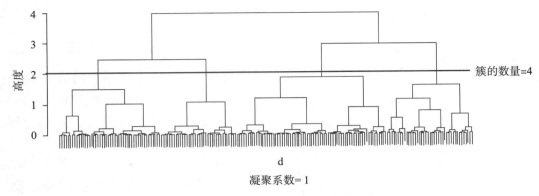

图 11.6　R 语言中例 11.2 的树状图

```
> myData <- data.frame(myData, mClusters)
> summary(subset(myData, mClusters = = 1))
> summary(subset(myData, mClusters = = 2))
> summary(subset(myData, mClusters = = 3))
> summary(subset(myData, mClusters = = 4))
```

表 11.8　例 11.2 的层次聚类结果

簇	年度收入	性别	婚姻状况	大学学位	生活在城市
1（N=48）	96 158	1	1	0.395 8	0.687 5
2（N=71）	94 392	0.380 3	0	0	0.394 4
3（N=36）	97 176	0	1	0	0.611 1
4（N=41）	106 586	0.317 1	0.219 5	1	0.536 6

　　f. 为了找出每个簇中观测值的数量，我们使用 as. factor 函数将 mCluster 转换为分类数据，然后使用 summary 函数找出每个簇中的观测值。输入：

```
> summary(as.factor(mClusters))
```

基于这些结果，我们对这 4 个簇分别提出以下看法。
● 簇 1 中的所有用户均为已婚男性，其中大部分为城市居民。只有大约 40％的人有大学学位。
● 簇 2 中的所有用户都没有结婚，也没有大学学位。大约 40％的用户是男性。这个群体中的大多数用户居住在城市之外。
● 簇 3 中的所有用户都是没有大学学位的已婚女性。她们中的大多数人住在城市里。
● 簇 4 中的所有用户都有大学学位，年度收入在 4 组中最高。他们往往未婚，而且大多数是女性。

　　层次聚类的主要优势在于它不需要预先指定簇的数量，因此纯粹是数据驱动的。它也很容易理解和解释。请注意，由于层次聚类对单个观察值进行评估，以便在每次迭代中选择合并或分离它们，因此它的算法本质上是耗时的，不能有效地扩展到大规模的数据集，这就给处理大数据带来了巨大的挑战。此外，该方法也不够稳定，因为即使样本数据发生很小的变化，解释结果也会发生变化。为了克服这些缺点，实践中人们常将层次聚类与其他更有效的聚类方法结合起来。我们将在下一节中讨论这些内容。

练习 11.1

理论

注意：AS 和 R 标记分别表示该练习必须使用 Analytic Solver 或 R 语言求解。如果没有指定，那么该练习可采用 Analytic Solver 和 R 语言中的任意一个，但答案将取决于你所使用的方法和软件。请注意，在 Analytic Solver 中请输入 Normalize 以进行 z 值标准化。

1. 文件：Exercise_11.1。对所附的数据集执行凝聚聚类。

a. 首先将 5 个变量标准化为 z 值形式，然后选择欧几里得法和单连接法测距，最后绘制并查看树状图。如果簇之间的最小距离为 5，那么会生成多少个簇？

b. 重复 a 问题，但选择完全连接聚类方法。

c. 重复 a 问题，但选择 Ward 聚类方法。

2. 文件：Exercise_11.2。对所附的数据集执行凝聚聚类。数据中包括 7 个变量，首先标准化为 z 值。然后选择欧几里得法与 Ward 法来测距。最后绘制并查看树状图。如果簇之间的最小距离为 5，那么会生成多少个簇？如果簇之间的最小距离为 3，那么会生成多少个簇？

3. 文件：Exercise_11.3。对所附的数据集执行凝聚聚类。数据中包括 7 个变量，首先标准化为 z 值。然后，选择欧几里得法和完全连接法测距。最后，绘制并查看树状图。如果簇之间的最小距离为 5，那么会生成多少个簇？在最大的簇中有多少个观察值？最大的簇 x_1 的均值是多少？

4. 文件：Exercise_11.4。对所附的数据集执行凝聚聚类。

a. 数据中包括 5 个变量，首先标准化为 z 值，然后采用欧几里得距离和单连接法将数据聚类为 3 个簇。在最大的簇中有多少个观察值？最大的簇的 x_4 的均值是多少？

b. 选择完全连接聚类方法重复 a 问题。

c. 选择 Ward 聚类方法重复 a 问题。

5. 文件：Exercise_11.5。对所附的数据集执行凝聚聚类。在分析中使用前 5 个变量 x_1，x_2，x_3，x_4，x_5，并且对数据不进行标准化变量处理。注意：对于 R 语言，在 dist 函数中使用 method＝"binary" 选项。

a. 相似性度量使用 Jaccard 系数，聚类方法采用平均连接，将数据聚类为 4 个簇。最大的簇的 x_1 中有多少个"1"？

b. 相似性度量使用杰卡德系数，聚类方法采用单连接，将数据聚类为 6 个簇。最大的簇的 x_1 中有多少个"1"？

6. 文件：Exercise_11.6。使用所有 11 个二元变量，对所附的数据集执行凝聚聚类，并使用 Jaccard 系数进行相似性度量，使用平均连接法进行聚类。查看树状图，如果簇之间的最小距离为 0.8，那么会生成多少个簇？注意：对于 R 语言，在 dist 函数中使用 method＝"binary" 选项。

7. 文件：Exercise_11.7。使用所有 11 个二元变量，对所附的数据集执行凝聚聚类，并使用 Jaccard 系数作为相似性度量，使用完全连接作为聚类方法，将数据聚类为 5 个簇。在最大的簇中有多少个观察值？最大的簇的 x_1 中有多少个"1"？注意：对于 R 语言，在 dist 函数中使用 method＝"binary" 选项。

8. 文件：Exercise_11.8。R。对所附的数值变量和分类变量的数据进行聚类。使用 Gower 系数与 Ward 聚类方法，绘制并查看树状图。如果簇之间的最小距离为 0.8，那么会生成多少个簇？最大的簇 x_5 的均值是多少？

应用

9. 文件：College。Peter Lara 是一名有抱负的大学生，他和高中的大学顾问讨论了他可能申请的大学。顾问建议他查询教育部网站上的大学记分卡信息。Peter 下载了下表中的数据，包括：学校、毕业后收入（美元）、年平均开支（美元）、毕业率（%）、学生债务偿还比例（%），以及大学是否位于城市（位于城市为 1，否则为 0）。Peter 和他的家人想根据现有信息对这些大学进行分组，以缩小他们的选择范围。下表显示了部分数据。

学校	毕业后收入	年平均开支	毕业率	学生债务偿还比例	位于城市
St. Ambrose Univ.	44 800	22 920	62	88	1
Albion College	45 100	23 429	73	92	0
⋮	⋮	⋮	⋮	⋮	⋮
WittenburgUniv.	42 700	26 616	64	90	1

a. 基于毕业后收入、年平均开支、毕业率和学生债务偿还比例进行凝聚聚类，所有变量都标准化为 z 值。采用欧几里得距离和 Ward 聚类方法对 116 所高校进行聚类。如果簇之间的最小距离为 15，那么会生成多少个簇？

b. 根据是否位于城市将大学划分为两个不同的数据集。根据毕业后收入、年平均成本、毕业率和学生债务偿还比例，使用欧几里得距离和 Ward 聚类方法，将位于城市的大学进行聚类。查看树状图。如果簇之间的最小距离为 10，那么会生成多少个簇？

c. 对不在城市的大学进行重复分析。查看树状图。如果簇之间的最小距离为 10，那么会生成多少个簇？

10. 文件：Student_Body。Anne Cutberth 刚刚开始她的新工作，她在科罗拉多州的一所小型文理学院担任学术顾问。最近她正在浏览一个学术部门的学生名单，想对该部门的学生群体有更好的了解。所附表格显示了她收集的 100 名学生的部分数据。请注意，所有的变量都是离散的，值为 1 依次表示给定的学生是转校生，上学期在院长名单上，目前正在接受经济援助，或是女性。注意：对于 R 语言，在 dist 函数中使用 method="binary" 选项。

转校生	院长名单	经济援助	女性
0	1	1	1
1	0	1	0
⋮	⋮	⋮	⋮
1	0	0	1

a. 对 Anne 的数据集中的学生进行凝聚聚类，并采用 Jaccard 系数进行相似性度量，采用完全连接聚类方法。查看树状图。如果簇间的最小距离为 0.8，那么会生成多少个簇？最大的学生簇中有多少转校生？

b. 重复 a 问题，选择平均连接聚类方法。在最大的簇中，院长名单上人数最多的学生有多少？

11. 文件：Football_Players。Denise Lau 是一个狂热的橄榄球球迷，她积极关注每一场大学橄榄球赛，并在当前的赛季中，认真地记录下每个四分卫在整个赛季中的表现。Denise 正在当地一所大学的球迷俱乐部做关于四分卫的报告。下表显示了她记录的部分数据。变量包括球员（Player）、完成传球（Comp）、尝试传球（Att）、完成百分比（Pct）、总投掷码数（Yds）、每次尝试平均码数（Avg）、每场比赛投掷码数（Yds/G）、触地次数（TD）和拦截次数（Int）。

球员	完成传球	尝试传球	…	拦截次数
1	107	166	…	4
2	238	353	…	4
⋮	⋮	⋮	⋮	⋮
43	184	294	…	3

a. 根据四分卫的表现进行凝聚聚类，帮助 Denise 准备这次展示。对变量进行标准化处理，采用欧几里得距离和 Ward 聚类方法。将数据聚类为 3 个簇。最大的簇中有多少球员？最大的簇的平均触地次数是多少？

b. 只选择尝试传球至少 150 次的四分卫作为对象，并重复 a 中所做的聚类分析。将数据聚类为两个簇。在更大的簇中有多少球员？较大的簇的平均触地次数是多少？注意：对于 Analytic Solver，使用 Excel 中的 Filter 选项来选择观察值。将观察值复制到新的工作表中。不要改变观察值的顺序。

12. 文件：Baseball_Players。R。Ben Derby 是职业棒球队的高薪球探。他每周至少参加 5～6 场美国职业棒球大联盟的比赛，并尽可能多地观看录制好的比赛，以便为他的球队评估潜在的球员，他还保存了每个击球手的详细记录。他的球队正在计划下赛季再增加一名击球手。幸运的是，Ben 有联盟中至少打了 100 场比赛的 144 名击球手的资料。下表显示了部分数据。变量包括球员（Player）、比赛次数（G）、击球次数（AB）、跑动次数（R）、安打次数（H）、全垒打次数（HR）、击球次数（RBI）、安打率（AVG）、上垒率（OBP）、打击率（SLG）。

球员	比赛次数	击球次数	⋯	打击率
1	140	558	⋯	0.497
2	127	405	⋯	0.451
⋮	⋮	⋮	⋮	⋮
144	129	471	⋯	0.516

使用凝聚聚类将 144 名球员分为 3 个簇，使用除球员外的所有变量。首先对变量进行标准化处理，采用欧几里得距离和单连接聚类方法。每个簇中有多少名球员？用变量的均值描述每个簇的特征。

13. 文件：Internet_Addiction。网瘾已被认为是大学生中普遍存在的问题。科罗拉多州的一所小型文理学院利用 Kimberly Young 博士开发的网瘾测试（IAT）对学生进行了网瘾调查。IAT 包含 20 个问题，测量 3 个潜在的心理测量因素。问题 1 至问题 9 测量情感或心理冲突，指的是个人使用互联网作为一种逃避与亲朋好友互动的手段的程度。问题 10 至问题 14 衡量的是时间管理问题，指的是个人选择在牺牲其他责任的情况下花时间上网的程度。最后，问题 15 到问题 20 测量情绪调整，指的是个人的网络依赖是由情绪改善的需要驱动的。下表显示了 350 名学生的部分回复。学生的反应范围是 1~5，较高的值表明更有可能在互联网使用方面有问题。

记录	IAT1	IAT2	⋯	IAT20
1	2	2	⋯	1
2	2	3	⋯	1
⋮	⋮	⋮	⋮	⋮
350	1	2	⋯	1

a. 3 个心理测量因素（即情绪或心理冲突、时间管理问题和情绪调整）的分数可以通过设计测量这些因素的问题的平均分计算出来。首先，找出每名学生每个心理测量因素的平均分。其次，根据 3 个潜在的心理测量因素，对 350 名大学生进行聚类，将其分为 5 个簇。采用欧几里得距离和单连接的聚类方法（对数据不进行标准化处理）。最大的一个簇中有多少名学生？

b. 在最大的簇中，学生在情绪或心理冲突、时间管理问题和情绪调整方面的平均分是多少？

14. 文件：Health_Population 2。所附数据集包括来自世界银行 2000 年健康和人口统计数据库的 38 个国家的国家一级健康和人口指标。变量包括每 1 000 人口的死亡率（‰）、人均医疗支出（美元）、出生时的预期寿命（年）、每 1 000 名成年男性的死亡率（男性死亡率）、每 1 000 名成年女性的死亡率（女性死亡率）、年人口增长率（％）、女性人口比例（％）、男性人口比例（％）、总人口、劳动力规模、每名妇女的生育率、每 1 000 人口的出生率、人均国民总收入（美元）。下表显示了部分数据。

国家	死亡率	人均医疗支出	⋯	人均国民总收入
阿根廷	7.8	706.9	⋯	7 440
奥地利	9.6	2 415.78	⋯	26 790
⋮	⋮	⋮	⋮	⋮
瑞士	8.7	3 540.86	⋯	43 460

a. 仅根据 38 个国家的健康指标（即死亡率、人均医疗支出、预期寿命、男性死亡率和女性死亡率），对这些国家进行聚类。利用欧几里得距离和平均连接聚类方法将数据聚类为 3 个簇，请问在这种情况下是否需要将数据标准化？

b. 描述各个簇的特性。比较每一组的人均国民总收入，并阐述你的发现。

15. 文件：Health_Population 2。有关数据集的描述，请参阅前面的练习。

a. 仅根据 38 个国家的人口指标（即年人口增长率、女性人口比例、男性人口比例、总人口、劳动力规模、生育率和出生率）进行凝聚聚类。利用欧几里得距离和平均连接聚类方法将数据聚类为 3 个簇，请问在这种情况下是否需要将数据标准化？

b. 请计算最大一个簇的国家劳动力规模和人均国民总收入（美元）。

c. 将你的发现与之前练习的结果进行比较。讨论簇成员的差异和特点。

16. 文件：Pizza_Customers。AS。一家当地的比萨店想要更好地了解顾客的情况。下表显示了它收集的一部分数据，包括 30 位随机选择的顾客。变量包括年龄、女性（女性为 1，其他为 0）、年收入、已婚（已婚为 1，其他为 0）、有自己住所（有自己住所为 1，其他为 0）、大学学位（有大学学位为 1，其他为 0）、家庭规模（规模）和每年的商店支出（支出）。

记录	年龄	女性	…	支出
1	25	0	…	288
2	27	0	…	474
⋮	⋮	⋮	⋮	⋮
30	41	1	…	1 401

a. 仅根据数值变量对顾客进行凝聚聚类。利用欧几里得距离和 Ward 聚类方法将顾客聚类为两个簇，并根据簇的特征描述每个顾客簇。

b. 仅根据分类变量对顾客进行凝聚聚类。利用匹配系数和完全连接聚类方法将顾客聚类为两个簇，并根据簇特征描述每个顾客簇。

17. 文件：Pizza_Customers。R。关于数据集的描述，请参阅前面的练习。

a. 对所附数据（包括数值变量和分类变量）进行聚类。使用 Gower 系数与 Ward 聚类方法。如果簇之间的最小距离为 1，那么可以生成多少个簇？

b. 最大的簇中有多少位顾客？在最大的簇中，顾客的平均收入是多少？

18. 文件：Temperature。下表显示了美国 50 个选定城市 1 月、4 月、7 月和 10 月的平均气温的部分数据。

城市	1 月	4 月	7 月	10 月
新墨西哥州阿尔伯克基	35.7	55.6	78.5	57.3
阿拉斯加州安克雷奇	15.8	36.3	58.4	34.1
⋮	⋮	⋮	⋮	⋮
华盛顿特区	34.9	56.1	79.2	58.8

a. 根据 1 月、4 月、7 月和 10 月的平均气温，进行凝聚聚类，对各城市进行分组。首先对变量进行标准化处理，利用欧几里得距离和 Ward 聚类方法将城市聚类为 3 个簇。请问最大的簇中有多少个城市？

b. 最大的城市簇中 1 月、4 月、7 月和 10 月的平均气温是多少？

19. 文件：MLB。下表列出了美国职业棒球大联盟投手平均责分率（ERA）和薪水（百万美元）的部分数据。

球员	ERA	薪水
1	2.53	17
2	2.54	4
⋮	⋮	⋮
10	3.09	0.5

a. 基于 ERA 和薪水对球员进行聚类。首先对变量进行标准化处理，选择欧几里得距离和单连接聚类方法将参与者聚类为 4 个簇。最大的簇中有多少名球员？

b. 最大的簇的球员平均 ERA 和薪水是多少？

20. 文件：Chicago_CA。Sanjay Johnson 正在撰写一篇研究论文，研究教育水平和社区收入中位数之间的关系。下表显示了他收集到的芝加哥市 77 个社区的教育水平和收入中位数的部分数据。Sanjay 计划利用教育水平数据对这些社区进行聚类，并对这些社区的收入中位数进行比较。对于每个社区，这些变量包括居住 25 年及以上的居民总数、高中以下教育水平的居民人数（低于 HS）、高中学历的居民人数（HS）、大学学历的居民人数（SC）、拥有学士或以上学位的居民人数（学士）和家庭收入中位数（美元）。

社区	居住 25 年及以上	高中以下教育水平	…	家庭收入中位数
Albany Park	32 541	11 347	…	46 198
Archer Heights	7 327	2 669	…	42 571
⋮	⋮	⋮	⋮	⋮
Woodlawn	15 267	2 738	…	27 413

a. Sanjay 是否应该在聚类分析前对数据进行

标准化？简要说明原因。

b. 基于人口教育程度相关的标准化变量（低于 HS、HS、SC、学士），对社区进行凝聚聚类，并使用欧几里得距离和 Ward 聚类方法。然后，查看树状图。如果簇之间的最小距离为 10，那么会生成多少个簇？

c. 最大的社区簇的规模和平均家庭收入中位数是多少？

21. 文件：Internet _ Addiction 2。R。网瘾已被认为是大学生中普遍存在的问题。科罗拉多州的一所小型文理学院利用 Kimberly Young 开发的网瘾测试（IAT）对学生进行了网瘾调查。IAT 测量了 3 个潜在的心理测量因素：情绪或心理冲突（因素 1）、时间管理问题（因素 2）和情绪调整（因素 3）。在 IAT 中得分高的人更有可能在互联网使用方面有问题。下表显示了 350 名学生的 3 种心理测量因素的部分分数。受访者还提供了一些人口统计数据，包括性别（女性为 1，其他为 0）和学习水平（毕业生为 1，其他为 0）。

记录	因素 1	因素 2	…	学习水平
1	1.44	2.40	⋮	1
2	2.44	2.80	⋮	0
⋮	⋮	⋮	⋮	⋮
350	1.33	2.20	⋮	0

a. 使用 3 个心理测量因素和其他人口统计学变量进行层次聚类，对 350 名大学生进行分组。使用 Gower 系数表示观测值之间的距离，用 Ward 聚类方法将学生聚类为 3 个簇。最大的簇中有多少名学生？

b. 在最大的簇中，学生在情绪或心理冲突、时间管理问题和情绪调整方面的平均分数是多少？

22. 文件：Longitudinal_Partial。R。下表包含来自全国纵向调查（NLS）的部分数据，该调查跟踪了 1.2 万多名美国人。变量包括城市（居住在城市为 1，其他则为 0）、兄弟姐妹（兄弟姐妹的数量）、白人（白人为 1，其他为 0）、基督徒（基督徒为 1，其他为 0）、家庭规模、身高、体重（磅）和收入（美元）。

城市	兄弟姐妹	白人	…	收入
1	8	1	…	0
1	1	1	…	40 000
⋮	⋮	⋮	⋮	⋮
1	2	1	…	43 000

a. 采用层次聚类的方法对受访者进行聚类。使用 Gower 系数与 Ward 聚类方法，将个体聚类为 4 个簇。最大的簇中有多少个体？

b. 描述簇的特性。

11.2 k-均值聚类分析

与上一节讨论的层次聚类不同，在 **k-均值聚类**（k-means clustering）中，我们需要在进行分析之前指定簇的数量 k。我们的目标是将样本划分为预先指定数量的 k 个不重叠的簇，以使这些簇都尽可能同质。在实践中，我们可以尝试不同的 k 值，直到获得想要的结果。或者我们可以先使用层次聚类方法，以帮助确定适当的 k。此外，我们基于先前的理论知识和研究，可以确定簇的适当数量。例如，在分类一堆书时，我们会很自然地将它们分为小说类和非小说类；在整理一堆鞋子时，我们会很自然地把它们分成休闲鞋、运动鞋或正装鞋三类。

一旦确定了簇的数量 k，k-均值聚类算法就建立在了初始凝聚点的选择上，通常有几种方法可以找到初始凝聚点。一种常见的算法是先从数据中随机选择 k 个观察值作为初始凝聚点。然后，每个剩余的观测值被分配到最近的凝聚聚类，形成 k 个簇。计算 k 个簇的簇心作为更新后的凝聚点。之后，该算法将每个观察值重新分配到其最近的凝聚点，并重新计算簇心。

重新分配观察值和重新计算簇心，可以达到最小化簇内的离差的目标，其中离差定义为观察值与各自簇心的欧几里得距离之和。重复迭代簇的分配和凝聚点更新步骤，直到凝聚点收敛，不能再改善簇的分散。因为 k-均值聚类算法只使用欧几里得距离作为相似性度量，所以它只能处理带有数值变量的数据。换句话说，在聚类分析之前，除非将分类变量转化为数值变量，否则无法进行 k-均值聚类分析。

---

k-均值聚类方法

k-均值聚类方法将每个观察值分配到一个簇中，使分配到同一簇的观察值尽可能相似，其中簇的数量 k 在估计前确定。k-均值聚类方法只能应用于有数值变量的数据。k-均值聚类算法的一般过程可以总结如下：

1. 确定 k 值。
2. 随机分配 k 个观察值作为凝聚点。
3. 将每个观察值分配到其最近的凝聚点。
4. 计算聚类簇心。
5. 将每个观察值重新分配到以最近的簇心为凝聚点的簇中。
6. 重新计算簇心并重复步骤 5。
7. 当重新分配观察值不能改善簇内分散程度时停止。

与层次聚类方法相比，k-均值聚类方法具有更高的计算效率，特别是在处理大数据集时。这是因为层次聚类需要计算每个可能的观察值对之间的距离，而 k-均值聚类只需要计算每个观察值在每次迭代期间与凝聚点之间的距离。例如，对于包含 100 个观察值的相对较小的数据集，层次聚类需要计算 4 950 个可能的观察值距离，才能形成聚类。而对于相同的数据集，预先确定的聚类数 (k) 为 4，k-均值聚类只需要在每次迭代中计算 400 个距离测度。因此，我们习惯上使用 k-均值聚类方法来代替层次聚类方法对大数据集进行聚类。

使用 Analytic Solver 和 R 语言执行 k-均值聚类

k-均值聚类的结果对寻找初始凝聚点以及实现特定算法的随机过程非常敏感。由于初始凝聚点在 Analytic Solver 和 R 语言中使用的算法是不一样的，因此它们的输出是不同的。正如前面提到的，由于聚类本质上是一种用于数据探索的无监督方法，因此适当的方法是生成概念上最合理的聚类结构。

在下面的例子中，我们将演示如何使用 Analytic Solver 和 R 语言执行 k-均值聚类。

例 11.3

在引入案例中，我们的目标是帮助 Aliyah Williams 将糖果棒分组成有意义的簇，并改进她的自动售货机的产品选择和展示。对假设有 4 个簇的数据执行 k-均值聚类，并解释其结果。

解答：

使用 Analytic Solver

a. 打开 CandyBars 数据文件。

b. 在菜单中选择"数据挖掘"（Data Mining）→"聚类"（Cluster）→"k -均值聚类"（K-means Clustering）。

c. 如图 11.7 所示，点击"数据范围"（Data range）旁边的省略号按钮，并选择单元格 ＄A＄1：＄E＄38。确保选中了"第一行包含标题"（First Row Contains Headers）。输入数据框中的变量将被填充。选择并移动变量 Calories、Fat、Protein 和 Carb 到选定变量框。单击"下一步"（Next）。

d. 在下一个对话框中选择"规范化输入数据"（Normalize input data）。将"簇"（♯ Clusters）设置为 4。接受其他默认值并单击"下一步"（Next）。

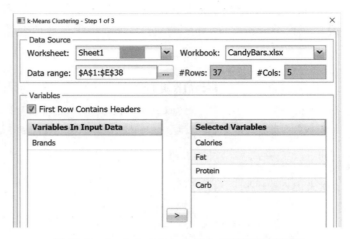

图 11.7　Analytic Solver 中的 k-均值聚类对话框

资料来源：Microsoft Excel.

注意：Analytic Solver 使用 "Normalize" 进行 z 值标准化。同时，k-均值聚类是一个寻找初始凝聚点和实现特定算法的随机过程。Analytic Solver 允许通过改变随机种子和最大迭代次数来控制 k-均值聚类算法。简单起见，我们将使用默认值：10 次迭代、固定开始和 12345 的随机种子。

e. 在最后一个对话框中，选择 "显示数据摘要"（Show data summary）和 "显示与每个集群中心的距离"（Show distances from each cluster center）。单击 "完成"（Finish）。

在 CandyBars 工作表旁边，Analytic Solver 将插入两个新工作表：KMC_Output 和 KMC_Clusters。

KMC_Output 工作表包含 3 个表。参见图 11.8。群集中心表显示了每个群集中心的卡路里、脂肪、蛋白质和碳水化合物水平的 z 值。例如，簇 1 包含 3 个碳水化合物相对较高的糖果棒（z 值为 2.559 1）和脂肪相对较低的糖果棒（z 值为 -1.867 3），而簇 2 包含 6 个卡路里相对较低的糖果棒（z 值为 -1.416 4）和脂肪相对较低的糖果棒（z 值为 -1.256 7）。簇间距离表显示了 4 个簇之间的距离。聚类汇总表显示了每个簇中的糖果棒数量以及每个簇内的平均距离，也称为簇内距离。我们希望簇间距离大于簇内距离。

Cluster Centers

Cluster	Calories	Fat	Protein	Carb
Cluster 1	0.4344022	-1.867295284	-1.335739	2.559095
Cluster 2	-1.416441	-1.256703059	-0.948871	0.069739
Cluster 3	0.7383751	0.599335558	1.0200085	-0.106252
Cluster 4	-0.224415	0.339386171	-0.32712	-0.472013

Inter-Cluster Distances

Cluster	Cluster 1	Cluster 2	Cluster 3	Cluster 4
Cluster 1	0	3.1851222	4.3393882	3.93807215
Cluster 2	3.1851222	0	3.46346242	2.156037299
Cluster 3	4.3393882	3.4634624	0	1.715538953
Cluster 4	3.9380722	2.1560373	1.71553895	0

Cluster Summary

Cluster	Size	Average Distance
Cluster 1	3	1.118793392
Cluster 2	6	0.963186733
Cluster 3	14	1.254417684
Cluster 4	14	0.799549588
Total	37	1.024082227

图 11.8　Analytic Sovler 中的 KMC_Out 工作表（例 11.3）

资料来源：Microsoft Excel.

图 11.9 显示了 KMC_Clusters 工作表的部分结果。Analytic Solver 显示了每个观测值被分配到的簇，以及与凝聚点的距离。例如，第一个记录最接近簇 3 的凝聚点（距离为 2.026 9，而与其他 3 个簇的距离分别为 5.618 2、5.337 1 和 3.359 0），因此，它被分配给簇 3。类似地，记录 2～5 也被分配到簇 3，因为它们接近簇 3 的凝聚点。记录 6 最接近簇 1 的凝聚点（与其他 3 个簇的距离相

比，距离为 1.627 4），因此分配给簇 1。

Cluster Labels

Record ID	Cluster	Dist.Cluster-1	Dist.Cluster-2	Dist.Cluster-3	Dist.Cluster-4
Record 1	3	5.618157641	5.337090046	2.026926879	3.358950069
Record 2	3	3.477183815	3.492883427	1.400265669	1.984001764
Record 3	3	3.67685852	3.709306476	1.755223667	2.109681512
Record 4	3	3.689441762	3.848690031	1.271978137	2.439509931
Record 5	3	4.266657463	3.810589213	0.667135497	2.019485176
Record 6	1	1.627385194	4.48149861	4.970912002	5.059541297

图 11.9　Analytic Solver 中的 KMC_Clusters 工作表的部分数据

使用 R 语言

a. 将 CandyBars 数据导入数据框（表），并将其标记为 myData。安装并加载簇包。输入：

```
> install.packages("cluster")
> library(cluster)
```

b. 我们将品牌（Brand）变量排除在分析之外，使用 scale 函数对其他变量进行标准化。新的数据框被称为 myData1。输入：

```
> myData1 <- scale(myData[ ,2:5])
```

c. 我们使用 set.seed 函数设置随机种子，pam 函数执行 k-均值聚类。在 pam 函数中，我们将选项 k 设置为 4，因为我们预先选择了 4 个簇。我们将簇结果存储在一个名为 kResult 的变量中。我们使用 summary 函数来查看结果。输入：

```
> set.seed(1)
> kResult <- pam(myData1, k = 4)
> summary(kResult)
```

表 11.9 显示了部分 R 语言结果，为了便于展示，我们重新编排了这些结果。尽管结果与我们通过 Analytic Solver 得到的相当不同，但仍有一些相似之处。例如，R 语言中的簇 2，就像 Analytic Solver 中的簇 1，包含 3 个糖果棒，碳水化合物相对较高（z 值为 2.086 0），脂肪较低（z 值为 -1.948 2）。类似地，R 语言中的簇 4 类似于 Analytic Solver 中的簇 2，R 语言中的簇 1 类似于 Analytic Solver 中的簇 3。

表 11.9　R 语言的聚类结果与 z 值

簇	卡路里	脂肪	蛋白质	碳水化合物
1 (N=14)	0.808 1	0.599 3	0.792 0	-0.261 4
2 (N=3)	0.135 5	-1.948 2	-1.819 3	2.086 0
3 (N=16)	-0.154 7	0.235 4	-0.368 6	-0.316 0
4 (N=4)	-2.027 5	-1.584 2	-0.948 9	0.120 7

d. 为了直观地显示簇及其成员，我们使用 plot 函数。输入：

```
> plot(kResult)
```

根据提示查看 R 语言生成的簇和轮廓图（见图 11.10）。图 11.10（a）中的聚类图采用了主成分分析（PCA）来总结 4 个变量（卡路里、脂肪、蛋白质、碳水化合物）。因为我们不能基于这 4 个变量绘制四维图，所以我们使用 PCA 将聚类绘制到一个二维图上，其中前两个主成分作为 x 轴和 y

轴。回想第 8 章，这些主成分解释了数据中最高程度的可变性。在这种情况下，前两个主成分解释了 88.75% 的变异性。每个椭圆代表一个簇，每个簇中的观测值用不同的标记显示。

图 11.10（b）中的轮廓图显示了在一个簇中的每个观察值与在其他簇中的观察值有多接近。它还允许我们直观地确定适当的簇数量。记每个观测值的轮廓宽度为 s_i，其范围从 -1 到 $+1$，其中接近 $+1$ 的值表明该观测值与它自己的簇匹配得很好，与邻近的簇匹配得很差。如果大多数观察值接近 $+1$，那么簇配置是合适的。如果许多点的值很低或为负值，则簇配置可能有太多或太少的簇。图 11.10（b）中的结果似乎表明结果是好的，但不是很好。簇 2 和簇 4 似乎配置良好。在簇 1 和簇 3 中，有两个观察值的轮廓宽度为负。平均轮廓宽度为 0.32，表明总体上簇配置合理。但目前还不清楚是否不同的配置一定会改善结果。

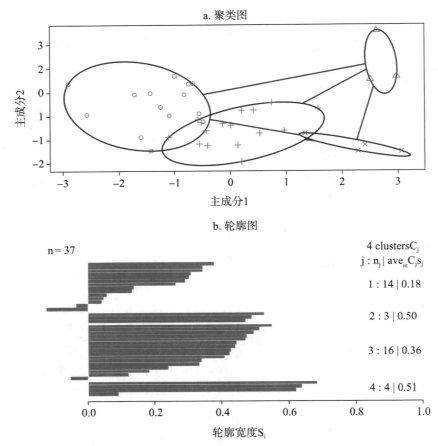

a. 聚类图

b. 轮廓图

注：在 a 聚类图中，这两个主成分解释了 88.75% 的变异性。

图 11.10 R 语言的聚类图和轮廓图（以 11.3 为例）

引入案例概要

Aliyah Williams 是一位初出茅庐的企业家，她拥有一家自动售货机公司。为了有策略地对自动售货机中的糖果棒进行分组和展示，她选择了 4 个簇来执行 k-均值聚类。Aliyah 在糖果棒的分组中观察到了一个特定的主题。例如，3 Musketeers、100 Grand、雀巢葡萄干巧克力、约薄荷夹心饼干、After Eight 薄荷糖、Twizzlers Nibs 樱桃味糖果，这几种糖果放在一个相对低卡路里、低脂肪、低蛋白质的簇内。此外，彩虹糖、星爆糖和 Twizzlers 等水果糖的脂肪和蛋白质含量相对较低，但碳水化合物含量较高，也被放入同一个簇。其余两个簇的定义特征不那么明显。然而，Aliyah 注意到，剩下的两组食物中有一组是巧克力棒，比如里斯巧克力，蛋白质和卡路里都很高。最后一组糖果棒所包含的 4 种营养成分大都相对适量。考虑到市场上有越来越多的健康意识消费者，Aliyah 认为她的自动售货机最好通过增加前两个簇中低卡路里和低脂肪的糖果棒的比例来满足顾客的需求。这些糖果棒可能会吸引那些渴望甜食但又不想在饮食中添加太多卡路里和脂肪的顾客。水果口味的糖果棒可能会迎合那些低脂肪、高碳水化合物的顾客。她会把更健康的糖果放在自动售货机中靠近医疗保健品和健身设施的更显眼的位置，并展示每种糖果棒的营养成分。Aliyah 还决定在第三个簇中增加选定的糖果棒的数量，以满足那些希望在饮食中摄入更多蛋白质的顾客。最后，为了保证产品的多样性，她还将从剩余的簇中选择一种受欢迎的糖果棒分类，将其放在自动售货机中。

练习 11.2

注意：AS 和 R 分别表示该练习必须用 Analytic Solver 和 R 语言求解。如果没有指定，那么该练习可采用 Analytic Solver 或 R 语言来解决，但答案将取决于读者所使用的软件包。在 Analytic Solver 中使用以下默认值：10 次迭代，固定开始，12345 的随机种子。对于 R 语言，使用 set.seed(1) 语句设置随机种子。

理论

23. 文件：Exercise_11.23。对相应的数据集执行 k-均值聚类。

a. 在分析中使用所有变量，不对变量进行标准化处理。假设簇的数量设置为 3 个，那么最大的簇的大小和平均距离是多少？

b. 指定与 a 中相同的设置，但对变量进行标准化。最大的簇的大小和平均距离是多少？

24. 文件：Exercise_11.24。对所附数据集中的两个变量执行 k-均值聚类，并对变量进行标准化处理。假设用 2、3、4 的 k 值进行实验，比较每个 k 值下最大簇的观察值和距离统计量。

25. 文件：Exercise_11.25。对相应的数据集执行 k-均值聚类。

a. 在分析中使用变量 x_1、x_2、x_3，并对变量进行标准化处理。假设指定 k 值为 2，那么较大的簇的凝聚点值是多少？

b. 假设指定 k 值为 3，那么最小的簇的凝聚点值是多少？

26. 文件：Exercise_11.26。R。对相应的数据集进行 k-均值聚类。在分析中使用变量 x_4、x_5、x_6、x_7，标准化为 z 值。

a. 指定 k 值为 2，并使用聚类图和轮廓图绘制簇成员关系。平均轮廓宽度是多少？

b. 指定 k 值为 3，并使用聚类图和轮廓图绘制簇成员关系。平均轮廓宽度是多少？

c. 指定 k 值为 4，并使用聚类图和轮廓图绘制簇成员关系。平均轮廓宽度是多少？

27. 文件：Exercise_11.27。对相应的数据集执行 k-均值聚类。在分析中使用变量 x_1、x_3、x_5，不对变量进行标准化处理。

a. 将簇的数量设置为 3 个。最大的簇的大小和凝聚点值是什么？

b. 执行与 a 中相同的分析，但使用标准化的 z 值变量。最大的簇的大小和凝聚点值是什么？

28. 文件：Exercise_11.28。R。对所附数据集中的所有变量进行 k-均值聚类，不对变量进行标准化处理。

a. 指定 k 值为 2，并使用聚类图和轮廓图绘制簇成员关系。

b. 指定 k 值为 3，并使用聚类图和轮廓图绘制簇成员关系。

c. 指定 k 值为 4，并使用聚类图和轮廓图绘制簇成员关系。

29. 文件：Exercise_11.29。对相应的数据集执行 k-均值聚类。

a. 在分析中使用变量 x_1、x_3、x_5，不对变量进行标准化处理。假设将簇的数量设置为 4 个。最大的簇的大小和凝聚点值是什么？

b. 执行与 a 中相同的分析，但使用标准化的 z 值变量。最大的簇的大小和凝聚点值是什么？

30. 文件：Exercise_11.30。R。对所附数据集中的所有变量进行 k-均值聚类。

a. 对数据进行标准化处理。假设 k 值为 2，并使用聚类图和轮廓图绘制簇成员关系。平均轮廓宽度是多少？

b. 假设 k 值为 3，并使用聚类图和轮廓图绘制簇成员关系。平均轮廓宽度是多少？

c. 假设 k 值为 4，并使用聚类图和轮廓图绘制簇成员关系。平均轮廓宽度是多少？

应用

31. 文件：Iris。英国生物学家 Ronald Fisher 研究了鸢尾花，并根据花瓣和萼片（花瓣下面的小片绿叶）的宽度和长度对它们进行了分类。下表显示了 Fisher 在他的研究中使用的部分数据。

萼片长度	萼片宽度	花瓣长度	花瓣宽度
5.2	3.5	1.4	0.2
4.9	3.0	1.4	0.2
⋮	⋮	⋮	⋮
5.9	3.0	5.1	1.8

a. 使用 $k=4$ 进行 k-均值聚类。最大的簇的大小和凝聚点值是多少？

b. 使用 $k=3$ 和 $k=5$ 进行 k-均值聚类。在每种情况下，最大的簇的大小和凝聚点值是多少？

32. 文件：Football_Players。Denise Lau 是一个狂热的橄榄球迷，她积极关注着每一场大学橄榄球赛。在本赛季，她认真地记录了每个四分卫在整个赛季的表现。Denise 正在当地大学的球迷俱乐部做一个关于四分卫的报告。下表显示了 Denise 记录的部分数据，包含以下变量：球员（Player），完成传球（Comp），尝试传球（Att），完成百分比（Pct），总投掷码数（Yds），每次尝试平均码数（Avg），每场比赛投掷码数（Yds/G），触地次数（TD），拦截次数（Int）。

球员	完成传球	尝试传球	⋯	拦截次数
1	107	166	⋯	4
2	238	353	⋯	4

续表

球员	完成传球	尝试传球	⋯	拦截次数
⋮	⋮	⋮	⋮	⋮
43	184	294	⋯	3

a. 使用 $k=3$ 对除球员以外的所有变量进行 k-均值聚类，对变量进行标准化处理。最大的簇的大小和凝聚点值是多少？

b. 只选择尝试传球至少 150 次的四分卫，并重复 a 问题。注意：对于 Analytic Solver，使用 Excel 中的 Filter 选项来选择观察值。将观察值复制到新的工作表中，但不要改变观察值的顺序。

c. 说明 a 和 b 中聚类结果的差异。

33. 文件：Napa。Jennifer Gomez 将搬到加利福尼亚州纳帕谷的一个小镇，最近她一直在为她的新家寻找房子。她的房地产经纪人给了她一份清单，上面列出了最近出售的 35 套至少有两间卧室的房屋。Jennifer 想看看她是否能以一些有意义的方式将它们分组，以帮助她缩小选择范围。部分数据显示在下表中，包含以下变量：房屋的销售价格（美元）、卧室数量、浴室数量和面积（平方英尺）。

销售价格	卧室数量	浴室数量	面积
799 000	4	3	2 689
795 680	4	2.5	2 507
⋮	⋮	⋮	⋮
327 900	3	1	1 459

a. 使用 $k=3$ 对 35 套房屋的列表进行 k-均值聚类，并对变量进行标准化处理。最大的簇的大小和凝聚点值是多少？

b. 使用 $k=4$ 对标准化数据进行 k-均值聚类。最大的簇的大小和凝聚点值是多少？

34. 文件：Baseball_Players。Ben Derby 是职业棒球队的高薪球探。他每周至少要参加 5～6 场美国职业棒球大联盟的比赛，并尽可能多地观看录制好的比赛，以便在赛季结束时为他的球队评估潜在的球员。他还保存了每名球员的详细记录。他的球队正在计划下赛季再增加一名击球手。幸运的是，Ben 有联盟上个赛季至少打了

100 场比赛的 144 名击球手的资料。部分数据如下表所示：球员（Player）、比赛次数（G）、击球次数（AB）、跑动次数（R）、安打次数（H）、全垒打次数（HR）、击球次数（RBI）、安打率（AVG）、上垒率（OBP）和打击率（SLG）。

球员	比赛次数	击球次数	⋯	打击率
1	140	558	⋯	0.497
2	127	405	⋯	0.451
⋮	⋮	⋮	⋮	⋮
144	129	471	⋯	0.516

a. 执行 k-均值聚类，将 144 名球员聚类为 3 个簇。在分析中标准化除球员外的所有变量。请问最大的簇的大小是多少？哪个球员的平均全垒打次数最高？

b. 只选择击球次数至少有 500 的球员数据（AB⩾500）。使用 $k=3$ 进行 k-均值聚类。请问最大的簇的大小是多少？哪个簇的平均全垒打次数最高？注意：对于 Analytic Solver，使用 Excel 中的 Filter 选项来选择观察值。将观察值复制到新的工作表中。不要改变观察值的顺序。

35. 文件：Health_Population 2。AS。所附数据集包括来自世界银行 2000 年健康和人口统计数据库的 38 个国家的国家一级健康和人口指标。变量包括每 1 000 人口的死亡率（‰）、人均医疗支出（医疗支出，美元）、出生时的预期寿命（年）、每 1 000 名成年男性的死亡率（男性死亡率）、每 1 000 名成年女性的死亡率（女性死亡率）、年人口增长率（%）、女性人口比例（%）、男性人口比例（%）、总人口、劳动力规模、每名妇女的生育率、每 1 000 人口的出生率、人均国民总收入（美元）。下表显示了部分数据。

国家	死亡率	医疗支出	⋯	人均国民总收入
阿根廷	7.8	706.9	⋯	7 440
奥地利	9.6	2 415.78	⋯	26 790
⋮	⋮	⋮	⋮	⋮
瑞士	8.7	3 540.86	⋯	43 460

a. 仅根据健康指标（即死亡率、人均医疗支出、预期寿命、男性死亡率和女性死亡率），对 38 个国家进行 k-均值聚类，将其聚类为 4 个簇。请问在这种情况下是否需要对数据进行标准化？简要说明理由。

b. 最大的国家簇的规模和人均国民总收入是多少？

36. 文件：Health_Population 2。AS。参考前面的练习对数据集的描述。

a. 仅根据人口指标（即年人口增长率、女性人口比例、男性人口比例、总人口、劳动力规模、生育率和出生率），执行 k-均值聚类，将 38 个国家分成 4 个聚类。请问是否需要对数据进行标准化？简要说明理由。

b. 描述各个簇的特性。比较每一组的人均国民总收入，并说明你的发现。

37. 文件：Chicago_CA。R。Sanjay Johnson 正在撰写一篇研究论文，研究教育水平和社区收入中位数之间的关系。下表显示了他收集到的芝加哥市 77 个社区的教育水平和收入中位数的部分数据。Sanjay 计划利用教育水平数据对这些社区进行聚类，并对这些社区的收入中位数进行比较。对于每个社区，这些变量包括居住 25 年及以上的居民总数、高中以下教育水平的居民人数（低于 HS）、高中学历的居民人数（HS）、大学学历的居民人数（SC）、拥有学士或以上学位的居民人数（学士）和家庭收入中位数（美元）。下表显示了部分数据。

社区	居住 25 年及以上	高中以下教育水平	⋯	家庭收入中位数
Albany Park	32 541	11 347	⋯	46 198
Archer Heights	7 327	2 669	⋯	42 571
⋮	⋮	⋮	⋮	⋮
Woodlawn	15 267	2 738	⋯	27 413

a. Sanjay 在进行聚类分析之前是否需要对数据进行标准化处理？并简要说明理由。

b. 基于人口的教育水平相关变量（低于 HS、HS、SC、学士），进行 k-均值聚类，将社区划分为 3 个簇。使用聚类和轮廓图绘制 3 个簇。平均轮廓宽度是多少？最大的簇的大小和凝聚点值是多少？哪个社区的家庭平均收入中位数最高？

38. 文件：Nutritional_Facts。AS。随附的数据集包含了 30 种常见食物的营养成分，下表显示了部分数据。这些数值是基于 100 克的食物。使用 $k=3$ 对食物的营养成分进行 k-均值聚类。标准化变量。描述每个簇的特征。

名称	卡路里	总脂肪	…	蛋白质
香蕉	89	0.3	…	1.1
鸡蛋	155	11	…	13
⋮	⋮	⋮	⋮	⋮
金枪鱼	184	6	…	30

39. 文件：Websites。R。Jake Duffy 是一家大型电子产品零售商的电子商务经理。他正在研究公司的电子商务竞争对手，并希望根据他们的业绩数据对竞争对手进行分组。他编制了一组数据，其中包含主要竞争对手的电子商务运营的 4 个性能指标：年度收入（美元）、增长率（%）、月访问量和转化率（%）。为了避免在分组时产生任何个人偏见，他决定用一个代号来代替竞争对手的名字。数据集的一部分显示在下表中。

网站	年度收入	增长率	月访问量	转化率
1	3 276 000	13.6	78 047 136	1.928
2	2 485 716	9.6	28 000 000	4
⋮	⋮	⋮	⋮	⋮
32	484 720 000	23.44	872 000	4.72

a. 执行 k-均值聚类，利用这 4 种性能指标将竞争对手聚类为 5 个簇。请问在进行聚类分析之前，是否需要对数据集进行标准化处理？简要说明理由。

b. 使用聚类图和轮廓图绘制簇成员关系。平均轮廓宽度是多少？请描述每个簇的特征。最大的竞争簇的规模和凝聚点值是多少？

40. 文件：Development。AS。随附的数据集包含了世界银行 2015 年收集的 11 个非洲国家的经济发展指标。经济发展指标包括农业年增长率（%）、出口年增长率（%）、最终消费年增长率（%）、国内生产总值年增长率（%）、人均国内生产总值年增长率（%）。数据集的一部分显示在下表中。

国家	农业年增长率	出口年增长率	…	人均 GDP 年增长率
布基纳法索	−3.476 123 489	1.382 199 926	…	0.884 822 306
布隆迪	−2.982 607 113	−9.90	…	−6.817 656 62
⋮	⋮	⋮	⋮	⋮
马里	6.924 199 557	4.671 865 704	…	2.898 828 067

a. 利用所有的发展指标进行 k-均值聚类，将国家聚类为 3 个簇。请问是否需要对数据进行标准化处理？简要说明理由。

b. 最大的簇的大小是多少？哪个簇的人均 GDP 增长率最高？

c. 比较 a 和 b 的簇成员关系。

41. 文件：SAT_NYC。AS。随附的数据集包含了纽约市 100 所高中毕业班学生的 SAT 平均成绩，其中包括批判性阅读、数学和写作。该数据还记录了每所学校参加 SAT 考试的考生人数。

学校名称	考生人数	批判性阅读	数学	写作
A. 菲利普伦道夫高中	228	430	456	423
亚布拉罕林肯高中	475	396	437	393
⋮	⋮	⋮	⋮	⋮
威廉姆斯堡预科学校	113	397	410	380

a. 执行 k-均值聚类，根据批判性阅读、数学和写作分数将 100 所高中聚类为 4 个簇。请问是否需要对数据进行标准化处理？最大的簇的大小和凝聚点值是多少？哪一组的平均考生人数最少？

b. 只选择 SAT 考生人数在 200 人以上的学校，重复 a 中的聚类分析。最大的簇的规模和凝聚点值是多少？注意：使用 Excel 中的 Filter 选项来选择观察值。将观察值复制到新的工作表中。不要改变观察值的顺序。

42. 文件：Telecom。电信公司想要确定可能取消电话服务的客户。公司从 100 位客户中收集了以下信息：客户编号、年龄、年收入、月使用量（分钟）、使用期限（月）、是否取消订阅。数据集的一部分显示在下表中。

客户编号	年龄	年收入	月使用量	使用期限	是否取消订阅
1	33	49 156	154	43	1
2	35	23 538	107	12	1
⋮	⋮	⋮	⋮	⋮	⋮
100	46	44 018	192	23	1

a.执行 k-均值聚类,将 100 位客户根据年龄、年收入、月使用量和使用期限聚类为 4 个簇。描述每个簇的特征。

b.计算每个簇中取消电话服务的客户百分比。哪个簇有最高比例的客户取消了电话服务?

43. 文件:Information_Technology。一个国家对信息技术的使用与经济和社会发展息息相关。一个非营利组织每年都会收集数据,以衡量 100 多个国家信息技术的使用和影响。下表显示了收集的部分数据,包括以下变量:国家(Country)、硬件行业(Hw)、软件行业(Sw)、电信行业(Tele)、个人使用量(IU)、企业使用量(BU)、政府使用量(GU)、电子商务扩散(EB)和电子支付扩散(EP)。表格中的每个值代表一个国家在某一特定类别中取得的分数。分数的范围从 1(最低)到 7(最高)。

国家	硬件行业	软件行业	⋯	电子支付扩散
1	4.2	4.6	⋯	3.9
2	4.0	4.3	⋯	2.6
⋮	⋮	⋮	⋮	⋮
139	2.4	3.7	⋯	3.1

a.执行 k-均值聚类,使用以下变量将国家聚类为 3 个簇:个人使用量、企业使用量和政府使用量。请问是否需要对数据进行标准化处理?

b.最大的簇的大小和凝聚点值是多少?哪个簇的电子商务的平均扩散率最高?哪个簇的电子支付的平均扩散率最高?

c.使用 k-均值聚类对除国家以外的所有变量进行聚类,将其聚类为与 a 中相同数量的簇。最大的簇的大小和凝聚点值是多少?

11.3 关联规则分析

关联规则分析(association rule analysis),也称为亲和性分析或市场篮子分析,是另一种广泛使用的无监督数据挖掘技术。它本质上是一项"什么与什么相互联系"的研究,旨在识别可能同时发生的事件。关联规则分析的一个经典应用是,零售公司试图识别消费者倾向于一起购买的产品。此类信息对于零售商店经理考虑在货架上把产品陈列在一起,或者开展交叉销售(鼓励顾客购买互补的产品或服务)或追加销售(鼓励顾客购买高端产品或服务)的促销活动时十分有用。

除了实体零售商,其他公司也使用关联规则分析来改善销售和客户服务。例如,在零售网站购买智能手机后,客户很可能会收到购买其他相关产品的建议,如手机保护套或屏幕保护膜。也有可能在订阅电影流媒体服务后,根据与自己有相似观看习惯的用户的信息,看到推荐的电影或电视节目列表。在医疗保健领域,关联规则分析可以帮助医生根据可能同时出现的不同症状诊断疾病。

理解关联规则的最简单方法是将其看作一个 If-Then 语句。关联规则依赖于 If-Then 逻辑来发现数据集中交易(或观察、记录)之间的隐藏关系。

关联规则分析

关联规则分析是一系列 If-Then 逻辑语句,表示不同项目或项目集之间的关系。该分析旨在识别数据中隐藏的模式和共同发生的事件。

思考这样一个例子,一位在线零售商想知道顾客同时购买以下三种看似不相关的产品的频率:智能手表、LED 灯泡和冥想书籍。在提取最近 1 万笔交易的数据集后,这位零售商发现,1 万笔交易中有 1 200 笔包括智能手表和 LED 灯泡,在这 1 200 笔交易中,有 750 笔还包括冥想书籍。基于

这个场景，我们可能会建立一个关联规则，如果交易包括智能手表和 LED 灯泡，那么该用户很可能还会购买一本冥想书。该关联规则可以表示为 {智能手表，LED 灯泡}＝＞{冥想书}。有了这些信息，零售商之后可能会发现，有健康意识的消费者往往会同时购买这三种产品，他们倾向于购买环保产品（LED 灯泡）和有助于改善身心健康的产品（智能手表和冥想书籍）。

这个命题的 If 部分叫作前提，Then 部分叫作结果。前提和结果可以由单个产品或多个产品组合而成。以 {智能手表，LED 灯泡}＝＞{冥想书} 为例，前提包含两个产品，而结果只有一个产品。在关联规则分析中，我们将这样的产品或产品的组合称为项目或项目集。

前提和结果

在 If-Then 逻辑语句中，If 部分的项目或项目集合称为前提，Then 部分的项目或项目集合称为结果。

搜索项目之间隐藏关系的一个内在问题是处理大量可能的组合。例如，前面示例中提到的 3 项将导致需要检查 12 种可能的组合。这些组合包括 {智能手表}＝＞{LED 灯泡}，{智能手表}＝＞{冥想书}，{智能手表}＝＞{LED 灯泡，冥想书}，等等。4 个项目将产生 50 种可能的组合。正如你所见，可能组合的数量是项目数量的指数，其可以使用以下公式进行估计：

$$组合的数量 = 3^n - 2^{n+1} + 1$$

式中，n 为项目个数。即使是一家商品数量有限的小便利店，比如 100 种商品，也会有 5.153 78E＋47 种可能的组合。在许多情况下，项目的数量往往是数千甚至数万，因此搜索的算法非常耗时。

有几种算法可以更有效地执行关联规则分析。它们都专注于项目集合的频率设置。最广泛使用的方法之一是 **Apriori 算法**（Apriori algorithm）。Apriori 算法递归生成超过预定频率阈值的项目集；项目支持项或项目集通常与项目（或项目集）的频率同义使用。Apriori 算法允许我们设置一个最小支持值，低于该支持值的项目或项目集将被排除，从而使分析算法更加可行。例如，如果发现 10 000 笔交易中有 2 000 笔包含智能手表，那么智能手表的支持度计算为 2 000/10 000＝0.20。Apriori 算法消除了低于预定频率阈值的不常见项，并使得在包含数千项和数百万项交易的大型数据集中更容易分析相关信息。

Apriori 算法

Apriori 算法剔除不满足预定频率阈值的项目或项目集，以降低关联规则分析的计算强度。

有了足够的数据，我们就可以提出许多这样的 If-Then 关联规则。不过我们需要一种方法来评估这些规则的有效性，这就是产品之间关系的强度。只有频繁出现的强关联才有可能在未来持续出现，并产生回报。关联规则的支持度是包含 If-Then 语句中提到的所有项目的交易数与总交易数的比率。换句话说，我们检查数据集中 If-Then 语句的概率。关联规则的支持度的计算公式为：

$$支持度 = \frac{包括前提和结果的交易数}{交易总数}$$

在 {智能手表，LED 灯泡}＝＞{冥想书} 的例子中，10 000 笔交易中有 750 笔包含智能手表、LED 灯泡和冥想书，因此，支持 {智能手表，LED 灯泡}＝＞{冥想书} 的关联规则的支持度是 750/10 000＝0.075。

关联规则的置信度是另一种度量，它被解释为在前提发生的情况下，结果发生的条件概率。关联规则的置信度的计算公式为：

$$置信度 = \frac{包括前提和结果的交易数}{包括前提的交易数}$$

在〔智能手表，LED 灯泡〕＝＞〔冥想书〕的例子中，智能手表和 LED 灯泡是在前提条件中的产品，10 000 笔交易中有 1 200 笔同时包含智能手表和 LED 灯泡。因此，〔智能手表，LED 灯泡〕＝＞〔冥想书〕关联规则的置信度为 750/1 200＝0.625。这是顾客购买冥想书的条件概率（前提是交易中包含智能手表和 LED 灯泡）。当然，零售商会寻找具有高支持度和置信度的关联规则，因为它们暗示了频繁发生的强关联。

然而，有时仅仅根据支持度和置信度来确定关系的强度可能会误导我们。例如，假设镇上的一家商店售卖的西兰花和牛奶的价格最低，这吸引了许多顾客到商店购买这两种商品。因此，〔西兰花〕＝＞〔牛奶〕关联的支持度和置信度都会很高，因为有很大比例的顾客同时购买了这两种产品。在这种情况下，这两项之间不一定有关系。为了避免关联规则中这种常见的陷阱，我们经常使用**提升度**（lift ratio）来评估关系的强度。提升度明确地将置信度与一个称为期望置信度的基准值进行比较。计算公式为：

$$提升度＝\frac{置信度}{期望置信度}$$

式中，

$$期望置信度＝\frac{包括结果的交易数量}{交易总数}$$

在〔智能手表，LED 灯泡〕＝＞〔冥想书〕的例子中，期望置信度只是购买冥想书的总体无条件概率，而不管其他产品。提升度是比较关联规则的置信度与整体无条件概率的有用度量。提升度为 1 表明，前因后果之间的关联程度就像根本没有规则一样。

一个强且积极的关联规则应该比总体概率（即期望置信度）显示出更好的结果（即置信度），因此，如果存在强且正向的关联，那么我们应该可以看到提升度大于 1。提升度越高，前因后果之间的关系越强。相反，提升度在 0～1 之间表示负关联。提升度越接近于 0，表示前因与后果之间的负相关性越强。如果我们假设包含一本冥想书的交易数量为 1 000，那么预期的置信度为 1 000/10 000＝0.10。提升度为 0.625/0.10＝6.25，这表明〔智能手表、LED 灯泡〕和〔冥想书〕项目集之间存在很强的正相关。在实践中，关联规则分析中常用的方法是按提升度降序排列所有规则，并只关注强关联。

关联规则的评估

关联规则的评估可以使用定量的度量方法，如关联规则的支持度、关联规则的置信度和提升度。关联规则的支持度的计算公式如下：

$$支持度＝\frac{包括前提和结果的交易数}{交易总数}$$

支持度更接近 1 的值优于更接近 0 的值，因为它们表示关联规则出现的频率较高。关联规则的置信度的计算公式如下：

$$置信度＝\frac{包括前提和结果的交易数}{包括前提的交易数}$$

接近 1 的置信度值比接近 0 的置信度值更可取，因为它们表示强烈的关联。提升度是将置信度与一个称为期望置信度的基准值进行比较。计算公式如下：

$$提升度＝\frac{置信度}{期望置信度}$$

式中，

$$期望置信度 = \frac{包括结果的交易数量}{交易总数}$$

提升度大于 1 意味着强且正的关联。提升度在 0~1 之间表示负关联。

例 11.4

考虑表 11.10 中化妆品的 10 笔零售交易。例如，第 1 笔交易包括口红、睫毛膏和眼线笔，而第 2 笔交易包括眼影和睫毛膏。

表 11.10　化妆品零售交易

交易记录	交易项目
001	口红、睫毛膏、眼线笔
002	眼影、睫毛膏
003	妆前乳、遮瑕膏、唇彩
004	粉刷、遮瑕膏、妆前乳
005	睫毛膏、口红、眼线笔
006	睫毛膏、眼线笔、眼影
007	唇彩、眼线笔、睫毛膏
008	睫毛膏、眼影、唇彩
009	粉刷、睫毛膏、妆前乳、眼线笔
010	眼线笔、口红、妆前乳

a. 构建一个频率分布，总结每种化妆品的购买数量。基于频率分布，开发关联规则。

b. 计算并解释在 a 中开发的关联规则的支持度、置信度和提升度。

解答：

a. 表 11.11 为频率分布。这有助于我们衡量每种产品的支持度。10 笔交易中有 7 笔包括睫毛膏（支持度＝7/10＝0.7）。其次最常购买的产品是眼线笔（支持度＝6/10＝0.6）。因此，了解顾客一起购买睫毛膏和眼线笔的频率似乎是合理的。相应的关联规则可以写成 {睫毛膏}＝>{眼线笔}。关联规则的前提（睫毛膏）和结果（眼线笔）都只有一个项目。

表 11.11　化妆品的频率分布

口红	睫毛膏	眼线笔	眼影	妆前乳	遮瑕膏	唇彩	粉刷
3	7	6	3	5	2	3	2

b. 为了评估该关联规则的质量，我们首先计算关联规则的支持度。我们找出同时包括睫毛膏和眼线笔的交易比例。在 10 笔交易中，睫毛膏和眼线笔的购买量为 5 笔。

$$支持度 = \frac{包括前提和结果的交易数}{交易总数} = \frac{5}{10} = 0.50$$

然后，计算关联规则的置信度。在这里，我们假设交易中包含睫毛膏，计算交易中还包括眼线笔的概率。在包括睫毛膏的 7 笔交易中，有 5 笔同时包括睫毛膏和眼线笔。

$$置信度=\frac{包括前提和结果的交易数}{包括前提的交易数}=\frac{5}{7}=0.71$$

最后，我们计算提升度，这需要首先计算期望置信度，或等价的交易包括眼线笔的概率。在这 10 笔交易中，有 6 笔是包括眼线笔的。因此，期望置信度为：

$$期望置信度=\frac{包括结果的交易数量}{交易总数}=\frac{6}{10}=0.60$$

提升度计算为：

$$提升度=\frac{置信度}{期望置信度}=\frac{0.71}{0.60}=1.19$$

因此，当提升度大于 1 时，购买睫毛膏和眼线笔之间似乎存在一种强烈而积极的关联，而不是完全没有规则。1.19 的提升度意味着，识别一位购买睫毛膏的顾客也购买了眼线笔，比随机猜测购买眼线笔的顾客高出 19%。

使用 Analytic Solver 和 R 语言进行关联规则分析

在一个小数据集中，手动描述并评估具有前提和结果的关联规则相对容易。但在较大的数据集中，发现前提和结果中的多个项目间更复杂的关联关系需要计算机实现。下面的例子演示了如何在 Analytic Solver 和 R 语言中使用关联规则分析。

注意：Analytic Solver 和 R 语言中的关联规则算法使用逗号分隔的数据作为输入。

例 11.5

电子商店经理最近收集了 100 笔交易数据。数据显示，有 5 种可能的产品曾被购买：键盘、SD 卡、鼠标、U 盘和耳机。表 11.12 显示了部分数据（文件：Transaction）。例如，交易 1 显示客户购买了一个键盘、一个鼠标和一个耳机。这种类型的数据被称为产品篮子，通常用于市场篮子分析。

表 11.12　电子商店的交易示例

交易记录 1	键盘、鼠标、耳机
交易记录 2	键盘、SD 卡、鼠标
⋮	⋮
交易记录 100	鼠标、耳机

请进行关联规则分析，帮助商店经理理解这些产品之间的关系，并告诉商店经理该如何使用这些信息。

解答：

使用 Analytic Solver

a. 打开 Transaction 数据文件。（注意：数据已经是用逗号分隔的格式。）

b. 在菜单中选择"数据挖掘"（Data Mining）→"关联"（Associate）→"关联规则"（Association Rules）。

c. 如图 11.11 所示，点击"数据范围"（Data range）选项旁边的省略号按钮并突出显示单元格 ＄A＄1：＄E＄100。确保复选框"第一行包含标题"（First Row Contains Headers）未被选中。接受其他默认值并单击"确定"（OK）。

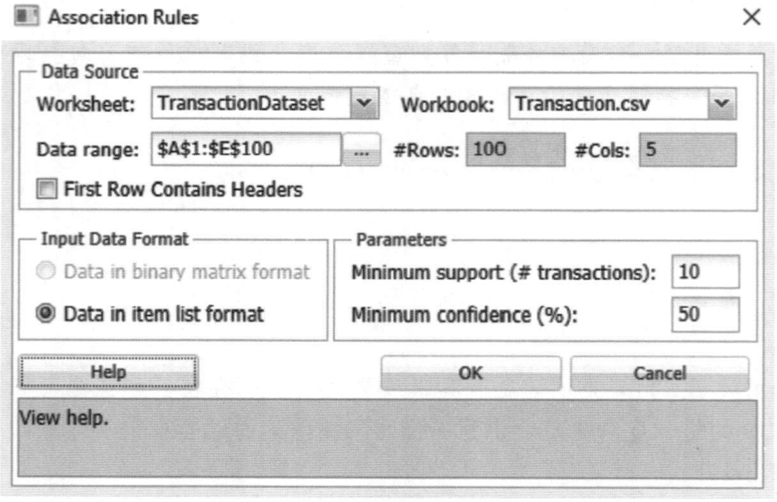

图 11.11　Analytic Solver 中的关联规则对话框

资料来源：Microsoft Excel.

d. 在 Transaction 工作表旁边，Analytic Solver 将插入两个新工作表：AR_Output 和 AR_PMMLModel。虽然这两个工作表包含相同的输出信息，但格式不同。我们将重点关注 AR_Output 工作表中的 Rules 表，如图 11.12 所示。Rules 表列出了满足步骤 c 中默认选项中指定的 10 个最小交易和 50% 最小置信度的所有规则。图 11.12 显示了按提升度排序的规则。在输出的 9 条规则中，规则 2、3、6、7、8 和 9 具有大于 1 的提升度和相对较高的置信度。

Rules

Rule ID	A-Suppor	C-Suppor	Support	Confidence	Lift-Ratio	Antecedent	Consequent
Rule 2	67	62	55	82.08955224	1.324025036	[keyboard]	[SDcard]
Rule 3	62	67	55	88.70967742	1.324025036	[SDcard]	[keyboard]
Rule 7	26	67	23	88.46153846	1.32032147	[mouse,SDcard]	[keyboard]
Rule 6	29	62	23	79.31034483	1.27919911	[keyboard,mouse]	[SDcard]
Rule 8	14	62	11	78.57142857	1.267281106	[keyboard,headphone]	[SDcard]
Rule 9	14	67	11	78.57142857	1.172707889	[headphone,SDcard]	[keyboard]
Rule 1	49	67	29	59.18367347	0.88333841	[mouse]	[keyboard]
Rule 4	19	67	11	57.89473684	0.86410055	[USBdrive]	[keyboard]
Rule 5	49	62	26	53.06122449	0.855826201	[mouse]	[SDcard]

图 11.12　Analytic Solver 中的关联规则结果

资料来源：Microsoft Excel.

我们发现规则 2（{键盘}=>{SD 卡}）和规则 3（{SD 卡}=>{键盘}）具有最高的提升度，表明相关性最强。因此，商店经理可以把这两种产品放在一起。

现在让我们评估规则 2 的有效性：{键盘}=>{SD 卡}。支持频率为 55 意味着 100 笔交易中有 55 笔既包含键盘又包含 SD 卡。规则 2 的可信度表明，如果交易包含键盘，则交易包含 SD 卡的概率为 82.09%。有趣的是，规则 3（{SD 卡}=>{键盘}）的置信度更高，因为 SD 卡的支持频率低于键盘。最后，提升度为 1.32，这意味着识别购买了键盘的顾客同时也购买了 SD 卡，比随机猜测购买了 SD 卡的顾客高出 32%。

使用 R 语言

a. 安装并加载 arules 和 arulesViz 包。输入：

```
> install.packages("arules")
```

```
> install.packages("arulesViz")
> library(arules)
> library(arulesViz)
```

b. 我们使用 read. transactions 函数读取数据并将数据存储在名为 myData 的新变量中。本例假设 Transaction 数据文件保存在 C：文件夹（或 C：驱动器的根目录）中。你需要根据文件在计算机中的位置进行更改。确保将格式选项指定为 "basket"，sep 选项指定为 ","。输入：

```
> myData <- read.transactions("C:/Transaction.csv", format = "basket", sep = ",")
```

c. 我们使用 inspect 函数来显示前 5 个交易。输入：

```
> inspect(myData[1:5])
```

结果如图 11.13 所示。

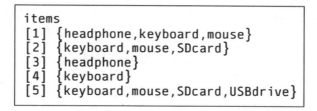

图 11.13　交易数据的一个样例

d. 我们使用 itemFrequency 函数和 itemFrequencyPlot 函数检查物品交易的频率。输入：

```
> itemFrequency(myData)
> itemFrequencyPlot(myData)
```

物品交易频率图表如图 11.14 所示。结果表明，耳机出现在 32% 的交易中（{耳机}的支持度＝0.32），而 U 盘只出现在 19% 的交易中（{U 盘}的支持度＝0.19）。

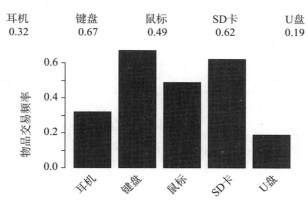

图 11.14　R 语言的物品交易频率图表

e. 利用 apriori 函数进行关联规则分析。我们将最小值 supp（支持度）和 conf（置信度）分别设置为 0.1 和 0.5。实践中通常使用不同的支持阈值和置信阈值进行试验，以观察是否会出现有趣的结果。检查提升度（见下面的步骤 f）也可以帮助确定这些阈值。（如果不指定任何参数值，那么默认的最小支持度和置信度将分别设置为 0.1 和 0.8。）我们还将 minlen 选项设置为 2，以防止 R 语言在没有前缀的情况下显示关联规则。输入：

```
> rules <- apriori(myData, parameter = list(minlen = 2, supp = 0.1, conf = 0.5))
```

f. 为了查看按提升度排序的规则，我们使用 sort 函数对规则进行排序。我们使用 by 和 decreasing 选项来按提升度降序排序。输入：

```
> srules <- sort(rules, by = 'lift', decreasing = TRUE)
> inspect(srules)
```

结果如图 11.15 所示。正如预期的那样，R 语言生成的关联规则与 Analytic Solver 生成的关联规则是相同的，因此结论与 Analytic Solver 的结论是相同的。

	lhs		rhs	support	confidence	lift	count
[1]	{keyboard}	⇒	{SDcard}	0.55	0.8208955	1.3240250	55
[2]	{SDcard}	⇒	{keyboard}	0.55	0.8870968	1.3240250	55
[3]	{mouse, SDcard}	⇒	{keyboard}	0.23	0.8846154	1.3203215	23
[4]	{keyboard, mouse}	⇒	{SDcard}	0.23	0.7931034	1.2791991	23
[5]	{headphone, keyboard}	⇒	{SDcard}	0.11	0.7857143	1.2672811	11
[6]	{headphone, SDcard}	⇒	{keyboard}	0.11	0.7857143	1.1727079	11
[7]	{mouse}	⇒	{keyboard}	0.29	0.5918367	0.8833384	29
[8]	{USBdrive}	⇒	{keyboard}	0.11	0.5789474	0.8641005	11
[9]	{mouse}	⇒	{SDcard}	0.26	0.5306122	0.8558262	26

图 11.15　R 语言生成的关联规则

g. 如果我们有一个较大的数据集，而 apriori 函数产生了许多关联规则，我们可以使用 plot 函数直观地检查这些规则。散点图便于识别具有高提升度、置信度和支持度的规则。输入：

```
> plot(rules)
```

图 11.16 显示了结果。高提升度用更深的颜色显示。如图所示，有两个规则具有较高的提升度、置信度和支持度。

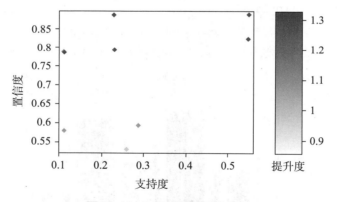

图 11.16　R 语言的规则散点图

练习 11.3

注意：这些练习的所有数据都已经采用了逗号分隔（csv）格式。AS 和 R 分别表示必须使用 Analytic Solver 和 R 语言来求解。当要求识别顶级关联规则时，选择提升度最高的规则。如果多个规则具有相同的提升度，则选择置信度最大的规则作为顶级关联规则。

理论

44. 文件：Exercise_11.44.csv。AS。考虑以下由 25 个交易组成的数据。

交易记录 1	a, i, j, k
交易记录 2	c, g, i, k

续表

⋮	⋮
交易记录 25	a, e, f, j

a. 生成最小支持度为 10，最小置信度为 75％ 的关联规则。按提升度排序规则。最高规则的提升度是多少？

b. 解释最高规则的支持度。

c. 生成最小支持度为 5，最小置信度为 50％ 的关联规则。最高规则的提升度是多少？

d. 解释最高规则的置信度。

45. 文件：Exercise_11.45.csv。R。数据与上一练习相同。使用 readtransactions 函数将数据文件读入 R 语言并执行以下任务。

a. 生成项目频率图和频率表。其中哪一项是最常出现的？

b. 生成最小支持度为 0.25，最小置信度为 0.75 的关联规则。按提升度排序规则。最高规则的提升度是多少？

c. 解释 b 问题中最大提升度规则的支持比例。

d. 生成最小支持度为 0.15，最小置信度为 0.60 的关联规则。按提升度排序规则。最高规则的提升度是多少？

e. 解释 d 问题中最大提升度规则的置信度。

f. 生成并解释 d 问题中生成规则的散点图。

46. 文件：Exercise_11.46.csv。R。考虑由 40 个交易组成的数据。使用 readtransactions 函数将数据文件读入 R 语言并执行以下任务。

交易记录 1	a, d
交易记录 2	a, b
⋮	⋮
交易记录 40	b, d, f

a. 制作项目频率图和频率表。其中哪一项是最不常见的？

b. 生成最小支持度为 0.25，最小置信度为 0.50 的关联规则。按提升度排序规则。最高规则的提升度是多少？

c. 生成最小支持度为 0.10，最小置信度为 0.50 的关联规则。按提升度排序规则。最高规则的提升度是多少？

47. 文件：Exercise_11.47.csv。AS。数据与上一练习相同。使用以下设置执行关联规则分析。

a. 生成最小支持度为 10，最小置信度为 75％ 的关联规则。生成了多少规则？

b. 生成最小支持度为 5，最小置信度为 50％ 的关联规则。生成了多少规则？按提升度排序规则。最高规则的提升度是多少？

48. 文件：Exercise_11.48.csv。AS。考虑以下由 100 个交易组成的数据。

交易记录 1	a, c, d
交易记录 2	c, e, g
⋮	⋮
交易记录 100	c, d, e, g

a. 生成最小支持度为 10，最小置信度为 50％ 的关联规则。生成了多少规则？按提升度排序规则。哪一条是最高规则？最高规则的提升度是多少？

b. 生成最小支持度为 20，最小置信度为 80％ 的关联规则。生成了多少规则？按提升度排序规则。哪一条是最高规则？最高规则的提升度是多少？

49. 文件：Exercise_11.49.csv。R。数据与上一练习相同。使用 readtransactions 函数读取数据文件，并执行以下任务。

a. 制作项目频率图和频率表。其中哪一项是最常见的？

b. 生成最小支持度为 0.1，最小置信度为 0.75 的关联规则。按提升度排序规则。报告并解释最高规则的提升度。

c. 生成最小支持度为 0.25，最小置信度为 0.75 的关联规则。按提升度排序规则。报告并解释最高规则的提升度。

d. 生成散点图以显示 c 问题中获得的规则。

50. 文件：Exercise_11.50.csv。R。考虑以下由 41 个交易组成的数据。使用 readtransactions 函数读取数据文件，并执行以下任务。

交易记录 1	a, b, c, e, f
交易记录 2	a, b, c, d, e

续表

⋮	⋮
交易记录 41	a, b, c, e, f, g

a. 制作项目频率图和频率表。其中哪一项是最不常见的？

b. 生成最小支持度为 0.25，最小置信度为 0.7 的关联规则。按提升度排序规则。报告并解释最高规则的提升度。

c. 生成散点图，比较 b 问题中获得的规则。

51. 文件：Exercise_11.51.csv。AS。数据与上一练习相同。使用以下设置执行关联规则分析。

a. 生成最小支持度为 10，最小置信度为 50% 的关联规则。按提升度排序规则。报告并解释最高规则的提升度。

b. 生成最少 10，最小置信度为 70% 的关联规则。生成了多少规则？按提升度排序规则。报告并解释最高规则的提升度和置信度。

应用

52. 文件：Movies.csv。AS。一家在线电影流媒体公司对消费者进行了一项调查，以了解消费者观看的电影类型。88 户家庭自愿参与这项研究，并允许该公司在一周内跟踪他们观看的电影类型。下表显示了部分数据。记录 1 显示，该家庭的成员在一周内观看了动作片、爱情片和剧情片，而第二个家庭在同一周只观看了动作片。

记录 1	动作片，爱情片，剧情片
记录 2	动作片
⋮	⋮
记录 88	爱情片，剧情片

使用以下设置执行关联规则分析。

a. 指定最小支持度为 9，最小置信度为 50%。按提升度排序规则。最高规则是什么？报告并解释最高规则的提升度。

b. 指定最小支持度为 5，最小置信度为 25%。按提升度排序规则。最高规则是什么？报告并解释最高规则的提升度。

53. 文件：Movies.csv。R。使用前面练习中的电影数据集，用 R 语言来执行关联规则分析。确保首先使用 readtransactions 函数读取数据文件。

a. 使用项目频率图和频率表探索数据。其中哪种类型的电影是最常被观看的？

b. 生成最小支持度为 0.1，最小置信度为 0.5 的关联规则。生成了多少规则？

c. 按提升度排序。最高规则的提升度是多少？这代表什么意思？

54. 文件：Fruits.csv。AS。一家当地的杂货店正在跟踪客户购买的单个产品。Natalie Jackson 是一名负责新鲜水果和农产品部门的经理，她想了解更多关于顾客购买苹果、香蕉、樱桃、橙子和西瓜的模式。她最近收集了 50 次交易数据，其中的一部分见下表。交易 1 显示客户购买了苹果、香蕉和西瓜。交易 2 显示客户购买了香蕉、樱桃和橙子。查找此消费者研究的关联规则。使用 10 作为最小支持度，50% 作为最小置信度。报告和解释 3 个最高提升度的规则。

交易记录 1	苹果，香蕉，西瓜
交易记录 2	香蕉，樱桃，橙子
⋮	⋮
交易记录 50	苹果，香蕉，西瓜，橙子

55. 文件：Beatles_Songs.csv。AS。一个在线音乐流媒体服务想要找出有哪些流行的披头士歌曲被它的用户经常一起下载。该服务收集了过去一个月 100 名用户的下载日志，该下载日志显示了在同一会话期间下载的歌曲。下表显示了部分数据。

用户 1	Yesterday, All You Need Is Love ⋯ Here Comes the Sun
用户 2	Hey Jude, Come Together ⋯ Here Comes the Sun
⋮	⋮
用户 100	Hey Jude, Come Together ⋯ Here Comes the Sun

使用以下设置执行关联规则分析。

a. 最小支持度为 20，最小置信度为 60%。按提升度排序规则。报告并解释最高规则的提升度。

b. 最小支持度为 15，最小置信度为 50%。按提升度排序规则。报告并解释最高规则的提升度。

56. 文件：Beatles_Songs.csv。R。使用前面练习中的在线音乐数据集进行关联规则分析。确保首先使用 readtransactions 函数将数据文件读入 R 语言。

a. 使用项目频率图和频率表分析数据。其中下载最频繁的歌曲是什么？

b. 生成最小支持度为 0.1，最小置信度为 0.5 的关联规则。按提升度排序规则。报告并解释最高规则的提升度。

c. 显示散点图，比较 b 问题中获得的规则。有多少规则至少有 0.75 的置信度、0.15 的支持度和 1.2 的提升度？

57. 文件：Condition_Symptoms.csv。R。Allen Chu 是医学院的一年级学生。在他的研究中，他感兴趣的是找出哪些病症会同时出现。他汇编了 36 名患者的数据集，其中第一个条目列出了医疗状况，其余条目是与医疗状况相关的常见症状。下表显示了部分数据。

患者 1	急性鼻窦炎，发烧，……，嗅觉减弱
患者 2	酒精中毒，步态异常，……，大便失禁
⋮	⋮
患者 36	西尼罗河病毒，寒战，……，迷乱，发烧

确保首先使用 readtransactions 函数将数据文件读入 R 语言。

a. 生成最小支持度为 0.1，最小置信度为 0.5 的关联规则。按提升度排序规则。报告和解释排名前三的关联规则的提升度。

b. 显示比较 a 问题中获得的规则的散点图。有多少规则至少具有 0.75 的置信度、0.15 的支持度和 1.2 的提升度？

58. 文件：Crime_Analysis.csv。AS。助理警察局长 Todd Beck 希望分析该市的历史犯罪数据，以便在未来更好地分配警察资源。他收集了过去两年的数据。数据中的每一条记录都显示了所报告的犯罪类型和犯罪地点。Todd 对以下问题感兴趣：哪种类型的犯罪通常与哪些地点相关联？

记录 1	致幻毒品，街道
记录 2	袭击，居民区
⋮	⋮
记录 2 500	致幻毒品，人行道

a. 生成最小支持度为 50，最小置信度为 30% 的关联规则。生成了多少规则？

b. 根据规则，百货商店中最可能发生的犯罪类型是什么？哪种类型的犯罪最可能发生在人行道上？哪种类型的犯罪最可能发生在公寓里？

59. 文件：Crime_Analysis.csv。R。使用前面练习中的犯罪数据来执行关联规则分析。确保首先使用 readtransactions 函数读取数据文件。

a. 使用项目频率图和频率表探索数据。什么类型的犯罪发生得最频繁？什么地方最容易发生犯罪？

b. 生成最小支持度为 0.02，最小置信度为 0.30 的关联规则。生成了多少规则？

c. 根据规则，哪种类型的犯罪最可能发生在百货公司？哪种类型的犯罪最可能发生在人行道上？哪种类型的犯罪最可能发生在公寓里？

60. 文件：Social_Media.csv。AS。Adrian Brown 是研究社交媒体使用规律的研究员。在他的研究中，他注意到人们倾向于使用多个社交媒体应用程序，他想找出哪些流行的社交媒体应用程序经常被同一用户一起使用。为此，他调查了 100 名用户，了解他们经常使用哪些社交媒体应用程序。下表显示了数据集的示例。

用户 1	Facebook，Snapchat，LinkedIn
用户 2	Facebook，Snapchat，Instagram，Pinterest，LinkedIn，Twitter
⋮	⋮
用户 100	Instagram，Tumbler，LinkedIn

a. 生成最小支持度为 20，最小置信度为 60% 的关联规则。生成了多少规则？

b. 按提升度排序。最高规则是什么？报告并解释最高规则的提升度。

61. 文件：Business_Licenses.csv。R。Claire

Williams 是纽约市政府的一名实习生。她的任务是找出哪些类型的企业最有可能在纽约市的哪个地区开业。她找到了一个数据文件，其中包含纽约市 7 万多家企业的营业执照类型和位置。下表显示了部分数据。确保首先使用 readtransactions 函数将数据文件读入 R 语言。

营业执照 1	电子产品商店，布鲁克林
营业执照 2	家庭装修销售人员，科罗纳
⋮	⋮
营业执照 76 705	二手商贩，纽约

资料来源：纽约市公开数据，https://opendata. cityofnew-york. us/。

a. 生成最小支持度为 0.01，最小置信度为 0.25 的关联规则。生成了多少规则？

b. 按提升度排序，最高规则是什么？报告并解释最高规则的提升度。

62. 文件：Bank_Accounts. csv。AS。Beau Crew 是一家大银行的分行经理。他对客户往往同时拥有哪些类型的账户感兴趣，以便向客户提供额外的金融服务。他编制了一份客户名单和他们的账户。下表显示了部分数据。找出 Beau 研究的关联规则。使用 10 作为最小支持度，50% 作为最小置信度。生成了多少规则？报告并解释最高规则的提升度。

客户 1	房屋净值信贷，个人退休金账户，支票账户
客户 2	抵押贷款，存款证明，支票账户，存款证明
⋮	⋮
客户 81	支票账户，储蓄

63. 文件：Bank_Accounts. csv。R。使用前面练习中的银行账户数据集来执行关联规则分析。确保首先使用 readtransactions 函数将数据文件读入 R 语言。

a. 使用项目频率图和频率表挖掘数据。其中哪一种账户类型是最常见的项目？

b. 生成最小支持度为 0.1，最小置信度为 50% 的关联规则。按提升度排序规则。生成了多少规则？报告并解释最高规则的提升度。

11.4 大数据写作

正如本章前面所解释的，有时我们需要将数据转换为适合分析的格式。对于大数据，手动转换数据是不现实的。为了在本节中复制大数据案例的结果并完成相关的练习，你需要参考第 2 章关于分类变量转换为二元变量的介绍。

□ 案例研究

文件：Car_Crash。Ramona Kim 是一名在加利福尼亚州圣地亚哥市工作的公路巡警。由于她的叔叔在一场车祸中丧生，因此她希望教育当地的司机安全驾驶。在与她的上司讨论了这个想法后，她了解到，自 2005 年以来，卫生防护中心总部会从地方和州机构接收与交通事故有关的信息，并将这些信息公开在其网站上。她的上司建议她关注导致死亡和重伤的车祸，鼓励 Kim 警官与同事分享她的发现，并在当地社区会议上发言，提高当地司机对车祸的认识。

报告样本——圣地亚哥发生严重车祸

通常情况下，车祸可以由多种因素造成，例如恶劣的天气、鲁莽驾驶、分心驾驶、夜间能见度低、不遵守交通法规等。2013 年，加利福尼亚州有 3 000 人死于与机动车有关的事故。也就是说，几乎每天有 10 人死于与机动车有关的事故。传统规则告诉我们，为了安全，应该在恶劣天气或夜间小心驾驶，避免酒后驾驶，并始终遵守交通法规。除了这些传统的安全规则外，更重要的是要更好地了解导致死亡和严重伤害的车祸的不同情况。圣地亚哥市交通事故的相关数据是从全州综合交通记录系统数据库中提取的，2013 年 1 月 1 日到 2013 年 2 月 28 日是加利福尼亚州的雨

季，司机经常不得不在大雨和其他恶劣天气条件下行驶。表 11.13 显示了发生在圣地亚哥市的
785 起事故的部分数据。

表 11.13　2013 年 1—2 月圣地亚哥市交通事故数据

事故编号	周末	事故严重性	天气情况	高速公路	白昼
1	0	1	0	0	0
2	1	1	1	0	1
⋮	⋮	⋮	⋮	⋮	⋮
785	1	0	1	0	1

5 个分析变量包括周末（如果是周末则为 1，否则为 0），事故严重性（如果造成严重伤害或
死亡则为 1，否则为 0），天气情况（如果天气恶劣则为 1，否则为 0），高速公路（如果发生在高
速公路上则为 1，否则为 0），以及白昼（如果在白天则为 1，否则为 0）。例如，第一个观察值表
示在工作日发生的导致严重伤害或死亡的事故。在事故发生时，天气并不恶劣，但是不在白天。
此外，该事故也未发生在高速公路上。

以匹配系数作为聚类方法的距离度量，采用平均连接法进行聚类分析。因为 0 和 1 的值（例
如，对于周末变量，0＝工作日，1＝周末）在分析中同样重要，所以匹配系数距离度量是合适的。
图 11.17 显示了生成的树状图。

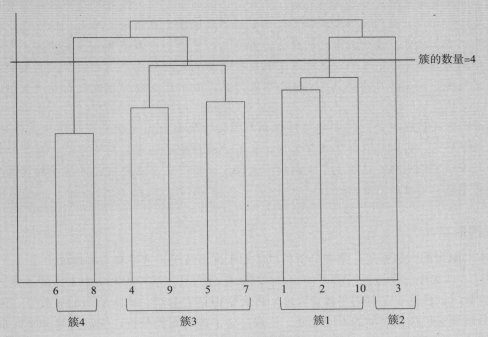

图 11.17　交通事故数据的树状图

仔细检查树状图，785 个观测值被分成了 4 个簇，如图 11.17 所示。每个簇都形成了一
组有意义的、互不相同的观测值。为每个观测值分配簇成员身份。为了更好地理解这些聚
类，我们对每个聚类计算每个变量的均值。这些均值见表 11.14。最后一列显示每个簇中的
事故数量。

表 11.14　圣地亚哥交通事故聚类结果

簇	周末	事故严重性	天气情况	高速公路	白昼	事故数量
1	0.320 7	1.000 00	0.075 5	0.207 6	0.566 0	53
2	0.250 0	1.000 00	1.000 0	0.625 0	0.000 0	8
3	0.159 9	0.000 0	0.229 7	0.295 1	0.600 3	688
4	1.000 0	0.000 0	0.388 9	1.000 0	0.500 0	36

根据这些结果，可以得出以下观察。

1. 所有导致死亡或严重伤害的事故都被分入了簇 1（53 起）和簇 2（8 起）。

2. 在簇 1 中，绝大多数导致死亡和严重伤害的事故发生在天气晴朗的时候。

3. 令人惊讶的是，大多数导致死亡和严重伤害的事故发生在工作日。发生在周末的事故在簇 1 中仅占 32.1%，在簇 2 中仅占 25%。一种可能的解释是，一周的工作日比非工作日多，因此，工作日自然会在死亡或严重伤害事故总数中占据更大的比例。

4. 簇 2 中包括 8 起涉及死亡或严重伤害的事故。这 8 起事故发生时天气都很恶劣，且都在晚上，其中大部分发生在高速公路上。

5. 绝大多数事故被归入簇 3。这些事故往往发生在非高速公路的工作日，天气条件不是很恶劣，没有人死亡或严重受伤。

6. 簇 4 的所有事故都发生在高速公路上。然而，这些事故均未造成人员死亡或严重受伤。将簇 2 和簇 4 进行比较，我们可以发现簇 2 大部分的事故也发生在高速公路上，但所有事故都导致死亡或严重伤害。我们注意到两者之间的关键差异是，簇 2 所有事故都发生在周末、白天，以及天气不是很恶劣的条件下。然而，这些变量本身可能都不是致命或严重伤害事故的关键指标，看起来在恶劣天气下，工作日的晚上在高速公路上行驶，似乎才会增加导致死亡或严重伤害的事故概率。

聚类分析的关键发现是，许多导致死亡和严重伤害的事故发生在天气晴朗的工作日。也许，当天气状况良好时，司机往往会驾驶得更快，容易造成严重的伤害或死亡事故。在工作日，司机可能还会赶着回家或上班，这加剧了车祸的严重性。这项研究可以用来设计一个教育活动，以提高圣地亚哥市当地司机的安全意识。

□ 案例推荐

借助本书附带的大数据集，聚类分析可以应用于许多情况。这里有一些建议。

报告 11.1（文件：College_Admissions）。将数据分为只包括 3 所大学中 1 所的子集。根据你选择的分类变量（如性别、父母的受教育程度）将大学申请者分组。确定适当的簇数量。说明每个簇的特征，并解释它们彼此之间的不同之处。注意：为了进行聚类分析，你需要将分类变量转换为二元变量。转换分类变量的过程见第 2 章。

报告 11.2（文件：College_Admissions）。将数据分为只包括 3 所大学中 1 所的子集。在聚类分析中找到一个数值变量和分类变量的组合。确定适当的簇数量，并解释你的选择，描述每个簇与其他簇的不同之处。注：混合数据聚类分析只能在 R 语言中进行。

报告 11.3（文件：TechSales_Reps）。将数据集分为只包括两个产品组之一的销售人员的子集。根据你选择的数值变量（例如，年龄、薪水）聚集销售人员。确定适当的簇数量。描述每个簇并比较其平均净推荐值。

　　报告 11.4（文件：NBA）。根据 NBA 球员的职业表现或特定赛季（例如 2013—2014 年）的表现数据对 NBA 球员进行分组。确定合适的簇数量，并根据聚类结果编写报告。

　　报告 11.5（文件：Longitudinal_Survey）。将数据集分为只包括那些居住在城市地区的个人的子集。使用数值变量和分类变量的组合将个体聚在一起。确定适当的簇数量，并编写报告来描述簇之间的差异。注意：混合数据聚类分析只能在 R 语言中进行。

利用时间序列数据进行预测

第 12 章

🎯 **学习目标**

通过学习本章，可以达成以下目标：

1. 描述时间序列的预测过程。
2. 使用平滑方法进行预测。
3. 使用线性回归模型进行预测。
4. 使用非线性回归模型进行预测。
5. 应用交叉验证技术进行模型选择。
6. 使用高级平滑方法进行预测。

随时间顺序记录的任何变量的观测都被认为是时间序列。时间序列预测是分析学的一个重要部分，为所有商业领域的决策提供指导。事实上，任何商业成功都取决于准确预测关键变量的能力。合理的预测不仅可以提高商业预测的质量，还能帮助识别和评估潜在的风险，例如预测产品销售、产品缺陷、通货膨胀率、网络攻击或公司现金流。

在本章中，我们将了解时间序列的趋势、季节性和随机成分，并介绍几种捕获一个或多个这些变量的模型。特别地，当数据中的短期波动与整体模式随机偏离且没有明显的趋势或季节性波动时，可以使用简单的平滑方法进行预测。当时间序列中存在趋势和季节性波动时，则引入基于回归和高级平滑的预测模型。因为不太可能事先知道哪个模型可能提供最好的预测，所以我们应用样本内标准和样本外标准来选择更好的预测模型。

引入案例　苹果公司的收入预测

2018 年 8 月 2 日，苹果公司连续第四个季度营收创纪录，成为首家市值超过 1 万亿美元的美国上市公司。它的爆发式增长在科技行业跻身全球市场经济前沿的过程中发挥了重要作用（《华尔街日报》，2018 年 8 月 2 日）。尽管苹果公司设计、开发和销售消费类电子产品、计算机软件和在线服务，但 iPhone 系列仍是该公司的核心收入来源。

Cadence Johnson 是一家小型投资公司的研究分析师，她通过分析公司的收入来评估苹果公司的表现。她意识到苹果公司新系列、高定价的 iPhone 可能会遇到市场阻力，并且投资者也在担忧 iPhone 的市场需求正在减弱。Cadence 希望通过观察苹果公司过去的历史数据来帮助预测其未来的表现。她收集了苹果公司 2010—2018 财年的季度收入数据，每财年于 9 月底结束（文件：Revenue_Apple）。部分数据如表 12.1 所示。

表 12.1　苹果公司的季度收入　　　　　　　　　　单位：百万美元

年份	季度	收入
2010	1	15 683
2010	2	13 499
⋮	⋮	⋮
2018	4	62 900

Cadence 希望利用表 12.1 中的信息：

1. 探索包含苹果公司收入的趋势和季节性成分的模型。
2. 预测苹果公司 2019 财年的收入。

12.4 节末尾提供了该案例概要。

12.1　时间序列的预测过程

在本章中，我们将重点关注时间序列数据。随时间顺序记录的任何变量的观测都被认为是时间序列。时间周期可以用一年、一个季度、一个月、一个星期、一天、一小时甚至一秒来表示。时间序列的例子包括纽约证券交易所（NYSE）连续 5 个交易日的每小时交易量，6 月和 7 月每天的贷款申请数量，零售商在 5 年里每个月的销售额，以及一个国家过去 30 年的年增长率等。

用 y_1，y_2，$\cdots$，y_T 代表样本的观测变量，y_T 的值表示时间为 T 的时间序列数据，通常使用符

号 T 来代替 n 表示样本数量，下标 T 确定时间。例如，如果 5 天内每天的贷款申请数是 100、94、98、110、102，那么 $y_1=100$，$y_2=94$，…，$y_5=102$。

　　时间序列由趋势、季节性、周期性和随机成分组成。趋势成分代表该系列的长期向上或向下运动。例如，产品销售或公司的股票价格可能会在一段时间内上升（或下降）。季节性成分通常代表一年期间的重复性表现。例如，在每年的假日期间，零售商品的销量都会增加，而在夏季，度假套餐的销量也会增加。周期性成分代表波浪式的波动或商业周期，通常由经济的扩张和收缩引起。季节性模式和周期性模式的主要区别是季节性模式倾向于在一年或更短的周期内重复，而周期性模式持续一年到几年以上，周期的持续时间因周期而异。此外，与周期性模式相比，季节性模式更容易预测时间序列的上下波动幅度。随机成分很难识别，因为它捕获了时间序列中无法解释的运动。例如，零售店的顾客可能无缘无故地增加或减少。在本章中，我们在预测时将聚焦于时间序列中的趋势、季节性和随机成分。

时间序列

时间序列是一组随时间变化的连续观测值。趋势、季节性、周期性和随机成分塑造了时间序列的特征。

　　在引入案例中，我们考虑了苹果公司 2010—2018 年的季度收入，财年在 9 月底结束。图 12.1 是该案例的散点图，其将散点相连，把 9 年的季度观测值重新标记为 1～36。

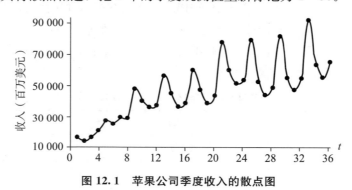

图 12.1　苹果公司季度收入的散点图

　　这幅图突出了苹果公司收入的一些重要特征。首先，有一个持续的上升运动，在观测期接近结束时，该系列趋于平稳。其次，季节模式年复一年地重复。例如，第一季度的收入一直高于其他季度。值得注意的是，根据苹果公司日程表，截至 12 月的第一季度包括假日期间，销售通常很强劲。

预测方法

　　预测方法可分为定量和定性两大类。**定性预测**（qualitative forecasting）方法是以预测者的判断为基础的，预测者利用以往的经验和专业知识进行预测。而**定量预测**（quantitative forecasting）方法使用正式模型基于历史数据来预测。

　　在没有历史数据的情况下，定性预测尤其具有吸引力。例如，当经理试图预测新产品的销售时，可能会使用定性预测。当我们怀疑未来结果与历史结果存在显著差异时，我们会使用定性预测，而不以历史数据为基础。例如，市场状况或政府政策的重大变化会使历史数据的分析具有误导性。

　　尽管定性预测在某些情况下具有优势，但也经常因为其容易产生一些偏见（例如乐观和过度自信）而受到批评。根据过于乐观的管理者的判断做出的决策可能会给企业带来巨大损失。此外，由于定性预测很难记录，因此它的质量完全取决于预测者的判断和技巧。例如，两个获得相似信息的人可能提供不同的定性预测。

正式的定量模型已被广泛用于预测变量，例如产品销售、产品缺陷、房价、通货膨胀、股价和现金流。

预测方法

预测方法大致分为定量或定性。定性方法基于预测者的判断，而定量方法使用正式模型基于历史数据来预测。

在本章中，我们将重点介绍基于历史数据预测的定量模型，其中每个模型都经过专门设计，以捕获时间序列的一个或多个组成部分。

模型选择标准

许多模型可用于进行预测，每个模型都非常适合捕捉时间序列的特定特征。如果我们确切地知道哪个特征描述了给定的序列，就很容易选择正确的模型。不幸的是，这种确定性在商业世界中很少存在。因为我们不知道哪个备选模型可能提供最好的预测，所以通常要考察几个模型。模型选择是预测中最重要的步骤之一。因此，在我们引入任何正式模型之前，了解模型选择标准非常重要。

我们可以使用样本内标准来评估备选预测模型，其中相同的样本周期用于模型的估计及其评估。样本内标准并不能帮助我们评估估计模型在未知样本中的预测效果。在第 7～10 章中，我们使用交叉验证技术来评估竞争模型，方法是将样本划分为训练集以构建（训练）模型和验证集以评估（验证）模型。由于模型可能在训练集中表现良好但在验证集中表现不佳，因此，通常使用样本外标准在验证集中实现对模型性能的独立评估。

样本内标准和样本外标准均基于预测误差 $e_t = y_t - \hat{y}_t$，其中 y_t 表示时间 t 的序列值，$\hat{y}_t$ 表示其预测。比较备选预测模型的常用性能度量是我们所熟悉的均方误差（MSE）、平均绝对偏差（MAD）和平均绝对百分比误差（MAPE）。第 8 章也讨论了这些性能指标。回想一下，MAD 也称为平均绝对误差（MAE）。首选的模型将具有最小的 MSE、MAD 或 MAPE 值。由于没有主要模型选择标准，因此我们要综合考虑各项指标来进行模型选择。MSE、MAD 和 MAPE 的公式如下所示。

绩效指标

样本内标准和样本外标准基于预测误差 $e_t = y_t - \hat{y}_t$，其中 y_t 表示序列在时间 t 的值，$\hat{y}_t$ 表示其预测。均方误差（MSE）、平均绝对偏差（MAD）和平均绝对百分比误差（MAPE）的计算公式为：

$$MSE = \frac{1}{n} \sum e_t^2$$

$$MAD = \frac{1}{n} \sum |e_t|$$

$$MAPE = \frac{1}{n} \left(\sum \left| \frac{e_t}{y_t} \right| \right) \times 100$$

式中，n 是计算中使用的观测数。我们选择具有最小的 MSE、MAD 或 MAPE 值的模型。由于没有主要性能度量，因此要综合考虑各项指标来进行模型选择。

回忆第 8 章，对于任何给定的模型，上述性能指标都没有普遍的"好"值，因此，这些性能指标最好用作模型选择标准。MSE 对模型中大的预测误差很敏感，因此，如果难以接受相对较大的预测误差，则首选 MSE。另一种流行的度量是均方根误差（RMSE），它是 MSE 的平方根。相对于MAD，RMSE 表明预测中的误差相对较大。使用 MAPE 的主要原因在于它将误差显示为实际值的

百分比，从而知道误差的大小。

如前所述，样本内标准和样本外标准会引发两个重要问题：模型在训练集中解释样本内预测的效果如何？模型在验证集中进行样本外预测的效果如何？在理想情况下，选择的模型在样本内标准和样本外标准下都是最好的。我们在 12.2 节到 12.4 节中关注样本内标准，同时我们将讨论扩展到12.5 节和 12.6 节中的样本外标准。

12.2　简单平滑法

如前所述，时间序列是根据时间来排序的观察序列。本质上，随时间收集的任何数据都可能表现出某种形式的随机变化。例如，校园书店的结账时间或便利店的每周销售额会随机发生变化。在本节中，我们将聚焦一些实际应用，其中的时间序列主要由围绕未知水平的随机变量来描述。换句话说，也就是时间序列不会因趋势或季节性而发生变化。

时间序列的简单图提供了对其组成部分的见解。由序列中的突然变化引起的锯齿状图线表示随机变化。平滑法被用来减少随机波动的影响。如果短期波动代表与结构的随机偏离，没有可辨别的模式，那么这些技术也可用于提供预测。当需要频繁更新多个变量的预测时，这些技术特别适用。例如，对于一家便利店的经理而言，他必须每周更新大量商品的库存。在这种情况下，为每个项目开发复杂的预测模型是不切实际的。我们接下来将讨论两种不同的平滑法：移动平均法和简单指数平滑法。

移动平均法

由于其简单，**移动平均法**（moving average technique）是处理时间序列最流行的方法之一。该方法基于固定数量 m 的最近观察计算平均值。例如，一个 3 周期的移动平均线是通过平均 3 个最近的观察结果形成的。使用术语"移动"是因为当新的观察可用时，平均值会通过包括最新的观察结果并删除最旧的观察结果来更新。

计算移动平均值
m 周期移动平均值计算如下： $$移动平均值 = \frac{m \text{个最近观察结果的总和}}{m}$$

例 12.1

为了配备夏季所需的服务人员，一家在线零售商回顾了过去 3 周（21 天）接到的客户服务电话数量。表 12.2 显示了时间序列的一部分（文件：Service_Calls）。

a. 为数据构建一个 3 周期移动平均序列。

b. 绘制时间序列及其相应的 3 周期移动平均线，并评论任何差异。

c. 使用 3 周期移动平均序列，预测第 22 天的客户服务电话数量。

d. 计算 MSE、MAD 和 MAPE。

表 12.2　每日客户服务电话数量

天数	电话数量
1	309

续表

天数	电话数量
2	292
3	284
4	294
5	292
⋮	⋮
19	326
20	327
21	309

解答：

a.我们想指出的是，即使本书中显示了四舍五入的值，计算也是基于未四舍五入的值。为了使符号简单，设电话次数为 y_t，相应的移动平均线由 $\overline{y}_t$ 表示。我们通过 $\overline{y}_t$ 对原始序列的所有 3 个连续值的集合求平均值来形成一个 3 周期移动平均序列。3 周期移动平均线的第一个值计算为：

$$\overline{y}_2 = \frac{y_1 + y_2 + y_3}{3} = \frac{309 + 292 + 284}{3} = 295$$

我们指定这个值为 $\overline{y}_2$ 是因为它代表第 1 天到第 3 天的平均值。下一个移动平均线，代表第 2 天到第 4 天的平均值，是

$$\overline{y}_3 = \frac{y_2 + y_3 + y_4}{3} = \frac{292 + 284 + 294}{3} = 290$$

$\overline{y}_t$ 的其他值的计算方法类似，并列于表 12.3 的第 3 列中。请注意，我们在 3 周期移动平均数序列 $\overline{y}_t$ 开始时丢失了一个观察值，在结束时丢失了一个观察值。（如果它是 5 周期移动平均线，我们将在开始时丢失两个观察值，在结束时丢失两个观察值。）

表 12.3　3 期移动平均线、预测和误差

天数 (1)	y (2)	$\overline{y}$ (3)	$\hat{y}$ (4)	$e = y - \hat{y}$ (5)
1	309	—	—	—
2	292	295	—	—
3	284	290	—	—
4	294	290	295	−1
5	292	290.33	290	2
⋮	⋮	⋮	⋮	⋮
19	326	320.67	304	22
20	327	320.67	309	18
21	309	—	320.67	−11.67

b.在图 12.2 中，我们绘制了时间序列及其相应的 3 周期移动平均线与天数的关系。请注意，原

始时间序列具有锯齿状外观，表明该序列存在重要的随机成分。而连续的移动平均线能呈现更平滑的形状。

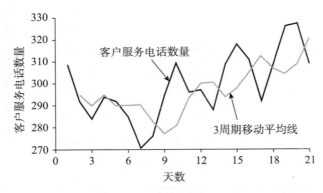

图 12.2　客户服务电话数量与 3 周期移动平均线示意图

　　c. 如前所述，如果序列主要表现出随机变化，那么我们可以使用移动平均线来生成预测。因为 $\overline{y}_2$ 代表第 1 天到第 3 天的平均值，它是第 4 期前最新的序列估计值。因此，我们使用 $\hat{y}_4 = \overline{y}_2$，其中 $\hat{y}_4$ 是第 4 期的预测值。类似地，$\hat{y}_5 = \overline{y}_3$ 是第 5 期的预测值，其中 $\overline{y}_3$ 是第 2 天到第 4 天的平均值，依此类推。这些预测值由 $\hat{y}_t = \dfrac{y_{t-3} + y_{t-2} + y_{t-1}}{3}$ 得出，显示在表 12.3 的第 4 列中。按照这个简单的过程，我们计算第 22 天的样本外预测为：

$$\hat{y}_{22} = \overline{y}_{20} = \frac{y_{19} + y_{20} + y_{21}}{3} = \frac{326 + 327 + 309}{3} = 320.67$$

　　因此，预测第 22 天的客户服务电话数量为 321 个。移动平均法的一个潜在缺点是，所有未来预测都采用与第一个样本外预测相同的值，也就是说，第 23 天的预测也是 321 个电话。

　　d. 为了计算 MSE、MAD 和 MAPE，我们首先计算预测误差，$e_t = y_t - \hat{y}_t$，如表 12.3 的第 5 列所示。

$$\text{MSE} = \frac{1}{n} \sum e_t^2 = \frac{(-1)^2 + 2^2 + \cdots + (-11.67)^2}{18} = 208.90$$

$$\text{MAD} = \frac{1}{n} \sum |e_t| = \frac{|-1| + |2| + \cdots + |-11.67|}{18} = 11.85$$

$$\text{MAPE} = \frac{1}{n}\left(\sum \left|\frac{e_t}{y_t}\right|\right) \times 100 = \frac{1}{18}\left(\left|\frac{-1}{294}\right| + \left|\frac{2}{292}\right| + \cdots + \left|\frac{-11.67}{309}\right|\right) \times 100 = 3.92$$

　　在比较不同模型时，这些性能指标将被证明是有用的。

■ 简单指数平滑法

　　虽然移动平均法很常用，但也存在一些缺点。首先，尽管我们可以使用试错法来选择产生最小 MSE、MAD 或 MAPE 的 m 值，但阶数 m 的选择是任意的。其次，对所有 m 次观察给予同等的权重可能是不合适的。移动平均技术对所有最近的观测值均等地加权，而**简单指数平滑法**（simple exponential smoothing）会随着观测值时间的加长而分配指数递减的权重。与移动平均线的情况一样，简单指数平滑是一种根据最近的观察结果不断修正预测的过程。

　　令 L_t 表示时间 t 的序列估计水平，并定义为：

$$L_t = \alpha y_t + \alpha(1-\alpha)y_{t-1} + \alpha(1-\alpha)^2 y_{t-2} + \alpha(1-\alpha)^3 y_{t-3} + \cdots$$

式中，$0<\alpha<1$。

也就是说，L_t 只是指数下降权重的加权平均值，α 决定下降的速度。例如，当 $\alpha=0.8$ 时

$$L_t = 0.8y_t + 0.16y_{t-1} + 0.032y_{t-2} + 0.006\,4y_{t-3} + \cdots$$

同样地，当 $\alpha=0.2$ 时

$$L_t = 0.2y_t + 0.16y_{t-1} + 0.128y_{t-2} + 0.102\,4y_{t-3} + \cdots$$

请注意，与 $\alpha=0.2$ 相比，$\alpha=0.8$ 时下降速度更快。

使用代数，可以将初始方程简化为：

$$L_t = \alpha y_t + (1-\alpha)L_{t-1}$$

我们使用这种表示来定义简单指数平滑的公式。因为 L_t 代表时间 t 的最新水平，我们可以用它来做一个提前一期的预测，即 $\hat{y}_{t+1}=L_t$。这个等式表明预测 $\hat{y}_{t+1}=L_t$ 取决于当前值 y_t 及其早先的预测，即 $\hat{y}_t=L_{t-1}$。换句话说，我们根据最近的观察不断修改预测。

计算简单指数平滑级数

简单指数平滑方法不断更新级数为：

$$L_t = \alpha y_t + (1-\alpha)L_{t-1}$$

式中，α 代表下降速度。预测为 $y_{t+1}=L_t$。

为了实现这个方法，我们需要确定 α 和序列的初始值 L_1。通常，初始值设置为时间序列的第一个值，即 $L_1=y_1$。如果观察数量很多，那么初始值的选择就不那么重要了。α 的最佳值由试错法来确定。我们评估 α 的各种值并选择可以产生最小 MSE、MAD、MAPE 或其他一些选择标准的值。在 12.6 节中，我们将展示如何使用 Analytic Solver 和 R 语言来实现简单和高级的指数平滑方法。这两个软件包都允许使用用户提供和计算机生成的平滑参数值，包括 α。

例 12.2 --------------------------------

重温例 12.1 中的数据 Service_Calls。

a. 用 $\alpha=0.20$ 和 $L_1=y_1$ 构造简单指数平滑序列。

b. 绘制时间序列及其对应的指数平滑序列与天数。找出其中每一个差异。

c. 使用简单指数平滑序列，预测第 22 天的客户服务电话数量。

d. 计算 MSE、MAD 和 MAPE。将这些值与例 12.1 中使用 3 周期移动平均技术获得的值进行比较。

解答：

同样，尽管我们在下面显示了四舍五入的值，但计算是基于未四舍五入的值。

a. 在表 12.4 的第 3 列中，我们用初始值 $L_1=y_1=309$ 给出了 L_t 的顺序估计值。我们使用 $L_t = \alpha y_t + (1-\alpha)L_{t-1}$ 来不断更新 $\alpha=0.2$ 的水平。例如，对于周期 2 和 3，我们计算得到

$$L_2 = 0.20\times292 + 0.80\times309 = 305.60$$
$$L_3 = 0.20\times284 + 0.80\times305.60 = 301.28$$

L_t 的所有其他估计值都以类似的方式得到。

b. 在图 12.3 中，我们绘制了原始时间序列及其对应的指数平滑序列与天数的关系。如前所述，

虽然原始时间序列具有锯齿状外观，但指数平滑序列消除了大部分尖锐点，并且与移动平均序列一样，呈现出了更加平滑的形状。

表 12.4 当 $\alpha=0.20$ 时，预测和误差的指数平滑序列

天数 (1)	y (2)	L_t (3)	$\hat{y}$ (4)	$e=y-\hat{y}$ (5)
1	309	309.00	—	—
2	292	305.60	309.00	−17.00
3	284	301.28	305.60	−21.60
⋮	⋮	⋮	⋮	⋮
20	327	310.95	306.93	20.07
21	309	310.56	310.95	−1.95

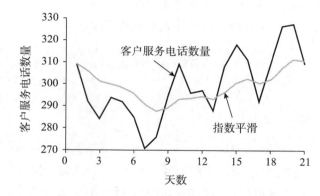

图 12.3 客户服务电话数量和指数平滑序列

c. 由 $\hat{y}_{t+1}=L_t$ 给出的预测列在表 12.4 的第 4 列中。例如，对于期间 2，$\hat{y}_2=L_1=309$。类似地，$L_2=305.60$ 是对 $\hat{y}_3$ 的预测。因此，第 22 天的预测计算为 $\hat{y}_{22}=L_{21}=0.20\times309+0.80\times310.95=310.56$，即第 22 天的客户服务电话数量为 311 个。与移动平均技术一样，任何进一步的样本外的预测也采用相同的值。例如，$\hat{y}_{23}=311$ 个客户服务电话数量。

d. 为了计算 MSE、MAD 和 MAPE，我们首先计算预测误差，$e_t=y_t-\hat{y}_t$，如表 12.4 的第 5 列所示。

$$\text{MSE}=\frac{1}{n}\sum e_t^2=\frac{(-17.00)^2+(-21.60)^2+\cdots+(-1.95)^2}{20}=217.16$$

$$\text{MAD}=\frac{1}{n}\sum|e_t|=\frac{|-17.00|+|-21.60|+\cdots+|-1.95|}{20}=12.91$$

$$\text{MAPE}=\frac{1}{n}\left(\sum\left|\frac{e_t}{y_t}\right|\right)\times100=\frac{1}{20}\left(\left|\frac{-17.00}{292}\right|+\left|\frac{-21.60}{284}\right|+\cdots+\left|\frac{-1.95}{309}\right|\right)\times100=4.32$$

$\alpha=0.2$ 这个值没有什么特别的，我们主要使用这个值来说明指数平滑方法。正如我们之前提到的，评估 α 的各种值并选择能够产生最小 MSE、MAD 或 MAPE 值的 α 是很常见的。为了说明如何选择 α，我们生成了 MSE、MAD 和 MAPE，其 α 值范围从 0.1 到 0.9，增量为 0.1。结果总结在表 12.5 中。

这里，α 的选择取决于我们是否使用 MSE、MAD 或 MAPE 进行模型比较。在此例中，选择 $\alpha=0.5$ 是合适的，因为它可以使得 3 个性能度量中的两个（MAD 和 MAPE）取得最小值。该模型（$\alpha=0.5$）也优于移动平均模型，这是由较小的 MSE、MAD 和 MAPE 值来决定的。

表 12.5 α 的各种值以及由此产生的 MSE、MAD 和 MAPE 值

α	0.1	0.2	0.3	0.4	0.5	0.6	0.7	0.8	0.9
MSE	257.20	217.16	192.44	180.42	175.40	173.61	172.82	171.79	169.97
MAD	13.60	12.91	12.18	11.42	11.10	11.11	11.25	11.41	11.43
MAPE	4.57	4.32	4.07	3.81	3.70	3.70	3.75	3.81	3.82

使用 Excel 完成移动平均和指数平滑

获得表 12.3 中的移动平均线。

A. 打开 Service_Calls 数据文件。

B. 从菜单中，选择"数据"（Data）→"数据分析"（Data Analysis）→"移动平均线"（Moving Average）。点击"确定"（OK）。

C. 单击"输入范围"（Input Range）旁边的框，选择"调用数据"（Calls data）（包括标题），然后选中"第一行标签"（Labels in First Row）前面的框。因为我们要生成 3 周期移动平均线，所以在"间隔"（Interval）旁边输入 3。最后，指明输出范围，我们输入 D3，从而复制了表 12.3 第 4 列中显示的预测数据。单击"确定"（OK）。

获得表 12.4 中的指数平滑序列。

A. 打开 Service_Calls 数据文件。

B. 从菜单中，选择"数据"（Data）→"数据分析"（Data Analysis）→"指数平滑"（Exponential Smoothing）。点击"确定"（OK）。

C. 单击"输入范围"（Input Range）旁边的框，选择"调用数据"（Calls data）（包括标题），然后选中"标签"（Labels）前面的框。选择阻尼因子旁边的框。如果我们想构建一个 $\alpha=0.2$ 的指数平滑序列，那么对于阻尼因子，我们需要输入 $1-\alpha=0.8$。最后，指明输出范围，我们输入 D2，从而复制了表 12.4 第 4 列中显示的预测。单击"确定"（OK）。

注意：在 12.6 节中，我们将展示如何使用 Analytic Solver 和 R 语言来实现简单和高级的指数平滑方法。这两个软件包都适用于用户提供和计算机生成的平滑参数值，包括 α。

练习 12.2

应用

1. 文件：Convenience_Store。一家邻近犹他州盐湖城的便利店老板一直在统计该店除汽油之外的每周销售额。下表显示了 30 周的部分销售额。

周	销售额
1	5 387
2	5 522
⋮	⋮
30	5 206

a. 使用 3 周期移动平均线预测第 31 周的销售额。

b. 使用 $\alpha=0.3$ 的简单指数平滑法来预测第 31 周的销售额。

c. 基于 MSE、MAD 和 MAPE 进行预测的首选方法是哪种？

2. 文件：Spotify。Spotify 是一个音乐流媒体平台，在该平台可以访问世界各地艺术家的歌曲。2018 年 2 月 28 日，Spotify 在纽约证券交易所申请首次公开募股（IPO）。下表显示了 2018 年 4 月 1 日—2019 年 2 月 1 日期间 Spotify 调整

后的部分月度股价。

日期	股价
4 月 18 日	161.67
5 月 18 日	157.71
⋮	⋮
2 月 19 日	134.71

a. 使用 3 周期移动平均线来预测 Spotify 在 2019 年 3 月的股价。

b. 使用 $\alpha = 0.2$ 的简单指数平滑法来预测 Spotify 在 2019 年 3 月的股价。

c. 基于 MSE、MAD 和 MAPE 进行预测的首选方法是哪种？

3. 文件：FoodTruck。餐车已成为美国校园的常见景象。它们为许多饥肠辘辘的学生提供服务。一辆餐车的主人收集了平日在加利福尼亚州的一个小校园里服务的学生人数数据。部分数据见下表。

日期	学生人数
1	84
2	66
⋮	⋮
40	166

a. 使用 3 周期移动平均线对第 41 天的学生人数进行预测。

b. 使用 5 周期移动平均线对第 41 天的学生人数进行预测。

c. 基于 MSE、MAD 和 MAPE 进行预测的首选方法是哪种？

4. 文件：Exchange_Rate。考虑美元（USD）与欧元（Euro）和美元与英镑（Pound）的汇率。下表显示了 2017 年 1 月—2019 年 1 月的部分汇率。

日期	欧元汇率	英镑汇率
1 月 17 日	1.063 5	1.236 7
2 月 17 日	1.065 0	1.249 5
⋮	⋮	⋮
1 月 19 日	1.141 4	1.284 5

a. 找出欧元汇率的 3 周期和 5 周期移动平均线。基于 MSE、MAD 和 MAPE，使用首选模型预测 2019 年 2 月的欧元汇率。

b. 找出 α 值为 0.2、0.4、0.6 时英镑汇率的简单指数平滑序列。基于 MSE、MAD 和 MAPE，使用首选模型预测 2019 年 2 月的英镑汇率。

5. 文件：Downtown_Cafe。在俄亥俄州哥伦布市的一家时尚咖啡馆，经理每周都会收集该店的顾客数量。部分数据见下表。

周	顾客
1	944
2	997
⋮	⋮
52	1 365

a. 使用 $\alpha = 0.2$ 的简单指数平滑法对第 53 周的顾客数量进行预测。

b. 使用 $\alpha = 0.4$ 的简单指数平滑法对第 53 周的顾客数量进行预测。

c. 基于 MSE、MAD 和 MAPE 进行预测的首选方法是哪种？

6. 文件：Gas_Prices。受多种因素影响，汽油价格较难预测。分析新英格兰和西海岸在 22 周内平均每周的汽油价格（美元/加仑）。

日期	新英格兰	西海岸
2018 年 9 月 3 日	2.855	3.329
2018 年 9 月 10 日	2.864	3.336
⋮	⋮	⋮
2019 年 1 月 28 日	2.346	2.928

a. 找出新英格兰汽油价格的 3 周期和 5 周期移动平均线。基于 MSE、MAD 和 MAPE，使用首选模型预测 2019 年 2 月第 1 周的汽油价格。

b. 对于西海岸的汽油价格，找到 α 值为 0.2、0.4、0.6 的简单指数平滑序列。基于 MSE、MAD 和 MAPE，使用首选模型预测 2019 年 2 月第 1 周的汽油价格。

12.3　趋势和季节性的线性回归模型

当时间序列显示出的随机变化不存在明显的趋势或季节性波动时，我们将使用 12.2 节中的平滑方法。当存在趋势和季节性波动时，我们需要使用特殊模型进行分析。在本节中，我们首先了解趋势分析，提取序列的长期向上或向下运动，然后合并季节性虚拟变量，提取序列在一年期间的重复运动。

线性趋势模型

我们使用前面章节中描述的回归技术来估计**线性趋势模型**（linear trend model）。设 y_t 是时间 t 响应变量的值。这里我们用 t 作为连续时间段对应的预测变量，比如 1、2、3 等。

> **线性趋势模型**
>
> 线性趋势模型用于预计每个时间段增长数量固定的时间序列。它被指定为 $y_t = \beta_0 + \beta_1 t + \varepsilon_t$，其中 y_t 是时间序列在时间 t 的值。估计模型用于预测，即 $\hat{y}_t = b_0 + b_1 t$，其中 b_0 和 b_1 是系数估计值。

例 12.3 提供了线性趋势模型在预测中的应用。

例 12.3

当地一家有机食品店为注重健康的消费者提供多种食品。该店见证了厨师设计餐点销售额的稳步增长，并且这些餐点尤其在受过大学教育的千禧一代中广受欢迎。出于计划目的，商店经理希望从过去一年厨师设计餐点的每周销售额中提取有用的信息，其中一部分显示在表 12.6 中（文件：Organic）。

表 12.6　有机食品店的每周销售额

周	销售额（美元）
1	1 925
2	2 978
⋮	⋮
52	6 281

a. 观察时间序列以确认存在某种趋势。

b. 估计并解释厨师设计餐点销售的线性趋势模型。

c. 预测未来 4 周厨师设计餐点的销售情况。

解答：

a. 第一步，建议对时间序列进行观察。图 12.4 是过去一年厨师设计餐点每周销售额的散点图，其中叠加了线性趋势线。我们看到该序列在这段时间内是向上移动的。

b. 线性趋势模型指定为 $Sales = \beta_0 + \beta_1 Week + \varepsilon$。估计的线性趋势方程是 $\widehat{Sales} = 1\ 998.228\ 5 + 96.838\ 3 Week$，这意味着每周销售额增加约 96.84 美元。估计的 $R^2 = 0.753\ 8$ 表明样本趋势线解释了大约 75.38% 的样本销售变化。注意：有关如何估计线性模型的 Excel 和 R 语言说明，请参阅第 6 章。

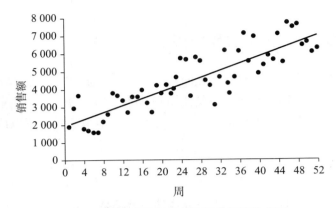

图 12.4　厨师设计餐点每周销售额的散点图

c. 我们使用 Week＝53 来预测下周的销售额，即 $\widehat{Sales}$ ＝1 998.228 5＋96.838 3×53＝7 130.66（美元）。同样，我们使用 Week＝54、55 和 56 来预测随后 3 周的销售额，分别为 7 227.49 美元、7 324.33 美元和 7 421.17 美元。

趋势预测模型，如例 12.3 中使用的模型，表示时间序列的长期向上或向下运动。当时间序列不表现出季节性变化或已去除其季节性变化时，这些模型是合适的。我们现在将注意力转移到预测趋势和季节性变化上。

具有季节性的线性趋势模型

对于季节性数据，我们预估了一个线性趋势模型，该模型中存在可以捕捉季节性变化的虚拟变量。回想一下，虚拟变量通常用于描述具有两个类别的分类变量。在这里，我们使用虚拟变量来描述季节。对于季度数据，我们只需要定义 3 个表示 3 个季度的虚拟变量，以第四季度为参考。

带有季节性虚拟变量的线性趋势模型

对于季度数据，具有季节性虚拟变量的线性趋势模型可以指定为：

$$y＝\beta_0＋\beta_1 d_1＋\beta_2 d_2＋\beta_3 d_3＋\beta_4 t＋\varepsilon$$

式中，d_1、d_2 和 d_3 是代表前 3 个季度的虚拟变量。基于估计模型的预测如下：

季度 1（$d_1＝1, d_2＝0, d_3＝0$）：$\hat{y}＝(b_0＋b_1)＋b_4 t$

季度 2（$d_1＝0, d_2＝1, d_3＝0$）：$\hat{y}＝(b_0＋b_2)＋b_4 t$

季度 3（$d_1＝0, d_2＝0, d_3＝1$）：$\hat{y}＝(b_0＋b_3)＋b_4 t$

季度 4（$d_1＝0, d_2＝0, d_3＝0$）：$\hat{y}＝b_0＋b_4 t$

这里，$b_0, b_1, \cdots, b_4$ 是系数估计值。

请注意，如果使用不同的季度作为参考，则可以轻松修改上述预测方程。此外，可以修改季度数据的模型以使用月度或其他形式的季节性数据进行预测。例 12.4 提供了一个带有季度数据的应用程序。

例 12.4

在亚马逊网站的带领下，电子商务零售额在过去十年中大幅增长。考虑 2010 年第一季度至

2019 年第一季度美国电子商务零售额的季度数据，部分数据如表 12.7 所示（文件：ECommerce）。

表 12.7 季度电子商务零售额

年	季度	销售额（百万美元）
2010	1	37 059
2010	2	38 467
⋮	⋮	⋮
2019	1	127 265

a. 观察数据以确认趋势和季节性的存在。

b. 估计和解释电子商务零售额的季节性虚拟变量线性趋势模型。

c. 预测 2019 年后 3 个季度的电子商务零售额。

解答：

给定季度数据，我们必须首先为具有季节性虚拟变量的线性趋势模型构建相关变量。表 12.8 给出了部分销售构造数据，季节性虚拟变量 d_1、d_2 和 d_3 代表前 3 个季度（以第四季度为参考），趋势变量 t 代表 37 个季度的数据。我们将提供用于复制结果的 R 语言指令。

表 12.8 部分销售构造数据

年	季度	销售额（百万美元）	d_1	d_2	d_3	t
2010	1	37 059	1	0	0	1
2010	2	38 467	0	1	0	2
2010	3	40 075	0	0	1	3
2010	4	54 320	0	0	0	4
⋮	⋮	⋮	⋮	⋮	⋮	⋮
2018	4	158 548	0	0	0	36
2019	1	127 265	1	0	0	37

a. 图 12.5 是季度销售额的散点图，散点图中点与点相连，季度数据从 1 标记至 37。该图展示了电子商务零售额的一些重要特征。首先，销售额持续上升。其次，季节性模式年复一年地重演。例如，与其他季度相比，第四季度的销售额始终较高。该图为同时捕捉季节性和趋势的模型提供了强有力的支持。

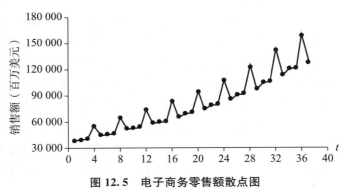

图 12.5 电子商务零售额散点图

b. 带有季节性虚拟变量的估计线性趋势模型为：

$$\widehat{\text{Sales}} = 46\ 682.650\ 8 - 21\ 611.643\ 7d_1 - 21\ 295.798\ 4d_2 - 22\ 594.121\ 4d_3 + 2\ 649.878\ 6t$$

季节性虚拟变量的系数表明，相对于第四季度，其他 3 个季度的电子商务销售额下降了约 220 亿美元。趋势变量的估计系数表明，除去季节性变化，预测的季度销售额每季度增加约 26.5 亿美元。

c. 对于 2019 年第二季度，我们使用 $d_1 = 0$、$d_2 = 1$、$d_3 = 0$、$t = 38$ 来预测销售额，即 $\widehat{\text{Sales}} = 46\ 682.650\ 8 - 21\ 295.798\ 4 + 2\ 649.878\ 6 \times 38 = 126\ 082$（百万美元）。类似地，我们使用 $d_1 = 0$、$d_2 = 0$、$d_3 = 1$、$t = 39$ 预测第三季度，使用 $d_1 = 0$、$d_2 = 0$、$d_3 = 0$、$t = 40$ 预测第四季度，销售额分别为 1 274.34 亿美元、1 526.78 亿美元。

■ 使用 R 语言估计具有季节性的线性趋势模型

为了重复例 12.4 中的结果，我们遵循以下步骤：

A. 将 ECommerce 数据导入数据框（表），并将其标记为 myData。

B. 安装并加载 forecast 包。输入：

```
> install.packages("forecast")
> library(forecast)
```

C. 我们使用 ts 函数创建一个时间序列对象并将其命名为 newData。在 ts 函数中，我们指定开始和结束时间段以及频率，表示一年中的季度数。输入：

```
> newData <- ts(myData $ Sales, start = c(2010,1), end = c(2019,1), frequency = 4)
```

D. 我们使用 tslm 函数来估计模型，使用 summary 函数来查看回归输出。输入：

```
> TSReg <- tslm(newData ~ trend + season)
> summary(TSReg)
```

请注意，在默认情况下，R 语言使用第一季度作为参考季度，这解释了截距和系数估计值与例 12.4 中报告的不同的原因。然而，预测不受参考虚拟变量选择的影响。

E. 使用 forecast 函数，其中 h 表示预测次数。输入：

```
> forecast(TSReg, h = 3)
```

■ 关于预测因果模型的说明

到目前为止，我们已经讨论了捕捉趋势和季节性以进行预测的非因果或纯时间序列模型。这些模型没有对生成目标变量的机制提供任何解释，只是提供了一种预测历史数据的方法。而因果模型是标准回归模型，它利用目标变量和预测变量之间的关系进行预测。例如，我们可以使用因果模型，即使用预测变量（例如公司的广告预算及其定价策略）来预测产品销售。回归框架还允许我们灵活地将因果关系与时间序列效应结合起来。换言之，预测变量列表可以包括 k 个因果变量 x_1，x_2，…，x_k，连同趋势变量 t 和 p 个季节的季节性虚拟变量 d_1，d_2，…，d_{p-1}。

例如，考虑为产品销售 y 开发预测模型的季度数据。预测变量包括公司的广告预算 x、趋势变量 t 和代表前 3 个季度的季节性虚拟变量 d_1、d_2、d_3。我们可以很容易地估计回归模型以进行预测：

$$\hat{y} = \hat{b}_0 + \hat{b}_1 d_1 + \hat{b}_2 d_2 + \hat{b}_3 d_3 + \hat{b}_4 t + \hat{b}_5 x$$

请注意，除了 t、d_1、d_2、d_3 的已知未来值之外，这种方法只有在我们还知道或可以预测变量 x 的未来值时才有效。换句话说，如果不知道未来的广告预算，那么我们就无法预测产品销量。有时，我们可以证明使用因果变量的滞后值进行预测是合理的。在产品销售示例中，广告预算和销售之间的关系可能不是同时期的。因此，我们可以指定一个模型，其中产品销售与趋势项、季节性虚拟变量和上一时期的广告预算值相关。对滞后回归模型的进一步讨论超出了本书的范围。

练习 12.3

应用

7. 文件：Inquiries。摩根银行一直鼓励其客户使用其新的移动银行应用程序。虽然这可能对企业有利，但银行必须处理收到的有关新应用程序的大量查询。下表包含银行在过去 30 周内收到的每周查询的部分数据。

周	查询
1	286
2	331
⋮	⋮
30	219

估计线性趋势模型，以预测未来两周的查询数量。

8. 文件：Apple_Price。苹果公司在过去十年中表现非常出色。2016 年 5 月股价跌至 90 美元以下后，2017 年 5 月大幅回升至 146 美元左右（SeekingAlpha.com，2017 年 5 月 1 日）。一位寻求从苹果股价的积极势头中获利的投资者分析了从 2016 年 5 月 30 日到 2017 年 5 月 26 日的 53 周股价数据。部分数据见下表。

日期	股价
2016 年 5 月 30 日	97.92
2016 年 6 月 6 日	98.83
⋮	⋮
2017 年 5 月 26 日	153.57

a. 估计和解释线性趋势模型（无季节性）。

b. 对下周（第 54 周）进行预测。

9. 文件：Tax_Revenue。在科罗拉多州，医用大麻的销售始于 2012 年 11 月。然而，税务局直到 2014 年 2 月才报告税收数据。下表显示了科罗拉多州会计系统中公布的医疗和零售大麻税收的部分月收入。

日期	收入
2 月 14 日	3 519 756
3 月 14 日	4 092 575
⋮	⋮
10 月 18 日	22 589 679

使用线性趋势模型（无季节性）预测 2018 年 11 月和 12 月的税收收入。

10. 文件：Revenue_Lowes。Lowe 是一家家居装修公司，提供一系列维护、维修、改造和装饰产品。自 2008 年金融危机以来，公司收入一直保持稳步增长。下表包含了公司收入（百万美元）的部分季度数据，其财年于 1 月底结束。

年份	季度	收入
2010	1	12 388
2010	2	14 361
⋮	⋮	⋮
2018	3	17 415

a. 估计和解释具有季节性虚拟变量的线性趋势模型。

b. 使用估计模型预测 Lowe 公司在 2018 年第四季度的收入。

11. 文件：Vacation。假期目的地的选择通常是季节性的，其具体取决于该地点的主要活动。Amanda Wang 是俄亥俄州辛辛那提一家旅行社的老板。她建立了一个数据库，记录了她在过去 12 年中销售的度假套餐的数量。下表包含部分度假套餐销售数量的季度数据。

年	季度	度假套餐
2008	1	500
2008	2	147
⋮	⋮	⋮
2019	4	923

a. 使用带或不带趋势项的季节性虚拟变量估计线性回归模型。

b. 确定首选模型并使用它来预测 2020 年前两个季度销售的度假套餐数量。

12. 文件：Consumer_Sentiment。下表列出了密歇根大学消费者信心指数的部分数据。该指数在 1966 年标准化为 100，用于记录消费者信心的变化。

日期	消费者信心
1 月 10 日	74.4
2 月 10 日	73.6
⋮	⋮
11 月 18 日	97.5

a. 估计和解释具有季节性虚拟变量的线性趋势模型。

b. 使用估计模型对 2018 年 12 月的消费者信心指数进行预测。

13. 文件：UsedCars。由于二手车经销商通常会努力达到每月、每季度和每年的销售额，因此，在这些时期即将结束时去购买汽车通常是一个很好的机会。一家当地经销商编制了 2014—2019 年二手车的月度销售数据，其中部分数据显示在下表中。

日期	二手车
2014 年 1 月	138
2014 年 2 月	179
⋮	⋮
2019 年 12 月	195

a. 使用带或不带趋势项的季节性虚拟变量估计线性回归模型。

b. 确定首选模型并用它来预测 2020 年前两个月的二手车销量。

12.4 趋势和季节性的非线性回归模型

尽管 12.3 节中假设的线性关系已经足够了，但在许多情况下，非线性函数形式可能更加合适。在本节中，我们将讨论带或不带季节性虚拟变量的指数、二次和三次趋势模型。

指数趋势模型

线性趋势模型使用一条直线来捕捉趋势，这意味着对于每个时期，序列的值预计会发生固定的变化，具体由预估系数 b_1 给出。当序列的预期增长随着时间的推移变得更大时，**指数趋势模型**（exponential trend model）是很有优势的。某些变量随时间呈指数增长的情况并不少见。例如，近年来，亚马逊、奈飞、Spotify、爱彼迎和 Paypal 等科技公司都呈现出指数增长，而线性趋势模型显然不足以解决这些问题。

图 12.6 显示了时间序列的散点图，其中叠加了线性和指数趋势线。虽然两条趋势线都捕捉到正增长，但指数趋势线（灰色）正确地允许值随着时间的推移而增加。在这里，线性趋势线（黑色）会低估未来值。回忆第 7 章，我们将指数模型指定为 $\ln(y_t)=\beta_0+\beta_1 t+\varepsilon_t$。为了估计这个模型，我们首先以自然对数 $\ln(y_t)$ 生成序列，然后在 t 上运行 $\ln(y_t)$ 的回归。因为在指数模型中，响应变量以对数衡量，我们以常规单位进行预测，如 $\hat{y}_t=\exp(b_0+b_1 t+s_e^2/2)$，其中 s_e 是估计的标准误差。

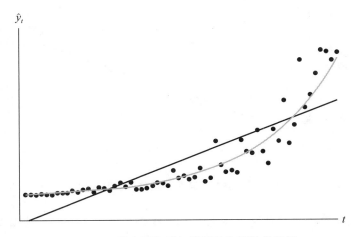

图 12.6 散点图与叠加的线性和指数趋势线

指数趋势模型

　　指数趋势模型适用于预计每个时间段增长量增加的时间序列。它被指定为 $\ln(y_t) = \beta_0 + \beta_1 t + \varepsilon_t$，其中 $\ln(y_t)$ 是 y_t 的自然对数。使用估计模型进行预测，即 $\hat{y}_t = \exp(b_0 + b_1 t + s_e^2/2)$，其中 b_0 和 b_1 是系数估计值，s_e 是估计值的标准误差。

　　注意：建议在指数模型中使用未取整的值进行预测，因为即使是很小的差异，在求指数时也会对预测产生很大的影响。例 12.5 提供了线性和指数趋势模型在预测中的应用。

例 12.5 --

　　根据世界银行汇编的数据，世界人口已从 1960 年的 30.3 亿人增加到 2017 年的 75.3 亿人。这种快速增长令环保人士担忧，因为他们认为自然资源可能无法支持不断增长的人口。此外，大部分人口的快速增长发生在 34 个低收入国家，其中有许多位于非洲。分析 1960—2017 年低收入国家的人口（百万人）数据，其中部分显示在表 12.9 中（文件：Populaiton_LowInc）。

表 12.9 低收入国家的人口

年份	人口
1960	166.502 8
1961	170.210 8
⋮	⋮
2017	732.448 6

a. 估计和解释线性趋势模型和指数趋势模型。

b. 使用 MSE、MAD 和 MAPE 选择合适的模型。

c. 预测 2018 年低收入国家的人口。

解答：

　　第一步，建议检查数据。图 12.7 是 1960—2017 年低收入国家人口的散点图。我们将 58 年的年度观察值从 1 重新标记到 58，并将线性和指数趋势线叠加到数据上。

　　散点图有力地证明了低收入国家人口呈指数增长。

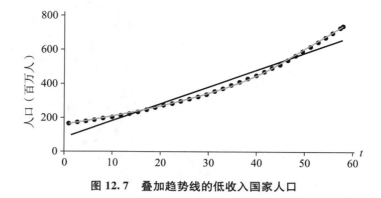

图 12.7　叠加趋势线的低收入国家人口

a. 我们估计线性趋势模型和指数趋势模型，其中线性模型用于与视觉上首选的指数模型进行比较。为了估计指数趋势模型，我们首先将人口序列转换为自然对数。表 12.10 显示了对数转换总体的一部分以及预测变量 t，将年度观察值重新标记为 1 到 58。

表 12.10　例 12.5 的构造变量

年	人口	t	ln(人口)
1960	166.502 8	1	5.115 0
1961	170.210 8	2	5.137 0
⋮	⋮	⋮	⋮
2017	732.448 6	58	6.596 4

估计的趋势模型是（其中 y 表示人口）：

线性趋势模型：$\hat{y}_t = 92.921\ 3 + 9.679\ 9t$

指数趋势模型：$\hat{y}_t = \exp\left(5.061\ 4 + 0.026\ 4t + \dfrac{0.010\ 4^2}{2}\right)$

注意：有关估计指数模型的 Excel 和 R 语言说明，请参阅第 7 章。

线性趋势模型的斜率系数意味着低收入国家的人口平均每年增长约 967.99 万人。指数趋势模型的斜率系数意味着低收入国家的人口平均每年增长约 2.64%（0.026 4×100%）。准确的增长率为 2.68%（(exp(0.026 4)−1)×100%）。

b. 在表 12.11 中，我们使用未四舍五入的估计值显示了两个模型的 y_t 和 $\hat{y}_t$ 序列的一部分。如 12.2 节所述，我们使用预测误差 $e_t = y_t - \hat{y}_t$ 来计算 MSE、MAD 和 MAPE。这些性能度量用于找到首选的预测模型。线性模型和指数模型的 MSE、MAD 和 MAPE 值显示在表 12.11 的最后三行中。

表 12.11　例 12.5 的线性趋势模型和指数趋势模型的分析

t	y	$\hat{y}$（线性）	$\hat{y}$（指数）
1	166.502 8	102.601 1	162.039 8
2	170.210 8	112.281 0	166.371 9
⋮	⋮	⋮	⋮
58	732.448 6	654.352 9	729.029 0
MSE		1 176.74	12.28

续表

t	y	$\hat{y}$（线性）	$\hat{y}$（指数）
MAD		29.58	2.87
MAPE		9.36	0.82

　　与散点图一致，指数趋势模型显然更适合描述低收入国家的人口，因为它比线性趋势模型具有更低的 MSE、MAD 和 MAPE 值。

　　c. 对于 2018 年（$t=59$），我们使用未四舍五入的估计值来预测低收入国家的人口，即 $\hat{y}_{59}=\exp\left(5.061\,4+0.026\,4\times59+\dfrac{0.010\,4^2}{2}\right)=748.52$（百万人）。

多项式趋势模型

　　有时，由于不同的情况，时间序列会反转方向。**二次趋势模型**（quadratic trend model）允许序列中出现曲率。二次回归模型在第 7 章中首次介绍。这种二次趋势模型允许序列方向发生一次变化，估计模型为：

$$\hat{y}_t=\beta_0+\beta_1 t+\beta_2 t^2+\varepsilon_t$$

系数 β_2 决定趋势是 U 形还是倒 U 形。

　　图 12.8 显示了时间序列的散点图，其中叠加了线性（黑色）趋势线和二次（灰色）趋势线。在这里，当 $\beta_2>0$ 时线性趋势线会低估未来值，而当 $\beta_2<0$ 时会高估未来值。

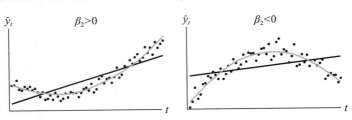

图 12.8　叠加线性趋势线和二次趋势线的散点图

　　为了估计二次趋势模型，我们生成 t^2，它只是 t 的平方。然后我们运行一个多元回归模型，该模型使用 y 作为响应变量，t 和 t^2 作为预测变量。使用估计模型进行预测：

$$\hat{y}_t=b_0+b_1 t+b_2 t^2$$

类似地，我们可以估计高阶多项式函数。例如，**三次趋势模型**（cubic trend model）指定为：

$$y_t=\beta_0+\beta_1 t+\beta_2 t^2+\beta_3 t^3+\varepsilon_t$$

　　三次趋势模型允许一个序列的方向有两次变化。在三次趋势模型中，我们基本上为回归生成了两个附加变量 t^2 和 t^3，运行多元回归模型，使用 y 作为响应变量，t、t^2 和 t^3 作为预测变量。使用估计模型进行预测，结果为 $\hat{y}_t=b_0+b_1 t+b_2 t^2+b_3 t^3$。

　　我们不能使用 MSE、MAD 和 MAPE 来比较多项式趋势模型，因为这些值随着多项式阶数的增加而减小。这个问题类似于前面章节中讨论的决定系数 R^2，其中 R^2 随着预测变量数量的增加而增加。当比较多项式趋势模型时，我们使用调整后 R^2，这将对过度参数化造成惩罚。

多项式趋势模型

q 阶多项式趋势模型的形式为：

$$y_t = \beta_0 + \beta_1 t + \beta_2 t^2 + \beta_3 t^3 + \cdots + \beta_q t^q + \varepsilon_t$$

该模型专门针对 $q=1$、2 和 3 的线性趋势模型、二次趋势模型和三次趋势模型。该模型用于预测，如 $\hat{y}_t = b_0 + b_1 t + b_2 t^2 + b_3 t^3 + \cdots + b_q t^q$，其中 b_0，b_1，$\cdots$，b_q 是系数估计值。我们使用调整后 R^2 来比较不同阶数的多项式趋势模型。

当使用高阶多项式时，过度拟合很重要。回想一下，当一个估计模型开始描述数据的古怪关系而不是变量之间的真实关系时，就会发生过度拟合。如果模型过于接近给定的数据，模型的预测能力会受到损害。尽管调整后 R^2 对额外的预测变量施加了惩罚，但仍然受到估计和评估模型采用了相同数据事实的影响。在 12.5 节中，我们讨论了评估预测模型的交叉验证技术。

具有季节性的非线性趋势模型

在 12.3 节中，我们建立了趋势和季节性的线性预测模型。在此，我们将分析扩展到非线性模型。对于季度数据，具有季节性虚拟变量的指数和二次趋势模型总结在以下定义框中。这些模型可以很容易地修改，以使用月度或其他形式的季节性数据进行预测。

具有季节性虚拟变量的指数趋势模型

对于季度数据，具有季节性虚拟变量的指数趋势模型的形式为：

$$\ln(y) = \beta_0 + \beta_1 d_1 + \beta_2 d_2 + \beta_3 d_3 + \beta_4 t + \varepsilon$$

基于估计模型的预测如下：

季度 1（$d_1=1$, $d_2=0$, $d_3=0$）：$\hat{y}_t = \exp((b_0 + b_1) + b_4 t + s_e^2/2)$

季度 2（$d_1=0$, $d_2=1$, $d_3=0$）：$\hat{y}_t = \exp((b_0 + b_2) + b_4 t + s_e^2/2)$

季度 3（$d_1=0$, $d_2=0$, $d_3=1$）：$\hat{y}_t = \exp((b_0 + b_3) + b_4 t + s_e^2/2)$

季度 4（$d_1=0$, $d_2=0$, $d_3=0$）：$\hat{y}_t = \exp(b_0 + b_4 t + s_e^2/2)$

式中，b_0，b_2，$\cdots$，b_4 是系数估计，s_e 是估计的标准误差。

注意，对于指数模型，我们使用常规单位而不是自然对数来计算 $\hat{y}_t$，由此产生的 $\hat{y}_t$ 还能够使我们比较线性模型和指数模型的 MSE、MAD 和 MAPE。

具有季节性虚拟变量的二次趋势模型

对于季度数据，具有季节性虚拟变量的二次趋势模型的形式为：

$$y = \beta_0 + \beta_1 d_1 + \beta_2 d_2 + \beta_3 d_3 + \beta_4 t + \beta_5 t^2 + \varepsilon$$

基于估计模型的预测如下：

季度 1（$d_1=1$, $d_2=0$, $d_3=0$）：$\hat{y} = (b_0 + b_1) + b_4 t + b_5 t^2$

季度 2（$d_1=0$, $d_2=1$, $d_3=0$）：$\hat{y} = (b_0 + b_2) + b_4 t + b_5 t^2$

季度 3（$d_1=0$, $d_2=0$, $d_3=1$）：$\hat{y} = (b_0 + b_3) + b_4 t + b_5 t^2$

季度 4（$d_1=0$, $d_2=0$, $d_3=0$）：$\hat{y} = b_0 + b_4 t + b_5 t^2$

式中，b_0，b_2，$\cdots$，b_4 是系数估计。

我们简单地使用调整后 R^2 来比较线性模型和二次模型。例 12.6 提供了具有季节性虚拟变量的

二次趋势模型的应用。

例 12.6 --

引入案例中的目标是预测苹果公司 2010—2018 年的季度收入（百万美元）。使用表 12.1 中的数据。

a. 用季节性虚拟变量估计苹果公司收入的线性趋势模型和二次趋势模型。

b. 确定首选模型，并使用它来预测苹果公司 2019 财年的收入。

解答：

在 12.1 节中，我们使用图 12.1 来强调苹果公司收入的重要特征。首先，有一个持续的上升运动，在观测期接近结束时该序列趋于平稳，这意味着其是一个二次趋势模型。其次，季节模式年复一年地重复出现。例如，与其他季度相比，第一季度（9—12 月）的收入一直较高。

a. 在给定季度数据的情况下，我们首先构造具有季节性虚拟变量的线性趋势模型和二次趋势模型的相关变量。表 12.12 列出了代表收入变量 y 的部分构造数据，代表前 3 个季度的 3 个虚拟变量 d_1、d_2，和 d_3（使用第四季度作为参考），以及趋势变量 t 及其平方 t^2。

表 12.12 例 12.6 的构造变量

年份	季度	y	d_1	d_2	d_3	t	t^2
2010	1	15 683	1	0	0	1	1
2010	2	13 499	0	1	0	2	4
2010	3	15 700	0	0	1	3	9
2010	4	20 343	0	0	0	4	16
⋮	⋮	⋮	⋮	⋮	⋮	⋮	⋮
2018	3	53 265	0	0	1	35	1 225
2018	4	62 900	0	0	0	36	1 296

估计的趋势模型为：

线性趋势模型：$\hat{y}_t = 13\,969.375\,0 + 19\,757.138\,2d_1 + 4\,047.018\,1d_2 - 2\,522.991\,0d_3$
$+ 1\,401.564\,6t$（调整后 $R^2 = 0.832\,4$）

二次趋势模型：$\hat{y}_t = 4\,668.598\,5 + 19\,757.138\,2d_1 + 3\,967.297\,1d_2 - 2\,602.711\,9d_3$
$+ 2\,876.402\,0t - 39.860\,5t^2$（调整后 $R^2 = 0.882\,4$）

季节性虚拟变量的系数表明，与第四季度相比，第一季度的收入约为 19 757 百万美元，即 197.6 亿美元，高于第四季度。结果还表明，与第四季度相比，第二季度的收入略高，而第三季度较低。线性模型中趋势变量 t 的正系数表示收入向上移动。在二次模型中，t 的正系数和 t^2 的负系数捕捉到了序列的倒 U 形。给定这些系数，保持季节性不变，收入在 $t = 36.08$ $\left(= \dfrac{2\,876.402\,0}{2 \times 39.860\,5} \right)$ 时达到最大值，这表明苹果公司的收入在 2018 年第四季度达到了最大值。

b. 由于调整后 R^2 值较高（$0.882\,4 > 0.832\,4$），因此在进行预测时首选具有季节性虚拟变量的二次趋势模型。因此，2019 财年的预测收入为：

$\hat{y}_{2019;\,01}(d_1 = 1, d_2 = 0, d_3 = 0, t = 37, t^2 = 1\,369) = 76\,283.63$（百万美元）

$\hat{y}_{2019;\,02}(d_1 = 0, d_2 = 1, d_3 = 0, t = 38, t^2 = 1\,444) = 60\,380.65$（百万美元）

$$\hat{y}_{2019:03}(d_1=0,\ d_2=0,\ d_3=1,\ t=39,\ t^2=1\ 521)=53\ 617.79(百万美元)$$

$$\hat{y}_{2019:04}(d_1=0,\ d_2=0,\ d_3=0,\ t=40,\ t^2=1\ 600)=55\ 947.93(百万美元)$$

季度预测得到的 2019 财年的总收入为 246 230 百万美元。

引入案例概要

苹果公司是一家美国跨国科技公司,总部位于加利福尼亚州的库比蒂诺。它设计、制造和销售移动通信和媒体设备、个人电脑和便携式数字音乐播放器。它还销售一系列相关软件、流媒体服务、配件、网络解决方案以及第三方数字内容和应用。

近年来,苹果公司的智能手机板块一直是该公司的主要收入来源,打破收入纪录。其 2010—2018 财年季度收入的散点图凸显了一些重要特征。首先,有一个持续的上升趋势,收入在观察期结束时趋于平稳。其次,季节模式会重复出现。每年第一季度(10—12 月)的收入最高,其次是第二季度(1—3 月)、第四季度(7—9 月)和第三季度(4—6 月)。

具有季节性虚拟变量的二次趋势估计模型的系数表明,第一季度的收入比第四季度高约 200 亿美元。这并不令人意外,因为按照苹果公司的财务年度日历,第一季度包含通常销售较高的假期。趋势变量 t 的正系数与 t^2 的负系数一起使序列保持平稳。实际上,在保持季节性不变的情况下,给定系数后,收入会在 2018 年第四季度达到最大值。人们担心,虽然苹果公司目前表现良好,但未来的增长前景可能并不明朗,部分原因是就智能手机市场而言,它只在已经饱和的中高档市场上销售产品。由于 2019 财年的季度收入预测分别为 762.8 亿美元、603.8 亿美元、536.2 亿美元和 559.5 亿美元,因此 2019 财年的收入高达 2 460 亿美元。

练习 12.4

应用

14. 文件:Whites。2016 年,人口学家报告称,美国有一半以上的州,白人死亡人数超过出生人数(《纽约时报》,2018 年 6 月 20 日)。以 2005—2017 年美国白人人口(百万人)为例,部分数据见下表。

年份	美国白人人口
2005	215.33
2006	221.33
⋮	⋮
2017	235.51

a. 使用散点图找出线性模型和二次曲线,不考虑三次曲线。你认为哪种趋势模型能够更好地描述数据?

b. 通过比较两个模型的调整后 R^2 来验证你的直觉。使用优选模型预测 2018 年和 2019 年的白人人口。

15. 文件:TrueCar。投资者回顾历史定价以调整他们未来的投资决策。2014 年 5 月 16 日,在线购车系统 TrueCar 首次公开募股(IPO),募集资金 7 000 万美元。一位寻求高回报的投资者分析了 TrueCar 2014 年 6 月—2017 年 5 月的月度股价数据。部分数据显示在下表中。

日期	价格
6 月 14 日	14.78
7 月 14 日	13.57
⋮	⋮
5 月 17 日	17.51

a. 估计线性、二次和三次趋势模型。

b. 确定首选模型,并使用它对 2017 年 6 月的股价进行预测。

16. 文件：Miles_Traveled。2016 年，美国汽车销量已连续 7 年创历史新高（CNNMoney，2017 年 1 月 4 日）。仔细思考 2010 年 1 月到 2016 年 12 月美国人每月旅行的总里程（十亿英里）。部分数据显示在下表中。

日期	英里
1 月 10 日	2 953.305
7 月 14 日	2 946.689
⋮	⋮
12 月 16 日	3 169.501

a. 估计线性、二次和三次趋势模型。

b. 确定首选模型，并将其用于预测 2017 年 6 月的里程数。

17. 文件：Café_Sales。威尼斯咖啡馆自从有了新厨师和创意菜单之后，销售额大幅增长。以下数据显示了威尼斯咖啡馆在变化后的 100 天内的部分日销售额（美元）。

天数	销售额
1	263
2	215
⋮	⋮
100	2 020

估计指数趋势模型以预测第 101 天的销售额。

18. 文件：Population_Japan。多年来，日本人口的下降引发了专家和立法者对其经济和社会影响的思考（NPR，2018 年 12 月 21 日）。仔细思考日本 1960—2017 年的人口（百万人）数据；部分数据显示在下表中。

年份	人口
1960	92.50
1961	94.94
⋮	⋮
2017	126.79

a. 使用序列的散点图来提出适当的多项式趋势模型，并构建模型。

b. 使用优选模型预测 2018 年和 2019 年日本的人口。

19. 文件：Case-Shiller。S&P 的 Case-Shiller 房价指数衡量的是美国的二手房价格指数。该指数在 2000 年 1 月的标准化为 100，反映了 2000 年 1 月相同房屋的价格变动。仔细思考 2016 年 1 月至 2018 年 11 月经季节调整的月度序列，部分数据显示在下表中。

日期	Case-Shiller
1 月 16 日	177.412
2 月 16 日	177.828
⋮	⋮
11 月 8 日	206.263

a. 估计线性趋势模型和指数趋势模型，并计算其 MSE、MAD 和 MAPE。

b. 选择优选模型并预测 2018 年 12 月的 Case-Shiller 指数。

20. 文件：Expenses。一家小型建筑公司的财务总监正试图预测下一年的开支。他收集了过去 5 年支出（千美元）的季度数据，部分数据见下表。

年份	季度	支出
2008	1	96.50
2008	2	54.00
⋮	⋮	⋮
2017	4	22 335.30

a. 使用季节性虚拟变量估计和解释指数趋势模型。

b. 使用估计模型预测 2018 年第一、第二季度的费用。

21. 文件：Treasury_Securities。国债是美国政府发行的债券。考虑美国国债（百万美元）季度数据；部分数据见下表。

年份	季度	国债
2010	1	927 527
2010	2	1 038 881

续表

年份	季度	国债
⋮	⋮	⋮
2018	3	2 284 572

使用季节性虚拟变量估计指数趋势模型，预测 2018 年第四季度的国债。

22. 文件：House_Price。美国西部人口普查地区包括蒙大拿州、怀俄明州、科罗拉多州、新墨西哥州、爱达荷州、犹他州、亚利桑那州、内华达州、加利福尼亚州、俄勒冈州和华盛顿州。考虑 2010 年第一季度至 2018 年第三季度西部人口普查地区的房价中位数，其中部分数据显示在下表中。

年份	季度	价格
2010	1	263 600
2010	2	264 100
⋮	⋮	⋮
2018	3	404 300

a. 使用季节性虚拟变量估计和解释二次趋势模型。

b. 使用估计模型预测 2018 年第四季度西部人口普查地区的房价中位数。

23. 文件：Vehicle_Miles。随着企业大幅度增加库存，以及消费者支出增加，美国经济在 2012 年加速增长。这也导致了国内旅行的增加。思考 2012 年 1 月至 2018 年 9 月在美国行驶的车辆英里数（百万英里），其中部分数据显示在下表中。

日期	车辆英里数
1 月 12 日	227 527
2 月 12 日	218 196
⋮	⋮
9 月 8 日	260 555

a. 使用季节性虚拟变量估计车辆英里数的线性和指数趋势模型，并计算其 MSE、MAD 和 MAPE。

b. 使用优选模型预测 2018 年最后 3 个月的车辆英里数。

24. 文件：Housing_Starts。新屋开工数是指在任何一个月内新开工的新住宅建设项目的数量。它被认为是经济实力的领先指标。下表包含了 1 月 11 日至 11 月 18 日美国新屋开工数（千户）的部分月度数据。

日期	新屋开工数
1 月 11 日	40.2
2 月 11 日	35.4
⋮	⋮
11 月 18 日	95.9

a. 估计和解释指数季节性趋势模型。

b. 使用估计模型预测 2018 年 12 月的新屋开工数。

25. 文件：Weekly_Earnings。每周收入数据是作为当前人口调查的一部分收集的，这是一项全国性的家庭抽样调查，受访者被问及每人的收入。下表包含了 2010—2017 年美国每周收入（经通货膨胀调整后的收入，美元）的部分季度数据。

年份	季度	收入
2010	1	347
2010	2	340
⋮	⋮	⋮
2017	4	347

a. 使用季节性虚拟变量估计线性和二次趋势模型。

b. 确定首选模型，并将其用于预测 2018 年前两个季度的每周收入。

12.5 数据分区和模型选择

到目前为止，我们已经根据样本内标准评估了预测模型，其中模型的预测性能在用于构建模型的样本期内进行评估。但是这些措施并不能帮助我们衡量在一个看不见的样本期内估计模型的预测效果。

同第 7~10 章一样，我们将应用交叉验证技术来评估预测模型。通过使用交叉验证技术方法，我们将该序列划分为一个构建（训练）模型的训练集和一个评估（验证）模型的验证集。如 12.1 节所述，样本外标准基于预测误差 $e_t = y_t - \hat{y}_t$，其中 y_t 和 $\hat{y}_t$ 分别表示验证期 t 时刻的序列值及其预测值。我们在验证期使用 MSE、MAD 和 MAPE 性能度量来确定预测的首选模型。

重要的是要关注应用于横截面数据和时间序列数据的交叉验证技术之间的关键差异。首先，与用于横截面数据的随机划分不同，我们对时间序列数据按顺序划分。这里，该序列分为早期和后期，分别代表训练集和验证集。因为所有的预测模型都利用时间序列中的内在模式，所以随机划分会在数据中产生不必要的漏洞。通常将序列拆分，以使验证期包含约 20% 的总样本数据，但是，此值取决于序列长度。有时，由于序列不够长，无法进行有意义的划分，因此无法进行准确的估计和评估。例如，如果我们只有 20 个观察结果，那么 80%/20% 的分割只剩下 16 个观察结果用于训练，4 个用于验证。在这里，根据前面讨论的样本内标准来评估预测模型可能会更好。

我们较常使用结合了训练集和验证集的全部数据来估计进行预测的首选模型。这样做有几个原因。首先，通过组合训练集和验证集数据，我们创建了精确估计所需的更大样本。其次，也是最重要的一点，验证集包含该序列的最新信息，这对预测未来很有用；否则，利用训练期来预测超过验证期的情况时，将引入不必要的噪音。

时间序列交叉验证

具有时间序列的交叉验证涉及以下步骤。

A. 将序列拆分为前期和后期，分别代表训练集和验证集。

B. 探索适合训练集的预测模型，并使用验证集中的预测误差来计算 MSE、MAD 和 MAPE。选择 MSE、MAD 或 MAPE 最小的模型。

C. 使用整个数据集（即结合了训练集和验证集的数据集）重新估计用于预测的首选模型。

在例 12.7 和例 12.8 中，我们将使用交叉验证分别为趋势和具有季节性的趋势找到合适的模型。

例 12.7

重新审视 1960—2017 年低收入国家的人口（百万人）统计数据。这些数据早先用于例 12.5。使训练集和验证集分别包含 1960—2000 年和 2001—2017 年这两个时期的数据。

a. 使用训练集来估计线性趋势模型和指数趋势模型，并计算验证集的 MSE、MAD 和 MAPE。

b. 确定首选模型，并用整个数据集重新估计，以预测 2018 年低收入国家的人口。

解答：

如例 12.5 所示，趋势变量 t 重新标记为 1~58，表示 1960—2017 年。对于指数趋势模型，我们首先将总体序列转换为自然对数形式。

a. 训练集估计的趋势模型（其中 y 表示人口）为：

线性趋势模型：$\hat{y}_t = 133.268\,9 + 7.316\,8t$

指数趋势模型：$\hat{y}_t = \exp\left(5.071\,1 + 0.025\,8t + \dfrac{0.008\,6^2}{2}\right)$

验证集 MSE、MAD 和 MAPE 的推导结果如表 12.13 所示。

表 12.13　例 12.7 的交叉验证

年份	t	y	$\hat{y}$（线性）	$\hat{y}$（指数）
2001	42	478.478 0	440.572 4	470.775 3

续表

年份	t	y	$\hat{y}$（线性）	$\hat{y}$（指数）
2002	43	491.765 0	447.889 2	483.075 7
⋮	⋮	⋮	⋮	⋮
2017	58	732.448 6	557.640 4	711.275 9
MSE			11 809.76	276.15
MAD			100.18	16.00
MAPE			16.08	2.62

b. 与例 12.5 中使用的样本内标准一致，指数模型是首选，因为它具有较小的 MSE、MAD 和 MAPE。我们使用 1960—2017 年的整个数据集重新估计指数模型，如例 12.5 所示。2018 年（$t = 59$），人口预测为 $\hat{y}_{59} = \exp\left(5.061\ 4 + 0.026\ 4 \times 59 + \dfrac{0.010\ 4^2}{2}\right) = 748.52$（百万人）。

例 12.8

重温苹果公司 2010—2018 年的季度收入（百万美元）数据。该数据集在引入案例中进行了介绍，并在例 12.6 中使用。使训练集和验证集分别包含 2010—2016 年和 2017—2018 年的数据。

a. 使用训练集估计具有季节性虚拟变量的线性趋势模型和二次趋势模型，并计算验证集的 MSE、MAD 和 MAPE。

b. 确定首选模型，并使用整个数据集对其进行重新估计，以预测苹果公司 2019 财年的收入。

解答：

如例 12.6 所示，趋势变量 t 重新标记为 1～36，表示 2000—2018 年之间的季度。除了 t 及其平方 t^2，我们还使用第四季度作为参考，计算代表前 3 个季度的 3 个季节性虚拟变量 d_1、d_2 和 d_3。（稍后我们将提供复制结果的 R 语言指令。）

a. 训练集的估计趋势模型（其中 y 表示收入）为：

线性方程：$\hat{y}_t = 11\ 487.392\ 9 + 17\ 564.801\ 3d_1 + 5\ 057.915\ 2d_2 - 1\ 018.971\ 0d_3 + 1\ 626.029\ 0t$

二次方程：$\hat{y}_t = 1\ 086.576\ 8 + 17\ 564.801\ 3d_1 + 4\ 913.459\ 4d_2 - 1\ 163.426\ 8d_3 + 3\ 720.637\ 8t - 72.227\ 9t^2$

验证集的 MSE、MAD 和 MAPE 的推导结果如表 12.14 所示。

表 12.14 例 12.8 的交叉验证

年份	t	y	$\hat{y}$（线性方程）	$\hat{y}$（二次方程）
2017 年第一季度	29	78 351	76 207	65 806
2017 年第二季度	30	52 896	65 326	52 614
⋮	⋮	⋮	⋮	⋮
2018 年第四季度	36	62 900	70 024	41 422
MSE			114 191 876	199 075 964
MAD			9 812	11 298
MAPE			17.84	16.79

b. 线性趋势模型优于二次趋势模型，因为它具有显著较小的 MSE 和 MAD，且只有略微较大的 MAPE。我们用 2010—2017 年的全部数据集重新估计了线性趋势模型，即 $\hat{y} = 13\,969.375\,0 + 19\,757.138\,2d_1 + 4\,047.018\,1d_2 - 2\,522.991\,0d_3 + 1\,401.564\,6t$，以预测 2019 财年的收入。

$$\hat{y}_{2019;\,01}(d_1=1,\ d_2=0,\ d_3=0,\ t=37) = 85\,584.40\,(百万美元)$$
$$\hat{y}_{2019;\,02}(d_1=0,\ d_2=1,\ d_3=0,\ t=38) = 71\,275.85\,(百万美元)$$
$$\hat{y}_{2019;\,03}(d_1=0,\ d_2=0,\ d_3=1,\ t=39) = 66\,107.40\,(百万美元)$$
$$\hat{y}_{2019;\,04}(d_1=0,\ d_2=0,\ d_3=0,\ t=40) = 70\,031.96\,(百万美元)$$

季度预测显示，2019 财年的收入总额为 2 929.996 1 亿美元。

注意到基于样本外标准的结果与实施例 12.6 中使用的基于样本内标准的结果不一致，其优选二次模型。那么，我们应该使用哪种模型进行预测呢？然而，对于这个问题没有确切的答案。可以说，样本外标准更为重要，因为预测本质上是一种样本外活动，它也避免了过度拟合。然而，在这个例子中，我们有一个 36 个观察值的小样本，可以进一步分为训练集和验证集。此外，收入在 2017 年和 2018 年停滞最为明显，这一时期不包括在训练集中。因此，训练集中的估计值以及验证集中产生的 MSE、MAD 和 MAPE 可能不准确。在这种相互冲突的情况下，我们有时会依靠预测者的经验来做出正确的决定。

■ 回归模型与 R 语言的交叉验证

为了复制例 12.8 中的结果，我们遵循以下步骤。

A. 将 Revenue_Apple 数据导入数据框（表），并标记为 myData。

B. 安装并加载 forecast 包。输入：

```
> install.packages("forecast")
> library(forecast)
```

C. 我们使用 ts 函数创建一个时间序列对象，并将其称为 newData。在 ts 函数中，我们指定开始和结束周期以及频率，表示一年中的季度数。输入：

```
> newData <- ts(myData $ Revenue, start = c(2010,1), end = c(2018,4), frequency = 4)
```

D. 我们使用 window 函数将序列划分为训练集和验证集，分别标记为 TData 和 VData。输入：

```
> TData <- window(newData, end = c(2016, 4))
> VData <- window(newData, start = c(2017, 1))
```

E. 我们使用 tslm 函数来估计季节性线性模型和二次模型。输入：

```
> Reg1 <- tslm(TData ~ trend + season)
> Reg2 <- tslm(TData ~ trend + I(trend^2) + season)
```

F. 我们使用 length 函数来查找验证集中的观测值数量，使用 forecast 函数来为验证集进行 h 次预测，使用 accuracy 函数来查看结果性能度量。注意 R 语言表示作为测试集的验证集，MAD 表示通过对报告的 RMSE 求平方得到 MAE 和 MSE。输入：

```
> nV <- length(VData)
> fReg1 <- forecast(Reg1, h = nV)
> fReg2 <- forecast(Reg2, h = nV)
> accuracy(fReg1, VData)
> accuracy(fReg2, VData)
```

G. 我们使用整个数据，结合训练集和验证集，重新估计预测苹果公司 2019 财年收入的首选线性模型。输入：

```
> RegFin <- tslm(newData ~ trend + season)
> forecast(RegFin, h = 4)
```

练习 12.5

应用

26. 文件：Population_Japan。随附的数据文件包含日本 1960—2017 年的年度人口数据（百万人）。对于交叉验证，训练集和验证集分别包含 1960—2005 年和 2006—2017 年的数据。

a. 使用训练集来估计线性、二次和三次趋势模型，并计算验证集的 MSE、MAD 和 MAPE。

b. 确定首选模型，并用整个数据集重新估计，以预测 2018 年日本的人口。

27. 文件：Tax_Revenue。随附的数据文件包含 57 个月的医疗、零售大麻税收的收入。对于交叉验证，训练集和验证集分别包括前 45 个月和后 12 个月的数据。

a. 使用训练集来估计线性、二次和三次趋势模型，并计算验证集的 MSE、MAD 和 MAPE。

b. 确定首选模型，并用整个数据集重新估计，以预测第 58 个月的税收收入。

28. 文件：Cafe_Sales。随附的数据文件包含威尼斯咖啡馆 100 天内的每日销售额（美元）。对于交叉验证，训练集和验证集分别包括前 80 天和后 20 天的数据。

a. 使用训练集来估计线性和指数趋势模型，并计算验证集的 MSE、MAD 和 MAPE。

b. 确定首选模型，并用整个数据集重新估计，以预测第 101 天的销售额。

29. 文件：Apple_Price。随附的数据文件包含 53 周的苹果公司股价数据。对于交叉验证，训练集和验证集分别包括前 40 周和后 13 周的数据。

a. 使用训练集来估计线性和指数趋势模型，并计算验证集的 MSE、MAD 和 MAPE。

b. 确定首选模型，并用整个数据集重新估计，以预测苹果公司第 54 周的股价。

30. 文件：Expenses。随附的数据文件包含 5 年期间费用（千美元）的季度数据。对于交叉验证，训练集和验证集分别包含 2008 年第一季度至 2015 年第四季度和 2016 年第一季度至 2017 年第四季度的期间数据。

a. 使用训练集估计具有季节性虚拟变量的线性和指数趋势模型，并计算验证集的 MSE、MAD 和 MAPE。

b. 确定首选模型，并用整个数据集重新估计，以预测 2018 年第一季度的费用。

31. 文件：House_Price。随附的数据文件列出了西部人口普查地区房价中位数的季度数据。对于交叉验证，训练集和验证集分别包含 2010 年 1 月至 2016 年 4 月和 2017 年 1 月至 2018 年 3 月的数据。

a. 使用训练集估计具有季节性虚拟变量的线性和二次趋势模型，并计算验证集的 MSE、MAD 和 MAPE。

b. 确定首选模型，并用整个数据集重新估计，以预测 2018 年第四季度的房价。

32. 文件：Vehicle_Miles。随附的数据文件列出了美国车辆行驶英里数的月度数据（单位：百万）。对于交叉验证，训练集和验证集分别包括 1 月 12 日至 12 月 16 日和 1 月 17 日至 9 月 18 日的数据。

a. 使用训练集估计具有季节性虚拟变量的线性和指数趋势模型，并计算验证集的 MSE、MAD 和 MAPE。

b. 确定首选模型，并使用整个数据集重新估计，以预测 2018 年 10 月的车辆行驶英里数。

33. 文件：Weekly_Earnings。随附的数据文件包含美国每周收入（经通货膨胀调整后的收入）的季度数据。对于交叉验证，训练集和验证集分别包含 2010 年 1 月至 2015 年 4 月和 2016

年 1 月至 2017 年 4 月的数据。

a. 使用训练集估计具有季节性虚拟变量的线性和二次趋势模型，并计算验证集的 MSE、MAD 和 MAPE。

b. 确定首选模型，并使用整个数据集重新估算，以预测 2018 年第一季度的收入。

34. 文件：Housing_Starts。随附的数据文件包含美国新屋开工数的月度数据（以 1 000 户

为基数）。对于交叉验证，训练集和验证集分别包含 1 月 11 日至 12 月 16 日以及 1 月 17 日至 11 月 18 日期间的数据。

a. 使用训练集估计具有季节性虚拟变量的线性和指数趋势模型，并计算验证集的 MSE、MAD 和 MAPE。

b. 确定首选模型，并用整个数据集重新估计，以预测 2018 年 12 月的新屋开工数量。

12.6　高级指数平滑法

在 12.2 节中，我们使用简单指数平滑法来预测在未知水平附近的随机变化所描述的序列 y_1，y_2，$\cdots$，y_T。在没有趋势或季节性的情况下，我们采用递归方程 $L_t = \alpha y_t + (1-\alpha)L_{t-1}$ 来持续更新预测。然后，我们使用时间 T 的最新结果预测下一个时期的 $\hat{y}_{T+1} = L_T$。由于没有趋势或季节性变化，该结果不能更新，因此，提前 s 步预测也为 $\hat{y}_{T+s} = L_t$。

如前所述，平滑是根据最近观测结果不断修正预测的过程。在简单指数平滑的情况下，预测是过去观测值的加权平均值，随着观测值变老，权重呈指数衰减。回想一下，代表下降速度的平滑参数 α 是分析的关键。对于较大的 α 值，我们主要关注最近的观测值，而对于较小的值，则更加强调过去的观测值。

在本节中，我们将分析扩展到包括由于趋势或季节性引起的变化，并使用 Analytic Solver 和 R 语言实现。这些软件允许使用用户提供的和计算机生成的平滑参数实现。值得注意的是，结果可能不仅在 Analytic Solver 和 R 语言之间不同，而且在所用软件的不同版本之间也不同。这是由于递归方程中使用的初始值的选择以及用于获得最佳平滑参数的性能度量标准有差异。当样本量较大时，差异可以忽略不计。

霍尔特指数平滑法

霍尔特指数平滑法，也称为双指数平滑法，包含时间序列的长期向上或向下移动。当时间序列并无季节性变动或该序列已非季节性时，适用此方法。

霍尔特指数平滑法使用两个递归方程来平滑水平 L 以及趋势 T 的序列（对这些方程的正式讨论超出了本书的范围）。递归方程取决于初始值 L_1 和 T_1 以及平滑参数 α 和 β 的值，其分别用于水平和趋势。回想一下，平滑参数表示下降的速度。参数值既可以是用户提供的，也可以是通过最小化 MSE 由计算机生成的，或者根据一些其他的性能度量标准得到的。当所选模型在样本期表现良好但在未来表现不佳时，计算机生成的值容易过度拟合。此外，先前的经验和交叉验证决定了所使用的方法。用户提供的常用值通常为 $\alpha = 0.20$ 和 $\beta = 0.15$。

> **霍尔特指数平滑法**
>
> 霍尔特指数平滑法是简单指数平滑法的扩展，因为水平 L_t 和趋势 T_t 随时间的变化而变化。当时间序列呈现趋势但无季节性（或已非季节性）时，此方法是适当的。

在例 12.9 中，我们将使用 Analytic Solver 和 R 语言来实现霍尔特指数平滑法。如前所述，不同版本的软件的结果可能会有所不同。

例 12.9

重新审视 1960—2017 年低收入国家的人口（百万人）数据。如例 12.7 所示，训练集和验证集分别包含 1960—2000 年和 2001—2017 年的数据。使用训练集实现用户提供的参数（$\alpha = 0.20$ 和 $\beta = 0.15$）以及计算机生成的平滑参数的霍尔特指数平滑模型，并计算验证集的 MSE、MAD 和 MAPE。确定首选模型，并将其重新应用于整个数据集，以预测 2018 年低收入国家的人口。

解答：

使用 Analytic Solver

a. 打开 Population_LowInc 数据文件。

b. 从菜单中选择"数据挖掘"（Data Mining）→"时间序列"（Time Series）→"分区"（Partition）。通过突出显示单元格 A1：B59 并选中"第一行包含标题"（First Row Contains Headers）来指定数据范围。选择并移动"年份"至"时间变量"（Time Variable），"人口"至"分区数据变量"（Variables in the Partition Data）。对于"指定分区选项"（Specify Partitioning Options）和"为分区指定♯记录"（Specify ♯ Records for Partitioning），请在"训练集"（Training Set）中选择"指定♯记录和输入 41"（Specify ♯ records and input 41），这将自动在验证集中创建 17 个观察值。单击"确定"（OK）。

c. 从 TSPartition 工作表中，选择"时间序列"（Time Series）→"平滑"（Smoothing）→"双指数"（Double Exponential）。选择并移动"人口"到"选定变量"（Selected Variable）。对计算机生成的参数或输入用户提供的参数，$\alpha = 0.20$，$\beta = 0.15$，选中"优化"（Optimize）。我们两个都做，一次一个。选中"验证时生成预测"（Produce forecast on validation）。单击"确定"（OK）。

正如预期的那样，训练集的预测值比验证集的预测值更接近实际值。DoubleExpo 工作表包含许多其他有用的信息。在表 12.15 中，我们给出了平滑参数以及在"错误度量：验证"（Error Measures：Validation）标题下找到的 MSE、MAD 和 MAPE 值。

表 12.15　示例 12.9 Analytic Solver 的结果

值	用户提供	计算机生成
α	0.20	0.913 7
β	0.15	0.415 8
MSE	2 563.58	1 086.32
MAD	44.07	26.44
MAPE	6.94	4.06

在这里，计算机生成的平滑参数是优选，因为它们生成了较小的 MSE、MAD 和 MAPE 值。（我们想指出，对于 12.2 节中讨论的简单指数平滑，我们选择"时间序列"（Time Series）→"平滑"（Smoothing）→"指数"（Exponential）。）

d. 我们现在使用整个数据，将训练集和验证集结合起来，重新构建首选模型以进行预测。在原始数据工作表中，选择"时间序列"（Time Series）→"平滑"（Smoothing）→"双指数"（Double Exponential）。通过突出显示单元格 A1：B59 来指定数据范围。选择并移动"年份"至"时间变量"（Time Variable）和"人口"至"选定变量"（Selected Variable）。选中"优化并生成预测"（Optimize and produce forecast），并在"♯预测"（♯ Forecasts）框中输入 1。这就产生了未来一年即 2018 年 7.500 8 亿人口的预测。

使用 R 语言

a. 将 Population_LowInc 数据导入数据框（表）中，并标记为 myData。

b. 安装并加载 forecast 包。输入：

```
> install.packages("forecast")
> library(forecast)
```

c. 我们使用 ts 函数创建一个时间序列对象，并将其称为 newData。在 ts 函数中，我们指定开始和结束周期以及频率，以表示一年中的季度数。输入：

```
> newData <- ts(myData $ Population, start = c(1960), end = c(2017), frequency = 1)
```

d. 我们使用 window 函数将序列划分为训练集和验证集，分别标记为 TData 和 VData。输入：

```
> TData <- window(newData, end = c(2000))
> VData <- window(newData, start = c(2001))
```

e. 我们使用 ets 函数，分别表示误差、趋势和季节性。在 ets 函数内部，我们在模型中使用 3 个字母的字符串，其中第 1 个字母代表误差类型（A、M 或 Z），第 2 个字母代表趋势类型（N、A、M 或 Z），第 3 个字母代表季节类型（N、A、M 或 Z）；N、A、M 和 Z 分别代表无、加法、乘法和自动选择。在本例中，我们将始终使用误差类型和趋势的相加水平。例如，对于霍尔特方法，我们指定 A 为误差，指定 A 为趋势，指定 N 为季节性。ets 函数允许用户提供和计算机生成平滑参数。最后，我们使用 summary 函数来查看结果。输入：

```
> HUser <- ets(TData, model = "AAN", alpha = 0.2, beta = 0.15)
> HCmp <- ets(TData, model = "AAN")
> summary(HUser)
> summary(HCmp)
```

这里，HUser 和 HCmp 分别使用用户提供的和计算机生成的平滑参数实现霍尔特指数平滑模型。（我们想指出的是，对于 12.2 节中讨论的简单指数平滑模型，我们将设置 model＝"ANN"。）

f. 我们使用 length 函数来查找验证集中的观测值数量，使用 forecast 函数来为验证集进行 h 次预测，使用 accuracy 函数来查看结果性能度量。输入：

```
> nV <- length(VData)
> fUser <- forecast(HUser, h = nV)
> fCmp <- forecast(HCmp, h = nV)
> accuracy(fUser, VData)
> accuracy(fCmp, VData)
```

在表 12.16 中，我们给出了平滑参数以及由 summary 和 accuracy 函数得到的 MSE、MAD 和 MAPE 值。回想一下，R 语言表示验证集为测试集，MAD 为 MAE。MSE 是通过对 RMSE 进行平方得到的。

表 12.16　示例 12.9 使用 R 语言的结果

值	用户提供	计算机生成
α	0.20	0.999 9
β	0.15	0.999 9
MSE	988.34	801.62
MAD	25.12	22.27
MAPE	3.86	3.40

同样，计算机生成的平滑参数是优选，因为它们生成了较小的 MSE、MAD 和 MAPE 值。

g. 我们使用整个数据，结合训练集和验证集，来重新实现进行预测的首选模型。输入：

```
> HFinal <- ets(newData, model = "AAN")
> forecast(HFinal, h = 1)
```

这产生了未来一年即 2018 年 7.508 7 亿人口的预测。

总结

表 12.15 和表 12.16 中报告的结果因使用的算法而不同。在这里，R 语言使用的算法产生了较小的 MSE、MAD 和 MAPE 值。幸运的是，对 2018 年的预测几乎相同（7.508 7 亿人对比 7.500 8 亿人），这表明当样本量大时，软件之间的差异可以忽略不计。此外，对于这两个软件，霍尔特指数平滑法不如示例 12.7 中估计的指数趋势模型，其 MSE、MAD 和 MAPE 值分别为 276.15、16.00 和 2.62（见表 12.13）。这个结果并不奇怪，因为图 12.6 中的散点图显示了指数趋势。在具有乘法趋势的情况下，霍尔特指数平滑法可能产生更好的结果。然而，这不在本例的讨论范围。

霍尔特-温特斯指数平滑法

我们现在将扩展霍尔特指数平滑方法以包括季节性。这种方法通常被称为霍尔特-温特斯指数平滑法或三重指数平滑法。它包含了时间序列的长期向上或向下运动以及季节性。

霍尔特-温特斯指数平滑法使用 3 个递归方程来平滑水平 L 的序列、趋势 T，以及季节性 S。递归方程依赖于初始值 L_1、T_1 和 S_1。以及三个平滑参数 α、β 和 γ 的值。回想一下，平滑参数的值表示下降的速度。

霍尔特-温特斯指数平滑法进一步分为加法和乘法结构，这取决于序列表现出的季节性类型。当季节变化在整个序列中大致恒定时，优选加法方法，而当季节变化与序列水平成比例时，优选乘法方法。

> **霍尔特-温特斯指数平滑法**
>
> 霍尔特-温特斯指数平滑法是霍尔特指数平滑法的扩展，因为季节性 S_t 与水平 L_t 和趋势 T_t 一起随时间而变化。当时间序列表现出趋势性和季节性时，此方法是合适的。

在例 12.10 中，我们将基于计算机生成的平滑参数使用 Analytic Solver 和 R 语言实现霍尔特-温特斯指数平滑法。如前所述，不同版本软件产生的结果可能会有所不同。

例 12.10

重温苹果公司 2010—2018 年的季度收入（百万美元）数据。如例 12.8 所示，训练集和验证集分别包含 2010—2016 年和 2017—2018 年的数据。使用训练集实现具有加法和乘法季节性的霍尔特-温特斯平滑方法，并计算验证集的 MSE、MAD 和 MAPE。确定首选模型，并用整个数据集重新实现，以预测苹果公司 2019 财年的收入。

解答：

在这里，对 Analytic Solver 和 R 语言的说明很简单，因为它们的一般实现类似于例 12.9 中概述的霍尔特指数平滑法。

使用 Analytic Solver

a. 打开 Revenue_Apple 数据文件。

b. 在使用 Analytic Solver 之前，请在 D1 单元格中输入时间标题。使用值 1，2，3，…，36 填充 D2：D37 的单元格，这相当于 9 年的季度观察。D 列中的这些非重复值将用于对序列进行分区。

c. 从菜单中选择"数据挖掘"（Data Mining）→"时间序列"（Time Series）→"分区"（Partition）。通过突出显示单元格 A1：D37 来指定数据范围，并选中"第一行包含标题"（First Row Contains Headers）。选择并移动分区数据中的"时间"到"时间变量"（Time Variable）和"收入"到"变量"（Variables）。对于"指定分区选项"（Specify ♯ Partitioning Options）和"为分区指定♯记录"（Specify ♯ Records for Partitioning），在"训练集"（Training Set）中选择"指定♯记录"（Specify ♯ records），并输入 28，从而在验证集中创建 8 个观察值。单击"确定"（OK）。

d. 在 TSPartition 工作表中，选择"时间序列"（Time Series）→"平滑"（Smoothing）→"霍尔特-温特斯"（Holt-Winters）→"加法"（Additive）。选择"收入"并将其移动到"选定变量"（Selected Variable）。在"周期"（Period）框中输入 4，表示季度数。选中"验证时优化并生成预测"（Optimize and Produce forecast on validation）。单击"确定"（OK）。重复此过程，将"加法"（Additive）替换为"乘法"（Multiplicative）。在表 12.17 中，我们给出了加法和乘法季节性的相关信息。

表 12.17 例 12.10 的 Analytic Solver 结果

数值	加法	乘法
α	0.420 2	0.674 6
β	0.032 3	0.032 1
γ	0.915 5	0.915 6
MSE	10 837 599	15 529 454
MAD	2 583.34	3 017.45
MAPE	3.88	4.36

其中，MSE、MAD 和 MAPE 值较小的加法方法是优选。

e. 从原始数据工作表中，选择"时间序列"（Time Series）→"平滑"（Smoothing）→"霍尔特-温特斯"（Holt-Winters）→"加法"（Additive）。选择"收入"并将其移至"选定变量"（Selected Variable）。在"期间"（Period）框中输入 4，然后选择"优化"（Optimize）。此外，选择"♯预测"（♯ Forecasts）框中的"生成预测"（Produce forecast）并输入 4。收入预测为：第一季度 952.062 9 亿美元，第二季度 677.746 3 亿美元，第三季度 602.758 6 亿美元，第四季度 691.554 5 亿美元。季度预测显示，苹果公司 2019 财年的收入为 2 924.122 3 亿美元。

使用 R 语言

a. 将 Revenue_Apple 数据导入数据框（表）中，并标记为 myData。

b. 如果你尚未安装和加载 forecast 包，请进行安装和加载。

c. 我们使用 ts 函数创建一个时间序列对象，并将其称为 newData。在 ts 函数中，我们指定开始和结束周期以及频率，以表示一年中的季度数。输入：

```
> newData<- ts(myData $ Revenue, start = c(2010,1), end = c(2018,4), frequency = 4)
```

d. 我们使用 window 函数将序列划分为训练集和验证集，分别标记为 TData 和 VData。输入：

```
> TData <- window(newData, end = c(2016, 4))
> VData <- window(newData, start = c(2017, 1))
```

e. 我们使用 ets 函数，模型输入"AAA"表示加法季节性，"AAM"表示乘法季节性。此外，我们强制输入 FALSE，因为有时默认设置为 True 会导致错误。最后，我们使用 summary 函数来查看结果。输入：

```
> WAdd <- ets(TData, model = "AAA", restrict = FALSE)
> WMlt <- ets(TData, model = "AAM", restrict = FALSE)
> summary(WAdd)
> summary(WMlt)
```

f. 我们使用 length 函数来查找验证集中的观测值数量，使用 forecast 函数来为验证集进行 h 次预测，使用 accuracy 函数来查看结果性能度量。输入：

```
> nV <- length(VData)
> fAdd <- forecast(WAdd, h = nV)
> fMlt <- forecast(WMlt, h = nV)
> accuracy(fAdd,VData)
> accuracy(fMlt,VData)
```

在表 12.18 中，我们给出了加法和乘法季节性的相关信息。注意，R 语言表示作为测试集的验证集，MAD 表示 MAE。MSE 是通过对 RMSE 进行平方得到的。

表 12.18   示例 12.10 使用 R 语言的结果

数值	加法	乘法
α	0.396 7	0.999 5
β	0.000 1	0.085 7
γ	0.603 3	0.000 5
MSE	60 955 870	32 459 808
MAD	6 560	4 589
MAPE	10.02	6.81

在这里，具有较小 MSE、MAD 和 MAPE 值的乘法方法是优选。

g. 我们使用整个数据，结合训练集和验证集，来重新实现预测苹果公司 2019 财年收入的首选模型。输入：

```
> WFinal <- ets(newData, model = "AAM", restrict = FALSE)
> forecast(WFinal, h = 4)
```

收入预测为：第一季度 986.438 7 亿美元，第二季度 701.447 3 亿美元，第三季度 618.480 1 亿美元，第四季度 697.237 7 亿美元。季度预测显示，苹果公司 2019 财年的总收入约为 3 003.6 亿美元。

总结

同样，表 12.17 和 12.18 中的 Analytic Solver 和 R 语言结果因使用的算法而有所不同。由此得出的 MSE、MAD 和 MAPE 表明，霍尔特-温特斯模型优于例 12.8 中估计的带有季节性虚拟变量的趋势模型。

练习 12.6

应用

注意：这些练习可以使用 Analytic Solver 和 R 语言求解。但是，答案将取决于所使用的软件包。在 R 语言中，将 AAN 用于霍尔特方法，将 AAA 和 AAM 分别用于具有加法和乘法季节性的霍尔特-温特斯方法。

35. 文件：Population_Japan。随附的数据文件包含日本 1960—2017 年的年度人口（百万人）数据。对于交叉验证，训练集和验证集分别包含 1960—2005 年和 2006—2017 年的数据。

a. 使用用户提供的参数（$\alpha = 0.20$ 和 $\beta = 0.15$）以及计算机生成的平滑参数，通过训练集实施霍尔特指数平滑法，并计算验证集的 MSE、MAD 和 MAPE。

b. 确定首选模型，并重新应用于整个数据集，以预测 2018 年日本的人口。

36. 文件：Tax_Revenue。随附的数据文件包含 57 个月的医疗、零售大麻税收收入。对于交叉验证，训练集和验证集分别包含前 45 个月和后 12 个月的数据。

a. 使用用户提供的参数（$\alpha = 0.20$ 和 $\beta = 0.15$）以及计算机生成的平滑参数，通过训练集实施霍尔特指数平滑法，并计算验证集的 MSE、MAD 和 MAPE。

b. 确定首选模型，并重新应用于整个数据集，以预测第 58 个月的税收收入。

37. 文件：Cafe_Sales。随附的数据文件包含威尼斯咖啡馆 100 天的每日销售额（美元）。对于交叉验证，训练集和验证集分别包含前 80 天和后 20 天的数据。

a. 使用训练集实现霍尔特指数平滑法，使用两组用户提供的平滑参数，$\alpha = 0.20$ 和 $\beta = 0.10$，$\alpha = 0.30$ 和 $\beta = 0.20$。计算验证集的 MSE、MAD 和 MAPE。

b. 确定首选模型，并重新应用于整个数据集，以预测第 101 天的销售额。

38. 文件：Apple_Price。附带的数据文件包

含 53 周的苹果公司股价数据。对于交叉验证，训练集和验证集分别包含前 40 周和后 13 周的数据。

a. 使用用户提供的参数（$\alpha = 0.20$ 和 $\beta = 0.15$）以及计算机生成的平滑参数，通过训练集实施霍尔特指数平滑法，并计算验证集的 MSE、MAD 和 MAPE。

b. 确定首选模型，并重新应用于整个数据集，以预测苹果公司第 54 周的股价。

39. 文件：Expenses。随附的数据文件包含 5 年期间费用的季度（千美元）数据。对于交叉验证，训练集和验证集分别包含 2008 年第一季度至 2015 年第四季度和 2016 年第一季度至 2017 年第四季度期间的数据。

a. 使用训练集实现具有加法和乘法季节性的霍尔特指数平滑方法，并计算验证集的 MSE、MAD 和 MAPE。

b. 确定首选模型，并重新应用于整个数据集，以预测 2018 年第一季度的费用。

40. 文件：House_Price。随附的数据文件列出了西部人口普查地区房价中位数的季度数据。对于交叉验证，训练集和验证集分别包含 2010 年 1 月至 2016 年 4 月和 2017 年 1 月至 2018 年 3 月的数据。

a. 使用训练集实现具有加法和乘法季节性的霍尔特指数平滑方法，并计算验证集的 MSE、MAD 和 MAPE。

b. 确定首选模型，并重新应用于整个数据集，以预测 2018 年第四季度的房价。

41. 文件：Vehicle_Miles。附带的数据文件列出了美国车辆行驶英里数（百万英里）的月度数据。对于交叉验证，训练集和验证集分别包括 1 月 12 日至 12 月 16 日和 1 月 17 日至 9 月 18 日的数据。

a. 使用训练集实现具有加法和乘法季节性的霍尔特指数平滑方法，并计算验证集的 MSE、MAD 和 MAPE。

b. 确定首选模型，并重新应用于整个数据

集，以预测 2018 年最后 3 个月的车辆英里数。

42. 文件：Housing_Starts。随附的数据文件包含美国新屋开工数的月度数据。对于交叉验证，训练集和验证集分别包含 1 月 11 日至 12 月 16 日和 1 月 17 日至 11 月 18 日的数据。

a. 使用训练集实现具有加法和乘法季节性的霍尔特指数平滑方法，并计算验证集的 MSE、MAD 和 MAPE。

b. 确定首选模型，并重新应用于整个数据集，以预测 2018 年 12 月的新屋开工数量。

12.7 大数据写作

□ 案例研究

领先的经济指标如股票市场或房地产市场，往往在大规模的经济调整之前发生变化。例如，股价上涨通常意味着投资者对未来的经济增长更有信心。建筑许可数量的减少可能是房地产市场正在走弱的信号——这通常意味着其他经济正在走下坡路。

想想 2008 年衰退之前发生了什么。早在 2006 年 10 月，新房建造许可就比 2005 年 10 月下降了 28%。分析师使用经济指标来预测未来趋势，并衡量经济走向。经济指标提供的信息有助于企业实施或改变经营战略。

Pooja Nanda 是芝加哥一家大型投资公司的分析师。她负责建筑行业，并承担了预测 2019 年 6 月住房开工数量的艰巨任务。她获得了 2016 年 1 月至 2019 年 5 月美国经季节性调整的月度住房开工数据（文件：Starts）。部分数据见表 12.19。

表 12.19　每月住房开工数量　　单位：千户

日期	住房开工数量
1 月 16 日	1 114
2 月 16 日	1 208
⋮	⋮
5 月 19 日	1 269

Pooja 希望利用样本信息来确定预测 2019 年 6 月住房开工数量的最佳模型。

报告样本——每月住房开工预测

领先的经济指标经常被用来衡量经济的走向。房地产市场是最重要的指标之一，因为它是经济的重要组成部分。当这一行业疲软时，从房主和建筑工人到依赖房产税运营的政府市政当局，几乎所有人或事物都能感觉到这一变化。考虑到房地产市场的重要性，这份报告将利用历史数据预测下个月的住房开工数量。

2016 年 1 月至 2019 年 5 月住房开工的散点图如图 12.9 所示。对散点图的偶然观察表明，其有相当多的随机变化，可能有轻微的上升趋势。由于住房开工数据代表的是经季节性调整后的年率，因此无须担心季节因素。

根据图 12.9 的发现，我们估计了 3 个趋势模型。

1. 3 个时期的移动平均模型。

2. 具有不同下降速度 α 的简单指数平滑模型。

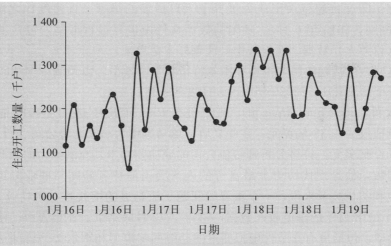

图 12.9　住房开工散点图

3. 简单的线性趋势模型，即 $y_t = \beta_0 + \beta_1 Time_t + \varepsilon_t$，其中 y_t 代表住房开工数量。

模型选择使用 3 种性能度量：MSE、MAD 和 MAPE。首选模型将具有最小的 MSE、MAD 或 MAPE。表 12.20 显示了模型的这三种性能指标的值。

表 12.20　各模型性能指标

	3 期移动平均模型	指数平滑模型（$\alpha = 0.20$）*	简单线性趋势模型
MSE	5 069.50	4 798.44	4 091.72
MAD	60.55	57.13	54.24
MAPE	4.96	4.65	4.46

* 对于指数平滑模型，$\alpha = 0.20$ 提供了 MSE、MAD 和 MAPE 的最小值。

线性趋势模型提供了最佳的样本拟合，因为它具有最小的 MSE、MAD 和 MAPE。因此，使用估计线性趋势模型得出 2019 年 6 月的预测如下：

$$\hat{y}_{42} = 1\ 170.252\ 4 + 2.141\ 3 \times 42 = 1\ 260.19$$

由于住房开工数量在决定经济健康状况方面发挥着关键作用，因此一直受到密切关注。尽管增速较 2018 年初的峰值有所放缓，但美国房地产市场似乎已站稳脚跟。在本报告中，我们采用简单的时间序列模型来预测住房开工的历史数据。

☐ **案例推荐**

报告 12.1（文件：Fried_Dough）。油炸面团是一种很受欢迎的北美食物，经常出现在嘉年华、游乐园、集市、节日等户外的露天小吃摊上。它通常撒上糖粉，淋上油，虽然不是特别健康，但确实很好吃。Jose Sanchez 在马萨诸塞州的波士顿拥有一个小摊位，他在那里卖油炸面团和软饮料。虽然生意很好，但他对销售的变化感到担忧，具体原因并不明显。随附的数据文件包含了他在过去 30 天里出售的油炸面团和软饮料的信息。在报告中，使用样本信息来：

● 探索预测模型，包括移动平均模型和简单指数平滑法，以平滑油炸面团和软饮料的时间序列。

● 使用首选方法预测第 31 天的油炸面团和软饮料的销售。

报告 12.2（文件：India_China）。根据联合国的估计，超过一半的世界人口生活在 7 个国家，中国居首位，印度紧随其后。名单上的其他 5 个国家分别是美国、印度尼西亚、巴西、巴基斯坦和尼日利亚。据推测，印度将超越中国成为世界上人口最多的国家，且速度比之前预测的要快得多（美国有线电视新闻网，2019 年 6 月）。随附的数据文件由世界银行汇编，包含了 1960—2017 年印度和中国的人口（百万人）数据。在报告中，使用样本信息来：

- 探索预测模型，包括趋势回归模型和霍尔特指数平滑模型，以预测中国和印度的人口趋势。
- 使用首选模型预测 2018—2020 年中国和印度的人口。

报告 12.3（文件：Revenue_Amazon）。亚马逊在 1997 年 5 月 15 日上市时是一家亏损的公司，首次公开募股的价值仅为 4.38 亿美元。在此之后，亚马逊作为一家上市公司经历了史诗般的 20 年，2017 年价值约 4 600 亿美元。许多分析师将该公司的成功归功于其充满活力的领导者 Jeff Bezos，根据彭博亿万富翁指数，他是现代历史上最富有的人（美国消费者新闻与商业频道，2018 年 7 月）。对于投资者和其他利益相关者来说，一个重要的问题是亚马逊的增长是否可持续。随附的数据文件包含亚马逊 2010—2018 财年的季度收入数据，财年于 12 月底结束。在报告中，使用样本信息来：

- 探索预测模型，包括带有季节性虚拟变量的趋势回归模型和霍尔特-温特斯指数平滑模型，以预测亚马逊收入的趋势和季节性。
- 使用首选模型预测亚马逊 2019 财年的收入。

规范性分析简介

第13章

🎯 **学习目标**

通过学习本章，可以达成以下目标：

1. 生成随机变量的值。
2. 开发并应用蒙特卡罗模拟模型。
3. 建立线性规划模型。
4. 求解和解释线性规划模型。
5. 建立并求解线性整数规划模型。

在前几章中,我们重点介绍了从数据中提取价值的描述性分析和预测性分析。我们使用描述性技术探索数据,并采用预测方法来分类或预测新内容。在本章中,我们将介绍规范性分析,这是商业分析的第三个阶段,也是最后一个阶段。在这一阶段,我们将开发分析模型,并对结果进行分析,以改进决策。特别是,规范性分析使用模拟和优化算法来量化决策者不同可能行动的影响,以帮助其做出更明智的决策。

在模拟上,我们使用随机变量来表示在许多日常真实事件中遇到的风险和不确定性。我们将学习如何为各种随机变量生成值。之后,我们将重点放在一种被称为蒙特卡罗模拟方法的技术上,该技术被许多从业者和研究人员广泛使用。最后,我们演示了如何使用线性和整数规划技术来开发约束下的优化模型。

引入案例　FashionTech:运营和人员配置战略

　　FashionTech 是一家在线服装零售商,专门为热爱户外运动的男士和女士提供运动服。FashionTech 最畅销的商品是红色女士套头夹克。该公司的运营经理 Abigail Kwan 正在为该产品的生产和人员配置寻找更好的数据驱动的战略。

　　每件套头夹克的售价为 50 美元。Abigail 从企业数据仓库中获取了每周的需求和生产数据。她认为套头夹克的每周需求服从正态分布,均值为 139 件,标准差为 14.61 件。套头夹克的单位材料成本也呈正态分布,均值为 12 美元,标准差为 1.37 美元。每位裁缝每周的生产量在 31~41 件之间波动,并遵循离散的均匀分布。FashionTech 通常每周向每位裁缝支付 700 美元。套头夹克生产的间接费用每周约为 800 美元。

　　虽然套头夹克的生产过程是部分自动化的,但许多重要步骤都是由熟练的裁缝手工完成的。Abigail 想要更好地估计套头夹克的需求量,并确定需要雇用多少裁缝。此外,她正在考虑提高制造过程的自动化水平。虽然自动化升级将产生一次性安装和培训成本,并将管理成本提高到每周 900 美元,但这将使 FashionTech 能够以较低的 550 美元周薪雇用技能水平较低的裁缝,并且降低每周生产量的波动。根据其他厂商的数据,Abigail 认为,随着自动化程度的提高,每周的生产量将均匀分布,下限和上限分别为 31 件和 41 件。Abigail 希望分析数据,并根据结果确认她的计划,向自动化供应商发送提案,以了解可能的安装和培训成本。

　　Abigail 想使用上述信息来完成以下任务:

　　1.通过模拟来检查各人员配备水平下的利润,并评估提高生产流程自动化水平的计划。

　　2.将需求和生产量的不确定性纳入考虑,检查利润的变化程度。

　　13.2 节末尾提供了本案例概要。

13.1　规范性分析概述

　　规范性分析是使用分析工具来改进决策的过程。在许多情况下,规范性分析可以帮助决策者在不同的备选方案中确定最佳行动方案。有些人将规范性分析视为一个涵盖非常广泛的术语,它包含所有分析技术,其总体目标是改进业务决策。然而,大多数人更喜欢区分描述性、预测性和规范性分析,其中规范性分析使用模拟和优化算法来量化决策者不同可能行动的影响,以帮助其做出更明智的决策。

　　第 1 章提及的 3 种分析技术(描述性、预测性和规范性分析)的作用是从数据中提取价值并做出更好的商业决策。描述性分析是指收集、组织、制表和可视化数据以总结"发生了什么"。预测性分析是指使用历史数据来探知"未来会发生什么"。规范性分析是本章的重点,指使用模拟和优化算法就"企业应该做什么"提出建议。模拟是试图模仿产生多个业务场景的现实世界过程，而优化是试图在有限的能力、财务资源和竞争优先级等约束条件下，找到实现商业目标的最佳方式。

规范性分析

在分析过程中使用决策分析工具（例如模拟和优化）能够改进决策。模拟是试图模仿现实世界的过程，并由决策者演示不同场景下的结果，而优化则是在给定的约束条件下寻找实现商业目标的最佳方式。

13.2 节讨论了一种特定类型的模拟——蒙特卡罗模拟。13.3 节和 13.4 节探讨了两种优化技术：线性规划和整数规划。

13.2　蒙特卡罗模拟

为了模仿现实世界的业务场景，我们通常使用计算机软件进行模拟，其中包含相关变量以及这些变量之间的关系。计算机模拟的有用性在很大程度上取决于我们如何选择变量和构建模拟以充分和准确地反映现实世界。一旦开发了计算机模拟，我们就可以研究某些变量的变化如何影响整体结果。

模拟已广泛应用于各种业务环境中，以探索可替代方案或改进业务流程。公司可以在工程和制造业中使用它来试验不同的产品设计、生产线的变化和使供应链流水线化。金融机构常使用模拟来探索各种市场场景下的不同投资决策。零售店、餐厅、商业航空公司、医院和许多其他服务提供商使用模拟来研究消费者的需求波动，给员工设计较好的工作日程和库存管理以满足需求。计算机模拟还使我们在不中断实际业务流程和操作的情况下快速试验变量的不同值和参数。

在商业分析中，计算机模拟通常与蒙特卡罗方法同义，蒙特卡罗方法是用于模拟现实世界流程或系统的风险或不确定性的系列计算机算法。Stanislaw Ulam 和 John von Neumann 因发明蒙特卡罗模拟而闻名，该模拟以摩纳哥的蒙特卡罗赌场命名。第二次世界大战期间，Ulam 和 von Neumann 在洛斯阿拉莫斯国家实验室参与曼哈顿项目，并使用该技术研究核裂变。由于该技术依赖随机抽样来模拟所有可能的结果，因此蒙特卡罗模拟也称为概率或随机模拟，而非一种准确描述公式和精确估计结果的确定性过程。

蒙特卡罗模拟

一种用于概率（随机）过程建模的统计方法。通过重构现实世界的过程，了解风险和不确定性在各种业务环境中的影响。

为了理解蒙特卡罗模拟的概率特性，我们首先考虑一个确定性的场景，其中可能不需要用到模拟。例如，如果我们将 1 000 美元存入一个年回报率为 2％的储蓄账户，那么年底我们的银行账户中肯定会有 1 020 美元。在这种确定性的情况下，每次重复相同的场景（即在同一个储蓄账户中投资 1 000 美元）将产生完全相同的结果（即在我们的银行账户中获得 1 020 美元），并且不需要模拟来预测结果。然而，大多数现实生活中的情况要复杂得多。同样 1 000 美元的股票投资将带来更高的风险和不确定性。在好的一年，回报可能是两位数，而在坏的一年，回报可能是负数。在这里，当投资的实际回报无法确定时，股票投资者需要做出投资决策。类似地，当每种产品的确切需求未知时，零售商必须确定商店的库存水平。在这些情况下，我们可以使用具有相关变量的蒙特卡罗模拟来捕获现实世界金融和经济市场固有的随机性，从而做出更明智的决策。

在这里，人们可能会问，为什么我们不能简单地考虑均值，例如通过股票投资的平均回报率或产品的平均客户需求，帮助股票投资者或零售商做出决定。这是因为实际结果（即投资的实际回报或实际客户需求）可能会大幅波动，并显著偏离均值。许多现实生活中的事件都是一种警示，仅仅依靠均值可能会导致负面的，有时甚至是灾难性的后果。1994 年，加利福尼亚州奥兰治县政府根据当时极低利率的均值做出了投资决策，而不是考虑一系列可能的结果和未来的不确定性利率。最终，投资决策导致了近 20 亿美元的损失，奥兰治县成为美国最大的被迫宣布破产的自治县（*The Flaw of Averages*，Sam. L. Savage）。

　　即使在金融市场之外，依赖均值的陷阱也早已众所周知并有记录在案。早在 20 世纪 50 年代，美国空军为设计更好的战斗机驾驶舱，测量了 4 000 多名飞行员的 100 多个身体部位，包括胸部、颈部、躯干、臀部和大腿的大小以及眼睛和耳朵之间的距离。该项目的主要目标是建造一个更合适的驾驶舱，以减少事故和飞机坠毁的数量。然而，早期试图建造一个适合"平均"飞行员的驾驶舱却被证明是一个错误，因为该项目的一名研究人员很快意识到，数千名飞行员中没有一人能恰好符合总体平均规格。一个平均身高的飞行员可能有一个比均值长的手臂或比均值短的躯干。具有一些平均测量值的飞行员通常在许多其他身体尺寸上呈现异常值。如果空军为一名"平均"飞行员建造了一个驾驶舱，那么驾驶舱将无法容纳任何一个人！（*The "Average Man"*，Gilbert S. Daniels）

　　蒙特卡罗模拟是非常有用的，因为它不是仅仅依赖于均值，而是使用随机变量来将所有可能的值纳入考虑，以捕获风险和不确定性。回想一下，在第 4 章中，随机变量是一个函数，它将数值分配给实验结果。离散型随机变量假定有不同可数的值，而连续型随机变量的特征是区间内的值不可数。离散型随机变量的例子包括一个班级中获得 A 级的学生人数或一个月内申请破产的公司数量。类似地，投资回报或个人身高都是连续型随机变量的例子，因为它们都存在不可数的结果。在下面的小节中我们将使用蒙特卡罗方法，使用基于离散和连续概率分布的随机变量对风险和不确定性进行建模。

▇ 对风险和不确定性建模

　　我们通常依靠随机变量来捕捉现实世界中的风险和不确定性。蒙特卡罗模拟基于随机变量的离散和连续概率分布，建议学生回顾第 4 章关于这些概率分布的讨论。与蒙特卡罗模拟最相关的两种离散概率分布是二项分布和泊松分布。在第 4 章中，二项随机变量必须首先满足伯努利过程的条件。二项随机变量被定义为在 n 次伯努利实验中取得成功的次数。例如，在 100 个样本中，贷款申请将获得银行批准的客户数量；在 20 个样本中，将退回购买产品的客户数量。

　　当我们有兴趣在给定的时间或空间间隔内找到某个事件的发生（成功）次数时，泊松分布对于建模特别有用。例如，在工作日上午 10 点到中午 12 点之间到达零售店的客户数量、一个月内申请破产的企业数量以及 50 米卷布的缺陷数量。

　　在第 4 章中未讨论的离散均匀分布是进行蒙特卡罗模拟的另一个重要概率分布。离散均匀随机变量具有有限的指定值，每个值的可能性相等。当抛一枚均匀的六面骰子时，抛出的数字是一个离散均匀随机变量的例子，其分布是对称的。为了从这些概率分布中生成随机观测值，我们可以使用计算机软件，如 Excel 和 R 语言。

▇ 使用 Excel 和 R 语言从离散概率分布生成随机观测值

　　在例 13.1 中，我们展示了如何使用 Excel 和 R 语言生成基于二项分布的随机观测值。我们还调整指令，以更好地计算泊松分布和离散均匀分布。

例 13.1

　　在美国，约 30％的成年人拥有四年制的大学学位（美国人口普查局，2018 年 7 月 31 日）。在例 4.10 中，我们演示了如何使用二项分布计算概率。在这里，我们使用一个类似的场景来演示如何生成一个随机观测值，表示在美国随机选择一个 10 人小组并统计其中四年制大学学位的拥有者数量。使用 Excel 和 R 语言来模拟 10 个人 100 次选择的随机观测值。

解答：

回顾第 4 章，该例子满足伯努利过程和二项概率分布的条件。此外，二项概率分布的均值和标准差分别为 $\mu = np$ 和 $\sigma = \sqrt{np(1-p)}$。其中 n 表示实验次数，p 表示每次实验的成功概率。在这个例子中，我们随机选择 10 个人，每个人有 30% 的机会获得大学学位，所以 $n=10$，$p=0.30$。因此，该二项概率分布的均值和标准差分别为 3（10×0.30）和 1.449 1（$\sqrt{10 \times 0.30 \times (1-0.30)}$）。选择 10 个人的过程将重复 100 次，其中，对于每次随机选择，拥有大学学位的人数将在 0～10 之间变化。这种变化代表了过程中的不确定性。

使用 Excel

a. 为了对不确定性进行建模，我们使用 RAND 函数和 BINOM. INV 函数。RAND 函数生成一个介于 0 和 1 之间的随机值。BINOM. INV(n，p，α) 函数返回累积二项分布大于或等于用 α 表示的标准化值的最小值。在这里，我们打开一个新的 Excel 工作簿，并在单元格 A1 中输入＝BINOM. INV（10，0.30，RAND()）。无论何时按下 F9 键，Excel 都会重新生成一个新的观测值，并且输出值会发生变化。虽然输出值可能在 0～10 之间变化，但大多数值将位于均值 3 的周围。

b. 为了将随机选择重复 100 次，我们将步骤 a 中的公式复制并粘贴到单元格 A2：A100。我们可以在单元格 B1 中使用＝AVERAGE(A1：A100) 函数，从 100 次随机观察中计算大学学位拥有者的平均数量。正如预期，均值约为 3。我们在单元格 B2 中使用＝STDEV. S(A1：A100) 函数计算 100 个随机观测值的样本标准差。答案应该接近 1.449 1。

Excel 还可以基于其他离散概率分布生成随机观测值。对于离散均匀分布，我们使用＝RANDBE-TWEEN(a，b) 生成 a 和 b 之间的随机值。例如，如果在单元格中输入＝RANDBETWEEN（2，5），那么 Excel 将生成 2、3、4 或 5。这是没有内置 Excel 函数来生成泊松概率分布的随机观测值。

当使用 Excel 中的内置函数生成随机观测值时，我们无法设置随机种子，因此，每次获得的随机观测值都会有所不同。为了存储从内置函数获得的随机数，我们可以使用 Excel 将数值复制并粘贴到其他空白单元格（例如，C1：C100）中。Excel 的 Analysis ToolPak（在前面的章节中讨论过）允许我们设置一组随机种子，以便每次都能获得一致的输出。Excel 的 Analysis ToolPak 还允许我们为泊松随机变量生成随机观测值。

使用 Excel 的 Analysis ToolPak

a. 从菜单中选择"数据"（Data）→"数据分析"（Data Analysis）→"随机数生成"（Random Number Generation）。（注意：如果在"数据"（Data）下看不到"数据分析"（Data Analysis）选项，则必须添加"分析工具库"（Analysis Toolpak）选项。从菜单中选择"文件"（File）→"选项"（Options）→"加载项"（Add-Ins），然后在对话框底部选择"开始"（Go）。选择"分析工具库"（Analysis Toolpak），然后单击"确定"（OK）。如果已正确安装此选项，那么可以在"数据"（Data）下看到"数据分析"（Data Analysis）。）

b. 如图 13.1 所示，在本例中，我们将变量个数设置为 1，将随机数个数设置为 100。对于分布，我们选择二项；对于参数，我们将 p 值（概率）设置为 0.3，实验次数设置为 10。为了结果的一致性，我们将随机种子设置为 1，并选择在单元格 A1 中输出结果。单击"确定"（OK）。

c. Excel 将在单元格 A1：A100 中生成 100 个随机观测值。对于我们生成的 100 个随机观测值，我们通过使用 AVERAGE 和 STDEV. S 函数，发现均值和标准差分别为 2.95 和 1.373 4。正如预期

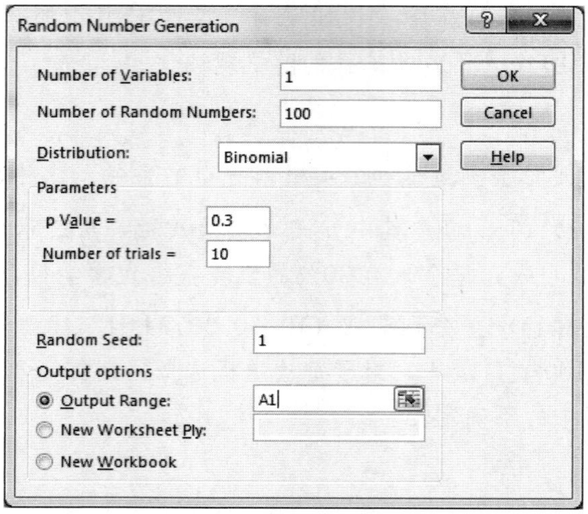

图 13.1 Excel 的随机数生成对话框

资料来源：Microsoft Excel.

的那样，这些值接近二项概率分布的总体均值 3 和总体标准差 1.449 1。

为了从其他概率分布生成随机观测值，我们可以在图 13.1 的对话框中选择其他选项，并指定适当的参数值。例如，为了从泊松分布生成随机观测值，我们在"分布"框中选择泊松，并指定 lambda(λ) 的值，其中 λ 是泊松分布的均值和方差。在第 4 章中，我们用希腊字母 μ 代替 λ。

使用 R 语言

a. 为了确保输出的一致性，我们使用 set. seed 函数。输入：

```
> set.seed(1)
```

b. 我们使用 rbinom 函数生成二项随机变量的随机观测值。我们输入 rbinom(numobs，n，p)，其中 numobs 表示 R 语言将为具有 n 次实验的二项过程生成的观测数，以及每个实验的成功概率 p。我们将随机观测值存储在一个名为 output 的对象中，然后重新键入 output 以显示随机观测值。输入：

```
> output <- rbinom(100,10,0.3)
> output
```

c. 为了计算 100 个随机观测值的均值和标准差，我们使用 mean 函数和 sd 函数。输入：

```
> mean(output)
> sd(output)
```

100 次随机观察的均值和标准差分别为 3.08 和 1.315 6。正如预期的那样，这些值接近二项分布的总体均值 3 和总体标准差 1.449 1。

R 语言还可以基于其他概率分布生成随机观测值。对于离散均匀分布和泊松分布，我们分别使用 sample 函数和 rpois 函数代替 rbinom 函数。例如，如果我们输入 sample(2:5，100，replace＝TRUE)，那么 R 语言将使用带有 replacement 的采样方法在 2 和 5（包括 2 和 5）之间生成 100 个随机观测值。如果我们输入 rpios(100，3)，那么 R 语言将根据泊松分布生成 100 个随机观测值，均值为 3。确保在生成每组随机观测值之前使用 set. seed 函数，以确保输出的一致性。

到目前为止，我们已经基于离散概率分布生成了随机观测值。现在我们将注意力转向模拟连续随机变量的随机观测。正态分布、连续均匀分布和指数分布是蒙特卡罗方法中最广泛使用的概率分布。

正如在第 3 章和第 4 章中提到的，正态分布是钟形的，以均值为中心，左右对称。它是统计工作和分析建模中最广泛使用的概率分布，准确地描述了许多感兴趣的随机变量。例如，种植季节的降雨量、学生的考试成绩或消费者每月的手机使用情况。

第 4 章中未讨论的其他重要分布包括连续均匀分布和指数分布。连续均匀分布也称为矩形分布，因为它代表指定范围内的恒定概率。例如，设备的交付时间、电梯在建筑物中的到达时间或目的地之间的预定飞行时间。与正态分布和连续均匀分布不同，当数据被认为是由非对称分布生成时，指数分布较为合适。

指数分布也与泊松分布有关。泊松随机变量统计给定时间或空间间隔内事件发生的次数，而指数随机变量则捕获此类事件之间的时间间隔。例如，短信之间或客户购买之间的时间间隔。指数分布也用于建模失效时间，如设备或人的寿命。它有一个著名的"无记忆"特性，意味着一个恒定的故障率。例如，它假设一只电灯泡在某一天损坏的概率与灯泡已经持续 10 小时、100 小时还是 1 000 小时无关。通常根据其速率参数 λ 来定义指数概率分布，λ 是其均值的倒数。

使用 Excel 和 R 语言基于连续概率分布生成随机观测值

在例 13.2 中，我们展示了如何使用 Excel 和 R 语言生成基于正态分布的随机观测值。我们还修改了指令以适应连续均匀分布和指数分布。

例 13.2

在引入案例中，FashionTech 销售的红色女士套头夹克的材料成本是呈正态分布的，平均每件 12 美元，标准差为 1.37 美元。生成 100 件随机选择的套头夹克的材料成本。

解答：

与例 13.1 类似，我们可以使用 Excel 或 R 语言生成 100 件随机选择的套头夹克的材料成本。在这 100 次观测中，预计均值约为 12 美元，标准差约为 1.37 美元。然而，个别套头夹克的具体成本可能会有所不同。

使用 Excel

a. 使用 RAND 函数和 NORM. INV 函数。如例 13.1，RAND 函数生成 0～1 之间的随机观测值。NORM. INV(α, μ, σ) 函数返回累积正态分布大于或等于标准值的最小值（用 α 表示）。在这里，我们打开一个新的 Excel 工作簿，并在单元格 A1 中输入＝NORM. INV(RAND()，12，1.37)。无论何时按下 F9 键，Excel 都会重新生成一个新的观察值，并且输出值会发生变化。

b. 为了重复随机选择，我们将单元格 A1 中的公式复制并粘贴到单元格 A2：A100。我们可以使用 AVERAGE 和 STDEV. S 函数来找到 100 个随机观测值的均值和标准差。

我们可以使用 Excel 从其他连续概率分布生成随机观测值。对于下限为 a、上限为 b 的连续均匀分布，我们输入＝a＋(b－a)＊RAND()，生成 a 和 b 之间的随机观察值。为了从速率参数 λ 的指数分布中生成随机观测值，我们使用 $(-1/\lambda)\times\ln(1-RAND())$。$1/\lambda$ 是指数分布的均值。

使用 Excel 的 Analysis ToolPak

a. 与例 13.1 类似，从菜单中选择"数据"（Data）→"数据分析"（Data Analysis）→"随机数生成"（Random Number Generation）。

b. 在本例中，我们将变量个数设置为 1，随机数个数设置为 100。对于分布，我们选择正态分布；对于参数，我们将均值设置为 12，标准差设置为 1.37。为了输出的一致性，我们将随机种子设置为 1。我们选择从单元格 A1 开始输出。单击"确定"（OK）。

c. 我们可以使用 AVERAGE 函数和 STDEV.S 函数,发现 100 次观测的均值和标准差分别为 11.962 8 和 1.505 5。为了从连续均匀分布中生成随机观测,我们选择均匀分布,并指定分布下限和上限的值。指数分布不是 Excel 的 Analysis Toolpak 包中的选项之一,但我们可以使用以下转换:用连续均匀变量 x 模拟指数随机变量 $y = (-1/\lambda) \times \ln(1-x)$,其中 $1/\lambda$ 是指数分布的均值。例如,要生成 λ 为 3 的指数随机变量,首先选择均匀分布,下限和上限指定为 [0, 1],并将随机数放置在单元格 A1:A100 中。在单元格 B1 中,输入 $=(-1/3) \times \ln(1-A1)$,并将公式复制粘贴到单元格 B2:B100。

使用 R 语言

a. 同样,我们使用 set.seed(1) 语句来确保结果一致。我们使用 rnorm 函数为正态随机变量生成随机观测值。我们输入 rnorm(numobs, μ, σ),其中 numobs 表示 R 语言将为具有均值 μ 和标准偏差 σ 的正态过程生成的观测值数量。我们将随机观测值存储在一个名为 output 的对象中,然后重新键入 output 以显示随机观测值。输入:

```
> set.seed(1)
> output <- rnorm(100, 12, 1.37)
> output
```

b. 我们使用 mean 函数和 sd 函数来计算 100 个随机观测值的均值和标准差。输入:

```
> mean(output)
> sd(output)
```

对于步骤 b 中生成的 100 个观测值,均值和标准差分别为 12.149 2 和 1.230 5。

对于连续均匀分布,我们使用 runif(100, 20, 21) 来生成数值在 20~21 之间(包含 20 和 21)的 100 个随机观测值。为了从 $\lambda = 3$ 的指数分布中生成 100 个观测值,我们使用 rexp(100, 3)。

到目前为止,我们已经演示了如何基于概率分布理论建立不确定模型。在许多现实环境中,我们事先并不知道适当的分布。有时,我们可以绘制数据并检查直方图,以确定与这些理论分布相对应的不同形状。例如,如果直方图显示数据是均匀分布的,则可以假定为连续均匀分布。如果直方图显示数据在中间对称聚集,在尾部概率递减,那么我们可以假设是正态分布。形式化方法,包括卡方拟合优度检验,用于确定哪个理论概率分布是合适的。分布拟合函数也可以在许多软件应用程序中找到。在本章中,我们着重于根据已知的理论分布开发仿真模型。

■ 制定和开发蒙特卡罗模拟

在任何商业环境中,当所有相关随机变量的概率分布已知时,我们可以很容易地制定和开发蒙特卡罗模拟。下一个关键步骤是构建一个量化模型,表示相关变量之间的关系。在引入案例中,Abigail 希望探讨生产红色女式套头夹克的各员工配置下的利润。根据基本会计原则,可以构建与随机变量、常数和利润相关的定量公式,如下所示:

$$利润 = 收入 - 成本 = RQ_s - (F + VQ_p)$$

式中,R 为每件套头夹克的售价;Q_s 为售出的套头夹克数量;F 为固定间接费用;V 为每件套头夹克的可变成本,包括材料成本和裁缝的周工资;Q_p 为生产的套头夹克数量。

当然,对于其他场景,定量公式会有所不同。无论背景或潜在情况如何,蒙特卡罗公式都需要捕获与结果相关的随机变量的不确定性。基于定量公式,我们可以重复模拟并生成结果。

如果多次重复模拟过程,则可以收集相关信息,如平均值、最佳和最坏情况以及一系列结果值,以告知决策者适当的行动方案。例如，在引入案例中，Abigail 想得知套头夹克的需求和生产量，看看它们是如何影响利润的。蒙特卡罗模拟可用于估计各人员配备水平下的平均利润或一系列最佳和最坏情况。更重要的是，我们可以轻松地更改模拟中的参数值，以帮助 FashionTech 决定适当的人员配置水平以及是否将制造过程自动化，如例 13.3 所示。

例 13.3

在引入案例中，Abigail 希望开发一个分析模型，以分析 FashionTech 最畅销的红色女式套头夹克的需求和生产信息。她从公司数据库中获得相关需求和成本信息，汇总见表 13.1。创建蒙特卡罗模拟，以帮助 Abigail 检查每个员工配备水平下的利润。此外，使用模拟结果来确定 FashionTech 是否应该考虑提高其生产过程的自动化水平。

表 13.1　FashionTech 的需求和成本数据汇总

描述	数据
每周的需求	正态分布（$\mu=139$，$\sigma=14.61$）
每位裁缝的周生产量	均匀分布（在 31～41 件之间）
每件套头夹克的售价	50 美元
每件套头夹克的材料成本	正态分布（$\mu=12$ 美元，$\sigma=1.37$ 美元）
每位裁缝的周薪	700 美元
每周的间接费用	800 美元

解答：

基于前面给定的利润方程，我们开发了一个蒙特卡罗模拟。在例 13.2 中，我们生成了红色套头夹克材料成本的随机观测值，使用相同技术生成每周需求和生产量的随机观测值。因为套头夹克的数量应该是一个整数，所以我们将生成随机数并将其转换为整数。对于材料成本，保留小数点后两位。

使用 Excel

有很多可以在 Excel 中开发蒙特卡罗模拟的做法，但是，为了保持一致性，建议学生使用 Jacket 工作表为本例提供模板。此外，为了获得一致的结果，我们使用 Excel 的 Analysis Toolpak 中的随机数生成功能，并将随机种子设为 1。我们将重复模拟 100 次迭代，并在 Jacket 工作表中显示结果。

a. 打开 Jacket 工作表（文件：Jacket）。使用"数据"（Data）→"数据分析"（Data Analysis）→"随机数生成"（Random Number Generation）为单元格 L11:L110 中的每周需求、单元格 M11:M110 中的生产量和单元格 N11:N110 中的材料成本生成 100 个随机数。图 13.2 显示了 3 个随机变量的随机数生成的选项。注意，在所有模拟中，随机种子设置为 1。

图 13.2　需求、生产量和材料成本的随机数生成

资料来源：Microsoft Excel.

b. 我们将每周需求和生产量的随机数转换为整数，并使用 Excel 中的 ROUND 为材料成本取两位小数。在单元格 B11、C11 和 D11 中，分别输入公式＝ROUND(L11，0)，＝ROUND(M11，0)和＝ROUND(N11，2)。复制粘贴公式到单元格 B12:D110。图 13.3 显示了部分随机数。

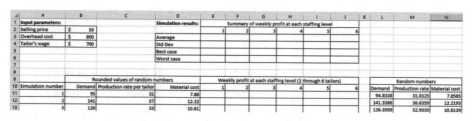

图 13.3　FashionTech Jacket 工作表中的一部分

资料来源：Microsoft Excel.

c. 在单元格 B2 中输入售价 50 美元，在单元格 B3 中输入每周间接费用 800 美元，在单元格 B4 中输入每位裁缝的周薪 700 美元。标记这些输入参数，如图 13.3 所示。回想一下，Abigail 想研究提高生产过程自动化的可能性。我们通过更改单元格中存储的输入参数，获得在不同场景中的结果。

d. 利润等于收入减去成本。为了计算收入，我们将夹克售价乘以夹克销量。注意，夹克销量是夹克的需求和生产数量之间的较小值，我们使用 Excel 中的 MIN 函数来确定夹克销量。总成本是间接费用、裁缝的工资和材料成本的总和。要计算雇用一名裁缝的周利润，我们在单元格 E11 中输入以下公式：

$$=\$B\$2 \times MIN(\$B11, \$C11 \times E\$10) - \$B\$3 - (\$B\$4 \times E\$10) - (\$D11 \times E\$10 \times \$C11)$$

其中：售价、需求、每位裁缝生产的夹克数量、间接费用、每位裁缝的工资、每位裁缝使用的材料成本。

要计算其他单元格和各人员配备水平下的利润，请将公式复制粘贴到 E11:J110 范围内的单元格。图 13.4 显示了部分利润值。

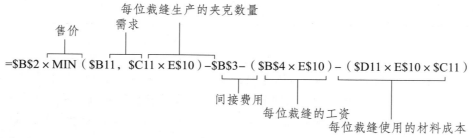

图 13.4　FashionTech 的模拟结果

资料来源：Microsoft Excel.

密切关注上述利润公式中的美元符号（$）。即使将公式复制到工作表上的其他位置，前面带有美元符号的列名或行号也不会改变。例如，公式中 $B11 将始终引用 B 列，而 E$10 将始终引用第 10 行，即使公式被复制到其他单元格也是如此。同样地，$B$2 确保公式复制到其他单元格后始终引用单元格 B2。

e. 我们现在使用 Jacket 工作表中的模拟结果来计算每个员工配备水平下的相关统计数据。在单元格 E3:E6 中分别输入以下公式：＝AVERAGE(E11:E110)，＝STDEV.S(E11:E110)，＝MAX(E11:E110) 和＝MIN(E11:E110)。将公式从单元格 E3:E6 复制并粘贴到单元格 F3:J6。使用其他 Excel

函数也可以获得额外的统计信息，查看第3章。现在，Jacket 工作表和模拟结果应该类似于图 13.4。
图 13.5 分别显示了 3 位裁缝场景和 4 位裁缝场景（G11:G110 和 H11:H110 单元格）的 100 次模拟
利润散点图。图 13.4 和 13.5 显示，雇用 4 位裁缝能产生最高的利润，但利润水平的变动性也比其
他情况大得多（即更大的标准差表明的风险更高）。而雇用 3 位裁缝能产生第二高的利润，但比雇用
4 位裁缝的风险低得多。

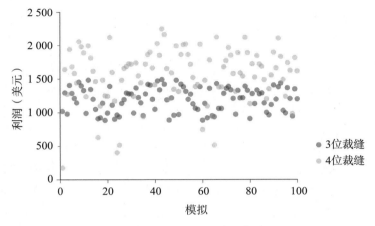

图 13.5　FashionTech 的利润分配

　f. 为了评估提高生产过程自动化程度的可能性，将单元格 B3 和 B4 中的每周间接费用和裁缝工
资分别更改为 900 和 550。此外，通过指定 36～41 之间均匀分布的数值，在 M 列中生成新的随机
数。Jacket 工作表将对新场景重复 100 次模拟，并重新计算模拟结果，如图 13.6 所示。在这种新情
况下，雇用 4 位裁缝仍然是最有利可图的选择，也是风险最高的选择。然而，雇用 3 位裁缝的预期
利润更接近雇用 4 位裁缝的情况，但风险要低得多。进一步的讨论结果将包括在引入案例概要中。

模拟结果	各人员配备水平下的每周利润汇总（美元）					
	1	2	3	4	5	6
均值	11.59	923.17	1 820.26	1 950.85	966.94	−45.68
标准差	19.45	38.90	77.49	448.41	431.67	357.94
最好结果	67.04	1 034.08	1 918.80	2 748.24	2 376.50	1 141.80
最坏结果	−84.70	730.60	1 351.12	518.16	−314.80	−1 147.76

图 13.6　输入参数更新后的模拟结果

　如前所述，可使用替代的电子表格设计来实现类似的蒙特卡罗模拟结果，以增加复杂程度并获
得更多见解。例如，可以考虑将每位裁缝的生产量视为单独的随机变量（如 6 位裁缝有 6 个随机变
量），或者将各种夹克尺寸（即 S、M 和 L）的需求分成不同的随机变量或模拟模板。

使用 R 语言

a. 为了确保我们获得一致的结果，请使用 set.seed 函数。输入：

```
> set.seed(1)
```

b. 使用指定的分布，为需求、生产量和材料成本变量生成 100 个随机观察值。然后使用 round
函数将每周需求和生产量的随机数转换为整数，材料成本取两位小数。输入：

```
> demand <- rnorm(100, 139, 14.61)
> demand <- round(demand, digits = 0)
```

```
> productionRate <- sample(31:41, 100, replace = TRUE)
> productionRate <- round(productionRate, digits = 0)
> materialCost <- rnorm(100, 12, 1.37)
> materialCost <- round(materialCost, digits = 2)
```

c. 将售价、间接费用和裁缝的周工资分配给相应的变量。输入：

```
> price <- 50
> overheadCost <- 800
> wageCost <- 700
```

d. 创建一个名为 profitCalc 的函数，其中包含计算利润值的公式。输入：

```
> profitCalc <- function(staffLvl, priceLvl, overhead, wage,
demandLvl, productionLvl, material)
{priceLvl * pmin(demandLvl, productionLvl * staffLvl) - overhead -
(wage * staffLvl) - (productionLvl * staffLvl * material)}
```

在 function 语句中，我们在括号内列出了所有必要的参数（stafflvl 代表员工配备水平，price 代表售价等），并在花括号（｛｝）内定义利润公式。回想一下，利润是收入减去成本。为了计算收入，我们将售价乘以夹克销量。注意夹克销量是夹克需求和生产数量之间的较小值，我们使用 pmin 函数来确定夹克销量。总成本是间接费用、裁缝工资和材料成本的总和。

e. sapply 函数使用需求、生产量和材料成本的随机观测值，将步骤 d 定义的 profitCale 公式应用于每个员工配备水平（即雇用 1~6 位裁缝），输出存储在利润结果数据框中。输入：

```
> profitResults <- sapply(1:6, profitCalc, price, overheadCost,
wageCost, demand, productionRate, materialCost)
```

sapply 函数中的第一个参数（1:6）代表了雇用 1~6 位裁缝的 6 种情况。sapply 函数中的第二个参数调用了步骤 d 中定义的 profitCalc 函数。剩余的参数基于步骤 b 和 c 中定义的相应变量，将销售价格、间接费用和工资成本、产品需求、生产量和材料成本应用于 profitCalc 函数。请注意，我们按照与步骤 d 中定义的相应变量相同的顺序列出了这些参数。如果我们要评估 3~8 位裁缝之间的员工配备水平，那么我们会将 R 语句更改为：

```
> profitResults <- sapply(3:8, profitCalc, price, overheadCost,
wageCost, demand, productionRate, materialCost)
```

f. 要计算和查看平均利润并确定每个配备水平员工的最低和最高利润，请使用 summary 函数。输入：

```
> summary(profitResults)
```

如图 13.7 所示，雇用 3 位裁缝和 4 位裁缝可能产生最高利润，平均分别为 1 110.50 美元和 1 396.50 美元。不过，在 4 位裁缝的场景中，利润值的范围更大。

```
        V1              V2              V3              V4              V5              V6
Min.   :-410.0   Min.   : -20.08   Min.   : 369.9   Min.   :-416.4   Min.   :-1658.0   Min.   :-2899.66
1st Qu.:-261.6   1st Qu.: 276.77   1st Qu.: 815.2   1st Qu.:1090.9   1st Qu.: 116.2   1st Qu.:-1020.04
Median :-181.9   Median : 436.20   Median :1041.2   Median :1418.6   Median : 551.9   Median : -562.78
Mean   :-160.5   Mean   : 479.01   Mean   :1110.5   Mean   :1396.5   Mean   : 598.0   Mean   : -516.98
3rd Qu.: -69.7   3rd Qu.: 660.60   3rd Qu.:1370.0   3rd Qu.:1678.3   3rd Qu.:1179.2   3rd Qu.:   83.84
Max.   : 137.9   Max.   :1075.90   Max.   :2013.8   Max.   :2596.3   Max.   : 2281.4   Max.   : 1257.52
```

图 13.7　统计汇总

g. 为了计算每个级别员工的利润标准差，我们使用 sd 函数。以下计算指令包括 3 位裁缝和 4 位裁缝场景的标准差，其他级别员工的标准差可以类似地计算。输入：

```
> sd(profitResults[,3])
```

```
> sd(profitResults[,4])
```

3 位裁缝的标准差是 380.724 2，4 位裁缝的标准差是 507.470 3。这与我们在步骤 f 中的观察一致，即雇用 4 位裁缝能产生更高的平均利润，但也比雇用 3 位裁缝风险更大。

h. 为了评估增加自动化的可能性，我们首先将间接费用改为 900 美元，每位裁缝的周薪改为 550 美元。我们还使用 36～41 之间的均匀分布重新生成了生产量的随机观测值。输入：

```
> set.seed(1)
> overheadCost <- 900
> wageCost <- 550
> productionRate <- sample(36:41, 100, replace = TRUE)
> productionRate <- round(productionRate, digits = 0)
```

i. 使用 sapply 函数重新计算利润，并将新输出存储在 profitResultsAutomation 数据框中。此外，使用 summary 和 sd 函数计算汇总统计信息。输入：

```
> profitResultsAutomation <- sapply(1:6, profitCalc, price,
  overheadCost, wageCost, demand, productionRate, materialCost)
> summary(profitResultsAutomation)
> sd(profitResultsAutomation[,3])
> sd(profitResultsAutomation[,4])
```

图 13.8 显示了 summary 函数的新输出值。此外，雇用 3 位裁缝和 4 位裁缝的标准差分别为 255.200 4 美元和 646.913 2 美元。

V1	V2	V3	V4	V5	V6
Min. : -205.12	Min. : 489.8	Min. : 1185	Min. : 242.1	Min. : -809.9	Min. : -1861.88
1st Qu.: -31.99	1st Qu.: 836.0	1st Qu.: 1704	1st Qu.: 1548.1	1st Qu.: 529.1	1st Qu.: -507.67
Median : 14.10	Median : 928.2	Median : 1842	Median : 2044.5	Median : 1021.0	Median : -21.06
Mean : 15.34	Mean : 930.7	Mean : 1842	Mean : 2024.4	Mean : 1059.2	Mean : 45.06
3rd Qu.: 74.30	3rd Qu.: 1048.6	3rd Qu.: 2023	3rd Qu.: 2590.5	3rd Qu.: 1626.7	3rd Qu.: 640.75
Max. : 228.40	Max. : 1356.8	Max. : 2485	Max. : 3255.2	Max. : 2753.4	Max. : 1884.08

图 13.8　提高自动化的汇总统计

对结果的进一步讨论见引入案例概要。

引入案例概要

Abigail Kwan 开发了一个分析模型，用于分析 FashionTech 最畅销的红色女士套头夹克的需求和生产信息。她从公司数据库中获取相关的需求和成本信息。在检查了蒙特卡罗模拟结果后，Abigail 确定，与其他员工配备水平相比，每周雇用 3 位或 4 位裁缝可能是 FashionTech 为套头夹克创造更高平均周利润的最佳方案。总体来看，雇用 4 位裁缝会产生最高的利润，但会比雇用更少的裁缝带来更高的风险。每周雇用 3 位裁缝，平均利润略低，但风险较小，可能实现的利润空间更窄，标准差更小。

Abigail 还评估了实施额外自动化的模拟结果。雇用技术水平较低的裁缝将降低劳动力成本，而增加的自动化将有助于降低生产量的变动性。有了这些潜在好处，雇用 3 位裁缝变得更加可行，因为此时的平均利润更接近雇用 4 位裁缝的平均利润，但变动性要小得多。但是，该计划还会产生额外自动化的一次性安装和培训费用，这将通过潜在供应商的招标来确定。在与公司所有者的下一次会面中，Abigail 计划建议 FashionTech 推进招标进程。

练习 13.2

对于本节中的练习，请将 Excel 分析工具箱中随机数生成功能的随机种子设置为 1。在 R 语言中，使用语句 set. seed(1)。这确保了结果的一致性。

理论

1. 使用 Excel 的 Analysis ToolPak 或 R 语言，两者的种子值均为 1，模拟 25 个基于二项分布的随机观测值，进行 5 次实验，$p=0.2$。这 25 个观测值的均值和标准差是多少？

2. 使用 Excel 的 Analysis ToolPak 或 R 语言，两者的种子值均为 1，在区间 [23，37] 内，模拟连续均匀分布的 50 个随机观测值。模拟观测的范围有多大？

3. 使用 Excel 的 Analysis ToolPak 或 R 语言，两者的种子值均为 1，根据 $\lambda=2$ 的泊松分布，模拟 200 个随机观测值。这 200 个观测值的均值和标准差是多少？

4. 使用 Excel 的 Analysis ToolPak 或 R 语言，两者的种子值均为 1，在区间 [10，75] 内，模拟连续均匀随机变量的 120 个随机观测值。这 120 次观测的均值、标准差和范围是多少？有多少观测值大于 65？

5. 使用 Excel 的 Analysis ToolPak 或 R 语言，两者的种子值均为 1，模拟 1 000 个服从正态分布随机变量的随机观测值，$\mu=9.23$，$\sigma=0.87$。这 1 000 个观察值的均值和标准差是多少？1 000 个观测值中有多少小于 8？

应用

6. 当地一家杂货店的经理了解到，有 75% 的顾客在购物时会使用信用卡。使用 Excel 的 Analysis ToolPak 或 R 语言，两者的种子值均为 1，模拟 12 名在杂货店排队购物的顾客，并重复模拟 500 次样本。在这 500 次模拟中，使用信用卡购物的顾客数量平均是多少？使用信用卡的顾客数量范围是多大？

7. 在美国，每天约有 85% 的互联网用户访问社交媒体网站。使用 Excel 的 Analysis Tool-Pak 或 R 语言，两者的种子值均为 1，生成 100 次 10 名互联网用户样本的模拟，讨论样本中访问社交媒体网站的用户数的均值和标准差。

8. 在一所非常有竞争力的四年制大学里，只有 25% 的转校生能够按时毕业。种子值为 1，使用 Analysis ToolPak 或 R 语言生成 400 次模拟，其中每次模拟包含一组 10 名转校生。求按时毕业的转校生的均值、标准差和范围。

9. 当地一家杂货店发现，在每天下午 5:30—6:30 之间，平均每 5 分钟就有 4 名顾客进入商店。种子值为 1，使用 Analysis ToolPak 或 R 语言，生成 50 次模拟。报告 50 次模拟的均值和标准差。

10. 本地的一家电器商店对 60 英寸电视机的月需求量呈正态分布，均值为 11 台，标准差为 4.17 台。种子值为 1，使用 Analysis ToolPak 或 R 语言，生成 300 个月的模拟，求电视机需求的均值和范围。

11. Peter 计划将 25 000 美元投资于一只互惠基金，该基金的年回报率服从正态分布，均值为 7.4%，标准差为 2.65%。种子值为 1，使用 Analysis ToolPak 或 R 语言生成 100 次实验，以估算 Peter 一年后的投资回报。投资回报的均值和范围是多少？

12. 在每周六上午的 9:00—10:00，顾客平均每 1.2 分钟到达一家当地咖啡店，顾客到达遵循指数分布。种子值为 1，使用 Analysis Tool-Pak 或 R 语言生成 500 次实验，以模拟客户到达的时间，并报告样本均值和标准差。重复模拟 1 000 次实验，并将新样本的均值和标准差的实际数值与理论值进行比较。

13. 在正常使用情况下，智能手机电池的平均续航时间约为 6.5 小时。智能手机的电池寿命呈指数分布。种子值均为 1，使用 Analysis ToolPak 或 R 语言生成 50 次智能手机电池寿命模拟，求样本均值和标准差。如果模拟次数增加到 500 次，比较该样本均值和标准差。

14. 一家智能手机电池制造商认为其每月需

求服从正态分布，均值为 400 台，标准差为 26。材料成本在 7.00～8.50 美元之间均匀分布。每月固定成本为 2 700 美元，不考虑生产量。售价是每块 15 美元。

a. 种子值为 1，使用 Analysis ToolPak 或 R 语言来模拟 1 000 次试验，估算预期的月利润和标准差。需求值取整数，材料成本取两位小数。

b. 对公司来说，最好和最差的盈利情况是怎样的？

15. Peter 有 30 000 美元可投资一只互惠基金，该基金的年回报率服从正态分布，均值为 5%，标准差为 4.2%。

a. 种子值为 1，使用 Analysis ToolPak 或 R 语言来模拟 5 000 次试验，估算一年后的平均余额。

b. 余额达到或超过 32 000 美元的概率是多少？

c. 将你的结果与以每年 3% 固定年回报率的投资方案进行比较。

16. 一家杂货商店以一箱 12 个鸡蛋、1.99 美元的售价从当地牧场购买鸡蛋，然后再以 3.89 美元的价格出售。每周未能售出的鸡蛋都将在"经理特卖"上销售，或者以 1.25 美元的价格出售给廉价经销店。如果鸡蛋在周末前售完，估计每箱没有满足需求机会的成本为 1.75 美元。需求分布呈正态分布，均值为 75 箱，标准差为 12.5 箱。使用 Analysis ToolPak 或 R 语言，两者的种子值都是 1，生成一个蒙特卡罗模型模拟 500 周，并回答 a 问题和 b 问题。

a. 如果商店每周从牧场订购 75 箱鸡蛋，那么不满足每周需求的概率和机会成本是多少？

b. 如果商店把每周的订单增加到 85 箱鸡蛋，那么库存过多的鸡蛋的预计成本是多少？

17. 据当地一家咖啡店观察，在每天早上 6：30—7：30 的高峰时间，平均每 5 分钟就有 4 名顾客进入商店。到达咖啡店的顾客数量服从泊松分布。每名咖啡师每 8 分钟可以服务 2～3 名顾客，这种模式服从均匀分布。店主通常会给咖啡店配置两名咖啡师。在早上高峰时间，由于顾客急于上班或上学，因此在排队时，他们会犹豫不决。每名客户的机会成本是 4.25 美元。每

名顾客带来的利润呈正态分布，均值为 6.50 美元，标准差为 2.37 美元。每名咖啡师每小时工资为 20 美元。

a. 种子值为 1，使用 Analysis ToolPak 或 R 语言生成 500 次实验的蒙特卡罗模拟，以检测当前人员水平，并求高峰时间的平均利润或损失。

b. 如果店主雇用第三名咖啡师，那么新员工对利润会有什么影响？

18. 为了增加销量，一家比萨店想要举办一场新的营销活动。该店向顾客承诺，如果订单在一小时内没有送达，则比萨免费。从过去来看，按时送达比萨的概率服从二项分布，$n = 50$，$p = 0.88$。订单金额服从正态分布，均值为 35 美元，标准差为 11 美元。

a. 种子值为 1，使用 Analysis ToolPak 或 R 语言来模拟 1 000 份比萨订单。基于这 1 000 次模拟，平均收入损失是多少？

b. 为了保证收支平衡，该营销活动需要产生多少个新订单？

19. 一位投资者想在 3 只互惠基金的投资组合中投资 30 万美元。基金年收益率呈正态分布，短期投资基金的均值为 2.00%，标准差为 0.30%；中期基金的均值为 5.00%，标准差为 2.50%；长期基金的均值为 6.25%，标准差为 5.50%。投资配置的初始计划是：短期基金 45%，中期基金 35%，长期基金 20%。

a. 种子值为 1，使用 Analysis ToolPak 或 R 语言模拟 100 次实验，以估计一年后的平均期末余额，并评估这项投资的风险。

b. 如果将配置改为 30% 短期基金、55% 中期基金和 15% 长期基金，请估计一年后的期末余额和投资风险。

20. 在当地的一家电器商店，超级碗比赛前一周对大屏幕电视机的周需求量通常呈正态分布，平均值为 35 台，标准差为 12 台。该商店通常的库存为 40 台。种子值均为 1，使用 Analysis ToolPak 或 R 语言模拟 500 次实验，以估计库存过多和不足的可能性。

21. 根据指数分布得出，智能手机电池的平均寿命为 2.3 年。一家电池制造商希望为客户提

供保修服务，如果电池在第一年出现故障，则可以免费更换。每块电池的利润为 10.85 美元，更换成本为 6.35 美元。使用 Analysis ToolPak 或 R 语言生成一个蒙特卡罗模拟，两者的种子值均为 1，售出 100 块电池。

a. 该保修计划的预计总成本是多少？

b. 为了支付保修计划的费用，公司还需要额外销售多少块电池？

22. 游乐园有一辆过山车，每次可以坐 45 名游客，用时约 20 分钟。公园每小时发放 200 张过山车票，平均只有 60％ 的持票者来坐过山车。过山车的乘客数量呈正态分布，平均每小时 120 人，标准差为 35 人。使用 Analysis ToolPak 或 R 语言，生成蒙特卡罗模拟，两者的种子值都是 1，共 400 次实验。问无法坐上过山车的乘客平均人数是多少？

13.3 线性规划的优化

优化是一种量化技术，其中目标函数被最大化或最小化，以获得复杂业务问题的最优解。我们通常从定义业务目标开始。例如，目标可能是在资源受限的情况下实现利润最大化或成本最小化，资源受限包括固定数量的可用材料、有限的财务资源和有限的时间。

线性规划（LP）是优化技术的一个子集，是执行优化最简单的方法之一。通过简化假设，例如相关变量之间的线性关系，有助于解决一些较为复杂的优化问题。LP 方法应用广泛，其常见应用包括开发多种金融投资方案，选择要生产的产品组合，以及将运输产品和包装的运输成本降至最低。

本节将讨论部分线性规划问题，其中最优解可以采用分数值。13.4 节讨论线性整数规划技术，其中最优解是整数。本书不讨论相关变量之间存在非线性关系的优化技术。

> **最优化和线性规划**
>
> 最优化：一种在资源受限的情况下取得复杂问题最优解的定量技术。
>
> 线性规划（LP）：通过假设相关变量之间的线性关系，进行优化的简单方法。

执行 LP 的第一步是将一个问题转换成一系列数学公式。当然，不同应用需要不同的公式，但无论如何，大多数线性规划问题的数学表述都由 4 个基本成分组成：目标函数、决策变量、约束和参数。

在任何优化问题中，具有数学表述的单个目标被称为**目标函数**（objective function）。在线性规划中，目标函数被假定为线性的。目标函数的两种类型一般是最大化函数（如针对利润、收入或投资回报）或最小化函数（如针对制造成本、完成项目所需的时间或完成交货所需的距离）。

决策变量（decision variables）是指决策者为了使目标函数价值最大化或最小化而必须做出的不同选择。例如，投资者可以从几只股票或债券中进行选择，以使潜在的投资回报最大化。类似地，一名经理可以从几种生产投入中进行选择，以使制造成本最小化。

线性规划问题包括一些约束或限制，决策者需要在这些约束或限制中进行操作。这些限制代表决策者可用的有限资源。约束的例子包括投资者为退休贡献的固定金额、制造商每月可采购的有限数量的原材料，或者送货司机可以工作的特定小时数。

约束有时候也反映了从历史数据或人类专业知识中获得的知识。例如，零售店老板可能根据经验，了解到当地市场对某些产品的需求是有限的，并相应地保持零售店的产品数量。其他约束是基于对 LP 问题性质的直观假设。当制造商决定生产多少单位产品时，或当投资者决定在每项金融资产上投资多少钱时，生产单位和投资金额被假定为非负数。

最后，**参数**（parameters）（或输入参数）是与目标函数、决策变量和约束相关联的数值。例如，美国的快递卡车司机在 24 小时内最多只能连续工作 14 小时，因此，14 是工作时间约束的参数值。对于其他 LP 问题，参数值可以从历史数据中导出（如制造产品所需的时间和原材料数量可以从一个月前的产品制造数据中获取）。输入参数通常保持不变，并且当 LP 问题的解答被实施时依然保持不变，除非围绕 LP 问题的外部因素显著改变（例如，制造流程改变）。

线性规划的四个组成部分

目标函数：目标的数学表征，是指利润或成本等单个变量的最大化或最小化函数。

决策变量：可供决策者选择的方案，以使目标函数的值最大化或最小化。

约束：决策者操作的限制，通常代表决策者可用的有限资源。

参数：与目标函数、决策变量和约束相关的线性规划数学表达式中的数值。

建立线性规划模型

在例 13.4 和例 13.5 中，我们展示了在给定各种约束条件下，如何分别明确最大化函数和最小化函数。

例 13.4

从蒙特卡罗模拟中获得有用结果和可操作的步骤后，Abigail Kwan 想继续使用规范性分析来解决 FashionTech 的其他业务问题。每年冬天她都要决定生产多少件女装派克大衣和冬季夹克。由于这两种产品使用相同的材料，需要非常相似的缝纫和缝合技巧及制造步骤，因此，它们争夺相同的资源。这两种产品的主要区别是长度：夹克长度到腰部，通常较短，而派克大衣更长，更加保暖。因此，派克大衣制造成本更高，售价更高，但能产生较高的单位利润。

夹克和派克大衣有不同的尺寸，其中最受欢迎的是中号。Abigail 开始分析中号夹克和派克大衣的数据。根据她的记录，冬季夹克和派克大衣的单位利润分别为 9 美元和 12.5 美元。一件中号夹克需要大约 8.5 英尺面料，而一件中号派克大衣需要大约 12.5 英尺的相同面料。生产夹克和派克大衣所需的机器时间分别为 1.5 小时和 2 小时。缝制一件冬季夹克通常大约需要 2 小时，而缝制一件派克大衣大约需要 3 小时。

FashionTech 与供应商签订了每月采购 4 000 英尺面料的合同。分配给生产这两种产品的机器时间为每月 650 小时，并且每个月都有一些熟练的裁缝被分配到这些产品上，时间约为 900 小时。从历史上看，FashionTech 每月卖出的派克大衣或夹克从未超过 150 件或 400 件。因此，Abigail 想确保派克大衣和夹克的月生产量不超过历史销量。使用提供的信息帮助 Abigail 将该问题转换为 LP 模型。

解答：

本分析的目的是寻找解答，以最大限度地提高生产和销售中号夹克和派克大衣的利润贡献。这两个决策变量是要生产的夹克和派克大衣的数量。该 LP 模型的目标函数可表述如下：

最大化利润 $= 9x_1 + 12.5x_2$

式中，x_1 和 x_2 分别表示生产的夹克和派克大衣数量的决策变量。为了便于处理，我们假设生产数量和销售数量相同。请注意，单位利润 9 美元和 12.50 美元是参数值。目标函数中的参数值也被称为目标函数系数。

此外，FashionTech 需要在上面提及的 5 个限制条件下运作：供应商提供的布料数量、有限的机器时间、专业裁缝缝制两种大衣需要的小时数，以及对派克大衣和冬季夹克的历史需求。这 5 个约束条件及其相应的参数可表述如下：

布料数量：$8.5x_1 + 12.5x_2 \leqslant 4\ 000$

机器使用时间：$1.5x_1 + 2x_2 \leqslant 650$

劳动时间：$2x_1 + 3x_2 \leqslant 900$

夹克需求：$x_1 \leqslant 400$

派克大衣需求：$x_2 \leqslant 150$

最大化线性规划模型通常至少有一个$\leqslant$符号的约束，这反映了决策者需要在这些限制内操作的事实。除了这 5 个限制因素之外，冬季夹克和派克大衣的数量是非负数。因此，我们将最后一个约束添加到 LP 公式中。

非负数：$x_1, x_2 \geqslant 0$

如前所述，另一类线性规划问题是最小化目标函数的值。在这些情况下，目标函数表述类似于例 13.4，但是我们的目标是将数值最小化。此外，最小化问题中的约束通常被公式化，以描述需要满足的最小要求。例如，运输公司可能希望使包裹的总交付成本（即目标函数）最小化，同时确保在给定的一天至少有一定数量的客户会收到他们的包裹（例如，每个送货卡车司机每天必须至少运送 35 个包裹）。因此，最小化线性规划模型通常至少有一个$\geqslant$符号的约束。例 13.5 演示了如何明确最小化线性规划问题。

例 13.5

Yerba Buena 是一家高品质茶产品的制造商和批发商。近年来，五香茶在年轻消费者中越来越受欢迎。Yerba Buena 提供两种茶产品：五香茶粉和浓缩五香茶。旧生产设施每小时的运行成本为190 美元，每运行一小时可以生产 295 盎司茶粉末混合物和 260 盎司茶浓缩物。由于设备陈旧，旧设备一次不能连续运行超过 8 小时。一家新工厂的运营成本为每小时 260 美元，每小时可生产 385盎司茶粉末混合物和 375 盎司茶浓缩物。Yerba Buena 还拥有一台小型设备，运营成本为每小时 150美元，每小时生产 350 盎司茶粉末混合物。几家咖啡店已经订购了总计 5 500 盎司茶粉末混合物和4 000 盎司茶浓缩物。

由于 Yerba Buena 的总经理 Anika Patel 手头没有这两种产品的存货，因此他需要决定每家工厂需要多少小时来完成订单，同时将生产成本降到最低。将该问题转换为 LP 模型。

解答：

Yerba Buena 的目标是在能够完成订单的同时，将生产成本降至最低。目标函数代表 3 种生产设施的总运营成本，具体如下。

最小化生产成本 $= 190x_1 + 260x_2 + 150x_3$

s. t.

茶粉末混合物订单：$295x_1 + 385x_2 + 350x_3 \geqslant 5\ 500$

茶浓缩物订单：$260x_1 + 375x_2 \geqslant 4\ 000$

旧设备运行时间：$x_1 \leqslant 8$

非负数：$x_1, x_2, x_3 \geqslant 0$

式中，x_1、x_2 和 x_3 表示 3 种设施的运行小时数，它们是决策变量。LP 模型中的前两个约束表示具有相应参数的茶粉末混合物和茶浓缩物的订单量。第 3 个制约因素表示旧设施的运营时间不能超过8 小时。遵循例 13.4 中的类似假设，我们将最后三个非负约束包括在 LP 公式中。

在下一小节中，我们将演示如何求解 LP 模型并获得最佳解答，以帮助决策者，如 FashionTech 的 Abigail Kwan 或 Yerba Buena 的 Anika Patel，做出明智的商业决策。

求解线性规划问题

在这一小节中，我们使用 Excel 和 R 语言来解决线性规划问题。然而，为了理解线性规划技术，我们首先演示如何通过图形表示来解决具有两个决策变量的 LP 问题。给定目标函数的线性以及约束，我们可以在折线图中绘制数学表达式，并识别满足约束的可能解。以 FashionTech 为例，Abigail Kwan 试图决定生产冬季夹克和派克大衣的数量。目标函数和约束的数学表达式都可以用折线图方式表示。为了找到 LP 模型的最优解，我们确定决策变量的值，在这种情况下是 x_1 和 x_2，它们在满足所有约束情况下使利润最大化。在 Yerba Buena 案例中，我们找到了决策变量 x_1、x_2 和 x_3 的值，它们在约束条件下使生产成本最小。

我们将以 FashionTech 为例阐明图形方法。我们首先绘制机器时间和两个需求约束。回想一下，x_1 和 x_2 分别表示生产的夹克和派克大衣的数量。图 13.9 中的实线表示机器时间约束，$1.5x_1 + 2x_2 \leqslant 650$。注意，当 $x_2 = 0$ 时，x_1 达到最大值 433.33（650/1.5）；当 $x_1 = 0$ 时，x_2 达到最大值 325.00（650/2）。这些值为代表机器时间约束的直线提供了坐标。此外，因为机器时间约束是具有 $\leqslant$ 符号的不等式，所以实线下的区域表示满足该约束的 x_1 和 x_2 的值。我们还将 x_1 和 x_2 的需求约束绘制为两条虚线。与机器时间约束类似，两个需求约束（$x_1 \leqslant 400$ 和 $x_2 \leqslant 150$）具有 $\leqslant$ 符号。因此，垂直虚线左边的区域和水平虚线下面的区域表示满足约束条件的 x_1 和 x_2 值。另外，由于 x_1 和 x_2 必须是非负的，因此，我们只考虑 x_1 和 x_2 的第一象限。图 13.9 中的阴影区域表示满足机器时间约束和两个需求约束的 x_1 和 x_2 值。

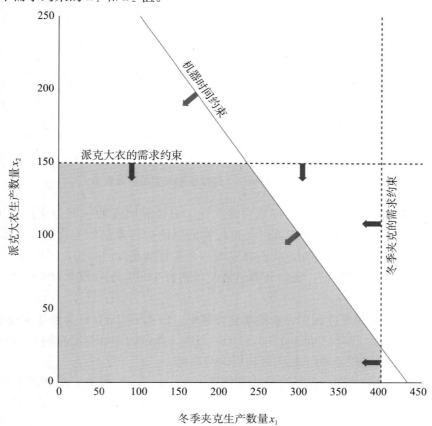

图 13.9 FashionTech 机器时间约束的图形表示

　　另外两个约束如布料数量和劳动时间以及目标函数也能以类似的方式绘制。图 13.10 中的折线图以及由此产生的阴影区域表示满足所有 5 个约束的 x_1 和 x_2 的值。这个阴影区域被称为 LP 模型的可行性区域。因为我们还不知道能达到的最大利润，所以我们将三条黑色实线叠加，代表利润值为 500 美元、1 500 美元和 2 500 美元的目标函数。当增加利润时，利润线进一步移动到图的右侧。注意到在 2 500 美元的利润值下，利润线的一部分已经超出了可行性范围区域。LP 解不能考虑可行性区域之外的 x_1 和 x_2 值，因为它们至少违反了一个约束（如派克大衣的数目不能超过 150 件）。反之，利润线的任何部分在可行性区域内都满足所有约束条件，并且对应的值 x_1 和 x_2 是解决 LP 问题的可能候选方案。

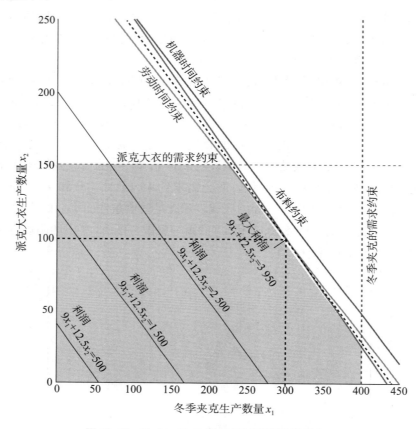

图 13.10　FashionTech 线性规划模型的图形表示

　　为了在满足所有约束条件的同时实现利润最大化，只要利润线的一部分保持在可行性区域内，就能增加利润。通常 LP 模型的最优解可以在可行性区域的边界或拐角处找到。在本例中，如果继续将利润线进一步移动到在图的右侧，我们将发现一个最优解是 $x_1=300$，$x_2=100$（参见图 13.10 中的黑色虚线）。在这些最佳值下，我们计算出最大利润为 3 950 美元（$9\times300+12.5\times100$），如黑色虚线所示。

　　在 300 件冬季夹克和 100 件派克大衣的最佳方案中，FashionTech 只会使用供应商提供的 4 000 英尺布料中的 3 800 英尺（$8.5\times300+12.5\times100$）布料。剩余的 200 英尺布料可用于其他产品的生产。另外，FashionTech 也可以向供应商订购更少的面料。

　　LP 的解中具有多余的或盈余的约束称为**非绑定**（nonbinding）约束。将非绑定约束值增加或减少一个单位（即将可用布料的数量增加到 4 001 英尺）不会更改 LP 的解。但是，FashionTech 优化值将使用所有分配的机器时间（650 小时）和劳动（900 小时），因此这两种资源不存在松弛部分。

因此，机器时间和劳动被称为**绑定**（binding）约束。增加或减少绑定约束的可用资源将影响 LP 的解，并且在大多数情况下影响目标函数的优化值。

与 LP 相关的另一个重要概念是**影子价格**（shadow price），也称为**双重价格**（dual price）、双重约束。它表示保持其他参数不变，由于绑定约束中一个单位的变化而导致目标函数优化值的变化。在 FashionTech 的例子中，可以看出机器时间减少一小时（即从 650 小时到 649 小时）将导致优化利润从 3 950 美元降至 3 946 美元，使机器时间的影子价格为 4 美元。注意，目标函数的优化值不会因非约束性约束条件的一个单位的变化而改变。

线性规划问题中的约束条件

在 LP 问题中，如果改变约束也改变了目标函数的优化值，则认为约束是有约束力的。非绑定约束是那些不影响优化值的约束。

约束的影子价格度量的是约束改变一个单位时目标函数最优值的变化。

只需要两个决策变量，我们就可以将 LP 公式绘制到二维折线图上，并找到最优解。然而，这种方法不适用于包含两个以上决策变量的 LP 问题，例如 Yerba Buena Tea 的例子。从概念上讲，我们也可以使用一种称为单纯形法的代数方法来手动解决 LP 问题。在大多数情况下，即使是两个决策变量的问题，使用计算机软件求解 LP 公式也会方便得多。在例 13.6 和例 13.7 中，我们分别使用 Excel 的求解器（Solver）和 R 语言来解决一个最大化问题和一个最小化问题。

例 13.6

回想一下例 13.4，FashionTech 的运营经理 Abigail Kwan 需要决定生产冬季夹克和派克大衣的数量，以实现利润最大化。给定 5 个约束条件，使用 Excel 的 Solver 来最大化目标函数，并总结结果。

解答：

使用 Excel

Excel 中有一个 Solver 插件，它实现了单纯形法并执行必要的计算来解决 LP 问题。有许多方法可以为 LP 问题构建 Excel 电子表格。为了保持一致性，我们将使用 Parkas 工作表作为模板来演示如何使用求解器。与蒙特卡罗模拟示例类似，创建一个 Excel 工作表，在单独的单元格中输入参数，就像在 Parkas 工作表中一样，这将允许我们轻松地更改 LP 模型中的参数值并评估备选方案。

a. 打开 Parkas 工作表，通过打开"文件"（File）→"选项"（Options）→"插件"（Add-ins）→"运行"（Go）（Excel 插件旁边），确保求解器已激活。选中"求解器"（Solver）复选框并单击"确定"（OK）。验证"数据"（Data）选项下的"分析"（Analyze）组中是否有标记为"求解器"（Solver）的按钮。

b. 导航到 Parkas 工作表的参数部分，并在单元格 B5 至 B8 中，分别输入 8.5、1.5、2、9，分别对应布料数量、机器时间、劳动时间、每单位生产一件冬季夹克的利润。在单元格 C5 到 C8 中，输入生产一件派克大衣的相应值。

c. 输入 FashionTech 每个月可用的布料数量（单元格 D14 为 4 000 英尺，单元格 D15 至 D19 为剩余相关的信息。派克大衣工作表应类似于图 13.11。

d. 我们用单元格 E4 来表示目标函数，用单元格 B11 和 C11 来表示两个决策变量：FashionTech 应该生产的冬季夹克和派克大衣的数量。要建立例 13.4 中的目标函数，在单元格 E4 中输入＝SUMPRODUCT(B8:C8，B11:C11)。注意，SUMPRODUCT 公式等价于输入＝B8×B11＋C8×C11。在单元格 B11 和 C11 中输入 1，验证所计算的利润是正确的。单元格 E4 中的利润为 21.50 美元（9×1＋12.50×1）。

A	B	C	D	E
1 **FashionTech**				
2				
3	Products			Objective function (profit maximization):
4 Parameters:	Jackets	Parkas		
5 Fabric (feet/unit)	8.5	12.5		
6 Machine time (hours/unit)	1.5	2		
7 Labor (hours/unit)	2	3		
8 Per-unit profit	$9.00	$ 12.50		
9				
10	Jackets	Parkas		
11 Decision variables (units to produce):				
12				
13 Constraints:	Quantity used		Quantity available	
14 Fabric (feet)		<=	4000	
15 Machine time (hours)		<=	650	
16 Labor (hours)		<=	900	
17	Units produced		Demand	
18 Number of jackets		<=	400	
19 Number of parkas		<=	150	

图 13.11　示例 13.6 的 Excel 模板

资料来源：Microsoft Excel.

e. 在单元格 B14 中输入＝SUMPRODUCT(B5:C5，B11:C11)，计算使用的布料量；在单元格 B15 中输入＝SUMPRODUCT(B6:C6，B11:C11)，作为总机器时间；在单元格 B16 中输入＝SUM-PRODUCT(B7:C7，B11:C11)，这是裁缝每个月缝纫夹克和派克大衣的总时数。

f. 分别在单元格 B18 和 B19 中输入＝B11 和＝C11，复制待生产的冬季夹克和派克大衣的数量。派克大衣工作表应该类似于图 13.12。

A	B	C	D	E
1 **FashionTech**				
2				
3	Products			Objective function (profit maximization):
4 Parameters:	Jackets	Parkas		$21.50
5 Fabric (feet/unit)	8.5	12.5		
6 Machine time (hours/unit)	1.5	2		
7 Labor (hours/unit)	2	3		
8 Per-unit profit	$9.00	$ 12.50		
9				
10	Jackets	Parkas		
11 Decision variables (units to produce):	1	1		
12				
13 Constraints:	Quantity used		Quantity available	
14 Machine time (hours)	3.5	<=	650	
15 Labor (hours)	5	<=	900	
16 Fabric (feet)	21	<=	4000	
17	Units produced		Demand	
18 Number of jackets	1	<=	400	
19 Number of parkas	1	<=	150	

图 13.12　示例 13.6 的完整 Excel 模板

g. 通过导航到"数据"(Data) 选项卡启动求解器，单击 Analyze 组中的"求解器"(Solver) 按钮。

h. 在"求解器参数对话框"(Solver Parameters dialog box) 的"设置目标"(Set Objective) 中输入 E4。确保选择"最大"(Max) 选项，使单元格 E4 中的利润值最大化。

i. 在"通过更改可变单元格"(Changing Variable Cells) 框中输入 B11:C11。回想一下，这两个单元格表示决策变量。

j. 单击"添加"(Add) 按钮，用于增加 FashionTech 布料数量、总机器时间和劳动时间的约束。在"更改约束对话"(Change Constraint dialog) 框中，在"单元格引用"(Cell Reference) 下输入 B14:B16，在符号列表中选择＜＝，在"约束"(Constraint) 下输入 D14:D16，具体参见图 13.13。点击"添加"(Add)。

图 13.13　在 Excel 的求解器中添加约束

k. 再次点击"添加"（Add）按钮，并在下一个"更改约束"（Change Constraint）对话框中，在"单元格参考"（Cell Reference）框输入需求约束的 B18:B19，选择＜＝符号，并输入 D18:D19 作为约束。单击"确定"（OK）。

l. 确保检查选项使无约束变量非负，以强制非负约束。对于"选择求解方法"（Select a Solving Method）选项，选择 Simplex LP。求解器对话框如图 13.14 所示。单击"解决"（Solve）。

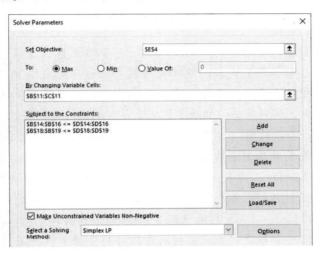

图 13.14 求解器参数

m. 在"求解器结果"（Solver Results）对话框中，单击"报告"（Reports）部分下的"答案"（Answer）与"灵敏度"（Sensitivity）选项，然后单击"确定"（OK）。LP 模型的解答如图 13.15 所示。求解器还将创建两个新的工作表，分别是结果报告 1 以及敏感性报告 1（实际的工作编号可能有所不同）。

图 13.15 求解器的最优 LP 解答

如图 13.15 所示，求解器在 Parkas 工作表的单元格 B11 和 C11 中指出，FashionTech 应该生产 300 件冬季夹克和 100 件派克大衣，这完全在 400 件冬季夹克和 150 件派克大衣这两个需求约束之内。回想一下，这与图 13.10 所示折线图中的解答相同。正如单元格 E4 中计算的那样，这个最优解答的最大利润是 3 950 美元。值得注意的是，对于其他 LP 问题，可能存在多个目标函数值最大化的最优解。

图 13.16 显示了求解器生成的结果报告工作表的相关部分。如前所述，布料的数量是一个非约束性的限制，因为 4 000 英尺的布料中只有 3 800 英尺被使用，剩余了 200 英尺的布料。机器时间和劳动时间是有约束的，因为所有分配的机器时间（650 小时）和劳动时间（900 小时）都是在最优值上使用的。

Constraints					
Cell	Name	Cell Value	Formula	Status	Slack
$B$14	Machine time (hours) Quantity used	650	$B$14<=$D$14	Binding	0
$B$15	Labor (hours) Quantity used	900	$B$15<=$D$15	Binding	0
$B$16	Fabric (feet) Quantity used	3800	$B$16<=$D$16	Not Binding	200
$B$18	Number of jackets Units produced	300	$B$18<=$D$18	Not Binding	100
$B$19	Number of parkas Units produced	100	$B$19<=$D$19	Not Binding	50

图 13.16　Excel 的求解器结果报告

　　敏感性报告工作表中的相关信息如图 13.17 所示。可变单元格部分描述了最优的 LP 解，其中生产和销售 300 件夹克和 100 件派克大衣，每单位利润分别为 9 美元和 12.50 美元。回想一下，单位利润被称为目标函数系数。如果这些系数的变化超出了允许的增减范围（图 13.17 的最后两列），将导致 LP 最优解发生变化。举例来说，如果冬季夹克单位利润的减少超过 0.666 7 美元，那么我们需要用 LP 模型再次获得一个新的解，这意味着生产 300 件夹克和 100 件派克大衣将不再产生最大利润。同样，如果冬季夹克的单位利润增长超过 0.375 0 美元，那么我们也需要一个新的 LP 解。在这种情况下，我们需要用 Parkas 工作表上的新值替换单位利润，并重新运行求解器以获得新的解。即使实际利润数额发生改变，任何其他小于可变数量的变化都不会改变最优解。换句话说，只要夹克的单位利润下降是在 8.333 3～9.375 之间（即 9－0.666 7 和 9+0.375），FashionTech 就适合继续每月生产 300 件夹克和 100 件派克大衣，但利润总额将会根据单位价值发生改变。允许的增加和减少的值的范围被称为最优范围，只要目标函数系数保持在此范围内，最优解将保持不变。派克大衣单位利润的最优范围在 12～13.5 美元之间（或 12.5－0.5 和 12.5+1）。最优解的范围对于像 FashionTech 的 Abigail Kwan 这样的商业决策者很有用，因为他们经常根据生产计划对产品折扣、销售和营销活动做出决策。

Variable Cells		Final Value	Reduced Cost	Objective Coefficient	Allowable Increase	Allowable Decrease
Cell	Name					
$B$11	Decision variables (units to produce): Jackets	300	0	9	0.375	0.666666667
$C$11	Decision variables (units to produce): Parkas	100	0	12.5	1	0.5

Constraints		Final Value	Shadow Price	Constraint R.H. Side	Allowable Increase	Allowable Decrease
Cell	Name					
$B$14	Machine time (hours) Quantity used	650	4	650	16.66666667	12.5
$B$15	Labor (hours) Quantity used	900	1.5	900	16.66666667	25
$B$16	Fabric (feet) Quantity used	3800	0	4000	1E+30	200
$B$18	Number of jackets Units produced	300	0	400	1E+30	100
$B$19	Number of parkas Units produced	100	0	150	1E+30	50

图 13.17　求解器的敏感性报告

　　图 13.17 中的约束部分还显示了每个约束允许增加和减少的值。由于布料约束是非约束性的，因此在生产过程中增加布料数量不会对 LP 的解产生任何影响（1E+30 值意味着即使无限增加布料数量也不会改变 LP 的解）。允许减少的量就是松弛值，或可用布料数量（4 000 英尺）和使用数量（3 800 英尺）之间的差值。将布料数量减少到每月 3 800 英尺以下将改变 LP 的解。图 13.17 底部的两个需求约束也是如此。

　　图 13.17 中的影子价格一栏是约束条件在允许增减范围内每一次单位变化所带来的利润变化。例如，机器时间的影子价格是 4 美元。这意味着减少一小时的可用机器时间（从 650 小时到 649 小时），将导致总利润从 3 950 美元减少到 3 946 美元。换句话说，利润下降 4 美元，即没有将一小时的机器使用时间分配到夹克和派克大衣的生产上。我们可以通过在 Parkas 工作表的单元格 D15 中输入可用机器时间 649 来验证这一点。重新运行求解器将得到决策变量（单元格 B11 和 C11）中 294

件冬季夹克和 104 件派克大衣的新最优解，并且单元格 E4 中的新利润为 3 946 美元。同样，额外分配一小时的机器时间（从 650 小时到 651 小时）可以生产 306 件夹克和 96 件派克大衣，从而将利润从 3 950 美元增加到 3 954 美元。

影子价格只在允许的增减范围内保持不变。对于机器时间，只要可用机器时间在 637.5（即 650－12.5）和 666.67（即 650＋16.67）之间，影子价格就保持在 4 美元。这个区间被称为可行性区间，在此区间内影子价格保持不变。在可行性区间为 875～916.67 小时的情况下，劳动时间约束的影子价格为 1.5 美元。

在某些情况下，绑定约束的影子价格也可能为 0，这表示在允许范围内改变资源的可用量会导致 LP 解发生变化，但优化后的目标函数值（例如利润）将保持不变。影子价格信息对于像 Abigail Kwan 这样需要定期决定如何分配额外资源的企业经理来说尤其有用。直观来看，将额外约束资源分配到最高影子价格中，将产生最大的经济回报。

使用 R 语言

我们使用 R 语言中的 lpSolve 包为 FashionTech 找到最佳方案。像 Excel 的求解器和许多其他线性规划软件一样，lpSolve 包也实现了单纯形法。在本章的 LP 示例中，用 Excel 的求解器和通过 R 语言找到的最优解是相同的。当 LP 模型有多个最优解时，答案可能会有所不同，对于此部分内容，我们不在本章中进行讨论。

a. 安装并加载 lpSolve 包。输入：

```
> install.packages("lpSolve")
> library(lpSolve)
```

b. 指定冬季夹克（9 美元）和派克大衣（12.5 美元）的单位利润作为两个目标函数系数。输入：

```
> lp.objective <- c(9, 12.5)
```

c. 使用 matrix 命令将 5 个约束项左边的参数存储到一个矩阵中。每个约束都有两个左侧参数，它们被成对指定。输入：

```
> lp.constraints <- matrix(c(8.5, 12.5, 1.5, 2, 2, 3, 1, 0, 0, 1),
nrow = 5, byrow = TRUE)
```

回想一下，第一对参数，即 8.5 和 12.5，是生产一件冬季夹克和一件派克大衣所需的布料数量；第二对参数，即 1.5 和 2，是生产一件冬季夹克和一件派克大衣所需的机器时间。重要的是，要注意 lpSolve 需要我们指定所有决策变量（在这种情况下的 x_1 和 x_2）的参数值，甚至是可能不会出现在一个约束中的决策变量。举个例子，对于夹克（$x_1 < 400$）的需求约束，尽管 x_2 没有出现在这个约束中，但是我们需要指定它的参数为 0。因此，夹克需求约束的 x_1 和 x_2 的参数值分别为 1 和 0。同样，对于派克大衣（$x_2 \leqslant 100$）的需求约束，x_1 和 x_2 的参数值分别为 0 和 1。这就是为什么两个需求约束的最后四个参数显示为 1，0，0，1。

d. 为这 5 个约束分别指定 ≤ 符号。输入：

```
> lp.directions <- c("<=", "<=", "<=", "<=", "<=")
```

e. 指定可用的布料数量、机器时间和劳动时间以及两个需求限制（即 5 个约束项右边的值）。输入：

```
> lp.rhs <- c(4000, 650, 900, 400, 150)
```

f. 在默认情况下，lpSolve 包对所有决策变量施加非负性约束，因此，我们不需要指定这些约束。我们使用 lp 函数来使给定约束条件下的目标函数最大化，并将结果存储在一个名为 lp.output

的对象中。为了显示最大利润和 LP 的解，我们重新输入 lp. output $ solution。输入：

```
> lp. output <- lp("max", lp. objective, lp. constraints,
  lp. directions, lp. rhs, compute. sens = TRUE)
> lp. output
> lp. output $ solution
```

R 语言报告说，最大利润是 3 950 美元，LP 的解是 FashionTech 生产 300 件冬季夹克和 100 件派克大衣。这些结果与我们使用 Excel 求解器得到的结果是一样的。

g. 为了显示两个目标函数系数（冬季夹克和派克大衣的单位利润）的最优范围，输入：

```
> lp. output $ sens. coef. from
> lp. output $ sens. coef. to
```

冬季夹克单位利润的最优范围是 8.333～9.375 美元，而派克大衣单位利润的最优范围是 12～13.5 美元。只要目标函数系数保持在这些范围内，生产的冬季夹克和派克大衣的最佳数量就将保持 300 件和 100 件。

h. 要显示约束条件的影子价格（在 lpSolve 包中称为双重价格）和可行性区间，输入：

```
> lp. output $ duals
> lp. output $ duals. from
> lp. output $ duals. to
```

对于机器时间和劳动时间这两个约束条件，影子价格分别为 4 美元和 1.5 美元。两种资源的可行性区间分别为 637.50～666.67 小时和 875～916.67 小时。如前所述，在本章 LP 的例子中，使用 Excel 的求解器和 R 语言找到的最优解是相同的。为进一步讨论优化的范围、影子价格以及可行性区间，可以参见 Excel 结果的讨论。

例 13.7 ----------

回忆例 13.5，Yerba Buena 的总经理 Anika Patel 需要决定 3 种生产设施的运行时间。这一决定必须确保覆盖所有的五香茶粉和浓缩五香茶订单，同时生产成本保持在最低水平。可以使用 Excel 的求解器和 R 语言来使给定 4 个约束条件下的目标函数最小化，并总结结果。

解答：

使用 Excel

在本例中，我们使用 Chai 工作表中的模板来保持一致性。如果你没有这样做，那么可以激活求解器并且启动 Excel，然后执行"文件"（File）→"选项"（Options）→"插件"（Add-ins）→"确定"（Go）。选中"求解器"（Solver）复选框并单击"确定"（OK），因为许多步骤与例 13.6 相似，所以我们快速跳过。由于 Excel 和 R 语言产生的结果是相同的，所以我们在执行 R 语言指令后汇总结果。

a. 打开 Chai 工作表并在单元格 B5：D7、单元格 D13：D14 和单元格 D16 中输入例 13.5 中的参数值。参见图 13.18。

b. 在单元格 B13 中输入＝SUMPRODUCT(B5：D5，B10：D10)，在单元格 B14 中输入＝SUM-PRODUCT(B6：D6，B10：D10)，在单元格 B16 中输入＝B10。

c. 在单元格 F4 中输入＝SUMPRODUCT(B7：D7，B10：D10)。单元格 F4 代表目标函数的值（即总生产成本）。记住，我们的目标是使生产成本降到最低。

d. 在单元格 B10、C10 和 D10 中输入 1，来验证 Excel 公式。我们使用这 3 个单元格来存储运行 3 种生产设备（即决策变量）的小时数，工作表如图 13.18 所示。

	A	B	C	D	E	F
1	Yerba Buena Tea					
2						
3		Production facilities				Objective function (cost minimization):
4	Parameters:	Older	Newer	Special		$600.00
5	Powder mix (ounces/hr)	295	385	350		
6	Tea concentrate (ounces/hr)	260	375	0		
7	Cost per hour	$190	$260	$150		
8						
9		Older	Newer	Special		
10	Decision variables (hours to operate):	1.00	1.00	1.00		
11						
12	Constraints:	Quantity produced		Quantity needed		
13	Powder mix (ounces)	1030	>=	5500		
14	Tea concentrate (ounces)	635	>=	4000		
15		Operating hours		Limit		
16	Operating hours of the olcer facility	1	<=	8		

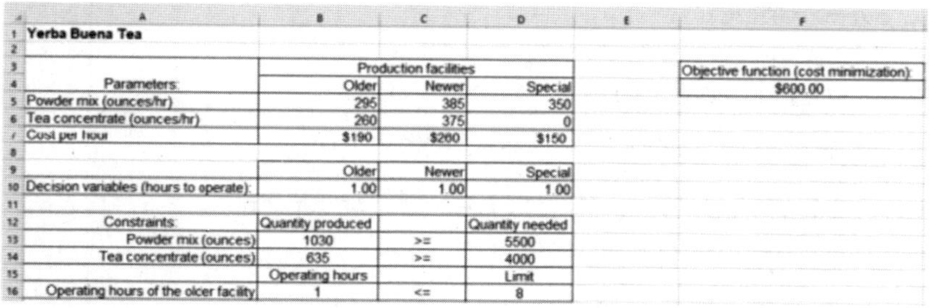

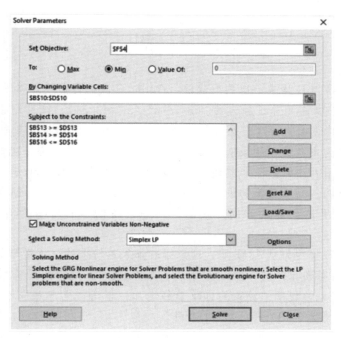

图 13.18　最小化问题的 Excel 模板

e. 转到“数据”(Data)→“求解器”(Solver)。输入如图 13.19 所示的选项和约束，然后单击“解决”(Solve)。注意，我们为最小化问题选择了“最小化”(Min) 选项，并在前两个约束条件中使用了≥符号。

图 13.19　例 13.7 的 Excel 求解器参数对话框

资料来源：Microsoft Excel.

f. 在“求解器结果”(Solver Results) 对话框中，单击“答案”(Answer) 和“灵敏度”(Sensitivity) 报告。然后单击“确定”(OK)。

使用 R 语言

因为许多步骤与例 13.6 相似，所以我们快速跳过。

a. 请安装并加载 lpSolve 软件包。

b. 指定 3 个目标函数系数、3 个约束中的参数、≥和≤符号以及 3 个约束右边的值。请注意，茶浓缩物订单量的约束 ($260x_1+375x_2\geqslant 4\ 000$) 只有两个决策变量，因此 x_3 的参数值指定为 0。同样，旧设施 ($x_1\leqslant 8$) 的运行时间约束只有一个决策变量，因此 x_2 和 x_3 的参数值均为 0。因此，矩阵函数后 4 个参数为 0，1，0，0。输入：

```
> lp.objective <- c(190, 260, 150)
> lp.constraints <- matrix(c(295, 385, 350, 260, 375, 0, 1, 0, 0),
```

```
  nrow = 3, byrow = TRUE)
> lp.directions <- c(">=", ">=", "<=")
> lp.rhs <- c(5500, 4000, 8)
```

c. 为了求解 LP 最小化模型，我们使用带 min 选项的 LP 函数。输入：

```
> lp.output <- lp ("min", lp.objective, lp.constraints,
  lp.directions, lp.rhs, compute.sens = TRUE)
```

d. 为了显示 LP 的解及相关输出，输入：

```
> lp.output
> lp.output $ solution
> lp.output $ sens.coef.from
> lp.output $ sens.coef.to
> lp.output $ duals
> lp.output $ duals.from
> lp.output $ duals.to
```

结果概要

根据 Excel 的求解器和 R 语言给出的最优解，Anika 应该运行旧设施 8 小时（$x_1 = 8$），新设施 5.12 小时（$x_2 = 5.12$），单一用途设施大约 3.34 小时（$x_3 = 3.34$）。该计划将生产 5 500 盎司茶粉末混合物和 4 000 盎司茶浓缩物，这正是订单的总量。这一最优解答将导致总生产成本为 3 352.11 美元，这是当前参数和约束条件下的最低成本。LP 模型中的 3 个约束都是绑定的，没有剩余。根据最优范围，旧设施应使用 8 小时，除非其运营成本增加超过每小时 192.30 美元。降低该设施的运行成本并不影响其运行时间。对于较新的设施，如果其运营成本可以降低到每小时 256.69 美元以下，Anika 应该考虑延长使用该设施的时间。就单一用途设备的运行费用而言，最优范围为每小时 121.38～236.36 美元。

茶粉末约束的影子价格约为 0.43 美元，这意味着如果茶粉末的订单量增加一盎司，总生产成本将增加 0.43 美元。只要茶粉末的订单量不少于 4 331.20 盎司，这个影子价格就是不变的。浓缩茶的影子价格约为 0.25 美元，说明浓缩茶的订单量每增加一盎司，生产总成本将增加 0.25 美元。这个影子价格的可行性区间是 2 080～5 138.44 盎司。

旧设施运营时间约束的影子价格约为 2.30 美元。回想一下，与 LP 问题中的其他约束不同，此约束（$x_1 \leqslant 8$）具有一个 $\leqslant$ 符号。负影子价格意味着，如果 Anika 能够使用旧设施，则增加一小时运作，总生产成本将减少 2.30 美元。只要设施运作时间不超过 15.38 小时，该影子价格将保持不变。为了决定是否延长旧设施的运作时间，Anika 需要考虑潜在成本节约以及生产设备因延长运作而出现故障的风险。

练习 13.3

理论

23. 思考以下 LP 问题。

最大化 $z = 3x_1 + 2x_2$

s. t.

约束 1　$2x_1 + 3x_2 \leqslant 40$
约束 2　$3x_1 + x_2 \leqslant 30$
约束 3　$x_1, x_2 \geqslant 0$

其中，x_1 和 x_2 表示决策变量。解决 LP 问题，回答以下问题。

a. 在最优解处 x_1 和 x_2 的值是多少？z 的最大值是多少？

b. 识别绑定和非绑定约束，并在适用时报告松弛值。

c. 报告每个绑定约束的影子价格和可行性区间。

d. 两个目标函数系数的最优范围是什么？

24. 思考以下 LP 问题。

最大化　$z=2x_1+3x_2$

s. t.

约束 1　$4x_1+7x_2\leqslant115$
约束 2　$3x_1+2x_2\leqslant70$
约束 3　$x_1,x_2\geqslant0$

其中，x_1 和 x_2 表示决策变量。解决 LP 问题，回答以下问题。

a. 在最优解处 x_1 和 x_2 的值是多少？z 的最大值是多少？

b. 识别绑定和非绑定约束，并在适用时报告松弛值。

c. 报告每个绑定约束的影子价格和可行性区间，并解释结果。

d. 两个目标函数系数的最优范围是什么？解释结果。

25. 思考以下 LP 问题。

最小化　$z=9x_1+6x_2$

s. t.

约束 1　$5x_1+3x_2\geqslant30$
约束 2　$2x_1+5x_2\geqslant33$
约束 3　$x_1,x_2\geqslant0$

其中，x_1 和 x_2 表示决策变量。解决 LP 问题，回答以下问题。

a. 在最优解处 x_1 和 x_2 的值是多少？z 的最小值是多少？

b. 识别绑定和非绑定约束，并在适用时报告松弛值。

c. 报告每个绑定约束的影子价格和可行性区间。解释结果。

d. 两个目标函数系数的最优范围是什么？解释结果。

26. 思考以下 LP 问题。

最小化　$z=12x_1+10x_2$

s. t.

约束 1　$8x_1+6x_2\geqslant70$
约束 2　$4x_1+10x_2\geqslant80$
约束 3　$x_1,x_2\geqslant0$

其中，x_1 和 x_2 表示决策变量。解决 LP 问题，回答以下问题。

a. 在最优解处 x_1 和 x_2 的值是多少？z 的最小值是多少？

b. 识别绑定和非绑定约束，并在适用时报告松弛值。

c. 报告每个绑定约束的影子价格和可行性区间。解释结果。

d. 两个目标函数系数的最优范围是什么？解释结果。

27. 思考以下 LP 问题。

最大化　$z=5x_1+8x_2+6x_3$

s. t.

约束 1　$5x_1+10x_2+5x_3\leqslant80$
约束 2　$6x_1+9x_2+8x_3\leqslant90$
约束 3　$x_1\leqslant15$
约束 4　$x_1,x_2,x_3\geqslant0$

其中，x_1 和 x_2 表示决策变量。解决 LP 问题，回答以下问题。

a. 在最优解处 x_1 和 x_2 的值是多少？z 的最大值是多少？

b. 识别绑定和非绑定约束，并在适用时报告松弛值。

c. 报告每个绑定约束的影子价格和可行性区间。解释结果。

d. 两个目标函数系数的最优范围是什么？解释结果。

28. 思考以下 LP 问题。

最小化　$z=7x_1+7x_2+6x_3$

s. t.

约束 1　$7x_1+6x_2+4x_3\geqslant50$
约束 2　$10x_1+13x_2+14x_3\geqslant150$

约束 3　$x_1, x_2, x_3 \geq 0$

其中，x_1 和 x_2 表示决策变量。解决 LP 问题，回答以下问题。

　　a. 在最优解处 x_1 和 x_2 的值是多少？z 的最小值是多少？

　　b. 识别绑定和非绑定约束，并在适用时报告松弛值。

　　c. 报告每个绑定约束的影子价格和可行性区间。解释结果。

　　d. 两个目标函数系数的最优范围是什么？解释结果。

应用

29. 大苏尔太妃糖公司（以下简称大苏尔）生产两种糖果：盐水太妃糖和特制太妃糖。大苏尔想用定量方法来决定每天要做多少盐水太妃糖和特制太妃糖。糖蜜、蜂蜜和黄油是大苏尔制作太妃糖的主要原料。大苏尔用 8 杯糖蜜、4 杯蜂蜜、0.7 杯黄油制作一磅盐水太妃糖，售价是 7.5 美元/桶。对于一磅特制太妃糖，大苏尔用了 6 杯糖蜜、6 杯蜂蜜、0.3 杯黄油，售价为 9.25 美元/桶。太妃糖会在每天清晨新鲜出炉。大苏尔使用的原料来自一家独家供应商，该供应商会在每天日出前一次性提供 400 杯糖蜜、300 杯蜂蜜和 32 杯黄油。

　　a. 建立并求解给定约束条件下收益最大化的 LP 模型。大苏尔能够产生的最大收益是多少？大苏尔每天能做多少盐水太妃糖和特制太妃糖？

　　b. 确定绑定和非绑定约束，并得出可行性区间。

　　c. 求每个约束的影子价格的可行性区间。

　　d. 目标函数系数的最优范围是什么？

30. 法国夏布利区的一个葡萄园使用霞多丽葡萄酿制霞多丽葡萄酒和白中白香槟。为了生产一升霞多丽葡萄酒，葡萄园要使用大约 8 千克霞多丽葡萄。酿酒师通常要花费大约 2.5 小时进行酿造，包括压榨、混合和加工。为了生产一升白中白香槟，大约需要 6 千克霞多丽葡萄，压榨、混合和加工的时间为 3 小时。来自葡萄园的霞多丽葡萄酒通常售价为每升 55 美元，白中白香槟售价为每升 45 美元。每周有 400 千克霞多丽葡萄，150 小时用于压榨、混合和加工。

　　a. 建立并求解给定约束条件下收益最大化的 LP 模型。葡萄园出售霞多丽葡萄酒和白中白香槟的最大收益是多少？葡萄园每周应该生产多少升霞多丽葡萄酒和白中白香槟？

　　b. 如果葡萄园可用的霞多丽葡萄数量增加到每周 500 千克，那么应该生产多少霞多丽葡萄酒和白中白香槟？解释你的回答。

　　c. 如果白中白香槟的价格降至每升 30 美元，那么葡萄园应该生产多少霞多利葡萄酒和白中白香槟？解释你的答案。

31. 一家消费品公司生产两种类型的洗碗机洗涤剂：普通洗涤剂和浓缩洗涤剂。该公司有两个生产洗涤剂产品的工厂。第一个工厂运营成本为 120 美元/小时，每小时能生产 300 盎司普通洗涤剂和 220 盎司浓缩洗涤剂。第二个工厂运营成本为 220 美元/小时，每小时能生产 350 盎司普通洗涤剂和 450 盎司浓缩洗涤剂。该公司收到了 4 500 盎司普通洗涤剂和 5 200 盎司浓缩洗涤剂的批发订单。

　　a. 建立并求解给定约束条件下成本最小化的 LP 模型。为了完成订单并将运营成本降到最低，每个工厂应该运营多少小时？

　　b. 确定每个约束条件，并报告影子价格和可行性区间。

　　c. 如果第二个工厂的每小时运营成本降低到 200 美元，那么公司分别需要运营多少小时？在这种情况下，最低运营成本是多少？

32. 钙和维生素 D 是骨骼健康最重要的营养素。根据美国医药研究所的研究，一个普通成年人每天的饮食中应该含有 1 000 毫克钙和 600IU 维生素 D。这两种营养物质可以在牛奶和麦片中找到，而许多人的早餐就是吃这两种食物。一杯全脂牛奶含有 270 毫克钙和 124IU 维生素 D。一杯受欢迎的全谷物麦片含有 150 毫克钙和 120IU 维生素 D。一加仑全脂牛奶大约有 16 杯，售价 4.89 美元。一盒受欢迎的麦片也有 16 杯，售价 3.19 美元。假设一个成年人只从早餐中获得这两种营养，请制定 LP 模型，使牛奶和麦片的成本最小化，但满足每日钙和维生素 D 的需求。一个成年人应该摄入多少牛奶和麦片？最低成本是多少？

33. 著名的巧克力制造商 Francesco Schröeder 制作三种巧克力糖果：手工松露巧克力、手工巧克力块和巧克力棒。Francesco 使用最高质量的可可油、奶油和蜂蜜作为主要原料。Francesco 每天早上制作巧克力，通常在下午就卖光了。对于一磅手工松露巧克力，Francesco 使用 1 杯可可油、1 杯蜂蜜和 12 杯奶油。每磅手工巧克力块需要 1/2 杯可可油、2/3 杯蜂蜜、2/3 杯奶油。每磅巧克力棒使用 1 杯可可油、1/2 杯蜂蜜和 1/2 杯奶油。一磅手工松露巧克力、手工巧克力块和巧克力棒的价格分别为 35 美元、25 美元和 20 美元。当地一家商店每天会订购 10 磅巧克力糖果，这意味着 Francesco 每天至少需要制作 10 磅巧克力糖果。每天日出之前，Francesco 会收到 50 杯可可油、50 杯蜂蜜和 30 杯奶油。

a. 建立并求解给定约束条件下收益最大化的 LP 模型。Francesco 每天早上每种巧克力产品应该制作多少？每天能赚到的最大收益是多少？

b. 求每个约束的影子价格和可行性区间。

c. 如果当地商店将每天的巧克力糖果订单增加到 25 磅，那么每种产品应该制作多少？

34. CaseInPoint 是一家初创公司，其为一款非常受欢迎的智能手机生产超薄保护壳，颜色时髦大胆，有两种型号：大型 MÒR 型号和小型 BEAG 型号。CaseInPoint 的所有手机壳都使用了热塑性聚氨酯（TPU）。MÒR 的外壳比较大，设计上多是纯色。生产一个 MÒR 保护壳，需要 30 克 TPU，制造时间为 35 分钟。BEAG 型号较小，但在设计上更精细，需要 22 克 TPU 和 53 分钟的制造时间。对于每个生产周期，需要使用 700 克 TPU 和 1 500 分钟的机器时间。从 MÒR 和 BEAG 获得的利润分别为 9 美元和 7.5 美元。

a. 建立并求解给定约束条件下收益最大化的 LP 模型。在每个生产周期，CaseInPoint 应该生产多少个 MÒR 和 BEAG 手机壳？

b. 如果每个生产周期的 TPU 数量增加到 1 000 克，请给出新的 LP 解答。

35. 大多数维生素 C 产品是由抗坏血酸制成的，而抗坏血酸是从玉米中提取的。一家小型膳食补充剂公司制造两种维生素 C 补充剂：胶囊和咀嚼片。生产 1 千克维生素 C 胶囊需要 30 千克玉米、2.3 小时的生产时间，还有 2 小时的包装时间。生产 1 千克维生素 C 咀嚼片需要 40 千克玉米和 4.2 小时的生产时间，以及 1 小时的包装时间。该公司分配 2 000 千克玉米、180 小时的生产时间和 110 小时的包装时间来生产维生素 C。每千克维生素 C 胶囊的利润是 9.5 美元，每千克维生素 C 咀嚼片的利润是 12 美元。

a. 建立并求解 LP 模型，使两种维生素 C 产品的利润最大化。公司每周应该生产多少千克维生素 C 胶囊和咀嚼片？公司能获得的最大利润是多少？

b. 如果维生素 C 胶囊和咀嚼片每千克的利润分别增加到 11.50 美元和 16 美元，那么每种产品应该生产多少？相应的利润金额是多少？

36. 一位牧场主有一匹 6 岁的小马，重约 180 磅。这种年龄和体型的小马大约需要 6.2 麦卡尔可消化能量、260 克蛋白质和 9 700IU 维生素 A。EquineHealth 和 PonyEssentials 是两种很受欢迎的马饲料品牌。一份 EquineHealth 饲料的价格为 10.50 美元，提供 1.5 麦卡尔、52 克蛋白质和 1 800IU 维生素 A。一份 PonyEssentials 饲料的价格为 12 美元，提供 1.8 麦卡尔、58 克蛋白质和 2 200IU 维生素 A。如果牧场主想混合这两种饲料产品来给他的小马做饲料，为了使成本最小化，每个品牌每周应该使用多少？请解释并讨论你的答案。

13.4 整数规划优化

在 13.3 节中我们讨论了寻找线性规划（LP）的最优解，其中决策变量值是小数的。在许多情况下，小数决策变量的假设是较为真实的。在例 13.5 中，Yerba Buena 的实际操作是，旧设施运行 8 小时，新设施运行 5.12 小时，单一用途设备运行 3.34 小时。同样，生产少量产品也是可行的，比如 20.5 加仑葡萄酒、15.8 磅巧克力等。

在某些情况下，决策变量必须是整数。考虑一个资本预算问题，制药公司必须决定应该资助几个新药开发项目中的哪一个。在这里，每个决策变量代表公司是否应该资助某个项目。如果公司决定资助该项目，则为 1，否则为 0。LP 框架可能会为决策变量找到一个没有实际作用的值，比如 0.3。在这种情况下，我们使用线性整数规划，或简单整数规划（IP），为决策变量提供整数解。

我们想指出的是，在某些情况下可以使用 LP，将最优小数值四舍五入到最接近的整数。一般来说，将最优值四舍五入为整数会得到次优解。然而，如果目标函数系数相对较小，而决策变量的值相对较大，则将决策变量取整不会对底层业务决策产生重大影响。

在本节中，我们将讨论两种常见的简单整数规划问题：（1）投资项目选择的资本预算问题；（2）产品交付的供应地点选择的运输问题。

资本预算

在一个典型的资本预算问题中，决策者试图从许多潜在的项目中进行选择。例子包括在可能的生产工厂中选址或在新药开发项目中进行选择。在这些情况下，为个别项目提供部分资金是没有意义的。仅仅建造 45% 的制造工厂或部分开发一种新药无法获利。在例 13.8 中，我们演示了如何在数学上将资本预算问题表述为 IP 模型，并使用 Excel 的求解器和 R 语言来找到最优解。

例 13.8

北星生物技术公司（以下简称北星公司）正在开发 6 个新药项目。每个项目有 5 年的现金投资估计和预期投资回报。如表 13.2 所示，为了开发药物 1，北星公司必须在第 1 年进行 200 万美元的现金投资，在第 2 年、第 3 年和第 4 年进行 100 万美元的现金投资，在第 5 年不需要现金投资。一旦完工，该公司预计将获得 1 250 万美元回报。为了开发药物 2，该公司需要在第 1 年和第 2 年投资 200 万美元现金，在第 3 年、第 4 年和第 5 年投资 100 万美元现金，预计回报为 1 350 万美元。

即使每个药物开发项目都有正回报，考虑到资金限制，北星公司也不可能投资所有的 6 个项目。该公司可获得的现金金额为：第 1 年 1 000 万美元，第 2 年 800 万美元，第 3 年 700 万美元，第 4 年 500 万美元，第 5 年 300 万美元。开发一个整数规划模型，帮助北星公司为 6 个项目中的哪个项目提供资金做出决定，以使其总预期回报最大化。

表 13.2 北星公司的新药研发项目 单位：百万美元

现金投资	药物 1	药物 2	药物 3	药物 4	药物 5	药物 6
第 1 年	2	2	1	4	2	4
第 2 年	1	2	2	3	0	1
第 3 年	1	1	1	2	4	1
第 4 年	1	1	2	1	1	1
第 5 年	0	1	0	0	0	1
预期收益	12.5	13.5	13	14.5	15	15.5

解答：

整数规划模型

北星公司需要决定是否为每个项目提供资金。因此，每个决策变量 x_i 有一个二元值，其中 $i = 1, 2, \cdots, 6$。例如，如果北星公司投资开发药物 i，则 $x_i = 1$，否则为 0。我们还将 c_i 定义为药物 i 的预期投资回报率。例如，药物 i 的预期回报率为 1 250 万美元。为了简单起见，我们以百万美元表示金额，因此，$c_i = 12.5$。目标函数表述如下：

$$\text{最大化预期收益} = \sum_{i=1}^{6} c_i x_i$$

此外，每个项目都需要在 5 年的时间里每年进行一次现金投资。我们将 a_{ij} 定义为第 j 年药物 i 所需的现金投资，其中 $j=1$，2，…，5。如果药物 1 的年度现金投资以百万美元计，那么第 1 年为 $a_{11}=2$，第 2 年为 $a_{12}=1$，第 3 年为 $a_{13}=1$，第 4 年为 $a_{14}=1$，第 5 年为 $a_{15}=0$。其他项目的现金投资的定义也类似。整数规划公式的约束条件可以写成：

$$\text{第 1 年：} \sum_{i=1}^{6} a_{i1} x_i \leqslant 10$$

$$\text{第 2 年：} \sum_{i=1}^{6} a_{i2} x_i \leqslant 8$$

$$\text{第 3 年：} \sum_{i=1}^{6} a_{i3} x_i \leqslant 7$$

$$\text{第 4 年：} \sum_{i=1}^{6} a_{i4} x_i \leqslant 5$$

$$\text{第 5 年：} \sum_{i=1}^{6} a_{i5} x_i \leqslant 3$$

这些约束条件的右边代表了北星公司 5 年里每年可获得的现金。最后，我们指定决策变量必须是二元的。

$$x_i = 0 \text{ 或 } 1, \ i=1, 2, \cdots, 6$$

我们现在展示如何使用 Excel 求解器和 R 语言来解决整数规划问题。

使用 Excel 求解器

a. 打开 Biotech 工作表，并确保求解器外接程序已激活。注意，单元格 B10:G10 代表的决策变量的值为 0 或 1（即每个药物开发项目是否得到投资）。为了帮助验证我们的 Excel 公式，我们最初在单元格 B10 中使用 1，在其他地方使用 0。

b. 在单元格 B2:G6 中存储每个项目所需的年度现金投资。为了计算第一年的总现金投资，在单元格 H2 中输入＝SUMPRODUCT(B2:G2，B＄10:G＄10)。验证单元格 H2 中的值是否为 2。复制粘贴公式到单元格 H3:H6。

c. 单元格 B8:G8 包含 6 个项目的预期回报。要计算总回报，在单元格 I8（IP 问题的目标函数）中输入＝SUMPRODUCT(B8:G8，B10:G10)。验证单元格 I8 中的结果是否为 12.5。

d. 导航到"数据"(Data) 选项卡并单击"求解器"(Solver)。在"设置目标"(Set Objective) 框中输入单元格 I8。确保选择"最大"(Max) 选项，使单元格 I8 的总返回值最大化。所有求解器参数见图 13.20。

e. 在"通过更改可变单元格"(By Changing Variable Cells) 框中输入 B10:G10。回想一下，这些单元格表示二元决策变量。

f. 单击"添加"(Add) 按钮以添加可用现金的约束。在"添加约束"(Add Constraint) 对话框中的"单元格参考"(Cell Reference) 中输入 H2:H6，从操作符下拉列表中选择＜＝，在"约束"(Constraint) 选项下输入 I2:I6。单击"添加"(Add)。

g. 在接下来的"添加约束"(Add Constraint) 对话框中，在"单元格参考"(Cell Reference) 框中输入 B10:G10，并从操作符下拉列表中选择 bin，表示单元格 B10:G10 必须具有二元值。单击"确定"(OK)。

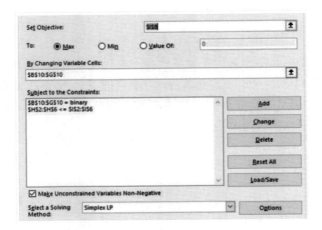

图 13.20　示例 13.8 的求解器参数

h. 在"选择求解方法"（Select a Solving Method）框中选择"Simplex LP"。单击"解决"（Solve）。验证结果是否与图 13.21 类似。

	A	B	C	D	E	F	G	H	I
1	Cash Investment (in $ millions)	Drug 1	Drug 2	Drug 3	Drug 4	Drug 5	Drug 6	Cash Spent	Cash Available
2	Year 1	2	2	1	4	2	4	9	10
3	Year 2	1	2	2	3	0	1	5	8
4	Year 3	1	1	1	2	4	1	7	7
5	Year 4	1	1	2	1	1	1	5	5
6	Year 5	0	1	0	0	0	1	2	3
7									
8	Expected Return (in $ millions)	12.5	13.5	13	14.5	15	15.5	Total Return:	57
9									
10	Funding: (1 = Yes, 0 = No)	0	1	1	0	1	1		

图 13.21　北星公司问题的结果

使用 R 语言

a. 如果你还没有这样做，请安装并加载 lpSolve 包。

b. 与前面的例子一样，我们在约束的右侧指定了 5 个目标函数系数、约束中的参数、≤符号和可用的年度现金金额。输入：

```
> lp.objective <- c(12.5, 13.5, 13, 14.5, 15, 15.5)
> lp.constraints <- matrix(c(2, 2, 1, 4, 2, 4,
                1, 2, 2, 3, 0, 1,
                1, 1, 1, 2, 4, 1,
                1, 1, 2, 1, 1, 1,
                0, 1, 0, 0, 0, 1),
                nrow = 5, byrow = TRUE)
> lp.directions <- c("<= ", "<= ", "<= ", "<= ", "<= ")
> lp.rhs <- c(10, 8, 7, 5, 3)
```

c. 我们使用带有最大选项的 LP 函数。我们还添加 all.bin＝TRUE 参数来指定决策变量是二元的。（对于决策变量可以采用任何整数值的问题，我们可以使用 all.int＝TRUE 参数来代替。）输入：

```
> lp.output <- lp("max", lp.objective, lp.constraints,
    lp.directions, lp.rhs, all.bin = TRUE)
```

d. 显示整数规划的解。输入：

```
> lp.output
```

```
> lp.output $ solution
```

总结

Excel 求解器和 R 语言输出都表明，北星公司应该投资于项目 2、项目 3、项目 5 和项目 6，而不是项目 1 和项目 4。因此，该公司将在 5 年期间每年进行 900 万美元、500 万美元、700 万美元、500 万美元和 200 万美元的现金投资。这个投资计划在第 1 年产生了 100 万美元的额外现金，在第 2 年产生了 300 万美元的额外现金，在第 5 年产生了 100 万美元的额外现金。回想一下，对于一个最大化问题，在线性和整数规划约束条件中，这些被称为松弛（slack）。基于这一建议，公司的预期总回报将达到 5 700 万美元。

运输问题

运输问题的一个经典例子涉及一位经理，他需要决定使用哪个仓库来将产品交付给零售店或客户。经理的目标（或目标函数）通常是总运输成本最小化，同时满足每个零售店或个别客户的需求。直观地说，运输问题只有在总供给（即所有仓库的容量之和）至少等于总需求（即订购总量）时才可行。

在许多情况下，运输模型需要处理大量的货物，例如一托盘 1 600 瓶水或一捆 300 块 2×4 的木板。因此，用分数单位来计算这些货物的运输是不切实际的，我们使用 LP 模型以获得运输问题的整数解，而不是四舍五入的整数解。例 13.9 演示了如何构建一个简单运输问题的 LP 模型，并使用 Excel 的求解器和 R 语言找到最优解。

例 13.9

Rainier Spring Water 有两个仓库，为三家零售店服务。每周，1 号仓库可以供应多达 160 托盘瓶装水，2 号仓库可以供应多达 155 托盘瓶装水。Rainier Spring Water 的经理每周从三家零售店分别收到 85 托盘、125 托盘和 100 托盘的订单。请注意，两个仓库的总容量大于三家零售店订购的瓶装水的总数量，这是一个可行解答的必要条件。每个托盘的运输成本因仓库和零售商店而异，并且因距离、交通和道路条件而异。如表 13.3 所示，从 1 号仓库运输一托盘瓶装水到三个商店，分别需要花费 4.15 美元、5.95 美元、6.25 美元。同样，从 2 号仓库将一托盘瓶装水运送到三个商店，将分别花费 3.75 美元、4.25 美元和 8.25 美元。

表 13.3　每托盘瓶装水的运费　　　　　　　　　　　　　　　单位：美元

	零售商店 1	零售商店 2	零售商店 3
1 号仓库	4.15	5.95	6.25
2 号仓库	3.75	4.25	8.25

开发一个整数规划模型，帮助经理决定从每个仓库运送多少托盘瓶装水到各个商店，以满足订单，同时使总运输成本最小化。

解答：

整数规划模型

我们要求 Rainier Spring Water 从其仓库装运的托盘的数量是一个整数值。我们将决策变量 x_{ij} 定义为从仓库 i 运输到零售商店 j 的托盘数量，其中 $i=1$，2，$j=1$，2，3。我们假设 x_{ij} 是非负整数。每个托盘的运输成本 c_{ij} 被定义为将一托盘瓶装水从仓库 i 运到零售商店 j 的成本。例如，如表 13.3 所示，c_{11}、c_{12}、c_{13} 的值分别为 4.15 美元、5.95 美元、6.25 美元。我们将目标函数表述如下：

$$\text{最小化 总运输成本} = \sum_{i=1}^{2} \sum_{j=1}^{3} c_{ij} x_{ij}$$

运输问题中的约束反映了每个商店对瓶装水的需求以及两个仓库中每个仓库的容量。下面的前3个约束指定运送到每个零售店的托盘总数必须至少满足订单数量。或者，我们可以使用等号（＝）指定运送到商店的托盘数量必须与订购的数量完全相同。接下来的两个约束表明，从每个仓库运送的托盘数量不能超过其容量。

$$\text{零售店 1 的需求：} \sum_{i=1}^{2} x_{i1} \geqslant 85$$

$$\text{零售店 2 的需求：} \sum_{i=1}^{2} x_{i2} \geqslant 125$$

$$\text{零售店 3 的需求：} \sum_{i=1}^{2} x_{i3} \geqslant 100$$

$$\text{仓库 1 的容量：} \sum_{j=1}^{3} x_{1j} \leqslant 160$$

$$\text{仓库 2 的容量：} \sum_{j=1}^{3} x_{2j} \leqslant 155$$

我们现在展示如何使用 Excel 求解器和 R 语言来解决整数规划问题。

使用 Excel Solver

a. 打开 Rainier 工作表（文件：Rainier），确保求解器插件被激活。注意，单元格 B5:D6 表示决策变量，并且只有整数值（即从仓库运输到零售商店的瓶装水的托盘的数量）。最初这些单元格是空白的。

b. 使用单元格 E5 和 E6 分别显示从两个仓库发出的托盘总数。在单元格 E5 中输入＝SUM(B5：D5)。复制粘贴公式到单元格 E6。

c. 使用单元格 B7:D7 来显示发货到三个商店的托盘总数。在单元格 B7 中输入＝SUM(B5:B6)，并将其复制粘贴到单元格 C7 和 D7。

d. 我们使用单元格 F13 计算总运输成本（目标函数），基于单元格 B13:D14 中的单位成本和单元格 B5:D6 中运输的单位数量，在单元格 F13 中输入＝SUMPRODUCT(B13:D14，B5:D6)。

e. 导航到"数据"（Data）页，单击"求解器"（Solver）。在"设置目标"（Set Objective）框中输入单元格 F13。确保选择"最小"（Min）选项，以使总运输成本最小化。所有求解器参数见图 13.22。

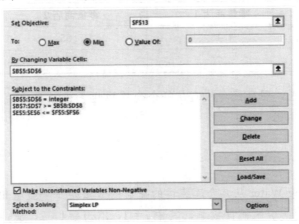

图 13.22　例 13.9 的求解器参数

资料来源：Microsoft Excel.

f. 在"通过更改可变单元格"（By Changing Variable Cells）框中输入 B5:D6。回想一下，这些单元格表示整数决策变量。

g. 单击"添加"（Add）按钮添加决策变量的整数约束。在"添加约束"（Add Constraint）对话框中的"单元格参考"（Cell Reference）框中输入 B5:D6，并从操作符的下拉列表中选择 int，表示单元格 B5:D6 必须为整数值。单击"添加"（Add）。

h. 在下一个"添加约束"（Add Constraint）对话框中的"单元格参考"（Cell Reference）框中输入 E5:E6，从操作符的下拉列表中选择＜＝，在"约束"（Constraint）下输入 F5:F6。这是为了确保从每个仓库发出的托盘数量不超过每个仓库的容量。单击"添加"（Add）。

i. 在下一个"添加约束"（Add Constraint）对话框中的"单元格参考"（Cell Reference）框中输入 B7:D7，在操作符下拉列表中选择＞＝，在"约束"（Constraint）下输入 B8:D8。这是为了确保每个零售商店至少收到的订购数量。单击"确定"（OK）。

j. 在"选择求解方法"（Select a Solving Method）框中选择"Simplex LP"。单击"选项"（Option）按钮，并确保未选中"忽略整数约束"（Ignore Integer Constraint）框。单击"确定"（OK）。

k. 单击"解决"（Solve），并验证你的结果是否与图 13.23 类似。

Rainier Spring Water Shipment					
Shipment Plan					
From\To	Store 1	Store 2	Store 3	Units shipped from warehouses	Units available at warehouses
Warehouse 1	55	0	100	155	160
Warehouse 2	30	125	0	155	155
Units shipped to stores	85	125	100		
Units ordered	85	125	100		
Per-unit Shipping Costs					
From\To	Store 1	Store 2	Store 3		Total shipment cost
Warehouse 1	$4.15	$5.95	$6.25		$1,497.00
Warehouse 2	$3.75	$4.25	$8.25		

图 13.23 Rainier Spring Water 问题的结果

资料来源：Microsoft Excel.

使用 R 语言

a. 安装 lpSolve 包，其包含 lp. transport 函数。运输函数是专门为解决运输问题而设置的。

b. 我们使用 matrix 函数将每个托盘的运输成本（见表 13.3）存储在一个叫作单位成本的对象中。输入：

```
> unit.costs <- matrix (c(4.15, 5.95, 6.25,
                3.75, 4.25, 8.25),
                nrow = 2, byrow = TRUE)
```

c. 针对这 3 个需求约束，我们指定符号和零售店的订单数量。输入：

```
> order.signs <- c(">=", ">=", ">=")
> order.amount <- c(85, 125, 100)
```

d. 针对两个仓库的容量限制，我们指定两个仓库的容量。输入：

```
> capacity.signs <- c("<=", "<=")
> capacity.limits <- c(160, 155)
```

e. 如上所述，我们使用 lp. transport 函数求运输问题的最优解。在默认情况下，lp. transport 函数假设所有决策变量都是整数。我们使用最小选项使总运输成本最小化，并包含运输成本矩阵和所有约束条件。输入：

```
> lp.output <- lp.transport(unit.costs, "min", capacity.signs,
  capacity.limits, order.signs, order.amount)
```

f. 为了显示运输模型的最优运输成本和解答，我们使用以下语句。输入：

```
> lp.output
> lp.output $ solution
```

总结

Excel 求解器和 R 语言输出表明，Rainier Spring Water 的经理应该从 1 号仓库运送 55 托盘瓶装水到零售商店 1，运送 100 托盘矿泉水到零售商店 3；从 2 号仓库运送 30 托盘到零售商店 1，运送 125 托盘到零售商店 2。这个发货计划将满足所有 3 个商店的订单。1 号仓库将从其每周库存的 160 托盘中交付 155 托盘，而 2 号仓库将耗尽其每周瓶装水库存。1 号仓库中剩下的 5 托盘可以运送到其他仓库。回想一下，在最小化问题中，1 号仓库的多余数量称为剩余。按照这个发货计划，Rainier Spring Water 每周将产生最少的总运费 1 497 美元。

练习 13.4

理论

37. 思考以下 LP 问题。

$$最大化 z = \sum_{i=1}^{3} c_i x_i \quad (c_1 = 15, c_2 = 13, c_3 = 12)$$

s. t.

约束 1　$5x_1 + 3x_2 + 6x_3 \leqslant 10$
约束 2　$3x_1 + 4x_2 + 2x_3 \leqslant 8$
约束 3　$3x_1 + 3x_2 + 2x_3 \leqslant 6$
约束 4　$x_1, x_2, x_3 = 0$ 或 1

其中，x_1、x_2 和 x_3 表示决策变量。解决 LP 问题，回答以下问题。

a. x_1、x_2 和 x_3 在最优解处的值是多少？

b. z 的最大值是多少？

38. 思考以下 LP 问题。

$$最小化 z = \sum_{i=1}^{2} \sum_{j=1}^{2} c_{ij} x_{ij}$$
$$(c_{11} = 2, c_{12} = 1, c_{21} = 1, c_{22} = 3)$$

s. t.

约束 1　$\sum_{i=1}^{2} x_{i1} \geqslant 50$

约束 2　$\sum_{i=1}^{2} x_{i2} \geqslant 60$

约束 3　$\sum_{j=1}^{2} x_{ij} \leqslant 65$

约束 4　$\sum_{j=1}^{2} x_{2j} \leqslant 45$

约束 5　$x_{ij} =$ 非负整数

其中，x_{ij} 表示决策变量。解决 LP 问题，回答以下问题。

a. x_{ij} 在最优解处的值是多少？

b. z 的最小值是多少？

应用

39. 一家线上服装零售商定期在社交媒体上开展营销活动。该零售商正在考虑在 12 月假期前的 4 周，分别在脸书、Instagram、Pinterest 和推特上开展 4 项社交媒体营销活动。然而，由于预算有限，零售商不能举行所有活动。下表描述了每周成本（千美元）和每项活动的预期人数（千人）。

营销成本	脸书	Instagram	Pinterest	推特	每周预算
第 1 周	4.5	3.5	3	4	15
第 2 周	5	4	4	3	12
第 3 周	4	3	5	3	10
第 4 周	4.5	4	5.5	2	12

消费者数量	34	28	32	25

a. 建立并求解 LP 模型，以确定零售商应该在 4 项营销活动中进行哪一项，以便在不超预算的情况下，使可以接触到的消费者数量最大化。

零售商能接触到的最大消费者数量是多少？

　　b. 零售商应该使用哪种社交媒体渠道来使接触到的消费者数量最大化？

　　c. 零售商是否每周都会用完所有的营销预算？

　　40. 房地产投资公司 Akkadian Capital 在四年制大学校园周围有 5 栋公寓。这 5 栋公寓需要大量的维修和改造，其中每一个改造项目都需要大约 3 个月的时间才能完成。该公司希望每一栋翻新过的公寓都能从大学生那里获得可观的租金收入。然而，Akkadian Capital 在未来 3 个月的预算有限，无法修复和改造所有的公寓。每栋公寓的装修费用和扣除费用后的预期年收入如下表所示，表中还包括 Akkadian 未来 3 个月的预算。

费用（千美元）	Kirkland apartment	Hillside Residence	La jolla Manor	Park Views	Campus Hamlet	每月预算
第 1 月	44	25	17	33	20	130
第 2 月	32	30	42	51	25	100
第 3 月	19	29	26	35	19	85
收入（千美元）	315	246	240	387	193	

　　a. 建立 LP 模型，帮助 Akkadian 确定哪些公寓需要翻新，以使其租金收入实现最大化，同时不超出其预算。Akkadian 能产生的最大租金收入是多少？

　　b. Akkadian 应该改造哪些公寓？为什么？

　　c. Akkadian 是否会在每个月用光所有的预算？

　　41. 俄勒冈州波特兰市的一家小啤酒商经营着两家啤酒厂，这两家啤酒厂为当地 5 家餐馆供应广受欢迎的精酿啤酒。第 1 家啤酒厂每周可生产 56 桶精酿啤酒，第 2 家啤酒厂每周可生产 72 桶精酿啤酒。下表汇总了这 5 家餐厅每桶的配送成本和每周的平均订单量。

配送成本（美元）	餐馆 1	餐馆 2	餐馆 3	餐馆 4	餐馆 5
啤酒厂 1	1.05	1.50	1.55	1.10	1.40
啤酒厂 2	1.25	1.45	1.39	1.00	1.50
每周订单量	20	29	31	21	27

　　a. 建立并求解 LP 模型，以确定从每家啤酒厂运往餐馆的精酿啤酒的桶数，并求出最低配送成本。

　　b. 为了使总运输成本最小化，啤酒厂需要从每家啤酒厂向 5 家餐馆分别运送多少桶精酿啤酒？

　　42. 一家电动汽车公司拥有两家工厂，这两家工厂为 3 家汽车组装厂生产和供应高容量的锂电池。工厂 1 每月最多可生产和运输 1 万块锂电池，工厂 2 每月最多可生产和运输 8 000 块锂电池。下表提供了 3 家组装厂的每单位运输成本和电池需求。

每单位运输成本（美元）	组装厂 1	组装厂 2	组装厂 3
工厂 1	15.67	12.30	13.55
工厂 2	13.75	13.90	14.00
每月需求	5 000	6 600	6 400

　　a. 建立并求解 LP 模型，以确定从每家工厂运送到 3 个组装厂的电池数量。电动汽车公司的最低运输成本是多少？

　　b. 为了使运输成本最小化，该公司应该从每家工厂向 3 个组装厂各运送多少块锂电池？

13.5　大数据写作

　　□ 案例研究

　　近年来，人们对有机食品的需求逐步扩大。有机草莓种植是食品和农业行业的一个细分领域，预计在未来将继续扩大。Estuary Organic 是一家在加利福尼亚州海岸的水果种植公司，其努力降低生产成本，同时实现企业宗旨，为其客户提供完全符合标准的有机产品。

　　为了解决成本问题，该公司聘请 Tom Richards 教授作为顾问，审查公司所使用的不同类型的有机肥料。他的任务是找到一种复合的有机肥料，可以满足土壤中的 3 种主要的营养需求，即氮（N）、磷（P^2O^5）和钾（K^2O）。与此同时，Richards 教授需要在他的分析中考虑认证有机肥料的成本。

在每个草莓种植季节，种植者需要确保土壤中氮、磷、钾的正确组合。这些营养物质添加过多或过少都不利于植物的生长和结果。这种氮磷钾营养物质的组合通常被称为 NPK 值。一般来说，每英亩最低氮磷钾用量分别为 100 磅、50 磅和 50 磅。

根据目前的土壤条件和土壤测试结果，Richards 教授确定了每英亩最大的 NPK 量，分别为 125 磅、55 磅和 55 磅。当地和公司常用的肥料包括苜蓿粉（通常由发酵的紫花苜蓿制成）、豆粕、鱼粉（通常是鳕鱼、鲭鱼、凤尾鱼）以及由动物粪便制成的堆肥。表 13.4 列出了每种肥料的成本（美元），以及氮磷钾的组成（％）。

表 13.4 有机肥料的成本及营养物质

有机肥料	每 50 磅的成本	氮	磷	钾
苜蓿粉	14.00	3.0	2.0	2.5
豆粕	23.00	5.0	2.0	1.0
鱼粉	32.00	5.0	3.0	2.0
动物粪便堆肥	6.50	1.5	1.0	1.0

本次咨询的目标是为该公司提供一种以最低成本满足氮、磷、钾需求的肥料组合。Richards 教授在分析了相关信息后，向公司的老板提交了以下报告。

报告样本——有机草莓农场

在本报告中，Richards 教授考虑了该公司提供的成本和氮磷钾信息，并开发了一个优化模型来表示每种类型有机肥料的成本和氮磷钾值之间的关系，以及每英亩土地的氮磷钾需求。Richards 教授使用线性规划并提出了下列公式：

最小施肥成本 $= 0.28x_1 + 0.46x_2 + 0.64x_3 + 0.13x_4$

s. t.

最小氮量：$0.030x_1 + 0.050x_2 + 0.050x_3 + 0.015x_4 \geqslant 100$

最小磷量：$0.020x_1 + 0.020x_2 + 0.030x_3 + 0.010x_4 \geqslant 50$

最小钾量：$0.025x_1 + 0.010x_2 + 0.020x_3 + 0.010x_4 \geqslant 50$

最大氮量：$0.030x_1 + 0.050x_2 + 0.050x_3 + 0.015x_4 \leqslant 105$

最大磷量：$0.020x_1 + 0.020x_2 + 0.030x_3 + 0.010x_4 \leqslant 55$

最大钾量：$0.025x_1 + 0.010x_2 + 0.020x_3 + 0.010x_4 \leqslant 55$

非负数：$x_1, x_2, x_3, x_4 \geqslant 0$

4 个决策变量 x_1、x_2、x_3 和 x_4 分别代表苜蓿粉、豆粕、鱼粉和动物粪便堆肥（磅）混入肥料混合物的数量。Richards 教授还计算了每种肥料的每磅成本（例如，苜蓿粉每磅 0.28 美元，豆粕每磅 0.46 美元，等等）。每磅成本值用作目标函数系数。

根据线性规划公式得出的结果，Richards 教授推荐的每英亩土地的有机肥料配比如表 13.5 所示。

表 13.5 每英亩土地的有机肥料配比

有机肥料	推荐数量（磅）	成本（美元）
苜蓿粉	750	210.00
豆粕	875	402.50
鱼粉	0	0.00
动物粪便堆肥	2 250	292.50
总成本		905.00
总 NPK 量（磅）：100—55—50		

最理想的组合是每英亩提供 100 磅氮、55 磅磷和 50 磅钾。复合肥料的基础是动物粪便堆肥，其是 4 种肥料中最便宜的肥料，但 NPK 值最低。然后 Richards 教授在动物粪便堆肥中添加了苜蓿粉和豆粕，以达到所需的氮和钾含量。因为在推荐的肥料组合中，没有使用 4 种肥料中最贵的鱼粉，所以 Richards 教授能够将每英亩的成本控制在 905 美元的最低水平。

Richards 教授还研究了肥料成本可能发生的变化所带来的影响。例如，如果动物粪便堆肥的成本从每 50 磅 6.50 美元增加到 7.00 美元，就必须重新配制肥料。在这种情况下，一种可能的选择是只使用苜蓿粉和豆粕来达到氮、磷、钾的要求，同时保持合理的低成本。根据 Richards 教授的初步分析，建议使用 1 578.95 磅苜蓿粉和 1 052.63 磅豆粕，这将导致每英亩的总成本为 926.31 美元。

Richards 教授在分析中考虑的另一种情况是，假设苜蓿粉的成本从每 50 磅 14 美元下降到 13 美元（而动物粪便堆肥的成本保持在每 50 磅 6.50 美元）。利用其良好的氮磷钾平衡值，Richards 教授建议，在保持低总成本的情况下，使用更多的苜蓿粉。具体来说，在这种情况下，一种可能的肥料组合是使用 1 750 磅苜蓿粉、875 磅豆粕和 250 磅动物粪便堆肥。这将导致每英亩的总成本为 890 美元。

□ 案例推荐

规范性分析可以应用于许多情况。这里有一些关于蒙特卡罗模拟和线性规划问题的建议和例子。

报告 13.1。杂货店经理想要按产品类别分析客户购买的数据：新鲜烘焙食品、肉类和乳制品、农产品和冷冻食品。在每次购物中，大约有 30% 的客户会购买烘焙食品，并且该类别的支出往往遵循 3～19 美元之间的连续均匀分布。对于肉类和乳制品，有 70% 的购物者会经常购买，他们的支出呈正态分布，均值为 21 美元，标准差为 5.27 美元。80% 的客户在农产品上平均花费 15 美元，他们的支出遵循标准差为 2.31 美元的正态分布。65% 的购物者至少从冷冻食品货架购买了一件商品，此类别的支出金额在 7.25～28.50 美元之间均匀分布。平均而言，每天约有 220 名客户前往杂货店。通过蒙特卡罗模拟来分析客户支出和每日收入的变动。

报告 13.2。一家石油和天然气公司有两个炼油厂，生产轻质和重质原油。第一炼油厂每天可生产 500 桶轻质原油和 300 桶重质原油，第二炼油厂每天可生产 600 桶轻质原油和 450 桶重质原油。每个炼油厂的日常运营成本分别为 15 000 美元和 20 000 美元。该公司必须完成总计 3 200 桶轻质原油和 2 100 桶重质原油的生产订单。分析上述信息并推荐合适的生产计划。

报告 13.3。South Bay 蜡烛公司生产两种蜡烛：10 英寸的柱状和 2 英寸的凝胶。每种产品的生产要求和可用资源见表 13.6。每根柱状蜡烛和凝胶蜡烛的销售价格分别为 2.15 美元和 3.55 美元。

分析提供的数据并创建报告，以建议 South Bay 应该制作多少根柱状蜡烛和凝胶蜡烛。

表 13.6　South Bay 蜡烛产品信息

材料/资源	可获得的数量	每个蜡烛品种所需的材料	
		柱状	凝胶
棉芯（英尺）	12 000	0.580	0.800
蜂蜡（磅）	7 000	0.500	0.325
香精油	3 200	0.240	0.130
加工时间（分钟）	120 000	5.320	9.460

大数据集：变量描述和数据字典

本教材的一个显著特点是可以为学生提供相关应用程序的大数据集。尽管数据集是实际数据的高度简化（修改）版本，但它们仍然保留了大数据的几个特征。在整本教材中，我们将使用这些大数据集来介绍问题，寻找可能的解决方案，并根据章节中介绍的概念得出研究结果。正文中使用的六大数据集的数据字典描述如下。

数据 1：车祸数据

Car_Crash 数据是从全州综合交通记录系统数据库中提取的（见表 A.1），该数据库用于收集和处理加利福尼亚州汽车相撞事故现场的数据（http://www.chp.ca.gov）。这些数据来自当地和政府机构提供给加利福尼亚州公路巡逻队（CHP）的信息。CHP 收集了关于实际碰撞、所涉各方以及受害者信息的数据。该数据集显示了一年内约 113 000 起车祸的一个高度简化/修改的样本。

表 A.1 汽车相撞事故数据字典

变量名	描述或可能的取值
ID	每次机动车事故经过修改的编号
County	实际县名
City	实际城市名
Weekday	1—周一 2—周二 3—周三 4—周四 5—周五 6—周六 7—周日
Severity	1—致命或重伤 0—其他
ViolCat	01—在酒精或药物影响下驾驶或骑自行车 02—不安全的车速 03—跟车过近 04—不当通过 05—不安全的变道行为 06—不当转弯 07—机动车通行权 08—行人通行权 09—行人暴力行为 10—交通信号灯及标志 11—睡着了

续表

变量名	描述或可能的取值
ClearWeather	01—天气晴朗 02—天气不晴朗
Month	1—1 月 2—2 月 3—3 月 4—4 月 5—5 月 6—6 月 7—7 月 8—8 月 9—9 月 10—10 月 11—11 月 12—12 月
CrashType	A—正面碰撞 B—刮擦 C—追尾 D—侧面碰撞 E—撞上物体 F—翻车 G—车辆与行人相撞
Highway	1—在高速公路上 0—不在高速公路上
Daylight	1—在白天 0—不在白天

数据 2：大学录取数据

College_Admissions 数据包含北美一所四年制大学的录取和招生信息。这些数据包含了招生办公室和申请者做出的录取和入学决定。根据招生公示，大学内三所学院的秋季入学申请人数约为1.8 万人。数据中还包括注册申请人的大学平均成绩。这些数据代表了高度简化或修改的匿名申请人样本（见表 A.2）。

表 A.2　大学录取数据字典

变量名	描述或可能的取值
Applicant	每个申请人经过修改的编号
Edu_Parent1 Edu_Parent2	1—未读高中 2—上过高中 3—高中毕业 4—上过大学 6—四年制大学毕业 7—研究生毕业
Gender	M—男性 F—女性

续表

变量名	描述或可能的取值
White	1—白人 0—非白人
Asian	1—亚裔 0—非亚裔
HSGPA	高中平均学分绩点，从 0 到 5
SAT/ACT	SAT/ACT 分数中的较高者，ACT 分数首先转换为英语和数学的同等 SAT 分数
College	艺术与文学 商业和经济 数学和科学
Admitted	1—被大学录取 0—未被大学录取
Enrolled	1—申请人已注册 0—申请人未注册
College_GPA	入学四年后大学平均学分绩点，从 0 到 4 未注册者留白

数据 3：房价数据

　　房价数据对大学城房地产的投资而言很有吸引力，因为学生们提供了源源不断的租房需求，并且财务紧张的公立大学无法在学生大一之后继续为其提供住房。我们从 Zillow 网站（https://www.zillow.com）上提取了美国 50 个校园城镇一年售出的大约 11 000 套房屋的数据。House_Price 数据代表了高度简化或修改的匿名房屋样本，不包括观察结果似乎错误或与销售无关的房屋（见表 A.3）。

表 A.3　房价数据字典

变量名	描述或可能的取值
Record	每栋房屋经过修改的编号
Sale_amount	房屋的售价（美元）
Sale_date	房屋的销售日期
Beds	房屋的卧室数量
Baths	房屋的浴室数量
Sqft_home	房屋的面积（平方英尺）
Sqft_lot	地块的面积（平方英尺）
Type	多个家庭、多用途住宅、单个家庭
Build_year	房屋建造年份
Town	大学城名称
University	大学名称

数据 4：纵向调查数据

全国纵向调查（NLS）对美国超过 12 000 个人进行了跟踪调查。从 1979 年开始，直到 1994 年，每年都进行一次个人调查。此后，每隔一年进行一次调查。在 1979 年首次进行调查时，被调查人年龄在 14～21 岁之间。调查问题集中在劳动力活动，但也包括各种各样的主题，包括教育水平、培训投资、收入和资产、健康状况、工作场所不公平、保险范围、酒精和药物滥用、性活动以及婚姻和生育史。Longitudinal_Survey 数据代表了高度简化或修改的匿名受访者样本（见表 A.4）。

表 A.4　纵向调查数据的数据字典

变量名称	描述或可能的取值
ID	为每个被调查者提供一个修改后的编号
Age	年龄，截至 1979 年
Urban	14 岁时，被调查者居住在： 1—城市区域 2—非城市区域
Mother_Edu	母亲受教育的年数
Father_Edu	父亲受教育的年数
Siblings	1979 年兄弟姐妹的数量
Black	1—黑人 0—非黑人
Hispanic	1—西班牙裔 0—非西班牙裔
White	1—白人 0—非白人
Christian	截至 1979 年 1—基督教 0—非基督教
WomenPlace	关于"女人的位置是在家里，而不是在办公室或商店里"的意见 1—同意 0—反对
Male	1—男性 0—女性
FamilySize	1979 年的家庭人数
Self_Esteem	罗森伯格自尊量表测量个人的自我评价。总分可以在 0～30 分之间，分数越高，说明自尊心越强。1980 年的实际得分
Height	1981 年的身高（英寸）
Weight	1981 年的体重（磅）
Outgoing_Kid	在 6 岁的时候，被调查者是： 1—外向的 0—内向的

续表

变量名称	描述或可能的取值
Outgoing_Adult	在成年之后，被调查者是： 1—外向的 0—内向的
HealthPlan	2000 年由健康保险或健康护理计划覆盖： 1—是 0—否
Income	2000 年的收入
Marital_Status	2000 年的婚姻状况： 0—从未结过婚 1—已婚 2—分居 3—离异 4—再婚 5—丧偶
Education	截至 2000 年受教育的年限
WeeksEmployed	截至 2000 年过去一个日历年的就业周数
NumberSpouses	2000 年报告的配偶或伴侣的数量

数据 5：NBA 数据

在此我们使用了高度简化或修改的 NBA 在 2016 年收集的数据样本（见表 A.5）。这些信息对于体育爱好者来说很有价值，有助于使用球员的统计数据和其他与体育有关的信息来做决策。这些数据代表了 30 支竞争球队和 457 名球员的高度简化或修改的样本。球员的统计数据是他们职业生涯中几个赛季的数据。NBA 数据是从以下来源收集的：

- http://stats. nba. com/help/glossary；
- http://www. basketball-tips-and-training. com/basketball-statistics. html；
- http://www. sportingcharts. com/NBA/dictionary/；
- http://espn. go. com/nba/dailyleaders。

表 A.5　NBA 数据的数据字典

变量名称	描述或可能的取值
Player	每个 NBA 球员都有一个唯一的编号
Name	球员的姓名
Position	C—中锋 PF—大力前锋 SF—小前锋 PG—控球后卫 SG—射击后卫
Age	2015—2016 年球员的年龄
Height	2015—2016 年球员的身高（英寸）
Weight	2015—2016 年球员的体重（磅）

续表

变量名称	描述或可能的取值
Salary	2015—2016 年球员的年薪
Season	1999—2000 年及 2015—2016 年
Postseason	TRUE—季后赛 FALSE—常规赛
Team	2015—2016 年球员所在的球队
Games_played	竞技比赛的总数
Games_started	作为首发球员的比赛次数
Minutes	每场比赛的平均时间
FG_made	上篮成功的总次数
FG_attempted	试图上篮的总次数
FG_percent	场均进球率
3P_made	投中三分球的总次数
3P_attempted	尝试三分球的总次数
3P_percent	三分球命中率
FT_made	罚球命中的总次数
FT_attempted	尝试罚球的总次数
FT_percent	罚球命中率
Rebounds_off	进攻时球员投篮不中后接住篮球的总次数
Rebounds_def	防守时球员投篮不中后接住篮球的总次数
Assists	球员将球传给另一名球员并由其上篮得分的总次数
Blocks	球员阻止对手投篮的总次数（球必须"正在上升的过程中"才算）
Steals	球员从对手手中获得合法控制篮球的总次数
Fouls	球员与对手进行非法身体接触的总次数
Turnovers	球员失去对对手的篮球控制权的总次数
Points	每场比赛的平均得分

数据 6：科技公司销售代表数据

数据分析可以帮助管理者和组织更好地针对劳动力状况做出决定。通过数据分析，经理可以辨别、吸引和留住员工，而不是简单地根据感觉和直觉来做出人事决策。TechSales_Reps 数据包含了一家科技公司硬件和软件产品组的 21 990 名销售代表的记录（见表 A.6）。数据涵盖每一位员工的社会地位和教育信息、工资、销售业绩和个性指标。数据还包括净推荐值，这是一个衡量客户对每个销售代表的满意度的指标。TechSales_Reps 数据代表了一个高度简化或修改的样本。

表 A.6 科技公司销售代表数据字典

变量名称	描述或可能的取值
Rep	每个销售代表都有一个唯一的编号

续表

变量名称	描述或可能的取值
Business	两个产品组中的一个：硬件和软件
Age	员工的实际年龄
Female	1—女性 0—其他
Years	该员工在公司工作的年数
College	员工是否有四年制大学学位（是/否）
Personality	分析师：这种性格类型是理性的典范。分析师往往思想开放，意志坚强。他们喜欢独立工作，通常从一个非常实际的角度来处理事情 外交家：外交家关心他人，往往对他人有很多同情心。他们是合作和外交的典范 探索者：探索者非常实际，并能独立思考。他们往往非常善于在困难的情况下做出快速、理性的决定 哨兵：哨兵是合作和实际的。他们喜欢稳定、秩序和安全。具有这种性格类型的人往往是勤奋和细致的
Certificates	每个员工获得的相关专业认证的数量
Feedback	每个员工在 360 度年度评估中从其同僚和主管那里得到的平均反馈分数。可能的分数范围从 0（最低）到 4（最高）
Salary	每个员工的年基本工资
NPS	净推荐值（NPS）是衡量客户满意度和忠诚度的一个关键指标

Excel 和 Excel 加载项 入门

微软 Excel

微软 Excel 可以说是商业人士中使用最广泛的计算机应用程序。会计师、经济学家、财务分析师、市场营销人员、人力资源经理以及许多其他人都在日常工作中使用 Excel 电子表格。这些工作通常涉及输入、编辑和格式化数据以及执行数据分析。在本书的每一章中，我们都非常依赖 Excel 和 Excel 加载项。Analytic Solver 是最常用的 Excel 加载项，为业务分析提供了强大的工具。在本附录中，我们总结了用于计算和数据分析的 Excel 公式、引用和函数。我们还展示了如何构建一个简单的电子表格模型来解决业务问题。最后，我们在附录的末尾提供了对 Analytic Solver 和其他加载项的简要描述。有关使用这些加载项的详细说明包含在本书的相关章节中。

公 式

在 Excel 中，我们使用公式来进行基本计算。在单元格中输入公式时，Excel 会执行指定的计算，并在相同的单元格中传回结果。我们还使用公式来操作单元格内容，例如数字的四舍五入。Excel 中的公式总是以等号（＝）开头，通常包括单元格地址。单元格地址或单元格引用由列名和行号组成。例如，单元格引用 A1 指的是列 A 和行 1 中的顶部和最左侧的单元格。基本计算可以使用算术运算来执行，例如加法（＋）、减法（－）、乘法（＊）、除法（/）和指数运算（^）。例如，我们选择一个空单元格，并使用公式＝A1＋B1＋C1 来添加单元格 A1、B1 和 C1 中的值，以及使用公式＝A1^2 来对单元格 A1 中的值计算平方。

相对、绝对和混合引用

有三种类型的单元格引用：相对、绝对和混合。当复制到工作表上的其他位置时，这三种单元格引用类型会产生不同结果。默认情况下，公式中的单元格地址（如＝B1＋C1）是相对引用，将公式复制到另一个单元格时会发生更改。例如，如果我们在单元格 A1 中输入公式＝B1＋C1 并将其复制到单元格 D4，则单元格 D4 中的公式将显示为＝E4＋F4。换句话说，对单元格 B1 和 C1 的引用与公式在工作表上的位置相关。当我们希望重复类似的计算，同时允许更改列名和行号时，我们会使用相对引用。

绝对引用允许我们在将公式复制到其他位置时保持原始单元格引用。我们通过在列名和行号之前添加一个美元符号（＄）来指定绝对引用（例如，＄B＄1）。在上一个示例中，如果我们在单元格 A1 中输入公式＝＄B＄1＋＄C＄1 并将其复制到单元格 D4，则单元格 D4 中的公式将保持为＝＄B＄1＋＄C＄1。与相对引用不同，绝对引用在复制到工作表上的其他位置时保持不变。

我们通过在列名或行号（例如＄B1 或 B＄1）之前添加一个美元符号（＄）来使用混合引用，但不能同时在两者之前添加。这将保持对特定列名或行号的引用不变。上例中，如果我们在单元格 A1 中输入公式＝＄B1＋＄C1，并将其复制到单元格 D4，则单元格 D4 中的公式将变为＝＄B4＋＄C4。同样，如果我们在单元格 A1 中输入公式＝B＄1＋C＄1，并将其复制到单元格 D4，则单元格 D4 中的公式将变为＝E＄1＋F＄1。

在表 B.1 中，我们总结了使用相同公式的相对、绝对和混合引用时的不同结果。

表 B.1　相对、绝对和混合引用

引用	单元格 A1 中的公式	单元格 A1 中的公式复制到单元格 D4
相对	＝B1＋C1	＝E4＋F4
绝对	＝＄B＄1＋＄C＄1	＝＄B＄1＋＄C＄1
混合	＝＄B1＋＄C1	＝＄B4＋＄C4
混合	＝B＄1＋C＄1	＝E＄1＋F＄1

函　数

Excel 中的函数是预定义的公式。与公式一样，函数始终以等号（＝）开头，并且必须使用"圆括号"（paren theses）中包含的正确语法编写。大多数函数至少需要一个参数。参数是 Excel 用于执行计算的值。例如，COUNT 函数用于计数包含数值的单元数，其语法为＝COUNT（A1：A10），其中 A1：A10 是指示要计数的单元数组的参数。表 B.2 提供了 Excel 中一些最基本的描述函数的摘要。表中函数参数中的符号数组指定了要包括在计算中的单元格范围。

表 B.2　Excel 中的基本描述函数

函数和语法	描述	示例
＝COUNT（array）	返回包含数值的数组中的单元格数量	＝COUNT（A1：A10）
＝COUNTA（array）	返回数组中非空单元格的数量	＝COUNTA（A1：A10）
＝COUNTBLANK（array）	返回数组中为空的单元格数量	＝COUNTBLANK（A1：A10）
＝COUNTIF（array, criteria）	返回数组中满足特定选择条件的单元格数量	＝COUNTIF（A1：A10，">10"）
＝IF（logical statement, result if the statement is true, result if the statement is false）	根据逻辑语句的结果返回结果	＝IF（A1＝"yes"，1，0），如果 A1＝"yes"，返回 a1，否则返回 a0，参见例 B.1
＝SUM（array）	将数组中的数字相加并返回该和	＝SUM（A1：A10）
＝VLOOKUP（lookup value, reference table, column number in the reference table containing results）	从引用表中的指定列中搜索和检索信息	参见例 B.1

注意：由于不同的字体和类型设置，将公式和函数的文本直接复制并粘贴到 Excel 中可能会导致错误。出现此类错误时，可能需要替换特殊字符（如引号和圆括号）或删除函数中的多余空格。

表 B.3 提供了 Excel 中一些基本日期和时间函数的摘要。

表 B.3　Excel 中的基本日期和时间函数

函数和语法	描述	示例
=DAY(date value)	根据参数中的日期值,以 1~31 的数字形式返回月份中的日期	=DAY("3/15/2019") Excel returns 15
=MONTH(date value)	根据参数中的日期值,以 1~12 的数字形式返回一年中的月份	=MONTH("3/15/2019") Excel returns 3
=NOW( )	返回当前日期和时间。NOW 函数不需要任何参数	=NOW( )
=TODAY( )	返回当前日期。TODAY 函数不需要任何参数	=TODAY( )
=WEEKDAY(date value)	根据参数中的日期值,返回一个介于 1(星期日)和 7(星期六)之间的数字	=WEEKDAY("3/15/2019") Excel 返回 6,表示 2019 年 3 月 15 日是周五
=YEAR(date value)	返回参数中数据值的年份部分	=YEAR("3/15/2019") Excel 返回 2019

表 B.4 概述了 Excel 中的一些基本统计功能,其他功能已在相关章节中介绍和讨论。

表 B.4　基本统计功能

函数和语法	描述	示例
=AVERAGE(array)	返回数组的算术平均数	=AVERAGE(A1:A10)
=MAX(array)	返回数组中的最大数	=MAX(A1:A10)
=MEDIAN(array)	返回数组的中位数	=MEDIAN(A1:A10)
=MIN(array)	返回数组中的最小数	=MIN(A1:A10)
=RAND( )	返回一个大于等于 0 且小于 1 的均匀分布随机数	=RAND( )
=RANDBETWEEN(lowest value, highest value)	返回一个在指定的最低值和最高值之间均匀分布的随机数	=RANDBETWEEN(1, 10) Excel 返回一个介于 1 和 10 的随机数
=ROUND(value, decimal digit)	将数值四舍五入到指定的位数	=ROUND(2.658 9, 2) Excel 返回 2.66
=STDEV.S(array)	估计并返回数组的样本标准偏差	=STDEV.S(A1:A10)

建立电子表格模型

　　使用公式、引用和函数需要理解 Excel 的语法,而制作结构良好的电子表格则需要批判性思维和创造力。我们通常会构建一个电子表格模型来表示简化的现实,其目标是解决业务问题、执行数据分析并获得有见地的信息。理想情况下,电子表格模型应该允许用户轻松地试验不同的假设,评估和比较不同的场景,更重要的是,改进决策。电子表格建模更像是一门艺术,而不是一门科学,需要经验来磨练这项技术。一个好的电子表格模型可以为模型开发人员和模型用户提供提高其有效性的知识。

　　在本附录中,我们提供了一些建立电子表格模型的一般准则。我们鼓励学生找到有关电子表格建模的其他资源,并尽可能设计自己的电子表格。在构建电子表格模型时,我们考虑以下一般原则。

- 电子表格模型应该组织良好。类似的信息应该组合在一起，并使用相同的格式清楚地标记。
- 电子表格模型应允许用户根据输入参数试验不同的情景，这些参数存储在单独的单元格中，并与数据分开。
- 输入公式时，应仔细考虑选择绝对、相对和混合引用，以便将公式复制到需要类似计算的其他单元格中。
- 包括图表在内的产出应该有明确的标签以及适当的格式。用户应该能够容易地识别和理解结果。

例 B. 1 演示了如何构建一个遵循这些准则的简单电子表格模型。在第 13 章中，我们遵循这些准则在 Excel 中实现了蒙特卡罗模拟和线性规划分析。

例 B. 1

Sarah Washington 是 Iniesta 咨询集团的一名经理，负责监管一个商业顾问团队。她的每个团队成员都拥有高度专业化的知识，这对咨询团队的成功至关重要。Sarah 想考察一下她的团队成员的税后收入，以确保他们的工资与竞争公司提供的工资相比仍然具有竞争力。Iniesta 为每个员工提供医疗福利，但每个员工都必须支付共同保险费（医疗保险费用的一部分）。年度共同保险金额在管理层员工（1 800 美元）和非管理层员工（1 250 美元）之间是不同的。尽管 Iniesta 的医疗福利比其他雇主好得多，但共同保险费会降低员工的净收入。Sarah 在 Excel 电子表格中收集了团队成员的工资信息和所得税税率，如图 B. 1 所示。她在表格中输入了她自己的信息，以验证结果的准确性。请建立一个电子表格模型，帮助 Sarah 分析每个员工的工资、所得税、共同保险费和净收入。

	A	B	C	D	E
1	Iniesta Consulting Group				
2					
3	Employee ID	First name	Last name	Job classification	Salary
4	1001	Kim	Clovis	Management	$ 89,046
5	1023	Florence	Anderson	Non-Management	$ 76,521
6	2544	Jack	Chen	Non-Management	$ 80,250
7	2135	Sarah	Washington	Management	$ 102,735
8	3327	Tim	Liu	Management	$ 98,623
9					
10	Assumptions:				
11		Management	Non-management		
12	Co-premium	$1,800	$1,250		
13					
14	Income tax				
15	Salaries	Tax rate			
16	$ 60,000	19%			
17	$ 70,000	22%			
18	$ 80,000	24%			
19	$ 90,000	26%			
20	$ 100,000	27%			

图 B. 1　员工的薪酬和税收信息

资料来源：Microsoft Excel.

在 Excel 中建立电子表格模型

Sarah 的电子表格包含五位员工的信息，每一列都类似（见图 B. 1）。每一行都是代表员工的简化模型。所有列都清楚地标有列标题并适当地标准化（例如，美元符号和薪金列没有小数位）。此外，输入参数（如医疗共同保险费和所得税税率）存储在数据下方的单独单元格中。这样，如果

Sarah 想要试验不同的情形（例如，降低非管理层员工的医疗共同保险费成本），她可以简单地改变这些单独单元格中的数值。

为了对电子表格模型执行相关的计算，我们遵循以下步骤。

A. 在单元格 F3 中输入列标题"共同保险费"，在单元格 G3 中输入"税收金额"，在单元格 H3 中输入"净收入"，在单元格 I3 中输入"净收入占工资的百分比"。修改这些列中的列标题和单元格的格式，类似于前五列。我们将使用 F 列、G 列、H 列和 I 列来执行计算并显示分析结果。

B. 在单元格 F4 中输入公式＝IF(D4＝"管理"，B＄12，C＄12)。我们使用 IF 语句来评估员工是否拥有管理层职位。如果为真，则共同保险费为 1 800 美元（来自单元 B12），否则共同保险费为 1 250 美元（来自单元 C12）。验证 F4 中的输出是否为 1 800.00 美元。

将公式复制并粘贴到单元格 F5 到 F8。在单元格 F4 中输入的公式中，我们对单元格 D4 使用了相对引用（没有美元符号），对单元格 B12 和 C12 使用了混合引用，在行数字前面带有美元符号。职务分类因员工而异，因此我们将相对基准用于单元格 D4。当我们将 IF 函数复制到单元格 F5 到 F8 时，公式中的相关引用分别从 D4 变为 D5 到 D8。单元格 B12 和 C12 的管理层和非管理层职位的共同保险费金额适用于所有员工，因此，我们使用混合引用来确保 F 列中的所有公式的两个单元格地址保持不变。换句话说，F 列中的所有公式指的是单元格 B12 和 C12。请务必注意，在当前示例中，绝对引用（例如＄B＄12 和＄C＄12）将产生正确的结果。不过，这不是必要的，因为我们在复制和粘贴 IF 语句时并不更改列。

C. 在单元格 G4 中输入公式＝VLOOKUP(E4，A＄16:B＄20，2，TRUE)＊E4，以检索第一个员工的税率。公式中的 VLOOKUP 函数包括三个必需参数和一个可选参数：

1. 查找值（即在这种情况下，在单元格 E4 中的工资）。

2. 查找表或引用表（单元格 A16:B20 中的工资范围和相应税率，无列标题）。

3. 引用表中包含输出的列号（在当前示例中，税率位于引用表的第二列）。

4. 无论我们是要查找范围内的值（TRUE），还是要找到完全匹配的值（FALSE），最后一个参数是可选参数；如果省略，则默认值为 TRUE。

在引用表中，如果工资至少为 60 000 美元且少于 70 000 美元，则税率为 19%。如果工资至少为 70 000 美元且低于 80 000 美元，则税率为 22%，等等。对于 10 万美元及以上的薪资，税率为 27%。引用表中的这些标准适用于所有五名员工。确认第一位员工的税额为 21 371.04 美元（24%×89 046）。

将公式复制并粘贴到单元格 G5 到 G8。因为我们对单元格 A＄16 到 B＄20 中的引用表使用混合引用，所以当从单元格 G4 复制到单元格 G5 到 G8 时，这些单元格地址保持不变。

D. 在单元格 H4 中输入公式＝E4－G4－F4。将公式复制并粘贴到单元格 H5 到 H8。因为我们对这三个单元格使用相对引用，当我们将公式从单元格 H4 复制到单元格 H5 到 H8 时，三个单元格地址变为相应的行编号。例如，单元格 H5 和 H8 中的公式应分别显示为＝E5－G5－F5 和＝E8－G8－F8。通过反白单元格并按一下"主页"（Home）选项卡上"数字"（Number）组中的"账号格式"（Accounting Number format）按钮（带有美元符号图示），将单元格 H4 至 F8 格式化为会计数字格式。确认第一个员工的净收入为 65 874.96 美元。

E. 在单元格 I4 中输入公式＝H4/E4。同样，我们在这里使用相对引用的原因与步骤 D 相同。通过单击"主页"（Home）选项卡上"数字"（Number）组中的"百分比（或百分比）样式"（Percent（or Percent）Style）按钮，将单元格 I4 中的值转化为百分比格式。将公式从单元格 I4 复制并粘贴到单元格 I5 到 I8。确认第一位员工的净收入占工资的百分比为 73.98%。

F. 我们使用 AVERAGE 函数计算五位员工的平均净收入。在单元格 I9 中输入＝AVERAGE

（I4：I8）。将单元格 I9 格式化为百分比。确认平均净收入为 73.64%。在单元格 H9 中输入均值作为标签。完成的电子表格应该类似于图 B.2。

在图 B.2 所示的电子表格模型中，Sarah 可以通过更改单元格 B12 和 C12 中的值来轻松地试验不同的共同保险费金额，并且将更新 F 列到 I 列中的结果，而不需要修改这些列中的公式。而且，由于这些公式不需要重写，Sarah 在评估不同的情景时出错的可能性会更小。

	A	B	C	D	E	F	G	H	I
1	Iniesta Consulting Group								
2									
3	Employee ID	First name	Last name	Job classification	Salary	Co-premium	Tax amount	Net earnings	Net earnings as percent of salary
4	1001	Kim	Clovis	Management	$ 89,046	$ 1,800.00	$ 21,371.04	$ 65,874.96	73.98%
5	1023	Florence	Anderson	Non-Management	$ 76,521	$ 1,250.00	$ 16,834.62	$ 58,436.38	76.37%
6	2544	Jack	Chen	Non-Management	$ 80,250	$ 1,250.00	$ 19,260.00	$ 59,740.00	74.44%
7	2135	Sarah	Washington	Management	$ 102,735	$ 1,800.00	$ 27,738.45	$ 73,196.55	71.25%
8	3327	Tim	Liu	Management	$ 98,623	$ 1,800.00	$ 25,641.98	$ 71,181.02	72.17%
9								Average	73.64%
10	Assumptions:								
11		Management	Non-management						
12	Co-premium	$1,800	$1,250						
13									
14		Income tax							
15		Salaries	Tax rate						
16		$ 60,000	19%						
17		$ 70,000	22%						
18		$ 80,000	24%						
19		$ 90,000	26%						
20		$ 100,000	27%						

图 B.2　Iniesta 咨询集团的电子表格模型

资料来源：Microsoft Excel.

此外，回想一下，我们只需要为第 4 行中的第一个员工编写公式，然后将它们复制到第 5 行到第 8 行中的其他单元格中。这是可能的，因为我们谨慎地使用混合引用和相对引用。这样，公式就可以统一用于需要类似计算的单元格，从而减少潜在的错误。

我们还将 F 列至 I 列中的计算结果与 A 列至 E 列中的数据分开显示。Sarah 可以很容易地在 H 列中看到每个员工的净收入。通过使用 AVERAGE 函数来汇总结果，她还可以得出以下结论：她所在的团队的顾问平均拿回家大约 3/4（例如 73.64%）的工资。

Analytic Solver

Analytic Solver（以前称为 XLMiner）是一个在 Excel 上运行的加载项软件。它提供了一套全面的统计和数据挖掘工具，包括数据整理、数据划分以及有监督和无监督的数据挖掘方法。

接　口

安装 Analytic Solver 后，启动 Excel 并确认可以看到 Analytic Solver、数据挖掘和求解器主页选项卡。在本附录中，我们主要关注"数据挖掘"（Data Mining）选项卡中的功能。图 B.3 显示了"数据挖掘"（Data Mining）选项卡中的功能。本书中的例题和练习题是基于 Analytic Solver 2019 开发的。其他版本的 Analytic Solver 可能具有不同的用户界面，并以不同的格式显示输出。

如图 B.3 所示，在"数据挖掘"（Data Mining）选项卡中有六组功能。"数据分析"（Data Analysis）和"数据挖掘"（Data Mining）组在本书中广泛使用。在"数据分析"（Data Analysis）组中，转换特征包含用于处理缺失数据以及转换连续和分类数据的函数（请参见第 2 章）。转换特性还执行主成分分析（PCA），这是一种广泛使用的数据简缩技术（参见 8.3 节）。在聚类特征下，k-均值聚类和层次聚类函数是无监督数据挖掘技术的一部分（参见第 11 章）。

图 B. 3　Excel 的 Analytic Solver 2019 的"数据挖掘"选项卡

资料来源：Microsoft Excel.

在"数据挖掘"组中，我们在运用有监督数据挖掘技术时会使用"分区""分类""预测"功能（请参见第 8～10 章）。我们在讨论关联规则时也使用了关联特征（参见 11.3 节）。有关如何在 Analytic Solver 中使用这些函数的详细说明和例子在相关章节中进行介绍。

其他 Excel 加载项

除了 Analytic Solver 之外，Excel 中还有许多其他外接程序软件。在本附录中，我们使用了 Excel 附带的两个加载项。第 3～7 章中的统计分析和第 13 章中的随机数生成都使用了 Analysis Tool-Pak 外接程序。Solver 外接程序由提供 Analytic Solver 的同一家公司开发，用于第 13 章中讨论的线性和整数规划。以下说明如何激活这两个 Excel 加载项。

激活分析工具库和求解器加载项

A. 在 Excel 中，选择"文件"（File）→"选项"（Options）→"加载项"（Add-Ins）。

B. 在管理 Excel 加载项部分（朝向屏幕底部），单击"执行"（Go...）。

C. 在加载项对话框中，选中"分析工具库"（Analysis Tool Pak）和"求解器加载项"（Solver Aold-In），然后单击"确定"（OK）。注意：默认情况下，Analytic Solver 应该已经被选中。

D. 在 Excel 中，转到"数据"（Data）选项卡，并验证"数据分析"（Data Analysis）和"规划求解"（Solver）命令按钮是否出现在"分析"组中。

R 语言入门

附录 C

什么是 R 语言

R 语言是一种强大的计算机语言，融合了统计包的便利性和编码的力量。它是开源的，也是跨平台兼容的。这意味着下载 R 语言是零成本的，它可以在 Windows、macOS 或 Linux 上运行。在本附录中，我们将向你介绍 R 语言的一些基本功能，并提供如何获得书中许多练习的解决方案的说明。

什么是 RStudio

RStudio 是一个使 R 语言更容易使用的程序。作为独立的软件，R 语言显示了一个提示，供你输入命令，这被称为控制台。虽然使用 R 语言需要的一切都可以通过将控制台命令与其他程序相结合来完成，但事情很快就会变得很混乱。为了使 R 语言的编码更容易，我们使用一个集成开发环境（IDE）。集成开发环境是将编程所需要的许多常见功能结合在一起的程序，并给它们提供一个图形用户界面。[①] 在本书中，我们使用的是一个名为 RStudio 的开放源码版本的集成开发环境，它在使用 R 语言的学生、专业人士和研究人员中非常流行。

安　装

R 语言和 RStudio 的安装都很简单，不需要对你的系统进行特别的修改。然而，应该注意的是，RStudio 并不附带 R 语言；因此，这两个软件需要单独安装。另外，书中所有的 R 语言代码及其附带的输出都是基于微软 Windows 上的 R 语言 3.5.3 版本。即使在你准备下载的时候有更新的 R 语言版本，我们也建议你下载 R 语言 3.5.3 版本。新版本的 R 语言可能与某些 R 语言软件包不兼容，特别是在本书后面章节中使用的那些软件包。所有适用于 Windows 的 R 语言版本都可以在以下网站找到：https://cran. r-project. org/bin/windows/base/old/。本附录的最后讨论了 R 语言软件包。

为 Windows 安装 R 语言

A. 访问网址：https://cran. rproject. org/bin/windows/base/old/。

B. 选择 R 语言 3.5.3 版本（2019 年 3 月）。

C. 选择下载针对 Windows 的 R 语言 3.5.3 版本。

D. 找到下载的文件并双击。

---

① 更正式地说，这被称为"图形用户界面"（GUI）。在实践中，这意味着可以看到和使用表格、图形和按钮。

E. 当被问及验证软件出版商时，选择"是"，然后选择你偏向的语言。

F. 按照 R 语言安装窗口的提示操作。

对于 Mac 和 Linux 系统，请分别按照 https://cran. r-project. org/bin/macosx/和 https://cran. r-project. org/bin/linux/上的说明进行操作，并为你的操作系统和版本选择适当的链接。

安装 RStudio

A. 访问网址：https://www. rstudio. com/products/rstudio/。

B. 选择"RStudio"，然后选择"下载 RStudio Desktop"（Download RStudio Desktop）。

C. 向下滚动到"支持平台的安装程序"（Installers for Supported Platforms），选择与你的操作系统相对应的链接，然后选择"运行"（Run）。

D. 当被问及验证软件出版商时，选择"是"（Yes）。

E. 按照 RStudio 安装窗口的提示操作。

界 面

安装工作现在应该已经完成了。你可以关闭所有窗口，然后双击 RStudio 的图标。

RStudio 的界面由几个窗格组成。默认情况下，有三个窗格是可见的。我们将以每个窗格中显示的默认标签名称来指代这些窗格：控制台（Console）、环境（Environment）和帮助（Help）。我们还将简要地讨论资源（Source）窗格，它在你打开之前是隐藏的。图 C.1 显示了你第一次打开 RStudio 时应该看到的界面。

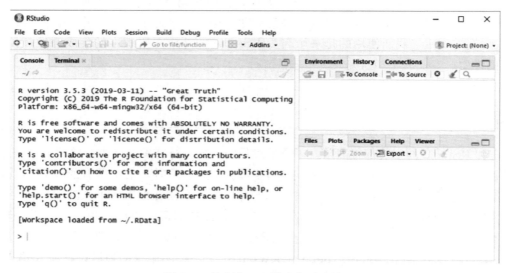

图 C.1　控制台、环境和帮助窗格

资料来源：R Studio.

● Console 窗格：控制台窗格是你与 R 语言互动的主要方式。你在这里输入命令（在＞提示下），然后查看大部分的输出。

● 环境窗格：环境窗格中的两个相关标签是环境（Environment）和历史记录（History）。它们之间的一个共同特征是扫帚图标，它可以清除每个标签的内容。环境选项卡显示了当前 R 语言会话中的数据、对象和变量。历史选项卡提供了会话中发出的所有控制台命令的列表。

● 帮助窗格：帮助窗格有五个标签。我们在这里讨论其中的两个：帮助（Help）和绘图（Plots）。

A. 帮助标签是你可以查看 R 语言文档（帮助文件）的地方。例如，要了解打印功能，请选择帮助选项卡，然后在放大镜图标旁边输入"Print"。（你也可以通过在控制台窗格中输入一个问号，然后紧跟着感兴趣的主题来查看 R 语言文档。在这个例子中，你可以在提示符后输入"? print"。）

B. 绘图标签是你可以看到所有图形和表格的地方。任何图形或表格都可以用扫帚图标进行清除。

● 资源窗格：资源窗格在 R 语言中默认是隐藏的。这是你可以编写自己脚本的地方。正如你所看到的，我们在本书中所做的大部分工作都可以通过导入一个数据集，然后在控制台中使用一个命令来完成。尽管如此，这里有一个如何编写简单脚本的例子。

A. 在菜单中，选择"文件"（File）＞"新建文件"（New File）＞"R 语言脚本"（R Script）。

B. 在新的窗口中输入：

```
print("This is my first script.")
print("This is easy!")
```

然后保存脚本，将你的脚本命名为 Script1。图 C.2 显示了你在源代码窗格中应该看到的内容。

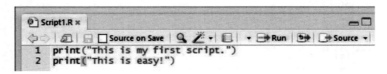

图 C.2　输入第一个脚本后的 Source 窗格

资料来源：R Studio.

注意：由于字体和类型设置的不同，将这里的公式和函数直接复制和粘贴到 R 语言中可能会导致错误。当这种错误发生时，你可能需要替换特殊字符，如引号和括号，或删除函数中的额外空格。

C. 再次参考图 C.2。点击资源窗格中的资源按钮，这将告诉 R 语言读取并执行该脚本。图 C.3 显示了你在执行第一个脚本后在控制台窗格中应该看到的内容。

```
Console ~/ 
> source('~/Script1.R')
[1] "This is my first script."
[1] "This is easy!"
>
```

图 C.3　执行第一条脚本后的 Console 窗格

资料来源：R Studio.

R 语言按其出现的顺序执行完整的语句。在 RStudio 中，也有一种方法可以运行脚本的特定部分。这可以通过在 RStudio 中突出显示所需的脚本部分，并从资源窗格的菜单中选择"运行"（Run）按钮来实现。

输入数据和使用函数

在本附录中，我们的目标是提供最简单的方法来获得相关的输出。经验丰富的 R 语言用户可能会说，还有比我们的建议更好的方法，但我们觉得它们可能会分散对重要概念的学习注意力。

像 Excel 和其他统计软件包一样，R 语言有许多内置的公式或函数。在每个函数中，R 语言还提供了各种选项，如标示图形的轴，在图表中插入颜色等。我们不会在一个函数中使用每一个选项；相反，我们会使用那些我们认为最有用和最不麻烦的选项。

大多数时候，我们将导入数据文件，正如我们在下一小节解释的那样。然而，假设我们想用 R 语言来进行一个简单的计算。假设我们想计算以下给定的数据的均值：−4，0，6，1，−3，−4。为了将这些数值输入 R 语言，我们使用了 c 函数，它将这些数值组合成一个列表；或者，也许在数学上更精确，c 函数将这些数值组合成一个矢量。我们将这个数据标记为 Example_1，并使用表达式 "<−"，这相当于等号。我们输入：

```
Example_1<-c(-4, 0, 6, 1, -3, -4)
```

你可以看到环境窗格中列出了 Example_1。你可以在控制台窗格中通过在提示符后输入 "Example_1" 来查看数据。此外，你可以使用查看（View）功能，数据将出现在资源窗格中。（注意，R 语言是区分大小写的。）我们输入：

```
View(Example_1)
```

另一个常用的函数是均值函数，我们在第 3 章中详细讨论了。为了计算数据的均值，我们输入：

```
> mean(Example_1)
```

R 语言返回：−0.666 666 7。

导入数据和使用函数

本书的所有数据都已存储在 Excel 电子表格中。我们将假设你已经将所有相关的电子表格存储在一个数据文件夹中。当我们把电子表格导入 R 语言时，它被称为数据框。数据框是一个表，或者说是二维数组式的结构，其中每一列包含一个变量的测量值，每一行包含一个观察值、记录或案例，数据框用于存储数据表。

我们将第 2 章的 Admission 数据导入 Excel。该数据集包含学生编号，大学的录取决定（Decision，Admit 表示接受，Deny 表示拒绝），学生的 SAT 分数，学生是不是女性，以及学生的高中 GPA（HSGPA）。表 C.1 显示了 Admission 数据的一部分。

表 C.1　Admission 数据的部分内容

学生编号	录取决定	SAT 分数	是否是女性	高中 GPA
1	拒绝	873	否	2.57
2	拒绝	861	是	2.65
⋮	⋮	⋮	⋮	⋮
1230	录取	1 410	否	4.28

为了将这个数据文件导入 R 语言，我们选择 "文件"（File）→"导入数据集"（Import Dataset）→"从 Excel 中"（From Excel），如图 C.4 所示。[①]（第一次导入数据时，R 语言可能会提示你进行更新。只要按照步骤更新就可以了。）

如图 C.5 所示，我们点击 "浏览"（Browse）按钮，然后导航到数据文件夹中的 Admission 数据。一旦我们选择了 Admission 数据，我们应该在数据预览对话框中看到该数据。在本附录的 R 语

---

① 注意，你也可以选择分别导入以逗号或制表符分隔的文本文件。

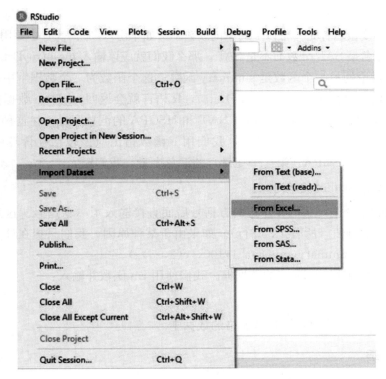

图 C.4 将 Admission 数据导入 R 语言

资料来源：R Studio.

言说明中，为了简单和一致，我们把所有的数据文件都标为 myData。正因为如此，在"导入选项"（Import Options）对话框中，用 myData 代替 Admission。一旦点击"导入"（Import）按钮（见图 C.5 的底部），你就成功导入了数据。你可以通过多种方式来验证这一点。例如，你现在可以在环境窗格中的数据下看到 myData，或者你可以在控制台窗格中输入 View(myData)，一部分数据会出现在资源窗格中。

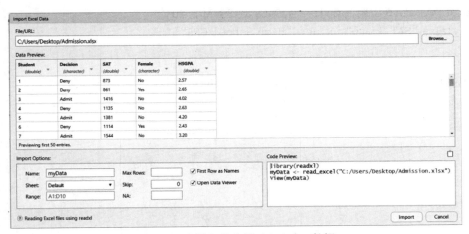

图 C.5 在导入前查看 Admission 数据

注：对于有多个工作表的 Excel 文件，从工作表下拉选项中选择适当的工作表。

假设我们想计算 myData 中的 SAT 平均分数。为了从数据框中选择一个变量，我们将表达式 $ VariableName 附加到数据框的名称中。在这里，我们输入：

```
> mean(myData $ SAT)
```

R 语言返回：1 197.348。

如果数据框中的变量名称是一个以上的单词或数字（如年份），那么就有必要用单引号括住变量名称。例如，如果变量名是 SAT 分数而不是 SAT，那么我们就应该输入 mean(myData $ 'SAT score')。

我们在第 3 章讨论的另一个函数是 summary 函数。这个函数为一个数据框中的所有变量提供了各种汇总度量。我们可以输入 summary(myData)，R 语言就会返回 myData 数据框中所有变量的汇总度量，包括分类变量。假设我们只想得到 SAT 和 HSGPA 的汇总度量。在这种情况下，我们在数据框的名称后面加上方括号，在方括号中，我们用 c 函数指出应该包括在计算中的列。为了获得 SAT（第 3 个变量）和 HSGPA（第 5 个变量）的汇总度量，我们输入：

```
> summary(myData[,c(3,5)])
```

注意：在上面的命令中，我们在左边的方括号后面直接输入了一个逗号。这意味着我们在计算中包括所有 1 230 个观测值（所有 1 230 行）。如果由于某种原因，我们只想在计算中包括前 100 个观测值，我们可以输入 summary(myData[1:100, c(3, 5)])。

最后，假设我们想删除 myData 的数据框。我们使用 rm 函数并输入：

```
> rm(myData)
```

你会发现，myData 不再出现在环境窗格的数据中。

■ 关于换行的说明

我们在这里概述的命令都比较短。然而，在某些情况下，命令很长，变得难以阅读。为了减少这种情况，我们可以将一个命令分成几个部分。R 语言会在第一行之后的行中使用加号（＋）提示你完成命令。例如，在第 3 章中我们讨论了散点图。假设我们想用 R 语言的 plot 函数为前 20 个观测值构建一个 SAT 与 HSGPA 的散点图。除了构建散点图之外，我们还使用了 ylab 和 xlab 选项在 y 轴和 x 轴上添加标题。下面是构建散点图的两个输入：输入 1 在 R 语言中使用了一条线（尽管页面上显示的是两条线），输入 2 使用了三条线。两个输入的结果都是相同的散点图，如图 C.6 所示。

输入 1：

```
> plot(myData $ SAT[1:20] ~ myData $ HSGPA[1:20],
    ylab = "SAT Score", xlab = "High School GPA")
```

输入 2：

```
> plot(myData $ SAT[1:20] ~ myData $ HSGPA[1:20],
    + ylab = "SAT Score",
    + xlab = "High School GPA")
```

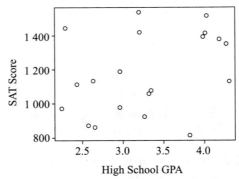

图 C.6　SAT 与 HSGPA 的散点图

软件包

R 语言之所以如此强大，部分原因是它有大量的软件包，或者说是基本版本中没有包括的对象的集合。软件包通过添加自定义函数和数据结构，极大地扩展了 R 语言的工作范围。正如本附录前面提到的，我们将这些软件包与 R 语言 3.5.3 版本结合使用。如果你使用其他版本的 R 语言，可能会出现兼容性问题。

要使用一个软件包，必须首先安装，然后加载。我们使用 caret 包，它代表了分类和回归训练，我们来演示如何做到这一点：

```
> install.packages("caret")
> library(caret)
```

install.packages 函数连接到官方的 R 语言服务器（CRAN），下载指定的软件包安装。在所使用的计算机上每个软件包只能安装一次。library 函数加载已安装的软件包。假设你想安装多个软件包，如 caret、gains 和 pROC，可以使用下面的命令，而不是单独安装每个软件包：

```
> install.packages(c("caret","gains","pROC"))
```

但是，你仍然需要为每个软件包分别运行 library 函数，如下所示：

```
> library(caret)
> library(gains)
> library(pROC)
```

有时，R 语言可能会提示你安装额外的软件包。如果是这种情况，请按照步骤下载并安装这些额外的软件包。

请注意，每个软件包只需要在每个 R 语言会话中加载一次。下载并安装软件包后，可以使用前面讨论的帮助功能在 R 语言中查看它所包含的命令文档。整个软件包的文档文件都可以在线查看。所有与可用软件包相关的信息都可以在以下网址找到：https://cran.r-project.org/web/packages/。

统计表

表 D.1 标准正态曲线面积

本表提供了累积概率，即 $-z$ 左侧曲线下的面积。例如，$P(Z \leq -1.52) = 0.064\ 3$。

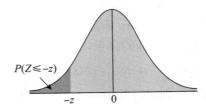

$P(Z \leq -z)$

z	0.00	0.01	0.02	0.03	0.04	0.05	0.06	0.07	0.08	0.09
−3.9	0.000 0	0.000 0	0.000 0	0.000 0	0.000 0	0.000 0	0.000 0	0.000 0	0.000 0	0.000 0
−3.8	0.000 1	0.000 1	0.000 1	0.000 1	0.000 1	0.000 1	0.000 1	0.000 1	0.000 1	0.000 1
−3.7	0.000 1	0.000 1	0.000 1	0.000 1	0.000 1	0.000 1	0.000 1	0.000 1	0.000 1	0.000 1
−3.6	0.000 2	0.000 2	0.000 1	0.000 1	0.000 1	0.000 1	0.000 1	0.000 1	0.000 1	0.000 1
−3.5	0.000 2	0.000 2	0.000 2	0.000 2	0.000 2	0.000 2	0.000 2	0.000 2	0.000 2	0.000 2
−3.4	0.000 3	0.000 3	0.000 3	0.000 3	0.000 3	0.000 3	0.000 3	0.000 3	0.000 3	0.000 2
−3.3	0.000 5	0.000 5	0.000 5	0.000 4	0.000 4	0.000 4	0.000 4	0.000 4	0.000 4	0.000 3
−3.2	0.000 7	0.000 7	0.000 6	0.000 6	0.000 6	0.000 6	0.000 6	0.000 5	0.000 5	0.000 5
−3.1	0.001 0	0.000 9	0.000 9	0.000 9	0.000 8	0.000 8	0.000 8	0.000 8	0.000 7	0.000 7
−3.0	0.001 3	0.001 3	0.001 3	0.001 2	0.001 2	0.001 1	0.001 1	0.001 1	0.001 0	0.001 0
−2.9	0.001 9	0.001 8	0.001 8	0.001 7	0.001 6	0.001 6	0.001 5	0.001 5	0.001 4	0.001 4
−2.8	0.002 6	0.002 5	0.002 4	0.002 3	0.002 3	0.002 2	0.002 1	0.002 1	0.002 0	0.001 9
−2.7	0.003 5	0.003 4	0.003 3	0.003 2	0.003 1	0.003 0	0.002 9	0.002 8	0.002 7	0.002 6
−2.6	0.004 7	0.004 5	0.004 4	0.004 3	0.004 1	0.004 0	0.003 9	0.003 8	0.003 7	0.003 6
−2.5	0.006 2	0.006 0	0.005 9	0.005 7	0.005 5	0.005 4	0.005 2	0.005 1	0.004 9	0.004 8
−2.4	0.008 2	0.008 0	0.007 8	0.007 5	0.007 3	0.007 1	0.006 9	0.006 8	0.006 6	0.006 4
−2.3	0.010 7	0.010 4	0.010 2	0.009 9	0.009 6	0.009 4	0.009 1	0.008 9	0.008 7	0.008 4
−2.2	0.013 9	0.013 6	0.013 2	0.012 9	0.012 5	0.012 2	0.011 9	0.011 6	0.011 3	0.011 0
−2.1	0.017 9	0.017 4	0.017 0	0.016 6	0.016 2	0.015 8	0.015 4	0.015 0	0.014 6	0.014 3

续表

z	0.00	0.01	0.02	0.03	0.04	0.05	0.06	0.07	0.08	0.09
−2.0	0.022 8	0.022 2	0.021 7	0.021 2	0.020 7	0.020 2	0.019 7	0.019 2	0.018 8	0.018 3
−1.9	0.028 7	0.028 1	0.027 4	0.026 8	0.026 2	0.025 6	0.025 0	0.024 4	0.023 9	0.023 3
−1.8	0.035 9	0.035 1	0.034 4	0.033 6	0.032 9	0.032 2	0.031 4	0.030 7	0.030 1	0.029 4
−1.7	0.044 6	0.043 6	0.042 7	0.041 8	0.040 9	0.040 1	0.039 2	0.038 4	0.037 5	0.036 7
−1.6	0.054 8	0.053 7	0.052 6	0.051 6	0.050 5	0.049 5	0.048 5	0.047 5	0.046 5	0.045 5
−1.5	0.066 8	0.065 5	0.064 3	0.063 0	0.061 8	0.060 6	0.059 4	0.058 2	0.057 1	0.055 9
−1.4	0.080 8	0.079 3	0.077 8	0.076 4	0.074 9	0.073 5	0.072 1	0.070 8	0.069 4	0.068 1
−1.3	0.096 8	0.095 1	0.093 4	0.091 8	0.090 1	0.088 5	0.086 9	0.085 3	0.083 8	0.082 3
−1.2	0.115 1	0.113 1	0.111 2	0.109 3	0.107 5	0.105 6	0.103 8	0.102 0	0.100 3	0.098 5
−1.1	0.135 7	0.133 5	0.131 4	0.129 2	0.127 1	0.125 1	0.123 0	0.121 0	0.119 0	0.117 0
−1.0	0.158 7	0.156 2	0.153 9	0.151 5	0.149 2	0.146 9	0.144 6	0.142 3	0.140 1	0.137 9
−0.9	0.184 1	0.181 4	0.178 8	0.176 2	0.173 6	0.171 1	0.168 5	0.166 0	0.163 5	0.161 1
−0.8	0.211 9	0.209 0	0.206 1	0.203 3	0.200 5	0.197 7	0.194 9	0.192 2	0.189 4	0.186 7
−0.7	0.242 0	0.238 9	0.235 8	0.232 7	0.229 6	0.226 6	0.223 6	0.220 6	0.217 7	0.214 8
−0.6	0.274 3	0.270 9	0.267 6	0.264 3	0.261 1	0.257 8	0.254 6	0.251 4	0.248 3	0.245 1
−0.5	0.308 5	0.305 0	0.301 5	0.298 1	0.294 6	0.291 2	0.287 7	0.284 3	0.281 0	0.277 6
−0.4	0.344 6	0.340 9	0.337 2	0.333 6	0.330 0	0.326 4	0.322 8	0.319 2	0.315 6	0.312 1
−0.3	0.382 1	0.378 3	0.374 5	0.370 7	0.366 9	0.363 2	0.359 4	0.355 7	0.352 0	0.348 3
−0.2	0.420 7	0.416 8	0.412 9	0.409 0	0.405 2	0.401 3	0.397 4	0.393 6	0.389 7	0.385 9
−0.1	0.460 2	0.456 2	0.452 2	0.448 3	0.444 3	0.440 4	0.436 4	0.432 5	0.428 6	0.424 7
−0.0	0.500 0	0.496 0	0.492 0	0.488 0	0.484 0	0.480 1	0.476 1	0.472 1	0.468 1	0.464 1

资料来源：用 Excel 计算的概率。

表 D.1　标准正态曲线面积（续）

本表提供了累积概率，即 z 左侧曲线下的面积。例如，$P(Z \leqslant 1.52) = 0.935\ 7$。

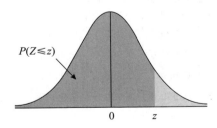

z	0.00	0.01	0.02	0.03	0.04	0.05	0.06	0.07	0.08	0.09
0.0	0.500 0	0.504 0	0.508 0	0.512 0	0.516 0	0.519 9	0.523 9	0.527 9	0.531 9	0.535 9
0.1	0.539 8	0.543 8	0.547 8	0.551 7	0.555 7	0.559 6	0.563 6	0.567 5	0.571 4	0.575 3

续表

z	0.00	0.01	0.02	0.03	0.04	0.05	0.06	0.07	0.08	0.09
0.2	0.579 3	0.583 2	0.587 1	0.591 0	0.594 8	0.598 7	0.602 6	0.606 4	0.610 3	0.614 1
0.3	0.617 9	0.621 7	0.625 5	0.629 3	0.633 1	0.636 8	0.640 6	0.644 3	0.648 0	0.651 7
0.4	0.655 4	0.659 1	0.662 8	0.666 4	0.670 0	0.673 6	0.677 2	0.680 8	0.684 4	0.687 9
0.5	0.691 5	0.695 0	0.698 5	0.701 9	0.705 4	0.708 8	0.712 3	0.715 7	0.719 0	0.722 4
0.6	0.725 7	0.729 1	0.732 4	0.735 7	0.738 9	0.742 2	0.745 4	0.748 6	0.751 7	0.754 9
0.7	0.758 0	0.761 1	0.764 2	0.767 3	0.770 4	0.773 4	0.776 4	0.779 4	0.782 3	0.785 2
0.8	0.788 1	0.791 0	0.793 9	0.796 7	0.799 5	0.802 3	0.805 1	0.807 8	0.810 6	0.813 3
0.9	0.815 9	0.818 6	0.821 2	0.823 8	0.826 4	0.828 9	0.831 5	0.834 0	0.836 5	0.838 9
1.0	0.841 3	0.843 8	0.846 1	0.848 5	0.850 8	0.853 1	0.855 4	0.857 7	0.859 9	0.862 1
1.1	0.864 3	0.866 5	0.868 6	0.870 8	0.872 9	0.874 9	0.877 0	0.879 0	0.881 0	0.883 0
1.2	0.884 9	0.886 9	0.888 8	0.890 7	0.892 5	0.894 4	0.896 2	0.898 0	0.899 7	0.901 5
1.3	0.903 2	0.904 9	0.906 6	0.908 2	0.909 9	0.911 5	0.913 1	0.914 7	0.916 2	0.917 7
1.4	0.919 2	0.920 7	0.922 2	0.923 6	0.925 1	0.926 5	0.927 9	0.929 2	0.930 6	0.931 9
1.5	0.933 2	0.934 5	0.935 7	0.937 0	0.938 2	0.939 4	0.940 6	0.941 8	0.942 9	0.944 1
1.6	0.945 2	0.946 3	0.947 4	0.948 4	0.949 5	0.950 5	0.951 5	0.952 5	0.953 5	0.954 5
1.7	0.955 4	0.956 4	0.957 3	0.958 2	0.959 1	0.959 9	0.960 8	0.961 6	0.962 5	0.963 3
1.8	0.964 1	0.964 9	0.965 6	0.966 4	0.967 1	0.967 8	0.968 6	0.969 3	0.969 9	0.970 6
1.9	0.971 3	0.971 9	0.972 6	0.973 2	0.973 8	0.974 4	0.975 0	0.975 6	0.976 1	0.976 7
2.0	0.977 2	0.977 8	0.978 3	0.978 8	0.979 3	0.979 8	0.980 3	0.980 8	0.981 2	0.981 7
2.1	0.982 1	0.982 6	0.983 0	0.983 4	0.983 8	0.984 2	0.984 6	0.985 0	0.985 4	0.985 7
2.2	0.986 1	0.986 4	0.986 8	0.987 1	0.987 5	0.987 8	0.988 1	0.988 4	0.988 7	0.989 0
2.3	0.989 3	0.989 6	0.989 8	0.990 1	0.990 4	0.990 6	0.990 9	0.991 1	0.991 3	0.991 6
2.4	0.991 8	0.992 0	0.992 2	0.992 5	0.992 7	0.992 9	0.993 1	0.993 2	0.993 4	0.993 6
2.5	0.993 8	0.994 0	0.994 1	0.994 3	0.994 5	0.994 6	0.994 8	0.994 9	0.995 1	0.995 2
2.6	0.995 3	0.995 5	0.995 6	0.995 7	0.995 9	0.996 0	0.996 1	0.996 2	0.996 3	0.996 4
2.7	0.996 5	0.996 6	0.996 7	0.996 8	0.996 9	0.997 0	0.997 1	0.997 2	0.997 3	0.997 4
2.8	0.997 4	0.997 5	0.997 6	0.997 7	0.997 7	0.997 8	0.997 9	0.997 9	0.998 0	0.998 1
2.9	0.998 1	0.998 2	0.998 2	0.998 3	0.998 4	0.998 4	0.998 5	0.998 5	0.998 6	0.998 6
3.0	0.998 7	0.998 7	0.998 7	0.998 8	0.998 8	0.998 9	0.998 9	0.998 9	0.999 0	0.999 0
3.1	0.999 0	0.999 1	0.999 1	0.999 1	0.999 2	0.999 2	0.999 2	0.999 2	0.999 3	0.999 3
3.2	0.999 3	0.999 3	0.999 4	0.999 4	0.999 4	0.999 4	0.999 4	0.999 5	0.999 5	0.999 5
3.3	0.999 5	0.999 5	0.999 5	0.999 6	0.999 6	0.999 6	0.999 6	0.999 6	0.999 6	0.999 7
3.4	0.999 7	0.999 7	0.999 7	0.999 7	0.999 7	0.999 7	0.999 7	0.999 7	0.999 7	0.999 8
3.5	0.999 8	0.999 8	0.999 8	0.999 8	0.999 8	0.999 8	0.999 8	0.999 8	0.999 8	0.999 8
3.6	0.999 8	0.999 8	0.999 9	0.999 9	0.999 9	0.999 9	0.999 9	0.999 9	0.999 9	0.999 9
3.7	0.999 9	0.999 9	0.999 9	0.999 9	0.999 9	0.999 9	0.999 9	0.999 9	0.999 9	0.999 9
3.8	0.999 9	0.999 9	0.999 9	0.999 9	0.999 9	0.999 9	0.999 9	0.999 9	0.999 9	0.999 9
3.9	1.000 0	1.000 0	1.000 0	1.000 0	1.000 0	1.000 0	1.000 0	1.000 0	1.000 0	1.000 0

资料来源：用 Excel 计算的概率。

表 D.2 t 分布

本表提供了 $t_{\alpha,df}$ 的值，对应给定的上尾面积 α 和指定的自由度 df。例如，对于 $\alpha = 0.05$ 和 $df = 10$，$P(T_{10} \geq 1.812) = 0.05$。

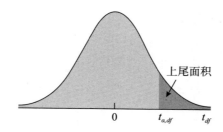

df	α					
	0.20	0.10	0.050	0.025	0.01	0.005
1	1.376	3.078	6.314	12.706	31.821	63.657
2	1.061	1.886	2.920	4.303	6.965	9.925
3	0.978	1.638	2.353	3.182	4.541	5.841
4	0.941	1.533	2.132	2.776	3.747	4.604
5	0.920	1.476	2.015	2.571	3.365	4.032
6	0.906	1.440	1.943	2.447	3.143	3.707
7	0.896	1.415	1.895	2.365	2.998	3.499
8	0.889	1.397	1.860	2.306	2.896	3.355
9	0.883	1.383	1.833	2.262	2.821	3.250
10	0.879	1.372	1.812	2.228	2.764	3.169
11	0.876	1.363	1.796	2.201	2.718	3.106
12	0.873	1.356	1.782	2.179	2.681	3.055
13	0.870	1.350	1.771	2.160	2.650	3.012
14	0.868	1.345	1.761	2.145	2.624	2.977
15	0.866	1.341	1.753	2.131	2.602	2.947
16	0.865	1.337	1.746	2.120	2.583	2.921
17	0.863	1.333	1.740	2.110	2.567	2.898
18	0.862	1.330	1.734	2.101	2.552	2.878
19	0.861	1.328	1.729	2.093	2.539	2.861
20	0.860	1.325	1.725	2.086	2.528	2.845
21	0.859	1.323	1.721	2.080	2.518	2.831
22	0.858	1.321	1.717	2.074	2.508	2.819
23	0.858	1.319	1.714	2.069	2.500	2.807

续表

df	α					
	0.20	0.10	0.050	0.025	0.01	0.005
24	0.857	1.318	1.711	2.064	2.492	2.797
25	0.856	1.316	1.708	2.060	2.485	2.787
26	0.856	1.315	1.706	2.056	2.479	2.779
27	0.855	1.314	1.703	2.052	2.473	2.771
28	0.855	1.313	1.701	2.048	2.467	2.763
29	0.854	1.311	1.699	2.045	2.462	2.756
30	0.854	1.310	1.697	2.042	2.457	2.750
31	0.853	1.309	1.696	2.040	2.453	2.744
32	0.853	1.309	1.694	2.037	2.449	2.738
33	0.853	1.308	1.692	2.035	2.445	2.733
34	0.852	1.307	1.691	2.032	2.441	2.728
35	0.852	1.306	1.690	2.030	2.438	2.724
36	0.852	1.306	1.688	2.028	2.434	2.719
37	0.851	1.305	1.687	2.026	2.431	2.715
38	0.851	1.304	1.686	2.024	2.429	2.712
39	0.851	1.304	1.685	2.023	2.426	2.708
40	0.851	1.303	1.684	2.021	2.423	2.704
41	0.850	1.303	1.683	2.020	2.421	2.701
42	0.850	1.302	1.682	2.018	2.418	2.698
43	0.850	1.302	1.681	2.017	2.416	2.695
44	0.850	1.301	1.680	2.015	2.414	2.692
45	0.850	1.301	1.679	2.014	2.412	2.690
46	0.850	1.300	1.679	2.013	2.410	2.687
47	0.849	1.300	1.678	2.012	2.408	2.685
48	0.849	1.299	1.677	2.011	2.407	2.682
49	0.849	1.299	1.677	2.010	2.405	2.680
50	0.849	1.299	1.676	2.009	2.403	2.678
51	0.849	1.298	1.675	2.008	2.402	2.676
52	0.849	1.298	1.675	2.007	2.400	2.674
53	0.848	1.298	1.674	2.006	2.399	2.672
54	0.848	1.297	1.674	2.005	2.397	2.670
55	0.848	1.297	1.673	2.004	2.396	2.668
56	0.848	1.297	1.673	2.003	2.395	2.667

续表

df	α					
	0.20	0.10	0.050	0.025	0.01	0.005
57	0.848	1.297	1.672	2.002	2.394	2.665
58	0.848	1.296	1.672	2.002	2.392	2.663
59	0.848	1.296	1.671	2.001	2.391	2.662
60	0.848	1.296	1.671	2.000	2.390	2.660
80	0.846	1.292	1.664	1.990	2.374	2.639
100	0.845	1.290	1.660	1.984	2.364	2.626
150	0.844	1.287	1.655	1.976	2.351	2.609
200	0.843	1.286	1.653	1.972	2.345	2.601
500	0.842	1.283	1.648	1.965	2.334	2.586
1 000	0.842	1.282	1.646	1.962	2.330	2.581
∞	0.842	1.282	1.645	1.960	2.326	2.576

资料来源：用 Excel 计算的 t 值。

图书在版编目（CIP）数据

商业分析：与数据沟通/（美）桑吉瓦·加吉亚
（Sanjiv Jaggia）等著；陈俊，董望，王文明译.
北京：中国人民大学出版社，2025.3.-- ISBN 978-7
-300-33526-1

Ⅰ．F713.5

中国国家版本馆 CIP 数据核字第 2025BM7598 号

商业分析——与数据沟通

桑吉瓦·加吉亚
[美] 凯文·勒瓦差拉   著
艾利森·凯利
陈雷达

陈　俊　董　望　王文明　译
Shangye Fenxi——Yu Shuju Goutong

出版发行	中国人民大学出版社	
社　　址	北京中关村大街 31 号	**邮政编码**　100080
电　　话	010 - 62511242（总编室）	010 - 62511770（质管部）
	010 - 82501766（邮购部）	010 - 62514148（门市部）
	010 - 62515195（发行公司）	010 - 62515275（盗版举报）
网　　址	http://www.crup.com.cn	
经　　销	新华书店	
印　　刷	三河市恒彩印务有限公司	
开　　本	890 mm×1240 mm　1/16	**版　　次**　2025 年 3 月第 1 版
印　　张	37.5 插页 2	**印　　次**　2025 年 3 月第 1 次印刷
字　　数	1 040 000	**定　　价**　149.00 元

教师反馈表

　　麦格劳-希尔教育集团（McGraw-Hill Education）是全球领先的教育资源与数字化解决方案提供商。为了更好地提供教学服务，提升教学质量，麦格劳-希尔教师服务中心于 2003 年在京成立。在您确认将本书作为指定教材后，请填好以下表格并经系主任签字盖章后返回我们（或联系我们索要电子版），**我们将免费向您提供相应的教学辅助资源。**如果您需要订购或参阅本书的英文原版，我们也将竭诚为您服务。您也可以扫描下面二维码，直接在网上提交您的需求。

★　基本信息					
姓		名		性别	
学校			院系		
职称			职务		
办公电话			家庭电话		
手机			电子邮箱		
通信地址及邮编					

★　课程信息					
主讲课程		原版书书号		中文书号	
学生人数		学生年级		课程性质	
开课日期		学期数		教材决策者	
教材名称、作者、出版社					

★　教师需求及建议	
提供配套教学课件（请注明作者／书名／版次）	
推荐教材（请注明感兴趣领域或相关信息）	-
其他需求	
意见和建议（图书和服务）	-

是否需要最新图书信息	是、否	系主任签字/盖章	
是否有翻译意愿	是、否		

教师服务信箱：instructorchina@mheducation.com

网址：www.mheducation.com

麦格劳-希尔教育教师服务中心
地址：北京市东城区北三环东路 36 号环球贸易中心 A 座 702 室 教师服务中心 100013
电话：010-57997618/57997600
传真：010 59575582